高等学校碳金融“十四五”规划教材

碳金融概论

主　编◎蓝　虹　副主编◎束兰根

中国金融出版社

责任编辑：张　铁
责任校对：潘　洁
责任印制：陈晓川

图书在版编目（CIP）数据

碳金融概论/蓝虹主编；束兰根副主编．—北京：中国金融出版社，2023.4
高等学校碳金融“十四五”规划教材
ISBN 978－7－5220－1959－8

Ⅰ.①碳…　Ⅱ.①蓝…②束…　Ⅲ.①二氧化碳—排污交易—金融市场—高等学校—教材　Ⅳ.①F830.9②X511

中国国家版本馆CIP数据核字（2023）第054869号

碳金融概论
TAN JINRONG GAILUN
出版
发行　中国金融出版社
社址　北京市丰台区益泽路2号
市场开发部　（010）66024766，63805472，63439533（传真）
网上书店　www.cfph.cn
（010）66024766，63372837（传真）
读者服务部　（010）66070833，62568380
邮编　100071
经销　新华书店
印刷　河北松源印刷有限公司
尺寸　185毫米×260毫米
印张　26.75
字数　516千
版次　2023年4月第1版
印次　2023年4月第1次印刷
定价　69.00元
ISBN 978－7－5220－1959－8

高等学校碳金融“十四五”规划教材
学术指导委员会

（以下排名不分先后）

《碳金融概论》编写委员会

主　编：蓝　虹（中国人民大学）

副主编：束兰根（中研绿色金融研究院）

编　委（按姓氏拼音排序）：

陈　莹（南京大学）
董善宁（江苏银行）
李　平（电子科技大学）
梅应丹（中国人民大学）
石　磊（中国人民大学）
谈　鑫（中研绿色金融研究院）
汪　浩（金陵科技学院）
吴梦云（上海立信会计金融学院）
许光清（中国人民大学）

总 序

Preface

碳金融是指服务于旨在减少温室气体排放的各种金融制度安排和金融交易活动，主要包括碳排放权及其衍生品的交易和投资、低碳项目开发的投融资以及其他相关的金融活动，最终目标是实现低碳发展、绿色发展、可持续发展。

传统工业的扩张导致化石能源大量使用，使大气中二氧化碳等温室气体含量迅速上升，目前排放的二氧化碳90%以上来自化石能源的燃烧。碳环境容量的严重稀缺已经通过全球气候变化充分显示了对人类的严重危害。罕见高温、严重干旱等一系列现象频繁发生，海水入侵和海岸线的侵蚀时刻威胁着沿海城市和地区，热带雨林的破坏和气候变暖形成了相互影响的恶性循环，森林火灾的发生频率陡增。气候变暖不仅增加了传染病等疾病的死亡率，而且增加了昆虫传播的概率和疟疾的复发率；在高纬度地区，淋巴丝虫病、血吸虫病、黑热病、登革热和脑炎等疾病的传播风险正在增大。全球生物多样性锐减，世界自然基金会（WWF）发布的《地球生命力报告2020》显示，全球野生动物种群数量在1970—2016年间减少了68%。

气候变化危害很大程度上源于外部不经济性。全球碳环境容量日益稀缺，过量碳环境容量的使用导致很高的社会成本，但没有通过碳定价使其在市场上得以反映，这就导致碳环境容量的进一步过量使用。如果市场机制无法引导对碳环境容量的合理定价，气候变化带来的社会成本将会不断侵蚀人类的社会福利，并危及人类命运共同体的可持续生存和发展。而建立在碳交易市场基础上的碳金融制度和技术体系，是实现碳定价的重要手段。

随着全球气候变化对人类社会构成重大威胁，越来越多的国家将“碳中和”上升为国家战略。2020年，中国基于推动实现可持续发展的内在要求和构建人类命运共同体的责任担当，宣布了碳达峰、碳中和目标愿景。习近平总书记强调，要把碳达峰、碳中和纳入生态文明建设整体布局；要推动绿色低碳技术实现重大突破，抓紧部署低碳前沿技术研究，加快推广应用减污降碳技术，建立完善绿色低碳技术评估、交易体系和科技创新服务平台。金融是现代经济的核心，要实现“双碳”目标，金融制度和技术的支持是重要的基础和条件。

“双碳”目标的实现需要大力推进碳金融，但目前我国碳金融专业人才严重不足，制约了碳金融的发展。碳金融属于交叉学科，是以金融学理论为支撑，涉及能源管理、环境科学、工程和规划、证券发行、保险会计、工商管理等多学科。在碳金融的人才培养上亟须推动不同学科交叉和跨界融合，完善培养体系，培育创新性复合型人才，以满足“双碳”背景下跨学科的碳金融人才需求。

2021 年教育部印发《高等学校碳中和科技创新行动计划》，明确提出加快培养碳交易、碳核算专业人才，加快制订碳中和领域人才培养方案，建设一批国家级碳中和相关一流本科专业等要求。2022 年教育部印发《加强碳达峰碳中和高等教育人才培养体系建设工作方案》，就加快碳金融和碳交易教学资源建设提出了具体要求，鼓励相关院校加快建设碳金融、碳管理和碳市场等紧缺教学资源，在共建共管共享优质资源的基础上，充分发挥人才培养体系作用，完善课程体系。人才培养的基础是教材，但目前国内高校可用于碳金融教学的教材相当缺乏。鉴于此，为进一步落实好党中央、国务院关于碳达峰碳中和的重大战略部署，中国人民大学生态金融研究中心副主任、教授、博士生导师、中研绿色金融研究院特聘院长蓝虹和中研绿色金融研究院首席专家、南京大学新金融研究院高级研究员、江苏大学财经学院产业教授束兰根牵头组织编写了国内第一套碳金融系列教材——高等学校碳金融“十四五”规划教材，本套教材包括《碳交易市场概论》《碳金融概论》《碳资产管理》等。本套教材体现了理论与实践的结合，兼具前沿性、时代性、实用性和广泛性，体系完整合理，内容深入前沿，立足现实问题，着眼未来发展，具有一些鲜明特点。

一是本套教材充分考虑碳金融的交叉学科特色，在内容的安排上，不仅从金融的角度着力阐述碳金融制度、政策、工具和相关的衍生产品以及碳资产管理方法与途径等，而且从环境经济学的角度阐述碳市场构建要素中总量控制目标设计、碳核算及方法学、强制性减排市场和自愿减排市场的区别以及不同标准的制定方法，并从数据经济与生态经济相结合的角度阐述如何实现碳数据的信息化管理等，可以使读者全面系统地学习了解碳金融相关知识，为提高碳金融理论分析和实践操作能力奠定良好的知识基础。

二是本套教材在编写者的选择上，考虑了理论与实践的融合、金融与环境学科的交叉。教材编写者既有来自中国人民大学、南京大学、中国石油大学、电子科技大学、江苏大学、南京审计大学、金陵科技学院等高校的金融学教授和环境经济学者，又有来自中研绿色金融研究院、江苏银行、上海环境能源交易所等在碳金融一线从事政策研究、市场交易、资产管理和信贷实务的专家，这增加了教材的前沿性和实操性特色。

三是本套教材在内容和体系安排上，重视吸收国际理论研究和实践经验成果，并将中国的碳金融发展融入其中。气候变化问题关系到人类命运共同体的可持续生存和发展，全球一致行动是关键所在。2005 年至今，全球碳金融市场走过了 18 年的风雨历程。根据国际碳行动伙伴组织（ICAP）的统计，截至 2021 年全球共有 24 个运行中的碳市场和碳金融体系，另外还有 8 个碳金融体系正在计划实施。目前，碳金融体系覆盖了全球 16% 的温室气体排放，全球将近三分之一的人口生活在碳市场、碳金融覆盖的区域，这些区域的 GDP 占全球的 54%。碳金融具有鲜明的国际化特征，只有将中国的碳金融纳入国际碳金融体系去理解，才能全面认识和把握碳金融的知识结构和发展态势。

加快建设碳交易市场，使市场在绿色发展中发挥重要乃至决定性作用，需要高素质、专业化的碳金融人才，本套教材提供了现阶段培养这方面人才急需的集大成的知识集合。相信本套教材的出版将对促进我国碳金融发展、实现“双碳”目标发挥重要作用。

基于此，我很高兴受邀为本套教材作总序。

刘世锦

第十三届全国政协经济委员会副主任

国务院发展研究中心原副主任

前言

Foreword

2022年教育部印发《加强碳达峰碳中和高等教育人才培养体系建设工作方案》，就加快碳金融和碳交易教学资源建设提出具体要求，鼓励相关院校加快建设碳金融等紧缺教学资源，完善课程体系。为贯彻落实上述要求，我们组织编写了国内第一套碳金融系列教材——高等学校碳金融“十四五”规划教材，本套教材包括《碳交易市场概论》《碳金融概论》《碳资产管理》《碳基金与投资》《碳金融法律与政策》等。在编写这套碳金融系列教材的过程中，我们已经构建了碳金融学科建设的理论体系。碳金融不仅仅是一门课程，更需要形成一个学科。目前，国际国内社会经济发展对碳金融实践人才的需求急切且广泛。第一，碳达峰、碳中和的实现需要大量资金投入，因此需要运用各种金融工具和手段以及金融创新为实现“双碳”目标融资，包括碳信贷、碳基金、碳债券、碳保险等。因为“双碳”目标的实现涉及很多创新领域和创新行业，如新能源、碳捕获等，日新月异的技术创新和产业形态更新需要金融业的不断创新相配合，这就构成了碳金融融资板块的重要内容。第二，在“双碳”目标下，各个行业都要实现低碳化和零碳化，作为现代社会核心产业的金融必然要在其中发挥重要作用，这就要求对金融业务、流程和手段进行更新和创新，以实现整个金融业的低碳化和零碳化，因而急需大量碳金融人才加入和融入其中。第三，随着世界各国碳交易市场的建立，以及各类金融工具和手段在碳交易中的创新和运用，产生了大量以碳交易市场为基础的碳金融工具和碳金融衍生工具。这些工具加速了金融资产的流通，成为金融业扩张中非常重要的创新板块，并深刻影响着金融业未来发展的方向和潮流。第四，“双碳”目标催生的各种碳资产管理，将增强碳资产的流通性，能够更好地实现碳资产的优化配置，也必将推动各种碳资产管理手段和工具不断创新和更新，形成新的碳金融业务形态。第五，由于碳金融资产的特殊性、全球流动性，其经常被创新成为国际上具有生态补偿功能的工具和手段，经常被设计为发达国家向发展中国家提供技术和经济援助的资金机制。碳减排是全球公共物品，在全球公共财政缺失的情况下，碳金融还承担着用金融的手段实现全球公共财政功能的任务，例如《京都议定书》框架下的清洁发展机制等。因此，碳金融是国际金融的重要创新，只有拓展和创新国际金融领域的知识和内容才能满足碳金融不断国际化的急切需求。

这些新增的碳金融实践领域急需大量的碳金融专业人才。人才培养的基础是教材，但目前国内高校碳金融教材相当缺乏。由于把碳金融仅仅当作一门课程，现有的碳金融教材通常只有一本，而且从内容上看，也仅限于简单地介绍碳交易市场及由此产生的碳金融衍生工具，没有扩展和详细全面地介绍碳金融实践领域的创新发展。但从各类新型碳金融行业的发展以及各种碳金融实践来看，其业务知识需求和人才培养绝对不是一门课程或一本教材就能够完成的，需要更加深入、更加全面地介绍碳金融相关知识，这就要求将碳金融由单一课程扩展为学科。我们编写的这套具有学科完整性的碳金融教材，有助于满足我国“双碳”目标下越来越急切的各类碳金融专业人才培养的需求。

本套教材的第一本《碳交易市场概论》已经出版，《碳金融概论》是本套教材的第二本。在《碳金融概论》的编撰中，我们既注重其与《碳交易市场概论》内容上的延续性，又注重其作为独立课程教材的完整性。碳交易市场是碳金融资产形成的基础，是碳金融一级市场建立的起点。在《碳交易市场概论》中，我们着力于完整深入地介绍碳交易市场形成的背景，国际国内碳交易市场发展的历史沿革和制度变迁，使学生能够层层递进地理解碳交易市场要素、制度演进、不同类型碳交易市场价格形成机制、市场的互动配合，特别是我国区域性碳交易市场、全国性碳交易市场以及自愿性碳交易市场建设和发展的政策演变、市场构建、市场产品创新和发展状况等。

《碳金融概论》是在《碳交易市场概论》的基础上，对有助于实现“双碳”目标的金融制度、金融工具和手段、金融市场创新等进行综合分析与介绍。内容包括：一是“双碳”目标下金融机构新的碳业务板块以及相关制度、工具和产品创新，如碳信贷、碳基金、碳债券、碳保险等；二是碳交易市场资产金融化推动下的各类碳金融工具和业务创新，如碳期货、碳期权、碳远期、碳掉期等碳金融衍生工具和产品等，以及生态碳汇金融等新型金融形态；三是满足碳金融资产管理需求而产生的碳指数、碳风险管理；四是国际碳金融制度、标准和监管政策等。

本教材具有以下特色：一是完整体现碳金融的金融属性。单本碳金融教材，因为教学时间和内容的限制，往往会把三分之二的篇幅聚焦于碳交易市场的构建，而对碳金融制度、工具和手段有所忽略。现实中，“双碳”目标下巨大的融资需求、金融机构低碳化零碳化发展趋势、日益增加的碳资产管理公司的业务需求、国际化碳金融市场拓展等都要求碳金融人才能够熟练理解和运用各种碳金融制度、工具和手段，比如人民银行的各种碳金融货币政策工具、银保监会对碳信贷和碳保险产品的规范、各种金融衍生产品和工具在化解碳融资及碳资产管理等方面风险中的作用等。《京都议定书》签订之后，碳交易市场和碳金融在减碳中的巨大作用成为共识，各国纷纷构建碳交易市场，推动碳金融发展。相对于碳税，碳交易市场在建立成本上的优势并不明显，因为碳交易市场的构建需要耗费大量的成本。碳交易市场最大的优势是，通过交易能实现碳资源优化配置，降低整个市场的碳减排成本。因此，交易是碳交易市场的灵魂，而要增加碳资产的流动性和交易量，金融工具的熟练运用是基础，否则二级市场无法发育和成长。而且，即使从狭义的碳金融角度来看，从业人员对与碳相关的金融知识的了解和掌握，也是他们顺利开展工作的前提。

二是理论方法与实务案例相结合。本教材首先介绍碳信贷、碳基金、碳债券、碳保险、碳金融衍生产品、生态碳汇金融等“双碳”目标下新型金融形态的基础知识和基础理论，帮助学生更好地认识和了解碳金融行业，奠定从事深层次学习、研究和实践等的基础。同时，突出碳金融理论在实践中的运用，通过分析实务案例，学生能够更快掌握碳金融知识在具体实践中的运用，培养实际操作能力。

三是充分贴合教学需求。本教材每章设置学习目标、主要内容、本章小结、思考题，以帮助教师更好地安排教学内容，也有助于引导学生循序渐进地学习和思考。另外，每章还以电子版形式配置了教学 PPT，能够更好地帮助教师和学生安排教学和学习。

本教材共分十一章。第一章碳金融概述。本章从金融学基本理论和“双碳”战略基本特性的维度，阐释碳金融的基本定义与内涵以及碳金融的特征，界定碳金融的功能与作用，分析碳金融发展的理论基础。碳金融作为一种促进碳减排、实现低碳发展的金融创新，具有金融的一般特征；本章更加突出其利益兼容性、政策导向性、学科交融性、范围广泛性和动态变化性等特征。

第二章碳金融市场与碳金融工具。本章介绍国内外碳金融的源起与法律政策、国际成熟碳金融市场和碳金融工具。碳排放权产品由于其本身的特殊性，以及产品价格影响因素的复杂性，其定价机制与传统产品差异较大，而且实践证明，单一的现货市场存在流动性不足、市场配置资源能力弱等问题，难以满足企业灵活履约和风险规避的需求，也很难吸引社会资本进入碳市场，最终影响碳减排的实际效果。碳金融具有价格发现、分散风险和套期保值功能，以碳现货为基础发展起来的碳远期、碳期货、碳期权、碳掉期等碳金融衍生品，为碳市场的发展注入了活力。因此，世界各国都制定了法律法规，推动碳金融市场发展和碳金融工具创新。

第三章碳金融市场定价机制。本章阐述碳金融市场定价机制的内涵、运行的微观经济逻辑，分析碳税、碳排放权交易、碳信用之间的关系，帮助学生理解不同碳定价工具在碳金融体系中的重要作用；介绍和分析国际碳金融市场定价机制的整体发展概况，回顾我国碳金融市场定价机制的发展过程、梳理存在的问题以及提出未来创新发展方向。

第四章碳信贷。本章介绍碳信贷的起源，阐明碳信贷与碳信用的关系，定义狭义碳信贷和广义碳信贷。狭义碳信贷指的是以碳信用为质押标的的信贷业务，广义碳信贷指的是支持碳减排项目的融资信贷业务；归纳总结美国、德国、英国、日本等经济体碳信贷业务的发展历程、现状，以及主要业务和产品；分析我国碳信贷相关政策法规、市场、业务产品及案例。

第五章碳债券。本章介绍碳债券的定义和内涵，梳理国际和国内重要的碳债券标准，并从发行主体、项目领域和项目期限的角度介绍不同的碳债券类型；梳理国际碳债券政策、市场和产品，分析中国碳债券的政策演进、发展历程、市场和产品创新，比较欧盟、美国、中国的碳债券支持政策和碳债券市场发展，引导学生思考我国碳债券的发展方向。

第六章碳基金。本章介绍碳基金的发展历程、内涵和基本功能，梳理世界银行碳基金和其他国家主要碳基金的基本情况，包括碳基金成立宗旨、目标和资产组合等，总结国际主要碳基金的内部结构、业务管理以及其具体运行机制，包括投资机制、风险控制机制、监管机制等；介绍中国碳基金的发展历程，对中国清洁发展机制基金、中国碳汇基金、国家绿色发展基金等主要碳基金进行分析，并将我国碳基金与国际主要碳基金进行比较，引导学生思考我国碳基金的发展方向。

第七章碳保险。本章定义广义碳保险和狭义碳保险。广义碳保险是指降低气候变化给经济社会带来的风险的保险业务或产品，包括碳排放权交易保险、碳汇保险、助力碳减排的保险、气候保险；狭义碳保险是指围绕碳交易市场的保险产品。本章在大数定律、逆向选择和道德风险以及风险转移等保险理论的基础上，建立碳保险理论框架。介绍碳排放权和碳汇保险的承保风险和基本种类，分析新能源保险、低碳交通保险、低碳建筑保险等助力碳减排的保险的概念、分类及功能，总结巨灾保险和天气保险的基本概念和运行方式，帮助学生掌握碳保险市场、产品和功能。

第八章生态碳汇金融。本章阐述生态碳汇金融的定义、功能和发展历程；介绍林业碳汇、湿地碳汇、草地碳汇、耕地碳汇、土壤碳汇、海洋碳汇等，以及建构在此基础上的生态碳汇期货、生态碳汇期权、生态碳汇基金、生态碳汇远期、生态碳汇质押、生态碳汇回购、生态碳汇保险等生态碳汇金融产品的市场、发展及运行；阐述我国生态碳汇金融的发展以及在实现“双碳”目标中的重要作用，分析现存的问题以及未来发展方向和趋势，帮助学生掌握和运用生态碳汇金融知识，通过金融运作推动碳吸纳增长。

第九章碳金融衍生品。本章介绍碳金融衍生品的产生、特征和功能，梳理碳期货、碳期权、碳远期、碳掉期等主要碳金融衍生品的特点；总结碳金融衍生品市场的要素和交易，从宏观结构和微观体现两个层面讨论碳金融衍生品市场的层次结构，并通过碳期货、碳期权、碳远期、碳掉期等产品的套期保值等案例分析详解交易过程；阐述国际碳金融衍生品的市场规模、交易品种、价格及交易量波动变化、交易结构等内容，分析中国碳金融衍生品市场的政策背景、发展现状、发展趋势和前景。

第十章碳指数。本章阐述碳指数的定义和功能，碳指数是衡量和评价碳市场运行情况和碳资产总体价格水平的权威指标，并且能够作为标的成为新型碳金融衍生品的基石；介绍国际代表性碳指数，包括巴克莱资本全球碳指数、瑞银温室气体指数、美林全球二氧化碳排放指数，以及较为新兴的 IHS Markit 碳指数家族、ICE 碳期货指数家族等，分析其发展历程、编制原理、运行机制和相关产品；梳理我国碳指数，包括中碳指数、复旦碳价指数、置信碳指数、“孔氏碳指”、碳中和指数等，分析其编制方法和运行机制，并进行国际比较，分析未来我国碳指数在指数成分股（成分合约）、权重设置和指数产品设计上的发展方向，帮助学生全面认识碳指数体系。

第十一章碳金融风险管理。本章阐述碳金融风险的内涵以及其与传统金融风险的区别，介绍碳金融风险的主要类型和表现特征、识别的内容和方法，梳理碳金融风险的度量评估方法，包括以 VaR 模型和久期模型为代表的市场风险度量。结合当前中国开展的主要碳金融业务，阐述碳金融风险类型、管理程序和主要策略、主要风险管理流程、监管体系的架构和主要内容。帮助学生正确认识不同类型碳金融风险的差异和联系，掌握碳金融风险识别方法和评估模型，熟悉碳金融风险监管的目标、体系架构、具体内容以及相关监管规则。

《碳金融概论》全面介绍和分析碳金融制度、手段和工具，在《碳交易市场概论》的基础上，阐释和分析各类金融政策和工具创新在实现“双碳”目标中的运用和作用机理，有助于学生更好地运用金融政策、方法和手段解决气候变化问题，实现“双碳”目标。本教材提供理论与实践相结合的完整的碳金融知识与业务操作，能够满足金融机构、减碳企业、碳交易市场相关机构、碳资产管理公司等对碳金融人才系统性培养的需求。

为了使学习更具有系统性，建议先学习《碳交易市场概论》，再学习《碳金融概论》。循序渐进、系统全面地学习碳金融市场相关知识，有助于进一步提升学生的理论水平和实务操作能力。

编者

2023 年 2 月

目录

Contents

第一章　碳金融概述

【学习目标】

1. 了解碳金融产生的背景，掌握气候变化的影响以及我国“双碳”目标的基本内容。

2. 掌握碳金融的定义，理解碳金融的内涵与基本特征。

3. 熟悉碳金融的基本功能，认识碳金融的作用及发展碳金融的重要意义。

4. 理解并掌握碳金融的基础理论体系。

第一节　碳金融的定义与特征

一、碳金融产生的背景：气候变化与“双碳”目标

受人类活动和自然因素的共同影响，世界正经历着以全球变暖为显著特征的气候变化，全球气候变化已深刻影响人类的生存和发展。联合国政府间气候变化专门委员会（Intergovernmental Panel on Climate Change，IPCC）自 1990 年以来共发布了 6 次气候变化评估报告，有关全球气候变暖及其归因的结论被不断强化：从 2007 年第四次评估报告开始，全球气候变暖这一现象逐步得到科学确认，气候系统变暖是“毋庸置疑的”“明显的”；对人类活动影响全球气候变暖这一因果关系的论断，相关表述方式经历了从 2007 年第四次评估报告中“很有可能”，到 2013 年第五次评估报告中“极有可能”，再到 2021 年第六次评估报告中“毋庸置疑”的强化过程，最终明确了人类活动是造成全球气候变暖的主要原因。

IPCC 第六次评估报告第一工作组报告《气候变化 2021：自然科学基础》指出，相对于 1850—1990 年，2001—2020 年 20 年平均的全球地表温度升高了 0.99℃，而 2011—2020 年 10 年平均的全球地表温度上升了约 1.09℃。最近 40 年的每个 10 年的全球地表温度都相继比此前的任何一个 10 年要高。根据观测结果，自 20 世纪 70

年代以来，全球变暖趋势十分明显，2016—2020 年是 1850 年以来最暖的 5 年。从海洋和冰冻圈的变化来看，2011—2020 年全球平均海洋表面温度升高了 0.88℃；过去一个世纪全球海洋的增暖在末次间冰期结束以来（约 1.1 万年）最快；2011—2020 年平均北极海冰面积达到 1850 年以来最小，夏季北极海冰的面积至少是过去 1000 年里最小的。全球平均海平面上升速率持续增大，1901—1971 年海平面平均上升速率为 1.3 [0.6 - 2.1] mm/a，1971—2006 年增加至 1.9 [0.8 - 2.9] mm/a，在 2006—2018 年进一步增加至 3.7 [3.2 - 4.2] mm/a。这些数据充分表明，自 1900 年以来的全球平均海平面上升速度比近 3000 年历史上任何一个世纪都要快。

中国是气候变化敏感区和影响显著区之一。《中国气候变化蓝皮书（2022）》统计数据显示，中国升温速率高于同期全球平均水平，是全球气候变化的敏感区。1951—2021 年，中国地表年平均气温呈显著上升趋势，升温速率为 0.26℃/10 年，高于同期全球平均升温水平（0.15℃/10 年）。近二十年是 20 世纪初以来中国的最暖时期；2021 年，中国地表平均气温较常年值偏高 0.97℃，为 1901 年以来的最高值。全球冰川整体处于消融退缩状态，20 世纪 80 年代中期以来消融加速。天山乌鲁木齐河源 1 号冰川、阿尔泰山区木斯岛冰川、祁连山区老虎沟 12 号和长江源区小冬克玛底冰川均呈加速消融趋势。2021 年，天山乌鲁木齐河源 1 号冰川东、西支末端分别退缩了 6.5 米和 8.5 米，其中西支末端退缩距离为有观测记录以来的最大值。中国沿海海平面变化总体呈波动上升趋势。1980—2021 年，中国沿海海平面上升速率为 3.4 毫米/年，高于同期全球平均水平。2021 年，中国沿海海平面较 1993—2011 年平均值高 84 毫米，为 1980 年以来最高值。

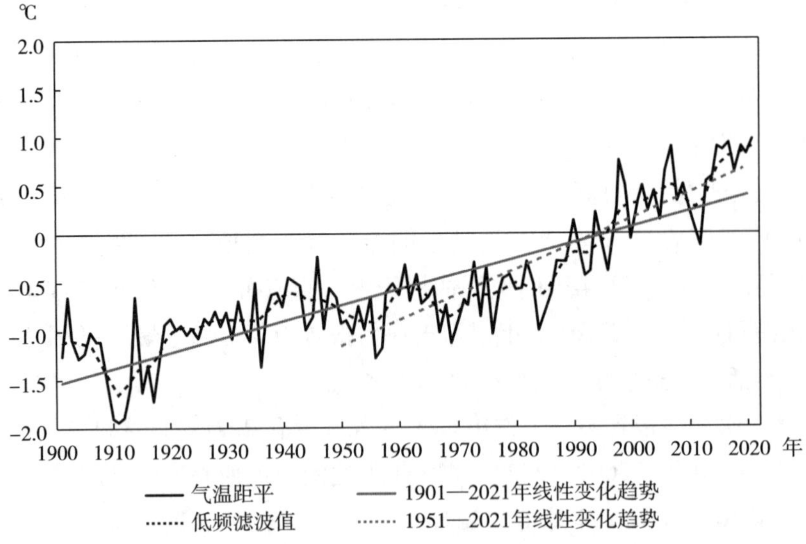

图 1.1 1901—2021 年中国地表年平均气温距平（相对于 1981—2010 年平均值）

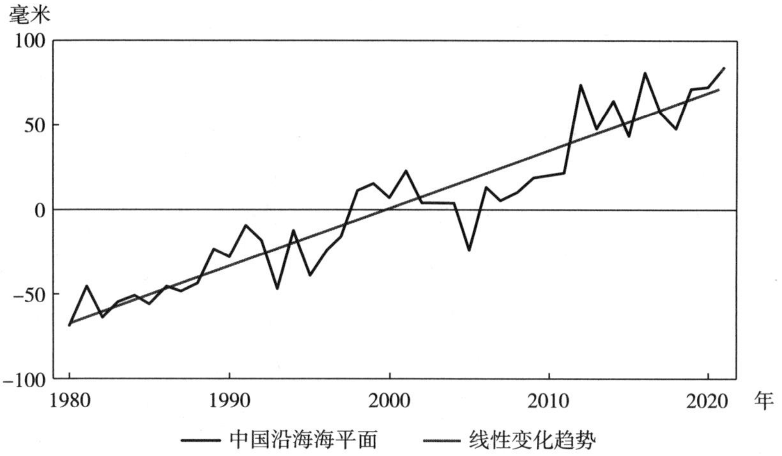

图 1.2　1980—2021 年中国沿海海平面距平（相对于 1993—2011 年平均值）

IPCC 研究报告显示，人类活动扰动引发的气候变化已经对自然和人类系统造成了广泛的不利影响以及相关的严重损害。有 33 亿～36 亿人生活在极易受到气候变化影响的环境中，大部分物种易受到气候变化的影响。气候变化对人体健康、城市运转、基础设施等多方面均造成了广泛影响。其中，气候变化对人类身体健康（包括精神健康）的负面影响是非常高信度的，频发的城市热岛和内涝等现象给城市基础设施和经济带来的负面影响也愈发凸显。气候变化已经成为人类福祉和地球健康的重大威胁，全球减缓气候变化和适应的行动刻不容缓。

中国政府高度重视温室气体减排问题，在不同时期主动承担应对气候变化的国际责任。经过中国政府长期的积极推动，最终明确了中国的碳达峰、碳中和（简称“双碳”）目标。“双碳”目标的具体内涵包括碳达峰和碳中和两个方面：（1）碳达峰目标是指中国力争在 2030 年前实现二氧化碳排放量达到峰值，之后不再增长，实现平稳下降；（2）碳中和目标是指中国努力争取于 2060 年前实现二氧化碳净零排放，即通过植树造林、二氧化碳去除技术手段等，抵消自身产生的二氧化碳排放量，做到碳排放“收支相抵”。

中国“双碳”目标的确立经历了碳减排目标初始探索、碳达峰目标提出和“双碳”目标确立三个阶段。总体来看，“双碳”目标的提出，是中国政府自 20 世纪末期开始，在国际公约、国家方案等各方面持续发力下促成的结果。各个阶段对碳减排的认识不断深入，碳减排的目标层层递进，最终才确定了“双碳”目标。

（1）碳减排目标初始探索阶段。在该阶段，国内外开始探索和构建全球气候变化治理的框架体系。为了响应国际社会应对气候变化的号召，中国在 20 世纪 90 年代先后签署了《联合国气候变化框架公约》和《京都议定书》，积极推动建立全球二氧化碳治理体系。面向国内，中国成立了国家气候变化对策协调小组，并印发了

《中国应对气候变化国家方案》和《中国应对气候变化科技专项行动》，为全球二氧化碳减排贡献了中国方案。2007 年国务院印发的《中国应对气候变化国家方案》中首次提出了 2010 年的能源消耗强度的下降目标。2009 年 11 月国务院常务会议明确了 2020 年的温室气体排放目标。2013 年 11 月，国家发展改革委等部门出台了首个专门应对气候变化的战略规划——《国家适应气候变化战略》。

（2）碳达峰目标提出阶段。2014 年 11 月，《中美气候变化联合声明》发布，中国正式向国际社会宣布碳达峰目标。2015 年 6 月递交的中国国家自主贡献文件中进一步提出了到 2030 年应对气候变化的强化行动目标及措施。2016 年 4 月，中国政府正式签署《巴黎协定》，并于同年 9 月通过全国人大常委会批准正式成为缔约方之一。根据《中国应对气候变化的政策与行动》白皮书，2020 年的气候行动目标已超额实现。这为中国下一阶段的碳减排行动树立了信心。

（3）“双碳”目标确立阶段。中国政府在这一阶段明确并多次重申“双碳”目标，“双碳”目标已经进入细化和落实阶段。2020 年 9 月，习近平主席在第七十五届联合国大会一般性辩论上首次明确提出了“双碳”目标概念。在同年 12 月的气候雄心峰会上，习近平主席重申了“双碳”目标，并提出了 2030 年的能源消耗强度下降目标。2020 年的中央经济工作会议将“双碳”工作列为下一年的重点。在 2021 年的各项政府工作中，“双碳”目标开始进入落实阶段。2021 年 3 月的政府工作报告对制定 2030 年前碳排放达峰行动方案提出要求，4 月的中央财经委员会第 9 次会议将“双碳”目标纳入生态文明建设整体布局，并再次重申其规划目标。5 月，碳达峰碳中和工作领导小组第一次全体会议在北京召开，强调确保“双碳”目标实现。在 2021 年 10 月召开的联合国《生物多样性公约》第十五次缔约方大会（COP15）领导人峰会上，习近平主席提出构建碳达峰、碳中和“1 + N”政策体系。2021 年 10 月 24 日发布的《中共中央　国务院关于完整准确全面贯彻新发展理念做好碳达峰碳中和工作的意见》成为指导我国实现“双碳”目标的纲领性文件；2021 年 10 月 26 日，国务院印发的《2030 年前碳达峰行动方案》是对碳达峰阶段的总体部署，在目标、原则、方向等方面与《中共中央　国务院关于完整准确全面贯彻新发展理念做好碳达峰碳中和工作的意见》保持有机衔接，同时更加聚焦 2030 年前碳达峰目标；此后，各有关部门制定了分领域分行业实施方案和支撑保障政策，各省（自治区、直辖市）也都制定了本地区碳达峰实施方案，碳达峰碳中和“1 + N”政策体系已经基本建立。

实现碳达峰、碳中和是一场广泛而深刻的经济社会系统性变革，要以经济社会发展全面绿色转型为引领，以能源绿色低碳发展为关键，加快形成节约资源和保护环境的产业结构、生产方式、生活方式、空间格局，坚定不移走生态优先、绿色低碳的高质量发展道路。“双碳”目标的实现，需要科学技术、管理、政策等多方面多角度共同发力；而作为现代经济的核心，金融在助力“双碳”目标实现中发挥着重要作用。

2007 年，中国银监会发布的《节能减排授信工作指导意见》就提出银行业要充分认识节能减排的重大意义，切实做好与节能减排有关的授信工作。2016 年，中国人民银行等七部门印发的《关于构建绿色金融体系的指导意见》明确提出构建绿色金融体系的重点任务和具体措施，为绿色金融规范发展提供政策保障，积极应对气候变化成为构建绿色金融体系的重要工作内容之一。2020 年，党的十九届五中全会再次强调“发展绿色金融”。2022 年，习近平总书记在党的二十大报告中提出“完善支持绿色发展的财税、金融、投资、价格政策和标准体系，发展绿色低碳产业”。《中共中央　国务院关于完整准确全面贯彻新发展理念做好碳达峰碳中和工作的意见》明确提出，“有序推进绿色低碳金融产品和服务开发，设立碳减排货币政策工具，将绿色信贷纳入宏观审慎评估框架，引导银行等金融机构为绿色低碳项目提供长期限、低成本资金。鼓励开发性政策性金融机构按照市场化法治化原则为实现碳达峰、碳中和提供长期稳定融资支持。支持符合条件的企业上市融资和再融资用于绿色低碳项目建设运营，扩大绿色债券规模。研究设立国家低碳转型基金。鼓励社会资本设立绿色低碳产业投资基金。”这为做好金融支持碳达峰、碳中和工作提供了根本遵循。国务院印发的《2030 年前碳达峰行动方案》提出，大力发展绿色贷款、绿色股权、绿色债券、绿色保险、绿色基金等金融工具，设立碳减排支持工具，引导金融机构为绿色低碳项目提供长期限、低成本资金，鼓励开发性政策性金融机构按照市场化法治化原则为碳达峰行动提供长期稳定融资支持。

由此可见，金融手段是积极应对气候变化、实现“双碳”战略目标的关键举措之一；碳金融已成为市场经济框架下解决气候、能源、污染等问题，破解技术研发资金难题和传统企业绿色低碳转型成本难题，促进绿色低碳新技术、新产业、新业态、新模式发展的有效方式。

二、碳金融的定义

世界银行 1999 年成立首个碳基金以及欧洲气候交易所 2005 年陆续推出碳排放权的期货、期权使得碳排放权具有了金融产品的属性，碳金融便应运而生了。当前国际上并未形成碳金融的统一定义。欧洲复兴开发银行将碳金融的概念界定为，用于碳市场体系中帮助温室气体减排项目融资的活动，主要涉及与清洁发展机制（Clean Development Mechanism，CDM）和联合履约机制（Joint Implementation，JI）有关的金融活动。世界银行则将碳金融定义为“向可以购买温室气体减排量的项目提供资源”。环境金融学领域的国际期刊 *Environmental Finance Magazine* 提出，与气候变化问题相关的金融问题是碳金融，并认为碳金融主要包括天气风险管理、可再生能源证书、碳排放市场和绿色投资等内容。索尼娅·拉巴特（Sonia Labatt）和罗德尼·怀特（Rodney R. White）所著的《碳金融：气候变化的金融对策》一书提出，碳金融是探讨生活在一个碳限制的世界，即一个排放二氧化碳必须付出代价的世界中产生的金融问题；因此，碳金融的定义包括三个方面：（1）代表绿色金融的一个分支；（2）探讨与碳限制社会有关的社会财务风险与机会；（3）预期会产生相应的基于市场的工具，用于转移环境风险和完成环境目标。斯图尔特·胡德森（Stewart Hudson，2010）定义了碳金融的三个主要特征：第一，缔造交易碳配额和抵消产品的市场；第二，与清洁能源相关的投融资；第三，公司的碳风险和收益评估，挖掘企业在低碳发展趋势中可以获得的预期收益，以及由此对贸易和投资产生的影响。

从国内对碳金融的概念界定来看，叶岩（2006）认为碳金融就是与碳有关系的金融活动，也可以称作碳融资，大体上可以说成是环境项目投融资的代名词。袁鹰（2008）提出碳金融就是与减少碳排放有关的所有金融活动，既包括碳排放权及其衍生品的买卖交易、投资或投机活动，也包括发展低碳能源项目的投融资活动以及相关的担保、咨询服务等相关活动。吴玉宇（2009）则提出碳金融是指服务于温室气体减排的金融活动。张明珅（2010）认为碳金融是指与限制温室气体排放有关的金融活动，包括相关金融制度设计、金融交易和中介行为，通过金融活动和金融工具使有限资源投入低碳经济，促进低能耗、低碳排放、低污染的绿色经济发展。王瑶（2010）提出碳金融就是应对气候变化的重要环节，是实现可持续发展、减缓和适应气候变化、灾害管理三重目标的低成本路径，是低碳经济发展的核心经济手段。蓝虹（2012）认为，碳金融就是服务于限定温室气体排放、减少温室气体排放的所有金融活动，并提出碳金融业务主要包括五个方面：一是碳交易市场机制，包括基于碳交易配额的交易和基于项目的交易；二是碳排放指标的期货、期权等衍生产品市场；三是机构投资者和风险投资介入的碳金融活动；四是商业银行的碳金融创新，如绿色信贷、CDM 项目抵押贷款、碳资产证券化等；五是与发展低碳能源项目的投融资活动相关的咨询、担保等中介服务。杨星（2014）将碳金融定义为与碳排放权交易相关的各种金融交易活动和金融制度安排的总和，它既包括碳排放权及其衍生品的交易与投资、低碳项目的投融资，也包括绿色信贷以及相关的担保、咨询等金融中介活动。杜莉（2014）认为，碳金融是指为了减少温室气体排放所进行的各种金融制度安排和金融交易活动，既包括碳排放权及其衍生产品的交易、低碳项目开发的投融资，也包括碳保险、碳基金，以及相关的金融服务业务。陈诗一（2022）在其主编的《绿色金融概论》中对碳金融的定义为，运用金融资本去驱动环境权益的改良，以法律法规为支撑，利用金融手段和方式在市场化的平台上使得相关碳金融产品及其衍生品得以交易或者流通，最终实现低碳发展、绿色发展、可持续发展的目的。

综合上述关于碳金融定义内涵的表述，本书采用的碳金融的定义为：以积极应对气候变化、减少温室气体排放、促进低碳绿色发展、转移气候风险为目的而设计的、以市场为基础的金融创新，是与碳减排、碳中和相关的各种金融交易活动和金融制度安排的总和。具体包括：利用创新金融模式应对气候变化，实现经济社会低碳绿色发展；利用创新金融模式规避气候变化产生的风险，并对气候变化带来的金融风险进行有效管控；利用创新金融模式提供信息，使气候治理更有效率，同时解决气候领域存在的道德风险和逆向选择问题，为气候友好行为提供充分的激励；利用创新金融模式提高稀缺性碳配额资源的利用效率，实现资源的优化配置，创造盈利模式，提高社会福利。需要强调的是，与传统金融相比，碳金融更强调人类社会的生存环境利益，它将对生态环境资源有效利用程度作为计量其活动成效的标准之一，通过自身活动引导各经济主体注重自然生态平衡。它讲求金融活动与碳减排、碳中和的协调发展，最终实现经济社会的绿色低碳发展。同样，碳金融与传统金融中的政策性金融也有着共同点，即它的实施需要由政府政策来推动；传统金融业在现行政策和“经济人”思想引导下，或者以经济效益为目标，或者以完成政策任务为职责，后者就是政策推动型金融；碳排放权是一种公共物品，除非有政策规定，否则金融机构不可能主动考虑相关主体的生产或服务是否具有生态效率，因此碳金融与传统的政策性金融也具有相似之处。

三、碳金融的特征

碳金融是一种促进碳减排、实现低碳发展的金融创新。它既具有传统金融工具和手段的特征，又兼有气候变化与碳减排领域的基本特点和气候治理的特有属性，主要表现在以下几方面。

（一）利益兼容性

碳金融追求的是环境利益和经济利益的共赢与多赢。碳金融的金融本质，依旧体现在融资与投资的平衡统一，通过运用信用、杠杆等金融手段或渠道实现财富的有效分配和持续发展，并促进投资或融资的回报或收益增加。但碳金融作为以促进全球气候治理和碳减排为主要目的的金融创新工具，不仅具有金融本质，更具有低碳底色，因此碳金融不完全以经济效益为导向，其兼容服务气候治理、低碳发展的重要目的。

不论是从金融学还是从经济学的传统理论来看，经济发展的主要目的都是获得经济增长和效用增加，气候环境只作为外生变量而不是主要目标。随着学科发展和融合，越来越多的学科关注生态环境要素，并研究多种经济手段用于促进低碳发展。碳金融兼顾经济增长、金融手段、低碳发展与社会福祉等多方利益，它不仅是经济手段、金融工具的创新，也是利益分配方式的创新。碳金融的利益兼容性以可持续发展为目的，兼容低碳发展与经济利益，通过金融举措激励市场主体自主采取最佳方式进行碳减排或碳交易，从而获得经济和环境双收益。

（二）政策导向性

碳金融作为一种以可持续发展和低碳发展为主要目的的金融创新工具，是传统低碳治理政策的重要补充。其政策导向性主要体现为兼具低碳政策的导向功能，通过多种碳金融手段，降低市场主体碳减排成本、低碳产业融资成本，促进自主减排，从而实现全社会低碳发展。

气候环境具有显著的公共物品属性，在传统经济学中，市场在公共物品交易和管理中失灵，因此需要政府加强干预和管理。但是传统低碳政策手段，不仅要协调政府、各市场主体之间的利益关系，还受限于政府获得市场信息的能力和范围，存在一定的局限性，例如无法了解每一个市场主体的碳减排成本从而导致在同一低碳治理政策下各主体的成本收益不同，难以达到帕累托最优。碳金融则通过市场主体自主衡量低碳成本并进行减排或交易，如碳排放权及其衍生品交易、碳汇项目投融资等，从而弥补低碳政策的不足，更能够形成低碳导向激励市场主体有效减排。此外，碳金融还能降低低碳产业融资成本，促进低碳产业发展，从而引导产业结构不断优化。碳金融既是低碳政策的重要补充，又需要政策的大力支持，有效的、完善的金融政策能够规范碳金融市场行为、促进碳金融市场发展。

（三）学科交融性

碳金融包括低碳发展和金融工具等内容，是金融学、环境学、经济学、社会学等多种学科交融的理论创新和工具创新。碳金融首先是金融学的理论工具创新，具有金融的基本属性和一般特征；碳金融将碳排放权、碳配额、碳汇及其衍生品等作为交易对象，这些交易对象具有准金融属性。其次，碳金融还综合考虑气候治理、环境保护、经济可持续发展等，其主要“金融产品”——碳排放权、碳配额、碳汇等的核算要依据环境学对碳的界定和排放量的核算，管理思想要遵循环境经济与管理的基本思想。再次，碳金融以市场机制解决低碳发展问题，运用经济学基本理论方法来促进经济发展与低碳发展之间的协同性。最后，碳金融关注的可持续发展是关乎人类生存发展的社会性问题，也要遵循社会学的基本思想和方法。

（四）范围广泛性

随着全球气候变暖与金融资本全球化，碳金融的空间范围不断拓展，呈现全球化趋势。气候变暖的影响是全世界范围的，需要全人类共同面对并合作控制，各国都高度重视气候治理和碳减排，这决定了碳金融具有一定的跨国境特征。同时，随着国际市场愈发广阔，国际贸易和资本流动的范围扩大和程度加深，跨国的金融活动日趋频繁，国际金融合作愈加紧密，碳金融也将呈现国际化特征。

气候变化的影响是广泛的、长期的、深远的，各国为了延缓气候变暖、应对气候变化进行了激烈的政治、经济博弈。碳金融有利于平衡经济增长与低碳发展，降低碳减排成本，支持国家在国际博弈和“气候外交”中发挥重要作用。此外，由于碳金融的范围越来越广、国际性日益加强，它也将受到全球经济形势、汇率、国际股价、期货价格等的影响，不确定性或风险也在逐渐增加，这方面应引起高度重视。

（五）动态变化性

动态变化性主要表现在两个方面：一种是随着“双碳”战略的持续推进和绿色低碳发展重点任务和领域的调整变化，低碳领域范围随之调整，如某些细分领域的消失或新增，服务“双碳”目标的碳金融必然会相应发生变化。另一种是随着经济社会发展和科学技术进步，采用相对标准界定的绿色低碳领域和非绿色低碳领域随之发生变化，过去纳入绿色低碳领域的清洁生产或节能技术或产业，随着技术发展革新，以后可能成为落后产能而归入非低碳领域。这两个方面决定了碳金融的发展呈现持续变化的态势。

第二节 碳金融的功能与作用

一、碳金融的功能

碳金融是金融的一个重要领域，具有金融的基本、核心功能属性，即在时间和空间上配置资源；提供分散、转移和管理风险的途径；提供清算和结算的途径，以实现商品、服务和各种资产的交易；提供集中资本和股份分割的机制；提供价格信息；提供解决“激励”问题的方法。

碳金融在充分沿袭金融基本功能的基础上，针对温室气体减排和“双碳”目标实现，突出发挥其以下几方面的功能。

一是资源配置功能。实现“双碳”目标需要巨量资金支持，碳金融充分发挥其优化资源配置的功能，促进低成本资金投入绿色低碳领域、节能低碳项目和发展碳减排、碳中和技术。根据中国金融学会绿色金融专业委员会（2021）的研究，2021年到2050年，中国在绿色低碳领域的投资需求总额将达487万亿元（以2018年不变价格计算）。这意味着未来30年，中国需在该领域年均投入16万亿元，其中约90%的资金需要通过金融市场筹集，另有约10%来自政府财政。碳金融相关政策、手段和产品能够有效引导和激励更多低成本社会资金从高污染、高耗能领域和产业向低碳节能环保领域、项目、“双碳”技术创新等绿色产业和绿色技术领域转移，提升绿色低碳项目、绿色低碳技术的融资水平和持续发展能力，推动生产低碳化、消费电气化、循环高效化。

二是风险管控功能。党的二十大报告明确提出，积极稳妥推进碳达峰碳中和。经济社会低碳转型要以安全稳健为前提。气候变化导致极端天气、自然灾害，对生产生活带来重大冲击。积极应对气候变化、实现“双碳”目标，对社会各个方面履行环境责任、低碳技术进步等提出更高要求。金融机构可以提供定制化的气候保险、风险管理等服务，充分发挥碳金融的风险管控功能，为相关领域和主体减污降碳、绿色技术创新等提供安全保障，协助相关责任主体提高风险预警、控制、防范和化解水平，提升绿色低碳项目的安全性、可得性，促进经济社会稳健有序实现低碳转型和产业低碳可持续发展。

三是完善市场定价功能。通过建立健全碳排放权交易体系发挥碳金融的市场定价功能，通过合理的碳价格形成机制引导更多社会资源投入减碳行动。从目前已有的国内外实践经验来看，碳排放权交易是碳减排直接有效的政策手段，设置碳排放限额，使碳排放权具有价值，通过交易形成价格锚点，形成全国性减碳领域投资与风险管理的市场。碳市场与碳交易的活跃离不开金融机构的积极参与，特别是市场运行初期需要借鉴引入“做市商”制度。同时通过开发碳现货及衍生品、碳融资、碳资产管理和碳保险等金融产品，有效助力碳配额合理定价，约束碳排放、活跃碳交易，推动绿色低碳企业获得减排额外效益，促进碳市场健康高质量发展。

二、碳金融发展的作用与意义

发展碳金融对我国经济发展具有重要作用与意义，通过金融工具和杠杆作用推动全社会向绿色低碳转变，促进我国经济绿色发展，同时通过体制机制创新带动经济体系和结构不断优化。

（一）有助于我国经济结构转型和体系优化

尽管近年来我国生态环境保护工作取得了令人瞩目的成绩，但在国内外复杂形势下全国生态环境安全形势依然严峻，局部地区和重点领域的发展方式仍待调整，经济发展与生态环境保护之间仍需更好协调。碳金融作为促进碳减排、实现“双碳”目标的重要经济手段，能够将各行业各领域的“碳资产”有效开发利用起来，鼓励市场主体自主进行碳减排，助力低碳产业低成本、高效率融资，从而促进绿色低碳产业发展，促进经济结构向清洁低碳的产业结构转型。同时，碳金融体系有助于完善我国的金融制度，健全社会主义市场经济体系。

（二）有助于促进我国社会经济绿色低碳循环发展

我国在经济快速发展和人民生活水平快速提高的同时，工业化、市场化、城镇化、国际化多种路线交织并融，高耗能、高排放、高污染、低水平的产业发展模式和浪费、奢靡、不懂节约的生活方式不可持续。人类各种行为均涉及碳排放，碳金融也将关联各个行业领域，如清洁能源、低碳交通、建筑节能等，通过金融工具和手段引导社会经济资源流向绿色低碳领域，降低低碳生产、绿色生活的成本，鼓励倡导绿色消费，推动形成绿色低碳循环的生产方式和生活方式，协同推进降碳、减污、扩绿、增长，从而实现经济社会的全面低碳发展。

（三）有助于提升我国金融国际竞争力

我国金融行业发展尽管取得很大进步，但相较于发达国家仍然存在体系不健全、工具品种较少、制度创新不足等问题。碳金融将低碳经济和金融创新有机衔接，共同促进经济与环境可持续发展，助力提升国家经济实力、环境质量、生态安全等。碳金融是金融工具的创新成果，能够满足社会资本的“投资需求”，帮助绿色产业客户盘活资金，满足绿色产业企业在扩大产能中的“融资需求”，支持绿色产业生态圈建设，共建低碳“产业链”，并且引导金融主体如商业银行不断建立和完善金融体系，提升我国金融行业的国际竞争力。

（四）有助于化解绿色金融风险、丰富绿色金融体系

绿色金融发展的关键在于建立起消除温室气体排放和环境污染等负外部性产生的经济调控路径和机理，将经济主体产生的环境成本内部化至其自身的成本构成之中，同时对那些减少或降低温室气体或污染物排放的行为予以相应的经济激励，最终促进低碳绿色行为的发生。建立绿色金融的一大挑战是实现真正意义上的、涉及宏观结构和微观行为的转变，而这一转变在技术方法和实际执行过程中的核心就在于环境社会成本的核算以及风险的量化评估，并在此基础上对环境效果进行货币化表征，进而将传统意义上的经济绩效和所形成的具有准确定价的环境绩效统一到财务表征体系。已有的碳交易市场已成功展示了温室气体排放这一类环境成本的货币化表征的可能性，并为其提供了流转、估值和变现的现实便捷渠道，在此基础上将其所对应的风险成本或潜在收益转化为交易主体的财务绩效，成为绿色金融体系中率先实现落地生根的环节，作为化解绿色金融挑战的突破口，充分展示碳金融对绿色金融体系向其他生态环境保护领域拓展的引领示范作用。同时，碳金融在温室气体这一类环境成本的量化定价方面的成功实践，为建立和完善基于环境价值核算的绿色金融体系奠定了坚实的基础。随着人类社会对气候变化和温室气体排放的科学认知愈发深入，以及对减缓和适应气候变化领域和举措的不断拓展，碳金融无疑将在更大的范围、更深的层次加以实践和创新，必将成为绿色金融体系中最具活力和创新力的领域之一；伴随着碳金融领域的探索与创新实践，必将极大地丰富绿色金融体系。

（五）有助于促进人民币走向国际化

随着全球气候变暖、国际环境问题日益凸显，各国不断形成碳减排、碳中和的共

识，主要国家不断致力于发展绿色能源和绿色经济，调整能源结构。在清洁低碳发展的共识下，国际关系和国际储备力量对比正在发生变化，石油美元体系也将逐渐瓦解，国际货币呈现多边化、多元化趋势。发展碳金融能够有力促进我国绿色低碳产业发展，为人民币国际化提供扎实的绿色经济基础。碳金融还有助于推进以人民币结算的碳交易国际化进程，逐渐建立健全人民币在全球碳交易中的贸易、投融资和资本市场循环流通机制，打造具有国际化属性的“绿色人民币”。

第三节　碳金融创新发展的理论基础

一、稀缺性理论

经济学意义上的稀缺是指相对于既定时期的人类需要而言资源是有限的。稀缺性理论表明，环境资源或物品可以被用作多种用途，若使用某种自然资源的边际成本大于零，就意味着该资源或物品已具有稀缺性。稀缺性导致该资源或物品具有消费的竞争性，即需要用价格调节其使用，价值也随之产生。稀缺性理论指出，正是由于资源具有稀缺性，资源才具有价值。在市场经济环境中，价格可以度量环境资源或物品的相对稀缺性，进而影响生产者和消费者双方的供需行为。如果在消费者使用某种环境资源时，该环境资源对其产生了效用，那么消费者便对该种环境资源产生了需求。然而，由于任何环境资源都是有限的，如果对其使用和消费不加以限制和约束，那么长此以往，该种环境资源的数量便会越来越少，以至于无法满足消费者日益增加的需求，甚至造成不可逆转的生态环境损害。因此，对稀缺资源必须合理定价，以适当的价格反映环境资源的稀缺程度，防止因不合理定价而导致的市场低效和混乱，进而提高资源的配置效率。

自然资源的稀缺性主要体现在两个方面：其一，人类从自然环境中获取可再生资源的速率远远超过其再生速率，且人类使用不可再生资源的速率大于寻找或研制替代品的速率，进而导致环境中可再生资源和不可再生资源的稀缺程度迅速提升。其二，人类在生产生活过程中向自然环境排放和丢弃的废弃物超过自然环境的自净能力，以至于环境容量的稀缺程度快速增加。工业革命以后，随着人口的增长和经济社会的发展，人类对自然资源的需求越来越大。当这种需求超过自然环境的承载力时，自然资源的稀缺性就迅速显现出来。目前，自然资源的稀缺性已经成为制约各国经济发展的重要因素。

就二氧化碳排放而言，如果自然环境中的二氧化碳浓度过高，其对地面反射回高空的红外辐射的阻碍作用会导致温室效应的产生，进而带来海平面上升、气候反常等一系列灾难性后果。由此可见，自然环境能够容纳的碳排放量具有一定的限度。

有限的环境容量意味着对众多排放二氧化碳的单位来说，碳排放权利是一种稀缺性资源，碳排放权利的稀缺性使碳排放权利具有相对价值和价格，而碳交易的实质即是对稀缺的环境容量使用权的交易。环境容量的有限性使碳排放量具有稀缺性，而稀缺性赋予其可交易的内涵，即其具有产权的性质。当人口增加和经济增长带来的碳排放达到环境容量的上限时，其外部环境危害性表现愈发明显，这时在环境容纳范围内的允许碳排放权或碳排放量额度开始稀缺，并成为一种有价产品。随着碳排放总量的不断增大及环境的持续恶化，碳排放权的稀缺程度也随着环境容量的使用而日益提高，其价值亦随之增长。因此，应当对碳排放量进行合理定价，使该价格能够充分有效地反映碳排放量的稀缺程度，进而提高碳排放量的分配效率。在这一背景下，促进碳金融蓬勃发展以限制温室气体排放的重要性不言而喻。

二、外部性理论

外部性理论是福利经济学的重要组成部分。阿尔弗雷德·马歇尔（Alfred Marshall）在 1890 年发表的《经济学原理》中首次提出了“外部经济”和“内部经济”的概念。马歇尔指出，因任何一种货物的生产规模之扩大而发生的经济均能分为两类：第一类是有赖于这工业的一般发达的经济，即“外部经济”；第二类是有赖于从事这工业的个别企业的资源、组织和效率的经济，即“内部经济”。而后，福利经济学创始人庇古将外部性问题的研究从外部因素对企业的影响效果转向企业或居民对其他企业或居民的影响效果。庇古认为，归因于边际私人纯产值和边际社会纯产值之间的差异，完全依靠市场机制形成资源的最优配置从而实现帕累托最优是不可能的。因此，应当依靠政府征税或补贴来内部化社会中普遍存在的外部性问题。外部性是指一个经济主体（生产者或消费者）的活动或行为对其他个体或群体的福利水平产生了影响，该影响可能是有利的，也可能是不利的，这种溢出效应带来的利益（收益）或损失（成本）在缺乏任何相关经济交易的前提下传导至其他个体或群体，表现为一个经济主体对另一经济主体“非市场性”的影响。总体而言，外部性是指某一经济主体的行为影响了另一经济主体的福利水平，但该影响却没有通过市场价格反映出来，即非自愿增加的收益或成本。实际上，外部性的产生源于边际社会收益或边际社会成本与边际私人收益或边际私人成本之间存在差异。

环境污染和生态破坏等环境问题具有环境外部不经济性，即部分经济主体在未签订契约的情况下就以破坏生态或污染环境的方式，将生产成本的一部分强行转移给其他主体，从而损害其他主体的福利。基于理性经济人假设，考虑到自然资源具有稀缺性、无产权和无价格等特点，一些厂商为了追求自身利益最大化，倾向于过度使用自然资源和超标排放环境污染，同时将自己本应承担的环境成本强行转移给社会等主体，从而实现在获得经济效益的同时规避污染损害、转嫁治污成本的自利目标。如果在生产和消费环境资源的过程中边际私人成本和边际社会成本不相等，那么环境外部不经济性就随之产生了。

就碳排放企业而言，其基于利润最大化目标，将治理碳排放的成本转嫁给社会，因此碳排放对环境的不利影响并未计入其市场交易的成本与价格中，碳排放企业的收入与支出不相等，碳排放企业获得私人收益。因此，碳排放是典型的外部不经济性问题，其原理如图 1.3 所示。

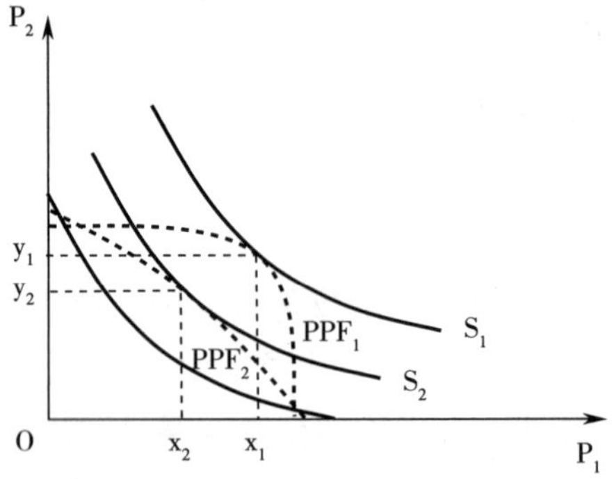

图 1.3　外部性理论示意图

假设市场中有两种商品：P_1和 P_2，其中 P_2的生产具有碳排放外部性。当没有碳排放外部性影响时，社会的生产可能性曲线（Production-Possibility Frontier）为 PPF_1，当 PPF_1与社会无差异曲线 S_1相切时，P_1和 P_2的产量分别为 x_1和 y_1。由于 P_2的生产具有碳排放外部性，社会的生产可能性曲线变化为 PPF_2，当 PPF_2与社会无差异曲线 S_2相切时，P_1和 P_2的产量分别为 x_2和 y_2。对比两种情况可知，当存在碳排放外部性影响时，P_1和 P_2的产量将分别减少（$x_1 - x_2$）和（$y_1 - y_2$），社会福利损失为社会无差异曲线 S_1和 S_2的差额，体现出碳排放具有典型的外部性特征。碳排放外部性会导致产品的价格扭曲和市场失灵，进而增加社会成本，使社会福利水平下降。碳排放污染是市场失灵的典型表现形式，只有充分内部化碳排放的外部性，才能减少社会福利损失。

解决外部性的基本思路是使外部性充分内部化，即通过制度安排使经济主体的经济活动所产生的社会收益或社会成本转为私人收益或私人成本，使生产和消费环境资源的私人成本等于社会成本。将碳排放的外部性内部化的理论主要有两种——庇古税和科斯定理。

1. 庇古税

庇古首次用现代经济学的方法从福利经济学的角度研究了外部性问题。他认为：如果每一个生产者的生产要素的边际私人净收益等于边际社会净收益，且其在各生产用途的边际社会净收益都相等，产品价格等于边际成本，那么就意味着资源配置达到了最优状态。如果除了该生产者获得了边际私人净收益外，还有其他人获得收益，此时边际社会净收益大于边际私人净收益，即生产者的某项生产活动给社会带来了正面影响，庇古将此称为“边际社会收益”；相反，如果其他人的福利遭受了损失，此时边际社会净收益小于边际私人净收益，即生产者的某项生产活动给社会带来了负面影响，庇古将此称为“边际社会成本”。

庇古提出应通过征税的方式使污染成本内部化，这种方式通常被简称为庇古税。庇古税是根据污染所造成的危害程度对排污者征税，用税收来弥补排污者生产的私人成本和社会成本之间的差距，使边际私人成本与边际社会成本相等。若存在外部不经济效应时，即边际私人成本小于边际社会成本时，应该向企业征税；若存在外部经济效应时，即边际私人收益小于边际社会收益时，政府应对企业进行奖励和补贴。只要政府采取措施使私人成本和私人收益与相应的社会成本和社会收益相等，则资源配置就可以达到帕累托最优状态。这种纠正外在性的方法也称为“庇古税”方案。

碳税是庇古税理论在碳排放方面的应用与发展，征收碳税可使私人成本和私人收益等于相应的社会成本和社会收益，将碳排放的外部不经济性内部化。碳税是针对二氧化碳排放量所征收的从量税，它以环境保护为目标，通过增加税收负担以减少二氧化碳的排放，进而减缓全球变暖的速度。碳税的理论基础就是对碳排放的外部不经济影响征收“庇古税”。自然环境通常是具有效用的不可分割性、消费的非竞争性和受益的非排他性的公共物品，在环境规制缺失的情况下，生产者在生产过程中可以随意排放各类污染物，但却没有承担相应的成本，外部不经济性导致的过度排污加剧了自然生态环境的退化。因此，政府应当根据企业的污染行为对环境造成的危害进行征税，从而增加生产者的生产成本，使边际私人成本与边际社会成本相等，以上即为碳税设计的原理。在理想状况下，碳税的税收负担应该等于生产者对环境的污染程度（即边际外部成本），通过价格杠杆调节企业的生产和排污行为，引导企业将其二氧化碳排放控制在净收益不再增加的水平上，进而使碳减排的边际收益与控制污染的边际成本相等，即将外部不经济性内部化。

目前，我国的碳税制度仍然处于研究和制定阶段。自从“双碳”战略提出以来，多份文件中提及推动碳税制度落地。2021 年国务院印发《2030 年前碳达峰行动方案》，提到要建立健全有利于绿色低碳发展的税收政策体系，落实和完善节能节水、资源综合利用等税收优惠政策，更好发挥税收对市场主体绿色低碳发展的促进作用；2022 年 1 月 21 日，国家发展改革委等七部门印发《促进绿色消费实施方案》，提出“更好发挥税收对市场主体绿色低碳发展的促进作用”，再一次明确了使用税收工具促进低碳发展的思路。可见，碳税作为法律约束力强、政策约束力高的碳减排机制，出台及实施的进程正在逐渐加快。

2. 科斯定理

罗纳德·哈里·科斯（Ronald H. Coase）认为，产权界定不清是外部性问题产生的根源。如果产权界定清晰，那么政府不应干预市场，而应该使用市场机制即产权途径解决外部性问题。科斯定理指出：如果交易费用等于零，那么政府只要清楚完整地把产权界定给一方或另一方，并允许他们把这些权利用于交易，就可以通过市场交易和自愿协商达到资源的最优配置；如果交易费用为正，那么合法权利的初始界定会对经济制度运行的效率产生影响。在交易成本大于零的情况下，产权的清晰界定有助于降低人们在交易过程中的成本，提高经济效率。换言之，如果存在交易成本，而没有产权的界定与保护等规则，即没有产权制度，那么产权的交易与经济效率的提高就难以展开。科斯认为，若要将外部性内部化，应将外部性问题转化为产权界定的问题。如果能够建立一个完整有效的产权制度，便能够降低甚至完全消除外部性。将外部性内部化，就需要明确产权，一旦产权制度建立起来，那么借助市场交易中的价格机制就能对边际外部成本进行合理定价，进而将外部成本内部化。

在环境资源日益稀缺、相对价格不断提高的情况下，由于存在环境资源的无产权和零价格制度，经济行为主体仍然有权无偿使用环境资源，进而导致边际私人成本与边际社会成本之间的差异，二者之间的差异就是边际外部成本，反映了无偿使用环境资源的边际成本。当环境资源产权明晰后，环境资源的稀缺价格就会通过市场机制反映出来，并通过市场交易随供求变动得以不断调整。环境资源产权明晰后显示的市场价格，就是过去环境资源零价格制度下所显现的边际外部成本。此时，环境资源与劳动力、土地、资本一样作为生产要素被企业计入成本。企业的边际私人成本已经加上使用环境资源的边际成本，因而其等于边际社会成本，环境外部性问题从而被解决。

科斯定理不仅进一步巩固了经济自由主义的根基，还将庇古税理论纳入自己的理论框架之中，具体而言：若交易成本为零，那么将外部性内部化不需要运用庇古税手段；若交易成本不为零，则要根据成本收益的比较选择采用何种方式将外部性内部化，或许庇古税手段具有经济效益，也许科斯手段是有效的。随着环境污染和生态破坏问题日益加剧，科斯定理逐渐被应用于实际问题的解决。排污权交易制度就是科斯定理的一个典型运用。科斯定理在环境保护领域的成功应用表明“市场失灵”并不是政府干预的充要条件，政府干预也并不一定是解决“市场失灵”的唯一方法。

三、排放权交易理论

排放权交易是指在一定区域内，在污染物排放总量不超过允许排放量的前提下，内部各污染单位之间通过货币交换的方式分配排污量，从而在社会层面达到减少污染物排放量、保护自然环境的目的。其主要思想是通过产权设计来解决环境问题，在满足环境质量要求的条件下，基于污染物排放总量控制，建立合法的污染物排放权利即排污权（这种权利通常表现为排污许可证的形式），并允许排放污染物的权利像商品一样在市场上被买入和卖出，以此对污染物的排放进行控制。总结而言，排放权交易首先要明确污染物排放总量，即在排放权的供给上施加限制。在此基础上，排放权的经济价值由市场机制中的供求关系产生，其价格等于污染者的边际排放治理成本。最终，通过调节污染治理水平，所有企业的边际治理成本相等，并且等于排放权的市场价格。排放权交易的经济学意义体现在：通过总量控制限定环境容量资源的使用，明确环境容量资源的稀缺性；通过发放排放配额确定污染者的排放权，提供市场机制的产权基础；通过建立可交易的排放权市场，有效发挥市场机制，实现环境容量资源的有效配置。

排放权交易作为基于市场的环境工具，能够对污染者产生内在的经济激励。从成本效益的角度来看，排放权交易的效率高于传统行政型的环境工具。从理性行为选择的层面来看，污染者会在污染治理成本和排放权购买费用之和最小的准则下进行治污策略选择。在有效监管的前提下，只要污染者的边际污染治理成本存在差异，就能通过排放权交易使双方受益：边际污染治理成本低（低于交易价格）的污染者超量治理污染，并在市场上出售剩余排放权获得经济回报；治理成本高（高于交易价格）的污染者适量减少污染治理，并在市场上购买额外的排放权；当污染者的边际污染治理成本相等时，交易自发停止。此时，出售排放权所获得的经济收益本质上是市场对污染者超量减排的环境补偿，购买排放权所支付的成本本质上则是污染者超量排放的环境代价。排放权交易具有激励污染者提高污染治理积极性的作用，使治理污染从政府的强制行为转为污染者自觉的市场行为，交易方式也从政府与污染者的行政交易变成市场上的经济交易。基于科斯的产权理论，碳排放权交易市场机制从碳配额分配、交易、履约、惩罚等方面进行了完整的顶层设计，科斯的产权理论为碳排放权交易制度的建立提供了理论基础。

1968 年，美国经济学家约翰·戴尔斯（John Dales）首次提出了排放权交易（Emissions Trading Program），界定了排放权的含义为排污者在符合法律规定的条件下向环境排放污染物的权利，如果在特定条件下允许排放权被买入或卖出，即形成了可交易的排放权（Tradable Permits）。排放权的概念在提出以后，被德国、英国和日本等发达国家广泛实践。在美国 1970 年通过、1977 年修正的《清洁空气法》中，详细规定了主要污染源的排放标准，为了实现总体减排目标，一些州提出新污染源可以帮助老污染源减污，进而获得相应的排放权，形成了排放权交易的雏形。1990年美国颁布《清洁空气法修正案》，极大地拓展了排放权交易在改善大气环境质量领域的应用范围，并高效地实现了二氧化硫减排。

就碳排放而言，自然环境存在被允许的最大碳排放量，即碳排放权是一种稀缺资源。碳排放权具有稀缺性，因此碳排放权具有内在的经济价值，即具备商品的交易属性。在这种情况下，碳排放权交易就自然而然地诞生了。碳排放权交易理论以“总量限定和配额分配”为基本原则，具体交易方式是：首先，由政府部门确定一定区域的环境质量目标，并据此评估该区域的环境容量；其次，政府推算出二氧化碳的最大允许排放量，并将最大允许排放量分割成若干份排放量，即若干碳排放权；最后，政府以不同方式将碳排放权分配给各个排污者，并建立碳排放权交易市场使这种权利能够被合法地买入和卖出。初始碳排放权的分配方式包括免费发放、拍卖以及混合方式。在碳排放权交易市场中，排污者基于自身利益最大化的考虑和对治污能力的考量，自主制定二氧化碳削减量，并决定是否买入或卖出碳排放权。碳排放权交易原理如图 1.4 所示。

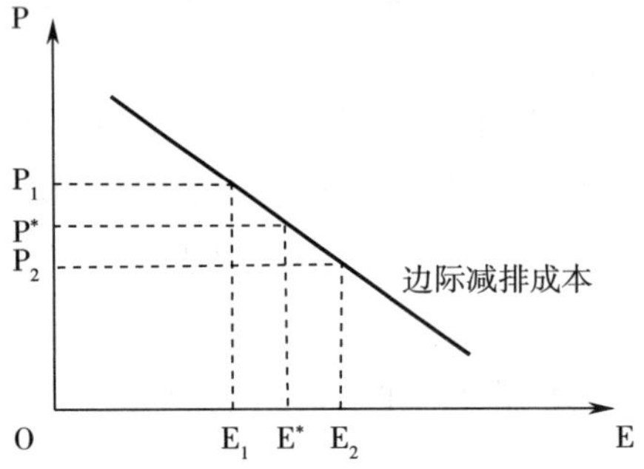

图 1.4　排放权交易理论示意图

当企业的碳排放量为 E_1 时，其边际减排成本为 P_1，高于市场碳配额价格 P^*，此时企业会选择购入碳排放权，购买量为（$E^* - E_1$）；当企业的碳排放量为 E_2 时，其边际减排成本为 P_2，低于市场碳配额价格 P^*，此时，企业会选择自行减排；随着碳排放量逐渐降低，企业的边际减排成本趋于接近市场碳配额的价格，当企业的碳排放量降至 E^* 时，其边际减排成本与市场碳配额价格均为 P^*，若继续减排则成本将高于配额价格，因此企业会选择从市场上购入碳排放配额，在达成碳减排目标的同时，实现碳减排成本最小化。

2011 年 11 月，国家发展改革委办公厅印发《关于开展碳排放权交易试点工作的通知》，据此北京、上海、天津、湖北、重庆、广东、深圳七省市开始开展碳排放权交易试点。早期，碳排放权交易机制只在发电行业试行，且参与对象仅限于年能耗 1 万吨以上标准煤的企业。2020 年 12 月，生态环境部颁布《碳排放权交易管理办法（试行）》，进一步明确了抵消机制、参与门槛、碳配额分配方法、注册登记系统等要求。同月，生态环境部还颁布了《2019—2020 年全国碳排放权交易配额总量设定与分配实施方案（发电行业）》，电力行业为初步纳入全国碳排放权交易市场的行业，设置重点排放单位 2225 家。2021 年 3 月，生态环境部起草《碳排放权交易管理暂行条例（草案修改稿）》并向社会公开征求意见，该修改稿在经国务院立法程序审议通过并作为行政法规正式发布后，将填补全国碳市场领域高层级立法的空白，成为全国碳市场建设运营的纲领性规范。2021 年 7 月，全国碳排放权交易市场正式运行，参与对象主要包括年度温室气体排放量达到 2.6 万吨二氧化碳当量的排放单位。从部分试点到全面推行，从特定行业到广泛推行，建立碳排放权交易体系已然成为我国应对气候变化、促进实现绿色低碳发展的重要措施。

四、金融创新理论

美国经济学家约瑟夫·熊彼特（Joseph Alois Schumpeter）在《经济发展理论》一书中首次提出“创新理论”，强调创新属于经济概念范畴，创新可以通过效仿和推广以促进社会经济发展，该理论为日后金融创新理论的发展奠定了基础。20 世纪 70 年代以后，宏观金融领域的金融发展理论、金融结构理论、金融功能理论和金融中介理论，以及微观金融领域对资本市场及其相关领域的研究，为 20 世纪后期的金融创新提供了可能。如今，经济全球化和经济金融化趋势日益显著，各种金融创新理论逐渐发展，在此基础上，碳金融理论创新和实践创新正在助力新时代经济高质量发展。

（一）规避管制理论

规避管制理论是金融创新理论体系的核心部分，最早由美国国家经济研究局研究员爱德华·凯恩（Edward J. Kane）提出。凯恩认为管制能够诱发创新，即若金融行业受到比其他行业更为严格的金融管制，且其能够合理地或被默许地回避政府的管制措施以获取更多利润，那么就会产生金融创新行为，也就是所谓的“管制的辩证假设”（Regulatory Dialectic Hypothesis）。“规避”监管指回避制度体系的各类限制性措施，规避型金融创新指对各种金融管制行为的回避，合法地寻求“监管套利”。在凯恩设计的制度体系框架中，经济制度制定者和被管制人之间存在动态博弈。金融机构出于利润最大化追求，其在运行过程中会通过创新来逃避监管部门的管制，但当大量的金融创新活动危及金融市场的稳定时，政府将被迫采取更为严厉的管制措施，进而引发新一轮的金融创新，管制和规避引发的创新不断交替，螺旋上升。碳金融创新主要是金融机构为了获取更高利润而规避政府管制所诱发的。为了推动实现“双碳”目标，政府部门加大对碳排放的管制力度，进一步强化对高碳排放企业的管制。如此一来，高碳排放企业对碳排放权交易量的需求大大提升，其会借助碳排放权交易、核证自愿减排（Chinese Certified Emission Reduction，CCER）、碳债券、碳期权等进行综合创新，以对冲碳减排成本，同时主动承担碳减排任务的企业或碳汇企业可以因此获得收益。

（二）约束引致理论

美国经济学家威廉·西尔伯（William L. Silber）从微观经济学角度出发，对金融创新进行了阐释。他提出金融创新是追求利润最大化的微观金融组织为消除或减轻其所受的金融压制而采取的“自卫”行为。金融压制通常来自两个方面：一是外部约束，其通过企业的外部市场发挥作用，如政府管制；二是内部约束，其通常会影响企业的最大化效用问题，如企业自己设定的增长率和流动性限制等目标。当这两方面的金融压制发挥作用时，尤其是当外部条件发生变化进而产生金融压制时，以利润最大化和管理高效为目标的金融机构旨在通过金融创新促使效用水平回到先前水平或使影子价格降低。就碳金融创新而言，控排企业回避或削弱外部约束和内部约束是碳金融创新的根本原因。碳金融机构开展创新活动的目的在于摆脱碳排放成本约束，进而促进技术创新、产品创新和市场创新，最终获得良好的收益。我国正在全力实现碳达峰和碳中和，“双碳”目标的强制约束使高碳排放企业不断推进碳减排进程，主动开展制度体系、管理水平、生产过程、资源利用和市场营销等方面的技术创新，通过碳交易降低碳减排成本以及开展自愿减排降低碳排放成本。

（三）交易成本创新理论

交易成本创新理论的主要代表人物是约翰·希克斯（John R. Hicks）和于尔格·尼汉斯（Jurg Niehans）。他们将交易成本、货币需求和金融创新联系起来，认为不同的货币需求会产生对不同金融工具的要求，交易成本的高低使经济主体存在不同的需求预期，金融成本的高低是判断金融业务和金融工具是否具有实际应用价值的重要因素。因此，金融机构为了降低交易成本，会主动采用新技术、改良经营模式或创新管理理念进行金融创新，使货币向更高级的形态发展，进而催生出新的中介机构和交易工具。交易成本的不断降低会进一步刺激金融创新，提升金融服务质量。碳金融创新的核心目标是减少碳排放、实现“双碳”目标，进而降低碳排放企业的交易成本。碳排放企业会通过比较碳减排成本、超额碳排放成本、购买碳配额成本和超额碳排放生产能够带来的收益来决定是否采用创新手段实现碳减排。我国正在全面促进绿色发展，助力实现“双碳”目标，超额碳排放成本将会不断增大，而超额碳排放生产能够带来的收益逐步缩小，能否实现有效碳排放不仅是衡量企业价值文化的指标，更是考核企业社会责任的重要方面。因此，企业为了降低超额碳排放成本，通常会选择践行可持续发展理念、主动开展金融创新，综合考虑生产活动的经济效益、生态效益和社会效益。

（四）制度创新理论

制度创新理论的代表人物是兰斯·戴维斯（Lance E. Davis）、艾伦·沃利斯（Allen Wallis）和道格拉斯·诺思（Douglass C. North）。诺思等人认为，创新是一种制度改革，其与经济制度相互影响、互为因果，在金融领域内由制度变革引致的任何金融市场的变动都可以视为金融创新。因此，政府行为能够促使金融制度发生变化。例如，政府开展环保制度改革引致碳金融体系中的碳交易供需出现变动，环保制度改革并不是“金融压制”，而是包含创新成分。戴维斯和诺思等制度学派人物强调政府行为是金融创新产生的原因，将金融创新的概念扩展到金融业务创新和制度创新。他们认为政府监管制度的演化能够促进金融创新活动，金融体系中的金融创新在“管制—创新—管制—创新”的良性互动中不断发展。就碳金融创新而言，微观层面的目的是使控排企业降低成本增加利润，宏观层面的目标为促进产业结构升级、维护金融体系稳定，最终实现高质量发展。1997 年 12 月，《京都议定书》首次在国际性法规层面明确规定了发达国家温室气体排放，为碳金融制度创新奠定了法律基础；2020 年 9 月 22 日，中国在第七十五届联合国大会上正式提出 2030 年实现碳达峰、2060 年实现碳中和的目标，进一步加快了我国碳金融制度创新的步伐；2021 年 5 月 28 日，生态环境部等八部门联合发布《关于加强自由贸易试验区生态环境保护推动高质量发展的指导意见》，核证自愿减排（CCER）交易市场的推出更为碳金融创新打造了新的平台。

【本章小结】

人类活动排放的大量温室气体所引发的全球气候变化，严重影响人们的生产生活甚至生命安全，已成为当今全球经济社会可持续发展的硬约束和新动力。作为负责任的大国，中国充分展现应对气候变化的责任担当，积极参与气候治理，提高国家自主贡献力度，采取更加有力的政策和措施，二氧化碳排放力争于 2030 年前达到峰值，努力争取 2060 年前实现碳中和。本章从全球气候变化基本特征和中国“双碳”战略目标等层面阐述了碳金融产生的背景和必然性，进而探讨了碳金融的基本定义与内涵，界定了碳金融的特征；从金融学基本功能和“双碳”战略基本特性的维度，总结了碳金融的功能与作用；归纳提出了碳金融发展的理论基础。

碳金融是为积极应对气候变化、减少温室气体排放、促进低碳绿色发展、转移气候风险而设计的以市场为基础的金融创新，是与碳减排、碳中和相关的各种金融交易活动和金融制度安排的总和。相比于传统金融，碳金融更加注重生态环境福祉。碳金融作为一种促进碳减排、实现低碳发展的金融创新，其在具有金融一般特征的基础上，更加突出利益兼容性、政策导向性、学科交融性、范围广泛性和动态变化性等特征。

优化资源配置、强化风险管控、完善市场定价是碳金融在促进碳减排、实现“双碳”目标方面的核心功能。促进碳金融发展，对于促进我国经济结构转型和体系优化、实现经济社会绿色低碳循环发展、提升我国金融国际竞争力、化解绿色金融风险、丰富绿色金融体系，以及有序推进人民币国际化具有重要意义、发挥着关键作用。碳金融的产生与发展是建立在坚实的理论体系之上的，稀缺性理论、外部性理论、排污权交易理论和金融创新理论构成碳金融发展的理论基石。

【思考题】

1. 简述我国“双碳”目标提出的背景与历程。
2. 谈谈你对碳金融内涵的理解。
3. 简述大力发展碳金融的意义与实现路径。
4. 从金融的基本功能出发，简述碳金融的功能。
5. 简述金融创新理论在碳金融创新发展中的理论指导价值。

第二章　碳金融市场与碳金融工具

【学习目标】

1. 了解国际碳金融市场发展背景、历程和体系，熟悉国际主要碳交易市场平台。

2. 了解国际碳金融产品分类及主流碳金融产品概况，熟悉欧盟、英国、美国等主要国家和地区的碳金融市场及其监管政策。

3. 理解我国碳金融发展政策背景和碳金融产品体系，掌握碳交易市场主要融资工具、交易工具和支持工具。

4. 了解我国碳交易市场试点阶段和全国统一碳交易市场启动后碳金融产品的实践探索、产品创新以及相关服务模式。

第一节　国际碳金融的发展与创新

一、碳交易：碳金融的基础交易行为

随着气候变化成为人类社会面对的重大挑战，低碳经济已成为世界各国首选的发展模式，而碳交易市场被视为在市场经济框架下解决气候变化问题最有效的一种制度安排。碳交易市场是碳排放配额或碳减排信用额交易的市场。在碳交易市场中，存在两类交易行为：配额或信用额的基础交易行为以及在碳交易市场体系下孵化出来的碳金融行为。

1997 年 12 月，《京都议定书》首次明确限定发达国家温室气体排放总量水平，并建立国际排放贸易机制（IET）、联合履约机制（JI）和清洁发展机制（CDM）三种灵活合作机制，为发达国家与发展中国家以及发达国家之间的碳交易奠定了合作基础。《京都议定书》生效后，以三种机制为基础，在强制减排目标下，碳交易市场迅速形成并快速发展起来，由此催生了碳金融产品。2000 年，世界银行建立首个碳基金，碳排放权成为国际商品。一些金融机构如投资银行、对冲基金、私募基金、

证券公司等发现了其中的巨大商机，适时推出了基于碳交易的远期产品、期货产品、掉期产品及期权产品。世界各国都在努力构建适合本国低碳经济发展的碳交易市场，多个碳交易市场体系在全球各地相继建立。

表 2.1　　　　全球碳交易市场发展历程

时间	事件
20 世纪 90 年代	碳排放权交易起源于排污权交易概念
1997 年	《京都议定书》提出国际排放贸易机制（IET）、清洁发展机制（CDM）和联合履约机制（JI）
2002 年	英国碳排放权交易体系（UK-ETS） 东京碳排放权交易体系（TCTP）
2003 年	芝加哥气候交易所（CCX） 澳大利亚新南威尔士州温室气体减排体系（NSW GGAS）
2005 年	《京都议定书》生效 欧盟碳排放权交易体系（EU-ETS）
2008 年	瑞士碳排放权交易体系（CH-ETS） 新西兰碳排放权交易体系（NZ-ETS）
2009 年	美国区域温室气体倡议（RGGI）
2010 年	日本东京都总额限制交易体系（TMG）
2011 年	日本埼玉县碳排放权交易体系
2012 年	美国加利福尼亚州碳总量控制与交易体系
2013 年	加拿大魁北克省碳排放权交易体系
2014 年	澳大利亚碳排放权交易体系
2015 年	韩国碳排放权交易体系
2018 年	美国加利福尼亚州碳交易市场与加拿大安大略省碳交易市场对接
2020 年	墨西哥碳交易市场（试点） 欧盟碳交易市场与瑞士碳交易市场对接
2021 年	德国碳交易市场 英国碳交易市场

资料来源：ICAP 中国碳排放交易网，笔者根据相关资料整理。

目前国际碳交易市场与碳金融市场相互交织，互为内容，已初步形成了由“两套法律框架”“两类机制基础”“两种交易市场”“四个交易领域”构成的碳交易市场与碳金融市场的二元结构。

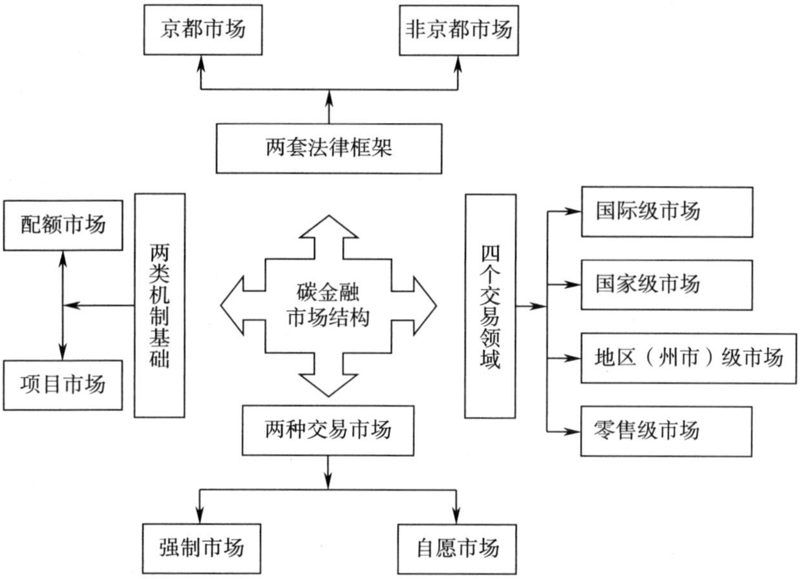

图 2.1　国际碳交易市场与碳金融市场结构框架

基于两类机制形成了两种交易市场，具体而言，国际碳市场可依据交易机制不同划分为基于项目的市场（Project-based Markets）和基于配额的市场（Allowance-based Markets）。配额是基于总量控制与交易机制（Cap-and-Trade）创建的；项目市场的碳信用则是基于基准线与信用机制（Baseline-and-Credit）创建的。这两类市场产生的减排单位都属于可交易的碳信用范畴，其归属分配和实际使用并非发生在一个时间点上，这使碳信用具备了金融衍生品的某些特性，为金融充分介入碳交易奠定了基础。以欧盟碳交易市场为代表的碳交易市场机制已比较成熟，形成了项目咨询、开发，配额与减排项目上市交易，项目开发机构、咨询机构、金融机构、能源企业参与的完整产业链，在碳排放权交易的基础上产生的碳金融产品与市场也快速发展起来。在交易对象上，从最初的欧盟碳排放配额（EUA）现货、核证减排量（CER）现货发展到 CER 远期、期货、期权，EUA 期货、期权，以及与碳资产挂钩的结构性金融产品等。同时，相关利益机构为降低温室气体排放而开展的大量投融资活动，如商业银行为碳减排活动积极开发绿色信贷、清洁发展机制项目抵押贷款、企业技术改造贷款等金融产品，政府组织或其他机构设立拓碳基金项目等，大量的碳金融活动与碳金融交易工具被开发出来。

二、碳金融产品分类

作为新兴的金融市场，碳金融市场有广义与狭义之分。广义的碳金融市场是泛指所有服务于减少温室气体排放的碳交易市场以及相关的金融制度安排，包括低碳项目开发的投融资、碳排放权及其衍生品交易和投资，以及其他相关的金融中介服务。狭义的碳金融市场仅指碳交易市场层面的碳金融行为，即以碳排放权为标的的金融现货、期货、期权交易。对碳金融产品的种类划分有不同的观点。

杜莉（2014）将全球碳金融产品分为碳金融现货交易产品和碳金融衍生品两大类，前者包括碳信用和碳现货产品，后者包括碳远期、碳期货、碳期权和结构性产品等，具体见表2.2。

表2.2 全球碳金融产品分类

<table>
<tr><th colspan="4">碳金融现货交易产品</th><th colspan="4">碳金融衍生品</th></tr>
<tr><th colspan="3">碳信用</th><th rowspan="2">碳现货产品</th><th rowspan="2">碳远期</th><th rowspan="2">碳期货、碳期权</th><th rowspan="2">结构性产品</th><th rowspan="2">其他</th></tr>
<tr><th>配额</th><th>项目</th><th>自愿</th></tr>
<tr><td>EUA、AAU</td><td>CER、ERU</td><td>VER</td><td>碳基金、绿色信贷、碳保险、碳股票</td><td>远期合约</td><td>标准化期货、期权合约</td><td>与某标的挂钩的结构性理财产品</td><td>证券化产品、碳债券、套利工具</td></tr>
</table>

资料来源：杜莉，等．低碳经济时代的碳金融机制与制度研究［M］．北京：中国社会科学出版社，2014.

杨星（2015）等学者认为，较为完善的碳金融产品体系应覆盖三大类碳金融产品，即原生工具（配额信用现货、减排信用现货、碳债券和碳基金）、衍生工具（减排信用远期、配额/减排信用期货、配额/减排信用期权）和创新衍生工具（碳质押/碳抵押、套利交易工具、碳信托、碳保险/保证/担保和减排信用的货币化/证券化）等。

联合国环境规划署（United Nations Environment Programme，UNEP）在2007年发布的《绿色金融产品和服务——目前趋势和未来机会》报告中，详尽地说明了包括零售类、投资类、资产类和保险类在内的全球四大主流碳金融市场，并给出相应的案例，具体见表2.3。

表2.3 全球四大主流碳金融市场类型

类型	目标客户群	主要产品	活跃发行机构
零售类	个人、家庭和中小企业	住房建筑贷款类、私人账户类、低碳运输交通贷款类以及绿色信用卡	荷兰合作银行、汇丰银行、巴克莱银行、富国银行等
投资类	有复杂财务需求的大型企业、机构等团体	低碳融资项目、债权、股权类以及与各项指数相关的产品	摩根大通、汇丰银行、巴克莱银行、花旗银行等
资产类	企业、各类金融机构、政府	财政绿色基金、投资基金、碳基金、债券基金、低碳发展基金等	德意志银行、荷兰银行、荷兰国际银行、花旗银行、瑞士银行等
保险类	个人、企业等	低碳汽车保险、绿色建筑覆盖保险、碳保险等	英杰华集团、通用汽车金融保险公司、联合金融服务公司等

资料来源：UNEP. Green Financial Products and Services—Current Trends and Future Opportunities［R］. 2007.

总体来看，国际排放贸易机制下的AAU、欧盟碳排放权交易体系的EUA、联合履约机制下的ERU、清洁发展机制下的CER等都属于碳信用范畴，都具备金融衍生品的某些特征，在发达国家的碳金融市场上被广泛采用。从交易形式看，EUA由交易所结算，可以采用场内和场外两种不同的交易方式，CER则更多地被场外交易所采用；从产品形态看，EUA更多地表现出期货、期权合约的特征，CER则更有远期合约的特性。碳金融衍生品是在基础金融工具上派生出来的金融产品，包括碳互换、碳远期、碳期货、碳期权和碳结构性产品等，碳金融衍生工具的价值取决于相关基础碳金融产品的价格。

三、全球主流碳金融产品概述

国际碳交易市场发展到现在，碳金融工具主要以碳远期、碳期货、碳期权等交易工具为主。而碳信用是碳交易的前提，根据不同的交易机制，碳信用类型体现为不同的碳交易单位，具体见表2.4。

表2.4　基本的碳信用类型

碳排放单位	英文名称	缩写	名称来源
核证减排量	Certificated Emission Reduction	CER	清洁发展机制（CDM）
减排单位	Emission Reduction Unit	ERU	联合履约机制（JI）
分配单位	Assigned Amount Unit	AAU	国际排放贸易机制（IET）
欧盟碳排放配额	European Union Allowance	EUA	欧盟碳排放权交易体系（EU-ETS）
确认减排额	Verified Emission Reduction	VER	美国区域温室气体倡议（RGGI）
新南威尔士温室气体减排核证	NSW Greenhouse Abatement Certificate	NGAC	澳大利亚新南威尔士州温室气体减排体系（NSW GGAS）
新西兰减排单位	New Zealand Unit	NZU	新西兰碳排放权交易体系（NZ-ETS）
碳金融工具	Carbon Financial Instrument	CFI	芝加哥气候交易所（CCX）

资料来源：笔者根据相关资料整理。

全球很多碳交易所都已经推出碳期货、碳期权等碳金融衍生品，表2.5展现了全球主要碳排放权交易及其碳金融产品的概况。

表2.5　全球主要碳排放权交易及其碳金融产品

区域	交易所名称	碳金融产品
欧洲	欧洲气候交易所（ECX）	EUA、ERU和CER期货期权类产品
	欧洲能源交易所（EEX）	电力现货、电力EUA
	北欧电力交易所（NP）	电力EUA、CER
	BlueNext交易所	EUA和CER的现货和衍生品
	Climex交易所	EUA、CER、VER、ERU和AAU

续表

区域	交易所名称	碳金融产品
美洲	绿色交易所（Green Exchange）	EUA、CER、RGGI、二氧化硫和二氧化氮配额和加利福尼亚州碳排放配额（CCA）。此外，还有 VER/VCU、REC 等
	芝加哥气候交易所（CCX）	北美洲及巴西的六种温室气体的补偿项目信用交易
	芝加哥气候期货交易所（CCFE）	废弃物排放量配额和其他环保产品方面的期货合约
大洋洲	澳大利亚气候交易所（ACX）	CER、VER、REC
	澳大利亚证券交易所（ASX）	REC
	澳大利亚金融与能源交易所（FEX）	能源、环境与金融衍生品交易、清算和结算
亚洲	新加坡商品交易所（SMX）	碳信用期货和期权
	新加坡亚洲碳交易所（ACX-EX）	远期合约或已签发的 CER 或 VER 的拍卖
	印度多种商品交易所（MCX）	两款碳信用产品合约——CER 和 CFI
	印度国家商品及衍生品交易所（NC-DEX）	CER

资料来源：王遥，刘倩 .2012 中国气候融资报告：气候资金流研究［M］. 北京：经济科学出版社，2013.

下文重点介绍国际碳金融衍生品中的主流产品，包括碳互换、碳远期、碳期货、碳期权。

碳互换，是指根据欧盟的指令，EU-ETS 的参与者可以利用在《京都议定书》CDM 和 JI 机制下获得的 CER 与 ERU 履行在 EU-ETS 下的义务，实现 CER 和 ERU 之间的互换。碳互换本质上可以看成是一系列碳远期合约的组合，例如债务与碳信用互换交易制度，其本质就是以不同期限的固定债务的本金和利息去交换未来相应时间的特定数量的碳排放权。碳互换的推出使市场参与者获得更多的灵活性，加速了国际碳交易市场的一体化进程。

碳远期合约，是以碳额度或碳排放权为基础资产的一种特殊的远期合约。碳远期交易源自于金融市场上的投资者对自己所持有的碳资产保值或避险等需求，由于碳交易市场的碳排放权价格除受供需因素影响外，还受到诸如能源市场的波动、政治事件、极端天气、宏观经济等因素的影响，价格波动剧烈。目前市场上有限排、减排需求的国家参与的 CDM 项目产生的核证减排量大部分采用碳远期的形式进行交易。

2004 年芝加哥气候交易所与伦敦国际原油交易所合作，通过伦敦国际原油交易所的电子交易平台挂牌交易二氧化碳期货合约，这是为温室气体排放权交易而建立的首个欧洲市场，即欧洲气候交易所（ECX）。2005 年 4 月，ECX 推出欧盟碳排放配额期货，成为欧洲第一家设立碳排放权期货品种的交易所。随后，芝加哥气候交易所、欧洲气候交易所、欧洲能源交易所相继推出核证减排量期货合约，其中位于伦敦的洲际交易所（ICE）是最大的碳期货交易平台。2006 年 10 月，欧洲气候交易所推出欧盟碳排放配额期权，作为公认的工业基准合约在该所上市。期权交易的基础资产包括欧盟碳排放配额期权合约、核证减排量期权合约、美国区域温室气体倡议配额期权合约、碳金融工具期权合约等。

表 2.6　　　　国际上主要碳期货、期权产品及产品特征

名称	特征	
欧盟碳排放配额（EUA）	欧盟碳排放配额期货（EUA Futures）	由交易所统一制定，实行集中买卖，规定在将来某一时间和地点交割一定质量和数量的碳排放指标期货的标准化合约。其价格在交易所内以公开竞价的方式达成。
	欧盟碳排放配额期权（EUA Options）	是以欧盟碳排放权交易体系下 EUA 期货合约为标的，持有者可在到期日或之前履行该权利。
核证减排量（CER）	核证减排量期货（CER Futures）	在清洁发展机制下，由发达国家提供资金和技术支持，在发展中国家投资开发 CDM 项目，产生核证减排量（CER），该期货品种可规避 CER 价格大幅波动带来的风险。
	核证减排量期权（CER Options ）	通过清洁发展机制产生的 CER 的看涨期权或看跌期权。由于国际上碳减排单位一致且认证标准及配额管理规范相同，市场衍生了 CER 和 EUA 期货的价差期权。
减排单位（ERU）	减排单位期货（ERU Futures）	减排单位可以转让给另一个发达国家缔约方，同时在转让方的分配单位（AAU）上扣减相应额度，项目双方为避免 EUA 价格波动风险，通常运用减排单位期货进行对冲和长期保值。
	减排单位期权（ERU Options）	在联合履约机制下，以发达国家之间项目开发产生减排单位（ERU）期货为标的的期权合约。
碳金融工具（CFI）	碳金融工具期货（CFI Futures ）	主要在芝加哥气候交易所、芝加哥气候期货交易所、欧洲气候交易所上市交易，是基于配额的碳信用，每单位 CFI 代表 100 吨二氧化碳当量。
	碳金融工具期权（CFI Options）	以 CFI 期货为标的的期权合约。
美国区域温室气体倡议配额（RGGI）	美国区域温室气体倡议配额期货（RGGI Futures）	主要在芝加哥气候期货交易所、绿色交易所、洲际交易所等上市交易，为多家碳排放管制下的电厂和投资商提供套期保值的工具。
	美国区域温室气体倡议配额期权（RGGI Options）	在美国区域温室气体倡议下，以二氧化碳排放配额期货合约为标的的期权合约。RGGI 期权合约为美式期权，期权将在 RGGI 期货合约到期日的前第三个月交易日满期，最小波动值为 0.01 美元/每排放配额。
加利福尼亚州碳排放配额（CCA）	加利福尼亚州碳排放配额期货（CCA Futures）	以加利福尼亚州碳排放配额为标的，对未来出售或买入的配额进行保值的金融产品
	加利福尼亚州碳排放配额期权（CCA Options）	以加利福尼亚州碳排放配额期货为标的的期权合约。

资料来源：笔者根据相关资料整理。

除碳金融衍生品外，碳基金也是重要的碳金融产品之一。世界银行开发的主要减排金融工具为碳基金，首只原型碳基金于 1999 年建立，2000 年开始运作，规模为 1.8 亿美元。此后世界银行先后设立了 15 只碳基金，这些基金支持了 75 个国家的 145 个项目活动。自 2000 年以来，通过基金资助的项目帮助全球减少相当于 1.87 亿吨的二氧化碳排放。

经过十多年的发展，全球碳基金呈现如下发展趋势：一是金融机构投资者的参与程度逐渐提高，越来越多的银行和投资银行等金融机构通过申购或参与设立和管理的方式进入碳基金市场。二是国际金融危机促进了碳初级市场的兼并和重组，自 2008 年开始部分碳信用买家纷纷通过收购项目进入碳金融市场，扩展其金融活动边界。三是碳信用新型投资策略不断出现。从 2008 年起，部分投资者更加愿意购买碳信用组合，即持续性地向已经购买过的碳信用项目注入资金和技术以连续获取碳信用，而不是简单地与新的 CDM 或 JI 项目签订购买协议获取碳信用。

除上述碳金融衍生品、碳基金外，碳债券也是碳金融市场重要的产品。欧洲投资银行在 2007 年发行了首只“绿色债券”，开启了碳债券发行的第一步，随后世界银行、美国财政部、标准普尔与点碳公司、国际金融公司等相继发行绿色债券。碳债券的成功发行和筹资使许多国家意识到该模式有助于吸引私人资本参与政府节能减排项目，随着发行方的增多，碳债券的目标、形式也越来越多样化。

第二节 国际主要碳金融市场及其监管政策

一、欧盟碳金融市场及其监管政策

（一）欧盟碳金融产品

欧盟碳金融产品主要由碳现货产品、碳金融衍生品、碳融资工具、碳支持工具组成，具体见表 2.7。

表 2.7 欧盟碳金融产品

碳金融产品	类别	特征
碳现货产品	减排指标	欧盟排放碳配额（EUA）、欧盟航空碳配额（EUAA）
	项目减排量	核证减排量（CER）、减排单位（ERU）
碳金融衍生品	碳远期	CDM 项目产生的 CER 通常采用远期的形式进行交易，双方在 CDM 项目开发初始签署合同，约定在未来特定时间、以特定价格购买特定数量的 CER
	碳期货	通过购买碳期货合约代替碳现货，可以对未来将要买入或卖出的碳现货产品进行套期保值，规避价格风险

续表

碳金融产品	类别	特征					
碳金融衍生品	碳期权	碳期权的持有者可以实施或放弃在约定的时间内选择买入或不买入、卖出或不卖出的权利，根据履约方式不同碳期权分为美式期权和欧式期权，洲际交易所采取的是欧式期权，即只有在到期日才能执行该期权					
	碳互换	为了避免出现目标碳减排信用难以获得的情况而推出的碳金融衍生品，目前欧盟碳市场上有 EUA 和 CER 的碳互换工具					
碳金融产品	类别	发行单位	时间	规模	期限	年利率	目的
碳融资工具	碳债券	荷兰银行	2016 年	5 亿欧元	6 年	0.625%	高能效民居及太阳能电池板项目，民居能耗改善措施，可持续商业建筑
		法国兴业银行	2015 年	5 亿欧元	5 年	0.75%	可再生能源和公共交通项目
		挪威太阳能公司	2015 年	5 亿克朗	3 年	7.66%	常规公司用途
		荷兰国际集团	2015 年	5 亿欧元	5 年	0.75%	可再生能源项目和绿色建筑项目
碳金融产品	类别	特征					
碳支持工具	碳指数	巴克莱资本全球碳指数（BC GCI）					
		瑞银温室气体指数（UBS GHI）					
		美林全球二氧化碳排放指数（MLCX Global CO_2 Emissions Index）					
		道琼斯—芝加哥气候交易所欧洲碳指数（DJ/CCX-ECI）、道琼斯—芝加哥气候交易所核证减排量碳指数（DJ/CCX-CERI）					
		欧洲能源交易所现货市场的 ECarbix 碳指数等					
	碳保险	苏黎世保险公司推出的 CDM 项目保险业务					

资料来源：笔者根据相关资料整理。

（二）欧盟碳交易市场结构

欧盟碳交易市场分为一级市场（Primary Market）和二级市场（Secondary Market），其中，一级市场包括配额拍卖和减排信用开发；二级市场指碳排放配额和项目减排量的交易市场。EU-ETS 早期对大部分配额进行免费发放，后期逐渐变为以拍卖为主。从第三阶段开始，拍卖成为配额分配的主流方式，初期配额拍卖比例超过 40%。除了配额拍卖，一级市场还包括 CDM 和 JI 项目减排量的签发，签发出的 CER 和 ERU 可用作配额抵消。减排项目类型主要包括提高能源效率、工业制造过程改良、新能源开发等。第三阶段抵消配额的 CER 数量已达到上限，大水电等减排项目已经被列入签发“黑名单”。二级市场上符合资格的 CER 数量和价格都明显下降，新的减排项目数量也逐渐减少。从 2014 年开始，EU-ETS 不再接受 JI 项目签发的 ERU。二级市场分为场外交易和场内交易。场外交易主要包括控排主体间的双边交易以及通过商业银行等中间商进行的中介交易，场外交易双方可以在较少的规则约束和监管下直接交易非标准化合约。交易总量、交付日期、合同的商用条款等都具备较高的灵活性。EU-ETS 初期约 80% 的交易量发生在场外市场，其中伦敦能源经纪商协会（LEBA）完成的交易活动占场外交易的 54%；2008 年国际金融危机后大部分交易逐渐转向场内交易或清算，以规避场外交易的风险。EU-ETS 的场内交易主要包括位于伦敦的洲际交易所（ICE-ECX）和欧洲能源交易所等进行的交易。

（三）欧盟主要碳交易平台

EU-ETS 的主要交易平台曾经包括位于伦敦的欧洲气候交易所（ECX）、德国的欧洲能源交易所（EEX）、法国 BlueNext 环境交易所（以下简称 BlueNext）、荷兰 Climex 交易所（以下简称 Climex）、北欧电力交易所（Nord Pool）、奥地利能源交易所（EXAA）、意大利电力交易所（IPEX）、绿色交易所（CME-GreenX）、伦敦能源经纪商协会（LEBA）九家机构。但经过市场整合后，到 2014 年实际还有碳交易业务的仅剩下 4 家：ECX 被美国洲际交易所集团（ICE）收购后，称为 ICE-ECX，很快跃居市场龙头地位，占据一级与二级市场份额的 92.9%，其中大部分是期货交易；居于次席的 EEX 占据整个市场份额的 6.5%，包括现货交易的 60%；另外两家 CME-GreenX 和 Nasdaq OMX（前身为 Nord Pool）都是位于伦敦的美资控股交易所，各自的市场份额分别只有 0.5% 和 0.1%，几乎可以忽略不计。

（四）欧盟碳金融市场监管政策

1. 欧盟碳金融市场法规

作为高度金融化的碳市场，欧盟碳市场除了受到碳交易方面政策法规的管辖外，还要接受相关的金融市场法规的管理，包括《金融工具市场指令》（MIFID）、《市场滥用指令》（MAD）、《反洗钱指令》（Anti-MLD）、《透明度指令》（TD）、《资本金要求指令》（CRD）和《投资者补偿计划指令》（ICSR）以及有关场外交易的一些规定；此外，碳市场还受到能源商品监管体系《能源市场诚信与透明度规则》（REMIT）的监管。

表 2.8　　适用于碳市场监管的欧盟金融市场主要法规

<table>
<tr><th>监管维度</th><th colspan="2">监管提案</th></tr>
<tr><td rowspan="6">金融工具监管体系</td><td>《金融工具市场指令》（MIFID）</td><td>《欧洲金融工具市场指令》（MIFIDII）</td></tr>
<tr><td>《市场滥用指令》（MAD）</td><td>《市场滥用行为监管条例》（MAR）
《市场滥用行为刑事制裁》（CSMAD）</td></tr>
<tr><td colspan="2">《反洗钱指令》（Anti-MLD）</td></tr>
<tr><td colspan="2">《透明度指令》（TD）</td></tr>
<tr><td colspan="2">《资本金要求指令》（CRD）</td></tr>
<tr><td colspan="2">《投资者补偿计划指令》（ICSR）</td></tr>
<tr><td>能源商品监管体系</td><td colspan="2">《能源市场诚信与透明度规则》（REMIT）</td></tr>
</table>

资料来源：笔者根据相关资料整理。

2. 欧盟碳交易市场监管框架

欧盟碳交易市场监管主要包括欧盟和成员国两个层面。

欧盟委员会气候行动总司。欧盟委员会定期要向欧洲议会提交碳市场监管报告，报告碳排放权拍卖情况、交易状况、存在的交易风险等情况。欧盟委员会气候行动总司是 EU-ETS 的总监督机构，并对各成员国减排的落实情况、配额的使用情况、碳排放量核证等进行监管。其五大工作职责包括：制定并执行气候政策和战略，在国际气候谈判方面起领导作用，落实欧盟碳排放权交易体系相关工作，监测欧盟成员国的排放情况，完善低碳技术和适应措施。

欧盟独立交易系统（EUTL）。由欧盟委员会气候行动总司管理，用于记录配额的产生、免费发放、拍卖、交易、履约以及注销。

市场活动监管。2008 年国际金融危机后，欧盟加速金融监管改革进程，将宏观审慎监管和微观审慎监管有机结合。宏观审慎监管由附设于欧洲央行下的欧洲系统性风险委员会（ESRB）负责，主要通过发布预警和提出建议等手段，对银行具体财务状况、金融市场上可能出现的系统性风险等进行监管。微观审慎监管方面建立了欧洲金融监管体系（ESFS），它由指导委员会、欧盟监管局、各个成员国的金融监管当局三部分组成。

成员国层面。欧盟各成员国的监管机构通常为各国的环保和金融监管机构。成员国内各企业在受到欧盟监管的同时，也受到本国法律法规在排放登记、交易许可、总量控制等方面的监管。

二、英国碳金融市场及其监管政策

（一）英国碳交易市场发展历程

英国早在 2001 年就成立了政府投资、企业化运营的英国碳基金，帮助企业和公共部门减少碳排放。2002 年 4 月正式启动英国碳排放交易体系（UK-ETS），并计划与 EU-ETS 接轨，使伦敦成为欧盟碳交易中心。UK-ETS 是世界上第一个跨行业的 ETS，主要参与者包括直接参与者、协议参与者、项目参与者与外部参与者，涉及能源、交通以及服务业等领域。UK-ETS 运行初期仅有碳配额现货交易，2005 年 ECX 推出英国碳配额期货（UKA）。2006 年底 UK-ETS 结束运行，正式并入EU-ETS。UK-ETS 为 2005 年启动的 EU-ETS 积累了宝贵的行业经验。与 UK-ETS 相比，EU-ETS 覆盖的地理区域、行业范围和市场主体都大大拓展，市场参与者不再局限于控排企业，参与交易的主要目的也不再是获得奖励及税收减免，而是为了履行强制减排义务。随着各种碳金融衍生品的推出，ECX 的交易越来越活跃，使伦敦逐渐发展成为欧盟碳交易中心。即使在英国正式脱欧以后，尽管会面临诸多不确定性，但伦敦的碳金融中心地位未来一段时间内也很难被取代。

（1）交易规模。从场内交易来看，位于伦敦的洲际交易所（ICE-ECX）是欧洲首个进行碳配额场内交易的平台，占据欧洲各主要交易所92.9%的成交量，加上位列第三的CME-GreenX和位列第四的Nasdaq OMX，伦敦占了欧盟碳市场场内交易量的93.5%。从场外交易来看，伦敦能源经纪商协会（LEBA）的成交量一直占欧盟碳市场场外交易的一半以上。

（2）交易产品。拥有丰富的碳交易产品，尤其是碳期货等碳金融衍生品，是伦敦成为碳金融中心的重要因素。作为全球首屈一指的碳交易机构，ICE-ECX的涉碳交易产品种类非常齐全，不仅包括EUA和CER现货，还涵盖EUA和CER期货、期权、远期等产品，以及CER与EUA之间的互换产品。此外，ICE-ECX还可以为LEBA等的场外交易提供场内清算服务。

（3）参与机构。伦敦成为碳金融中心的另外一个决定性因素，是这里汇聚了欧洲乃至全球主要的控排企业及金融投资机构。在场内交易方面，ICE-ECX作为最重要的交易所，其碳交易业务的会员单位超过130家，几乎都是能源行业与金融领域的全球性企业，其中既包括高盛、摩根士丹利、摩根大通、花旗、美银美林、富国银行等主要华尔街巨头，也包括汇丰银行、巴克莱银行、德意志银行、富通银行等欧洲知名银行，还涵盖欧洲所有主要的能源集团。在场外交易方面，LEBA的会员虽然只有10家，却囊括了欧洲能源等大宗商品领域主要的贸易商和金融投资机构。

（二）英国碳交易市场监管政策

英国在应对气候变化过程中发布多项政策和法规，对整体能源战略、可再生能源长期战略以及能源转型等方面作出规定。20世纪90年代英国开始电力市场化改革，1989年颁布《1989年电力法》，对电力产业进行重整，将电力公司逐步私有化并上市，同时通过组建电力供应局和消费者委员会保护市场竞争和消费者的利益，事后证明，这不仅使英国电力供应更加高效，而且直接促进了其他能源产业的市场化进程。随后《1995年天然气法》等多部能源法律也加入市场化的行列中。为了实现消费者与企业之间的利益平衡，2000年出台《2000年公用事业法》，将电力和天然气产业纳入社会和环境目标。

2003年2月，英国政府发布《能源白皮书：创造低碳经济》，首次提出“将实现低碳经济作为能源战略的首要目标”，要求2050年碳排放量削减为2003年的40%。2007年英国发布《应对能源挑战：能源白皮书》，将欧盟与英国的节能工作目标进行了统一，并将可再生能源发展纳入长期发展战略，确定在2020年国家能源结构中实现石油和天然气占40%、煤炭占20%、可再生能源占35%、核能占5%。

2008年，英国成立能源与气候变化部，颁布了《气候变化法案》，明确温室气体减排目标，要求以1990年的碳排放为基准，2020年减少排放20%，2050年减少排放80%。同时，设置强制性碳预算，即碳排放限额。碳预算体系要求以5年作为一个减排周期，每个周期要做3个预算，以设定英国到2050年时的减排路线，为英国的低碳经济转型设计一个清楚、可靠且长期的框架。

2009年，英国发布《低碳转型计划》，明确了完成2008—2022年碳预算减排周期目标的建议和政策。《低碳转型计划》同时还宣布，英国将率先建立一个政府部门的碳预算系统。政府将根据碳预算的减排目标确定相应的财政预算。在此背景下，英国成立了气候变化委员会，该委员会是英国根据《气候变化法案》创建的独立专家机构，其职能是就碳预算水平和降低成本提高效率等问题向政府提供决策依据。

英国随后陆续颁布了《2014年气候变化协议（合格设施）（修订）条例》《2016年气候变化协议（管理）（修订及相关规定）条例》《减少碳排放条例草案》《2018年气候变化（中期排放目标）（威尔士）条例》和《2019年气候变化（减排目标）（苏格兰）法案》等对《气候变化法案》进行补充和完善。2017年颁布的《减少碳排放条例草案》把2050年的减排目标从1990年排放量的80%增加到100%。2019年，英国对《气候变化法案》进行了新一轮修订，确立了到2050年实现温室气体净零排放的目标。

2019年，英国颁布《环境法案》，要求政府确保环境保护为所有决策的核心目标，对处理当地家庭垃圾焚烧等空气污染源作出规定，对塑料及塑料包装的产品生产商增收费用，减少一次性塑料制品的生产和使用，要求英国各自来水公司共同制定满足该国当前和未来对水资源需求的计划。

同时，英国还通过一系列“低碳经济”议案引导公众进行低碳生活。2009年出台的《消费者排放（气候变化）议案》要求政府负责为消费者制定低碳消费相关减排指标，定期公布消费者排放数据，对消费者行为进行控制和引导，形成低碳生活模式。《2010年废物回收与处置设施（公共咨询）议案》规定政府部门要建立相关制度，提高回收处置效率，加大废物回收处置力度。《2010年可再生能源（地方计划）议案》要求地方政府部门制定并公布本地区可再生能源计划，加大社会监督力度，改变能源消费结构和推进低碳化转型，通过提高能源利用效率等实现经济低碳发展。2013年出台的《能源效率（多用途住宅）法案》和2014年出台的《多用途住宅（能源性能证书和最低能源效率标准）法案》旨在帮助多用途住宅的居民提高能源效率。2020年颁布的《清洁空气（人权）法案》要求设立清洁空气委员会，负责向污染环境的企业或个人提起诉讼，监督相关政府官员和主管部门在清洁空气法规下履行其职责。

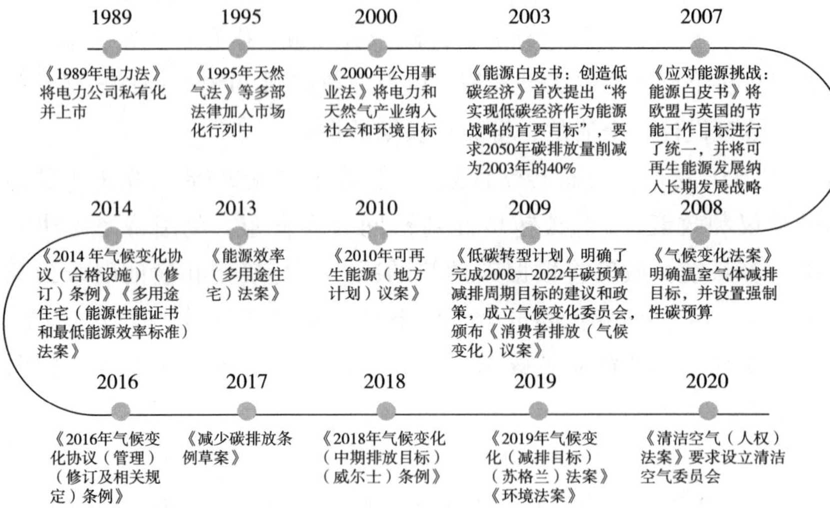

图 2.2　英国碳金融政策法规路线图

（三）英国碳金融市场主要参与者

英国碳金融市场的参与主体主要包括控排企业、项目业主、金融机构和交易平台四大类。

1. 控排企业

控排主体既是碳配额的供给方，也是碳信用的需求方。

2. 项目业主

作为 CER 和 ERU 的供给方，CDM 和 JI 等项目的业主也是伦敦碳市场的重要参与主体。项目业主提供符合要求的项目减排量，控排企业用它抵消其一定比例的碳配额，降低其履约成本，同时获得经济收益。项目业主很少直接参与碳市场的交易活动，绝大多数 CER 通过一些金融机构尤其是碳基金进入碳市场交易。

3. 金融机构

金融机构与能源企业是伦敦碳市场的主要交易方，其中，金融机构的数量和交易量都占整个市场的主要部分，这也是该市场能够活跃的主要原因。参与碳交易的金融机构主要包括商业银行、投资银行和碳基金，它们作为套利者，为碳市场提供流动性和交易经纪服务。

4. 交易平台

交易平台的主要作用在于提供规范透明的交易场所和交易工具、汇集和发布交易的信息、降低交易风险和交易成本，吸引买卖双方进场交易，增强市场流动性并从中获益。如前所述，从场内市场看，位于伦敦的 ICE-ECX 已成为欧洲最大的碳期货交易平台，同时它也是英国指定的碳配额拍卖平台；从场外市场看，伦敦能源经纪商协会（LEBA）占据欧盟碳市场场外交易的核心地位。

（四）英国碳金融市场监管政策

1. 行业层面

在 UK-ETS 阶段，英国碳市场的行业监管机构是英国环境、食品和农村事务部（DEFRA）；而在 EU-ETS 阶段，行业监管机构变为能源与气候变化部（DECC），依据《温室气体排放权交易条例》，其负责拟定碳交易的相关规章、政策并监督执行，监测和分析气候变化情况，制定与碳排放有关的国家标准，协调各类关系，并参与排放配额分配规划的制定等。2016 年 7 月，英国首相特蕾莎·梅将能源与气候变化部和商业、创新与技能部合并，组建新的商业、能源与工业战略部（BEIS）。其主要职责包括：制定并实施全面的工业发展战略，管理政府与商业的关系；确保国家能源供应安全，提供可靠的、可负担的及清洁的能源；确保英国在科学研究和创新方面保持领先地位；应对气候变化。

2. 金融层面

碳市场因具有金融属性，在市场层面还受到英格兰银行（Bank of England）、金融监管部门和财政部（HM Treasury）等机构的监管。2008 年国际金融危机之后，《2009 年银行法》明确了英格兰银行作为中央银行在金融稳定中的法定职责和核心地位，并将金融服务局（FSA）分拆为审慎监管局（PRA）和金融行为监管局（FCA）两个机构。英格兰银行理事会内部设立金融政策委员会（FPC）负责宏观审慎监管，适时向 PRA 和 FCA 发布指令，保证宏观审慎监管的执行，并向英格兰银行、财政部、PRA、FCA 及其他监管机构提出建议。PRA 是英格兰银行的下属机构，其职责是对银行、保险公司和大型投资机构进行微观审慎监管，并负责对整个金融行业的服务行为实施监管。FCA 作为一个独立机构直接对财政部和议会负责，使命是保护金融消费者、保障市场诚信度和竞争性，以保证金融市场良好运行、金融消费者获得公平待遇。PRA 和 FCA 相互协作并保持信息共享，同时接受 FPC 的指导。

3. 法律体系方面

英国是欧洲较早关注气候变化并制定相关政策的国家，于 2008 年实施世界上第一部专门应对气候变化问题的法律——《气候变化法案》，对设置强制性碳预算和建立气候变化委员会两项内容作出明确规定。为更好地实现碳减排成效，英国政府于 2010 年发布《碳削减承诺能源效率体系指令》，并根据该指令建立了一个具有法律强制性的、覆盖全国的总量控制与交易机制——碳削减承诺能源效率体系（CRC 体系），旨在削减个人和公共机构的二氧化碳排放量，该部分温室气体排放约占英国总排放量的 10%。其目标是在 2020 年前实现大型商业和公共机构每年减排 120 万吨二氧化碳，在 2027 年前减少非贸易碳排放 1600 万吨，以支持其实现在 2050 年减排 80% 的目标。该指令要求商场、医院、政府部门等每年对能源消耗、二氧化碳排放进行报告，并针对这些机构制定评估报告；同时规定，管理机构通过拍卖的方式向参与者出售排放配额，参与者可以向其他参与者购买排放配额，也可以在 EU-ETS 市场上购买；管理机构通过拍卖配额获得的收益将根据参与者的减排情况予以返还；管理机构有权进行现场调查，有权对违反法令的主体进行相应的处罚。英国环境署负责全国 CRC 体系的施行，并监管英格兰的部分，苏格兰环境署、北爱尔兰环境署和威尔士环境署分别监管各自的部分。符合 CRC 体系资格认证的组织一经注册成功，环境署就会在 CRC 登记簿上为其添加合规账户，可以进行年度提交、配额购买转让等操作。可见，从《气候变化法案》到《碳削减承诺能源效率体系指令》，再到监管部门联合发布的行动指南，英国碳减排法律制度不断健全，为英国碳市场监管提供了法律保障。

三、美国碳金融市场及其监管政策

（一）美国碳交易市场体系

2001 年，美国以承担《京都议定书》对美国经济成本过高为由拒绝签署《京都议定书》。但美国各州政府并未停止在州政府权限范围内寻求气候变化问题的解决方案。鉴于二氧化硫排放权交易机制在美国成功实施，美国州政府、商界、环保组织、学术界均将碳排放权交易机制作为应对气候变化的重要措施。目前，美国形成了数个区域性、州际性碳排放权交易体系，如美国区域温室气体倡议（Regional Greenhouse Gas Initiative，RGGI）、西部气候行动倡议（Western Climate Action Initiative，WCAI）、中西部温室气体减排协议（Midwest Greenhouse Gas Reduction Accord，MGGRA）、加利福尼亚州全球变暖解决方案（议会第 32 号法案）（California Global Warming Solution Act AB32）等。

（二）美国碳交易平台

1. 芝加哥气候交易所（CCX）

CCX 制定了两个为期四年的减排周期（2003—2006 年、2007—2010 年），在每个周期设定排放上限标准，在这个供参照的排放上限基础上每年排放量递减，在第二个履约减排周期进一步加大减排力度。交易所采用总量控制与交易机制，推出了专属交易品“碳金融工具”（CFI），CCX 根据减排计划和会员的年排放情况分配排放配额，会员根据自身减排进展确定对排放配额的需求并在交易所进行 CFI 的交易。另外，未能完成减排任务的会员可通过购买项目中的核证减排量或碳汇实现减排目标。

2. 芝加哥气候期货交易所（CCFE）

CCFE 为八种环境产品提供标准化期权、期货合约，其中包括美国环境保护局交易项目在全国强制发行的二氧化硫排放份额。通过电子交易平台，使参与者能够获得价格公道且正规的期货、期权合约。CCFE 的运营增加了参与主体的市场流动性，使参与者不必为市面价格波动而浪费资本。CCFE 起到了提供交易渠道和价格发现的作用。

（三）美国碳交易市场上的金融机构

1. 商业银行

美国的银行业十分发达，虽然美国在国家层面没有给予碳交易市场足够的政策支持，但银行从业者已预见到环境问题与金融活动相挂钩的趋势。碳金融是银行开拓新业务的重要领域，也是企业履行社会环保责任的机会。因此，许多银行早早参与到这个市场之中。

2. 保险公司

在碳交易市场中存在着多种风险，如预先支付风险、碳排放权价格波动风险、碳信用交付风险以及第三方核证减排量准确性风险等。有鉴于此，一些保险公司有针对性地开发了保险产品来帮助投资者规避风险，如美国国际集团（AIG）和达信保险公司（Marsh）推出了涉及传统风险以及《京都议定书》框架下相关减排项目风险的保险产品。

3. 基金公司

美国未签订《京都议定书》，联邦政府也没有出台限制温室气体排放的法案，同时缺乏联邦层面的温室气体排放权交易制度，因而也就没有成立政府碳基金来进行减排投资。但美国私人机构和非官方组织在发起碳基金方面比较积极，主要包括 RNK 公司、Citadel 投资集团、MissionPoint 资本伙伴公司、Tudor 投资资本公司。

（四）美国碳交易市场政策法规

美国联邦政府层面没有为强制碳减排交易市场提供立法支持。在过去数年提交给美国国会的气候法案中，有许多提到了应用总量控制与交易机制对美国温室气体排放量做上限限制，并通过市场交易再分配有余的排放权。

表 2.9　　美国碳排放政策文件

时间	政策文件	具体内容
2002 年 2 月	《全球气候变迁行动》	布什政府宣布减排目标，即 2012 年美国温室气体排放密度（单位 GDP 温室气体排放量）较 2002 年降低 18%，由每百万美元 183 吨排放水平降至每百万美元 150 吨排放水平。其并非以减少排放总量为目标，而是以减少单位产出的二氧化碳排放量为目标
2015 年	《清洁能源安全法案》	该法案规定美国到 2020 年的温室气体排放量要在 2005 年的基础上减少 17%，到 2050 年减少 83%
2019 年 6 月	美国环保局新规	允许美国各州自行制定火电厂减排计划，间接放松了对碳排放的管制。研究显示，新法规将导致美国 18 个州和华盛顿哥伦比亚特区的碳排放增加，19 个州的二氧化硫和氮氧化物等污染物的排放增加

续表

时间	政策文件	具体内容
2021 年	—	逐步停止对传统化石能源产业的补贴，在 2050 年前实现 100% 清洁能源和零排放；增强基础设施的气候适应能力；为具有气候脆弱性的群体提供额外的支持；每年在气候上花费 5000 亿美元，约占联邦总收入的 12%

资料来源：笔者根据相关资料整理。

相比于美国联邦政府，美国各州政府在温室气体减排方面表现更加积极。美国现已有多达 40 个州在推行涉及温室气体减排的法律，许多州联合起来建立了温室气体减排交易体系，并制定了相关法规，使碳交易有法可依。

表 2.10　　美国地方政府推动碳交易体系的政策法规

政策	政策覆盖范围	政策大致内容
AB32 总量控制与交易	加利福尼亚州	温室气体总量控制与交易计划实施方案
AB32 再生电力标准	加利福尼亚州	规定到 2020 年，再生能源使用率达到 33%
可再生能源组合原则	美国各个州	电力供应商在规定限定日期前将发电所用能源中的再生能源使用率提高到一定标准
中西部温室气体减排协议	美国 6 个中西部州和加拿大 1 个省	注重提高能源利用率，如再生能源发电、二氧化碳捕获技术、生物能源
区域温室气体倡议	美国 12 个州	目标是 2018 年实现利用总量控制与交易方式将化石能源消耗部门的二氧化碳排放量降低 18%
西部气候行动倡议	美国中西部州和部分加拿大的省	加利福尼亚州等从 2012 年开始进行地区内碳排放权交易

资料来源：笔者根据相关资料整理。

第三节　中国碳金融发展政策及产品标准

一、碳金融发展的政策背景

（一）中央层面

2016 年 8 月 31 日，中国人民银行、财政部、国家发展改革委、环境保护部、中国银监会、中国证监会、中国保监会印发了《关于构建绿色金融体系的指导意见》，这是首个国家层面对碳金融体系建设的指导意见。该意见明确提出发展各类碳金融产品，促进建立全国统一的碳排放权交易市场和有国际影响力的碳定价中心。有序发展碳远期、碳掉期、碳期权、碳租赁、碳债券、碳资产证券化和碳基金等碳金融产品和衍生工具，探索研究碳排放权期货交易。通过政府和社会资本合作（PPP）模式动员社会资本，完善环境权益交易市场、丰富融资工具，防范金融风险。该意见是支持我国碳金融发展的强有力的政策信号，将鼓励银行、证券、保险、基金等金融机构参与，促进形成规模化交易的制度安排和金融交易活动。碳金融市场也将包括各类以未来碳收益为支持或抵（质）押的贷款和通过债券与股票市场的融资。2020 年 10 月 21 日，生态环境部、国家发展改革委、中国人民银行、中国银保监会、中国证监会印发了《关于促进应对气候变化投融资的指导意见》，支持机构及资本积极开发与碳排放权相关的金融产品和服务，有序探索运营碳期货等衍生产品和业务。探索设立以碳减排量为项目效益量化标准的市场化碳金融投资基金。鼓励企业和机构在投资活动中充分考量未来市场碳价格带来的影响。需要特别关注的是，碳期货能否顺利推出是碳金融发展壮大的重要因素。2020 年 12 月 19 日在第 16 届中国国际期货大会上中国证监会副主席方星海表示将尽快研究推出碳排放权期货。2021 年 2 月 9 日在国新办绿色金融有关情况吹风会上中国人民银行研究局局长王信表态人民银行将重点推动有序发展碳期货及其他衍生品等碳金融产品工具。

（二）地方层面

碳金融的发展依托碳排放权交易，是碳交易实践过程中创新发展的产物。因此，在碳金融的发展过程中往往实践先于政策。碳金融实践开展时间往往略晚于碳排放权交易，而碳金融政策往往在碳金融实践初具规模或者有影响力之后才会出台。碳交易试点市场运行后，一些试点地区对碳金融创新持鼓励态度，例如，2015 年 3 月北京市要求完善碳排放权交易制度，开展碳金融创新，鼓励重点排放单位、投资机构和金融机构之间开展碳排放配额抵押式融资、回购式融资和配额托管。但是受制于国内比较严格的金融监管环境，碳市场的金融化发育程度还很低，碳市场试点期间的碳金融实践发展参差不齐，但面对远超欧美的低碳转型压力，又迫切需要碳金融发挥碳价发现功能，通过价格信号更好地引导节能减排和低碳投资，增强碳市场流动性。因此，全国碳市场上线之后，各地碳金融发展进入加速阶段，多地相继发布支持碳金融发展的政策。2021 年 10 月上海市发布《上海加快打造国际绿色金融枢纽服务碳达峰碳中和目标的实施意见》，推动金融市场与碳排放权交易市场合作与联动发展，促进以碳排放权为基础的各类场外和场内衍生产品创新。2022 年 6 月广东省发布《广东省发展绿色金融支持碳达峰行动的实施方案》，鼓励金融机构探索开展碳排放权交易产品的融资服务，为纳入配额管理的单位提供与节能减碳项目相关的融资支持，同时争取在广东建立碳排放权交易期货市场。2022 年 6 月浙江省发布《关于完整准确全面贯彻新发展理念做好碳达峰碳中和工作的实施意见》，旨在推动碳金融产品服务创新，鼓励社会资本设立绿色低碳产业投资基金，支持符合条件的绿色企业上市融资和再融资。

长三角一体化示范区2022年8月联合上海市、江苏省和浙江省发布《长三角生态绿色一体化发展示范区碳达峰实施方案》，鼓励创新气候投融资和碳金融等产品和工具，依托数字化技术与碳金融深度融合，同时利用大数据、区块链等先进技术，助推碳普惠纳入碳市场交易体系。从单个碳金融产品来看，关于碳排放权质押的地方政府规章最为丰富，包括上海、广东、江苏、浙江等地。碳排放权质押是我国特有的碳金融业务，最早在2014年于湖北开展首单业务，现已发展成为全国范围内最成熟的碳金融业务之一，包括汇丰银行、金鹰集团在内的外资银行、外资企业等均有参与。

表2.11　　　　国内主要地区碳金融政策

地区	文件名称	发布时间	性质	主要内容
全国	《关于构建绿色金融体系的指导意见》	2016－08	部委文件	发展各类碳金融产品。促进建立全国统一的碳排放权交易市场和有国际影响力的碳定价中心。有序发展碳远期、碳掉期、碳期权、碳租赁、碳债券、碳资产证券化和碳基金等碳金融产品和衍生工具，探索研究碳排放权期货交易
全国	《关于促进应对气候变化投融资的指导意见》	2020－10	部委文件	支持机构及资本积极开发与碳排放权相关的金融产品和服务，有序探索运营碳期货等衍生产品和业务。探索设立以碳减排量为项目效益量化标准的市场化碳金融投资基金。鼓励企业和机构在投资活动中充分考量未来市场碳价格带来的影响
长三角	《长三角生态绿色一体化发展示范区碳达峰实施方案》	2022－08	政府规章	创新气候投融资和碳金融等产品和工具，依托数字化技术与碳金融深度融合，利用大数据、区块链等先进技术，助推碳普惠纳入碳市场交易体系
上海	《上海加快打造国际绿色金融枢纽服务碳达峰碳中和目标的实施意见》	2021－10	政府规章	发展碳金融市场。支持全国碳排放权交易市场建设，推动金融市场与碳排放权交易市场合作与联动发展，促进以碳排放权为基础的各类场外和场内衍生产品创新。推动金融机构积极稳妥参与碳金融市场建设，丰富碳金融市场参与主体。发展碳排放权质押、碳回购、碳基金、碳信托等碳金融业务，增强碳金融市场活力
上海	《碳排放权质押贷款操作指引》	2022－08	政府规章	碳资产质押详细规则
天津	《天津市碳达峰碳中和促进条例》	2021－09	地方法规	鼓励和支持发展绿色低碳金融，引导金融机构开发新金融产品
浙江	《关于完整准确全面贯彻新发展理念做好碳达峰碳中和工作的实施意见》	2022－06	政府规章	推动碳金融产品服务创新，提升环境和气候风险管理能力。鼓励社会资本设立绿色低碳产业投资基金。支持符合条件的绿色企业上市融资和再融资

续表

地区	文件名称	发布时间	性质	主要内容
绍兴	《绍兴市碳排放权抵押贷款操作指引》	2021－06	政府规章	碳资产抵押详细规则
吉林	《关于完整准确全面贯彻新发展理念做好碳达峰碳中和工作的实施意见》	2021－11	政府规章	积极发展绿色金融，鼓励开展碳排放权质押融资业务，引导金融机构为实现碳达峰、碳中和提供融资支持
四川	《关于以实现碳达峰碳中和目标为引领推动绿色低碳优势产业高质量发展的决定》	2021－12	政府规章	推动碳金融市场创新发展
广东	《广东省发展绿色金融支持碳达峰行动的实施方案》	2022－06	政府规章	完善广东碳金融市场功能，丰富发展碳金融工具。探索发展碳资产抵押融资、碳资产托管、碳回购、碳基金、碳租赁、碳排放权收益结构性存款等金融产品，提升碳市场流动性。支持金融机构开发基于碳排放权、排污权、用能权、绿色项目收费权等环境权益的新型抵质押融资模式。探索建立高效的抵质押登记及公示系统，推动环境权益及其未来收益权成为合格的抵质押物。鼓励金融机构积极参与碳普惠制，扩大碳普惠制消纳场景，为碳普惠项目提供金融服务
广东	《关于完整准确全面贯彻新发展理念推进碳达峰碳中和工作的实施意见》	2022－07	政府规章	积极争取碳排放权交易外汇试点，探索开发碳排放权等绿色低碳期货交易产品，推广碳普惠制
武汉	《武汉市建设全国碳金融中心行动方案》	2022－06	政府规章	多举措推动形成全国领先的碳金融产业链服务格局
江苏	《江苏省碳资产质押融资操作指引（暂行）》	2021－07	政府规章	碳资产质押详细规则

资料来源：笔者根据相关文件整理。

二、碳金融产品体系

从国际碳市场发展历程看，碳金融创新是碳市场发展壮大、取得切实减排效果的重要举措，碳金融产品是碳市场长期发展的必要工具，能够对碳市场需求进行引导和开发。

一是满足融资需求。碳交易试点市场启动后，由于缺乏碳资产管理经验与交易动力，控排企业的大量碳配额在履约期内往往一直沉淀在账户里，通过碳抵押、碳回购、碳托管等融资产品可以将这些碳资产激活，为企业创造额外收益。

二是满足风险管理需求。现货交易无法发现未来的价格，为了锁定未来的价格以对冲市场波动风险并保证碳资产及时足额交付，在场内碳期货推出前，需要场外掉期、远期及期权等产品作为必要的风险管理工具。

三是满足流动性需求。目前主要以履约为目的的现货交易规模太小，交投很难活跃，需要开发碳金融交易工具吸引金融机构进场交易，提高市场的流动性，打破这个闭锁循环。

碳金融市场就是金融化的碳市场。从产品谱系看，碳金融产品也主要是主流金融产品在碳市场的映射，根据中国证监会 2022 年 4 月发布的《碳金融产品》标准（JR/T 0244—2022），碳金融产品可分为碳市场融资工具、碳市场交易工具和碳市场支持工具三大类。

（一）碳市场融资工具

1. 碳质押

质押是债务人或第三人将其动产或权利作为担保移交债权人占有，当债务人不履行债务时，债权人有权依法通过处置担保物优先受偿的合约安排。质押分为动产质押和权利质押两种。碳质押是指碳资产的持有者（即借方）将其拥有的碳资产作为质物/抵押物，向资金提供方（即贷方）进行抵质押以获得贷款，到期再通过还本付息解押的融资合约。

2. 碳资产回购

回购是指一方通过回购协议将其所拥有的资产售出，并按照约定的期限和价格购回的融资方式。碳回购指碳资产的持有者（即借方）向资金提供方（即贷方）出售碳资产，并约定在一定期限后按照约定价格购回所售碳资产以获得短期资金融通的合约。

3. 碳资产托管

托管指接受客户委托，为受托资产进入国内外各类交易市场开展交易提供的金融服务，包括账户开立、资金保管、资金清算、会计核算、资产估值及投资监督等。碳资产托管指碳资产管理机构（托管人）与碳资产持有主体（委托人）约定相应碳资产委托管理、收益分成等权利义务的合约。

（二）碳市场交易工具

1. 碳期货

期货交易场所统一制定的、规定在将来某一特定的时间和地点交割一定数量的碳配额或碳信用的标准化合约。基本要素包括交易平台、合约规模、保证金制度、报价单位、最小交易规模、最小 /最大波幅、合约到期日、结算方式、清算方式等。欧盟碳市场经验表明，碳市场中期货流动性最强、市场份额最大，与碳现货共同成为市场参与者进行套期保值、建立投资组合的关键金融工具。在碳金融市场上，碳期货能够解决市场信息的不对称问题，引导碳现货价格，有效规避交易风险。

2. 碳期权

期货交易场所统一制定的、规定买方有权在将来某一时间以特定价格买入或者卖出碳配额或碳信用（包括碳期货合约）的标准化合约。根据交易的场所，期权可分为场内期权和场外期权。期权的作用与远期类似，如果企业有配额缺口，可以提前买入看涨期权锁定成本；如果企业有配额富余，可以提前买入看跌期权锁定收益。

3. 碳远期

碳远期是指交易双方约定未来某一时刻以确定的价格买入或者卖出相应的以碳配额或碳信用为标的的远期合约。远期交易实际上是一种保值工具，通过碳远期合约，碳排放权买卖双方能够提前锁定碳收益或碳成本。该工具在国际市场的 CER 交易中已十分成熟，应用很广泛。

4. 碳掉期

掉期（互换）是指交易双方约定在未来某一时期相互交换某种资产（或交易双方认为具有等价经济价值的现金流）的交易形式，最常见的是货币掉期和利率掉期。碳掉期是交易双方以碳资产为标的，在未来一定时期内交换现金流或现金流与碳资产的合约，包括期限互换和品种互换。

5. 碳借贷

碳借贷是指交易双方达成一致协议，其中一方（贷方）同意向另一方（借方）借出碳资产，借方可以担保品附加借贷费作为交换。碳资产的所有权不发生转移。目前常见的是碳配额借贷，也称借碳。

（三）碳市场支持工具

1. 碳指数

金融市场上有很多基于指数开发出来的交易产品，并被当作被动型和趋势性的投资工具，比如指数基金、股指期货等。碳指数是指为了反映整体碳市场或某类碳资产的价格变动及走势而编制的统计数据。它既是碳市场重要的观察指标，也是开发指数型碳排放权交易产品的基础。基于碳指数开发的碳基金产品，列入碳指数范畴。

2. 碳基金

广义上的基金是指为了满足企业投资、项目投资、证券投资等而设立并由专门机构管理的资金，主要参与主体包括投资人、管理人和托管人。碳基金则是依法可投资碳资产的各类资产管理产品。它既可以投资于 CCER 项目开发，也可以参与碳配额与项目减排量的二级市场交易。碳基金管理机构是碳市场重要的投资主体，碳基金本身则是重要的碳融资工具。

3. 碳保险

保险是市场经济条件下各类主体进行风险管理的基本工具，也是金融体系的重要支柱。碳保险是为了降低碳资产开发或交易过程中的违约风险而开发的保险产品。目前主要包括碳交付保险、碳信用价格保险、碳资产融资担保等。

三、碳金融产品标准解读

从清洁发展机制运行到全国碳交易市场启动的这20年间，碳金融产品和服务创新层出不穷，不仅提高了碳金融市场运行效率，而且促进了碳金融产品服务普惠的目标。但由于各地区的碳金融产品实施主体、实施流程各不相同，在全国统一碳市场建设的大背景下对金融治理提出了更高的要求。因此，亟需一套对于碳金融产品定义、分类、实施进行全面规范的标准。在此背景下，中国证监会于2022年4月发布《碳金融产品》标准（JR/T 0244—2022），这是中国首个关于碳金融产品的标准，是标志着碳金融标准化的重要文件，在统一碳金融产品分类、明确碳金融产品实施要求、提升可操作性、促进碳金融创新及与国际标准接轨等方面均具有积极意义。

《碳金融产品》标准对碳金融领域的30个术语进行了定义，包括碳远期、碳期货、碳期权、碳掉期、碳借贷等。这些产品将与碳现货共同提升碳金融市场的活跃程度，提高碳金融市场流动性，有助于投资者对冲碳资产价格波动，降低交易风险。

《碳金融产品》标准是在《企业碳排放管理术语》（T/GDES7—2016）和《绿色金融术语（草案稿）2019》等标准的基础上，对碳金融产品术语进行编制，规范碳金融产品的术语以及不同碳金融产品的实施流程。在碳金融产品术语方面，该标准将碳金融产品分为三大类：碳市场融资工具（包括但不限于碳债券、碳排放权抵质押融资、碳资产回购、碳资产托管等）、碳市场交易工具（包括但不限于碳远期、碳期货、碳期权、碳互换等）和碳市场支持工具（包括但不限于碳指数、碳保险、碳基金）。在规范术语的基础上，该标准分类制定了具体碳金融产品实施流程的框架性要求，包括碳资产抵质押融资、碳资产回购、碳资产托管、碳远期、碳借贷、碳保险这六种碳金融产品的实施流程。对其余碳金融产品（包括碳债券、碳期货、碳指数等）暂未做详细说明，主要是由于我国目前暂无碳期货、碳期权、碳掉期工具。碳指数作为碳市场支持工具，在当前碳市场交易中主要作为参考指标，处于初期培育阶段，尚未发展成市场化、标准化的金融工具，暂不作为碳金融产品进行交易。国内碳基金发展也不成熟，尚不存在具有正式意义的碳基金产品设立及运行，市场上已设立的基金基本为低碳类而非投资碳资产类基金。对于上述碳金融产品，待全国碳市场逐步完善成熟，以及各碳金融产品设计、运作、交易、销售与相关业务方的具体要素逐一明确后，再予以补充说明。

（1）明确碳金融产品分类和实施要求，促进碳金融产品有序发展。规范碳金融产品的术语、适用范围和不同碳金融产品的实施流程，对金融机构开发、实施碳金融产品提出规范性指引和框架性要求。该标准的制定，有利于促进建立全国统一的碳排放权交易市场和形成具有国际影响力的碳定价中心，促进社会各界加深对碳金融产品的认识。明确碳资产抵质押融资、碳资产回购、碳资产托管、碳远期、碳借贷、碳保险这几种碳金融产品的标准化实施流程，为合法持有碳资产且符合相关规定要求的各类市场参与主体提供参考，帮助各类相关机构识别、运用和管理碳金融相关产品，引导金融资源进入绿色领域，推动实体经济低碳转型。

（2）填补碳金融领域标准的空白，推动绿色金融标准体系建设和完善。健全碳金融标准体系，推动碳排放权交易市场建设，为碳排放权合理定价，是应对气候变化和加快生态文明建设的战略决策。《碳金融产品》标准作为首份碳金融领域的行业标准，填补了该领域的空白，有利于促进建立全国统一的碳排放权交易市场和具有国际影响力的碳定价中心。碳金融是绿色金融的重要细分领域，《碳金融产品》标准的制定和发布，也推动了绿色金融标准体系的建设和完善，增强了绿色金融效能，助力国家“双碳”战略。

（3）助力碳金融创新，加快我国碳中和进程。标准是平衡创新和风控的有效手段，是推广创新的桥梁和促进创新的保障。《碳金融产品》标准把中国近20年来的碳金融实践的内容具体到标准中，形成当前碳金融领域的共识性基础，从而将产品整体水平提高到共识基础之上。标准提出的规范性要求，能规避或者减少实践过程中的风险。无论从理论角度还是从实践角度分析，碳金融产品标准与碳金融创新都是相互促进的关系，标准不会限制和阻碍创新，且碳金融高质量创新需要标准进一步发挥作用。《碳金融产品》标准为推荐性标准，其目的是建立一个行业的基础性门槛，并不限制基于门槛之上的创新。碳金融创新最终也需要用标准的形式体现，并通过标准构建产业链共识基础。

四、碳金融发展前景分析

（一）碳金融发展面临的困境

在区域碳市场上，虽然多样化的参与主体确实提升了市场流动性，碳金融工具也已有了丰富尝试，但区域市场相对割裂、规模有限、产品规则不一，碳金融产品推出后仅可在当地市场使用，且不少产品首发后“没有下文”，导致众多碳金融产品一度被戏称为“PPT 产品”。在全国碳市场上，虽然政策允许机构及个人投资者参与碳市场，但因实施细则尚未落地，参与主体仍然单一，市场以大集团间的内部交易为主，其他的企业交易较少。大集团旗下的碳资产公司为降低内部交易成本，有意压低配额价格。大集团形成市场势力主导碳交易市场，使市场无法有效配置资源，碳金融工具很难发挥价格发现作用。此外，最为重要的碳期货因碳市场缺乏期货设计权限始终未能推出。碳配额的分配及使用存在较大时滞，运用衍生工具规避风险的需求强烈。然而，由于《期货交易管理条例》要求期货只能由期货交易所推出和开展交易，各碳市场缺乏权限，最为核心的碳期货“千呼万唤难出来”。从整体看，碳金融产品发展较为滞后，碳金融实践虽多，但没有出现成熟体系化的碳金融产品。缺乏核心风险管理及交易工具（如碳期货、碳期权等）导致碳市场吸引力不足，进而使碳金融市场发展整体受限。

（二）碳金融未来发展预期

1. 政策具体化

目前与碳金融相关的政策多为各部委、各级政府发布的规章，鲜有法律层面的规定，同时现有政策中碳金融部分多为宏观描述。因此，为了发挥碳金融在碳市场中的主导性作用，相关纲领政策和监管文件应逐步细化并趋严，对所涉及的金融活动予以法律规范，明确涉碳资产的法律和金融属性。

2. 产品标准化

碳金融领域的标准化仍处于起步阶段，中国证监会2022年4月发布的《碳金融产品》标准只具体界定了碳资产抵质押融资、碳资产回购、碳资产托管、碳远期、碳借贷、碳保险这六种碳金融产品的实施流程，对其余的碳金融产品均未作详细说明。后续相关机构应在充分考虑不同碳金融产品实施和应用过程中的差异性、复杂性的同时遵循标准化、国际化的原则，对机构在开发、实施碳金融产品过程中提出要求，以奠定碳金融长远发展的基础。

3. 交易主体多元化

目前，我国的碳交易市场和碳金融市场交易主体单一，仍以控排企业为主，多数以政策引导方法为主，市场化探索程度低，市场缺乏流动性，资本缺乏参与碳市场和碳金融的热情。随着全国碳市场的启动，更多行业的控排企业、金融机构以及个人投资者都应被纳入交易中，可以优先引入机构投资者，之后逐步引入个人投资者。

4. 碳金融国际化

中国碳金融市场将以更开放的姿态对接国际市场，推动可与其他国家进行转化的标准建立，依托碳金融市场增加人民币的应用范围，打造具有可扩展性的国际性金融市场。

第四节　中国碳金融市场的探索与发展

一、碳交易市场试点阶段的碳金融探索

与发达国家金融市场发展相比，国内金融市场发展相对滞后，缺少金融产品创

新和新的盈利空间，谋求金融创新发展是重中之重。在全国范围内，国家主管部门和各级行政部门先后出台了一系列扶持碳金融市场发展的政策和法律制度，成为碳金融市场发展的动力。2007 年 6 月国务院成立国家应对气候变化领导小组。2011 年 8 月相关部门对《清洁发展机制项目运行管理办法》进行第二次修订。2011 年 10 月 29 日国家发展改革委发布《关于开展碳排放权交易试点工作的通知》，明确北京市、天津市、上海市、重庆市、广东省、湖北省、深圳市开展碳排放权交易试点，以逐步建立国内碳排放交易市场。从 2013 年起，七省市试点碳市场陆续开始上线交易。

由于各地区产业结构和经济发展水平存在差异，也为了给后续的全国统一碳市场建设积攒更多的经验，七个试点城市在覆盖行业、配额分配、准入门槛等方面各有异同。电力、钢铁、石化等排放密集型的工业行业被各试点优先纳入；北京和上海的服务业占经济总量的比重较大且排放量占比较高，因此两地将服务业纳入碳排放权交易体系；湖北于 2015 年新增陶瓷制造、通用设备制造业；广东于 2016 年新增造纸和民航两个行业；福建于 2017 年将建筑、交通等行业企业纳入碳排放权交易体系。

欧盟碳市场的发展经验表明，95% 的交易量来源于碳金融衍生品，美国、韩国等国家和地区的碳交易所也相继推出了各自的碳金融衍生品。在我国碳交易市场试点期间，《关于构建绿色金融体系的指导意见》明确指出要大力有序发展碳远期、碳掉期、碳期权等碳金融产品和衍生工具，并将碳金融作为构建绿色金融体系的重要部分进行部署；监管部门也相继表态支持银行积极开展能效融资、碳排放权融资等创新金融业务，创新国际化融资模式，提升全社会金融资源供给的均等性、公平性和可获得性。各交易所也通过总结国内外碳金融产品市场的发展和创新情况，结合国家政策和当地实际，相继设计出具有特色的碳金融衍生品和基于碳金融的创新融合产品。下文列举了部分典型的碳金融创新产品。

表 2.12　　碳市场试点时期各地方碳排放权交易市场的碳金融产品

碳排放交易市场	碳金融产品
北京绿色交易所	碳资产回购、碳掉期、碳资产抵质押融资、碳期权、碳指数
上海环境能源交易所	碳远期、碳基金、碳信托、碳资产抵质押融资、碳资产回购、碳指数
天津排放权交易所	仅碳交易业务
重庆碳排放权交易中心	仅碳交易业务
湖北碳排放权交易中心	碳资产抵质押融资、碳基金、碳资产托管、碳回购
广州碳排放权交易所	碳资产抵质押融资、碳回购、碳远期、碳托管
深圳排放权交易所	碳资产抵质押融资、碳回购、碳债券、碳资产托管、碳基金
福建海峡股权交易中心	碳资产抵质押融资

资料来源：笔者根据相关资料整理。

（一）上海碳配额远期交易

在传统的金融市场中，远期交易是指交易双方约定在未来的某一确定时间，按确定的价格买卖一定数量的某种资产的一种交易形式。较为常见的远期交易主要有商品远期交易、远期利率协议、远期外汇协议和远期股票协议等。传统意义上的远期与期货的主要区别在于期货是标准化合约，在交易所交易，每日结算，采用保证金制度，风险相对较小；而远期是场外交易，没有保证金制度，风险相对较大。上海碳配额远期（SHEAF）是以上海碳配额为标的，以人民币计价和交易的，在约定的未来某一日期清算、结算的远期协议。上海环境能源交易所和上海清算所联合推出的上海碳配额远期产品协议要素是标准化的，采取询价交易方式，并且采用保证金制度。该业务于 2017 年 1 月 12 日经中国人民银行批准正式上线。

SHEAF 的主要作用在于帮助控排企业规避现货价格波动风险，将价格风险降到最低限度，实现套期保值。例如，若某企业碳排放配额履约缺口较大，且未来配额价格波动可能性较大，该企业可以提前以当下的价格买入相应的配额远期协议。因此，无论现货市场价格是上涨还是下跌，通过 SHEAF 进行套期保值，该企业可以锁定以现价的成本进行交易，从而消除了价格不利变动的影响。另外，投资者还可以通过 SHEAF 进行套利交易。套利交易是指同时买进或卖出两个期限不同的远期协议，控排企业从两个协议价格间的变动关系中获利。套利交易分为跨期套利和跨品种套利。目前，通过 SHEAF 进行的主要是跨期套利，即在 SHEAF 不同交割月份之间正常价格差距出现异常变化时进行对冲获利。远期市场看涨时，买入近期交割月份的远期协议，同时卖出远期交割月份的远期协议，希望近期协议价格上涨幅度大于远期协议价格的上涨幅度；而当远期价格看跌时则相反，即卖出近期交割月份协议，买入远期交割月份协议，并期望远期协议价格下跌幅度小于近期协议价格下跌幅度。因此，在市场看涨的情况下，卖出远期协议的同时，买入近期协议可以获利，且价差越大，风险越小，获利空间越大；在市场看跌的情况下，价差缩小对套利者有利，而近期协议相对远期协议的升水可以是很大的，所以在这种情况下获利是有限的，可能受到的损失却是无限的。

上海碳配额远期是金融市场在绿色领域的重要尝试，与其他场外金融衍生品一样，可以锁定未来的碳市场价格水平，实现风险转移和分散，为碳市场各类参与者尤其是控排企业提供套期保值、规避市场风险的对冲工具。同时，上海碳配额远期的推出有利于促进上海多层次碳金融市场体系建设，也有利于促进碳现货市场交易的繁荣和稳定，在一定程度上也能促进碳市场的价格发现。上海碳配额远期交易业务的推出填补了我国绿色金融市场相关空白，有助于进一步发挥市场机制对环境容量资源的优化配置作用，充分满足实体经济的多样化需求，促进碳配额现货及衍生品市场共同发展。

表 2.13　　上海碳配额远期协议要素

产品种类	上海碳配额远期
协议名称	上海碳配额远期协议
协议简称	SHEAF
协议规模	100 吨
报价单位	元人民币/吨
最低价格波幅	0.01 元/吨
协议数量	为交易单位的整数倍，交易单位为“个”
协议期限	当月起，未来 1 年的 2 月、5 月、8 月、11 月月度协议
交易时间	交易日 10：30 至 15：00（北京时间）
最后交易日	到期月倒数第五个工作日
最终结算日	最后交易日后第一个工作日
每日结算价格	根据上海清算所发布的远期价格确定
最终结算价格	最后 5 个交易日每日结算价格的算术平均值
交割方式	实物交割/现金交割
交割品种	可用于到期月度协议所在碳配额清缴周期清缴的碳配额

资料来源：笔者根据相关资料整理。

（二）广东碳期权交易

期权（Option）是一种选择权，指的是一种能在未来某特定时间以特定价格买入或卖出一定数量的某种特定商品的权利。它是在期货的基础上产生的一种金融工具，给予买方（或持有者）购买或出售标的资产的权利。期权的持有者可以在该项期权规定的时间内有选择买或不买、卖或不卖的权利，他可以实施该权利，也可以放弃该权利，而期权的出卖者则只负有期权合约规定的义务。期权按照权利划分，有看涨期权和看跌期权两种类型。看涨期权是指期权的买方向期权的卖方支付一定数额的权利金后，即拥有在期权合约的有效期内，按事先约定的价格向期权卖方买入一定数量的期权合约规定的特定商品的权利，但不负有必须买进的义务。而期权卖方有义务在期权规定的有效期内，应期权买方的要求，以期权合约事先规定的价格卖出期权合约规定的特定商品。看跌期权是指期权的买方向期权的卖方支付一定数额的权利金后，即拥有在期权合约的有效期内，按事先约定的价格向期权卖方卖出一定数量的期权合约规定的特定商品的权利，但不负有必须卖出的义务。而期权卖方有义务在期权规定的有效期内，应期权买方的要求，以期权合约事先规定的价格买入期权合约规定的特定商品。中国人民银行研究局制定的《绿色金融术语（试行）》国家标准中对碳期权作了标准化定义：“碳期权（Carbon Options）是指以碳配额或碳信用为标的的期权合约，即交易双方约定在未来某个时期内以确定的价格出售或购买相应碳配额或碳信用的权利的合约。”

广州碳排放权交易所在其所承担的2017年度广东省低碳发展专项资金项目《广东省碳金融产品创新研究》中为广东碳市场设计了碳配额转换权的碳期权产品设计概要。根据当时广东碳交易市场的运行情况，认为广东可开展传统形式的碳期权业务，即以碳配额现货或CCER现货为基础的碳期权，其意义在于为碳排放权交易市场引入区别于期货的套期保值功能和风险防范工具。控排企业可以通过期权业务丰富自身碳资产的交易和管理方式，通过套期保值功能降低碳资产价格大幅波动带来的风险，亦可通过期权确保碳资产的价值，可组合开展更多金融操作；机构投资者可以利用期权开展更多碳金融业务，如碳配额与CCER的转换期权等，满足市场上不同投资者的需求；能够承受一定风险的机构投资者也可通过卖出期权获得权利金收益。碳配额期权业务主要针对机构投资者与控排企业，能有效地对碳配额的风险进行防控。同时，碳金融市场的交易产品丰富，可有效放大流动性，有助于碳排放市场的成长。同年，国内首笔碳配额期权交易在广东通过场外交易的方式完成。

碳期权是碳金融市场重要的衍生工具，碳期权为碳交易市场中的减排企业、能源企业、金融机构等各类投资者提供了多样化的投资渠道，满足了不同机构的多样化的投资与交易动机，对各类机构规避碳资产价格波动风险起到了积极的作用，有利于碳市场形成公开透明的交易价格。

表2.14　　　　广东碳配额转换权合约概况

交易品种	广东碳配额转换权
转换比例	1:1，即在行权日以一个广东碳配额加一个转换权可获得一个国家碳配额
交易单位	个
报价单位	0.01元/个
最小变动价位	0.01元
每日价格最大波动限制	不超过上一个交易日收盘价±10%
交易时间	早市：09：30～11：30 午市：13：30～15：30
交易手续费	0.02元/个转换权，双向收取
最后交易日	2021年3月倒数第二个交易日
行权日	2021年3月倒数第一个交易日

资料来源：笔者根据相关资料整理。

（三）湖北碳资产质押融资

碳排放配额的稀缺性和可储备性使其先天具备成为金融资产或工具的属性。利用企业支配的碳排放权进行质押融资开启了融资新模式。对于有融资需求的企业而言，将其所支配的碳排放权向银行质押以获取贷款是解决融资困难的有效途径。在这种质押贷款模式下，碳排放权成为企业一项可用于担保的资产，与抵押固定资产不同，碳排放权不参与经济主体的生产经营活动，因此将其质押不会影响企业的正常生产流程，其优化并拓宽了企业融资渠道。2014 年 9 月，湖北碳排放权交易中心、兴业银行武汉分行和湖北宜化集团有限责任公司三方签署了碳资产质押贷款和碳金融战略合作协议，湖北宜化集团以 210.9 万吨碳配额作为质押担保，获得兴业银行 4000 万元的质押贷款。该笔贷款的评估标准是按照每吨约 23.7 元的价格，该价格为湖北碳市场开市以来的日成交均价，在此基础上乘以 0.8，最终约为 4000 万元。该笔业务单纯以国内碳排放配额作为质押担保，无其他抵押担保条件，成为国内首笔碳配额质押贷款。此后，碳排放权质押业务在湖北快速发展并向其他碳市场扩散。同年 11 月，建设银行湖北省分行与华能武汉发电有限公司签署 3 亿元碳排放权质押贷款协议、光大银行武汉分行与湖北金澳科技化工有限公司签署 1 亿元碳排放权质押贷款协议。

碳排放权质押融资作为碳金融市场的创新方式，有助于盘活企业碳资产，缓解高碳排放企业融资压力，推动金融助力“双碳”目标成功落地。

（四）碳配额与 CCER 置换

金融互换始于 20 世纪 80 年代初的欧美金融市场，是汇率和利率剧烈波动条件下的产物，其建立于交易双方有差别的同类基础资产之上。互换是指两个或两个以上当事人按照商定的条件，在约定时间内交换一系列现金流的合约。如今，全球金融互换市场已集外汇市场、证券市场、短期货币市场和长期资本市场于一身，成为国际金融衍生品市场上重要的组成部分。互换既是融资工具的创新，又是金融风险管理的新手段。根据基础产品的不同，互换最重要的两种形式是货币互换和利率互换，此外还包括商品互换、股权类互换和远期互换等。互换交易具有很大的灵活性，能满足交易双方的个性化需求，一般采用非标准化合约和自主议价的交易方式，交易主要发生在场外市场。互换交易的财务结算只是净额结算，互换对手之间的收支净额由双方在每一个结算日结算。在互换交易中不存在中间现金流，且不需要缴纳任何保证金。另外，在互换交易中，对手之间须明确以下方面并达成协议：（1）互换的数量/质量；（2）互换的期限；（3）互换的商品价格；（4）结算方式；（5）双方协议的额外要求。

碳配额与 CCER 置换本质上是一种远期合约交易，是指交易双方签订合约，约定在未来确定的期限内，相互交换等量碳配额和核证自愿减排信用及其差价的交易。CCER 是依据国家碳交易主管部门发布施行的《温室气体自愿减排交易管理暂行办法》的规定，经其备案并在国家注册登记系统中登记的温室气体自愿减排量。2012 年 6 月国家发展改革委印发的《温室气体自愿减排交易管理暂行办法》规定：“自愿减排项目减排量经备案后，在国家登记簿登记并在经备案的交易机构内交易，用于抵消碳排放的减排量，应于交易完成后在国家登记簿中予以注销。”按此规定，

CCER 可用于试点控排企业履约，抵消部分碳排放。随后国内试点碳排放权交易所陆续开展碳配额与 CCER 置换业务，各试点对置换业务开展也作出了不同的规定，如 2015 年壳牌能源（中国）有限公司与华能国际电力股份有限公司广东分公司签订全国首单碳交易互换协议，该笔协议属于远期互换，包含碳配额与 CCER 置换。一般认为，碳交易主要是控排企业参与的碳配额交易，或非控排企业项目参与的 CCER 交易，都属于单向交易，而该互换交易是华能根据壳牌的履约需求而进行的一种结合碳配额和 CCER 两大碳资产种类的互换。同年，京桥热电与中碳能投科技有限公司依据《北京市碳排放权抵消管理办法》等相关规定就北京碳配额与 CCER 置换达成协议，京桥热电以持有的北京碳配额置换中碳能投的 CCER 加现金，交易规模超万吨；2018 年，根据《上海市碳排放管理试行办法》，上海石化选择杭州超腾能源技术股份有限公司进行碳配额与 CCER 置换，碳配额置换量为 117623 吨，置换比例为 1:1。

碳配额与 CCER 置换业务是促进全球温室气体减排、减少二氧化碳排放的一种有效的市场机制，不但可以提高碳市场效率，减少结算环节，熨平碳资产价格波动，推动碳金融衍生品市场发展，而且能为企业带来绿色项目收益，对当地新能源项目及绿色产业的发展也能起到一定的扶持作用，进而促进企业转变发展思路，减少碳排放，满足市场需求。

（五）碳普惠

以往的碳金融活动主要针对高耗能、高排放的企业，最终目的是进行生产端的排放控制。然而要想实现“双碳”目标，个人和小微企业的碳排放同样不可忽视，二者具有“量小、分散、面广”的特点，难以纳入碳排放权及衍生品交易体系中。碳普惠机制针对个人和小微企业的减排而设计，碳普惠机制是指运用市场机制和经济手段对社会公众的低碳行为进行普惠性质的奖励，以带动全社会参与节能减碳工作，激励控制温室气体排放及增加碳汇的行为。中国最早的由地方政府主导的碳普惠制于 2015 年在广东启动，广东省碳普惠制的基本思路是将用户特定低碳行为进行量化再转化为碳积分或省级碳普惠核证减碳量（PHCER）；商户、公益组织或政府部门可通过商品优惠活动、公益活动或政策激励等来收集碳积分并在碳排放权交易市场上进行交易；PHCER 可作为广东省碳市场的补充机制，参与碳市场交易，用于抵消碳排放。在广东实践的基础上，其他地区的碳普惠进入加速发展阶段。2016 年 6 月武汉市上线“碳宝包”APP，探索“碳币兑换机制”，引导全民践行低碳生活，推动低碳消费。2021 年 9 月，武汉市人民政府发布《武汉市推动降碳及发展低碳产业工作方案》，要求探索建立覆盖千万级人群、可持续的“碳普惠”机制。2017 年 10 月，江西抚州制定出台绿宝碳普惠机制，并于次月上线运营绿宝碳普惠公益服务平台，开始研究探索碳普惠机制。2019 年 9 月江西省发布《江西省生态文明建设促进条例》，首次在地方性法规层面提出要探索建立碳普惠机制，加快发展江西省碳普惠机制。2021 年 8 月，江西省市场监管局批准发布《碳普惠平台建设技术规范》和《碳普惠平台运营管理规范》，并于当月上线“绿宝碳汇”平台，截至 2022 年 2 月初，省市两级“绿宝碳汇”注册人数多达 73 万人，累计实现碳普惠制核证自愿减排量 46982 吨。2021 年 9 月，重庆市生态环境局印发《重庆市“碳惠通”生态产品价值实现平台管理办法（试行）》，指出要探索建立碳普惠机制，并于 2021 年 10 月 22 日上线集碳履约、碳中和和碳普惠于一体的“碳惠通”平台，分为个人端和企业端两大应用体系，个人端应用体系即是针对碳普惠机制的建立。2022 年 2 月，上海市生态环境局发布《上海市碳普惠机制建设工作方案（征求意见稿）》，旨在形成上海碳普惠体系顶层设计和相关配套政策措施，加快推动上海碳普惠的发展。

碳普惠还具有显著的生态扶贫价值，以广东韶关为例，该市依托优越的生态优势，积极推广林业碳普惠试点成果，在全市 7 个县（市、区）筛选出条件成熟的 64 个省定贫困村和 1 个少数民族村成功开发林业碳普惠项目，预计碳普惠核证减排量 1019424 吨，交易额达 2200 多万元，村集体收入增加 10 多倍。因此，碳普惠具有生态、社会和经济等多重效益。

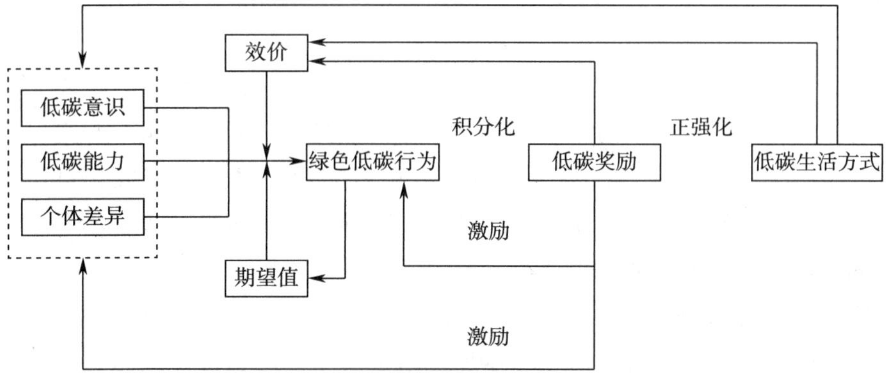

图 2.3　碳普惠制的理论流程

截至 2022 年 6 月，各试点省市碳排放配额累计成交量约 5 亿吨，累计成交额约 130 亿元。开发并实践了碳远期、碳期权、碳置换、碳抵押和碳债券等多种碳金融工具。有效促进了试点省市企业温室气体减排，对试点地区探索碳达峰路径发挥了积极作用。10 年的试点经验积累也为全国碳市场建设锻炼了人才，积累了经验，奠定了基础。

二、全国统一碳交易市场启动后的碳金融发展

2017 年 12 月，经国务院同意，《全国碳排放权交易市场建设方案（发电行业）》

印发，标志着全国碳排放权交易体系正式启动。2018 年机构转隶以来，由生态环境部推进全国碳市场建设各项工作。一是构建以《碳排放权交易管理办法（试行）》为主的相关管理制度和技术规范，建立支撑全国碳市场运行的制度体系。二是制定配额分配实施方案，采取基准法对全国发电行业重点排放单位分配核发 2019—2020 年配额。三是开展数据质量管理工作，组织专门的督导帮扶，进一步加强数据管理，提升数据质量。四是完成全国碳排放数据报送系统、注册登记系统、交易系统等相关支撑系统建设。五是开展全国碳市场系统培训，培养温室气体核查、核算、管理等方面的人才。

2021 年 7 月 16 日正式启动上线交易的全国碳市场以发电行业为突破口，第一个履约周期纳入发电行业重点排放单位 2162 家，每年覆盖约 45 亿吨二氧化碳排放量，是全球覆盖排放规模最大的碳市场。2021 年底，全国碳市场顺利完成首个周期履约，实现 99.5% 的履约完成率。全国碳市场自启动以来市场运行健康有序，交易价格稳中有升，履约管理顺利完成，促进企业减排温室气体和加快绿色低碳转型的作用初步显现。

在碳交易中保障碳价的合理、稳定并推动碳市场发挥提效作用，是实现“双碳”目标的重要手段之一。我国碳市场虽已历经长期试点，但受限于一、二级市场的机制设计，我国碳市场中碳价的稳定性存在不足：一级市场采用“碳强度 + 基准线法”的总量及分配组合，促使企业天然具有履约交易倾向；二级市场参与主体受限、交易工具单一，造成市场流动性相对不足，碳交易“潮汐现象”显著，碳市场成交日期集中于履约期前后，各年度成交量最大的两个月占全年成交量比重多在 50% 以上，并导致区域碳价波动较大；二者共同导致碳价波动较大，不利于企业形成稳定的碳价预期并据此调整生产经营决策。

我国的总量及分配模式设计，是减排目标与经济发展间的平衡之举，调整空间较小；而碳市场参与主体及交易工具不足，则是出于金融市场发展水平相对较低的保守选择，存在调整空间。因此，通过发展碳金融，扩大碳市场参与主体、丰富碳市场交易工具等，是提升我国碳市场有效性较为可行的手段。我国各区域试点碳市场对发展碳金融进行了多种尝试，虽不能说完全平滑了碳价波动，但确实提升了市场流动性。因此，将碳金融的内涵与实践随碳市场的发展而不断扩大是未来强化碳价稳定性的重要发力方向。全国碳交易市场上线一年来，碳金融发展也进入了一个新的阶段。整体来看，碳远期、碳质押、碳互换等原有碳金融工具创新发展；碳期货、碳期权呼之欲出；碳指数、碳保险等新兴碳金融工具方兴未艾。

（一）碳期货

碳期货是提高碳市场活跃度、降低价格风险的有效手段。考虑到建设初期要注重防范排放权交易风险，目前全国碳市场暂未开展碳期货等碳金融衍生品的交易。

碳期货是最为核心的碳交易工具，也是全球碳金融市场发展最为成熟、成交最为活跃的碳金融衍生品。目前，EU-ETS 碳期货的交易总量占总成交量的 90% 以上。EU-ETS 交易场所集中，分工明确。运行之初，有多个交易所开展欧盟碳排放配额（EUA）的交易，包括洲际交易所（ICE）、欧洲能源交易所（EEX）、欧洲气候交易所（ECX）、法国 BlueNext 环境交易所（BlueNext）、北欧电力交易所（Nord Pool）等。随着碳市场的不断发展，交易场所逐渐集中，当前主要通过 ICE 开展 EUA 的现货交易，并通过 EEX 开展 EUA 的期货交易。2021 年 2 月至 2022 年 2 月，EEX 的 EUA 期货累计交易量达 108.23 亿吨，同期 ICE 的 EUA 现货累计交易量仅 0.15 亿吨，碳期货是 EU-ETS 中的主要交易品类。欧盟碳期货主要在 EEX 进行交易，因此碳配额的拍卖等也主要通过 EEX 进行，每年欧盟碳配额约 90% 通过 EEX 进行拍卖。

表 2.15　　ICE-EUA 期货合约

交易品种	欧盟碳排放配额（EUA）
交易单位	1000 个二氧化碳排放配额/手
报价单位	欧元/吨
最小变动价位	0.01 欧元/吨
每日最大波动限制	无限制
合约交割月份	大多在季月，即 3 月、6 月、9 月、12 月
交易时间	遵循当地交易所交易时间
最后交易日	在合约交割月份的最后一个星期一
交割日	最后交易日后三天
交易模式	“T+0”
最低交易保证金	遵循有关规定
交割方式	实物交割
交易代码	C

资料来源：笔者根据相关资料整理。

对于控排企业而言，碳期货可以为参与者提供套期保值等风险规避手段；对于市场而言，碳期货可以尽量弥合市场信息不对称情况，增加市场流动性并指导现货价格。全球主要碳市场中（我国除外），碳期货是交易量最大、流动性最强的交易品种。有鉴于此，我国目前正在大力推进研发。2016 年中国人民银行等七部门颁布的《关于构建绿色金融体系的指导意见》中已提出“探索研究碳排放权期货交易”，但由于碳市场不具备期货交易所资质，碳期货迟迟难以落地。2021 年 4 月，随着广州期货交易所揭牌，碳期货品种研发进程启动。2021 年 11 月，工信部等四部门首次公开发文支持广州期货交易所建设碳交易市场，具有不同以往的意义。此前，中国证监会已经明确表示支持广州期货交易所推动绿色金融发展，探索研究碳期货市场建设。广州期货交易所相关人士表示，广州期货交易所正在大力推进碳排放权期货品种研究工作。碳排放权期货市场将有助于形成有效定价，同时为相关企业提供碳价波动风险管理工具，保障相关产业稳定发展，助力“双碳”目标早日实现。

（二）碳指数

碳指数是为反映整体碳市场或某类碳资产的价格变动及走势而编制的统计数据，是重要的碳价观察工具，也是开发碳指数交易产品的基础。从国内实践看，中国首个碳指数为2014年上海置信碳资产管理有限公司开发维护的反映碳市场走势的统计指数“置信碳指数”，在上海环境能源交易所发布，每个交易日结束后，根据当日各碳市场成交均价计算得出置信碳指数。从应用上看，碳指数可以成为交易标的，属于交易工具范畴。在全国碳市场建立后，国内出现的首个“碳指数”是2021年11月7日由复旦大学经济学院推出的“复旦碳价指数”（Carbon Price Index of Fudan，CPIF）。首批包括五项指数，分别为全国碳排放配额（CEA）价格指数，北京和上海、广州、其他地方试点履约自愿核证减排量（CCER）价格指数以及全国CCER价格指数。该指数根据模型计算得出，是反映碳市场各交易品特定时期价格水平变化方向、趋势和程度的经济指标。

科学的碳指数对于控排企业而言，有助于其降低履约成本，增加企业碳资产。控排企业本身有一定的履约压力，通过碳指数，企业可以清晰地了解碳市场上交易品的价格上涨或下跌趋势，降低碳市场信息不对称的负面影响，帮助控排企业优化碳技术创新、碳交易及碳中和的决策，在完成减排目标的同时，降低履约成本，甚至可以增加企业的碳资产。对于投资机构而言，有助于其优化交易策略和交易决策。现在全国碳市场对机构投资者还未放开，但投资机构进入碳市场可以有效激发市场活力。随着投资机构的进入，亟需一个价格指数来客观、真实地反映市场波动水平，有效引导投资机构制定科学的交易策略，平滑碳市场的价格波动。对于政策制定者和执行者而言，有助于为其提供有效的政策制定依据，为决策主体提供信号指引和决策依据。

（三）碳保险

碳保险指为降低碳资产开发或交易过程中的违约风险而开发的保险产品，目前主要包括碳交付保险、碳信用价格保险、碳资产融资担保等。碳保险是企业低碳转型路径中的风险管理工具之一。对企业来说，产业低碳升级、碳交易的履约、碳汇的开发以及碳捕获、减碳科技的发展过程都具有不确定性，而企业本身抗风险能力较差，低碳技术前期开发需要投入巨额资金，一旦出现相关事故，会对整个企业的发展造成重大损害。保险公司可以通过保险机制为企业提供保障，推动“两高”企业向低碳经济发展模式转型。该类碳保险可以有效地减少研发和履约过程中的意外给企业带来的负面影响，从而保护企业的发展。从国内实践看，全国首个碳保险产品设计方案由湖北碳排放权交易中心与平安保险湖北分公司在2016年11月推出，华新水泥股份有限公司与平安保险湖北分公司达成保险事宜，保险公司将为华新水泥投入新设备后的减排量进行保底，一旦超过排放配额，将给予赔偿。碳保险业务在实践中往往还会与其他碳金融业务一并进行。2022年5月上海落地了国内首笔温室气体控排企业碳配额质押贷款保证保险，中国太保产险上海分公司联合上海环境能源交易所及中国银行上海市分行向实体企业提供“碳配额质押+保险”服务，为纳入2021年上海市碳排放配额管理单位名单的上海华峰超纤材料股份有限公司提供金融服务支持。在碳期货面市后，碳保险可以尝试与碳期货结合，利用期货套期保值、发现价格的优点，构建“保险+期货”模式对冲碳排放权价格波动风险。相关排放单位向保险公司投保碳排放权价格指数保险，保单约定在保险期间内，当碳排放权平均成交价格高于/低于设定的价格指数时，由保险公司按照合同约定给予赔偿。保险公司向期货公司购买碳排放看涨/看跌期权，获得在特定期间内按照约定价格购买一定数量的碳排放权的权利。当风险事故发生时，排放单位会获得保险公司的赔偿，弥补价格波动导致的损失，保险公司可以行使所持权利以约定价格买入/卖出碳排放权，避免自身遭受损失。当风险不发生时，排放单位虽然不会获得赔偿，但是其损失也是相当有限的，保险公司不需要赔偿，并且获得一定的收益（收益=保险费-期权费）。“保险+期货”模式实质上将碳排放权价格波动风险从排放单位转移到期货投资市场，可以有效帮助相关交易主体稳定价格预期，提升参与市场交易的积极性，最终形成多方主体共同受益的交易闭环。

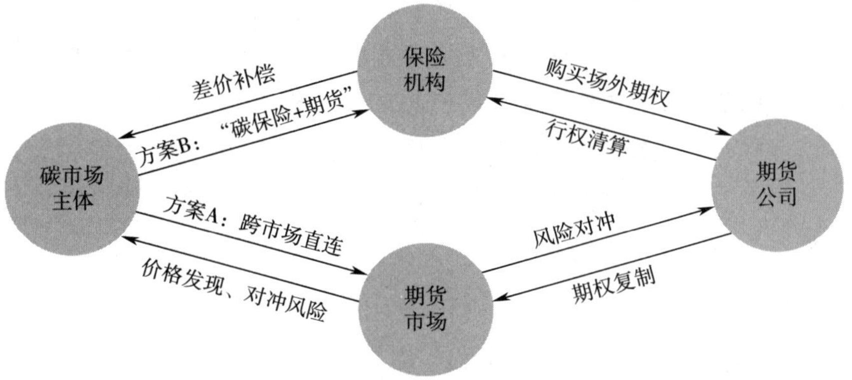

图2.4　“碳保险+期货”示意图

通过引入产险公司的履约保证保险，为碳金融活动与产业升级提供增信，在提振企业转型信心、盘活碳资产、高效获得融资支持的同时，能够保障质权人（融资方）的权益，提升企业抗风险能力，将极大提高碳资产的流动性。但受制于国内碳市场仍处于初步发展阶段，市场和行业覆盖范围有限，运行年限较短，相关数据缺乏。目前保险机构在产品设计中面临较大困难，包括现阶段我国企业碳信用数据不足，以及碳信用价值中的一些模糊成本导致碳价值很难评估，这使建立在精算基础上的碳保险产品面临定价难题。因此，碳保险业务仍处于概念期，真正广泛实施还需要很长时间。

总体而言，在碳金融产品方面我国仍处在初期探索尝试阶段。各区域碳市场相对割裂、碳金融产品的交易规则不统一、核心碳金融产品——碳期货未推出等种种因素，限制了碳金融产品业务的常规应用，目前碳金融业务数量和交易金额都较小。但是，面对全国统一碳市场将不断扩容的预期和碳减排的实际需求，可以预料碳金融将会不断创新完善，迈向标准化、多元化与国际化。

【本章小结】

碳交易是碳金融的基础交易行为，作为碳排放权产品，由于产品本身的特殊性，以及产品价格影响因素的复杂性，其定价机制与传统产品差异较大，以碳减排为目标的碳交易机制催生了碳金融市场的发展。由于碳金融具有价格发现、分散风险和套期保值功能，其对促进全球碳市场的发展意义重大。以碳现货为基础发展起来的碳远期、碳期货、碳期权、碳掉期等衍生品，为碳市场的发展注入了活力。本章重点介绍了国内外碳金融的源起与法律政策，国际成熟碳金融市场和碳金融工具，总结了中国碳金融在碳市场试点阶段和全国统一碳市场启动后的发展状况，分析了中国碳金融发展成果及未来发展挑战与预期。实践证明，单一的现货市场存在流动性不足、市场配置资源能力弱等问题，难以满足企业灵活履约和风险规避的需求，也很难吸引社会资本进入碳市场，最终影响碳减排的实际效果。

基于国内外碳交易市场和碳金融市场发展现状，中国亟须完善全国统一的碳交易市场，并在此基础上加快建设全国统一的碳金融市场，开发各类碳金融产品与衍生品，探索与研究碳金融市场定价机制与价格运行机制的理论、方法、工具及计量模型。形成全国统一碳交易市场体系与金融市场机制相互融合、相互促进的局面具有重大的现实意义。

【思考题】

1. 简述国际碳金融分类以及主流的碳金融产品。
2. 简述国际主要碳金融市场的监管政策。
3. 简述中国碳交易市场的三大类金融工具的主要内容。
4. 结合全国统一碳交易市场启动后碳金融发展存在的问题，简述产生这些问题的原因以及解决措施。
5. 以碳普惠为代表的个人碳金融在多地得到实践和政策支持，请从碳减排、信息安全、保民生和个人碳核算等角度分析碳普惠的市场前景。

第三章　碳金融市场定价机制

【学习目标】

1. 了解碳金融市场定价机制的内涵，掌握碳定价机制运行的微观经济逻辑。

2. 了解碳税、碳排放权交易、碳信用之间的关系，理解不同碳定价工具在碳金融体系中的重要作用。

3. 了解国际碳金融市场定价机制的整体发展概况，掌握《巴黎协定》下国际碳定价机制的发展历程。

4. 了解区域、国家和地方碳金融市场定价机制的具体发展情况，掌握其可参考借鉴之处。

5. 掌握我国碳金融市场定价机制的发展过程。

6. 了解我国碳金融定价机制建设中存在的主要问题以及未来创新发展。

第一节　碳金融市场定价机制概述

一、碳金融市场定价机制的内涵

碳定价是指对排放二氧化碳设置价格，将二氧化碳排放的外部成本内部化，通过发挥价格的信号作用，使经济主体减少二氧化碳排放，它是一种降低温室气体排放的工具。它可以记录温室气体排放的外部成本，即公共支付的排放成本，如农作物受损成本、干旱和升温带来的医疗保健成本、洪水带来的财产损失及海平面上升产生的影响等，这些成本将以碳定价的方式展现出来。这种定价方式能够将温室气体排放造成的损害负担转移给负责方，如排放二氧化碳的工厂、企业等，从而有助于减排目标的实现。碳定价不是决定谁应该在何处排放以及如何减少排放，而是向排放者提供经济信号，并允许其改变其活动来降低排放量，或继续排放但同时为其排放量付费。通过这种方式，能够以最灵活、成本最低的方式实现全球环境目标。在为清洁发展制定经济激励措施时，碳定价对于将气候变化的外部成本内部化具有根本的意义。

碳定价因为其本身的灵活运作机制经常被作为一种经济手段在推进气候行动以及向低碳经济过渡中广泛应用。2019年以来，碳定价机制继续主流化，为加强气候承诺，很多司法管辖区扩大了碳定价机制的覆盖面。越来越多的司法管辖区开始考虑在现有碳定价体系范围之外补充其他碳定价手段，以达到减排目标。例如，德国、奥地利和卢森堡正计划对未纳入欧盟碳排放权交易体系的产业实行碳定价政策；欧盟绿色新政承诺2050年前实现碳中和，为进一步扩大碳定价机制覆盖范围奠定了基础。同时，现有碳定价机制的覆盖范围正在扩大，更多产业被纳入碳价体系。碳价体系的进入门槛也有所降低，从而使智利、冰岛、新西兰和瑞士等国家和地区的更多企业被纳入监管范围。此外，为实现净零排放，很多司法管辖区都加强采用信用机制和结果导向的气候融资（RBCF）。随着碳边境调节这一议题在欧洲重新被提上日程，各国很可能因此受到激励，更加积极主动地实施碳定价机制。

二、碳金融市场定价机制的微观经济逻辑

现实中，并不是所有的物品都具有明确的产权特征，存在大量在形体上难以分割和分离的物品，在消费时不具有专有性和排他性，例如国防、道路、广播等，这些与私人物品相对应的、具有非竞争性和非排他性的物品被统称为公共物品。环境资源具有非竞争性（一个使用者对该物品的消费并不减少它对其他使用者的供应）和非排他性（一个使用者对该物品的消费并不影响其他使用者消费），是典型的公共物品。这就会导致生产者肆意污染环境却没有承担相应的成本，环境污染的负外部性无法得到妥善解决。

自20世纪中叶以来，温室气体的过量排放是现今环境问题的重要组成部分。这一行为和其他环境污染行为一样，具有明显的负外部性，即温室气体排放造成的负面效应并未完全转移至温室气体排放方，整个人类社会都承担了气候变化的恶果，这就会导致社会的实际碳排放量大于最优碳排放量。但气候无法像具体的河流一样分配产权，所以单靠市场调节手段根本无法解决温室气体超排的问题，政府的干预势在必行，为温室气体定价的理念在此背景下应运而生。由于二氧化碳是对全球变暖贡献最大的温室气体，该机制又被称为“碳定价”。

碳金融市场定价机制有助于把温室气体排放造成的破坏或损失转回给有责任且有能力减排的相关方，让污染者自行决定是否减排、缩小其污染活动规模或停止污染活动或继续排污并为此付出代价，而非规定哪些地方的污染者应该如何减排，通过碳定价这种“成本—效益”政策工具，确定从政府到企业的最有效的碳减排边界，增加经济主体的碳排放成本，并通过持续的碳减排激励来刺激创新，从而引导

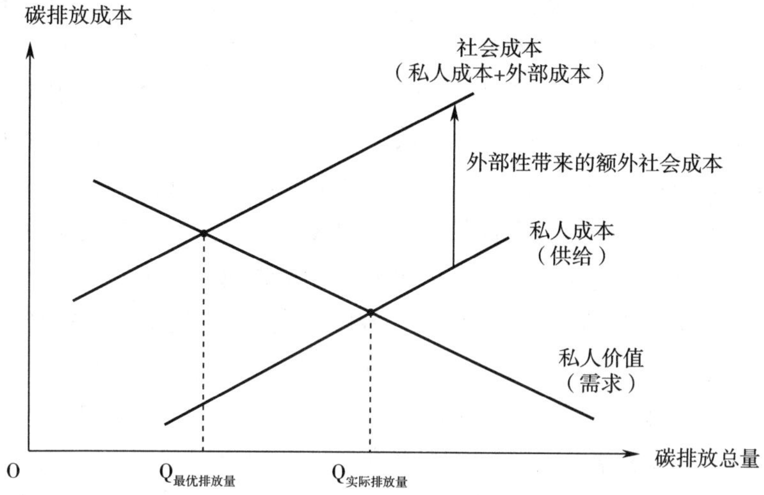

图 3.1　碳排放的外部性造成的市场失灵

生产、消费和投资向低碳方向转型，实现应对气候变化与经济社会的协调发展。如此则环保总目标就能以最灵活且对社会造成最低代价的方式实现，使碳排放量趋近于社会最优排放量。同时，碳价也能继续刺激技术创新和市场创新，给经济增长注入新的低碳动力。

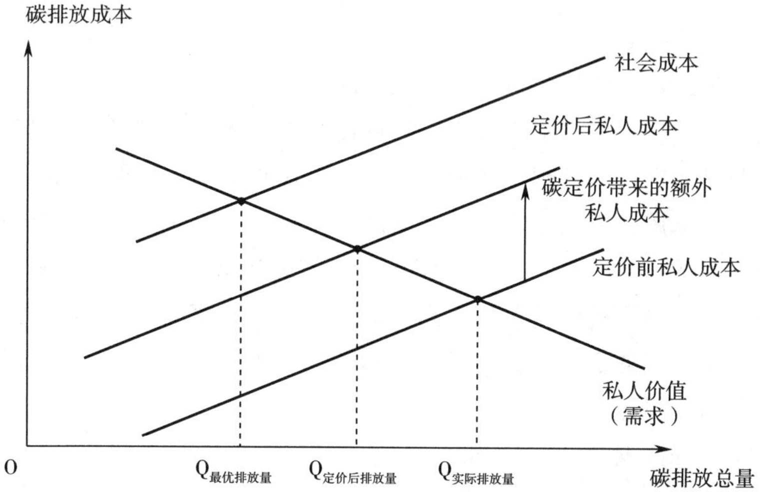

图 3.2　碳定价后的碳排放量变化

三、碳金融市场定价机制的种类及不同定价机制的比较

（一）碳金融市场定价机制的种类

随着气候变化问题的日益严峻，碳金融市场定价机制取得了快速发展，种类与

功能也逐渐趋于完整。由于温室气体的种类繁多，不同温室气体对地球温室效应的贡献程度不同，为统一度量整体温室效应的结果，科学家使用了一种新的单位——二氧化碳当量（Carbon Dioxide Equivalence，CO_2e）。一种气体的二氧化碳当量为这种气体的吨数乘以其产生温室效应的指数。这种气体的温室效益的指数叫全球变暖潜能值（Global Warming Potential，GWP），该指数取决于气体的辐射属性和分子重量，以及气体浓度随时间的变化状况。某一种气体的温室变暖潜能值表示在百年时间里该温室气体对应于相同效应的二氧化碳的变暖影响。正值表示气体使地球表面变暖。以甲烷为例，其 GWP 指数为 28，意味着每排放 1 吨甲烷，相当于排放了 28 吨二氧化碳当量。为了将全部温室气体定价，碳价的单位一般为“货币/吨二氧化碳当量”。碳定价主要有碳税和碳排放权交易两种形式。前者是对二氧化碳等温室气体排放征税，后者是指对企业二氧化碳排放额度的分类和交易，主要形式有碳排放权交易体系（ETS）、碳信用机制、内部碳定价和基于结果的气候融资（Results-based Climate Finance，RBCF）。

1. 碳税机制

碳税是政府针对具有二氧化碳排放行为的企业或高排放量产品实施强制征收的资源税税种，即政府对企业的排碳行为征税。具体来说，碳税主要是针对化石能源燃烧、生产工艺过程等所产生的二氧化碳排放量征税，利用价格信号影响市场主体行为，达到抑制碳排放的目的。此举可以提高企业的排碳成本，增加高排放企业的经营成本，企业为提高利润不得不进行减排，政府可以利用税收收入对低碳企业进行转移支付，最终促使碳排放量趋近于社会最优排放量。

碳税的主要实现手段有提高税率、拓展碳税覆盖范围、废除碳税豁免和征收碳关税。芬兰是世界上最早将碳定价理念应用于实践的国家，其于 1990 年通过了征收碳税议案。随后挪威、瑞典、丹麦等北欧国家先后开始征收碳税，2019 年是新增征收碳税国家最多的一年（6 个），截至 2020 年，共有 30 个国家和地区征收了碳税。在定价方面，发达国家的碳税定价较高，如瑞典碳税税率高至 119 美元每吨二氧化碳当量；发展中国家的定价水平较低，如乌克兰、墨西哥和波兰的定价均不足 1 美元每吨二氧化碳当量。

2. 碳排放权交易体系

1968 年，美国经济学家戴尔斯（Dales）首先提出了“排放权交易”，即建立合法的污染物排放的权利，这种权利通常以排放许可证的形式表现出来，并允许这种权利像商品一样被买卖。此后，很多研究者从不同的角度研究了排放权交易制度的构成要素、分配原则、市场监管等问题，为排放权交易实践奠定了坚实的理论基础。如今，碳交易机制已经成为一项成熟的减排政策工具，其通过直接限制碳排放量（供给端），并建立碳排放权交易市场，发挥市场对资源的配置作用。排碳较多的经济实体向排碳较低的经济实体购买排放权，排碳成本的上升会增强其向低碳转型的决心；排碳较低的经济实体可以将配额出售，获得额外的利润，还能以更低廉的生产成本在市场上获得竞争优势。从长远来看，碳密集型企业将会被逐步淘汰，低碳企业则逐渐趋于成熟。

碳排放权交易机制最初是联合国为应对气候变化、减少以二氧化碳为代表的温室气体排放而设计的一种新型的国际贸易机制。1997 年各缔约方签署的《京都议定书》确立了三种灵活的减排机制：国际排放贸易机制（International Emission Trading，IET）：同为缔约方的发达国家将其超额完成的减排义务指标，以贸易方式（而不是项目合作的方式）直接转让给另外一个未能完成减排义务的发达国家。联合履约机制（Joint Implementation，JI）：同为缔约方的发达国家之间通过项目合作，转让方扣除部分分配单位（AAU），转化为减排单位（ERU）给予投资方；清洁发展机制（Clean Development Mechanism，CDM）：履约的发达国家提供资金和技术援助，与发展中国家开展温室气体减排项目合作，换取投资项目产生的部分或全部"核证减排量"（CER），作为其履行减排义务的组成部分。除《京都议定书》规定的三种机制之外，还有一个自愿减排机制（VER），主要是一些企业或个人为履行社会责任，自愿开展碳减排及碳交易的机制。总的来说，国际排放贸易机制（IET）和联合履约机制（JI）都是在总配额不变情况下的交易，IET 机制通过金钱直接购买，JI 机制则通过项目进行，二者都不会创造出新的碳排放配额，但清洁发展机制（CDM）却可以创造出新的配额。

ETS 有两种主要形式，即总量控制与交易型、基准线与信用交易型。在第一种形式中，政府为某个特定经济领域设定排放总量限额，排放单位可以用于拍卖或配额发放，受约束实体每排放一吨二氧化碳温室气体，需上缴一个排放单位。实体可自行选择将政府发放的配额用于自身减排义务抵消或进行交易。在第二种形式中，政府为受约束实体设立排放基准线，当排放量超过基准线时，实体需上缴碳信用以抵消排放；当排放量减至基准线以下时，实体可以获得碳信用并出售给有需要的其他排放者。

碳交易市场与股票、债券市场十分类似，亦可被分为一级市场、二级市场，只不过融资行为变成了融碳行为。一级市场为发行市场，即创造碳排放配额和碳信用。碳排放配额有免费发放和拍卖两种方式，主导权一般掌握在政府手中。二级市场是碳资产和碳金融衍生品交易流转的市场，只不过目前大多数交易在企业之间达成，不像股票市场那样有大量的个人投资者。一级市场（发行市场）是二级市场（交易市场）的基础和前提，碳排放配额和碳信用进入二级市场必须先经过一级市场；待企业完成年度的碳核查后，将已使用的碳排放配额上缴然后由政府或第三方机构统一注销，完成循环。

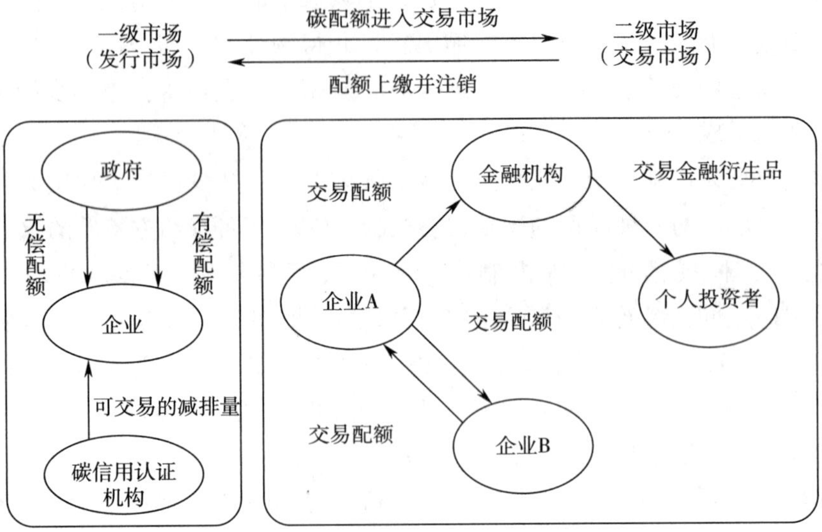

图 3.3　碳排放权交易运行机制

3. 碳信用机制

碳信用机制会涉及碳信用的授信与签发等过程。碳信用授信是指政府、银行等相关部门向实施经批准的减排活动的行为主体发放可交易碳排放单位。它是额外于常规情景、自愿进行减排的企业可交易的排放单位，这些减排量是指在常规情景之外避免或封存的排放量。碳信用签发是指向正在执行已批准减排活动的项目提供可交易减排量的过程。碳信用可以通过“抵消”的方式使用，这意味着一个实体产生的减排量可用于补偿（即抵消）另一实体的排放。除了在碳税或碳排放权交易机制下抵消履约实体的排放外，碳信用还可在自愿市场进行交易，用于帮助个人和组织自愿抵消碳排放。另外，它还可以用作碳金融量化和奖励项目减排的一种手段，例如世界银行的试点拍卖基金项目便运用了这种方式。

碳信用有多种用途，可以作为地区碳税或碳排放权交易机制下企业履行减排义务的一部分，给控排企业提供灵活的履约选择；可以通过提供财务激励措施（即给予碳信用价值）吸引未纳入强制性碳定价范围的部门减少排放；还可以鼓励低碳创新。公司也可自愿购买碳信用，履行公司社会责任或达成自愿性气候目标。此外，国家可以通过碳信用交易获得减排成果，促进自主承诺的实现。在众多用途中，最为关键的作用是为信用买方的减排履约提供灵活性。在此机制下，买方可以通过为减排成本较低的部门或辖区提供资金来抵减自身的排放量，这样做有助于降低买方的减排成本。只要碳信用活动产生的减排量是真实的，碳信用机制便可加速减排活动。然而，即便如此，履约实体的减排策略还是不应局限于购买碳信用，而是应继续通过其他措施鞭策自身降低运营过程中的碳排放。

为使购买者确信碳信用准确地代表了真实的减排量，必须保证碳信用机制的环境整体性。目前尚无全球公认的“环境整体性”（Environmental Integrity）定义，它通常是一个伞式术语，指对碳信用产生、交易和核算是否真实可信，社会环境影响如何等问题的关键考量。为降低碳信用环境整体性低的风险，碳信用机制通常遵循最佳实践原则，包括为项目设定碳信用获批的关键要求。

根据碳信用产生方式和机制管理方式，可将碳信用机制主要分为三类：国际碳信用机制、独立碳信用机制以及区域、国家和地方碳信用机制。

（1）国际碳信用机制

国际碳信用机制是由国际气候条约制约的机制，通常由国际机构管理，如清洁发展机制和联合履约机制。《京都议定书》的信用机制（清洁发展机制和联合履约机制）承担了迄今为止发放的近四分之三的信用，其中70%来自工业气体、可再生能源和无组织排放项目。清洁发展机制是最大的发行人，占所有已发行信用额的50%多一点。尽管联合履约机制在过去四年中没有发行任何信用，但由于2015年之前的信用发行量巨大，其仍然是第二大碳信用发行商，约占全球累计发行总量的22%。主要的碳信用机制大多来自一个或两个部门。例如，京都信用机制侧重于工业排放和可再生能源，而交通和其他土地利用项目等部门的低信用发行量（合计不到总量的2%）凸显了开发此类项目的挑战，此类项目通常具有复杂的缓解量化方法和较高的监测、报告、核查（Monitoring，Reporting and Verification，MRV）成本。此外，大部分碳信用来自东亚和太平洋（44%）以及欧洲和中亚（23%）。

（2）独立碳信用机制

独立碳信用机制是不受任何国家法规或国际条约约束的机制，由私人和独立的第三方组织（通常是非政府组织）管理，如核证碳标准（Verified Carbon Standard，VCS）、黄金标准（Gold Standard，GS）、美国碳登记（American Carbon Registry，ACR），其主要存在于自愿减排市场中。核证碳标准由气候组织、国际排放贸易协会、世界可持续发展商业委员会和世界经济论坛等于2005年共同创建，目的是为全球自愿减排项目提供认证和信用签发服务。根据其创立组织Verra的官网数据，截至2022年6月30日，超过1803个经认证的VCS项目共计减少或移除了超过9.55亿吨二氧化碳和其他温室气体排放。黄金标准是世界自然基金会、南南—南北合作组织等国际非政府组织于2003年共同发起组建的碳信用机制，为清洁发展机制和联合履约机制项目提供经过独立机构认证的质量标识。

（3）区域、国家和地方碳信用机制

区域、国家和地方碳信用机制由各自辖区内立法机构管辖，通常由区域、国家或地方各级政府管理。区域机制是指碳信用活动跨越一个以上国家，受双边或多边条约管辖，并由一个或多个参与国管理的机制。国家机制是指主要在一国境内开展碳信用活动的机制，这些机制受国家立法管辖，并由该国政府管理。地方机制是指在一个国家或该国管辖区内开展信用活动的机制，受管辖区立法或管辖区间条约管辖，由一个或多个地方政府（如州或省）管理。截至2020年，全球已有17个区域、国家和地区实施碳信用机制并已签发碳信用，其中5个正处于开发阶段。如中国温室气体自愿减排计划、北京林业碳汇抵消机制、澳大利亚减排基金以及美国加利福尼亚州配额抵消计划等，其中大多数已实施的机制都来自北美洲和东亚的司法管辖区。

表3.1　三种碳信用机制比较

名称	特征	例子
国际碳信用机制	是由国际气候条约制约的机制，通常由国际机构管理	清洁发展机制和联合履约机制
独立碳信用机制	不受任何国家法规或国际条约约束的机制，由私人和独立的第三方组织（通常是非政府组织）管理	核证碳标准、黄金标准
区域、国家和地方碳信用机制	由各自辖区内立法机构管辖，通常由区域、国家或地方各级政府进行管理	澳大利亚减排基金、美国加利福尼亚州配额抵消计划

4. 其他碳金融市场定价机制

基于结果的气候融资（Results-based Climate Finance，RBCF）是一种为发展中国家的低碳发展提供气候融资的模式，资金仅在一系列约定的气候成果达成后才会由融资提供者向受援国拨付。RBCF通过为发展中国家国内政策和碳市场提供综合方案以支持市场创建。一些RBCF项目通过购买可用于履约的减排单位来弥补需求缺口，包括购买清洁发展机制中的核证减排量。其他并非专门为履约市场设计的项目则将RBCF作为直接融资机制。然而，为更好确定气候变化减缓效果，这些项目仍结合了现有碳市场建设的基础要素，如清洁发展机制中的MRV要求等。通过这种方式，RBCF能够促进碳定价机制形成，推动市场建设，并通过撬动私营领域融资及参与支持东道国政策制定，助力其实现国家自主贡献承诺。

内部碳定价（Internal Carbon Pricing，ICP）是指在企业内部设定碳价格，将二氧化碳排放量换算成费用，从而将气候因素纳入各种经济管理决策，形成带动减排的经济性激励，有效改变企业战略与商业运营行为。与前三种碳定价机制不同，ICP是企业自主实施的一种主动管理行为，是自发式内控减排机制，属于一种新型的财务类减排措施。公司通过引入ICP制度，不仅有助于推动减排二氧化碳的设备投资计划，实现二氧化碳减排的长期目标，而且是应对未来全球碳价格上升的重要对策。全球环境信息研究中心（CDP）的研究报告指出，内部碳定价机制是目前有效缓解温室气体排放影响最灵活、成本效益最高的方法，其为降低能源消耗、缓解气候危机带来了显著的激励效应，尤其是碳定价高低的效果差异很大，定价越高，企业低碳发展的动力就越大。企业内部碳定价机制可以分为内部碳税和影子价格两种类型。

内部碳税需要企业对超额排放部分征收实际税费，不仅有助于规制员工的行为，而且有助于重新设计激励结构，鼓励低碳技术的创新。“影子价格”并不是真实的费用，它只是一种内部设定的理论值，有助于建立新的投资决策与绩效评价标准，甚至影响企业的战略投资方向。

内部碳定价（ICP）作为一种新型碳治理措施，将给企业带来内部和外部双重有利影响。对于企业内部运营而言，ICP通过将碳成本嵌入企业经营决策，为企业提供更多的创新、创造空间，促使企业尝试用最低成本减少碳排放，激励企业设计低碳生产工艺流程、研发技术，或重新调整内部供应链等。从企业外部影响来看，ICP是企业自愿承担社会责任的表现，迎合了利益相关者的期望，更容易帮助企业获得利益相关者的支持，得到各种便利资源或较低的资金成本。同时，ICP还有助于企业建立良好的品牌形象，降低潜在的法律风险，可以帮助企业吸引与企业价值观相匹配的高素质员工，提高员工忠诚度。如果仅从短期财务数据来看，企业实施ICP初期，可能会出现成本上升，但其本质更类似于对企业未来收益与增长所实施的投资，长期而言，有助于提升企业竞争力，持续驱动企业内部各单位从未来低碳发展的愿景出发从事产品设计与生产。只有率先开展ICP、提早意识到危机并及时进入碳减排的赛道，企业才可能在未来的竞争发展中占据主动和先机，获取市场竞争力。

（二）碳金融市场定价机制比较

碳税基于环境经济学理论倡导的“污染者付费原则”，通过向碳排放者征税使排放者承担负外部性损失，但环境利益的受损者并没有得到相应的经济补偿，是一种政府主导的再分配式“间接”减排机制；碳排放权交易基于生态经济学理论倡导的“受益者付费原则”，是通过正向激励促进减排的机制。

第一，从操作成本角度来看，碳税与碳排放权交易相比，实施程序大大简化，它以现有的税收法律为基础，碳税的征收就是增加了一个税种，操作成本相对较低。碳排放权交易则需要一系列基础设施的构建，包括高效的结算清算机制、有效的监管机制和完善的交易平台等，涉及经济、金融和法律等多个部门的协调工作，还需要二氧化碳排放监测、信息公开、交易结算等制度构建，这些需要先进的技术支撑。因此，碳排放权交易操作成本相对较高。第二，从碳价变动角度来看，碳税是价格控制手段的典型代表，由主管部门规定税率，碳价稳定。而碳排放权交易配额的价格由市场上实际交易的供给与需求决定，价格趋势也受到政策走向、投资者预期、经济形势、其他市场表现等多重因素影响，具有一定的波动性或不稳定性，容易导致企业对减排成本和收益缺乏稳定的预期，不利于减排投资。第三，从调控范围角度来看，碳税的调控适用于各种排放源，因为它受企业的规模和成本方面的影响较小。碳排放权交易受交易成本和管理成本的影响较大，一般适用于大的排放源，没有复杂的法律条文约束，空间上适用于地方性的生态服务。第四，从政策灵活性角度来看，碳税是一种政府主导的再分配式间接生态补偿方式，被征主体之间缺乏直接的联系，存在政府失灵的效率损失。而在自愿交易的碳市场上，碳排放权外化成一种商品，有其内在价值和市场定价，能真实反映企业碳排放的社会成本并内化成商品的生产成本，既能够鼓励企业生态创新，适应碳减排目标，避免政府失灵，又能够通过完善碳市场交易机制来缓解市场失灵。

表 3.2　　碳税、碳排放权交易机制比较

项目	碳税	碳排放权交易机制
管理机制	依赖于政府，利用价格信号间接控制	依赖于市场机制，对排放总量直接控制
政府控制的变量	碳排放价格	碳排放总额（配额）
减排效果	与产品的需求弹性相关，不会导致完全有效的结果	有效实现总体减排目标
实施成本	较低	高，交易成本大
企业减排成本确定性	减排成本相对确定，提供稳定的成本预期	对减排成本和收益缺乏稳定预期
调控范围	适用于各种排放源和跨区域的生态服务	适用于大排放源和地方性的生态服务
政治可接受性	较难达成政治共识	具有更强的政治可行性
政策灵活性	低	适应碳减排目标的灵活性强
政策稳定性	相对较高，税率在一定时期是稳定的	相对较低，配额分配等机制需要定期调整
对排污企业的影响	由于税率对所有污染者标准一样，会造成污染者之间的不公平	运用市场的价格发现功能，推动企业节能减排创新和产业结构优化升级
减排灵活性和高效性	单个企业实现了减排的成本效益性，但整个经济不一定以最低成本实现减排	实现了减排资源的最优配置，整个经济以最低成本实现了减排目标
政策全球性	难以构建一个全球性的碳税体系	可构建全球性的碳排放权交易体系

资料来源：笔者根据相关资料整理。

碳信用机制是指向自愿实施减排活动的行为主体发放可交易排放单位的一系列制度安排，这些活动是对正常业务活动的补充。碳信用的存在独立于碳税和碳排放权交易等碳定价机制之外。因为碳信用的产生基于自愿原则，而在碳税和碳排放权交易中，受约束实体的履约是义务性的。这就使碳信用与其他碳定价机制，如总量控制与交易机制下的“配额”和基准线与信用交易机制下的“减排量信用额度”等概念有明显差异。然而，如果政策制定者选择给受监管的排放者一种替代的合规手段，那么信用单位可以与碳税或碳排放权交易机制挂钩。

第二节 国际碳金融市场定价机制发展分析

一、国际碳金融市场定价机制的发展

(一) 总体发展状况

随着全球极端气候事件的不断发生，人们对本世纪中叶净零排放承诺的关注有所增强，“清零竞赛”和“气候雄心联盟”等倡议即是证明。截至2020年12月，已有127个国家、823个城市、101个地区和1541家公司承诺在本世纪中叶之前实现脱碳。碳定价是一种具有成本效益的政策工具，通过将气候变化成本纳入经济决策中，建立价格信号创造财政激励，鼓励生产和消费模式的改变，从而在实现净零排放方面发挥作用。为此，世界银行每年发布《碳定价机制发展现状及未来趋势》(*State and Trends of Carbon Pricing*)年度报告，概述世界各地现有和新出现的碳定价举措，指出在过去一年中碳定价继续在区域、国家和地方层面取得的进展。根据2022年发布的报告，尽管新冠疫情造成了社会和经济动荡，各司法管辖区和企业在应对气候变化的承诺上依旧从未动摇，国际碳金融市场定价机制仍持续稳定发展，具体体现为：

1. 碳定价工具运用日趋普遍，但全球覆盖率依然很低

截至2022年4月，全球在使用中的碳定价工具共有68种，另有3种工具在推行中，这其中包括37种碳税工具和34种碳排放权交易工具。目前，全球约23%的温室气体排放受到碳定价工具管控。

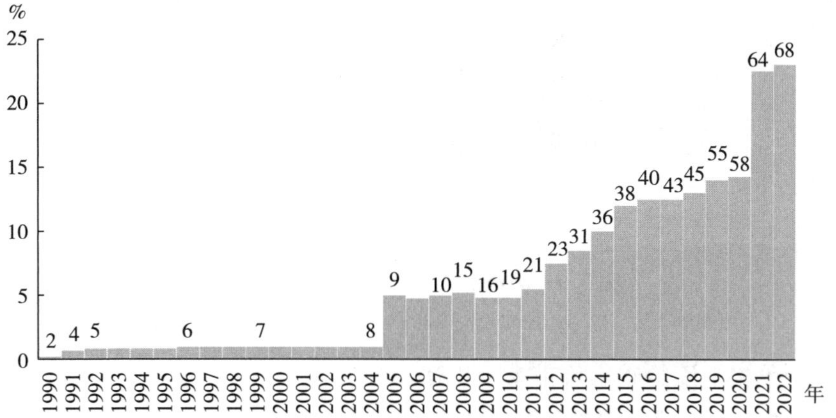

注：柱状图上方数字为当年运行中的碳定价机制数量。

图3.4 碳定价工具覆盖的全球温室气体排放份额

[资料来源：World Bank. State and Trends of Carbon Pricing (2022)]

2. 碳价逐年提升，但价格水平依旧偏低

受政策驱动，市场投机性行为增加，全球能源价格上升，两者都推动了碳价上涨，但是大多数司法管辖区的碳价低于《巴黎协定》确定的目标。2021 年，多个碳排放权交易体系的碳价都达到历史新高。欧盟、瑞士、美国加利福尼亚州和加拿大魁北克省、新西兰的碳排放权交易市场和美国区域温室气体倡议（RGGI）的碳价都达到了历史最高水平，英国碳排放权交易体系的碳价自 2021 年年中开始也大幅上涨。

除碳交易定价之外，碳税税率在 2021 年和 2022 年初也有所上涨，涨幅比碳排放权交易体系略低。碳税在 2020 年保持稳定，2021 年约上涨 6 美元/吨二氧化碳，到 2022 年 4 月 1 日，又上涨 5 美元/吨二氧化碳。与 2021 年相比，大多数碳税管辖区都提高了碳税税率，相比其他国家和地区，加拿大不列颠哥伦比亚省、爱尔兰、拉脱维亚、列支敦士登、南非、瑞士和乌克兰的碳税税率最高。

3. 碳收入快速增长，碳交易收入超越碳税收入

由于碳价提高，碳收入增长迅猛，碳交易收入逐步超越碳税收入。2021 年国际碳收入约为 840 亿美元，较 2020 年增加超过 310 亿美元。欧盟、新西兰和美国加利福尼亚州及周边的碳收入大约贡献了全球收入的 41%，英国和德国贡献了 16%。

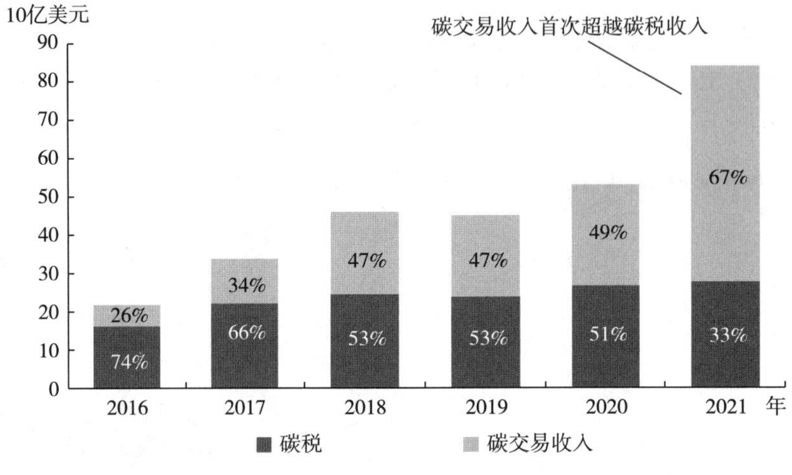

图 3.5　2016—2021 年全球碳收入构成

［资料来源：World Bank. State and Trends of Carbon Pricing（2022）］

4. 能源价格上涨给碳定价带来了机遇和挑战

新冠疫情、俄乌战争等都使全球石油和天然气价格进一步上涨，能源价格突然上涨和随之而来的通货膨胀给各国政府带来了财政压力，政府需要通过调节或限制能源价格、引入补贴或取消附加费来保护消费者和低收入家庭免受能源价格上涨的

影响，但是任何直接降低能源价格的措施都会削弱减排的动力。为了降低能源的对外依存度，发展可再生能源成为各国保障能源安全、重振经济发展的必由之路。

5. 自愿碳市场活动带来碳信用市场快速增长

2022 年 4 月，自愿碳市场的交易额达到 14 亿美元，全球平均碳信用价格从 2020 年的每吨二氧化碳当量 2.49 美元上涨到 2021 年的 3.82 美元。同时，企业自愿承诺成为市场增长的主要驱动力，企业越来越多地使用碳信用去达成气候协定的目标，而市场参与者和投资者也希望从市场价格上涨中获得更多的收益，两者叠加共同支撑了市场增值和流动性增加。

（二）《巴黎协定》下的国际碳定价机制

1. 《巴黎协定》的由来与发展

碳市场（Carbon Market）又称碳排放权交易市场，是建立在温室气体减排量的基础上、“碳排放权”作为商品流通的交易市场。1997 年 12 月，在日本召开的《联合国气候变化框架公约》第三次缔约方大会通过的《京都议定书》提出了国际排放贸易机制、联合履约机制和清洁发展机制三种灵活的减排机制，催生了国际碳交易市场的形成，而且对欧盟碳排放权交易体系、美国区域温室气体倡议等区域和国家碳排放权交易体系的形成和发展有积极的影响。然而，《京都议定书》对发展中国家的约束相对较少，且美国作为世界上最大的碳排放国并没有被纳入强制减排中，加之京都机制后期碳价逐渐走向低迷，导致对其的争论与质疑未曾停息。

在《京都议定书》所具有的“强制 + 自愿”履约模式的基础上，《巴黎协定》提出以“国家自主贡献”（NDCs）[①] 为核心的新模式。《巴黎协定》是一项关于气候变化的具有“倡议性的”而非“强制要求性的”法律约束力的国际条约，于 2015 年 12 月 12 日在巴黎举行的《联合国气候变化框架公约》第二十一次缔约方大会上获得 197 个缔约方的通过，并于 2016 年 11 月 4 日生效，其目标是本世纪末将全球平均升温控制在工业化前（1760 年）水平以上 2℃以内，争取控制在 1.5℃以内。为了实现这一长期目标，各国的目标是尽快达到全球温室气体排放峰值，并在本世纪中叶实现全球的气候中性。从《京都议定书》到《巴黎协定》，国际碳定价机制出现了一系列变化。这种以自下而上为主、兼有自上而下成分的混合型治理新机制促进了缔约方参与的“管制型”向“自愿型”转变，实现了发达国家与发展中国家在新市场下权利义务的平等，从而能够让更多国家在互惠互利的基础上实现全球的整体减排。

---

① 国家自主贡献（National Determined Contributions，NDCs）是指各国根据各自经济和政治状况自愿作出的减排承诺，并随时间推移而逐渐增加，各国都要遵循“监测、报告、核查”的同一体系（该体系根据发展中国家的能力给予一定灵活性），定期提供温室气体清单报告等信息，并接受第三方技术专家评审。《巴黎协定》各缔约方都必须设定国家自主贡献方案，每五年更新一次。

2. 《巴黎协定》第 6 条执行机制的运行历程

(1)《巴黎协定》第 6 条与碳定价机制息息相关

应对气候变化的最大现实挑战之一是成本，碳市场可以帮助各国降低成本并加速减排。截至 2020 年 4 月，已有 97 个缔约方在国家自主贡献中提到碳定价机制，表明它们正计划或考虑使用碳市场或者碳税机制履行国家自主贡献承诺，这 97 个缔约方的温室气体排放量占全球的 58%。从成本效益角度来看，《巴黎协定》第 6 条实施细则同碳定价机制息息相关，基本思路为：减少温室气体排放困难或减排成本高昂的国家，可以从减排量已经超过其承诺减排量的国家手中购买减排信用额度。因此，《巴黎协定》强调国际合作的重要性，号召缔约方分别在双边和多边层面开展全球碳交易，在建立国际碳市场之外积极构建区域碳交易市场机制，进而提升应对气候变化的雄心，保障环境整体性。

与《巴黎协定》有关的国际碳定价机制主要是第 6. 2 条下成员国家之间的国际转让的减缓成果交易机制以及第 6. 4 条下基于项目的核证减排量的国际转让。第 6. 2 条为合作方法（Cooperative Approaches），基于市场机制为跨国合作提供框架，缔约方在实现其国家自主贡献目标时，可以采用基于双边或多边协议的合作方法。具体而言，减排量超过国家自主贡献目标的国家可以通过合作方法，将额外的减排量出售给未能实现国家自主贡献目标的国家。例如，通过基于双边协议的碳市场实现两国碳配额的跨国流通。在该市场机制下产生的碳减排量被统称为“减排成果国际转让”（Internationally Transferred Mitigation Outcomes，ITMOs）。第 6. 4 条提出建立一个由联合国专门机构监管的国际碳减排信用市场，允许国家之间交易碳减排信用，简称可持续发展机制（Sustainable Development Mechanism，SDM）。可持续发展机制下产生的碳信用单位被称为 A6. 4ER（Article 6. 4 Emissions Reduction），它总体上沿用了清洁发展机制下核证减排量（Certified Emissions Reduction，CER）的方法学。

(2)《巴黎协定》第 6 条引发种种争议

《巴黎协定》第 6 条旨在为以碳市场为主的国际气候治理合作机制敲定细则，因此《巴黎协定》缔约方会议（CMA）对国际碳市场细节的谈判免不了复杂曲折。在第二十五次缔约方大会（COP25）上，各缔约方未对《巴黎协定》第 6 条达成共识，关于碳市场的争论重点集中于第 6. 2 条和第 6. 4 条，主要包括：

①《京都议定书》项目和信用额度的转让。最具争议的关键性问题包括：既然减排成果国际转让机制从范围上已经将发展中国家纳入合作减排的范围，是否允许《京都议定书》中清洁发展机制下的项目和减排单位转结到《巴黎协定》下使用。缔约方表示其担心的是，京都项目和减排单位的全面转结可能会阻碍实体采取更进一步的减排行动。另一些国家认为，由于《联合国气候变化框架公约》此前已为清

洁发展机制项目背书，如果不提供转结机制，则会给私营部门参与者释放不良信号，使其对《联合国气候变化框架公约》的可靠性产生质疑。

②管理费。《巴黎协定》第6.2条提出减排成果国际转让的概念，然而关于是否要对司法管辖区间减缓成果转移活动收取管理费并将其投资于脆弱国家的气候变化适应类项目，缔约方产生了争议。一些缔约方认为管理费也可适用于第6.4条下项目产出的减排单位的交易。一些缔约方认为，重要的是这两种方法在激励结构上保持一致。

③全球总体减排。第6.4条提出一项“全球总体减排”（Over Mitigation in Global Emissions，OMGE）目标，其目的是确保全球范围内温室气体排放总量的减少，而不仅仅是通过一个地方的温室气体减排来抵消另一个国家的排放。各方在如何解决以下两个问题上无法达成共识：第一，避免碳减排双重核算；第二，确保减排力度净增长，而不是拆东墙补西墙。简单而言，双重核算是指出售国在卖出碳减排信用额度时声称自身实现减排，购买国在取得减排信用额度后也声称实现了减排，这就出现了重复计算减排的问题。除了在如何实施OMGE问题上存在分歧（例如，强制性自动取消在第6.4条下产生的部分碳排放单位，设立保守的基准线等）外，对于是否应将OMGE拓展到第6.2条下的减缓成果转移，各方看法也不同。

（3）争议下国际碳定价机制的发展

为了检验和完善《巴黎协定》第6条中各种复杂规则的实际效果，双边渠道、区域组织和多边开发银行等开展了诸多针对第6条中各种交易机制的试点。气候融资创新者（Climate Finance Innovators）研究显示，包括世界银行、非洲开发银行等多边机构和日本、瑞士、瑞典等主权国家支持的十几个试点项目正在运行中，这些试点项目为第6条中“减排成果国际转让”、“重复计算”、不同时间尺度减缓目标的核算等争议性议题提供了许多新思路和新方法，对未来国际气候治理具有重要的参考价值。

①日本联合信贷机制

联合信贷机制（JCM）是《京都议定书》时代日本政府发起的一项双边机制，旨在支持发展中国家减排。该机制是一个信贷框架，日本向发展中国家提供低碳技

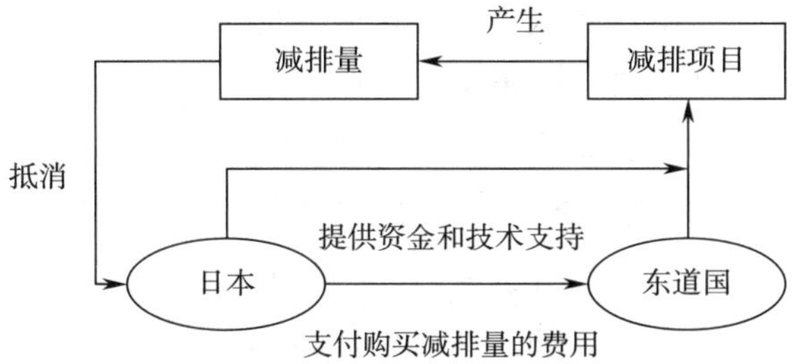

图3.6　日本联合信贷机制流程

术，并建设相关的减排基础设施，帮助日本以最小的成本实现减排目标，并占领低碳技术产品和服务出口市场。

虽然 JCM 尽可能沿用 CDM 的机制规则，但这两种机制在项目覆盖、减排量的计算以及项目的认证方面存在明显的区别。相比之下，JCM 遵循的原则具有确保系统稳定运行、保持执行过程简洁实用、避免其他温室气体减排重复计算等优势。JCM 的第三方验证是强制性的，由第三方实体执行，保证了项目运行的透明度，同时，为避免重复计算碳减排信贷额度，日本政府与合作国家之间签署的协议明确规定不将 JCM 下的减缓项目用于其他国际气候减缓机制。在 JCM 下发放的信贷额度直接分配给日本和伙伴国家，产生的碳信贷额度没有附加价格，这意味着它们是不可交易的。但是，缔约方可以根据《联合国气候变化框架公约》下的相关规则，探索未来可行的交易，考虑到第 6.2 条的灵活性，预计它极有可能过渡到第 6.2 条的合作办法。

②瑞典：瑞典能源署—尼日利亚（SEA – Nigeria）试点项目

瑞典能源署（SEA）开展的一项试点项目旨在探索利用《巴黎协定》第 6 条促进东道国的能源电气化发展。瑞典能源署—尼日利亚（SEA – Nigeria）试点项目基于尼日利亚的国情，将第 6 条与主权绿色债券相结合，扩大电气能源的可及性。该试点项目计划发行两种类型的主权绿色债券，用于调动资金，并使东道国能够超越其 NDC 目标设定的微型电网实施基准。SEA – Nigeria 试点将产生超出东道国无条件减缓目标的成果，这可以作为第 6.4 条的减排指标提供给国际投资者。

根据 SEA – Nigeria 试点项目提议的概念，东道国将提供两种类型的绿色债券，分别是内含减缓成果的绿色债券（Green Bond with Embedded Claim to Mitigation Outcomes）和常规绿色债券（Regular Green Bond），第一种绿色债券与第 6 条中的交易机制密切相关，选择这类债券的持有人可以锁定一定数量的气候变化减缓成果，进而从未来第 6.4 条交易市场的价值增值中获益。绿色债券与东道国的 NDC 周期一致，第 6.4 条减排指标的可得性将取决于东道国满足基准减排目标的程度。在东道国有望超额达到其无条件执行水平的情况下，减缓成果可用于国际转让，如果东道国未能实现其基准目标，投资者就得不到减缓成果。

③瑞士：Klik 基金会的国际减排成果转让购买项目

瑞士 Klik 基金会（Klik Foundation）正在开展 ITMOs 购买项目试点，该基金预计每年投入 500 万瑞士法郎，拟在 2021—2030 年从国际减排活动中购买信贷额度，总购买量高达 5400 万吨二氧化碳当量的减排指标，该试点属于第 6.2 条定义的交易机制，Klik 基金会与泰国、秘鲁等国家以政府对政府的方式开展试点活动。

Klik 基金会将建立一个私人和公共合作伙伴的组织网络，负责实施气候变化政策的政府机构享有组织伙伴的特权，私营部门的合作伙伴必须通过该基金会的网站申请加入，项目开发商、咨询公司、投资者、非政府组织、行业协会或具有高排放生产设施或获得关键技术的企业也可参加，被接受的合作伙伴组织可以参与后续的项目活动。在从一个被接受的减排活动中购买ITMOs之前，东道国必须与瑞士政府签订一份谅解备忘录（MoU），只有在选定的活动被瑞士政府和东道国确认为合适后，才会签署购买协议。任何合作协定必须尊重《巴黎协定》第6条的要求，特别是确保环境完整性和透明度、避免重复计算和促进可持续发展。

（4）COP 26推动《巴黎协定》第6条达成共识

随着气候危机问题的不断加剧，越来越多的国家意识到减排的紧迫性，纷纷提出碳中和目标和时间表，各缔约方也愈发重视《巴黎协定》第6条实施细则的谈判。2021年，在《联合国气候变化框架公约》第二十六次缔约方大会（COP 26）上，各缔约方最终就包括第6条在内的《巴黎协定》所有实施细则达成一致，标志着自愿合作机制正式进入以《巴黎协定》为框架的2.0版本①时代，几乎所有缔约方都表示至少会利用第6条市场机制中的一项来增强其气候雄心。

为了实现全球整体减排，《巴黎协定》第6条实施细则就如何避免减排量的重复计算、如何分配收益、如何结转核证减排量等核心问题作出了详细规定，其核心内容主要包括以下方面：

①关于双重计算的问题。COP 26的解决方案为：由卖方国来决定是否授权将减排额度卖给买方国。如果授权，那么卖方国将在其国家统计中增加碳排放量，而买方国则扣除相同数量的排放量，以确保减排量在国家之间只计算一次。

②关于碳交易征税的问题。COP 26的解决方案为“双轨制”，即若两国之间发生碳交易，那么不征税；若不同国家通过一个集中化（比如联合国管理的）交易机制来买卖减排额度，那么交易额的5%会被征收，转入调整基金（Adjustment Fund）用于帮助低收入国家。

③关于减排分配的问题。减排分配指的是碳交易收入的分配和使用。《联合国气候变化框架公约》第二十六次缔约方大会建议将碳交易收入分为卖方国家、买方国家和2%注入全球排放减缓账户（Overall Mitigation in Global Emissions，OMGE）。2%注入全球排放减缓账户指的是各个国家需要为实现减缓温室气体排放的目标作出贡献，并向全球排放减缓账户注入资金。每一笔通过交易平台进行的碳交易，其中2%会被直接“注销”，不算作任何一方的减排，以此提升整体碳减排，并有力回应“花钱即能减排，而不投入真正减排”的质疑。②

① 《京都议定书》框架下的自愿合作机制为1.0版本。

② COP 26闭会总结（含《巴黎协定》第6条）——广州碳排放权交易所，https：//cnemission.com/article/news/GlobalNews/202111/20211100002352.shtml。

④关于核证减排量的结转问题。《格拉斯哥气候协议》规定，在 2013 年 1 月 1 日当天及之后注册的清洁发展机制项目活动产生的核证减排量被认定为 2020 年前的减排量，可用于履行第一个国家自主贡献目标，仍在进行的清洁发展机制项目在满足特定条件，并通过监督机构认定后可以结转到第 6.4 条下的可持续发展机制。

3. 《巴黎协定》下碳信用机制与基于结果的气候融资机制的进展

《巴黎协定》取消了东道国与实施国的身份限定，更强调国家与国家之间的平等关系，轻交易机制而重碳信用机制。因此，在《京都议定书》到《巴黎协定》的过渡期，碳信用机制取得了长足发展。碳信用（Carbon Credit）又称碳权，指在经过联合国或其认可的减排组织认证的条件下，国家或企业以增加能源使用效率，减少污染或减少开发等方式减少碳排放，因此得到可以进入碳交易市场的碳排放计量单位。碳信用机制是发达国家凭借减排技术等优势换取低成本减排的重要方式，如碳汇、甲烷回收利用、光伏发电等项目。对于经济转型的发展中国家而言，为缓解国内减排压力，将求助于市场机制，碳信用更能撬动发展中国家能源结构及经济结构的转型。

作为一种为发展中国家的低碳发展提供气候融资的模式，基于结果的气候融资（RBCF）只有在一系列约定的气候成果达成后才会由融资提供者向受援国拨付款项，尤其在发展中国家市场创建的过程中能够就碳市场和国内政策提供综合方案。由于 RBCF 具有促进碳定价机制形成的重大作用，其在动员《巴黎协定》所需资源、政策和行动方面发挥了关键性作用。2019 年，全球各种 RBCF 计划（超过 74 个项目）处于运营阶段，包括世界银行可持续森林景观的生物碳基金倡议、森林碳伙伴基金、硝酸行动组织、世界银行甲烷和气候变化缓解试点拍卖机制等。

二、区域、国家和地方碳金融市场定价机制的发展

由于全球碳市场还未成熟，且具有多标准并存、联系紧密的特征，为促进温室气体减排，各区域、国家、地方纷纷建立了符合自身实际的碳金融市场定价机制。区域碳金融市场定价机制是指碳市场活动跨越一个以上国家，受双边或多边条约管辖，并由一个或多个参与国管理的机制。国家碳金融市场定价机制是指主要在一国境内开展碳市场活动的机制，这些机制受国家立法管辖，并由该国政府管理。地方碳金融市场定价机制是指在一个国家或该国管辖区内开展碳市场活动的机制，受管辖区立法或管辖区间条约管辖，由一个或多个地方政府（如州或省）管理。

（一）欧盟碳定价机制

1. 欧盟碳排放权交易机制的主要内容

欧盟碳定价机制主要由碳排放权交易市场组成。为了应对全球气候变化，实现

《京都议定书》规定的目标，欧盟于2005年1月正式启动了世界上第一个温室气体排放配额交易机制。由于不同国家经济发展程度及新技术应用程度不同，为履行《京都议定书》的规定，不同成员国碳排放量配额不同，在市场经济的作用下，相互交易必然产生，欧盟碳交易市场在这种特殊的国际背景下诞生。

欧盟在碳排放权交易机制实施对象、实施阶段和产业安排上都采取一种谨慎和渐进的方式，以取得政治上和所涵盖企业的最大支持。欧盟碳排放权交易体系（EU-ETS）按照时间进度划分为四个阶段。第一阶段从2005年1月1日至2007年12月31日，此阶段为试验期。这一阶段只涉及对碳排放有重大影响的经济部门，涵盖了约占欧洲温室气体排放46%的能源密集型产业，涵盖了欧盟二氧化碳排放总量的近一半。第二阶段从2008年1月1日至2012年12月31日，此阶段为履约期。该时期碳市场建设的主要目的是履行《京都议定书》确定的减排承诺。第三阶段是从2013年1月1日至2020年12月31日，此阶段为改革期。该时期逐步以拍卖制度代替无偿分配制度，2020年拍卖比例达到57%。但免费分配的配额依然在制造业和航空业占主导地位，被业内普遍认为有“碳泄漏”风险的部门也获得了额外的免费配额。为此，2018年欧盟启动EU-ETS改革，包括由欧盟委员会统一制定配额分配方案等。第四阶段为2021年1月1日至2030年12月31日，此阶段是稳定阶段。被认为有碳泄漏风险并因此有权获得免费排放配额的经济部门的数量将被削减，到2030年，除集中供热外，所有其他经济部门的免费分配也将完全停止。

表3.3 EU-ETS发展阶段

阶段	第一阶段 2005—2007年	第二阶段 2008—2012年	第三阶段 2013—2020年	第四阶段 2021—2030年
管制气体	只覆盖来自发电企业和能源密集型工业企业的二氧化碳排放	纳入电解铝行业产生的全氟化碳等其他种类的温室气体	纳入碳捕获和封存设施、石油化工产品生产、有色和黑色金属冶炼等企业的温室气体排放	纳入道路运输、建筑以及内部海运企业的二氧化碳排放
减排目标	完成《京都议定书》中承诺目标的45%	在1990年的基础上减少8%温室气体排放	在1990年的基础上减少20%温室气体排放	在1990年的基础上减少55%温室气体排放
配额分配	成员国自下而上提出总量控制目标		由欧盟委员会统一制定配额分配方案	
	主要以祖父法免费发放，成员国最多可拍卖5%的排放许可	免费配额发放比例削减至90%	以基准线法免费发放，配额每年上限以线性系数1.74%减少	配额总量发放上限以线性系数2.2%减少，并从2024年起配额上限减少幅度更大

资料来源：ICAP. Emissions Trading Worldwide: Status Report 2021.

2. 欧盟碳排放权交易机制的主要特点

（1）阶段化推进碳市场建设，有效控制减碳节奏

EU-ETS 实现明晰的阶段化推进，进行及时的政策调整与校准，健全与完善相应的配套设施。在时间跨度上，各阶段持续时间不一，但总体演进节奏是由短到长。其主要原因在于，第一阶段的履约行业与企业数量有限，同时带有试错成分；而现行第四阶段的碳市场已相对成熟，能在一个较长的时间设定内实现稳定发展。在覆盖范围上，考虑到企业的承接能力以及对经济增长的潜在影响，主要遵循由少到多、由点到面的原则，且主要的排放行业首先纳入。在配额供给上，欧盟实施了由松到紧、由无偿到有偿的分配方式，总体呈现逐步收紧趋势。

（2）强化碳定价机制，提高碳市场韧性

EU-ETS 主要运用提高控排标准、总量控制与交易原则和市场稳定储备机制（Market Stability Reserve，MSR）三大手段稳定碳价。欧盟委员会不断提高控排标准进而形成由碳配额压缩趋势产生的价格扬升驱动力。根据欧盟委员会发布的量化评估报告，2030 年的减排目标提升到 55%，碳市场的减排力度将提升到 62% ~65%，这势必会减少欧盟的配额供给量，从而驱使碳价上升。总量控制与交易原则制造了碳配额连续递减的市场方向并强化了碳价上涨的作用力。欧盟碳排放配额年度递减率已升至 2.2%，且在第四阶段将进一步提升，这将导致市场供求矛盾再度锐化，从而继续抬升碳价。MSR 是欧盟为了应对需求侧冲击和配额过剩以稳定碳市场信心的机制，通过在年度配额拍卖量中减去相应的数额，向需求方传递出配额递减与稀缺的信号，并对微观企业参与碳交易形成倒逼，同时制造出碳价上涨的预期。

（二）日本碳定价机制

1. 日本碳定价机制的主要内容

作为亚洲地区较早着手推动低碳发展战略的国家，日本碳定价机制由碳排放权交易市场和碳税制度组成。地区碳交易体系是日本碳交易制度的创新之处，由东京碳交易体系（东京 ETS）和埼玉碳交易体系（埼玉 ETS）组成，两地区均采用强制参与的总量交易模式，两者之间既独立又相互连接。同时，日本通过其创设的联合信贷机制（JCM）广泛参与国际碳交易，充分实现了灵活履约。

（1）东京 ETS

东京 ETS 于 2010 年 4 月启动，这是日本第一个地区级强制性碳交易体系，也是世界第一个城市级强制性碳交易体系。东京 ETS 按照时间进度划分为三个阶段，减排目标逐阶段递增，覆盖 1200 项设施，约占东京总排放的 20%，配额免费分配，并允许使用国内信用抵消排放。

表 3.4　　东京 ETS 发展阶段

阶段	第一阶段 2010—2014 财年①	第二阶段 2015—2019 财年	第三阶段 2020—2024 财年
减排目标	比基准年②排放量减少 6%～8%	比基准年排放量减少 15%～17%	比基准年排放量减少 25%～27%
覆盖范围	约 1200 项设施：办公室/商业楼约 1000 幢，工厂约 200 家，约占东京总排放的 20%		
纳入门槛	每年消耗量达 150 万升原油当量的设施		
覆盖气体	二氧化碳		
配额总量	每个设施都有自己的上限，上限根据以下公式确定：基准年排放量×（1－合规系数）×合规期（5 年），不同时期设置不同的合规系数		
分配方式	免费分配		
抵消机制	允许使用国内信用抵消排放，国内信用来自以下四类项目： （1）东京地区中小型设施通过节能措施而形成的减排信用，抵消上限暂无限制； （2）东京地区以外的大型设施通过节能措施而形成的减排信用，抵消上限为三分之一； （3）可再生能源形成的减排信用，抵消上限暂无限制； （4）埼玉地区碳信用③，抵消上限暂无限制		
跨期借贷与存储	允许两个相邻履约期间的配额存储，不允许借入		
惩罚措施	（1）责令未履约实体减排履约缺口量的 1.3 倍；（2）无法完成上述要求则将被公开点名，并缴纳罚款（最高 50 万日元）和附加费（差额的 1.3 倍）		

注：①一个财年从每年 4 月 1 日到次年 3 月 31 日。

②2002—2007 财年之间任意连续 3 年的平均排放量。

③包括两部分：基准年排放量为 15 万吨及以下的设施实现的额外减排信用以及中小型设施通过节能措施而形成的减排信用。

资料来源：ICAP. Emissions Trading Worldwide：Status Report 2021.

（2）埼玉 ETS

埼玉 ETS 于 2011 年 4 月启动，这是日本第二个地区级强制性碳交易体系。该体系参照东京 ETS 设计，在启动时便与东京 ETS 相连接，实现了跨系统交易。同东京 ETS 相似，埼玉 ETS 按照时间进度划分为三个阶段，减排目标逐阶段递增，覆盖 608 项设施，配额免费分配，并允许使用国内信用抵消排放。

表 3.5　　埼玉 ETS 发展阶段

阶段	第一阶段 2011—2014 财年	第二阶段 2015—2019 财年	第三阶段 2020—2024 财年
减排目标	比基准年排放量减少 6%～8%	比基准年排放量减少 13%～15%	比基准年排放量减少 20%～22%
覆盖范围	608 项设施（第一履约期）：办公室/商业楼 180 幢，工厂 428 家		
纳入门槛	每年消耗量达 150 万升原油当量的设施		
覆盖气体	二氧化碳		

续表

阶段	第一阶段 2011—2014 财年	第二阶段 2015—2019 财年	第三阶段 2020—2024 财年
配额总量	每个设施都有自己的上限，上限根据以下公式确定：基准年排放量 ×（1 - 合规系数）×合规期（5 年），不同时期设置不同的合规系数		
分配方式	免费分配		
抵消机制	允许使用国内信用抵消排放，国内信用来自以下五类项目： （1）埼玉地区中小型设施通过节能措施而形成的减排信用，抵消上限暂无限制； （2）埼玉地区以外的大型设施通过节能措施而形成的减排信用，办公室/商业楼的抵消上限为三分之一，工厂抵消上限为 50%； （3）可再生能源形成的减排信用，抵消上限暂无限制； （4）东京地区碳信用①，抵消上限暂无限制； （5）埼玉地区林业碳汇项目形成的减排信用，抵消上限暂无限制		
跨期借贷与存储	允许两个相邻履约期间的配额存储，不允许借入		
惩罚措施	公开点名，缺口量增加到下一履约期中		

注：①包括两部分：基准年排放量为 15 万吨及以下的设施实现的额外减排信用，以及中小型设施通过节能措施而形成的减排信用。

资料来源：ICAP. Emissions Trading Worldwide：Status Report 2021.

（3）联合信贷机制

联合信贷机制（JCM）于 2012 年成立，是指日本与东道国直接签订双边协议，由日本向东道国提供资金和技术支持，实施减排项目，并获得该项目实现的减排量，从而履行日本自身减排义务。JCM 本质是项目型交易，与清洁发展机制类似，被认为是对清洁发展机制的有益补充。与此同时，为推动 JCM 项目发展，2014 年日本政府出资 7110 万美元设立联合信贷机制基金，由亚洲开发银行管理。该基金旨在为亚洲开发银行的发展中成员国提供资金支持，并鼓励在亚洲开发银行进行融资和管理的主权和非主权项目采用先进的低碳技术。

（4）碳税机制

日本于 2007 年 1 月 1 日开征碳税，最早也被称为环境税，作为独立税种征收，征税对象包括煤炭、天然气、液化石油气、汽油、柴油、燃料油、煤油、城市煤气、电力和喷气燃料，计税依据为化石燃料的二氧化碳含量，税率为 2400 日元/吨碳。2011 年，日本对碳税征收方式、对象和税率等进行改革。碳税更名为全球气候变暖对策税，税种由独立税改为附加税，征收对象改为与石油煤炭税一致，计税依据由化石燃料的二氧化碳含量改为化石燃料的二氧化碳排放量，税率降至 289 日元/吨碳，并于 2012 年 10 月 1 日正式实施。实际征收时，每单位化石燃料需根据对应的折算率计算其应缴纳的碳税。

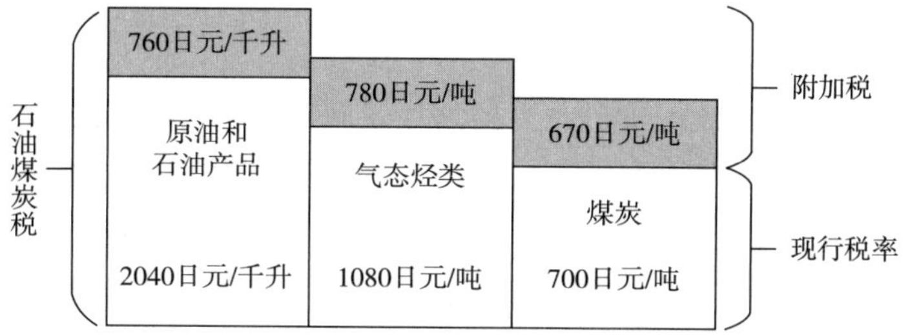

注：原油和石油产品 289×2.62≈760 日元/千升；气态烃类 289×2.70≈780 日元/吨；煤炭 289×2.33≈670 日元/吨。

图 3.7 日本碳税税率及征收方式

（资料来源：日本环境省官网）

此外，为更好地应对气候变化以及减弱碳税政策对产业的冲击，2012—2016 年日本碳税税率分三阶段进行了上调。

表 3.6 日本碳税阶段调整表

时间	碳税类型		
	煤炭	气态烃类	原油和石油产品
2012 年 10 月 1 日至 2014 年 3 月 31 日	220 日元/吨	260 日元/吨	250 日元/千升
2014 年 4 月 1 日至 2016 年 3 月 31 日	440 日元/吨	520 日元/吨	500 日元/千升
从 2016 年 4 月 1 日起	670 日元/吨	780 日元/吨	760 日元/千升

资料来源：日本环境省官网。

2. 日本碳定价机制的主要特点

随着环境治理的逐步推进，日本碳定价机制日益成熟，碳价逐渐趋于平稳，这主要归功于三点：一是通过建立相应的法律制度，为其低碳发展筑牢基础。1997 年《京都议定书》制定后，日本积极参与气候变化治理，于 1998 年公布《全球气候变暖对策推进法》，以应对气候变化，2010 年日本内阁府通过《全球气候变暖对策基本法案》，明确 2020 年之前日本温室气体排放量比 1990 年减少 25% 的目标。二是日本碳交易市场建立了较为成熟的面向国内外的碳信用抵消机制，为其灵活履约创造了条件。三是采用碳交易与碳税相结合的复合机制，为其实现减排目标提供保障。具体而言，碳交易作为一种数量调控手段，直接对碳排放总量进行控制，碳排放权价格由市场交易机制自行决定。由于碳交易价格受市场因素影响，其波动幅度较大，尤其是市场配额供过于求将导致碳交易价格长期低迷，会在一定程度上削弱碳市场的减排效果。而碳税作为一种价格调控工具，通过适时引入，能够将碳价稳定在合理水平，在助推碳交易市场有效运行的同时，兼顾效率与公平。

（三）美国碳定价机制

1. 美国区域碳市场机制的主要内容

在联邦体制下，美国碳定价机制主要由各州政府建立的区域碳市场组成。2003年，世界上第一个规范的气候交易平台、第一个施行自愿性参与并具有法律效力的总量控制与交易的机构——芝加哥气候交易所（Chicago Climate Exchange，CCX）正式成立并开始运营。2007年，亚利桑那州、加利福尼亚州、新墨西哥州、俄勒冈州和华盛顿州签署区域温室气体减排协议，成立了西部气候倡议（Western Climate Initiative，WCI）。西部气候倡议还与西部、中西部和东北部的州通过北美洲2050倡议（North America 2050 Initiative）就其他气候战略和清洁能源战略展开合作。2009年，美国第一个强制性的、市场基准的二氧化碳总量控制与交易平台——区域温室气体倡议（Regional Greenhouse Gas Initiative，RGGI）正式实施，正式加入区域温室气体倡议的是大西洋沿岸和东北部的10个州。现已拓展到12个州，分别是康涅狄格州、特拉华州、缅因州、马里兰州、马萨诸塞州、新罕布什尔州、新泽西州、纽约州、宾夕法尼亚州、罗得岛州、佛蒙特州和弗吉尼亚州。

（1）芝加哥气候交易所

芝加哥气候交易所的减排交易项目涵盖二氧化碳、甲烷、氧化亚氮、氢氟碳化物、全氟碳化物、六氟化硫六种温室气体。芝加哥气候交易所买卖的是碳金融工具合同（Carbon Financial Instruments），交易标的包括交易配额（Exchange Allowances）与交易抵消信用（Exchange Offsets Credits），交易配额由CCX按照各会员的减排要求与减排计划分配给正式会员，交易抵消信用产生于合格的抵消项目。该交易采用会员制度，实体或个人只有登记注册为芝加哥气候交易所会员，才能在CCX交易平台进行交易。各会员自愿参与，以总量控制与交易为基础，同时辅以排放抵消项目。减排计划依会员以前年度及现阶段温室气体排放情况而定，如果会员的减排目标超额达成，可卖出或留存多出的减排配额。如果会员未实现减排目标，则需买入碳排放权以达标。

（2）区域温室气体倡议

区域温室气体倡议（RGGI）的温室气体排放权交易机制有四个组成部分：二氧化碳配额拍卖、市场管控、二氧化碳排放与配额追踪、二氧化碳排放抵消项目。在二氧化碳配额拍卖中，RGGI会发放与规定排放总量相同的碳排放配额（1:1），再考量各州过去的碳排放规模、用电规模、人口规模、预期的新排放源等，把碳排放配额分给各参与州。按照RGGI要求，各州要拿出碳排放配额的25%以上采取拍卖方式分给各排放实体，剩余碳排放配额的分配方式由各州自主决定，各排放实体可在碳排放权交易平台上交易获得碳排放配额。在市场管控中，RGGI的拍卖活动与交易活动皆受到第三方市场管控机构——波托马克经济机构（Potomac Economics）

的监督，从而提高市场透明度，确保碳排放配额拍卖市场与交易市场公正、公开、平稳、有序运作，增强社会各方对市场的信心。在二氧化碳排放与配额追踪中，主要是通过向 RGGI 州提交特别许可的额外配额和碳排放抵消项目申报与管控证明报告，追踪碳排放抵消信用额度，向公众报告碳排放进展和市场数据，以此判断碳排放情况与州碳预算交易项目是否相符。在二氧化碳排放抵消项目中，限于 9 个 RGGI 州的五类项目：垃圾填埋场甲烷捕获与破坏、电力部门六氟化硫减排、林业项目的碳封存、建筑业石化能源使用效率提高引起的碳减排、农业肥料管理甲烷减排。RGGI 州在这五类项目中发展碳抵消项目，获得碳抵消奖励，取得配额之外的碳排放配额，碳排放抵消配额可以用来补足电力部门的限额短缺，但在每个履约期（为期 3 年）不得超过电力部门排放限额的 3.3%，而且碳排放抵消必须是真实的、额外的、可信的、可执行的、长期的。

（3）西部气候倡议

西部气候倡议（WCI）总量控制与交易项目包括各个州、省按各自规定所实施的总量控制与交易项目。成员在实施总量控制与交易项目时，会按各自地区减排目标发放碳排放配额，所有可发放配额就是排放限额，配额可以买卖。各成员互认配额就产生了区域性配额市场，这使各成员发放的配额在整个 WCI 区域内都是可用的，对谁可拥有碳排放配额没有限制要求，配额可以在排放温室气体的实体和第三方之间交易。WCI 不仅要求成员之间相互合作来推动碳减排，而且要求与其他碳市场合作。各个碳市场的合作可以通过互认碳减排工具展开，各个碳市场发放的抵消证和配额可在所有涉及的市场通用。

2. 美国区域碳市场机制的主要特点

尽管美国没有全国层面的碳市场，但区域层面的芝加哥气候交易所、区域温室气体倡议、西部气候倡议等碳市场在发展中取得了一定成效，带动了其他各州与城市的碳减排活动。一方面，在碳排放配额的分配设计上，美国各区域碳市场立足于行业差异与社会公平，采用不同的方法。RGGI 只涉及电力部门，配额分配以拍卖为主。WCI 中的加利福尼亚州碳市场涉及众多不同的行业，需要严加防范碳泄漏，在配额发放时采取拍卖加免费分配的方式，免费发放配额方式可以给企业一定的过渡性支持。另一方面，从美国碳排放权交易市场的运作状况看，任何市场机制都不能独善其身，WCI 就是经由各成员地区交易机制的连接而如火如荼地发展起来的。因此，可以看出，加强各碳排放权交易机制的连接，是碳定价机制进步的关键。

三、国际经验借鉴

（一）完备的法律法规是碳定价机制有序运行的重要保障

为应对气候变化、推动碳减排，各区域、国家、地区均建立了相应的法律制度框架，强化顶层设计，以此保障碳定价机制的有效实施。法律法规对主管部门、受控企业、交易机构、核查机构、金融机构等参与者的市场责任与义务皆有明确规定。同时，环境保护部门等政府机构在法律施行中也对有关“监测、报告、核查”（Monitor, Report, Verification, MRV）、配额分配方法等技术进行建设与完善，进而确保受管控企业有能力践行温室气体减排义务，促进碳定价机制的有序运行。

（二）完善的交易体系是发挥碳定价机制作用的重要前提

欧盟、日本等碳交易体系的建设均采取阶段化推进的方式，进行及时的政策调整与校准。时间跨度由短到长，覆盖范围由点到面，配额供给由松到紧，免费与有偿拍卖相结合的分配方式保证了配额的稀缺性。同时，各经济体均采取适当的市场储备配额等手段稳定碳价，通过在年度配额拍卖量中减去相应的数额，向需求方传递出配额递减与稀缺的信号，并对微观企业参与碳交易形成倒逼，制造出碳价上涨的预期。此外，各经济体均全力构建多要素、多层次的碳金融体系，注重碳金融产品创新，积极开展配额抵质押融资、碳债券、碳基金、碳保险等金融创新业务，并完善信用抵消机制，以提升碳交易的市场活力。

（三）充分发挥复合碳定价机制的优势

碳交易以某一总量控制目标为前提，将碳排放权作为商品在不同经济主体之间分配，是一种数量导向机制；碳税则通过税收手段，将因碳排放带来的外部环境成本转化为内部生产经营成本，是一种价格导向机制。尽管碳税与碳交易市场的政策设计出发点与着力点不同，且各有利弊，但二者并非不可并行。实际上，部分区域、国家、地区已经谋划“碳交易+碳税”并行的双驱动减排模式，并充分发挥复合机制减排效率高、政策灵活性强、实施成本低等优势。在覆盖范围上多以互补为主，在价格机制上相互支撑，在碳税与碳交易市场之间搭建协调互补、共同强化政策效果的“立交桥”。

（四）充分运用国际合作提高碳市场流动性

国际合作加强了国与国之间碳减排技术交流，能在更大范围内优化减排安排，进一步提高市场流动性。《巴黎协定》强调国际合作的重要性，各缔约方也最终就包括第6条在内的《巴黎协定》所有实施细则达成一致，期望通过自愿合作机制广泛参与国际碳交易，实现灵活履约。然而，国际合作的背后仍需兼顾公平。发达国家与发展中国家在实现碳达峰的进程中步伐不一，目前很多发达国家已经实现这一目标，而发展中国家仍在砥砺前行，二者碳价水平不一。如果发达国家仅以保护自身企业竞争力为政策目标，没有对碳边境调节税进行合理的分配，将不符合“共同但有区别的责任”原则，存在滥用贸易保护的嫌疑。因此，各国在制定碳定价机制的同时，要积极探索与全球碳市场的有效连接，以保障碳价稳定。

第三节 中国碳金融市场概况及碳定价机制的创新发展

一、中国碳金融市场定价机制的发展

（一）第一阶段：自愿减排交易阶段（2005—2012 年）

1. 自愿减排交易阶段概述

自愿减排交易是在清洁发展机制（CDM）的基础上衍生出来的非强制性减排项目交易行为。根据《京都议定书》的规定，在第一承诺期内（2005—2012年），附件一国家需要承担减排义务，并规定了非附件国家没有减排义务。中国作为发展中国家，没有被《京都议定书》纳入强制减排计划中，不用承担强制减排义务。在哥本哈根气候变化大会上，中国提出到 2020 年单位国内生产总值二氧化碳排放比 2005 年下降 45% 的承诺，树立起有责任的大国形象。因此，解决如何用最低的成本实现减排目标，并最大限度地减少对经济的负面冲击这一问题迫在眉睫。

为帮助附件一国家更好地完成减排义务，《京都议定书》规定了三种灵活履行机制。其中，联合履约机制（JI）和国际排放贸易机制（IET）仅针对发达国家，只有清洁发展机制（CDM）是唯一涉及发展中国家的"灵活机制"。因此，为了有效率地进行节能减排，我国进入了自愿减排交易阶段，主要通过 CDM 项目参与国际碳交易。

碳交易市场分为两大类，分别是基于配额的交易和基于项目的交易。我国是《京都议定书》的非附件一国家，因此我们并不能直接开展基于配额的交易，而只能开展基于项目的交易，即指买主向可证实减低温室气体排放的项目购买减排额。具体参与方式是，作为卖家通过 CDM 一级市场提供可供国际市场参与者用于抵消排放配额、基于项目减排而产生的碳信用。

2. 具体定价机制

（1）博弈模型理论

马歇尔均衡价格理论认为，在其他条件不变的情况下，均衡价格是供给和需求两种力量共同作用的结果，主张用均衡价格去衡量商品价值。在自愿减排交易阶段，《京都议定书》中的附件一国家是碳交易市场的需求方，而中国是全球最大的 CDM 项目供应国，中国碳交易价格受国际碳交易市场价格的影响较大，中国并未掌握定价权。同时，在我国进行 CDM 项目的交易要受到国家发展和政策等方面的影响，例如在进行 CDM 项目交易时必须经过生态环境部的审批。因此，我国在自愿减排交易阶段下的定价是多方博弈的结果。

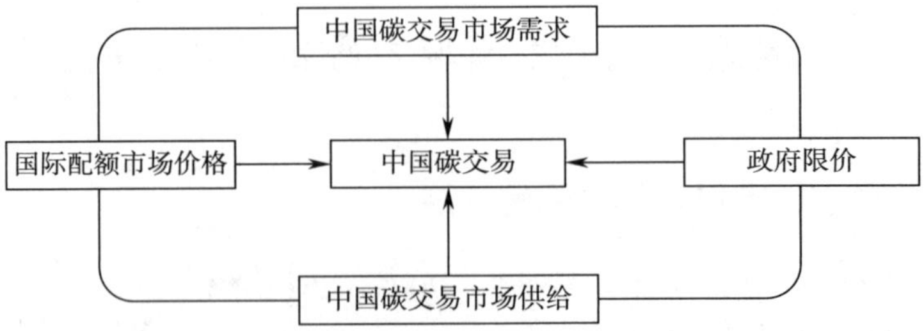

图 3.8　中国碳交易价格决定机制模型

①中国碳交易市场需求。《京都议定书》规定了附件一国家需要承担减排义务，因此，中国碳交易市场的需求者为全球需要履行减排义务的附件一国家。这些国家对二氧化碳排放权的需求量主要取决于两个因素：一是《京都议定书参考手册》（*Kyoto Protocol Reference Manual*）规定的初始排放配额；二是附件一国家实际的二氧化碳排放量。实际排放量与初始排放配额之差就是国际碳交易市场的需求量。在配额固定的情况下，碳交易市场的需求取决于各个国家实际的二氧化碳排放量，而实际的二氧化碳排放量受到很多因素的影响，如人口、人均 GDP、单位能耗等。关于二氧化碳排放量有一个著名的卡亚公式，即：

$$E_{CO_2} = P \times \overline{GDP} \times e/GDP \times e_E$$

式中，P 为人口；$\overline{GDP}$为人均 GDP；e/GDP 为单位 GDP 能源消耗量；e_E 为单位能耗排放量。当以上因素相互作用，导致二氧化碳排放量增加时，国际碳交易市场需求也会增加。此时，中国碳交易市场也会面临需求增加，进而中国碳交易市场价格上涨。相反，二氧化碳排放量减少意味着中国碳交易市场需求减少，这会引起中国碳交易市场价格下降。

②国际配额市场价格。国际碳排放权交易市场运作情况与中国碳交易市场价格联系十分紧密，特别是欧盟碳排放权交易体系（EU-ETS）的交易情况与中国碳市场上的碳价格相关性很高。因为欧盟配额交易市场属于碳交易市场的二级市场，而 CDM 项目市场属于一级市场。EU-ETS 采用总量控制与交易的原则，通过买卖行政许可的方式进行减排。欧盟的发达国家受到 EU-ETS 设定的碳排放配额限制，这些国家的企业可以使用 CDM 项目获得的核证减排额度来履行减排义务。因此，影响碳排放配额市场价格的因素，也会和项目级市场有很大的相关性。当配额政策相对宽松时，企业会通过国际市场购买相对少量的配额或者不进行购买，这将导致各大国际碳交易市场配额价格下降。与此同时，配额宽松的国家对二氧化碳减排项目级合作的兴趣也会降低，中国 CDM 项目市场的价格也会相应下降。反之，在配额政策相对严格的情况下，中国 CDM 项目市场的价格也会相应上升。

③中国碳交易市场供给。在国际碳交易市场中，供给主要来自附件一国家之间

联合履约项目合作，以及附件一国家和非附件一国家之间的 CDM 项目合作所产生的核证减排量。中国是非附件一国家，主要通过与附件一国家合作 CDM 项目，进而获得核证减排量。其中，主要涉及的主体为发电、能源化工等行业的企业，其在国家节能减排政策的引导下积极参与 CDM 项目合作市场。CDM 执行理事会网站显示，截至 2012 年 4 月，中国 CDM 项目已注册的数量和年碳减排量均居世界第一，共批准 4024 个 CDM 项目，预期每年碳减排量约为 6.6 亿吨，其中 1931 个 CDM 项目被执行理事会（Executive Board，EB）成功注册，预期每年减排二氧化碳约 3.92 亿吨。

④政府限价。在自愿减排交易阶段，中国没有完善的法律体系和市场价格确定机制，这使中国碳交易市场价格明显低于国际碳交易市场价格。中国政府在鼓励企业积极进行节能减排的 CDM 项目合作的同时，也会设定 CDM 价格的限制，并对项目进行筛选，选择那些收益较高的项目进行实际合作，以降低企业的风险，提高收益率，保护行业和国家的利益。

（2）增量成本理论

目前在核证减排量（Certified Emission Reduction，CER）定价方法的研究方面，主要的观点为沿袭共同执行活动（Activities Implemented Jointly，AIJ）项目的做法，即采用增量成本定价方式，将 CDM 项目局限于不能商业化的项目。其基本含义是，将 CDM 项目相对于基准线项目生产成本的增加量分摊到 CDM 项目相对于基准线项目的减排量上，构成减排量的生产成本，从而使其具有附加值。增量成本理论主要有以下三种类型：

①单位产出成本增量：通过使非商业化的 CDM 项目的单位生产成本降到商业化的基准线项目的水平所需要增加的额外投入来计算增量成本的方法。其中减排情景下和基准线情景下的项目单位产品生产成本包括项目的经济成本和社会成本。优点在于单位产出成本来自综合评价的结果或实际运行的项目，具有较高的可靠性、真实性、透明性且计算相对方便；缺点在于忽略了不同项目的产品质量差异性，项目经济周期内分摊增量成本，如果超过了 CER 获得时间，发展中国家需继续支付项目增量成本。

$$\text{单位产出增量成本} = \frac{\text{减排情景下项目单位产品成本} - \text{基准线项目的单位产品成本}}{\text{单位产品基准线的温室气体排放量} - \text{单位产品减排的温室气体排放量}}$$

②内部收益率：通过使非商业化项目的内部收益率达到正常商业化水平所需要增加的额外收入来计算增量成本的方法。优点为有助于了解增量成本的动态变化；缺点是存在 CDM 项目与基准线项目是在完全相同的前提条件下进行的假设，项目经济周期内分摊增量成本，如果超过了 CER 获得时间，发展中国家需继续支付项目增量成本，忽略了行业内部收益率的差异性，只凭内部收益率这一指标很难确定 CDM

项目价值。

$$\sum\left[\frac{\text{项目年现金流量差额}}{(1+\text{内部收益率})^{\text{年份}}}\right]=0$$

③投资增量：通过 CDM 项目与基准线项目的投资之差来计算其减排增量成本的方法。其中，投资增量方法有广义和狭义之分。狭义的投资增量只考虑项目投资的变化，而广义的投资增量需将项目的运行成本通过折现的方式加入投资中。优点是能够评价不同时间期限获得 CER 对增量成本的影响，缺点是只能用于由于成本原因不能市场化的 CDM 项目。

（二）第二阶段：试点碳市场探索阶段（2013—2020 年）

1. 试点碳市场探索概述

2011 年 10 月，国家发展改革委印发《关于开展碳排放权交易试点工作的通知》，批准北京、上海、天津、重庆、湖北、广东、深圳七个省市开展试点碳交易。2013—2014 年，七个碳排放权交易试点先后启动碳排放权交易。2016 年 8 月，中共中央办公厅、国务院办公厅联合印发的《国家生态文明试验区（福建）实施方案》明确提出了对福建省碳排放权交易试点建设的支持，福建试点于 2016 年末建立了以《福建省碳排放权交易管理暂行办法》为核心、以《福建省碳排放权交易市场建设实施方案》为总纲、以七个配套管理细则为支撑的“1 + 1 + 7”政策体系。

在我国的试点碳市场探索阶段，在交易产品方面，各试点碳市场以现货交易为主，以碳金融衍生品交易和碳融资工具等为补充，主要包括碳配额现货和碳减排量现货。在交易方式方面，首先，由当地发展改革委在“总量控制与交易”的体制下测算本区域温室气体排放总量控制指标，即配额总量。其次，针对控排企业、个人和机构采用基准法或历史排放总量法进行初始配额分配。最后，通过履约机制及奖惩机制的设计进行碳排放权交易，即试点企业需要上缴与实际排放量相等的配额。控排企业需要预估本企业将要产生的二氧化碳排放量是否在国家规定的范围内，如果超过国家规定的数量，则需要从碳交易市场购买企业实际排放量与国家规定数量的差额部分，以履行减排任务。因此，在试点碳市场探索阶段，碳市场卖方为本期排放的二氧化碳没有超过国家规定数量的控排企业，企业自己的减排量与国家规定的减排量的差额即可在市场上出售，获得额外的收益。

2. 具体定价机制

在试点碳市场探索阶段，我国采用的是混合定价机制，即结合市场、政府、中介机构等多方面力量的定价机制，各个交易所自己制定交易制度。各个交易所的交易制度允许企业根据市场的需求调节价格，形成了以交易所制定的底价为基础，在底价的一定范围内确定碳交易价格的定价规律，具体交易制度如表 3.7 所示。

表 3.7　　试点碳交易市场交易制度汇总

交易平台	北京	天津	上海	重庆	湖北	广州	深圳	福建
交易主体	控排企业、个人和机构	控排企业、个人和机构	控排企业、个人和机构	控排企业、个人和机构	控排企业、个人和机构	控排企业、个人和机构	控排企业、个人和机构	控排企业、个人和机构
交易方式	公开交易、协议转让	网络现货交易、协议交易、拍卖	挂牌交易和协议转让	定价交易和协议转让	协商议价、定价转让	单双向竞价、点选、协议转让	现货交易、电子竞价、大宗交易	挂牌点选、协议转让、单项竞价、定价转让
涨跌限制	20%	10%	30%	20%	15%	10%（挂牌）	10%（挂牌）30%（大宗）	10%（挂牌）30%（协议）
交易产品	CCER、林业碳汇与节能项目碳减排量、BEA	TJEA CCER	SHEA CCER	CQEA CCER	HBEA CCER	GDEA CCER	SZA CCER	FJEA CCER FFCER

定价方式按交易地点分为场外定价和场内定价，按照交易类型分为公开交易和协议转让。场内定价和公开交易均指的是企业在交易所内通过拍卖获得碳排放权，场外定价一般是指协议转让。

（1）场外定价

除重庆、天津试点碳市场外，各个试点碳市场均出台了专门针对配额及 CCER 大宗交易场外定价的相关规则，如表 3.8 所示。其中，重庆碳排放权交易中心只规定了重庆市内减排企业采用公开竞价以及协议转让的方式进行交易，天津排放权交易所只作出了根据国家规定的要求进行交易的规定，两者均未对 CCER 大宗交易的范围及价格进行限制。

表 3.8　　试点碳交易市场场外定价相关要求汇总

交易平台	场外定价相关要求
北京绿色交易所	10000 吨以上的大宗交易或同一集团下不同控排机构之间的关联交易，必须通过场外进行协议转让，价格由双方自行商定。双方合同在交易所登记，成交后也通过交易平台划转
上海环境能源交易所	协议转让中的单笔交易超过 100000 吨需要通过协议转让的方式达成交易。其中，小于 500000 吨的协议转让的价格必须在当天交易所的收盘价的 ± 30% 范围内；大于且等于 500000 吨的协商议价的价格可以由减排企业双方自己定价

续表

交易平台	场外定价相关要求
湖北碳排放权交易中心	对协议转让实行价格申报区间制度，申报幅度比例为30%，超过申报区间的报价为无效报价。报价申报区间的最高价格和最低价格为签订转让协议前一交易日协商议价转让收盘价×（1±议价幅度比例）
广州碳排放权交易所	使用协议转让方式交易的数量必须在100000吨以上，且协议价格申报价格幅度比例为30%，即不高于前一交易日收盘价的130%，不低于前一交易日收盘价的70%
深圳排放权交易所	使用协议转让方式交易的数量必须在100000吨以上，且协议价格申报价格幅度比例为30%
福建海峡股权交易中心	采用协议转让交易方式的交易价格有效范围为基准价的上下30%

（2）场内定价

根据《国务院办公厅关于清理整顿各类交易场所的实施意见》《国务院关于清理整顿各类交易场所切实防范金融风险的决定》的规定，各个碳交易场所要求现货的主流交易方式为"T+5"，这表示为交易需要在5个交易日后才能得到确认，从而进行下一步操作，即买入后卖出同一交易品种的时间间隔不少于5个交易日。但湖北、深圳等个别地区则在当地政府的支持下采取了"T+1"交易模式，广州为"T+3"交易模式。试点碳交易市场场内交易的定价机制均不相同，具体见表3.9。

表3.9　　试点碳交易市场场内定价相关要求汇总

交易平台	场内交易定价机制
北京绿色交易所	采用公开交易的方式，即申报企业在交易所采取拍卖的定价形式进行交易
天津排放权交易所	拍卖价格按照国家规定的保留价格，在此基础上基于10%的涨跌限制
上海环境能源交易所	拍卖价格按照国家规定的保留价格，在此基础上基于30%的涨跌限制
重庆碳排放权交易中心	采用公开交易的方式，即申报企业在交易所采取拍卖的定价形式进行买卖
湖北碳排放权交易中心	采用协商议价和定价转让的方式。 ①协商议价：当买入价格高于卖出价格时，按最低卖出价格协商，议价按申报价格高低、时间先后、数量多少的顺序进行排列，对标的物实行日议价区间限制，议价幅度为10%。当买入价格低于卖出价格时，不安排协商。 ②定价转让：分为公开转让和协议转让。公开转让指以某一固定价格在交易系统发布标的物转让信息，并接受意向买方买入申报。挂牌期截止后，根据卖方确定的价格或数量优先原则进行交易。单笔挂牌数量不得小于10000吨二氧化碳当量，申报幅度为30%。协议转让指卖方指定一个或多个买方为指定交易对手方，场外协商交易品种、价格和数量，并在交易系统内实施交易，申报幅度为30%。

续表

交易平台	场内交易定价机制
广州碳排放权交易所	采用挂牌竞价、挂牌点选、单项竞价、协议转让和其他被交易所准许的交易方式。 ①挂牌竞价：交易参与人先向交易系统发出委托申报，然后交易系统再以“价格优先、时间优先”的原则进行配对成交。 ②挂牌点选：交易参与人提交挂牌点选交易挂单申报，征集意向受让方或意向出让方。根据“价格优先、时间优先”的原则，意向受让方只可选价格最低的卖出挂单，意向出让方只可选价格最高的买入挂单。 ③单向竞价：在规定时间内由意向受让方通过网络进行自主竞价并成交的交易方式。 采取挂牌竞价和挂牌点选交易方式的，成交价须在开盘价 ±10% 区间内；采取单项竞价交易方式的，保留价须为开盘价 ±10%。
深圳排放权交易所	采用电子竞价、定价点选和大宗交易等方式。 ①电子竞价：在竞买时，首次报价不得低于底价，再次报价高于前次报价的，再次报价成为最新有效报价。相反，在竞卖时，首次报价不得高于底价，再次报价低于前次报价的，再次报价成为最新有效报价。 ②定价点选方式幅度限制为 10%，大宗交易为 30%。
福建海峡股权交易中心	采用挂牌点选交易方式的交易价格有效范围为基准价的上下 10%

（三）第三阶段：全国碳市场建设阶段（从 2021 年开始）

1. 全国碳市场建设阶段概述

全国碳市场建设阶段，指的是在试点碳市场的基础上，我国建立全国统一碳市场的过程。采用的是基于配额的交易方式，即买家在总量控制与交易机制（Cap and Trade System）下购买由管理者制定、分配（或拍卖）的减排配额。2014 年 12 月，国家发展改革委颁布《碳排放权交易管理暂行办法》，从制度层面上明确了全国碳市场建设总体框架。2017 年 12 月，《全国碳排放权交易市场建设方案（发电行业）》的发布标志着全国统一碳市场建设拉开帷幕。经过近三年的准备与模拟运行，2021 年 7 月，以电力行业为对象的全国统一碳市场正式上线启动交易。

目前，全国碳市场制度体系已初步形成，交易规模逐渐扩大，市场流动性有所提升。在覆盖范围上，明确逐步纳入发电、石化、化工、建材、钢铁、有色金属、造纸和国内民用航空八大重点行业。在交易内容上，全国碳市场建设阶段仍采用以政府分配配额为主的交易方式，并以 CCER 现货交易为补充。上海环境能源交易所数据显示，截至 2021 年 12 月 31 日，全国碳市场碳排放额累计成交量 1787899350 吨，累计成交额 7661230022.99 元，平均碳价为 42.85 元/吨，运行状况良好。

2. 具体定价机制

全国碳市场的交易方式有协议转让、单向竞价或者其他符合规定的方式。协议转让包括挂牌协议交易和大宗协议交易。挂牌协议交易以价格优先为原则，在对手方实时最优五个价位内以对手方价格为成交价依次选择，提交申报完成交易，挂牌协议交易的成交价格在上一个交易日收盘价 ±10% 之间确定；大宗协议交易双方就交易价格与交易数量等要素协商一致后确认成交，价格在上一交易日收盘价 ±30% 之间确定。交易系统目前提供单向竞买功能。交易主体向交易机构提出卖出申请，交易机构发布竞价公告，符合条件的意向受让方按照规定报价，在约定时间内通过交易系统成交。具体交易规则见表 3. 10。

表 3. 10　　全国碳交易市场交易规则汇总

交易规则	内容
交易方式	通过协议转让、单项竞价或者其他符合规定的方式在全国碳排放权交易系统进行交易
交易产品	碳排放配额（生态环境部可以根据国家有关规定增加其他交易产品）
交易主体	重点排放单位以及符合国家有关交易规则的机构和个人

合理有效的价格对碳市场的平稳运行至关重要，全国碳市场正式启动之后，碳交易价格走势已成为各方市场主体关注的焦点。影响碳价格的核心因素是供需关系的变化：总量设置、配额分配方式、抵消机制运用、交易方式、市场开放程度以及市场调控机制等因素不同程度地影响碳价的形成，按照影响因素的类型可分为宏观因素和微观因素、长期因素和短期因素。另外，政策预期稳定性、交易产品丰富性、市场交易制度、信息披露要求等因素从不同层面影响全国碳市场价格的形成。企业的行为受到这些因素的直接影响，比如清晰的政策路径、真实可靠的碳信息披露能够给企业提供强有力的可预见性，并为价格传递提供保障；合理的交易制度及丰富的交易产品为企业提供多元的投资选择，促进市场价格发现。

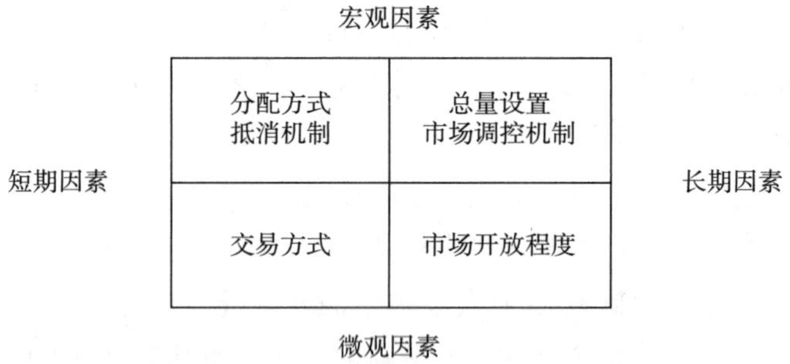

图 3. 9　影响全国碳市场价格的主要因素

（四）中国碳金融市场定价机制的发展汇总

总体来说，随着我国碳排放权交易市场的不断发展，我国碳金融市场定价机制逐步完善。在自愿减排交易阶段，我国作为《京都议定书》非附件一国家，只能参与基于项目的交易，碳定价受到国际碳交易市场的价格影响较大，普遍采用增量成本法计算 CER，进行 CDM 交易。在试点碳市场探索阶段，在总量控制与交易机制下，政府采取免费分配为主、有偿分配为辅的方式进行配额的分配，减排企业作为交易双方通过试点碳市场进行基于配额的交易，定价机制根据试点碳交易所的不同而有所不同，相关规定根据交易场所类型大致分为场内定价和场外定价。在全国碳市场建设阶段，政府通过配额总量设定，采用免费配额为主，以基准法核算重点排放单位的配额量，并适时引入有偿分配，逐步提高有偿分配比例的方式进行分配，减排企业作为交易双方通过全国统一碳市场进行碳排放配额的交易。此外，我国相关文件还对具体交易细则作出了完善和补充，例如《2019—2020 年全国碳排放权交易配额总量设定与分配实施方案（发电行业）》对配额上限设定及实施规则作了进一步规范，有助于提高定价机制对碳价的可控性。

表 3.11　　我国碳金融市场定价机制的发展

阶段	自愿减排交易阶段	试点碳市场探索阶段	全国碳市场建设阶段
交易方式	基于项目的交易	基于配额的交易	基于配额的交易
覆盖地区	全国	各试点区域	全国
交易内容	作为卖家，通过 CDM 一级市场提供可供国际市场参与者用于抵消碳排放配额、基于项目减排而产生的碳信用	在总量控制与交易机制下，政府进行配额分配，减排企业作为交易双方通过试点碳市场进行碳排放配额的交易	在总量控制与交易机制下，政府进行配额分配，减排企业作为交易双方通过全国统一碳市场进行碳排放配额交易
定价机制	碳信用	碳交易	碳交易
行业范围	电力、煤炭、钢铁、油气、化工、建材和金属材料工业、林业等多行业	不同试点碳市场行业范围不同，主要涉及电力、热力、钢铁、石化、化工、建材等多行业	逐步纳入发电、石化、化工、建材、钢铁、有色金属、造纸、国内民用航空八大重点行业
分配方式	无分配	①免费分配为主、有偿分配为辅。各个试点区域碳定价制度不同，其中深圳、上海、湖北、广东和天津均以拍卖形式进行了有偿分配。 ②未设置绝对排放总量上限，各试点排放量可适时灵活调整。	①初期配额全部免费，后期适时引入有偿分配机制，逐步提高有偿分配的比例。 ②《2019—2020 年全国碳排放权交易配额总量设定与分配实施方案（发电行业）》对配额上限设定及实施规则作了进一步规范。
分配计算方法		基准法、历史法、配额申报法（地方发展改革委进行计算分配）	基准法（由国家按照统一的行业标准确定，地方对配额分配没有自主权）

续表

阶段		自愿减排交易阶段	试点碳市场探索阶段	全国碳市场建设阶段
柔性机制	碳信用抵消机制		试点碳市场均以 CCER 作为碳排放抵消指标，但抵消比例有所不同，抵消比例在 5%～10%之间。此外，部分地区还可交易相应地区自行核证的自愿减排量，如 FC-ER、PHCER、FFCER 等	全国碳市场企业可以使用 CCER 抵消碳排放配额的清缴，比例统一规定不超过其应清缴配额的 5%
	市场稳定机制		各试点碳市场的稳定机制不同，例如广东设计了基于碳排放价格决定碳配额存量的稳定机制	全国碳市场通过规定遵约周期、配额预借结转，以及考虑使用价格调控手段，如规定一级、二级市场碳价上下限、政府公开市场操作等维持市场稳定

二、中国碳金融定价机制建设中存在的主要问题分析

（一）自愿减排交易阶段

1. 价格谈判能力弱

首先，我国的 CDM 项目主要都是“双边项目”，这些项目一般都是由中介商搭桥，交易双方进行共同项目开发，卖方不用承担风险及各项开发费用，而一旦项目出现问题致使其减排量没得到签发，项目卖方也不用承担损失，这就造成了我国碳交易卖方的“低风险”，进而产生了其“低利润”和议价能力的缺失。其次，在自愿减排交易阶段，主要的碳交易市场在国外，相关标准也由国外来制定。相关认证工作非常复杂且相关文件都用英文表述，国内碳供应商一般缺乏申请 CDM 项目的能力。最后，我国碳交易专业服务机构还需要进一步发展，对碳金融中介服务的资质和行为缺少明文引导及规范。

2. 交易成本较高

CDM 项目经历的审批程序极为复杂，且 CDM 项目本身建设成本较高，前期投入资金巨大。因此，大多数 CDM 项目开发周期较长，项目运营存在一定的风险，提升了 CDM 项目的交易成本。

3. 信息不透明

根据《京都议定书》的相关规定，只有发达国家承担相应的减排任务，而发展中国家只是承担帮助发达国家完成减排的任务。发展中国家不能直接将碳交易配额出售到欧洲市场，企业卖出的排放权主要由国际碳基金和公司通过世界银行等机构

参与购买，然后进入欧洲市场。我国企业通常不能直接接触国际碳交易的最终买家，这势必会造成信息沟通不畅。我国企业在自愿减排交易阶段通常只能接触少数买家，报价信息差别不大，市场信息不透明，卖方既不了解全球市场供需情况，也不了解其他 CDM 项目的价格，造成碳排放权市场的暗箱操作，最终的成交价格与国际市场价格相去甚远。

（二）试点碳市场探索阶段

1. 碳排放权内在价值无法体现

碳排放权内在价值无法得到体现主要在于预期收益率被低估和底价限制。预期收益率是指在不确定的条件下，预测某资产未来可实现的收益率。在衡量市场风险和收益的模型中，大多数采用的是资本资产定价模型（CAPM）。

$$\gamma_e = \gamma_f + \beta(\gamma_m - \gamma_f)$$

式中，γ_e 表示碳交易预期收益率，γ_f 表示无风险收益率，β 表示市场风险系数，γ_m 表示预期市场回报率，$\gamma_m - \gamma_f$ 表示风险溢价。

在市场风险保持固定的情况下，碳排放权交易的预期收益率是由市场风险系数和风险溢价共同决定的。在试点碳交易阶段，我国碳交易定价机制还不完善，大部分企业只是在履行国家减排义务，很多减排企业在进行碳排放权交易时缺乏相应的风险意识，通常认为其不会增加企业的成本，即不会对企业产生负面影响，从而对碳排放权的价格没有相应的管理、控制和评估，导致没有重视碳排放权的风险溢价，因此往往会低估碳交易的预期收益率。此外，我国碳交易处于起步阶段，一些污染比较严重的企业还未完全认可碳排放权交易市场，从而导致一些碳市场的交易程度不活跃，低估了预期收益率。

政府为了提高企业减排积极性，制定了碳交易价格的底价。虽然底价的制定稳定了碳市场的运行，但试点碳交易市场均出现了拍卖价格几乎处于底价的情况，即交易双方虽然通过拍卖的方式进行碳交易，但其碳排放权价格仍在国家制定的底价基础上定价。换句话说，以政府规定的政策为导向并通过人为操作而形成的碳价会破坏市场的运行机制，当政府分配配额不合理时，碳交易价格还可能会出现极端情况。

2. 试点分散且交易机构独立

在试点碳市场交易阶段，我国的试点省市地理位置较为分散并且交易机构各自独立。一方面，各试点地区的政府拥有总额设定、配额分配等权力以及设定不同的碳定价制度，这可能会导致各个试点之间产生恶性竞争。此外，各个试点的暂行办法对纳入范围的控排企业在标准设定等方面存在不一致的地方，例如深圳纳入控排范围标准较低，为年排放量 5000 吨二氧化碳及以上，而湖北为年综合能源消费量在 60000 吨标煤及以上，标准较高。另一方面，各交易市场无法跨区域进行交易，区域间碳配额不流通容易造成供需不平衡和各试点碳市场活跃度的差异，不利于碳市场的发展。

（三）全国碳市场建设阶段

1. 碳配额总量设定及分配细则有待完善

一方面，我国各个碳试点市场缺少碳排放历史数据及统一核算规则，全国及地区碳配额总量控制和分配细则依然存在技术性障碍，从而导致整体的分配方式、分配额度以及总体减排目标等具有不确定性。另一方面，从试点碳市场到全国碳市场，中央和地方可能存在所获取的排放数据不一致、排放量重复计算、缺乏对企业减排潜力和减排成本的分析等问题，导致目前全国碳排放总量控制目标设定存在较大的制度性困境。

2. 碳交易及管理规范制度体系有待健全

从国家法律角度看，碳排放权的定性以及具体的交易制度在我国现有的法律体系中未明确规定；从立法技术角度看，相关的实施规则存在模糊性表述，不利于全国碳市场的运行，例如“风险准备金制度”的资金来源、“不同交易方式的涨跌幅比例”的设定依据、如何界定“价格异常波动”等；从部门规章角度看，2020 年 12 月发布的《碳排放权交易管理办法（试行）》是当前全国碳市场建设最高级别的制度规范，尽管《企业温室气体排放报告核查指南（试行）》等操作类型文件陆续出台，但目前我国仍没有国家层面的法律支撑。

3. 应对碳价失灵的配套制度有待完善

一方面，目前全国性碳排放和碳交易数据尚未统一，这可能会导致地方和中央获取企业的排放信息不一致，从而在配额总量设定以及分配问题上偏离市场实际需求，引发价格机制失灵现象。另一方面，《碳排放权交易有关会计处理暂行规定》中规定企业对无偿配额无须进行财务处理，在计算碳排放配额价值时主要采纳历史成本和账面价值，忽略了公允价值、减值等机制。虽然这些规定在一定程度上简化了企业的会计处理过程，但是从长期来看，可能会导致财务报表中碳价值与实际情况不符的情况，这不利于碳价发现机制的有效运行。

三、中国碳金融市场定价机制的创新发展

2020 年 9 月，习近平主席在第七十五届联合国大会一般性辩论上明确提出了中国力争实现 2030 年碳达峰和 2060 年碳中和的目标。2021 年 10 月，中共中央、国务院印发了《关于完整准确全面贯彻新发展理念做好碳达峰碳中和工作的意见》等重要文件，明确强调了实现碳达峰、碳中和的总体部署和重点工作，这不仅展现了我国在应对气候变化上的大国担当，而且有利于加快形成绿色低碳的高质量发展道路。

从自愿减排交易阶段到试点碳市场交易阶段，再到 2021 年 7 月开启的全国碳市

场建设阶段，都展现了我国在碳定价机制，特别是在碳交易市场建设上的不断发展和完善。但是，要想完成碳达峰、碳中和这一广泛而深刻的经济社会系统性变革，相对于英国、美国等发达国家来说，我国仍亟须在碳减排途径、机制和政策选择等方面进行创新和改进。

目前，世界上主流的碳定价机制有碳排放权交易和碳税两种，二者在运作效果上互补，因此，源于不同理论和运作机制的环境政策工具所形成的复合型碳定价政策效果可能好于任何单一机制，这也为我国未来碳金融市场定价机制的创新发展带来启发。目前，在环境保护相关的税法方面，我国已颁布实施的有《环境保护税法》《资源税法》，其税目如表 3.12 所示，其中资源税中明确规定对二氧化碳征收 2% ~5% 的税收。虽然环境保护税和资源税在一定程度上减少了污染物排放和资源消耗，但是这两个税种均主要针对排放物的污染效应，没有对二氧化碳的排放起到实质性约束。而碳税能够控制排放物的温室效应，通过增加碳排放成本来鼓励企业开发清洁能源和技术设备创新，减少二氧化碳排放。有鉴于此，将碳税纳入复合型碳定价政策框架，借助已有的环境保护相关税法，在发挥碳税自身减排作用的基础上，充分放大碳税与碳交易的协同作用，将成为实现“双碳”目标的有力工具。

表 3.12　　环境保护税和资源税有关内容

税种	税目
环境保护税	四类：大气污染物、水污染物、固体废物和噪声
资源税	五类：以煤、原油和天然气等为主的能源矿产，以黑色金属和有色金属为主的金属矿产，以矿物类、岩石类和宝玉石类为主的非金属矿产，水气矿产，盐

（一）碳税政策自身对碳减排的作用机理

碳税主要通过生产者和消费者的收入效应和替代效应实现碳减排。从生产者角度看，企业生产行为产生收入效应和替代效应。一方面，碳税的征收会导致企业无偿地向国家转移利益，从而导致可支配收入减少，最终产出水平下降；另一方面，征收碳税可能会导致生产要素之间和高低碳能源之间的价格发生相对变化，从而发生经济结构和能源结构转型。从消费者角度看，消费者行为产生收入效应和替代效应。一方面，纳税人实际购买力下降，课税能源商品需求降低；另一方面，由于课税能源商品的相对价格变化，纳税人更倾向于购买无税或低税商品。

（二）碳税对碳交易的协同作用机理

碳税对碳交易的协同作用机理主要体现在目标调控、成本控制、风险防范三个方面。首先，两种碳定价机制具有一致性和互补性。一致性表现为设计的初衷均是实现碳减排，而互补性体现在两种碳定价机制的特点上：（1）碳交易减排效果具有确定性，属于直接调控；碳税减排效果不确定，属于间接调控。（2）碳交易价格具

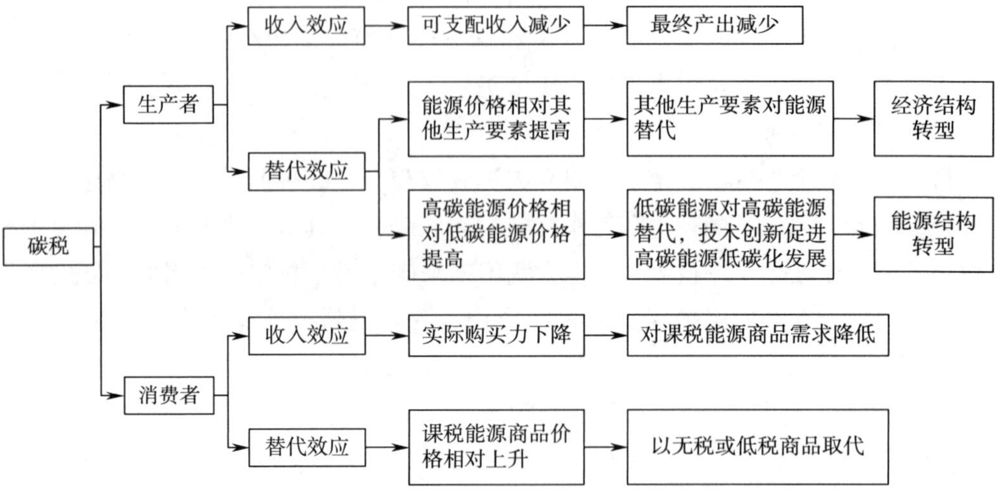

图 3.10　碳税政策自身促进碳减排的作用机理

有波动性，碳税直接通过税率进行价格确定。(3) 碳交易极易受经济周期影响，调整能源结构效果具有不稳定性；碳税更能优化能源结构和促进产业升级。其次，具有成本控制的补充作用。政府在碳交易市场建设过程中需要耗费大量的成本，例如一系列基础设施的建设、总额确定、配额分配等事项；而碳税实施成本较低，操作相对较容易。此外，在企业减排过程中，碳交易市场的碳价有较大的不确定性，对企业来说较难精准评估减排成本；而碳税能更为直观地为企业提供价格，有利于企业作出最优减排方案。最后，碳税具有风险防范的补充作用。碳交易属于混合定价机制，受到多方面因素的干扰，碳价过高或过低会影响碳交易市场的运行，增大企业减排风险和政府对碳减排的不可控性；而碳税主要受到税务部门执法水平的影响，可通过加强培训税务人员工作能力降低风险。

【本章小结】

碳金融市场定价是一种“成本—效益”政策工具，其本质在于为排放在大气中的二氧化碳设定价格，通过市场的价格传导机制，实现碳排放外部成本内部化这一目的。随着气候变化问题的日益严峻，碳金融市场定价机制取得了快速发展，种类与功能也逐渐趋于完整，目前主要有碳税和碳排放权交易两种形式。前者是对二氧化碳等温室气体排放征税，后者是指对企业二氧化碳排放额度的分配和交易，主要形式有碳排放权交易体系、碳信用机制、内部碳定价和基于结果的气候融资。

从成本效益角度考虑，《巴黎协定》第 6 条实施细则同碳定价机制息息相关，主要体现在第 6.2 条下成员国家之间的国际转让的减缓成果交易机制以及第 6.4 条下基于项目的核证减排量的国际转让。然而，各缔约方对此有所争论，导致第二十五次缔约方大会未对《巴黎协定》第6条达成共识。此后，各缔约方愈发重视《巴黎协定》第6条实施细则的谈判，最终在第二十六次缔约方大会上就包括第6条在内的《巴黎协定》所有实施细则达成一致，标志着自愿合作机制正式进入以《巴黎协定》为框架的2.0版本时代。当前，国际碳金融市场定价机制持续稳定发展，各区域、国家、地方纷纷建立了符合自身实际的碳金融市场定价机制，碳定价工具运用日趋普遍，碳价逐年提升，但仍有较大的发展空间。

为更好地应对气候变化，积极争取国际规则话语权，中国碳金融市场定价机制的发展从自愿减排交易阶段起步，到地方碳市场试点，再到全国统一碳市场上线，各个阶段稳扎稳打，效果显著。但是，要想完成碳达峰、碳中和这一广泛而深刻的经济社会系统性变革，我国仍亟须在碳减排途径、机制和政策选择等方面进行创新和改进，"碳交易+碳税"复合型碳定价机制的设想，将成为实现"双碳"目标的有力工具。

【思考题】

1. 简述碳金融市场定价机制的微观经济逻辑。
2. 环境资源作为一种公共物品有哪些特性？碳金融市场定价机制有哪几种类型？
3. 《巴黎协定》在碳定价机制上存在哪些争议？如何达成共识？
4. 区域、国家和地方碳金融市场定价机制的良序运行存在哪些相似之处？
5. 简述每个阶段我国碳金融市场的定价机制及其不同之处。
6. 简述我国碳金融定价机制建设中存在的问题。

第四章　碳信贷

【学习目标】

1. 掌握碳信贷的内涵，理解碳信贷的定义，了解碳信贷作为金融工具的重要意义。

2. 理解碳信用的定义及产生方式。

3. 了解国内外碳信贷准则要求及发展现状。

4. 理解狭义碳信贷与广义碳信贷的区别，并熟悉对应的碳信贷产品。

第一节　碳信贷的内涵、意义与价值

一、碳信贷的内涵

（一）碳信贷的起源

碳信贷（Carbon Loan）起源于碳信用（Carbon Credit）的产生。作为信贷这一间接融资的基础，信用是企业向金融机构申请信贷融资的基础凭借。从获取碳信贷的角度讲，碳信用就是碳资产（Carbon Assets）作为贷款抵质押物时的专有名称。碳信用既包括总量控制下的碳配额（Emission Allowance），也包括自愿减排下的核证减排量（CER）。《京都议定书》建立了碳排放机制，这一机制将约束性的碳配额作为一项碳排放权资产分配给企业，从而限制企业和国家整体的二氧化碳排放量，每一单位配额给予企业一吨二氧化碳的排放权利；碳核证减排是企业基于碳减排或碳汇等手段所减少的温室气体排放量而生产的信用额度，可替代碳配额用于排放主体的履约，代表排放一吨二氧化碳的权利，与碳配额是1:1的替换和互补关系，以上两者基于碳市场机制，在相对成熟的碳交易市场上可自由买卖。因此，碳配额和核证减排量便被赋予了资产的流动和价值属性。在企业信贷业务中，这种流动和价值属性使碳信用可以作为抵质押物等，成为企业向金融机构申请贷款的一种信用凭证，碳信贷也由此产生。随着碳信贷和绿色金融的发展，碳信贷更进一步延伸至减少温室气体排放的各类业务，与企业碳表现的关联也不仅仅只是依托于碳信用的抵质押，而是向着支持减碳降碳和转型升级等更加务实的领域发展。

（二）碳信贷的定义

碳信贷的定义是基于绿色信贷产生的，了解碳信贷的定义前，首先需要明确绿色信贷的基本概念，绿色信贷经常也被称为可持续融资或环境融资，从朴素的角度理解，绿色信贷是支持可持续发展、支持环境保护与改善的融资。更加细化地讲，绿色信贷是绿色金融体系中关于融资活动的部分，它是指金融机构将项目及其运作公司与环境相关的信息作为考察标准纳入审核机制，将环保调控手段通过金融杠杆来具体实现的贷款业务。相比于朴素认知，绿色信贷不仅体现在融资项目的绿色与可持续属性上，而且更强调金融机构作为信贷业务的承载单位，在发放贷款时对绿色、环保、可持续等领域的考察与关注度。碳信贷作为绿色信贷中的重要部分，显然其更多关注点集中在企业的“碳”表现上，因此，我们可以把碳信贷理解为是绿色信贷中尤指与碳指标有关的，以企业碳信息为参考依据，以减少二氧化碳排放为目的的信贷业务。碳信贷是绿色信贷融入低碳理念的进一步细分，是在更具体的层面上实行二氧化碳减排的具体实践与创新。

（三）碳信贷与绿色信贷的关系

从性质和根本目的来看，碳信贷与绿色信贷都是致力于促进社会经济可持续的信贷业务和融资方式。绿色信贷是支持绿色经济转型的银行信贷体系，支持的绿色产业较广泛；碳信贷则是专门聚焦于如何运用信贷政策、手段和工具支持“双碳”目标的实现。作为绿色信贷体系的细分和延伸，碳信贷是当下绿色信贷中的一个新趋势和新重点，碳信贷与绿色信贷在执行的过程和作用方面存在一些区别，具体见表 4.1。

表 4.1　　碳信贷与绿色信贷的联系与区别

项目	绿色信贷	碳信贷
性质	同为一种信贷融资方式，本质均为间接融资	
根本目的	都以金融手段促进社会经济的绿色低碳及可持续运行与发展	
参考依据	企业与环境相关的各类信息指标	企业碳指标，如碳排放、碳减排表现、碳风险等
风险缓释物	多为传统抵质押或其他增信方式	突出碳配额、核证减排量等碳信用
执行对象	发展绿色清洁项目的企业或者绿色转型的传统企业，行业覆盖更广	新能源、农业、林业等发展二氧化碳减排的行业企业，相对集中
参与主体	金融机构与企业	
作用	通过金融杠杆起到引导保护环境的作用	通过金融杠杆起到减少二氧化碳排放的作用

资料来源：笔者根据相关资料整理。

（四）碳信贷的分类

随着碳信贷的不断发展，其大体可以分为狭义碳信贷和广义碳信贷两部分。狭义碳信贷是指由碳信用演变而来的，将碳信用（碳资产）作为抵质押物进行融资获得贷款的方式，狭义碳信贷的品种相对比较清晰简单，与碳配额或自愿核证减排量高度相关、直接关联。广义碳信贷则是在狭义碳信贷的基础上，结合更多减排实际需要发展而来的，泛指为了支持企业碳减排项目，比如《京都议定书》清洁发展机制（CDM）下、各类可持续发展原则下开发的项目的建设和运营，所开展的信贷融资业务。简言之，狭义碳信贷更关注的是碳信贷抵质押物的标的，而广义碳信贷更关注的是贷款资金的用途是否用于低碳减排项目。

（五）碳信贷的特征

1. 行业相对集中

碳信贷业务开展的行业较为集中。从目前来看，一方面新能源、林业等行业领域的企业可通过减少自身排放、利用碳汇抵消等方式获得核证的二氧化碳减排量用于质押贷款；另一方面具有重点技术改良空间的行业，可能通过将信贷资金用于提升减碳技术、改善排放情况等用途，支持低碳项目的开发与运行，减少二氧化碳排放。在服务业等其他领域目前运用相对不多。

2. 数据质量专业性强

相比于一般信贷业务，碳信贷更关注贷款企业碳表现等指标。在开展碳信贷业务时，金融机构应全方位、多角度考虑企业碳排放实际情况和未来碳减排量预测等因素，制定合理的贷款额度和利率。在实际操作中对碳指标的监测需要技术支持和专业指导。因此，对金融机构来说，碳信贷业务的监测和管理难度更高、专业性更强。

3. 业务管理要求较高

对于开展碳信贷的金融机构而言，一方面来自多部门的外部指导与监管比较明确，比如中国人民银行要求获得碳减排支持工具支持的银行，需按季度向社会披露碳减排支持工具支持的碳减排领域、项目数量、贷款金额和加权平均利率以及碳减排数据等信息，接受社会公众监督。在很大程度上，商业银行也会将碳信贷执行情况纳入必要的 ESG（环境、社会、治理）信息披露中。另一方面内部管理要求也较高，在贷后管理中，抵质押物的押品管理以及价格监控等都面临新的要求。

4. 流程与传统信贷有所不同

对贷款企业来说，碳信贷业务的流程与一般贷款流程存在些许不同。企业在申请办理业务前，除基础材料之外还须提交完善的用于支持碳减排项目的材料，包括项目建议书、可行性研究报告、环境影响评价报告、碳核查报告等。在业务开展过程中，也要接受有关部门对项目碳表现的监测。

二、碳信贷的意义与价值

碳信贷作为绿色信贷的重要部分，其发展对于我国“双碳”目标的实现具有重大的社会意义和价值。

（一）碳信贷的意义

1. 推动产业经济的绿色低碳转型

碳信贷作为绿色信贷的一部分，核心意义仍是彰显了金融支持绿色低碳与可持续发展的关键作用。作为现代社会经济运行的血脉，金融具有引导资源配置、价格发现等一系列重要功能，碳信贷对致力于节能减碳的项目提供资金支持，对污染少、碳信用高的企业给予优惠政策，通过信贷机制推动产业减少二氧化碳排放，实现“抵黑”“助青”。

2. 推动全社会形成绿色低碳发展理念

碳信贷的作用不仅停留在自身业务上，更能通过激发整体产业的降碳意识，加强社会资源在减碳中的配置，营造绿色低碳发展的氛围，逐渐形成“倡绿”“求新”的绿色低碳发展理念。

（二）碳信贷的价值

1. 促进更多机构加强碳表现的基础计量工作

碳指标的测量难度大、专业性强，在碳信贷业务开展中，金融机构对企业碳信用的评估工作可倒逼其相关计量技术和数据统计水平的提升，为企业碳表现的评估创造更多发展和提升的空间。

2. 帮助更多企业通过减碳降碳获取金融支持

碳信贷为企业在减碳降碳方面提供了金融工具的支持。一方面，碳信用具有资产的交易和价值属性，能够为企业提供贷款融资的担保；另一方面，企业减碳降碳行为可为其在碳信贷中获得更多利率优惠和补贴，在获得贷款的同时节约了资金成本。

3. 助力更多产业实现减排转型

一方面，碳信用中核证减排量的产生方式鼓励企业通过技术创新、优化能源结构等途径实现节能减排；另一方面，企业获取的信贷资金可进一步支持其低碳技术的研发和低碳项目的开展，从而形成企业“绿色生产—高碳信用”的良性循环，促进产业绿色、低碳转型升级。

4. 推动金融机构提升服务特定企业的能力

由于碳信贷业务的复杂性和专业性，开展业务的金融机构将受到监管部门及社会各界的严格监管，这将促使其提高自身管理和运行水平。此外，碳信贷业务可丰富金融机构的业务种类，为企业提供更加便捷、普惠的融资渠道，提高金融机构的服务质量、创新以及服务特定企业的专业能力，充分发挥其在碳金融领域的媒介作用。

第二节　碳信贷的发展

一、碳信贷相关国际准则要求

目前，全球尚未对碳信贷提出过专项准则或要求，更多的是将其融入绿色信贷或绿色金融统一准则中。为使金融机构承担起社会和环境责任，全球范围内的非政府组织和机构自发性地制定了相关行业准则和标准，从而使金融机构深度参与全球可持续发展，这些准则和标准覆盖了全球不同地区和行业。《赤道准则》（*Equator Principles*）、《绿色贷款原则》（*Green Loan Principles*）、《可持续发展关联贷款原则》（*Sustainability Linked Loan Principles*）以及《负责任银行原则》（*Principles for Responsible Banking*）对银行业金融机构开展绿色信贷或者说碳信贷进行了规定，成为加入的银行机构所需执行的国际通行标准。

（一）《赤道准则》

《赤道准则》原名为《格林威治原则》（*Greenwich Principles*），2003 年 2 月在国际金融组织的商讨下出台，并在 5 月更名为《赤道准则》，6 月即被欧美 7 个国家的 10 家国际知名银行宣布实行。《赤道准则》是一套非官方规定的，由世界主要金融机构根据国际金融公司的政策和指南制定的自愿性原则。该准则旨在管理与社会和环境问题有关的融资项目，完成健全的环境管理实践，实现包括应对气候变化和气候行动在内的联合国可持续发展的目标。《赤道准则》要求根据融资项目对社会和环境的影响以及风险程度将项目分为 A、B、C 三类，并对 A 类和 B 类中融资金额在 1000 万美元以上的项目提出了具体的管理要求，具体见表 4.2。

表 4.2　　《赤道准则》项目分类及管理要求

项目类别	风险描述	管理要求
A 类	对环境（包括碳排放）和社会有潜在重大、多样、不可逆的负面影响	（1）开展环境风险（包括碳风险）评估并提供评估报告； （2）针对评估问题开发管理机制； （3）建立通报协商和利益相关方参与机制； （4）建立投诉机制； （5）第三方审查； （6）信息获取并披露（包括披露碳表现/碳足迹）。
B 类	对环境（包括碳排放）和社会可能造成有限或局限于特定区域、大部分可逆且能够通过措施有效缓解的不利影响	
C 类	对环境（包括碳排放）和社会无不利影响或影响较小	

资料来源：笔者根据相关资料整理。

宣布遵循《赤道准则》的金融机构必须制定与该准则一致的内部政策和程序，并对项目融资过程中涉及环境和社会问题进行审慎性调查。只有在发起人能够证明项目在执行中遵循《赤道准则》后才可进行融资。《赤道准则》自推行以来历经两次修改完善，截至2021年12月，我国（不含港澳台地区）共有9家银行加入执行《赤道准则》行列，截至2022年7月，全球共有38个国家的134家银行宣布加入赤道准则协会。

表4.3 《赤道准则》发展历程

内容	《赤道准则》Ⅰ	《赤道准则》Ⅱ	《赤道准则》Ⅲ
适用范围	新项目建设资金总成本大于等于5000万美元的项目	全球各行业项目资金成本超过1000万美元的所有新项目融资	项目资金总成本达到或超过1000万美元的项目融资及项目融资咨询服务，符合四项标准的与项目相关的公司贷款、过桥贷款
《赤道准则》金融机构公开报告	无报告义务	最高要求标准、项目筛选数量、分类结果等信息，执行过程信息	最低要求标准：已签约的项目数据，项目分类、行业、区域是否执行独立审查，项目融资顾问服务类型数据。 执行情况：参与人员及职责、政策、程序和第一年相关培训。提交协会秘书处的项目报告：项目融资业务的名称、签约时间、行业、所处国家等
客户相关报告	无相关要求	无相关要求	在线公布环境和社会影响评估的摘要。碳领域：项目运营阶段年二氧化碳排放量超过10万吨的项目要公开报告
应对气候变化	无相关要求	参考世界银行《环境、健康和安全（EHS）指南》及一般尽职调查程序	尽职调查重点：对于高排放项目进行温室气体替代分析。碳领域：项目温室气体排放大于10万吨的强制报告；鼓励客户对年二氧化碳排放超过2.5万吨的项目进行公开报告。正文加入有关气候变化的说明
环境和社会评估	只有环境评估	除环境评估外，增加社会评估	序言部分明确提及人权、社会及相关人权尽职调查；强调特定情况下的“自由的、事先的和知情情况下的同意”；公开明确解决人权问题程序；参考《工商企业与人权：实施联合国“保护、尊重和补救”框架指导原则》
指定国家	无指定国家	把国家分为经合组织国家和非经合组织国家，经合组织国家的项目，其评估采用的标准可以替代国际金融公司（IFC）的绩效标准	指定国家项目，其评估采用的标准可以作为IFC绩效标准的替代；指定国家主要是指经合组织国家，不会显著不同于经合组织国家名单；指定国家名单将被定期审核

资料来源：笔者根据相关资料整理。

从《赤道准则》的具体内容可以看出，加入执行的金融机构肩负企业社会责任，在对申请贷款的项目进行审查时须充分评估其环境和社会风险，尤其在第二次修改后，《赤道准则》在应对气候变化方面提出对二氧化碳的排放量进行监测和报告，这为碳信贷的具体操作提供了国际准则指引。

（二）《绿色贷款原则》

《绿色贷款原则》是国际绿色信贷的另一项重要原则，于2018年由贷款市场协会（Loan Market Association，LMA）和亚太贷款市场协会（Asia Pacific Loan Market Association，APLMA）联合发布，为金融机构包括碳信贷在内的绿色贷款提供了高标准的指导框架。该原则将绿色贷款界定为“将资金专用于为新增及/或现有合格绿色项目提供部分/全额融资或再融资的各类型贷款工具”（仅为该原则下对绿色贷款的界定）。《绿色贷款原则》旨在建立一个高层级的市场标准和指引框架，为整个绿色贷款市场提供统一的使用方法，并在绿色信贷市场的发展中保持其诚信度。该原则在四个方面制定了标准框架，分别是贷款资金用途、项目评估和选择、贷款资金管理以及信息披露。与《赤道准则》不同，《绿色贷款原则》详细列出了合格绿色项目的类型，这些类型与可再生能源、生态保护、温室气体排放、清洁交通等有关，对绿色贷款资金后续跟踪提出了详细要求。《绿色贷款原则》与《赤道准则》一样，有效引导银行业金融机构通过严格的审核对符合标准的项目或企业发放贷款，使资金流向绿色或具有减碳表现的产业，同时也为碳信贷的细化发展提供了方向和指引。

表4.4　《绿色贷款原则》下绿色项目类型划分

类型名称	解释说明
可再生资源	包括生产、传输、电器和产品等
能源效率	包括建筑翻新、能源储存、区域供暖、智能电网、电器和产品等
污染防治	包括废水处理、温室气体排放、燃油使用控制、土壤污染以及环境监控等
自然资源和土地使用可持续管理	包括可持续农业、可持续畜牧业、智慧农场、生物作物保护或滴灌投入、可持续渔业和水产养殖、可持续林业、自然景观保护或恢复等
陆地和水生生物多样性保护	包括沿海、海洋和流域环境保护等
清洁交通	包括动力、混合动力、公共交通、铁路、非机动化、多式联运、能源汽车等
水资源可持续及废水管理	包括清洁和饮用水、废水的可持续处理，可持续城市排水系统和河流整治等
气候变化适应	包括信息支持、气候观测和预警系统等
生态高效或循环经济应用产品、技术和流程	包括开发和引入环保产品、带有环保标签或环保认证、资源高效的包装和分销等
符合地区、国家或国际公认标准或认证的绿色建筑	

资料来源：笔者根据《绿色贷款原则》（2022）整理。

（三）《可持续发展关联贷款原则》

2019年，贷款市场协会、亚太贷款市场协会以及贷款银团与交易协会（Loan Syndications and Trading Association）联合发布了《可持续发展关联贷款原则》，进一步规范了包括碳信贷在内的可持续发展贷款，提供统一的评价框架。在《绿色贷款原则》的基础上，对借款人整体企业社会责任战略关系、目标设定、信息披露和审核作出了具体规定。《可持续发展关联贷款原则》的分类不参照贷款用途，而是采用可持续发展绩效指标（SPTs），SPTs可由借款人根据其可持续发展战略确定，SPTs总体上可分为关键绩效指标、外部评级和其他等效指标，这些指标通过与贷款条件挂钩，激励借款人改善其可持续发展绩效，从而达到发放可持续发展贷款的目的。SPTs包括但不限于表4.5所列的指标。

表4.5　　可持续发展绩效指标

指标	举例
能效	提升借款人自有或租用的建筑物和/或机器的能效评级
温室气体减排	减少与借款人生产或销售产品相关的温室气体排放
可再生能源	增加借款人产生或使用的可再生能源数量
水资源消耗	借款人节约的水资源量
可负担的住宅	增加借款人开发的经济适用房数量
可持续采购	增加使用经过审核的可持续原料/供应
循环经济	增加原料/供应回收率或重复使用率
可持续农业和食品	改进采购/生产可持续产品和/或优质产品（有相关认证的标签或证书）
生物多样性	加强生物多样性保护
环境、社会、治理（ESG）评估	改善借款人ESG评级和/或取得受认可的ESG认证

资料来源：笔者根据相关资料整理。

碳减排是全球可持续发展的重要组成部分，《可持续发展关联贷款原则》的考核指标包含温室气体尤其是二氧化碳减排的效果，从某种程度上看，在此原则下，银行将碳减排量作为贷款条件，这部分贷款可认定为碳信贷，所以《可持续发展关联贷款原则》更进一步对碳信贷的业务开展作了详细规定和说明。

（四）《负责任银行原则》

2019年9月22日，《负责任银行原则》（*Principles for Responsible Banking*）（以下简称《原则》）正式发布。该原则由联合国环境规划署金融倡议（UNEPFI）牵头，由中国工商银行、花旗银行、巴克莱银行、法国巴黎银行等30家银行组成的核心工作小组共同制定，全球130家银行签署了《原则》，合计资产总额逾47万亿美元，约占全球银行业资产总规模的三分之一。《原则》为银行建设可持续发展体系提供了国际统一的框架，鼓励银行在最重要、最具实质性的领域设定发展目标，在战略、投资组合和交易层面以及所有业务领域融入可持续发展元素。

《原则》签署之后，中国陆续又有苏州银行、中国农业银行、上海农商银行等十几家银行加入其中。《原则》帮助银行业金融机构抓住可持续发展的时代机遇，减少因自身业务活动、产品和服务对人类和环境造成的负面影响，同时帮助银行与客户建立良好的信任关系，通过银行的相关产品和业务促进经济社会的绿色低碳变革，其中就隐含了对开展绿色和低碳信贷业务的要求。

二、国外碳信贷的发展

为应对过量温室气体带来的气候变化，世界部分国家和地区相继出台了法律法规和支持政策以促进全球可持续发展，其中不乏一系列金融政策与法规，尤其是具体到了与绿色信贷和碳信贷相关的领域。

（一）美国

美国在环境保护方面建立了一套法律体系，同时在绿色金融领域也较早形成了多部法律法规，其中不乏对碳信贷在内的绿色信贷的执行要求，并对银行业提出严格的经营要求。

20 世纪 70 年代以来，美国国会通过了 26 部涉及水环境、大气污染、废物管理、污染场地清除等有关环境保护的法律，在相对完善的环境法规基础上，美国已制定多部促进绿色金融发展的法律法规，重点规范政府、企业和银行的行为，并协调三者之间的关系。

在包含碳信贷在内的绿色信贷规定方面，1980 年美国出台了《全面环境响应、补偿和负债法案》，要求银行必须与企业共同承担项目可能造成的环境污染损失，支付治理环境污染带来的费用。在如此严格的法律环境下，信贷银行需要对信贷资金的使用承担相应的环境责任，这促使美国的银行成为国际上审核贷款时最早考虑环境政策的银行，特别是将碳排放超标风险考虑在内。例如，花旗银行就是美国最早签署联合国环境声明和履行《赤道准则》的银行之一，并在内部创建了多方参与的环境事务管理机制等。

1989 年 5 月，美国 CERES（Coalition for Environmentally Responsible Economies）投资集团发布《伯尔第斯原则》，用投资控股的形式积极参与环保型公司的投资，这些公司每年都要提交环境报告以供未来投资参考。《伯尔第斯原则》已成为国际银行业开展绿色信贷及碳信贷业务的实操指南。

美国还通过财政贴息等政策撬动金融资本投资清洁能源等绿色低碳领域。例如，2001—2017 年间，宾夕法尼亚州政府累计为 87 个清洁能源项目提供了 3000 万美元包括财政贴息在内的政策支持，由此吸引了近 4 亿美元的民间投资和银行贷款，以支持该州清洁能源等产业的发展，其中银行贷款流向清洁能源领域成为良好的绿色信贷和碳信贷案例。

在具体的信贷业务方面，美国目前还没有完全基于碳交易市场而发生抵质押碳信用的贷款业务，而是更多地通过金融手段支持减排降碳和绿色能源项目，所以可将这些金融业务看成是广义上的碳信贷。美国的商业银行创新了各类包括广义碳信贷在内的绿色金融产品，尤其是近几年大力拓展绿色信贷和碳信贷认定，并推出了绿色信贷的组合产品，仅2014年创新推出的绿色信贷产品就达45种，且拓展到各个领域，如绿色农业、绿色建筑、环保旅游、生态建设等，这些绿色信贷产品大多以支持减少碳排放为目的。美国新能源银行推出了房屋净值贷款等新产品，提供“一站式”太阳能融资安排；创新发展出支持节油技术发展的无抵押优惠贷款；纽约、夏威夷、康涅狄格州成立了专门的绿色银行或机构，以创新的模式吸引大量民间资金投资绿色低碳行业和节能减排项目。

（二）欧洲

1. 德国

德国的“绿色增长倡议”是国际绿色信贷和碳信贷政策的主要起源之一，自1972年颁布《废弃物处理法》以来，德国制定了一系列与环境保护和发展循环经济相关的法律，包括《再生能源法》《大气污染防治法》《能源节约法》等，尽管目前还未颁布具体包括碳信贷在内的绿色信贷等绿色金融法案，但环境保护与循环经济的立法为德国碳信贷的发展起到了保驾护航的作用，相关具体实践也为碳信贷日后的开展提供了指引和参照。

1974年，联邦德国成立了全球第一家政策性的环境银行——生态银行，专门为生态环境保护和社会可持续发展项目提供融资支持，尤其是为一般银行不愿接受的环境项目提供优惠贷款，这为德国绿色信贷的发展提供了长期、稳定的资金支持。1988年，德国主导成立了世界上第一家绿色银行，政府通过向其拨款的方式扶持绿色产业的发展。

在绿色信贷业务方面，1948年成立的政策性银行——德国复兴信贷银行（KfW）通过制定和实施与低碳节能相关的绿色信贷政策，促进了绿色信贷产品国际发展合作与全球可持续性战略的推进。2017年KfW向全球发放用于低碳环保项目的绿色金融贷款总额超过395亿欧元。KfW于1985年与中国开展在减缓气候变化、环境保护、绿色信贷等领域的合作，统计资料显示，2004年至2021年6月底，在建和已经完成的项目有146个，贷款总金额为51.49亿欧元。

KfW将德国联邦经济合作与发展部的政府资金与资本市场筹集的资金合并，通过资本市场和商业银行来实施对环境项目的金融补贴政策，对绿色信贷项目给予贴息贷款，在绿色信贷政策实施过程中，环保部门进行严格审核，确保贴息政策能够准确地支持节能环保项目。在绿色信贷具体优惠政策方面，KfW对环保节能效果好的项目给予持续10年、利率不到1%的优惠贷款，利率差额由中央政府予以贴息补贴，最大效率地发挥政府补贴资金的作用。

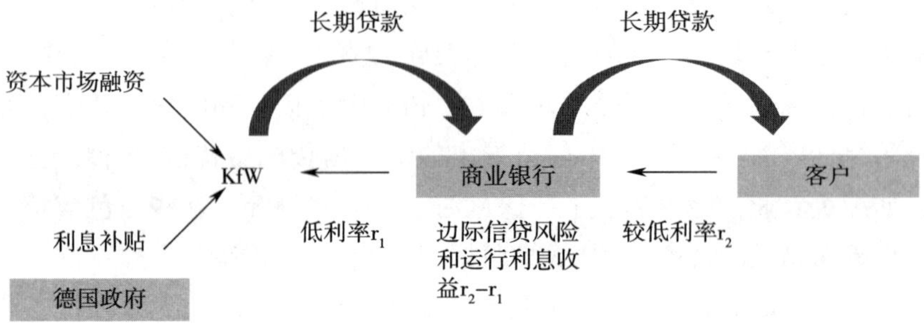

图4.1 德国KfW参与绿色信贷市场的运作模式

2. 英国

作为发达国家中积极开展环境保护运动和气候运动的代表之一，英国环境和生态保护措施较为完善。1994年，英国率先响应全球环境首脑会议提出的可持续发展要求，制定了全国第一个可持续发展战略——《可持续发展：英国战略》，重点关注环境问题和整体性的全国可持续发展。随后，该战略又推出第二版（1999）、第三版（2005），根据英国国情的变化而不断完善和更新，并涵盖能源、气候变化、污染等方面。

在绿色金融市场和产品方面，英国在国际准则的基础上进行了创新，出台了一系列绿色金融政策与法规，虽然目前还未进一步涉及碳信贷，但其在绿色信贷领域发布了《节能苏格兰》《威尔士资助计划》《2019年保险压力测试》和《政府资助碳信托》等政策与行动计划，尤其是绿色项目贷款业务的实践为碳信贷的未来国际发展提供了基础和指引。

银行业贷款是英国主要的绿色信贷资金来源，目前英国主要银行都可为绿色项目提供贷款服务。例如，汇丰银行提供绿色定期贷款、绿色循环贷款和绿色资产融资，前两者均设置最低贷款额度，为希望获得有关绿色建筑、清洁交通、能源效率、回收利用、可持续制造、土地复兴和可再生能源等资金的大中小型企业提供服务。以获得绿色贷款的英国大型零售商Sainsbury's为例，该企业于2014年获得第一笔绿色贷款，用于投资碳减排和可持续发展项目，此项包含碳减排意义的绿色贷款期限为5年，融资总额为2亿英镑，贷款资金主要用于为可再生能源、能源效率、用水管理和碳减排提供资金。与此同时，英国大型超市Sainsbury's从2018年起每年发布绿色信贷报告，及时披露绿色贷款的用途。

从欧美发达国家绿色信贷的发展可以看出，一套完整的环境保护与节能减排法律体系是绿色信贷业务推进的支柱，银行业金融机构的深度参与和政府的支持政策是绿色信贷业务不断前进的发动机，尽管欧美发达国家尚未对碳信贷作出具体规定，但从绿色信贷支持的项目类型中可以发现碳信贷的影子，不管是碳信贷还是绿色信贷，二者的宗旨中均含有节能降碳和缓解温室效应的意义。

在狭义的碳信贷领域，英国在2002年最早自发建立了碳交易体系，依托这个碳交易体系，形成了碳配额、碳信用抵质押等系列碳信贷业务。而且，欧洲国家，特别是英国，是较发达也较早呈现化石能源耗竭危机以及气候危机的国家，其对大气、水、土壤污染的治理已经基本完成，因此，其定义“绿色”的指标，大部分来自低碳。碳金融是其可持续金融的最核心部分。其绿色信贷很大程度上就是指碳信贷。

（三）亚洲

与欧美国家相比，绿色金融、绿色信贷、碳信贷等在亚洲大部分国家起步较晚，但近年来在日本、新加坡和韩国等国家发展规模不断扩大且增长迅速。

1. 日本

日本是亚洲可持续金融、可持续信贷发展较早的国家之一。20世纪50年代至70年代，日本经济高速增长的同时带来了严重的环境污染。为缓解不断恶化的环境以及减轻对应的不利影响，日本政府高度重视环境保护立法，陆续出台一系列环保政策，如1970年《废弃物处理法》遏制废弃物的排放，1986年《空气污染控制法》对焚烧生活垃圾的设施作出具体规定等。

此后，日本政府在积极应对气候问题的同时，探索绿色发展对经济的拉动作用。在国家顶层设计层面，由环境省负责政策制定和组织实施。日本主要通过两种方式实现环保产业与金融市场的融合，发挥绿色金融的作用。一方面，将资金用于环保事业的投融资，比如利用行政手段，将与能源、环境相关的投资和贷款总量提高。另一方面，开展环境评级融资和社会责任投资，为低碳企业提供融资便利。截至2020年8月，日本已经出台41条与绿色金融相关的政策，其中不乏与绿色信贷和碳信贷有关的具体政策。

在绿色信贷方面，2003年日本环境省发布《环境报告书指导方案》，强调企业的环境保护责任，要求经营者公布环境报告。另外，通过宣传手段，普及绿色产品信息和知识，加大绿色产品和服务的推广，培养消费者使用绿色环保类商品和服务的习惯。2007年环境省成立环境类融资贷款贴息部门、日本金融公库推出环境和能源对策基金，通过为中小企业提供低息贷款等，从国家层面推动绿色信贷，引导更多企业参与绿色金融的发展。

在碳减排方面，日本建立了碳信用机制（J-Credit Scheme），以核证日本境内温室气体减排量和移除量。根据该计划，政府将核证通过节能和森林管理实现的温室气体减排量和移除量。这个项目整合了日本国内信用计划（Domestic Credit Scheme）和抵消信用计划（J-VER）。该碳信用机制备案的方法学包括六个领域：节能、可再生能源、制造过程、废弃物、农业、森林碳沉降。

虽然日本尚未对碳信贷制定专门的政策法规，但是在2013年6月，日本环境协会制定了环保型融资利息补助基金制度，以促进金融机构对环保型企业的融资，其中就包括低碳项目的信贷融资。如规定面向应对全球变暖设备的投资贷款补助一部分利息，以促进该类设备的投资，减少二氧化碳排放。企业作为补贴对象，需要承诺3年内减少3%（或5年内减少5%）以上的二氧化碳排放量，未达到承诺条件的项目要退还未承诺部分的利息优惠。此外，放贷金融机构要建立符合特定的企业选定范围要求的环保型融资制度。利息补贴率为贷款利率乘以2/3（以1%为上限），补助3年。

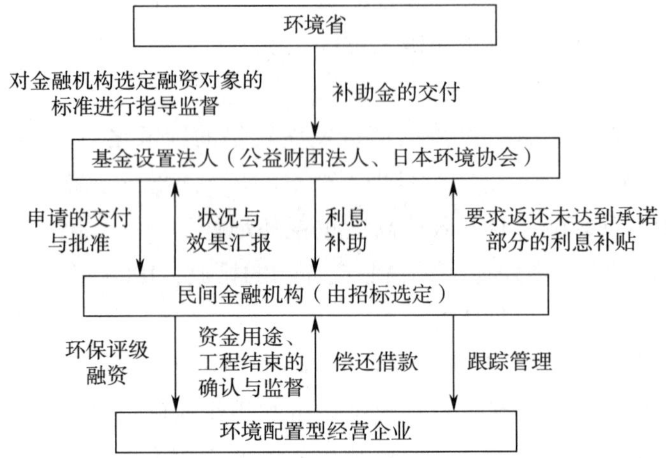

图4.2 日本环保型融资利息补助基金制度运作流程

（资料来源：日本环境协会网站）

2. 新加坡

新加坡是亚洲领先的国际金融中心，其在推进绿色金融发展方面发挥着积极作用。近几年，随着推动绿色经济的迫切性增强，新加坡加快了绿色金融的发展进程，相关支持政策频频出现，为其碳信贷的发展奠定了基础。

2019年，新加坡金融管理局推出《绿色金融行动计划》，该计划旨在加强金融业抵御环境风险的能力，提出要开发绿色金融产品和解决方案，通过提高对绿色金融的技术支持以及构建绿色金融人才体系和基础设施来推进国家绿色金融的发展。

在绿色信贷方面，2019年新加坡金融管理局联手中国银行、法国巴黎银行、汇丰银行等9个创始合作伙伴建立新加坡绿色金融中心（SGFC），以加强绿色贷款融资方面的建设。2020年发布的《绿色和可持续发展相关贷款援助计划》旨在支持各种规模的企业获得绿色和可持续融资，鼓励银行制定完善的绿色信贷框架，为中小企业提供便捷的融资渠道。2021年发布的《绿色和可持续挂钩贷款津贴计划》帮助企业抵消在绿色和可持续发展领域的开支。

在碳减排方面，新加坡在应对气候变化挑战方面采取了积极的措施，虽然还没有公布与碳有关的贷款政策，但是碳定价和碳税工具与绿色信贷框架相补充，强化了碳资产的价格属性，有助于新加坡整体碳减排融资战略的形成，方便碳信贷业务日后开展。2018 年，政府发布《碳定价法》，同时，新加坡交易所、星展集团、淡马锡控股和渣打集团联合推出全球碳交易平台市场，名为 Climate Impact X（CIX）。2019 年引入碳税，成为东南亚首个征收碳税的国家。国家碳税覆盖率约占全国排放总量的 80%。碳价格将激励企业提高能效，促进技术创新，减少二氧化碳排放，新加坡政府还计划前五年征收 10 亿新加坡元用于资助企业在节约能耗和碳技术创新方面的投资。

3. 韩国

韩国绿色金融、低碳金融理念始于 2008 年。2009 年，韩国出台《绿色增长第一个五年行动计划》，要求加快碳排放权市场和绿色金融基础设施建设。2010 年发布《低碳绿色增长基本法》，鼓励低碳、绿色金融产品的开发。2014 年的《绿色增长第二个五年行动计划》以及 2019 年的《绿色增长第三个五年行动计划》旨在建立以技术为中心的绿色金融基础设施，扩大政府对绿色认证技术、环境新技术、大气污染等领域的投资，从而帮助减少温室气体排放、构建可持续能源体系、支持可持续社会发展。

在碳减排方面，韩国借助比较成熟的碳交易市场，充分利用国家核证自愿减排量（CER），如可再生能源、甲烷利用、林业碳汇等抵消机制，刺激未纳入碳市场企业的减排，以降低社会减排总成本。2016 年政府发布《机构投资者尽责管理守则》，旨在引入机构投资者为企业有效减少温室气体排放作出贡献。

在与绿色信贷和碳信贷有关的政策中，2020 年韩国发布的《绿色新政》旨在减少温室气体排放，政府投资 630 亿美元主要聚焦于基础设施绿色转型、低碳和分布式能源、绿色产业创新三大板块。此外，为了帮助银行业金融机构更有效地评估贷款企业和投资项目的环境效应，韩国还建立了环境信息公开系统，由韩国环境工业技术研究所（KEITI）运营，目的在于增强企业自愿推进环境管理的意识，促进与国民在环境领域的沟通，建设全国范围内的环境管理基础设施，建立自主的环境管理体系。

通过梳理日本、新加坡、韩国绿色低碳发展领域的相关法规和政策，可以发现涉及绿色信贷的支持方案较多，而碳信贷作为绿色信贷资金专门流向碳减排或碳汇领域的贷款方式，国际上单独提及的较少，其具体执行标准和操作方式基本可参照绿色信贷进行。

三、国内碳信贷的发展

目前全球范围绿色金融的发展进程不同，且碳信贷业务的开展都处于起步阶段。在我国，碳信贷基于绿色信贷，在2021年开始进入更多机构的视野，虽然中国人民银行尚未对其进行明确的定义和要求，但是我国已陆续出台《绿色信贷指引》《银行业金融机构绿色金融评价方案》等一系列文件，文件中明确通过金融手段，尤其是信贷工具控制温室气体排放、实现碳减排的目标，这为碳信贷在我国的进一步发展提供了政策基础与支撑。

（一）国内碳信贷政策发展历程

我国从20世纪80年代就开始重视金融工具对环境的作用。1981年，国务院出台了《关于在国民经济调整时期加强环境保护工作的决定》，其中规定了几项关于利用经济杠杆保护环境的政策。1984年，相关部门发布《关于环境保护资金渠道的规定的通知》，明确提出了环境保护资金来源的八条渠道，许多都与银行信贷有关。

与国外情况类似，我国尚未出台专门针对碳信贷的政策法规，碳信贷业务在实践中主要依据绿色信贷的有关政策开展。关于绿色信贷的政策最早是2007年相关部门发布的《关于落实环境保护政策法规防范信贷风险的意见》，标志着绿色信贷这一金融工具进入我国污染治理和节能减排的主战场。

2008年1月，国家环保总局与世界银行集团成员国际金融公司签署合作协议，决定共同制定符合中国实际的《绿色信贷环保指南》，明晰我国的行业环保标准，使金融机构在开展绿色信贷时有章可循，这是我国推行绿色信贷标准建设的重要一步。

2009年12月，中国人民银行、中国银监会、中国证监会和中国保监会发布《关于进一步做好金融服务支持重点产业调整振兴和抑制部分行业产能过剩的指导意见》，政策明确信贷投放要“区别对待，有保有压”，要求各银行业金融机构严把信贷关，在积极支持企业技术改造和淘汰落后产能的同时，禁止对国家已明确为严重产能过剩产业中的项目盲目发放贷款。该政策还提出要鼓励银行业金融机构开发多种形式的低碳金融创新产品，对符合国家节能减排和环保要求的企业和项目加大支持力度。

2012年2月，中国银监会制定了《绿色信贷指引》，对绿色信贷的组织管理、内部控制、信息披露以及监督检查等作出规定，加大对绿色经济、低碳经济、循环经济的支持，防范环境和社会风险，提升银行业金融机构的环境和社会表现，并以此优化信贷结构。

2013年，中国银监会办公厅发布《关于报送绿色信贷统计表的通知》，其中将绿色信贷项目分为十二类，具体见表4.6。

表 4.6　《关于报送绿色信贷统计表的通知》对我国绿色信贷项目类型的规定

项目类型名称	解释说明
1. 绿色农业开发项目	指现代农作物种业育繁推一体化项目和有机农业生产项目
2. 绿色林业开发项目	指以林业良种繁育、种苗生产、造林绿化、抚育经营为主的森林资源培育项目，以及以林地资源和森林生态环境为依托发展起来的林下种植、林下养殖等项目
3. 工业节能节水环保项目	指为了节能、节水、减少污染物排放、加强环境保护、提高安全生产、预防控制职业病水平而对工业领域技术、工艺、设备设施、控制中心等实施的建设项目，以及热电联产、热电冷联产项目
4. 自然保护、生态修复及灾害防控项目	指天然林等自然保护工程，海洋、森林、野生动植物、荒漠、草原等自然保护区建设及生态示范工程，海洋环境保护与生态等一系列修复治理工程项目
5. 资源循环利用项目	指矿产资源、大宗固体废物综合利用等一系列资源的循环利用项目，以及“城市矿产”示范基地建设项目
6. 垃圾处理及污染防治项目	指工业以外的污水、垃圾、污泥处理，危险废弃物处置以及大气污染、水域污染、农村面源污染等的环境治理项目
7. 新能源项目	指包括太阳能、风电、生物质能、水力发电以及其他可再生能源及清洁能源项目的建设及运营维护
8. 农村城市水利项目	指包括农村饮水安全工程、小型农田水利设施建设以及城市节水项目
9. 绿色建筑项目	指包括既有建筑绿色改造、绿色建筑开发建设与运行维护项目
10. 绿色交通项目	指包括铁路运输、航道治理及船舶购置、城市公共电车客运及轨道交通、交通运输环保项目
11. 绿色服务项目	指包括在节能、环保、节水以及循环经济服务的相关项目
12. 采用国际惯例或国际标准的境外项目	指在 1～11 项指标范围内，符合国际公约和准则的境外项目

资料来源：笔者根据《关于报送绿色信贷统计表的通知》整理。

2014 年 6 月，中国银监会办公厅发布《绿色信贷实施情况关键评价指标》，其中将绿色信贷实施情况关键评价指标分为定性指标和定量指标。

2016 年，中国人民银行等七部门共同印发《关于构建绿色金融体系的指导意见》，标志着我国绿色金融发展进入全新阶段，关于绿色贷款，明确提出构建支持绿色信贷的政策体系，推动银行业自律组织逐步建立银行绿色评价机制，推动绿色信贷资产证券化，明确贷款人环境法律责任，引导银行建立绿色贷款制度和风险管控机制。

2018 年 7 月，中国人民银行发布《关于开展银行业存款类金融机构绿色信贷业绩评价的通知》，明确定性指标占评价的 20%，定量指标占 80%。其中定量指标包括绿色贷款余额占比、绿色贷款余额份额占比、绿色贷款增量占比、绿色贷款余额同比增速和绿色贷款不良率五项。

2020年，中国人民银行发布《关于印发〈银行业存款类金融机构绿色金融业绩评价方案〉的通知（征求意见稿）》，为绿色信贷业务预留了更多空间。

2021年，中国人民银行发布《银行业金融机构绿色金融评估方案》，对2018年发布的《关于开展银行业存款类金融机构绿色信贷业绩评价的通知》进行修订，将绿色信贷正式纳入业务评价体系，并将评价结果纳入中国人民银行金融机构评级等政策和审慎管理工具，为下一步建立更全面有力的激励约束机制提供评价基础。

2022年，中国银保监会发布《银行业保险业绿色金融指引》，将银行业保险业发展绿色金融上升到战略层面，同时提出银行业保险业应将环境、社会、治理（ESG）要求纳入管理流程和全面风险管理体系，这被视为中国绿色金融发展的重要里程碑。

为贯彻落实党中央、国务院关于碳达峰、碳中和的重大决策部署，中国人民银行创设推出碳减排支持工具这一结构性货币政策工具，以稳步有序、精准直达的方式，支持清洁能源、节能环保、碳减排技术等重点领域的发展，并撬动更多社会资金促进碳减排，这是典型和专门的碳信贷政策工具。

这一专门的碳信贷政策工具，在利率上比之前的绿色再贷款要低，以往执行的是常规再贷款利率2.25%，但碳减排支持工具利率为1.75%。提供的资金比以往绿色再贷款占比都要高，规定符合条件的碳减排贷款，按贷款本金的60%提供资金支持，体现出专项再贷款政策的优越性。碳减排支持工具向金融机构提供资金采取“先贷后借”的直达机制。“先贷后借”是指金融机构发放符合要求的碳减排贷款，再以此贷款向人民银行申请碳减排支持工具，人民银行按照贷款本金的60%给予工具支持。只有金融机构发放了符合碳减排要求的贷款，经人民银行审核符合要求后，才会对金融机构发放碳减排支持贷款，从而实现了碳减排支持工具的精准滴灌，使央行碳减排支持工具直达碳减排领域。

（二）国内碳信贷发展现状

1. 规模现状

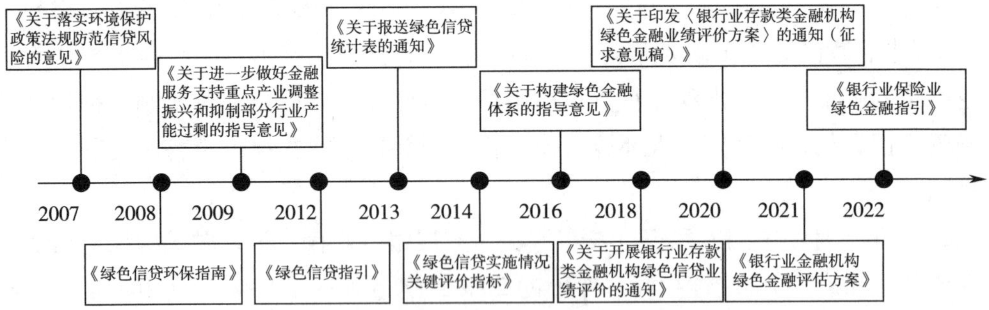

图4.3 我国主要绿色信贷政策发展历程

（资料来源：笔者根据相关资料整理）

目前，我国尚未形成对碳信贷的数据统计，但可以通过绿色信贷以及绿色信贷对碳减排的影响一定程度上了解我国碳信贷的发展现状。

我国绿色信贷在绿色金融领域发挥主体作用，其规模总量长年占绿色金融总额的 90% 左右。2021 年末我国绿色信贷余额 15.9 万亿元，规模位居世界第一。其中排名前六位的银行是：工商银行 2.48 万亿元、农业银行 1.98 万亿元、建设银行 1.96 万亿元、兴业银行 1.39 万亿元、交通银行 4767 亿元和邮储银行 3723 亿元。21 家主要银行绿色信贷余额总量达 15.1 万亿元，占其各项贷款的 10.6%。按照信贷资金占绿色项目总投资的比例测算，每年可支持节约标准煤超过 4 亿吨，减排二氧化碳当量超过 7 亿吨。

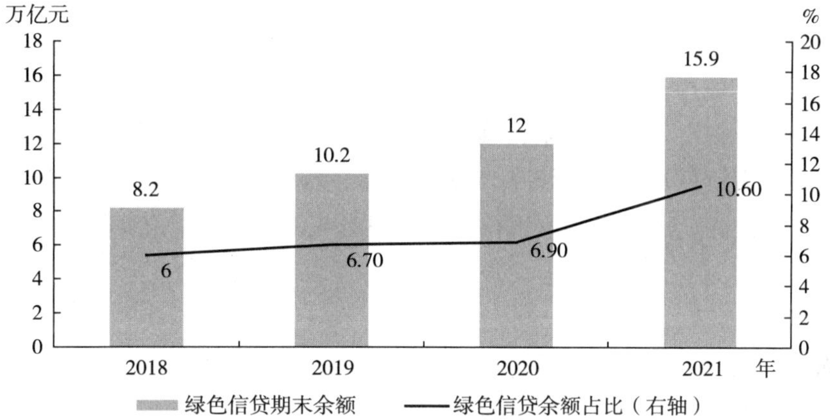

图 4.4　近年来我国绿色信贷期末余额及占比

（资料来源：笔者根据 Wind 资料整理）

在与碳信贷有关的政策工具方面，根据人民银行披露的数据，截至 2021 年 12 月 30 日，央行向有关金融机构发放第一批碳减排支持工具资金 855 亿元，支持金融机构已发放符合要求的碳减排贷款 1425 亿元，共支持 2817 家企业，带动减少碳排放约 2876 万吨。从贷款投向来看，银行披露的碳减排贷款将专项用于清洁能源、节能环保和碳减排技术等重点领域。获得碳减排支持工具以来，累计支持清洁能源领域项目 2217 个，共发放贷款金额 2221.06 亿元，带动年度碳减排 4613 万吨二氧化碳当量。节能环保领域项目 29 个，共发放贷款金额 39.86 亿元，带动年度碳减排约 69 万吨二氧化碳当量。

2. 机构现状

我国银行机构积极顺应绿色发展趋势，追求差异化发展，打造各自特色品牌。截至 2021 年底，中国 9 家赤道银行（分别是兴业银行、江苏银行、湖州银行、重庆农商行、绵阳市商业银行、贵州银行、重庆银行、福建海峡银行和威海市商业银行）按照《赤道准则》的规定进行系统化的业务提升，包括公司治理、战略层面、信贷业务流程、审查标准乃至信息披露等，尤其拓展了绿色信贷和碳信贷业务。

除了《赤道准则》外，《负责任银行原则》也是全球银行业落实联合国可持续发展目标的重要指南，我国有包括工商银行、兴业银行、华夏银行、九江银行、四川天府银行、江苏银行、邮储银行、江苏紫金农商银行、青岛农商银行、重庆三峡银行、恒丰银行、吉林银行、中国银行、苏州银行、中国农业银行、上海农商银行等在内的多家银行签署了该原则。

为了提升国内主要银行开展绿色信贷业务的积极性和主动性，中国银行业协会在中国银保监会政策研究局的指导下开展一年一度的绿色银行评价工作，国内的银行机构在此评价机制下，积极开展与绿色低碳相关的贷款业务，也在自身运营过程中主动保持绿色低碳。以 2019 年为例，国家开发银行、中国进出口银行、中国工商银行、中国农业银行、中国银行、中国建设银行、交通银行、中国邮政储蓄银行、招商银行、兴业银行、上海浦东发展银行、中国民生银行、中信银行、华夏银行、广发银行、渤海银行、浙商银行等 17 家银行绿色银行总体评价表现优秀，中国农业发展银行、中国光大银行、平安银行、恒丰银行 4 家银行绿色银行总体评价进步较为显著。

3. 业务现状

国内多家银行在包含碳信贷在内的绿色信贷业务上不断推进，积极为绿色低碳减排目标助力，形成了百花齐放的局面。

兴业银行是国内首家赤道银行，其一直将风、光、水发电等清洁可再生能源作为重点支持领域，形成了涵盖绿色信贷、绿色债券、绿色租赁、绿色信托等门类齐全、品种丰富的清洁能源产品服务体系。兴业银行长沙分行为某新能源科技公司发放该行首笔光伏置换项目贷款，金额 1.07 亿元，期限 15 年，资金专项用于企业建设的“20MW 生态农业分布式光伏电站”的运维及归还相关项目借款。

邮储银行安徽省分行向淮南矿业集团发放安徽省系统内首笔“可持续发展挂钩贷款”5 亿元，创新“绿色贷款”为传统产业绿色低碳转型赋能。该行持续推进企业客户碳核算工作，已帮助 40 户企业核算温室气体排放，并以此设定碳减排目标，助推企业实现绿色低碳转型。

建设银行山东省分行为国内最大的碳捕获、利用与封存（CCUS）全链条示范基地、国内首个百万吨级 CCUS 商业化运营项目投放绿色贷款，该行利用信贷业务助力实体经济绿色低碳转型。

江苏银行近年来陆续推出绿色基础信贷产品和特色绿色融资服务，如绿色创新组合贷、碳配额质押贷款等，江苏银行上海分行已实现创新产品碳配额质押贷款和光伏贷等相关产品落地。

南京银行在绿色信贷业务中不断深入推进，积极为企业提供转型升级资金支持，成功发放了全国首笔碳表现挂钩贷款，在降低企业融资成本的同时，通过碳表现核查调动企业减排降碳的积极性。

（三）我国碳信贷未来发展面临的挑战

1. 碳资产交易的活跃性不强

由于我国碳交易市场尚处在起步阶段，碳资产的定价机制作用尚未借助市场充分发挥，企业围绕自身碳资产的盘整、管理以及金融延伸都处于早期阶段，活跃性不强的碳资产使得当下作为信贷标的的碳信用的流动性和价值属性动态水平不强，一定程度上制约了碳信贷的发展。

2. 碳足迹监测核算复杂

企业碳足迹、碳表现的监测与核算需要较强的专业性和较高的技术支持，目前碳金融的实践都是由地区和银行自发展开的，对企业碳信息的核算有各自的方法，缺乏权威性的参照。此外，部分企业碳信息披露能力比较弱，这加大了碳信息的核查核算难度，使碳风险监测更加困难，导致碳信贷业务的开展受阻。

3. 业务流程规范困难

一方面，碳减排等有关的指标的认证都是国际上自下而上开展的，缺乏统一的指引；另一方面，我国尚未对碳信贷形成专门的政策法规，因此碳信贷业务流程的规范化面临着挑战。

4. 国际合作有待加强与深化

作为全球范围内开展的业务，碳信贷需要各个国家之间加强与深化合作。由于目前国际上尚未形成统一的碳排放权交易体系，各国的碳信贷业务开展的进程不同，制度法规也存在差异。

第三节 碳信贷的业务与产品实践

一、狭义碳信贷业务与产品实践

狭义碳信贷围绕碳信用质押展开，可以大体分为碳配额质押贷款和核证减排量（如国内的 CCER）质押贷款，国内碳配额质押贷款有时也被称为碳资产质押贷款。目前，我国通常意义上可用于质押的碳资产包括碳配额和国家核证自愿减排量（CCER），以及地方和国际创设的各种有稳定市场价格的碳汇产品，例如福建、山东等创建的海洋蓝色碳汇交易、国际黄金标准等下的碳汇产品等。碳配额是指主管部门基于国家控制温室气体排放目标的要求，向被纳入温室气体减排管控范围的重点排放单位分配的规定时期内的碳排放额度；CCER 是指对我国境内可再生能源、林业碳汇、甲烷利用等项目的温室气体减排效果进行量化核证，并在国家温室气体自愿减排交易注册登记系统中登记的温室气体减排量。但是，由于CCER尚不可在全国碳排放权交易市场交易，其流动与较碳配额相比更弱，其作为融资质押物时往往会按碳配额价格进行一定程度的折价（通常为60%～80%）。企业获得流动资金贷款的期限通常不超过一年，质押率由双方约定，交易价格通常根据交割日之前某一时间段内当地碳市场每个交易日的加权平均收盘价确定。通过碳信用质押融资，控排企业可以盘活碳资产，短期内缓解资金压力。

（一）碳配额质押融资

1. 碳配额质押融资的概念

碳配额质押融资是指出质人（控排企业或碳资产管理机构）将其所有的碳配额作为质押物，质押给质权人（金融机构）并获得流动资金贷款的融资业务，这一业务是狭义碳信贷业务的基础业务，也是最主要的业务。

2. 碳配额质押融资流程

前期金融机构对出质人应进行尽职调查（包括企业资质、经营状况、信用状况、碳资产合法性等）和对质押碳资产进行价值评估。在实际操作中，由于金融机构尚无法参与碳交易市场，出质人通常需要向碳排放权交易所或省级生态环境部门（碳配额管理者）提交质押登记申请，后者将为质权人冻结所质押的碳资产。同时，质权人会在中国人民银行征信系统中登记备案该质押业务。

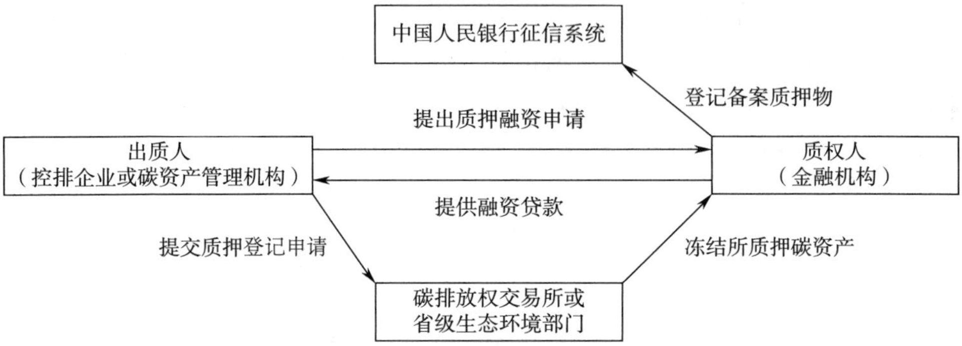

图4.5 碳配额质押融资流程

3. 碳配额质押融资发展现状

目前，国际碳交易市场已经接纳碳资产作为交易抵质押金账户（Margin Account）的合格抵质押品，但对使用比例有所限制。

例如，欧洲能源交易所（EEX）旗下的能源大宗商品清算中心接受欧盟碳排放配额（EUA）作为合格抵押品（目前折扣率为70%），但要求用于抵押的碳配额在存货账户中的入户时间不少于105天，在合格抵押品中占比不超过20%；在欧盟碳排放配额衍生品市场上，该方式目前仅适用于卖空交易。

将碳资产作为融资抵质押物的实践主要发生在中国，国外碳市场在这方面的实践较少。原因之一是国外盘活闲置碳资产的实际需求不太强烈。在欧美碳市场上，碳配额主要以竞价拍卖方式发放，且大部分由金融机构竞拍购得。控排企业大多数通过购买碳期货或期权方式锁定履约所需配额，因此手中没有大量闲置配额。而在中国，无论是全国碳市场还是试点区域碳市场，碳配额目前全部以免费方式发放；履约之前，这些碳配额都被闲置，因此控排企业有动力去盘活这些资产。原因之二在于碳资产作为抵押品的法律属性尚未明确。以欧盟碳市场为例，虽然碳配额已于2018 年被欧盟《金融工具市场指令》归类为金融工具，但并未纳入《金融抵质押物指令》。这意味着碳配额作为交易工具的法律属性已明确，但作为融资抵质押物目前尚无明确法律依据。2021 年 2—5 月，欧盟委员会就《金融抵质押物指令》的修订公开征求意见，其中包括是否应将碳配额纳入金融抵质押物的范畴，目前尚未发布结论。

在国内，根据 2019 年财政部发布的《碳排放权交易有关会计处理暂行规定》，碳资产在会计处理原则中被确认为“碳排放权资产”，列示于“其他流动资产”条目中，因此碳资产的属性并无争议。目前银行业金融机构在将碳资产做质押融资时，通常是将所质押碳资产在中国人民银行征信中心统一登记公示系统办理质押登记，但对碳资产没有实际管控权。根据物权法定原则，这一碳资产质押登记措施仍显不足，需要相关主管部门进一步明确碳资产的准物权属性，为其取得、转让等交易行为的管控奠定更为坚实的基础。

4. 碳配额质押融资案例

案例一：兴业银行碳配额质押融资案例

放贷银行：兴业银行武汉分行

获贷企业：湖北宜化集团有限责任公司

贷款额度：4000 万元

质押物标的：210.9 万吨碳配额

贷款期限：1 年

项目概况：2014 年 9 月 9 日，湖北碳排放权交易中心、兴业银行武汉分行和湖北宜化集团有限责任公司三方签署了碳配额（碳资产）质押贷款和碳金融战略合作协议，宜化集团利用自有 210.9 万吨碳配额，获得兴业银行 4000 万元质押贷款，期限为 1 年，用于实施国家推荐的通用节能技术，以最大限度实现节能减排。根据兴业银行武汉分行联合湖北省发展改革委、湖北碳排放权交易中心等机构创设的“碳配额资产风险管理和价值评估模型”分析，宜化集团的 210.9 万吨碳配额评估标准为 23.7 元/吨，在此基础上乘以通用贷款系数 0.8，最终额度确定为 4000 万元。该笔贷款业务的特点在于企业完全以碳配额作为贷款质押物，无其他抵质押担保条件，从而成为我国首笔碳配额质押贷款业务。

案例二：湖州银行碳配额质押融资案例

放贷银行：湖州银行

获贷企业：湖州加怡新市热电有限公司

贷款额度：300 万元

质押物标的：7.5 万吨碳配额

贷款期限：1 年

项目概况：2021 年 7 月，湖州加怡新市热电有限公司以 7.5 万吨碳配额作为质押物，通过中国人民银行征信中心动产融资统一登记公示系统的质押登记和公示后，获得由湖州银行发放的 300 万元专项碳配额质押贷款“碳价贷”，是我国地方绿色金融改革试验区碳配额（碳资产）质押贷款的首次实践。

（二）支持 CCER 项目的碳信贷业务

1. CCER 项目类别

CCER 是在清洁发展机制下签发的国内碳抵消信用，因此，CCER 项目特指国内控排企业减少碳排放而获得核证碳信用的商业活动，支持 CCER 项目的碳信贷业务也基本上在国内开展。

根据国家发展改革委 2012 年发布的《温室气体自愿减排交易管理暂行办法》，我国可申请备案的 CCER 项目分为四类，具体见表 4.7。

表 4.7　　CCER 项目类别

类别	分类标准
第一类	采用经国家主管部门备案的方法学开发的自愿减排项目
第二类	获得国家发展改革委批准作为清洁发展机制（CDM）项目，但未在联合国清洁发展机制（CDM）执行理事会注册的项目
第三类	获得国家发展改革委批准作为清洁发展机制（CDM）项目且在联合国清洁发展机制（CDM）执行理事会注册前就已产生减排量的项目
第四类	在联合国清洁发展机制（CDM）执行理事会注册但减排量未获得签发的项目

资料来源：笔者根据相关资料整理。

按照已开发的 CCER 项目技术分类，从 2013 年启动运转至 2017 年 3 月暂停，我国累计审定项目达到 2871 个，备案项目 861 个，减排量备案的项目公示 254 个。在所有审定项目中，风力发电、太阳能发电、猪粪便沼气利用项目数量位列前三，与林业碳汇相关的项目有 99 个（造林碳汇项目 71 个、森林经营碳汇项目 24 个、再造林碳汇项目 4 个），与节能相关的项目有 8 个（工业节能改造项目 6 个、建筑节能项目 2 个）。

表 4.8　　全国 CCER 项目类别分布情况　　单位：个

项目	风力发电	太阳能发电	家畜粪便沼气利用	垃圾焚烧发电	水力发电	生物质发电	其他细分类型
审定公示	946	827	393	160	134	106	75
已备案	337	166	118	20	83	54	12
已签发	91	47	41	6	32	16	2
项目	碳汇造林	垃圾填埋气发电	低浓度瓦斯发电	工业余热利用	森林经营碳汇	热电联产	共计
审定公示	71	48	43	28	24	16	2871
已备案	11	18	21	11	0	10	861
已签发	1	4	5	3	0	6	254

资料来源：笔者根据相关资料整理。

2. CCER 项目融资特点

（1）贷款期限较长。与 CDM 项目类似，CCER 项目的贷款资金用于企业未来核证减排量项目的开发，此类项目筹划开发、建设、运营周期较长，因此贷款期限也往往为长期。

（2）利率与碳表现浮动挂钩。与 CDM 项目类似，金融机构贷款利率设定也是与企业未来碳表现相挂钩的，利率会随着企业碳表现的提升或恶化而降低或升高。

3. 支持 CCER 项目的碳信贷案例

案例一：上海银行支持 CCER 项目的碳信贷案例

放贷银行：上海银行

获贷企业：上海宝碳新能源环保科技有限公司

贷款额度：500 万元

质押物标的：数十万吨 CCER

贷款期限：1 年

项目概况：2015 年 12 月 11 日，上海银行提供贷款给上海宝碳新能源环保科技有限公司，以上海环境能源交易所为第三方平台操作实施。上海银行以上海宝碳的数十万吨 CCER 为质押提供了 500 万元贷款。上海环境能源交易所为本次质押提供了第三方服务，按照需要对相应的 CCER 进行冻结和解冻等操作。该笔贷款质押物完全以 CCER 为质押物，无其他抵质押担保条件，是我国首笔 CCER 质押贷款业务。

案例二：浦发银行支持 CCER 项目的碳信贷案例

放贷银行：浦发银行

获贷企业：上海环境集团股份有限公司、天马焚烧厂

贷款额度：未公布

贷款期限：未公布

项目概况：在2022年7月16日举行的中国国际碳交易大会上，上海环境集团股份有限公司、国泰君安证券股份有限公司、上海浦东发展银行达成基于CCER交易协议的融资合作，向上海环境集团下属子公司天马焚烧厂（一期）提供融资，帮助已备案的自愿减排项目使用预计签发的CCER进行融资，解决企业绿色减碳的资金融通问题。

案例三：青岛银行支持CCER项目的碳信贷案例

放贷银行：青岛银行潍坊分行

获贷企业：山东省诸城市某产业园光伏电站

贷款额度：3000万元

贷款期限：未公布

项目概况：2022年10月26日，青岛银行潍坊分行创新推出新能源项目CCER未来收益权质押贷款，以新能源项目未来产生的CCER指标收益为质押物，为山东省诸城市某产业园光伏电站项目建设提供3000万元项目贷款，助力山东省绿色能源产业发展。

二、广义碳信贷业务与产品实践

从国际实践情况来看，碳信贷更多的是泛指为了支持碳减排项目建设和运营的信贷业务。其中，最主要的是《京都议定书》清洁发展机制（CDM）下开发的项目。但是，2012年我国CDM项目在联合国备案终止，2017年CCER开发项目官方层面也停止运行，之后这两类项目都是以自下而上、地方自主探索和开发的形式开展的。未来，随着相关政策的不断完善以及国际碳交易的深化，这些项目有望从官方层面重启。

（一）支持CDM项目的碳信贷业务

1. 支持CDM项目的融资模式

CDM项目的运行一般分为筹划期、建设期和运营期三个阶段。项目在不同阶段具有不同程度的风险，也适配不同类型的资金获取方式。CDM项目实施需要申请立项许可、环境许可、土地适应许可等，诸多不确定因素使项目筹划期的风险较大，资金主要来自股东资本金或拨款。项目进入建设期阶段，工程建设、试运营以及碳减排监测设备安装测试等环节存在如期保质竣工、调试运营等风险，由于项目建设所需资金巨大，通常需要向银行贷款筹集资金，从这时开始金融或者说信贷介入相对合适。

支持 CDM 项目的碳信贷业务涉及的关联方通常包括项目股东、各领域专家、贷款人（如银行）、EPC（Engineering Procurement Construction）建设商、运营商、项目产品购买方以及 CER 购买方；另外，某些项目所在国政府为支持该项目会向贷款人提供担保，有些贷款人要求项目公司购买保险，进一步规避项目风险，若是涉及后续资本市场操作，评级机构也会参与项目的融资。

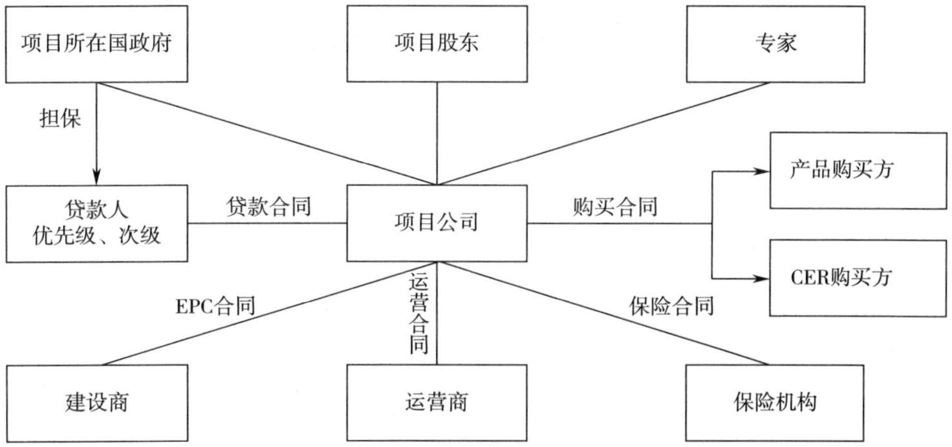

图 4.6　CDM 项目融资关联方

在支持 CDM 项目的资金供给中，政府或多边机构拨款（Grant）、贷款（Loan）、资本金（Equity）以及夹层融资（Mezzanine Finance）等都是其中选项。其中，贷款是项目融资资金最大的来源，按照贷款受偿顺序可分为优先贷（Senior Loan）和次级贷（Junior/Subordinate Loan）。

优先贷通常需要项目资产（甚至包括项目生产产品的销售合同等）做抵押来缓释信用风险，也可以使用项目股东的资产作为抵押。因此，优先贷在所有债权类资金中的信用风险是最低的，相应地，其贷款利率也是最低的。

贷款人在先偿还优先贷之后才能偿还次级贷。次级贷通常无抵押或是只享有顺位（二次）抵押。次级贷通常是为了填补优先贷和项目资本金之外的融资缺口。由于次级贷的信用风险较高，其贷款利率也相应较高。为了获得更高的收益，次级贷的贷款人也可以要求当项目收益超出预期值时将次级贷转成项目资本金。对 CDM 项目来说，由于项目风险（如碳排放风险）的评估较为复杂，信息披露机制也尚未完善，在贷款时贷款方通常要求用项目资产（如碳信用）作为质押物以对冲信用风险。

2. 支持 CDM 项目的碳信贷利率

CDM 项目往往能够获得由多边开发性金融机构或者国家专门机构提供的低息贷款。例如，中国财政部下属的中国清洁发展机制基金（CDM Fund）是一只由国务院批准，财政部、国家发展改革委、生态环境部等七部门设立的专门从事应对气候变化和绿色低碳发展的政策基金，宗旨是支持国家碳达峰碳中和、应对气候变化、污染防治和生态保护等绿色低碳领域活动，促进经济社会高质量发展。中国清洁发展机制基金可以提供贷款市场报价利率（LPR）下浮58.75个基点的低息贷款，与商业银行合作，共同支持符合条件的碳减排类项目。

3. CDM项目融资特点

（1）贷款期限较长。贷款按照期限可分为一年期内短期贷款和一年以上长期贷款。在狭义碳信贷下，由于碳信用或碳资产的流动性和价格波动性强，贷款类型多为短期。对于广义碳信贷下的CDM项目，由于项目筹划开发、建设、运营周期较长，贷款类型多为长期。

（2）利率与碳表现浮动挂钩。与狭义碳信贷中通常固定的利率设定不同，CDM项目贷款的利率往往与企业预期碳表现挂钩，而碳表现的不确定性就带来了贷款利率的上下浮动。

4. 支持CDM项目的碳信贷产品与案例

（1）可持续发展挂钩贷款（Sustainability Linked Loan，SLL）

可持续发展挂钩贷款是指贷款人通过贷款条款激励借款人实现约定的ESG绩效目标的融资工具，也是当前全球通行推动减排降碳的重要经济手段之一。与一般贷款不同，可持续发展挂钩贷款采用“挂钩”模式，将贷款与双方共同约定的可持续发展绩效目标挂钩，设置分档利率，在实现可持续发展绩效目标的情况下，对贷款利率执行利率优惠；反之则提升贷款利率，以此激励企业积极践行其在可持续发展方面的承诺，从而更好地服务于减碳目标。目前，我国各地金融机构正相继开展可持续发展挂钩贷款业务。

案例一：浦发银行可持续发展挂钩贷款案例

放贷银行：浦发银行

获贷企业：特来电集团

贷款额度：3000万元

贷款期限：5年

项目概况：特来电集团是一家致力于新能源汽车充电设备制造和充电网运营的公司。2021年浦发银行为特来电集团创新设计了境内首单“基础设施领域的可持续发展关联贷款”服务方案，发放了一笔为期5年的3000万元基本项目建设贷款。该方案将贷款的融资利率与特来电集团所能达到的碳减排量“环保绩效”指标、公益服务的“社会绩效”指标挂钩，并设立年度“观察日”，依据行业协会提供的权威数据，对特来电集团上一年的碳减排量进行评估，确保实现上一年度的指标后，银行的贷款利率根据贷款协议的规定进行阶梯式下调，最终可实现 3.20% 的优惠利率。

案例二：渣打银行可持续发展挂钩贷款案例

放贷银行：渣打银行

获贷企业：格林美香港国际物流有限公司

贷款额度：2 亿美元

贷款期限：3 年

项目概况：渣打银行于 2022 年 6 月作为独家牵头行、可持续发展融资协调行及代理行，为我国绿色制造商格林美股份有限公司的全资子公司格林美香港国际物流有限公司成功牵头筹组 3 年期 2 亿美元的境外可持续发展贷款。此次贷款的利率与贷款存续期间格林美的环境绩效指标挂钩，最终实现了 2.28 倍的超额认购，来自中国、中国香港、中国澳门、中国台湾以及法国、韩国和印度尼西亚等国家和地区的共 12 家银行参与，是中国新能源汽车产业链的首笔挂钩可持续发展指标的贷款。

（2）低碳转型贷款

低碳转型贷款是我国支持企业减排降碳，服务于“双碳”目标的创新实践。与可持续发展挂钩贷款类似，低碳转型贷款更加注重企业的碳指标，贷款额度和利率也主要与借贷双方约定的碳目标挂钩。

案例一：江苏银行低碳转型特色产品

“苏碳融”是江苏银行对货币政策工具的创新应用。在中国人民银行南京分行的支持下，江苏银行创新推出与企业碳账户挂钩的绿色普惠金融产品“苏碳融”。该产品建立在与碳账户挂钩的定价和审批机制之上，推动中小微企业加大节能减排投入。截至 2022 年 5 月，“苏碳融”已累计投放 23 亿元，为 50 多家企业建立了碳账户体系，推动企业实现年减排二氧化碳约 54.6 万吨。

案例二：南京银行低碳转型特色产品

“鑫减碳”是南京银行面向在全国碳市场持有碳配额的控排企业发放的贷款，贷款利率与其生产经营过程中的碳表现相挂钩，并随着企业碳表现的提升而降低。该款产品项下，对于企业而言，如果在生产过程中能够减少碳排放，则可以享受更低的贷款利率，减少融资成本。

案例三：中国建设银行低碳转型贷款案例

放贷银行：中国建设银行新余市分行

获贷企业：江西省新余钢铁股份有限公司

贷款额度：2.4 亿元

贷款期限：2 年

项目概况：2022 年中国建设银行新余市分行发放江西省首笔低碳转型挂钩创新贷款。该贷款产品由中国建设银行新余市分行主导创新并邀请联合赤道环境评价有限公司进行设计及认证，属于信用贷款，获贷企业为江西省新余钢铁股份有限公司，贷款金额为 2.4 亿元，期限 2 年。银行和联合赤道通过将贷款利率与公司的低碳转型绩效目标相挂钩，将“公司废钢使用量”作为关键绩效指标（KPI），经过对关键指标的严格遴选评估，预测公司整体实现的可持续发展目标，从而帮助企业降低运营成本和生产的低碳转型。

案例四：南京银行低碳转型贷款案例

放贷银行：南京银行

获贷企业：华能南京热电有限公司

贷款额度：3000 万元

贷款期限：未公布

项目概况：2021 年 8 月 10 日，南京银行向华能南京热电有限公司发放一笔 3000 万元的“鑫减碳”贷款，约定到期一次性还本付息，最终执行利率按照企业在贷款期间的碳减排表现以及全国碳市场的履约情况进行调整。据测算，贷款期间，如果华能热电顺利达到预期碳减排目标，则该笔贷款可为企业节约财务成本近 10 万元，同时其通过减碳行动节约的碳配额按当时市场价格可带来 1500 万元左右的额外收益。

（二）广义碳信贷业务创新

基于狭义碳信贷下的融资，我国在其他方面开展了业务的创新与探索，包括碳保理融资业务与碳普惠融资业务等，这些也可以被纳入广义碳信贷的范畴。

1. 碳保理融资

（1）碳保理融资的概念

碳保理融资是指将碳减排项目（包括水电、风电等新能源和可再生能源项目、甲烷和煤层气回收利用、燃料替代以及钢铁、焦化、水泥等行业提高能效项目）未来所生成的核证减排量在碳市场出售，以出售所得作为应收账款，商业银行通过受让项目业主的该应收账款，为其提供应有的保理融资业务。服务内容包括应收账款管理、保理预付款和信用风险担保等。碳保理又分为有追索权碳保理业务和无追索权碳保理业务，其中无追索权碳保理业务能让项目公司提前实现营收，有效美化财务报表。对于有追索权碳保理业务，保理预付款比例一般不超过 80%，而对于无追索权碳保理业务，保理预付款比例通常不超过70%。碳保理融资基于碳信用签发和交易特点，突破传统信贷模式，为碳减排项目拓宽了融资渠道，而且对于优质客户，原则上不需提供额外的抵押和担保，融资期限较长，提供较大的融资便利。保理期一般不超过6个月，最长不超过1年。

（2）碳保理融资案例

案例：英大保理碳保理融资案例

参与企业：英大汇通商业保理有限公司

国网英大碳资产管理（上海）有限公司

北京太铭基业投资咨询有限公司

贷款额度：未公布

贷款期限：未公布

项目意义：国内首单以碳资产为质押的保理业务

项目概况：2021年4月29日，英大保理、英大碳资产及太铭咨询在北京举行碳资产保理签约仪式，标志着国内首单以碳资产为质押的保理业务正式落地。英大碳资产及太铭咨询共同完善保理公司对碳资产的融资定价机制，联合确认CCER资产折扣率，攻克了保理行业碳资产融资定价难题，为绿色保理业务发展提供了成功案例。

2. 碳普惠融资

碳普惠融资是碳信贷面向个人和小微企业的开拓与创新，它是指个人或小微企业通过碳普惠平台，以其减碳量为信用向金融机构申请贷款的业务。它能够起到吸引民众参与低碳融资、切实减少温室气体排放、实现良好的环境和社会效益的作用。目前，我国碳普惠的实践主要是通过碳币、低碳信用卡、碳积分、碳信用等手段进行的，但是在碳普惠融资方面，金融机构仍处于探索阶段，还未有过基于个人或小微企业的碳信用而发放贷款的实践案例。

第四节　碳信贷实践的未来展望

一、创新与试点不断增加

我国金融改革不断深化，以碳为核心的绿色金融创新和改革进入深水区。截至2022年末，国内国家级绿色金融改革创新试验区共有6省9地，国家级气候投融资试点城市或地区共批复23个，随着各地绿色金融实践的深化，绿色信贷、碳信贷已有一定的产品创新和业务开展基础。未来，在国家宏观政策的指导下，更多地区将开展绿色金融改革创新试点，尤其是碳信贷的试点地区，通过学习既有的经验成果，将碳信贷在全国范围内推广，使碳信贷的影响力由点到面，形成全国范围内的规模效应。

二、数字化水平不断提升

在数字经济强势发展的趋势下，金融机构也加快了数字化的步伐，不断创新开发数字金融产品，提供高效精准的服务。在金融数字化、科技化的推动下，我国碳信贷业务产品类型将更加丰富多样，业务开展更加方便快捷。一方面，金融机构可在短时间内获取企业信贷需求信息，制定针对性、个性化的信贷产品和服务；另一方面，一体化线上平台可追踪服务进程，便于后续跟进反馈和及时调整。

三、复合型人才队伍不断扩大

碳市场和碳金融涉及工业、金融、能源、互联网等领域，从事相关业务的人才具有跨专业和复合型特征。随着碳信贷市场需求的扩大，以及国家政策的支持和鼓励，将会有越来越多的人才加入碳信贷、绿色信贷和绿色金融的发展潮流中，且这些领域的人才将把技术和管理技能融为一体，适应时代需求。

四、碳核查与核算及碳风险防范机制逐步完善

合理评估企业碳风险是碳信贷业务开展的重要环节。随着人工智能、大数据、云计算等技术的应用，企业经济活动将更加信息化、透明化。未来数字技术将加快包括企业项目运行、收益表现、供应链等环节在内的碳信息数据库建设，碳核查与核算机制在此基础上将变得更加完善。金融机构等资金供给方和政府部门将通过完善的碳数据库更容易地获取企业碳排放信息，从而对其碳风险进行评级评估，达到合理评价、预估、监测企业碳信贷业务风险的目的。

【本章小结】

本章通过介绍碳信贷的起源，阐明了碳信贷与碳信用的关系，并通过对比绿色信贷与碳信贷的区别，将碳信贷定义为绿色信贷中尤指与碳减排指标相关的，以企业碳信息为参考依据，以减少二氧化碳排放为目的的信贷业务。碳信贷可以分为狭义碳信贷和广义碳信贷，狭义碳信贷指的是以碳信用为质押标的的信贷业务，广义碳信贷指的是支持碳减排项目的融资信贷业务。本章介绍了国际上通用的信贷准则，并归纳总结国外部分国家的绿色信贷、碳信贷业务的发展历程和现状。美国以及欧洲、亚洲发达国家低碳领域的政策法规制定得比较早，绿色金融、绿色信贷业务开展较为成熟，相关体系也基本建立。碳信贷的业务主要在中国开展得比较多，规模

总量位居世界第一。近年来，我国相继出台了支持低碳领域以及针对银行机构开展绿色业务的政策法规，但是碳信贷的发展仍然面临制度不完善、业务不规范、碳指标测算困难等挑战。本章分别介绍了狭义碳信贷和广义碳信贷的业务产品及案例。狭义碳信贷主要包括碳配额质押贷款业务和支持 CCER 项目的碳信贷业务；在广义碳信贷中，重点介绍了支持 CDM 项目的可持续挂钩贷款、低碳转型贷款以及碳保理融资、碳普惠融资的创新。随着“双碳”目标的确立，我国政府对低碳事业的发展予以高度重视。未来，在国家政策的指导下，金融机构将积极开展业务创新，企业也将面临大量的绿色低碳融资需求。碳信贷这一创新型金融工具将作为支持低碳事业的重要融资方式而获得充分、长远的发展。

【思考题】

1. 狭义碳信贷和广义碳信贷的区别有哪些?
2. 目前我国碳信贷的产品实践主要有哪些?
3. 碳信用是如何产生的? 其在碳信贷中的作用是什么?
4. 简述国际范围内碳信贷的准则要求。
5. 简述我国碳信贷的发展历程。
6. 谈谈你对我国碳信贷未来的展望。

第五章　碳债券

【学习目标】

1. 掌握碳债券的定义及内涵，了解碳债券的重要意义。

2. 熟悉碳债券的国际、国内标准，了解碳债券标准对项目范围和发行流程的规定。

3. 了解国际碳债券政策与产品的基本情况，熟悉国际碳债券的支持政策。

4. 了解中国碳债券政策的演进和发展历程，理解我国碳债券与欧盟、美国碳债券之间的异同，进一步思考我国碳债券的发展方向。

第一节　碳债券定义、标准与范围

一、碳债券定义及拓展

碳债券是绿色债券的一种，是指所募集资金专项用于碳减排、碳吸纳（包括碳捕获与封存）和适应气候变化项目的债券融资工具。

国际较少使用“碳债券”这一说法，气候债券、绿色债券、可持续债券的认可程度更高。但实际上，气候债券、绿色债券、可持续债券均包含气候相关用途，属于或部分属于碳债券。世界银行将绿色债券定义为专门为与气候相关的环境项目发行的债务证券。世界经济论坛提出，绿色债券的资金专门用于资助对环境有积极影响的项目，如可再生能源和绿色建筑。气候债券倡议组织在《气候债券标准》中将气候债券定义为由气候债券标准委员会认证，符合气候债券标准要求的绿色债券，覆盖项目范围包括能源、运输、水、低碳建筑等。国际资本市场协会将可持续债券定义为募集资金或等值金额专项用于绿色和社会责任项目融资或再融资的各类债券工具，包括绿色债券、气候债券、社会责任债券等，其中绿色债券是相对发展规模最大、最受关注的品种。可见，气候债券、绿色债券、可持续债券的定义和内涵覆盖减缓和适应气候变化领域，本质上仍与碳相关。

我国早在2010年就已经开始讨论碳债券，部分学者将其定义为支持低碳经济的发展而发行的企业债券或国家债券，主要功能是为环保低碳项目筹集大量资金。2015年，《绿色债券发行指引》《绿色债券支持项目目录（2015年版）》发布，我国绿色债券市场正式规范发展，绿色债券成为热点。碳债券作为绿色债券的子类别，将资金引入节能环保项目，推动低碳经济项目建设。

2020年碳达峰、碳中和目标的提出是我国碳债券发展的转折点。为实现“双碳”目标，碳中和债券于2021年正式发行。碳中和债券的本质是在绿色债券政策框架下，将募集资金专项用于清洁能源、清洁交通、可持续建筑等具有碳减排效益的绿色债券。碳债券以碳中和债券的形式再次成为关注重点。碳债券可引导社会资金流入碳中和领域，助力“双碳”目标的实现。根据中国人民银行数据，我国为实现“双碳”目标所需资金在150万亿元至300万亿元之间，相当于2020—2060年平均每年投资3.75万亿元至7.5万亿元。由于政府财政仅能提供少部分实现“双碳”目标所需的项目资金，二者之间的差距仍需市场资金的投入。碳债券可引导市场闲置资金流入碳中和实践相关领域，为碳减排、碳汇、气候变化适应等项目提供资金。

二、碳债券标准

目前与碳债券相关的标准有《气候债券标准》《绿色债券原则》《欧盟可持续金融分类方案》等。2010年后，气候债券倡议组织、国际资本市场协会（International Capital Market Association，ICMA）分别发布《气候债券标准》（*Climate Bonds Standard*）、《绿色债券原则》（*Green Bonds Principles*），两项标准互为补充，成为自律性行业认证标准，《气候债券标准》对《绿色债券原则》在低碳领域的项目标准进行了细化，并补充了第三方认证等具体的实施指导方针，两者一起构成国际绿色债券市场执行标准的坚实基础，绿色债券执行标准逐步完善。此后，国际绿色债券市场迅猛发展，许多国家或国际组织也在《绿色债券原则》《气候债券标准》的基础上对绿色债券进行定义，并发布绿色债券标准。例如，2020年欧盟委员会宣布建立《欧盟绿色债券标准》（*EU Green Bond Standard*），我国也于2015年逐步建立绿色债券标准。

（一）《气候债券标准》

《气候债券标准》是绿色债券领域的奠基性标准之一，气候债券倡议组织于2011年发布了《气候债券标准（1.0版）》，规范了气候债券的资金用途、项目评估流程、资金管理、信息披露等。由于发布时间较早，气候债券标准已成为普遍接受的绿色债券共识性标准。

2011年以来，气候债券标准共经历了三次大的改动，气候债券的定义不断完善、项目范围不断拓展（见表5.1）。《气候债券标准（1.0版）》于2011年底发布，并于2015年更新，初步规定了气候债券的认证要求，但并未对气候债券作出明确定义，绿色项目范围较小。2017年，《气候债券标准（2.1版）》将认证的气候债券定义为“符合气候债券标准并通过气候债券标准委员会认证的债券或其他债务工具”，并将项目范围拓展到能源、运输、水、低碳建筑、通信技术、废弃物与污染控制、自然资产、工业及能源密集型产业等领域。2019年，《气候债券标准（3.0版）》进一步完善了气候债券的定义，拓展了项目范围。3.0版定义了绿色债券，强调其募集资金投向绿色项目，并承认气候债券是绿色债券的一部分。在项目范围上，3.0版新增了海洋可再生能源、生物能源、森林、土地保护、废物管理领域的行业标准，并已启动制定航运、水力发电、电网、农业、节能设备和工业资产等领域的标准。

表5.1　《气候债券标准》关于气候债券定义及项目范围的规定

版本	《气候债券标准（1.0版）》	《气候债券标准（2.1版）》	《气候债券标准（3.0版）》
定义	未明确定义	认证的气候债券：符合气候债券标准并通过气候债券标准委员会认证的债券或其他债务工具	绿色债券：募集资金专门用于投放或再投放新增和/或现有的绿色合格项目的一部分或全部，且与绿色债券原则或绿色贷款原则的四个核心模块相一致的债券
项目范围	风能发电、太阳能发电、公共汽车快速交通系统、低碳建筑	风能、太阳能、地热能、低碳建筑、低碳运输、水利基础设施、土地使用、生物质能、水电、海洋资产和自然水务基础设施、工业能效、废弃物处理、信息技术和宽带、能源管理以及气候变化适应和恢复基础设施	风能、太阳能、地热能、海洋可再生能源、生物能、低碳建筑、低碳交通及水利基础设施、林业、土地保护和废物处理、航运、水能、电网、农业、能源效率设备及工业资产

气候债券倡议组织还在《巴黎协定》所设定的全球2℃温升目标的基础上发布了《气候债券分类方案》（以下简称《分类方案》），识别了减缓和适应气候变化的资产及项目范围（见表5.2），为能源、交通、水资源、建筑、土地使用和海洋资源、工业、废弃物、信息通信技术等行业制定了具体的资格标准。

表5.2　《气候债券分类方案》的分类情况

类别	子类别	分类
能源	电力和热力生产传输、分配和存储	太阳能、风能、地热能、生物质能、水电、海洋可再生能源、化石能源、核能、其他传输和分配、存储
交通	客运、货运以及配套基础设施	私人交通、公共客运交通、货运铁路、跨领域资产、航空、水运

续表

类别	子类别	分类
水资源	供应管理和废水处理	水利基础设施
建筑	商业、住宅及能效城市发展	建筑、用于建筑能效的产品和系统建筑环境、城市规划
土地使用和海洋资源	农业、畜牧业、水产养殖业和海产品	农业（包括混合用途生产系统）、商业林地、自然生态系统保护和恢复、渔业和水产养殖、供应链资产管理
工业	工业和能源密集型工艺	主要资源、燃料生产、碳清理、其他工业和制造业、供应链
废弃物管理	回收、利用及其他废弃物管理	准备、再利用、回收、生物处理设施、废转能、垃圾填埋场、放射性废弃物管理、污水
信息通信技术	网络、管理和通信工具	宽带网络、信息技术方案、电能管理

（1）能源。《分类方案》对用于电力、热力生产的燃料作出具体要求，明确规定可再生能源使用比例和碳排放强度。例如，太阳能和风能发电设施的非可再生能源发电量部分不得超过15%，地热能、生物质能、水电的发电排放量均需少于100克二氧化碳当量/千瓦时。另外，如果碳捕获和封存（CCS）技术能够完全捕获排放的温室气体，煤或石油能源的使用可被认为是低碳活动。

（2）交通。《分类方案》对私人交通、公共客运交通、公路货运、铁路货运等领域的交通工具和基础设施作出严格要求，提倡使用低碳燃料（如电力、氢动力等无直接碳排放的能源），并要求其符合通用的克二氧化碳/乘客每公里阈值。生物燃料和混合动力汽车的使用被严格限制，客运时符合通用的克二氧化碳/乘客每公里阈值的混合动力车辆得到认可，但货运时两者都被排除在外。新建道路、新建公路桥梁、道路改造、新建停车设施和化石燃料加油站等不属于低碳活动。

（3）水资源。水资源监测、配水、海水淡化、防洪均属于《分类方案》项目范围。储水、水处理等活动要求温室气体净排放为零或为负，并且要求发行方估计并公布项目或资产在生命周期内的温室气体减少量。

（4）建筑。《分类方案》中要求商业、住宅及能效的碳排放足迹应达到建筑标准中排放性能的前15%，或通过升级或改造来显著减少每平方米的二氧化碳（克）排放。城市发展的建筑环境和城市规划需通过可再生能源、能效提升等途径显著提高其排放性能（克二氧化碳/平方米）。

（5）土地使用和海洋资源。《分类方案》中要求农业项目具有显著的固碳、碳减排功能，或与低碳农业目标兼容；林业项目则需保护自然景观、管理森林健康；渔业和水产养殖需持有可持续管理证书。

（6）工业。捕获100%的温室气体排放的碳捕获和封存技术才符合《分类方案》的要求。

（7）废弃物管理。《分类方案》要求收集、分类和回收的设施需由100%的可回收材料制成，并支持废物的源头分类，收集车辆必须符合运输标准。在废弃物处理方面，《分类方案》明确规定了废转能的效率、碳强度、剩余废物，并要求垃圾填埋项目必须安装气体收集设施。

（8）信息通信技术。《分类方案》认可宽带网络和电能管理建设，但数据中心建设以及硬件和硬件制造等辅助基础建设则需要进一步评估。

《分类方案》重点强调了能源、交通、水资源等领域的碳减排、碳吸纳、适应等功能。可见，气候债券属于碳债券，其项目范围覆盖减缓和适应气候变化领域，本质上仍与碳相关。

（二）《绿色债券原则》

《绿色债券原则》由国际资本市场协会于 2014 年发布，此后多次修订（见表 5.3），但始终围绕绿色债券的四大核心要素（募集资金用途、项目评估与遴选流程、募集资金管理、报告）进行规定，保证了绿色债券发行流程的规范性。在多个版本中，绿色债券的定义逐渐细化，但其核心“募集资金专门用于符合规定条件的新增和/或新建绿色项目”保持不变。

表 5.3　　不同版本《绿色债券原则》的差别情况

版本	《绿色债券原则（2014 年版）》	《绿色债券原则（2018 年版）》	《绿色债券原则（2021 年版）》
定义	绿色债券是将收益专门用于新的和/或现有绿色项目的债券工具，以促进气候或其他环境可持续性的项目和活动	绿色债券是将全部或部分收益用于资助或再资助新的和/或现有合格绿色项目的债券工具	绿色债券是将募集资金或等值金额专用于为新增和/或现有合格绿色项目提供部分/全额融资或再融资的各类型债券工具
募集资金用途	可再生能源、能源效率、可持续废弃物管理、可持续土地利用、生物多样性保护、清洁交通、清洁水或饮用水	可再生能源、能源效率、污染预防和控制、生物自然资源和土地利用的环境可持续管理、陆地和水域生物多样性保护、清洁交通、可持续的水和废水管理、适应气候变化、生态效率和/或适应循环经济的产品、生产技术和工艺、绿色建筑	可再生能源、能效提升、污染防治、生物资源和土地资源的环境可持续管理、陆地与水域生物多样性保护、清洁交通、可持续水资源与废水管理、适应气候变化、循环经济产品、生产技术及流程、绿色建筑
项目评估与遴选流程	• 投资决策程序 • 绿色项目类别、项目的直接和间接影响 • 募集资金使用时应考虑环境标准，考虑发行人的整体环境、社会、治理框架	• 项目对应的环境可持续性目标 • 绿色项目评估流程 • 相关的资格标准，包括（如适用）排除标准或任何其他用于识别和管理与项目相关的潜在重大环境和社会风险的程序	• 项目对应的环境目标 • 绿色项目评估流程 • 识别和管理与项目相关的社会及环境风险的流程

续表

版本	《绿色债券原则（2014 年版）》	《绿色债券原则（2018 年版）》	《绿色债券原则（2021 年版）》
募集资金管理	募集资金净额应转移到一个次级投资组合或由发行人以其他方式进行跟踪，并由正式的内部程序证明	募集资金净额或等值金额应记入一个子账户、转入子投资组合或由发行人以适当途径进行跟踪，并由发行人在绿色项目贷款和投资业务有关的内部正式程序中证明	募集资金净额或等值金额应记入独立子账户、转入独立投资组合或由发行人通过其他适当途径进行追踪，并经内部正式程序确保资金用于绿色项目相关的贷款和投资
报告	• 至少每年更新或提交财务报告以报告绿色债券收益的具体投资情况 • 建议使用定量和/或定性的绩效指标衡量具体投资的影响	在债券发行期内，每年报告已分配绿色债券募集资金的项目清单、说明项目和分配金额及其预期影响，并在出现重大进展时及时更新	在债券发行期内，每年报告绿色债券募集资金投放的项目清单、项目简要说明、获配资金金额和预期效益，并在发生重大事项时及时更新
外部审查	• 第二方咨询：发行人可聘请具有气候专业知识的专家顾问来帮助建立绿色债券的合格绿色项目类别 • 公开审查和审计 • 第三方独立核查/认证	• 第二方意见：评估发行人的总体目标、战略、政策和/或与环境可持续性有关的程序，以及项目类型的环境特征 • 核查：发行人对收益使用的内部跟踪方法、绿色债券收益的分配、环境影响的声明或报告与《绿色债券原则》的一致性的保证或证明 • 认证：公认的外部绿色标准或标签 • 绿色债券的评分/评级	• 发行前委任外部评审机构确认其绿色债券或绿色债券计划及/或框架遵循上述四个核心要素 • 债券存续期间，通过聘请外部审计师或其他第三方机构对发行人募集资金管理进行复核，包括验证绿色债券募集资金分配的内部追踪情况以及募集资金是否分配至合格绿色项目

在募集资金用途上，绿色债券募集资金用途的强制性有所变化。2014 年版要求资金专门用于新的和现有的绿色项目，为促进气候或其他环境可持续性的项目和活动提供资金。2018 年版的要求有所放松，仅要求募集资金全部或部分用于绿色项目。2021 年版中允许等值金额代替募集资金用于绿色项目，增强了募集资金的流动性。同时，绿色项目的范围逐步扩大，在可再生能源、能效提升、生物多样性保护、清洁交通等领域的基础上，逐步引入适应气候变化、生态效率和/或适应循环经济的产品、生产技术和工艺、绿色建筑等新领域。

在项目评估与遴选流程上，各版本均要求发行人说明债券对应的环境目标和项目的绿色评估流程，并重视与项目相关的潜在重大环境和社会风险。

在募集资金管理上，《绿色债券原则》一直要求募集资金净额或等额资金应记入独立子账户、转入独立投资组合或由发行人通过其他适当途径进行追踪，并经发行人内部正式程序确保用于与合格绿色项目相关的贷款和投资。

在报告上，《绿色债券原则》始终要求发行人在债券存续期内每年公布项目清单、分配金额以及预期影响。

外部审查是发行人自愿展开的活动，《绿色债券原则》对外部审查的要求逐渐细致，在区分外部审查类别的基础上，对债券发行的各阶段提出外部审查具体要求。

（三）《欧盟可持续金融分类方案》

《欧盟可持续金融分类方案》（以下简称《方案》）弥补了国际目标和投资实践之间的差距，明确界定了符合低碳转型、适应和其他环境目标的活动类型。《方案》确定了六个环境目标，包括减缓气候变化、适应气候变化、水和海洋资源的可持续利用与保护、向循环经济过渡、污染预防和控制、生物多样性和生态系统的保护与恢复。目前已制定了气候变化减缓和适应活动的技术筛选标准，实质上就是碳债券标准。

《方案》承认经济活动通过两种方式对环境目标作出实质贡献：（1）经济活动自身作出重大贡献，如以环境可持续的方式开展；（2）支持性活动，即通过提供产品或服务使其他活动对环境目标作出重大贡献。

确定气候变化减缓活动时，《方案》考察经济活动是否通过工艺或产品创新避免或减少温室气体排放或提高温室气体清除量，纳入近零排放和过渡性活动，排除固体化石燃料相关活动。对于制造业、电力行业等能源密集使用和高二氧化碳排放的产业，《方案》要求通过提高能源效率、改用替代燃料等方法最大限度地减少温室气体排放，使其生产过程相关的温室气体排放（根据 EU-ETS 基准所用的方法计算）低于相关的 EU-ETS 基准值，并逐渐向零排放过渡。对于林业、农业等具有碳吸纳功能的产业，《方案》要求其最大限度地避免或减少经济活动中的温室气体排放，并在保持现有碳汇的基础上增加地上和地下碳储量的封存。

确定气候变化适应活动时，《方案》考察经济活动是否有助于减少对当前和未来气候的负面影响或防止气候变化负面影响的增加或转移。合格的气候变化适应活动应在可能的范围内最大限度地减少所有气候风险，并且不对其他适应活动造成负面影响，还可使用适当的指标加以界定和衡量。此外，为气候变化适应活动提供支持的经济活动，包括减少其他经济活动中的气候风险和/或解决适应的系统性障碍，也属于气候变化适应活动。

在具体行业分类方面，气候变化减缓和适应活动的行业部分重叠。农林渔业、电力燃气蒸汽和空调供应、水资源和废物处理修复、信息通信技术是两者的共同点。减缓活动侧重于生产端，还包括制造业、运输储存和建筑业等。适应活动的服务性更强，包括金融服务和保险、科学技术活动等。

通过对环境目标相关经济活动的分类，《方案》帮助投资者、企业、发行人和项目发起人向低碳、有弹性和资源有效率的经济过渡。

（四）中国碳债券标准

我国绿色债券市场起步较晚，始于2015年9月国务院发布的《生态文明体制改革总体方案》，其初步建立了我国绿色债券发展的顶层设计。自此，我国绿色债券标准逐渐细化，不同类型的绿色债券的定义逐渐明确（见表5.4）。2015年底，国家发展改革委发布的《绿色债券发行指引》和中国人民银行发布的《关于在银行间债券市场发行绿色金融债券有关事宜的公告》分别定义了绿色企业债券、绿色金融债券。2017年，《中国证监会关于支持绿色债券发展的指导意见》和《非金融企业绿色债券融资工具业务指引》分别对绿色公司债券和绿色债务融资工具进行具体定义。从表5.4可以看出，我国各种类型的绿色债券定义的重点均为"募集资金专门用于支持绿色项目"。因此，作为绿色债券的子类别，碳债券的重点应为"募集资金专门用于支持碳减排、碳汇、适应等项目"。

表5.4　　　　我国绿色债券定义

类型	定义	文件
绿色企业债券	募集资金主要用于支持节能减排技术改造、绿色城镇化、能源清洁高效利用、新能源开发利用、循环经济发展、水资源节约和非常规水资源开发利用、污染防治、生态农林业、节能环保产业、低碳产业、生态文明先行示范试验、低碳试点示范等绿色循环低碳发展项目的企业债券	《绿色债券发行指引》
绿色金融债券	金融机构法人依法发行的、募集资金用于支持绿色产业并按约定还本付息的有价证券	《关于在银行间债券市场发行绿色金融债券有关事宜的公告》
绿色公司债券	符合《证券法》《公司法》《公司债券发行与交易管理办法》及其他相关法律法规的规定，遵循证券交易所相关业务规则的要求，募集资金用于支持绿色产业项目的公司债券	《中国证监会关于支持绿色债券发展的指导意见》
绿色债务融资工具	境内外具有法人资格的非金融企业在银行间市场发行的，募集资金专项用于节能环保、污染防治、资源节约与循环利用等绿色项目的债务融资工具	《非金融企业绿色债券融资工具业务指引》
绿色债券	将募集资金专门用于支持符合规定条件的绿色产业、绿色项目或绿色经济活动，依照法定程序发行并按约定还本付息的有价证券，包括但不限于绿色金融债券、绿色企业债券、绿色公司债券、绿色债务融资工具和绿色资产支持证券	《绿色债券支持项目目录（2021年版）》
绿色债券	募集资金专门用于支持符合规定条件的绿色产业、绿色项目或绿色经济活动，依照法定程序发行并按约定还本付息的有价证券	《中国绿色债券原则》

在项目范围方面，2015年发布的《绿色债券发行指引》和《绿色债券支持项目目录（2015年版）》均界定了绿色项目的范围，节能减排、污染防治、资源高效利用与循环经济、清洁能源、生态保护是两者的共同重点。《绿色债券发行指引》更

注重低碳产业的发展，并且污染防治（包括大气、水、土壤等突出环境问题治理）、资源高效利用和循环经济处于重要地位。《绿色债券支持项目目录（2015 年版）》则对绿色项目做了更为细致的区分。

2020 年碳达峰、碳中和目标提出，“双碳”目标的实现需要绿色金融领域的全面配合，我国推出了新的绿色债券标准和种类，助力“双碳”目标的实现。2021 年 4 月，中国人民银行、国家发展改革委、中国证监会发布《绿色债券支持项目目录（2021 年版）》（以下简称《目录》），整合了绿色债券的定义，明确规定了绿色债券支持的项目范围。《目录》将绿色项目分为六类，包括节能环保产业、清洁生产产业、清洁能源产业、生态环境产业、基础设施绿色升级和绿色服务。其中，节能环保产业、清洁生产产业、清洁能源产业、生态环境产业、基础设施绿色升级均涉及气候变化减缓和适应活动。能效提升、清洁能源、可持续建筑部分等均对装备、设施、材料提出明确的能效要求和碳减排目标。此外，《目录》中排除了煤炭等化石能源清洁利用项目，增加了二氧化碳捕获、利用与封存工程建设和运营等碳吸纳项目，突出了生态环境保护中海洋、森林等自然资源的碳汇功能，并通过基础设施升级实现减排和适应目标。

表 5.5　我国绿色债券标准

文件	《绿色债券发行指引》	《绿色债券支持项目目录（2015 年版）》	《绿色债券支持项目目录（2021 年版）》
领域	节能 污染防治 资源节约与循环利用 清洁交通 清洁能源 生态保护和适应气候变化	节能减排技术改造 绿色城镇化 能源清洁高效利用 新能源开发利用 循环经济发展 水资源节约和非常规水资源开发利用 污染防治 生态农林业 节能环保产业 低碳产业 生态文明先行示范试验项目 低碳发展试点示范项目	节能环保产业 清洁生产产业 清洁能源产业 生态环境产业 基础设施绿色升级 绿色服务

2021 年，碳中和债券正式发行。中国银行间市场交易商协会发布《关于明确碳中和债相关机制的通知》，明确碳中和债是指募集资金专项用于具有碳减排效益的绿色项目的债务融资工具，并规定碳中和债的募集资金全部专项用于清洁能源、清洁交通、可持续建筑、工业低碳改造等绿色项目的建设、运营、收购及偿还绿色项目的有息债务。募投项目应符合《绿色债券支持项目目录》或国际绿色产业分类标准，且聚焦于低碳减排领域。碳中和债募集资金投资领域包括但不限于：（1）清洁能源类项目（包

括光伏、风电及水电等项目）；（2）清洁交通类项目（包括城市轨道交通、电气化货运铁路和电动公交车辆替换等项目）；（3）可持续建筑类项目（包括绿色建筑、超低能耗建筑及既有建筑节能改造等项目）；（4）工业低碳改造类项目（碳捕获、利用与封存、工业能效提升及电气化改造等项目）；（5）其他具有碳减排效益的项目。

2022 年 7 月 29 日，绿色债券标准委员会发布《中国绿色债券原则》，明确了绿色债券的核心要素，提出了对绿色债券发行人和相关机构的基本要求，持续推动国内绿色债券市场标准统一，并与国际绿色金融标准趋同。在该原则发布前，中国人民银行、国家发展改革委、中国证监会和中国银行间市场交易商协会分别对发行不同类型的绿色债券发布指引，主要包括绿色金融债券、绿色企业债券、绿色公司债券和绿色债务融资工具，对于募集资金投向绿色项目比例和债券存续期内信息披露频次要求各有不同（见表 5.6）。《中国绿色债券原则》明确指出绿色债券募集资金需 100% 投向合格绿色项目，有助于推动不同品种绿色债券募集资金投向绿色项目比例趋向统一。同时，《中国绿色债券原则》还要求债券存续期内应按年披露上年募集资金使用情况，鼓励提高披露频次为每半年或每季度，现行的最低披露频次为按年披露。推动绿色债券标准的统一不仅便于相同发行人在不同市场下的绿色债券发行，还便于各个市场绿色债券发行的比较，降低中间不必要的发行成本。此外，《中国绿色债券原则》还根据债券收益特点重新界定了绿色债券种类（见表 5.7）。

表 5.6　《中国绿色债券原则》发布前不同类型绿色债券要求

债券类型	发行主体	主管部门	募集资金用于绿色项目比例	信息披露
绿色金融债券	金融机构	中国人民银行	100%	按季度披露募集资金使用情况
绿色债务融资工具	非金融企业	中国银行间市场交易商协会	100%	总体上每半年度披露募集资金使用和绿色项目进展情况
绿色公司债券	公司	中国证监会	>70%	债券存续期内按年度披露评估意见或认证报告，包括绿色项目进展及其环境效益等
绿色企业债券	企业	国家发展改革委	>50%	—

表 5.7　《中国绿色债券原则》规定的绿色债券品种

品种	类别	内涵
普通绿色债券	蓝色债券	募集资金投向可持续型海洋经济领域，促进海洋资源的可持续利用，用于支持海洋保护和海洋资源可持续利用相关项目
	碳中和债	募集资金专项用于具有碳减排效益的绿色项目
碳收益绿色债券	募集资金投向符合规定条件的绿色项目，债券条款与水权、排污权、碳排放权等各类资源环境权益挂钩	
绿色项目收益债券	募集资金用于绿色项目建设且以绿色项目产生的经营性现金流为主要偿债来源	
绿色资产支持证券	募集资金用于绿色项目或以绿色项目所产生的现金流作为收益支持	

三、碳债券分类

2007 年欧洲投资银行发行全球首只气候债券，此后国际绿色债券市场逐步发展。2015 年后，在《巴黎协定》2℃温升目标的推动下，碳债券市场迅猛增长，形成了多样化的碳债券品种。

（一）按照发行主体划分

按照发行主体的不同，碳债券可分为碳主权债券、碳企业债券和碳金融债券。

碳主权债券指由国家或地方政府发行的碳债券，由政府信用担保，风险水平较低。英国、法国、德国等国家均发行了碳主权债券，其中英国绿色金边债券已筹集资金 161 亿英镑，为清洁交通、可再生能源、能源效率、生活和自然资源、适应气候变化、污染预防和控制等项目提供资金。目前，我国尚未以国家的名义发行碳主权债券，但部分地方政府已经发行了碳中和政府专项债券。青海省发行了林业生态专项债券为湟水规模化林场建设项目融资。河南、湖北、广西等地发行了湿地公园专项债券，为保护修复湿地项目融资，新疆阿克苏多浪河国家湿地公园建设项目、广西梧州沧海国家湿地公园生态建设项目是典型案例。

碳企业债券指由企业发行的碳债券，例如我国中广核风电有限公司发行的附加碳收益中期票据。2014 年 5 月，中广核风电有限公司发行首单碳债券，发行金额 10 亿元人民币，发行期限为 5 年，债券利率与发行人下属的 5 家风电项目公司在债券存续期实现的 CCER 净收益正相关，实现了债券收益与碳收益相挂钩的产品创新。

碳金融债券指由金融机构发行的碳债券，例如欧洲投资银行发行的气候意识债券。2007—2020 年末，欧洲投资银行累计发行超过 337 亿欧元的气候意识债券。2020 年，欧洲投资银行将约合 85 亿欧元的气候意识债券募集资金投向了 30 个国家的 121 个气候项目，其中 41% 为电、气、汽和空调供应类项目，32% 为交通类项目，另外 27% 为房屋建设等其他项目，对全球应对气候变化作出了重大贡献。

（二）按照项目领域划分

按照项目领域的不同，碳债券可分为碳减排债券、碳汇债券、碳适应债券以及碳中和债券。

碳减排债券指碳债券募集资金用于减少二氧化碳排放量的项目，包括能效提升、可再生能源、绿色建筑等多方面，例如中国铁路投资有限公司发行的碳中和债券。中国铁路投资有限公司于 2021 年 5 月发行 20 亿元“GC 国铁 01”公司债，募集资金将全部用于国铁融资租赁有限公司开展融资租赁业务，充分发挥中国铁投 AAA 级资信优势，积极推动绿色租赁高质量发展，加速铁路运输与先进制造业融合发展。

碳汇债券指碳债券募集资金用于保护、增加森林、海洋、湿地等碳汇的项目，例如森林碳汇债券、蓝色债券。中国农业发展银行于 2021 年 9 月发行了用于森林碳汇的碳中和债券，募集资金将全部用于支持造林及再造林等森林碳汇项目的贷款投放。美国大自然保护协会于 2018 年 10 月发行了塞舌尔蓝色主权债券，资金用于保持和维护塞舌尔群岛周边的珊瑚生态，扩大海洋保护区。

碳适应债券指碳债券募集资金用于适应气候变化项目，即通过基础设施建设等方式减少气候变化的影响。例如，欧洲复兴开发银行于 2019 年 9 月发行了全球首单气候韧性债券，募集资金投向摩洛哥、阿尔巴尼亚等欠发达国家的气候韧性基础设施、农业水利工程建设、发电站现代化改造等项目，帮助这些地区提升整体气候适应能力。

碳中和债券的募集资金应用于以上三个领域，但不区分具体用途，其中的典型是我国的碳中和债券。我国已发行了碳减排、碳汇、碳适应领域的碳中和债券，资金用途广泛，类别多样。

（三）按照项目期限划分

按照项目期限的不同，碳债券可分为碳短期债券、碳中期债券、碳长期债券。

碳债券的发行期限与项目建设周期相关，与普通债券相比往往期限较长。

碳短期债券的期限在 5 年以下，如英国发行的 3 年期绿色储蓄债券。英国绿色储蓄债券于 2021 年 10 月推出，运作方式类似普通的 3 年期定期储蓄账户。投资者将在 3 年期结束后收到储蓄和利息，英国国家储蓄与投资公司（NS&I）将保证投资者获得稳定的回报率（1.3%），并确保资金用于绿色项目。

碳中期债券的期限为 5～10 年，如德国在 2020 年发行了 10 年期和 5 年期的主权绿色债券。2020 年 9 月 2 日，德国成功发行了其首单绿色债券（10 年期），发行规模为 65 亿欧元，2030 年 8 月 15 日到期。2020 年 11 月，德国第二单绿色债券发行（5 年期），发行规模为 50 亿欧元。

碳长期债券的期限为 10 年以上，如法国主权绿色债券（OAT）的期限为 20 年。2017 年 1 月 23 日，法国债务管理局宣布发行主权绿色债券，该绿色国债初始期限为 22 年 5 个月，发行规模为 70 亿欧元。2017—2020 年多次续发后，该绿色国债规模已达 273.75 亿欧元，其已经与普通 20 年期基准国债无异。

第二节　国际碳债券政策及产品

一、欧盟碳债券政策及产品

（一）欧盟碳债券政策

欧盟的绿色金融发展处于领先地位。从 20 世纪 70 年代开始，部分欧盟国家建立了环境银行，并在投资中逐步考虑气候因素。2007 年后，随着气候意识债券的发行，气候债券市场迅速发展。2015 年，在联合国《2030 年可持续发展议程》和《巴黎协定》的推动下，欧盟就 2030 年气候和能源目标达成一致，测算发现每年约有 1800 亿欧元的资金缺口。金融领域对于实现可持续发展目标起到了关键作用，可持续金融的重要程度显著提高。2016 年，欧盟委员会成立可持续金融高级别专家组，来自不同领域的 20 位高级专家共同制定可持续金融政策建议。2018 年的《可持续发展融资行动计划》和 2019 年的《欧洲绿色协议》在欧洲可持续金融领域起到基础性、纲领性的作用，指导《欧洲绿色协议投资计划》《欧盟可持续金融分类方案》《欧盟绿色债券标准》的发布。2021 年，为应对新冠疫情以及助力实现气候目标，欧盟发行了“下一代欧盟”债券。

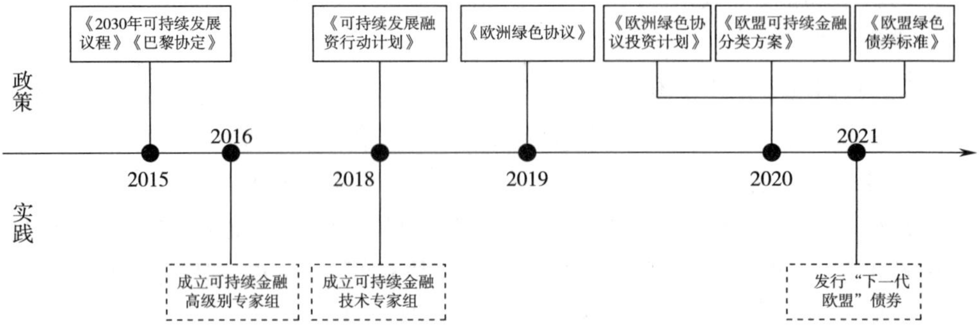

图 5.1 欧盟绿色债券政策与实践

1. 《可持续发展融资行动计划》

《可持续发展融资行动计划》（*Action Plan：Financing Sustainable Growth*）于 2018 年发布，是欧盟可持续金融的综合战略，包括 3 个目标、10 项行动和 22 条具体行动方案。该计划提出三大可持续金融目标，即引导资金流向更可持续的经济活动、将可持续性纳入风险管理系统、提高透明度和鼓励长期性。在三大目标下，该计划提出了 10 项行动和具体行动方案，并规定了各项措施的截止时间。该计划对各项工作作出了明确细致的规定，是欧盟可持续发展的路线图。关于绿色债券，该计划明确要求建立可持续分类方案和绿色金融产品标准/标签，并对信息披露提出要求。

表 5.8 《可持续发展融资行动计划》的目标和行动

目标	行动
引导资金流向更可持续的经济活动	行动 1：建立欧盟可持续活动的分类系统 行动 2：为绿色金融产品创建标准和标签 行动 3：促进对可持续项目的投资 行动 4：在提供金融建议时纳入可持续性 行动 5：制定可持续性基准

续表

目标	行动
将可持续性纳入风险管理体系	行动 6：在评级和市场研究中更好地整合可持续性 行动 7：明确机构投资者和资产管理者的职责 行动 8：将可持续性纳入审慎的要求中
提高透明度和鼓励长期性	行动 9：加强可持续性披露和会计规则制定 行动 10：促进可持续的公司治理，减少资本市场的短期行为

2.《欧洲绿色协议》

2019 年 12 月，欧盟委员会发布《欧洲绿色协议》（*European Green Deal*），明确 2050 年实现碳中和的目标，指明了欧盟可持续转型的政策方向。该协议提出 2050 年温室气体净零排放、经济增长与资源利用脱钩和公平性的目标，并将可持续发展目标置于欧盟政策制定和行动的核心。该协议提出了实现目标的关键措施和初步路线图，围绕推动经济可持续转型、推动欧盟成为可持续发展的领导者、鼓励公众参与三个方面提出了具体措施。关于绿色债券，该协议提出建立零售投资产品的明确标签和制定欧盟绿色债券标准，以最方便的方式促进可持续投资。

表 5.9　《欧洲绿色协议》的目标和行动

目标	具体措施	
推动经济可持续转型	设计一套深入变革的政策	· 提高欧盟在 2030 年和 2050 年的气候雄心 · 提供清洁、廉价和安全的能源 · 提升工业界对清洁和循环经济的兴趣 · 以能源和资源高效的方式进行建设和改造 · 加快向可持续和智能交通的转变 · 从农场到餐桌：设计公平、健康和环保的食品系统 · 保护和恢复生态系统和生物多样性 · 实现无毒环境的零污染目标
	将可持续性纳入欧盟政策体系	· 追求绿色金融和投资，确保公正过渡 · 绿化国家预算并发出正确的价格信号 · 调动研究和促进创新 · 激活教育和培训 · 绿色誓言："不伤害"
推动欧盟成为可持续发展的领导者		
鼓励公众参与		

3.《欧洲绿色协议投资计划》

2020 年 1 月，欧盟委员会发布《欧洲绿色协议投资计划》（*European Green Deal*

Investment Plan)，也被称为《可持续欧洲投资计划》。该计划将推动可持续性成为公共和私营部门投资和支出的核心，为2030年前的转型提供必要的资金。该计划将在未来十年内动员至少1万亿欧元的可持续投资，并建立由监管和激励措施组成的支持框架，为公共管理部门和私人实体提供咨询和技术支持服务，建立可持续项目的通道，增加向碳中和、绿色、竞争性和包容性经济过渡所需的公共投资和私人投资。在绿色债券方面，该计划强调根据欧盟分类方案界定绿色项目，并设想了新的可持续金融战略，建立欧盟绿色债券标准以增加可持续投资。

4.《欧盟可持续金融分类方案》

《欧盟可持续金融分类方案》(*EU Taxonomy for Sustainable Activities*）明确了符合低碳转型、适应和其他环境目标的活动类型。首先，该方案确定了六个环境目标，包括减缓气候变化、适应气候变化、水和海洋资源的可持续利用与保护、向循环经济过渡、污染预防和控制、生物多样性和生态系统的保护与恢复。方案规定符合环境可持续发展要求的经济活动必须满足四个条件：（1）对至少一个环境目标作出重大贡献；（2）不会对任何其他环境目标造成重大损害；（3）遵守最低限度的社会保障措施（如OECD《跨国企业准则》和联合国《商业与人权指导原则》）；（4）符合技术筛选标准。这四个条件是方案的基本特征，也被认为是绿色协调的核心。该方案承认经济活动通过自身活动和扶持性活动对环境目标作出实质贡献。通过对环境目标相关经济活动的分类，方案帮助投资者、公司、发行人和项目发起人向低碳、有弹性和资源有效率的经济过渡。

5.《欧盟绿色债券标准》

欧盟委员会于2020年宣布建立《欧盟绿色债券标准》（*European Green Bond Standard*)。欧盟绿色债券是由欧盟或国际发行人发行的任何类型的上市或非上市债券或资本市场债务工具，按照《欧盟绿色债券标准》，其收益或等值金额专门用于新增和/或现有的绿色项目的部分/全额融资或再融资。《欧盟绿色债券标准》基于《欧盟可持续金融分类方案》制定，要求债券发行人编制一份“绿色债券框架”(*Green Bond Framework*)，确认其发行的绿色债券与《欧盟绿色债券标准》自愿保持一致，并详细说明拟募集资金的所有关键方面以及其绿色债券战略和流程，包括募集资金用途及管理、报告等。

表5.10 《欧盟绿色债券标准》的内容

项目	内容
绿色收益的定义	·包括实物资产和金融资产，如贷款 ·包括有形资产和无形资产，如可以合理地归其运作的营运资本份额 ·包括任何资本支出和选定的运营支出，如与绿色资产有关的维护费用，这些支出可以增加资产的寿命或现在或未来的价值，以及研究和开发费用 ·主权国和次主权国的绿色支出也可以包括相关的公共投资、补贴和支出

续表

项目	内容
项目类别	减缓气候变化、适应气候变化、水和海洋资源的可持续利用与保护、向循环经济过渡、污染预防和控制、生物多样性和生态系统的保护与恢复
报告	分配报告（至少每年一次）、影响报告（债券存续期内募集资金全部分配给绿色项目后至少报告一次，分配发生重大变化也应报告）
外部审查	发放前：初步核查项目与《欧盟绿色债券标准》的一致性 发放后：确认收益分配给符合欧盟绿色债券框架的绿色合格项目

（二）欧盟碳债券产品

1. “下一代欧盟”绿色债券

2021 年 9 月，欧盟根据既有的市场惯例发布了最新绿色债券计划，即“下一代欧盟”（NGEU）绿色债券计划。按照该计划公布的发行框架，欧盟从 2021 年 10 月开始发行首个“下一代欧盟”绿色债券，规模为 120 亿欧元，是迄今为止世界上规模最大的绿色债券，同时欧盟承诺今后 30% 的融资活动都将以绿色债券的形式完成，欧盟也将成为世界上最大的绿色债券发行体。

“下一代欧盟”绿色债券是基于欧盟气候变化的监测系数，对与气候相关的改革和投资的绿色支出提供融资和再融资，募集资金用于九大类支出，符合条件的绿色支出也被纳入相关的联合国可持续发展目标中。债券募集资金支出类别主要包括：（1）支持转型绿色经济的研究和创新活动，如专注于低碳或循环经济、应对和适应气候变化的企业之间的技术转让和合作；（2）支持绿色经济转型的数字科技，主要是数字化和信息通信技术，如减少温室气体排放的数字基础设施；（3）节能，如建设、改进和翻新项目；（4）绿色能源和网络，推动低碳或零碳排放，如能源发电（风能、太阳能、海洋、生物质和其他）；（5）适应气候变化，如预防风暴、干旱等气候变化；（6）水和废物的处理，如通过适当的废水和废物预防、减少、分类、再利用和循环再造等措施来保护水和环境，以及使用回收的原材料、工业用地修复；（7）绿色交通和基础设施，如投资能够显著降低碳排放的公共交通和基础设施；（8）环境保护、生物恢复和多样性等绿色基础设施，如保护欧盟 2000 个珍贵濒危物种的基础设施；（9）其他扶持活动，如有助于支持绿色转型和温室气体减排的活动、支持无害环境的生产过程或促进绿色技能和就业的绿色经济活动、改善空气质量和降低噪音的活动。由此可见，“下一代欧盟”绿色债券募集资金的用途与减缓和适应气候变化密切相关。

2. 气候意识债券

2007 年 7 月，欧洲投资银行（European Investment Bank，EIB）发行了世界上第一只气候意识债券（Climate Awareness Bond，CAB）。该债券是全球首只气候债券，募集资金用于欧洲投资银行为可再生能源或能源效率类项目提供贷款。首只气候意识债券募集资金6亿欧元，期限为5年，债券面值100欧元，为零息债券。该债券的本金和到期赎回金额均为100欧元，主要收益来源于该债券创新设计的额外收益部分。债券持有到期可获得的额外收益与良好环保领袖欧洲40指数（FTSE4 Good Environmental Leaders Europe 40 Index）在债券存续期间的涨跌幅挂钩，且最低不少于债券票面金额的5%，保证了债券至少5%的回报率。良好环保领袖欧洲40指数是一个衡量欧洲40家最为环境友好型企业的市场价值表现的指数。通过这样的设计，气候意识债券被构建为一个股票挂钩型债券。除此之外，若到期日的额外收益超过债券面值的25%，债券持有者将有权将超过部分的金额用于在欧盟碳市场中购买或废除相应金额的碳配额，以强化碳市场的减排效益。

首只气候意识债券的创新收益机制实现了绿色债券投资价值和环境友好型企业价值的捆绑，即该债券的投资者可通过对气候友好型项目提供资金支持，享受环境友好型企业潜在价值增长带来的红利，同时可以保障最低5%的固定收益率，具有较高的风险回报。在债券募集资金支持气候项目的过程中，也可能间接提高环境友好型企业的市场表现，从而增加投资者回报率，继而刺激更多的投资者参与气候意识债券投资，形成循环正向激励。

时至今日，欧洲投资银行不仅成为发行绿色债券规模最大的多边开发银行，也在建立国际绿色债券市场实践机制、孵化新型绿债品种方面发挥了关键作用。从2007年发行首只气候意识债券开始，欧洲投资银行在气候融资领域始终保持领先地位，并对各类发行方起到了良好的示范和引导作用。

3. 气候韧性债券

气候适应类项目主要是指提升各领域适应气候变化能力的项目，大多属于公益属性更为显著的项目类别，该类项目面临较大的融资困难。为了资助全球气候韧性项目建设，2019年9月，欧洲复兴开发银行（EBRD）发行了全球首单气候韧性债券，为适应项目的债务融资作出了创新实践。该债券期限为5年，募集资金7亿美元，以支持符合气候债券倡议组织《气候韧性原则》（*Climate Resilience Principles*）的适应类项目。首单气候韧性债券由法国巴黎银行、高盛集团、瑞典北欧斯安银行联合承销，吸引了来自15个国家的约40位投资者参与认购。

该气候韧性债券募集资金投向摩洛哥、阿尔巴尼亚等欠发达国家，通过建设气候韧性基础设施、建设农业水利工程、发电站现代化改造等帮助这些地区提升整体气候适应能力。其中，基础设施是募集资金投入最为集中的领域，约90%的资金投入该领域。根据欧洲复兴开发银行的统计数据，欧洲复兴开发银行气候韧性投资组合中的项目加权平均期限为13.6年，在债券发行初期的平均剩余期限为10.3年，具有较长的建设周期。相较于银行贷款等偏向中短期融资工具，债券融资规模普遍更大、期限更长，更便于精准匹配基础设施建设长周期的特点。同时，通过债券融资的方式支持基础设施建设，可促进这些欠发达地区产业的发展，带动地区经济发展，在满足居民生存发展需要的同时可分配更多资金用于应对气候变化活动，实现地区可持续发展。

（三）欧盟碳债券相关支持政策

为了促进绿色债券的发展，欧盟采取一系列财税政策以降低绿色债券发行成本或提高绿色债券发行收益，刺激绿色债券发行需求。

1. 便利措施

（1）绿色量化宽松政策。从 2021 年起，欧洲中央银行（The European Central Bank）将购买可持续债券纳入其货币政策，把与可持续发展目标挂钩的绿色债券作为抵押品纳入其资产购买计划（APP）和紧急抗疫购债计划（PEPP）。欧洲中央银行成为第一家将可持续债券作为符合购买条件的资产纳入量化宽松政策的央行，在稳定经济的同时支持绿色债券发展。

（2）外部增信。作为欧盟现有的基础设施建设增信机制，欧洲投资银行的项目债券倡议（Project Bond Initiative）的项目范围包括运输、能源，因此可被扩展运用于碳债券领域。通过项目债券倡议，欧洲投资银行可以向合格的基础设施项目提供项目债券信用增进，以次级金融工具的形式——借贷或者应急协助（在项目产生的现金流不足以保障优先级债券，或者建设费用超支的情况下注资）支持项目公司发行的优先级债券。

（3）绿色基础设施投资联盟。绿色基础设施投资联盟（Green Infrastructure Investment Coalition，GIIC）于 2015 年联合国气候变化大会上成立，涉及投资方、多边开发银行、金融服务机构和潜在发行人，有利于削弱绿色基础设施建设面临的投资壁垒，促进发行人和投资人的对接。

（4）伦敦证券交易所可持续债券市场。伦敦证券交易所为不同资产类别的可持续融资提供专门的服务。2009 年，世界银行在伦敦证券交易所发行首只绿色债券。2015 年 7 月，伦敦证券交易所为绿色债券设立了专门板块——可持续债券市场（Sustainable Bond Market，SBM），成为积极推出绿色债券专门板块的主要交易所，为投资者提供了更高的信息透明度。伦敦证券交易所逐渐发展出涵盖一级市场和二级市场的多样化的可持续债券。截至 2021 年 1 月，伦敦证券交易所可持续债券市场拥有 250 多种债券。

（5）标签。根据 2015 年 8 月颁布的《能源转型法》，法国建立了“气候能源和生态转型”的公众标签，增加透明度，便于投资者识别绿色债券。另外，欧盟在其《可持续发展融资行动计划》中提出设立绿色金融产品标签，德国也提出设立可持续性标签。

2. 认可表彰

气候债券倡议组织从2016年开始每年颁发一次绿色债券奖。全球领先的利益相关方，如银行、企业、地方政府、中央银行等会因其在全球绿色债券市场发展中的贡献获得奖励。通过颁奖也可分享并传播相关的知识、经验，起到市场教育的作用。

二、英国碳债券政策及产品

（一）英国碳债券政策

英国是最早对气候变化作出反应的国家之一，伦敦已经成为世界领先的绿色金融中心。英国绿色（可持续）债券发展速度很快，但长期以来相对于其他绿色金融发达的国家来说，英国在绿色债券发行规模方面一直处于稍微落后的状态。

2008年，英国颁布了《气候变化法案》（*Climate Change Act*），确立了温室气体减排目标，英国成为世界上第一个以法律明确规定减排目标的国家。2009年，世界银行在伦敦证券交易所发行了首只绿色债券。2010年，英国公布了《气候融资计划草案》，计划发行绿色债券。2015年，伦敦交通局发行了绿色债券，这是英国公共机构发行的第一只绿色债券。2017年，英国成立绿色金融工作小组（UK Green Finance Taskforce）并发布《清洁增长战略》（*Clean Growth Strategy*），支持英国绿色金融部门的发展。

从2019年开始，英国逐渐明确绿色债券政策框架，对绿色债券的定义、项目范围、报告等提出具体要求。2019年英国发布的《绿色金融战略》（*Green Finance Strategy*）对绿色金融发展作出顶层设计，鼓励金融绿色化、融资绿色化，并探讨发行主权绿色债券的可能性。伦敦证券交易所也发布了《绿色债券上市要求》，对绿色债券进行界定。2021年，《英国政府绿色融资框架》发布，规定了识别、甄选、验证和报告绿色项目的方法，并计划发行绿色金边债券（Green Gilt）和零售绿色储蓄债券（Retail Green Savings Bonds）。

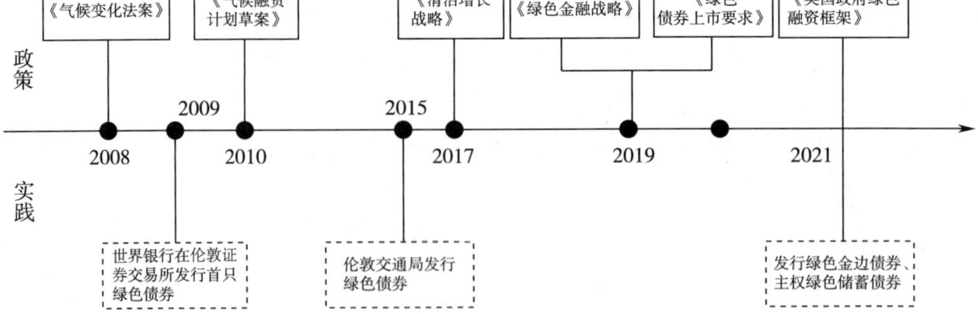

图5.2 英国绿色债券政策与实践

1.《英国政府绿色融资框架》

《英国政府绿色融资框架》于2021年发布，描述了英国政府发行绿色金边债券和零售绿色储蓄债券的计划。英国计划在2021年由英国债务管理办公室发行英国首只绿色金边债券，并由英国国家储蓄与投资公司（NS&I）发行主权绿色储蓄债券，使个人能够支持绿色项目。该框架遵循《绿色债券原则》，对从绿色金边债券计划和零售绿色储蓄债券的收益中获得融资的绿色项目的资金使用、项目范围、评估、外部审查和报告作出明确要求。

2.《绿色债券上市要求》

2019年，伦敦证券交易所发布《绿色债券上市要求》，将绿色债券定义为收益完全用于为新增和/或现有的合格的绿色项目提供部分或全部资金或再融资的任何类型的债券工具，其募集资金分配至可再生能源、能源效率、可持续废物管理、可持续土地利用、生物多样性保护、清洁运输、适应气候变化领域。《绿色债券上市要求》中还要求发行人提供第三方认证以证明债券的"绿色"性质，并说明绿色债券收益分配给项目后该项目的预期环境和/或气候影响。

3.《英国绿色分类方案》

为消除缺乏共同的绿色定义对可持续融资的限制，《英国绿色分类方案》为环境可持续性投资设定标准，并向投资者提供明确的信息。《英国绿色分类方案》与《欧盟可持续金融分类方案》密切相关，目前仍处于起草阶段。《英国绿色分类方案》包括减缓气候变化、适应气候变化、水和海洋资源的可持续利用与保护、向循环经济转型、污染的预防和控制、保护和恢复生物多样性与生态系统六个环境目标，每个目标都由一套详细的技术筛选标准支持。

（二）英国碳债券产品

1. 绿色金边债券

2021年9月，英国发行首只绿色金边债券（12年期），利率为4.184%，并于2021年10月推出第二只绿色金边债券（32年期），利率为4.295%，吸引投资者投标超过700亿英镑。2021—2022年，绿色金边债券发行共筹集了161亿英镑（现金），订单数超额认购12倍。这两笔债券使英国成为世界上最大的绿色债券国家发行者之一，并且第二次发行的绿色金边债券是全球期限最长的主权绿色债券。

绿色金边债券募集资金用于以下项目领域：清洁交通、可再生能源、能源效率、生物和自然资源、适应气候变化、污染预防和控制。部分领域被完全禁止投资，包括完全以化石燃料和乙醇为动力的车辆、化石燃料的开采和勘探、大规模水力发电（大于25MW）、武器、烟草、博彩业、棕榈油业、直接制造酒精饮料、核电。

2. 绿色储蓄债券

在发行主权绿色债券的基础上，2021 年 2 月，英国提出发行首个主权绿色储蓄债券，让散户投资者有机会购买致力于绿色项目的主权债券。2021 年 10 月，英国绿色储蓄债券正式推出。

绿色储蓄债券对绿色项目作出了严格界定。清洁运输项目应保证低排放和零排放。可再生能源项目需促进可再生能源发电（风能、太阳能、氢气）、可再生热利用（热管网、热泵、氢气加热）、储能系统、可再生能源技术商业化的研发等领域的发展。能效项目应促进商业、公共和工业部门的能源效率计划、住宅能效计划（供暖、改造和隔热）的制定和推行。污染预防和控制项目应减少温室气体排放，并预防、减少、回收废物等。生物和自然资源项目应保护及加强陆地与海洋生物多样性、生态系统和自然资本等。适应气候变化项目应做好防洪、以数据为驱动的气候监测和技术咨询工作。

三、法国碳债券政策及产品

（一）法国碳债券政策

法国在绿色金融立法和政策领域发展领先，是欧盟绿色金融领域的领头羊之一。

2012 年，法国地方政府法兰西岛大区牵头发行了第一只绿色债券，用于资助能源、低能耗社会住房以及生物多样性等项目。2015 年，《绿色增长能源转型法案》通过，其中第 173 条确立了经济与金融参与者的透明义务、将气候风险纳入金融机构的决策等基本原则，法国成为世界上第一个将绿色金融纳入法律范畴的国家。同年，法国发布了绿色经济私人投资领域的第一个官方标签——气候领域能源和生态转型标签（Transition Energétique et Ecologique pour le Climat，TEEC），以增加透明度，进一步调动私人储蓄投向生态和能源领域。

2017 年，法国债务管理局成功推出首只法国主权绿色债券，成为当时发行的规模最大、期限最长的绿色债券。7 月，法国生态与团结化转型部提出《气候行动计划》，提出促进负责任的绿色金融认证，并在金融监管中更多地考虑气候风险，将巴黎建设成为绿色金融之都。12 月，《法国绿色金融战略》发布，将气候相关风险纳入金融体系，并提出推进绿色债券分类方案、原则和标准的制定，增强绿色债券的流动性和地域的多样性，促进绿色债券与银行信贷市场连接，使资金流动与《巴黎协定》的气候目标一致。在此基础上，《绿色 OAT 框架》于 2017 年正式发布，对法国主权绿色债券作出募集资金用途、项目评估等方面的明确规定。2020 年，设计了与联合国可持续发展目标（SDG）相关的新的债券框架，提出对可持续投资的透明度、一致性和报告的要求。

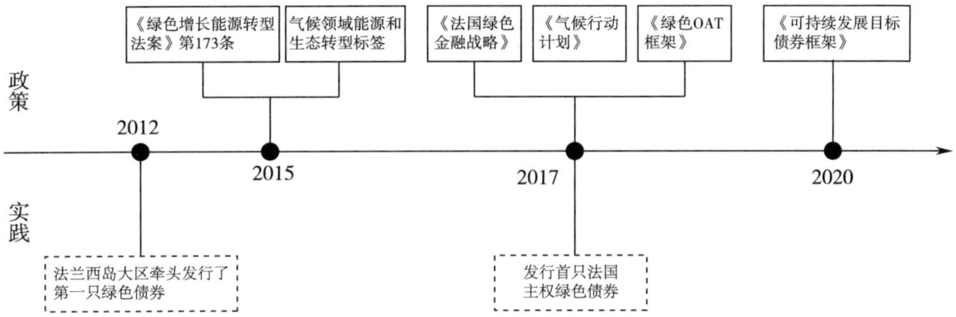

图 5.3 法国绿色债券政策与实践

1. 《绿色 OAT 框架》

为实现 2℃温升目标，法国在 2017 年发布《绿色 OAT 框架》，以 4 个国家目标（减缓气候变化、适应气候变化、生物多样性保护、消除水土壤空气污染）为导向，对法国主权绿色债券的募集资金用途、项目评估、资金管理、报告作出明确规定。《绿色 OAT 框架》规定的主权绿色债券具有最高的流动性和最高的标准，它在符合《绿色债券原则》和 Vigeo-Eiris 公司①的第二意见之外，还需投资者提供分配、产出、影响方面的三份报告，其中影响报告由独立委员会审查。

2. 《可持续发展目标债券框架》

法国根据《绿色债券原则》《社会债券原则》和《可持续债券准则》（SBG）编制了《可持续发展目标债券框架》。可持续发展目标债券包括气候债券、社会债券和可持续债券，即将募集资金全部用于气候或/和社会领域的债券。在项目评估阶段，可持续发展的六个维度被特别关注，包括可持续增长和弹性经济、社会福利和减少社会失衡、性别平等、环境和自然资源的生物多样性保护管理、应对气候变化及其影响、项目影响和治理框架的可持续性。可持续发展目标债券到期前必须每年发布报告，详细说明所筹集资金的分配情况及其环境和社会影响指标。

（二）法国碳债券产品

1. 主权绿色债券

2017 年 1 月，法国债务管理局宣布，其首次发行的长期主权绿色债券采用承销机制发行，到期日为 2039 年 6 月 25 日。2017 年 1 月 24 日即承销定价当日，该只主权绿色债券票面利率定为 1.75%，收到订单需求超过 230 亿欧元，最终确定发行规模为 70 亿欧元，每百元发行价格为 100.16 欧元，发行利率为 1.74%，略微低于票面利率。

---

① Vigeo-Eiris 公司于 1983 年成立，是环境、社会与治理（ESG）研究、数据和评估领域的全球领先者，为资产管理公司、投资者以及上市和非上市发行人提供 ESG 数据研究和服务，该公司于 2019 年被穆迪公司收购。

法国首次发行的主权绿色债券是主要发达国家中第一只主权绿色债券、全球第二只主权绿色债券（第一只为2016年波兰所发），也是当时全球绿色债券市场上期限最长、规模最大的产品。该只主权绿色债券初始期限为22年5个月，定位是逐步打造成为20年期基准国债，其市场表现至少应与普通20年期基准国债相同。其后，经2017年6月、12月，2018年4月、6月，2019年2月、5月、9月，以及2020年2月、4月、7月等多次续发，该只主权绿色债券规模达到273.75亿欧元，市场地位已经与普通20年期基准国债无异。其中，2020年7月2日的续发规模为21.09亿欧元，每百元拍卖发行价格为126.52欧元，发行利率为0.31%，比票面利率和首次发行利率低。

2021年3月，法国债务管理局宣布推出第二只法国主权绿色债券，期限为23年，到期日为2044年6月25日，发行金额为70亿欧元。该绿色国债将为中央政府预算支出和“投资未来”计划下的支出提供资金，以应对气候变化、适应气候变化、保护生物多样性和治理污染。

2. 法国国家铁路公司债券

法国国家铁路公司是欧洲领先的绿色债券发行人之一，也是全球铁路行业最大的绿色债券发行人，其绿色债券的发行地区包含世界各地。截至2019年12月31日，法国国家铁路公司发行的绿色债券达到57亿欧元，占其总债务的11%。

2016年10月，法国国家铁路公司发行了9亿欧元的绿色债券，这是铁路基础设施管理机构首次发行的绿色债券。2017年3月，法国国家铁路公司发行了10亿欧元的绿色债券，期限为17年，成为当时法国期限最长的绿色债券。2017年7月，法国国家铁路公司发行了7.5亿欧元的绿色债券，期限为30年，成为当时根据《绿色债券原则》和《气候债券倡议》认证的欧元计价中期限最长的绿色债券。2019年8月，法国国家铁路公司发行了1亿欧元的绿色债券，成为法国首个100年期的绿色债券。

法国国家铁路公司将其绿色债券的募集资金用于开发清洁能源、减少污染排放和应对气候变化。在清洁能源方面，法国国家铁路公司将开发新的清洁能源，并开发替代燃料，如生物甲烷、生物柴油、电力和氢气。法国国家铁路公司承诺，到2021年运营混合动力列车，到2023年运营氢动力列车，到2035年停止在铁路中使用柴油，到2028年停止使用取暖油。在基础设施方面，法国国家铁路公司在改造核心网络和建设新线路时将注意污染排放，并持续改进机车车辆的环境质量，在提高客运和货运网络的通行能力的同时保护生物多样性和自然资源。

四、美国碳债券政策及产品

（一）美国碳债券政策

美国的碳债券政策融合在绿色债券政策中，并随着美国绿色金融制度的推进自上而下地为碳债券发展提供政策支持。20 世纪下半叶，随着工业化和城市化的加剧，美国环境问题日益凸显，美国针对大气、水、土地等污染制定了一系列环境法律。1980 年，为应对拉夫运河事件，美国国会通过了《综合环境响应补偿及责任法》，即《超级基金法案》，标志着美国绿色金融制度的早期构建。

基于此，绿色债券制度也逐步发展起来。2005 年《国家能源政策法案》提出利用金融工具促进可再生能源产业的发展，首次引入清洁可再生能源债券机制为可再生能源项目募集资金。

除联邦政府的绿色金融制度立法外，各州也根据自身特点对绿色金融作出规定。例如，亚利桑那州 1999 年颁布的环境经济政策中规定，对环境保护有利的项目可以通过发债进行融资，债券的利率相对较低（一般为 3.3% ~3.7%），期限相对较长（一般为 15 ~20 年）。

此外，为了推进绿色金融法律和政策的执行，美国建立了专门的绿色金融组织体系，设立了全国性的环境金融中心、环境金融顾问委员会以及环境金融中心网络。其中，环境金融顾问委员会（Environmental Financial Advisory Board，EFAB）也为美国绿色债券的发展提供政策建议和技术支持。

在绿色金融制度体系的保障下，美国绿色债券产品十分丰富。根据环保项目的特点，创新了提前偿还债券、预期票据、拨款支付债券、资产担保证券、收益债券、特殊税收债券等。美国绿色债券的发行还与基金结合。1987 年，美国政府成立清洁水州循环基金和饮用水循环基金以资助污水处理及相关环保项目。循环基金的重要融资机制就是发行债券。在实施过程中，34 个州将联邦拨款、贷款还款或利息收益作为抵押担保品发行“平衡债券”，通过发行债券扩大资金量。

（二）美国碳债券产品

1. 绿色联邦债券

2005 年《国家能源政策法案》创造性地提出利用金融工具促进可再生能源产业的发展，法案首次引入清洁可再生能源债券机制为公共领域的可再生能源项目募集资金，引入贷款担保机制为可再生能源技术的商业化提供资金支持。2005 年《国家能源政策法案》首开利用现代金融工具促进可再生能源产业发展的先河，该法案引入清洁可再生能源债券机制为公共领域的可再生能源项目募集资金。目前主要的债券有清洁可再生能源债券（Clean Renewable Energy Bonds）和节能债券（Qualified Energy Conservation Bonds）。

2. 绿色市政债

绿色市政债是美国联邦政府和州政府发行的绿色债券。根据美国土木工程师协会估计，美国每年需要耗费 2 万亿美元来修复和维持老化基建设施的基本运转，另外每年还需要 2 万亿美元才能应对自然气候加速变化带来的灾害。在财政资金不足的情况下，美国市政债以其高信用资质和独特的税收优势，为绿色投资提供了巨大机会，也激起了美国州市政府的极大热情。

2013年，马萨诸塞州政府发行了美国历史上首只绿色市政债，该期债券规模达1亿美元，主要投向净水设备、节能建筑、土地修复等。该期债券获得了投资者的青睐，获得30%以上的超额认购。该AA+级绿色市政债利率比AAA级的一般市政债利率更低，因此马萨诸塞州政府节约了大量利息费用。在第一期绿色市政债取得成功之后，2014年马萨诸塞州政府发行第二期绿色市政债券，同样获得了市场的欢迎。在马萨诸塞州政府尝试之后，美国绿色市政债市场迎来飞速发展。截至2017年末，美国31个州（市）政府共发行59期绿色市政债，合计规模约120亿美元，占美国绿色债总规模的27%；其中，发行量前三的州政府分别为纽约州、加利福尼亚州和马萨诸塞州政府，三者合计占比达64%。

美国绿色市政债的投资标的为可持续水资源利用、绿色建筑以及绿色交通项目，这些领域均涉及减缓和适应气候变化。美国绿色市政债平均期限为10~20年，体现出长线资金支持绿色基础设施建设的合理性。从存续期来看，美国绿色市政债期限最长为40.72年，最短为9个月：按照存续期规模划分，42.55%的债券集中于10~20年，27.84%的债券分布于20~30年，19.97%的债券分布于5~10年，5年以下和30年以上的债券规模较小，占比分别为7.01%和2.54%。

3. 企业债券

（1）美国南方电力公司绿色债券。美国南方电力公司（Southern Power）绿色债券融资资金主要用于支持其可持续发电。该公司总计发行了10亿美元绿色债券，2016年6月发行的债券募集资金净额约12亿美元，向位于美国的太阳能和风力发电设施提供融资或投资。

（2）中美洲Topaz太阳能债券。中美洲能源是伯克希尔·哈撒韦的全资子公司，其2011年从First Solar公司收购了位于美国加利福尼亚州圣路易斯—奥比斯波的Topaz光伏农场，并通过发行8.5亿美元绿色债券为该项目融资。该光伏农场的总面积达24.6平方公里，由900万块太阳能电池板组成。该发电厂可以生产多达550 MW电能，每年可为16万个家庭提供足够的电力，同时每年可减少37.7万吨二氧化碳排放，能有效减少空气污染对环境造成的损害。该项目是可再生能源项目通过资本市场融资的首例典范。

（三）美国碳债券相关支持政策

1. 财政激励

财政激励尤其是税收减免，是美国绿色债券的重要特点，也是推动绿色债券发展的动力。税收优惠债券在美国债券市场中占比很大。从成本效益的角度来看，税收优惠政策能够在对公共财政影响相对较小的情况下大幅促进投资，税收减免债券推动了资本进入石油和天然气行业，并为它们的扩张提供了资金支持。

（1）税收减免。减税：债券投资者获得的是税收减免而不是利息收入，因此发行人不必为其发行的绿色债券支付利息。清洁能源领域的清洁可再生能源债券和合格节能债券是典型例子，这两种债券以清洁能源和节能为目的，其债券息票的 70% 由联邦政府对债券持有人的税收提供减免，发行人不必支付与之相对应的债券利息。免税：联邦政府对州和地方政府发行的市政债券予以间接财政补贴，债券投资者无须为其持有的绿色债券的利息支付所得税，因此可吸引投资者参与，降低地方政府融资成本。与普通市政债一样，美国绿色市政债同样享受免税政策。

（2）直接补贴。债券发行人从政府获得现金，以补贴其净利息支付。美国的清洁可再生能源债券和合格节能债券也属于直接补贴债券。债务投资者获得了 70% 的税收减免，剩余的 30% 的净利息则通过政府的现金返还获得。

2. 便利措施

（1）外部增信。美国政府的经济发展机构——海外私人投资公司（Overseas Private Investment Corporation，OPIC）为绿色债券发行人提供增信服务。OPIC 的绿色担保（Green Guarantee）为参与证明（Certificates of Participation）的基金提供支持，并根据《绿色债券原则》为参与证明贴标。2014 年，OPIC 首次为美国国内债券市场 4700 万美元的债券提供绿色担保，以为智利的 Luz del Norte 光伏项目建设融资。

（2）绿色市政债券联盟。美国绿色市政债券联盟（US Green City Bonds Coalition）由气候债券倡议组织、城市气候领导联盟（C40）①、全球环境信息研究中心（CDP）、自然资源保护协会（NRDC）、环境责任经济联盟（Ceres）② 和 As You Sow③ 发起成立，旨在帮助美国各城市发行绿色债券。

（3）绿色债券透明度平台。美洲开发银行（Inter-American Development Bank，IDB）及其投资公司（IDB Invest）推出绿色债券透明度平台（Green Bond Transparency Platform），支持绿色债券报告的协调和标准化，增加拉丁美洲和加勒比地区绿色债券市场的透明度，有利于增强投资者的信心。

---

① 城市气候领导联盟是由英国伦敦市于 2005 年发起成立的以城市为主体的国际组织，旨在促进低碳减排和应对气候变化，成员包括纽约、伦敦、巴黎、东京等世界大城市。

② 环境责任经济联盟 1989 年在美国成立，成员主要来自美国各大投资团体及环境组织，工作重点在于促使企业界采用更环保、更新颖的技术与管理方式，以尽到企业对环境的责任。

③ As You Sow 是美国非营利性的股东权益倡导组织，成立于 1992 年，通过股东倡导、建立联盟和创新的法律策略，促进企业履行环境和社会责任。

第三节 中国碳债券政策及产品

一、中国碳债券政策演进

相较于发达国家，我国绿色债券起步较晚。全球第一只绿色债券于 2007 年由欧洲投资银行发行，而中国第一只绿色债券则是由新疆金风科技股份有限公司于 2015 年 7 月 16 日在香港联交所发行。在此之前，一些金融机构和企业也尝试发行过募集资金用于绿色相关领域的债券，但由于缺乏统一的政策和市场普遍共识，并未成为投资者公认的绿色债券。

我国绿色债券市场的建设始于 2015 年 9 月中共中央、国务院发布的《生态文明体制改革总体方案》。方案中首次明确了建立绿色金融体系的顶层设计，并将发展绿色债券市场作为重要内容，初步建立了我国绿色债券发展的顶层设计。

2015 年 12 月 22 日，中国人民银行出台了《关于在银行间债券市场发行绿色金融债券有关事宜的公告》，并配套发布《绿色债券支持项目目录（2015 年版)》，对绿色金融债券的发行进行引导，自上而下建立了绿色债券的规范与政策，中国的绿色债券市场正式启动。2015 年 12 月 31 日，国家发展改革委发布《绿色债券发行指引》；2016 年 3 月、4 月，上交所和深交所分别发布《关于开展绿色公司债券试点的通知》；2017 年 3 月 22 日，中国银行间市场交易商协会发布《非金融企业绿色债务融资工具业务指引》。至此，绿色债券的相关政策实现了债券市场的全覆盖。受政策指引，2016—2017 年绿色债券累计发行规模达 3983.6 亿元。

2020 年，随着碳达峰、碳中和目标的提出，关于绿色债券的多项政策密集出台。7 月 8 日，中国人民银行、国家发展改革委、中国证监会发布《关于印发〈绿色债券支持项目目录（2020 年版)〉的通知（征求意见稿)》，统一了国内绿色债券支持项目和领域；11 月 27 日，上交所、深交所先后发布公告规范了绿色公司债券上市申请的相关业务行为。

2021 年 3 月，中国银行间市场交易商协会发布《关于明确碳中和债相关机制的通知》，明确碳中和债的定义、资金用途、项目遴选、信息披露、存续期等要求，助力实现“双碳”目标，进一步支持疫情后经济绿色复苏和低碳转型。

2021 年 4 月，《绿色债券支持项目目录（2021 年版)》发布，新版目录统一了绿色债券的标准及用途，对分类进行了细化，新增了绿色装备制造、绿色服务等产业，剔除了煤炭等化石能源清洁利用等高碳排放项目，采纳国际通行的“无重大损害”原则。随着绿色债券定义和相关规范的明确，绿色债券的顶层设计不断完善。

2022 年 7 月 29 日，绿色债券标准委员会发布《中国绿色债券原则》，统一国内绿色债券标准，推进了绿色金融标准化进程。该原则内容已基本覆盖包括绿色金融债、绿色债务融资工具、绿色公司债在内的多个绿色债券品种，并与国际标准趋同，有助于促进中国绿色债券市场对外开放，推动国内绿色债券市场与国际通行标准接轨，为全球投资者共同参与中国低碳绿色发展创造了良好条件。

表 5.11　　我国碳债券政策

时间	部门	政策文件	要点
2015－09－21	中共中央、国务院	《生态文明体制改革总体方案》	首次提出建立绿色金融体系、研究银行和企业发行绿色债券，鼓励对绿色信贷资产实行证券化
2015－12－22	中国人民银行	《关于在银行间债券市场发行绿色金融债券有关事宜的公告》《绿色债券支持项目目录（2015 年版）》	从绿色产业项目界定、募集资金投向、存续期间资金管理、信息披露和独立机构评估或认证等方面对绿色金融债券进行引导和规范。首次明确绿色项目的界定标准，共包含 6 个一级分类、31 个二级分类和 38 个三级分类
2015－12－31	国家发展改革委办公厅	《绿色债券发行指引》	指出绿色债券的适用范围和 12 个重点支持领域，但未明确具体界定标准，明确了审核要求和相关优惠政策
2016－03－16	上海证券交易所	《关于开展绿色公司债券试点的通知》	为绿色公司债券在上交所发行提供指引
2016－04－22	深圳证券交易所	《关于开展绿色公司债券试点的通知》	为绿色公司债券在深交所发行提供指引
2017－03－22	中国银行间市场交易商协会	《非金融企业绿色债务融资工具业务指引》	对非金融企业在银行间市场发行绿色债券提供指引，至此绿色债券的政策已实现债券市场全覆盖
2017－10－26	中国人民银行、中国证券监督管理委员会	《绿色债券评估认证行为指引（暂行）》	从机构资质、业务承接、业务实施、报告出具、监督管理五个方面对绿色债券的评估认证进行规范
2020－07－08	中国人民银行、国家发展改革委、中国证券监督管理委员会	《关于印发〈绿色债券支持项目目录（2020 年版）〉的通知（征求意见稿）》	明确绿色债券的定义，统一国内绿色债券支持项目和领域
2020－11－27	上海证券交易所、深圳证券交易所	《公司债券发行上市审核规则适用指引第 2 号——特定品种公司债券》《深圳证券交易所公司债券创新品种业务指引》	规范绿色公司债券的发行上市申请相关业务行为

续表

时间	部门	政策文件	要点
2021-03-08	中国银行间市场交易商协会	《关于明确碳中和债相关机制的通知》	明确碳中和债的定义、资金用途、项目遴选、信息披露、存续期等
2021-04-02	中国人民银行、国家发展改革委、中国证券监督管理委员会	《绿色债券支持项目目录（2021年版）》	统一了绿色债券的标准及用途，对分类进行了细化
2022-07-29	绿色债券标准委员会	《中国绿色债券原则》	明确了绿色债券的核心要素，促进绿色债券市场规范化、标准化、国际化发展

二、中国碳债券市场

截至2021年底，中国累计绿色债券发行量为1992亿美元（近1.3万亿元人民币），仅次于美国（3055亿美元）。2021年中国绿色债券发行量为682亿美元，排名全球第二位。中国绿色债券市场在2021年发行量增量领先于其他主要市场。中国绿色债券市场同比增加444亿美元（2863亿元人民币），同比增速为186%。

（一）境内碳债券发行

1. 境内碳债券发行情况

2016—2020年，国内绿色债券的年度发行数量有明显提升，但发行规模大体稳定在每年2000亿~3000亿元的区间，占全市场发行量的比重仅为0.5%左右。

从债券品种上看，国内绿色债券发行经历了从单一到多样化的转变。2016—2018年，绿色金融债占据绝对优势，发行规模占比在50%以上。但随着2019年之后其他类型绿色债券政策的落地，绿色债券发行品种开始多样化。企业债、公司债、中期票据、资产支持证券等品种的占比均有不同程度的上升，而绿色金融债占比到2020年已降至11.4%。

从资金投向上看，清洁交通和清洁能源是国内绿色债券主要支持的领域。根据气候债券倡议组织2018—2019年的数据，国内绿色债券募集资金投向清洁交通和清洁能源的占比最高。2019年，绿色债券资金投向上述两个领域的占比分别为27%和26%。除此之外，污染防治和生态环保也是绿色债券重点支持的领域。绿色ABS的发行也呈现出类似的特点：2019年中国发行的绿色ABS中，基础资产类别排名靠前的公共交通应收账款（40%）、风电和太阳能租赁收益（15%）、新能源电价补贴（8%）、电动汽车租赁资产（4%）均属于清洁交通和清洁能源领域。

从信用评级来看，绿色债券评级以高等级为主。由于国内绿色债券的发行人以信用评级较高的国有企业为主，绿色债券总体债项评级较高。近年来，AA级及以下的绿色债券发行规模占比低于10%。而进入2021年，绿色债券向高等级集中的趋势更加明显。

从发行期限来看，绿色债券发行期限比普通债券期限更长。2016—2020 年发行的所有绿色债券中，期限在 1～3 年的绿色债券占比最高（52.38%），其次为 3～5 年（30.22%），5 年以上的占比为 14.71%；而对全部债券来说，上述三个比例分别为 14.3%、13.0% 和 17.8%。可见，绿色债券发行期限明显更长。

从发行地区来看，绿色债券的发行集中在经济相对发达的地区。2016—2021 年第一季度，省级行政区中绿色债券累计发行规模最大的是北京市，其 2426 亿元的发行额在绿色债券发行总规模中占比为 26.91%；其次是福建省、上海市、广东省和江苏省，主要为经济发展相对领先的地区。但是，相比上述地区信用债发行规模，福建省发行绿色债券的比例最高，表明其绿色债券发行的积极性较高。

2. 境内碳债券案例

（1）江苏金融租赁股份有限公司发行境内首单气候债券

2019 年 4 月，江苏金融租赁股份有限公司成功发行境内首单气候债券，发行规模为 10 亿元人民币，募集资金用于太阳能项目。该债券获气候债券标准认证，标志着国内绿色金融业发展的新阶段。自此，我国开启了绿色金融发展与国际市场接轨的新阶段，为绿色产业融资起到了良好的示范作用。

江苏金融租赁股份有限公司发行的绿色债券是中国境内首单通过国内及国外双重绿色认证的债券产品。本次发行募集资金的使用将符合《绿色债券支持项目目录（2015 年版）》和《气候债券标准》（*Climate Bonds Standard*）下的太阳能行业标准。这也是全球第一个支持浮动太阳能发电场的认证气候债券。支持项目包括位于安徽省淮南市目前世界上最大的浮动太阳能园区，它的总装机容量为 150MW，并于 2018 年全面投入运营。

（2）南京江北新区公用控股集团有限公司发行境内首单非金融企业气候债券

2020 年 4 月，南京江北新区公用控股集团有限公司发行境内首单非金融企业气候债券，发行规模 4.9 亿元，期限为 3 年，发行利率为 3.75%，低于同期贷款基准利率 100 个基点，募集的资金全部用于江北新区水资源设施项目。该单债券不仅符合国内绿色认证标准，而且成功获得气候债券倡议组织“水资源设施”绿色认证，是江北公用在绿色债券基础上的新突破，打造了可复制、可推广的应用模板，是传统企业积极应对气候变化的优秀实践。

（3）境内首单国际国内双认证的“碳中和债 + 气候债券”

2021 年 3 月，国电电力发展股份有限公司发行境内首单国际国内双认证的“碳中和债 + 气候债券”，这是“双碳”目标提出后我国发行的首单气候债券，也表明国际标准与国内标准在“双碳”目标和应对气候变化领域达成重要共识。

本期债券发行金额 8.4 亿元，票面利率为 3.45%，期限为 3 年。所募集资金全部用于支持8座风力发电场建设，总装机容量达446.18MW，每年可减排67万吨二氧化碳当量。风力发电可避免化石燃料发电带来的二氧化碳等温室气体排放，实现碳减排、减缓气候变化。该双认证碳中和债是国际标准与国内标准在运用绿色金融推动碳达峰、碳中和与应对气候变化领域的重要探索，也是以金融创新方式支持电力企业绿色低碳转型发展的有益实践。

3. 碳中和债券市场

（1）碳中和债券市场情况

截至2021年末，我国碳中和信用债累计发行151只，发行规模合计1807亿元，其中74只贴标“碳中和债”。具体来看，碳中和债及其发行人具有以下特征。

在发行品种上，碳中和债发行以中票、公司债和超短融为主，发行规模分别为1051亿元、422亿元、285亿元，分别占总发行规模的58%、23%、16%。

在发行期限上，碳中和债发行以3年及以上的中长期为主。发行期限1年以内、1~3年期、3~5年期、5年期及以上的发行规模分别为285.5亿元、356亿元、961.9亿元、204亿元，占比分别为15.8%、19.7%、53.2%和11.3%。碳中和债发行期限的分布与《关于明确碳中和债相关机制的通知》中“鼓励发行中长期产品，避免错配”的要求相符。

在信用资质上，我国碳中和债整体信用资质较高，主体评级几乎全为AAA级。从发行主体评级看，所有主体的评级均在AA级及以上，而AAA级、AA+级、AA级主体发行规模分别为1726亿元、62亿元、19亿元，AAA级的占比超过95%。

在发行主体上，碳中和债发行主体以国有企业为主。国有企业发行碳中和债规模占比超过98%，其中央企与地方国企的发行规模分别为1335亿元、443亿元，占比分别为73.9%、24.5%，而民营企业碳中和债的发行规模不到30亿元，有待进一步提高。

在发行行业上，发行主体集中在公用事业与交通运输。公用事业行业发行规模为1123亿元，占比为62.2%，其中多为电力公司，交通运输业发行281亿元，占比为15.5%，多为城市轨道交通公司。

在募投项目上，已发行的碳中和债主要投向清洁能源（水电、风电等）领域，此外，清洁交通、可持续建筑项目也有涉及。截至2022年2月，三峡集团、国家电网、中广核风电、华能集团是发行量最大的前四个主体，总发行规模分别为325亿元、155亿元、120亿元、110亿元，上述主体的募集资金投向均为清洁能源发电项目。

（2）碳中和债券案例

①中国长江三峡集团发行碳中和债券

2021年2月9日，中国长江三峡集团发行20亿元的3年期碳中和债券，利率固定为3.45%。该期债券属于全国首批碳中和债券之一，债券评级为AAA级，募集资金将全部用于白鹤滩水电站项目建设，通过水电项目促进节能减排。

白鹤滩水电站位于云南、四川两省交界的金沙江干流下游，安装16台单机百万千瓦的水轮发电机组，总装机容量1600万千瓦，是我国“西电东送”的骨干项目。电站建成后，将成为仅次于三峡电站的世界第二大水电站，多年平均发电量将超620亿千瓦时，每年可节约标准煤消耗约1900万吨，减少二氧化碳排放超3000万吨，在首批碳中和债券项目中减碳效果最为显著，对促进我国实现碳中和目标具有重要作用。

②华电福新能源有限公司碳中和债

2021年4月13日，由兴业银行牵头主承销的“华电福新能源有限公司2021年度第一期绿色中期票据（碳中和债）”在银行间市场成功发行，成为全国首笔权益出资型碳中和债券，也是福建省首单碳中和主题债券。

本笔碳中和债券发行金额20亿元，期限为3年，主体及债项评级为AAA级，募集资金将全部用于收购7家新能源发电公司股权，涉及已投产运行的项目包含14个风电项目、7个光伏发电项目和1个风光互补项目，分别位于内蒙古、山西、四川、陕西等地区，总装机规模为1350.50MW。经专业第三方绿色认证机构测算，上述项目可实现年二氧化碳减排量152.92万吨，减排效果显著。

（二）境外碳债券发行

1. 境外碳债券发行情况

与境内绿色债券市场的快速发展相比，中国在境外发行绿色债券的数量较少。

从金风科技在2015年7月发行了首只境外绿色债券开始，2015—2019年中国在境外发行的绿色债券共70只，发行规模从80亿元左右升至超过800亿元，发行币种包括美元、人民币、欧元、日元、港元等多种货币，上市场所包括伦敦证券交易所、东京专业投资者债券市场、卢森堡证券交易所、中欧国际交易所、泛欧证券交易所及香港联交所等。

从发行人来看，截至2022年底，中国所有在境外发行且存续的40只绿色债券中，以商业银行为主体发行的数量占总数的72%，在中国境外绿色债券发行市场占据绝对的主导地位。从期限结构来看，中国境外发行绿色债券在期限结构上以中期债券为主，5年以上的长期债券发行较少，难以为所支持的绿色项目提供长期的资金支持。从利率类型来看，中国境外发行的绿色债券在计息方式上以固定利率为主，浮动利率产品极少，这使以中长期为主的绿色债券面临较大的市场风险。

2. 境外碳债券案例

（1）新疆金风科技股份有限公司成功发行全球首单中资企业绿色债券

2015年7月17日，新疆金风科技股份有限公司携手中国银行、德意志银行、法国兴业银行在海外完成3亿美元债券发行，票面利率为2.5%，期限为3年，成为中资企业发行的首单绿色债券。本次债券由中国银行澳门分行提供备用信用证，穆迪评级公司给予本次债券A1级的国际债项评级。债券在发行认购环节获得了来自全球67个机构投资者账户近5倍的超额认购。本次债券发行为金风科技成功打开了海外债券市场融资渠道，开始与全球固定收益投资者建立起长期合作关系，有利于提高金风科技在国际固定收益市场的知名度，为日后再次海外融资打下坚实基础。

（2）中国银行发行离岸绿色债券新品种

2016年11月，首只中国绿色资产担保债券在伦敦证券交易所上市，正式开创了中国金融机构以境内绿色债券资产担保在境外发债的新业务。绿色资产担保债券是指，在普通高级债券的基础上增加了资产担保结构，即以中国银行在境内持有的绿色债券作为担保资产池，为境外发债融资提供担保。本期债券由中国银行发行，募集资金5亿美元，为3年期美元固定利率品种，票面利率为1.875%。

本期债券是中国银行以伦敦分行为主体在境外发行的5亿美元绿色担保债券，是全球首单具有“双重绿色属性”的资产担保债券，“双重”指在境内担保和在境外发行的都是绿色债券。债券募集资金将用于支持中国银行的绿色信贷项目，其项目筛选、资金使用和管理、信息披露均遵循国际市场通行的《绿色债券原则》。本期绿色资产担保债券在伦敦发行，是中英两国继共同推动G20形成绿色金融共识之后，在绿色金融合作领域的一项新成果。

（3）中国长江三峡集团在离岸市场发行首单气候债券

2017年6月，中国长江三峡集团在离岸市场发行了首单气候债券，这一突破开创了我国气候债券发行的先河，对绿色生态发展具有里程碑式的引领作用。

中国长江三峡集团于2017年6月14日完成了6.5亿欧元7年期绿色债券定价，票面利率为1.30%。与2015年中国长江三峡集团发行的普通7年期欧元债券相比，每年降低融资成本300万欧元，存续期间降低融资成本2100万欧元，折合人民币约1.5亿元。本次绿色债券募集资金主要用于德国稳达海上风电以及葡萄牙ENEOP陆上风电项目。其中稳达项目装机28.8万千瓦，2017年上网电量13.5亿千瓦时，可减少二氧化碳排放125万吨；ENEOP项目装机42.2万千瓦，2017年上网电量9.8亿千瓦时，可减少二氧化碳排放96万吨。

本次发行的债券是中国长江三峡集团在国际市场上的首单绿色债券，也是中国实体企业的首单绿色欧元债券。除中国投资人外，本次债券发行得到了来自德国、法国、瑞士、英国、意大利、挪威、荷兰、葡萄牙、西班牙、阿联酋、新加坡、韩国、日本、马来西亚等各国投资人的积极响应。

本次发行抓住欧元利率处于历史相对低位的良好市场窗口，定价基准有所降低，发行息差进一步收窄，获得3.1倍超额认购，收益率较中国长江三峡集团2015年发行的普通欧元债券低 47 个基点。此单债券分别获得穆迪给予的 A1 级和惠誉给予的 A + 级评级。

（4）中国工商银行发行全球多币种碳中和境外绿色债券

2021 年，中国工商银行在“全球中期票据发行计划”（GMTN Programme）下，成功发行全球多币种碳中和主题境外绿色债券，涵盖美元、港元、欧元和离岸人民币四个币种、五只债券。该债券在香港、新加坡、伦敦、迪拜四地交易所同时整体上市。本次发行是中国工商银行积极践行绿色和可持续发展理念、响应落实“双碳”战略目标的重要举措。

中国工商银行本次募集资金将聚焦低碳领域，专项用于绿色交通和可再生能源等具有显著碳减排效果领域的绿色项目。本次绿色债券发行得到市场高度认可，各类型投资机构踊跃参与认购，整体账簿认购超过 3 倍，最终发行规模等值 26.8 亿美元，发行规模及成本控制处于市场领先水平。

（三）绿色熊猫债市场

绿色熊猫债指境外实体在中国境内发行的人民币债券，募集资金专门用于绿色资产或绿色项目。熊猫债市场是境外机构面向国内投资者的融资平台，因此国内投资者是这些债券的主要购买者。2018 年，气候债券倡议组织发布《绿色熊猫债发行指南》，规定了与绿色熊猫债发行相关的监管措施和指引。

1. 绿色熊猫债发行情况

2016 年至 2018 年 11 月，共有 5 只绿色熊猫债发行，规模达 59 亿元（8.8 亿美元）。尽管绿色熊猫债占中国绿色债券存续总量的比例不到 1%，但其增长潜力巨大。在绿色熊猫债募集资金用途方面，可再生能源位居首位（占比超过 60%），其他用途包括低碳交通、水资源管理、建筑和废弃物管理等。绿色熊猫债的承销商包括中国银行、中国工商银行、国家开发银行、汇丰银行和渣打银行等。

从整体上看，绿色熊猫债市场发展迟缓，境外主体在中国境内发行绿色债券的意愿较低。尽管气候债券倡议组织为便利境外机构参与绿色熊猫债市场特意制定了《绿色熊猫债发行指南》，但由于熊猫债市场配套制度不完善、境内外绿色债券标准不一致，绿色熊猫债市场并未快速发展。2020 年后，受新冠疫情影响，绿色熊猫债发行数量进一步减少。

新开发银行是最大的绿色熊猫债发行人，于 2016 年发行了 30 亿元人民币的绿色熊猫债，北京控股有限公司发行的次数最多（于 2016 年、2019 年和 2020 年共发行了三次）。中国银行间债券市场是最大的绿色熊猫债市场，发行总量为 5.71 亿美元，占累计发行总量的 47%；深圳证券交易所位居第二，发行总量为 3.42 亿美元，占累计发行总量的 28%；其后是上海证券交易所，发行总量为 3 亿美元，占累计发行总量的 25%。

2. 绿色熊猫债案例

（1）主权债券：匈牙利在中国发行主权绿色熊猫债

2021 年 12 月 14 日，匈牙利在中国成功发行 10 亿元熊猫债，发行期限为 3 年，票面利率为 3.28%，认购倍数达到 1.78 倍，境外投资人订单占比达 40%。此次发行是匈牙利继 2017 年首次亮相中国熊猫债市场后的第三次发行，也是境外主权国家首次在中国发行绿色债券。此次主权绿色熊猫债的成功发行，也是继 11 月 18 日签署的《中华人民共和国商务部和匈牙利创新与技术部关于推动绿色发展领域投资合作的谅解备忘录》后里程碑式的合作项目，标志着两国在可持续发展领域的深度探索，进一步推动了中匈两国“一带一路”双边政经合作。

此次熊猫债发行符合国际资本市场协会的《绿色债券原则》要求，将纳入匈牙利的绿色资金池，用于匈牙利绿色债券框架下的合格绿色支出，旨在为政府中央预算内的支出提供资金或再融资，促进低碳发展、气候适应，发展环境可持续经济。匈牙利承诺于 2050 年实现气候中和，并计划到 2030 年，温室气体排放量在 1990 年的基础上至少减排 40%。

（2）金融债券：新开发银行发行首单绿色熊猫债

2016 年 7 月，新开发银行在中国绿色熊猫债市场首发 30 亿元人民币（4.48 亿美元）绿色熊猫债，这是国际开发机构首次在中国银行间债券市场发行人民币绿色金融债券，也是由金砖国家发起建立的新开发银行首次亮相资本市场。债券的成功发行，为银行间市场金融机构发行绿色金融债树立了新标杆。

本次债券期限为 5 年，票面年利率为 3.07%，认购倍数达到 3.1 倍，吸引了境内外多元化的投资者踊跃认购，共有 30 多位投资者参与竞价交易。本次发行的债券于中央国债登记结算有限责任公司托管，募集资金专项用于绿色产业项目贷款。中国银行在本次新开发银行绿色金融债项目中担任牵头主承销商及簿记管理人，并将在该债券上市交易后为投资者提供二级市场做市报价。

本次在中国银行间债券市场发行的绿色金融债券主要用于支持中国、巴西和俄罗斯三国的项目，包括上海临港分布式太阳能发电项目、福建莆田平海湾海上风电项目、巴西可再生能源和相关传输项目以及俄罗斯卡累利阿水电项目。本次债券的发行有助于缓解投融资瓶颈，推进各国基础设施改善和工业化水平提升，实现经济升级和可持续发展。同时，本次债券的发行也顺应了我国对外开放区域结构转型需要，对促进金砖国家及其他新兴经济体和发展中国家的经济金融合作具有重要意义。

（3）企业债券：安踏体育用品有限公司发行全国首单民营企业绿色熊猫债

2022 年 7 月 12 日，安踏体育用品有限公司发行 2022 年度第一期绿色中期票据，这是全国首单民营企业绿色熊猫债，也是市场首单体育行业绿色债券。本次发行的债券系兴业银行牵头主承销的绿色中期票据，发行金额为 5 亿元，期限为 3 年，票面利率为2.80%，认购倍数为2.38倍，票面利率普遍低于AAA级央企及国企发行价格。本次募集资金主要用于安踏集团上海总部绿色建筑项目建设。据测算，该绿色建筑项目完成建设并投入运营后，每年可节约能源消耗量554.32吨标准煤，减少二氧化碳排放1225.04吨，将有效提高能源利用率。

三、中国、欧盟、美国绿色债券比较

（一）碳债券政策比较

由于中国绿色债券市场发展历程较短，目前中国、欧盟、美国的绿色债券在标准、发展动力、信息披露等方面都存在一定的差异（见表5.12）。

表5.12 中国、欧盟、美国绿色债券政策对比

项目	中国	欧盟	美国
标准	制定《绿色项目支持目录》《中国绿色债券原则》等	制定《欧盟绿色债券标准》《欧盟可持续金融分类方案》等	采用国际标准（CBS、GBP）
“绿色”定义	气候变化、污染防控	更关注气候变化	气候变化、环境污染、基础设施建设
发展动力	自上而下，由政府主导	自下而上，市场需求	自上而下，政府主导
债券分类	基于监管机构	基于资金用途和追索方式	
信息披露	无详细的投向计划，整体信息披露过于笼统	要求相对严格	
外部审核	自愿和鼓励	强制性	
技术标准	尚未完善	具有较强的导向性和实用性	采用国际标准
主权债券	地方专项债	“下一代欧盟”债券，英国、法国、德国发行主权绿色债券	绿色联邦债券、绿色市政债
激励政策	财政激励（补贴、贴息、奖励）、便利措施、宣传表彰	便利措施、宣传表彰	财政激励（税收）、便利措施

在标准方面，中国和欧盟均重视绿色债券市场的制度化、标准化，分别颁布了《中国绿色债券原则》《欧盟绿色债券标准》等；而美国暂无联邦层面的专门的绿色债券标准，主要采用国际标准，如《气候债券标准》和《绿色债券原则》。我国和欧盟的绿色债券标准都秉持绿色和可持续发展的理念，项目覆盖范围在一级目录层面重合度较高，但鉴于能源结构、社会发展阶段与政策推行方式等的不同，中国和欧盟绿色债券的标准也有所不同。

在绿色项目范围方面，尽管《绿色债券支持项目目录（2021年版）》已经进行了部分调整，但与《气候债券分类方案》相比，国内绿色项目支持的范围仍然更广、更宽松，相关行业领域更多，且并未设置子行业认证标准。在中国，绿色项目

主要着眼于环境污染防控、推动绿色行业发展，并着重支持对环境效益影响明显而且符合国家政策引导方向的建设项目。“双碳”目标提出后，中国绿色项目的低碳属性进一步加强。欧盟绿色债券则更加关注气候变化，气候债券倡议组织和欧盟标准均以推动《巴黎协定》和气候环境政策为指导原则，相关标准和定义重点关注气候变化减缓和气候变化适应目标，因此欧盟的绿色债券基本上都是碳债券。与欧盟不同，美国的绿色项目并不专注于气候。由于环境污染问题仍未完全解决，美国许多绿色项目仍与环境污染问题、基础设施建设相关，水资源利用、废弃物管理、土地利用等领域的债券占比较大。

在发展动力方面，国内属于政府倡导型，国际属于市场推动型。中国的绿色金融主要是政府倡导型，政府出台一系列政策措施，自上而下地推动绿色债券发展。2015 年 9 月《生态文明体制改革总体方案》明确建立绿色金融体系的顶层设计后，国家发展改革委、人民银行、各大交易所陆续发布绿色债券相关文件，构建起中国的绿色债券政策框架。欧盟则主要由市场自下而上地推动绿色金融体系的构建，先有市场实践，而后才逐步形成规范框架。2007 年欧洲投资银行发行气候意识债券后，欧盟绿色债券市场逐渐发展，随后气候债券倡议组织和国际资本市场协会分别发布并不断修订绿色债券标准，而欧盟直到 2019 年才正式发布《欧盟可持续金融分类方案》及技术性指南文件。

在债券分类方面，国内和国际的分类方法略有不同。基于资金用途和追索方式，国际资本市场协会发布的《绿色债券原则》将绿色债券分为标准绿色收益使用债券、绿色收入债券、绿色项目债券、绿色证券化债券。而我国基于监管机构将绿色债券分为绿色企业债、绿色金融债、绿色公司债和绿色债务融资工具。2022 年发布的《中国绿色债券原则》改变了原有的绿色债券分类方式，将我国的绿色债券划分为普通绿色债券、碳收益绿色债券、绿色项目收益债券、绿色资产支持证券，进一步与国际标准接轨。

在资金用途、信息披露和外部审核方面，国际要求较为严格，《气候债券标准》和《绿色债券原则》严格规定了债券发行前后的募集资金用途、管理和报告的流程，信息披露、外部审核的要求十分明确。而我国的要求相对宽松，我国允许一定比例募集资金供一般经营使用，信息披露方法尚未完善，且未强制要求外部审核。此外，欧盟对气候变化减缓和使用的技术筛选标准具有较强的导向性和实用性，可对项目的筛选作出具体指导。而我国尚未针对具体领域颁布技术标准，不具强制性。

在主权债券方面，欧盟和美国均发行了主权绿色债券，我国尚未以国家名义发行主权绿色债券。欧盟发行了“下一代欧盟”绿色债券，英国、法国、德国、波兰、荷兰等欧洲国家也陆续发行了主权绿色债券。美国也在联邦和州层面发行了绿色债券，绿色市政债是美国绿色债券的一大亮点。

在激励政策方面，中国、欧盟和美国均为绿色债券提供便利措施，还通过宣传表彰推进绿色债券发展，其中搭建平台、信用担保是常用措施。但由于发展情况不同，中国、欧盟、美国激励政策的侧重点有所不同。我国自上而下的政策推动使补贴、贴息、奖励形式的财政激励政策更为直接和有效。欧盟绿色债券发展为市场推动型，主要依赖绿色投资人对绿色债券的偏好，因此其财政激励措施较少，激励机制主要体现在宣传意义和形象树立方面。美国的绿色市政债占据重要地位，而税收减免是市政债的特点，因此美国对绿色债券的税收优惠政策最为典型。

（二）碳债券发行情况比较

中国、欧盟、美国均是全球主要的绿色债券发行地区，其中美国和中国是全球前两大绿色债券发行国。截至2021年底，美国累计绿色债券发行量为3055亿美元，中国累计绿色债券发行量为1992亿美元（近1.3万亿元人民币）。法国、德国、荷兰、瑞典、西班牙等国的绿色债券发行量也居世界前列，这使欧盟的绿色债券发行规模遥遥领先，达到7721亿美元。2021年，美国、中国、德国的绿色债券发行量分别为835亿美元、682亿美元和633亿美元。

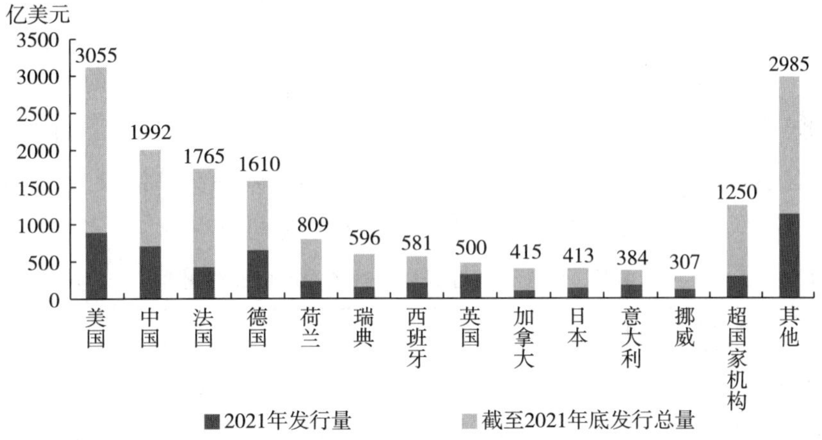

图5.4　绿色债券发行情况

由于起步时间、政策环境等方面的不同，中国、欧盟、美国的绿色债券发行情况存在较大差异。

在发行人类型方面，欧盟、美国的主要绿色债券发行人是政府及政府支持实体，而中国的主要绿色债券发行人为金融企业和非金融企业。在欧盟，40%以上的绿色债券由主权国家和政府支持实体发行，非金融企业和金融企业占比分别为31%和20%。美国最主要的绿色债券类型为绿色抵押贷款支持证券和绿色市政债，占比分别为39%和23%，即政府机构和政府支持实体占美国累计绿色贴标债券发行量的62%，金融企业和非金融企业占比相对较少。中国并未以国家名义发行主权绿色债券，因此非金融企业和金融企业的发行量占比最高。2016—2018 年金融机构连续三年成为中国绿色债券规模最大的发行人，2019 年后非金融企业和政府支持实体（主要是地方政府融资平台）的绿色债券发行量迅速增长。2021 年，非金融企业的绿色债券发行量首次超过金融企业，发行量占比为 46%，政府支持实体的发行量占比增长至 11%，金融企业的发行量占比回落至 35%。

在资金投向方面，中国和欧盟的绿色债券募集资金均主要投向能源、建筑、交通领域，但比例有所不同。2021 年，中国绿色债券市场整体募集资金的 60.6% 用于可再生能源领域，用于低碳交通、低碳建筑的占比分别为 18.8% 和 8.9%。欧盟绿色债券募集资金的分配更加均衡，用于能源、建筑、交通的占比分别为 32%、30% 和 16.6%。在美国，由于绿色市政债占大多数，用于建筑、水资源等的占比更高，分别达到 45% 和 17%，用于能源和交通行业的占比分别为 24% 和 11%。

在交易规模和发行期限方面，欧盟的绿色债券单笔交易规模较大，超过 80% 的绿色债券发行规模大于 5 亿美元，48% 以上的绿色债券发行规模大于 10 亿美元。中国的绿色债券以短期为主，2021 年 3 年期绿色债券占整体发行量的 54%，且约 92% 符合中国和气候债券倡议组织绿色定义的绿色债券存量将在 2026 年或之前到期。以绿色资产支持证券和绿色市政债为主的市场结构决定了美国绿色债券市场的平均交易规模较小以及发行期限以中长期为主的特征。以绿色资产支持证券强劲发展的 2017—2019 年为例，绿色债券市场发行规模以 1 亿美元以下为主（占比超过 50%）。反之，在绿色资产支持证券发展较弱的 2020 年，发行规模分布则较为平均。在期限方面，除 2020 年之外，5～10 年期限发行规模占比均超过 40%。

表 5.13　　中国、欧盟、美国绿色债券的发展情况对比

项目	中国	欧盟	美国
发行总额（截至 2021 年底）	1992 亿美元	7721 亿美元	3055 亿美元
发行人类型	非金融企业（46%）、金融企业（35%）、政府支持实体（11%）	金融企业（31%）、主权国家（26.6%）、非金融企业（20%）、政府支持实体（13.5%）	政府支持实体（39%）、州政府（23%）
资金投向	能源（60.6%）、交通（18.8%）、建筑（8.9%）	能源（32%）、建筑（30%）、交通（16.6%）	建筑（45%）、能源（24%）、水资源（17%）、交通（11%）

四、中国碳债券发展展望

2021 年是中国向国际社会宣布“双碳”目标后的第一年，也是“十四五”规划的开局之年。2021 年中国绿色债券发行量的迅猛增长有力地印证了中国加快碳减排工作的雄心。虽然中国取得了长足进步，在短短五六年间跃升为世界第二大绿色债券市场，但中国还需要更大规模的绿色和可持续金融市场来支持“双碳”目标及可持续发展目标的实现，并持续完善金融政策架构与细则，为落实市场有序、可信的发展提供支撑。

在政策框架上，碳债券的信息披露、市场机制、评估认证等操作细则仍需完善。目前我国已对绿色项目范围作出界定，使其与碳中和目标更一致，如《绿色债券支持项目目录（2021 年版）》。未来，我国需制定细致的信息披露指引和监督办法，完善绿色债券信息披露机制，强制披露碳减排等环境效益信息，同时规范绿色债券市场机制，推动评估认证标准统一，提高绿色债券市场的透明度。

在发行总量上，碳债券发行规模有望继续扩大。2021 年，碳中和债券发行规模超过 1800 亿元，已占中国贴标绿色债券发行总量的 40% 以上。在 ESG 投资理念逐渐被主流机构认可、国内外“绿色”认定标准差异逐渐缩小的背景下，碳中和债券规模将持续扩张，预计 2022 年碳中和债券的发行规模可达 8000 亿元，扩容空间可期。

在支持政策上，碳债券的激励机制仍需完善。目前，我国对碳债券的激励仍处于探索阶段，尚未形成完整的激励政策体系。我国可借鉴美国、欧盟、中国香港等国家和地区的经验，尝试推行绿色债券税收优惠政策，或对绿色债券的外部审查、第三方认证给予补贴，结合多种形式调动市场主体的积极性。此外，还要总结各地区绿色债券激励政策的经验，研究构建相对统一的绿色债券激励政策体系。

在国际交流上，我国应积极参与碳债券的国际合作。随着中国进一步开放资本市场，绿色金融的国际合作也将为促进跨境资金流动发挥重要作用。随着中国绿色债券标准与国际标准接轨，中国金融机构和相关企业在国际市场发行绿色债券，将使绿色债券市场进一步壮大。未来，中欧、中美等双边、多边的绿色债券交流将更为频繁。

【本章小结】

本章介绍了碳债券的定义和内涵，梳理了国际和国内重要的碳债券标准，并从发行主体、项目领域和项目期限的角度介绍了不同的碳债券类型。本章重点介绍了国际和国内的碳债券政策和产品，总结了欧盟、美国、中国的碳债券发展情况，并对欧盟、美国、中国的碳债券支持政策进行相应的分析。本章将我国碳债券政策及市场与欧盟、美国进行了简单比较，发现我国碳债券标准已逐渐与国际接轨，我国绿色债券市场已趋向成熟，但我国碳债券的信息披露、评估认证等监督方法仍未完善，支持政策有待更新和统一。因此，我国仍需进一步完善绿色债券的政策架构与细则，尝试推出主权绿色债券、绿色市政债等新品种，不断促进绿色债券市场蓬勃发展，推动“双碳”目标实现。

【思考题】

1. 国内和国际主要有哪些碳债券标准？主要内容是什么？
2. 国内的碳债券标准与国际标准有什么区别？
3. 欧盟、美国的碳债券政策和发行情况有哪些特点？对我国有何借鉴意义？
4. 简述我国碳债券政策和产品市场的发展历程。
5. 请结合我国国情和碳债券发展现状，思考我国政府应该如何完善碳债券制度体系。

第六章　碳基金

【学习目标】

1. 了解碳基金产生的背景和发展历程，理解碳基金的内涵和基本功能。

2. 了解碳基金内部管理结构、主要业务开展及其运作机制，理解碳基金在项目融资过程中的投资机制、风险控制机制、监管机制。

3. 了解世界银行碳基金和其他国家主要碳基金的基本情况，包括碳基金成立宗旨、目标和资产组合等内容，加深对碳基金的发展、内涵和功能的理解。

4. 了解我国碳基金的发展历程和我国主要碳基金的发展情况，理解我国碳基金与世界银行和其他发达国家碳基金之间的异同，进一步思考我国碳基金未来的发展方向。

第一节　碳基金的内涵与功能

一、碳基金的产生与发展

《京都议定书》建立了旨在促进缔约方遵守约定的三个灵活的减排机制，包括国际排放贸易机制、联合履约机制和清洁发展机制。其中，国际排放贸易机制允许发达国家将超额完成的减少排放单位转让给缔约方中的其他发达国家；联合履约机制是指缔约方中的发达国家针对某些符合条约规定的项目进行合作，一国实现的排放单位可以转让给另一国家；清洁发展机制是指发达国家可以通过资金和技术支持等方式在发展中国家境内开展项目合作，由此产生的减少排放单位可以用作抵消部分该发达国家的减排义务。总体而言，国际排放贸易机制和联合履约机制是连接发达国家与发达国家之间的合作，而清洁发展机制则是作用于发达国家和发展中国家之间的减排项目机制。

《京都议定书》所建立的三个减排项目机制不仅为相关缔约方实现具有法律约束力的减排目标提供了有效便捷的渠道，而且在一定程度上解决了《联合国气候变化框架公约》资金机制方面的问题。在讨论《联合国气候变化框架公约》资金机制时，发达国家和发展中国家或地区之间的分歧比较严重。发展中国家认为只有先获取资金和技术支持才能实现减排目标，而发达国家认为发展中国家应该同发达国家一道减排，只有先减排才能给予其资金和技术支持。

《京都议定书》下的减排项目机制在一定程度上克服了发达国家和发展中国家在经济发展和温室气体减排之间的矛盾。以清洁发展机制为例，发达国家通过向发展中国家提供资金和先进技术，帮助发展中国家实施温室气体减排项目，从而获得项目产生的核证减排量，以弥补自身实际减排量和《京都议定书》所要求的强制减排目标之间的缺口。发展中国家由于没有实际的减排指标和强制约束力，其可通过销售清洁发展机制所产生的核证减排量获取一定的收入，同时也引进了发达国家的先进技术，促进了本国经济、社会和环境的可持续发展。最终，发达国家和发展中国家在合作之中实现双赢。

在三个减排项目机制（主要为联合履约机制和清洁发展机制）实施过程中都产生了同一个产品——碳信用，并在一定条件下，其具有了商品的性质，能够在碳市场中进行交易。碳信用的最终买方主要是《京都议定书》中具有强制减排目标的缔约方国家和减排实体，其目的是完成自身的减排目标或弥补自身实际减排量与《京都议定书》规定指标间的缺口。碳信用的卖方则是《京都议定书》下减排机制项目尤其是清洁发展机制的项目所有人，其目的是通过销售碳信用获取收入，在一定程度上解决减排项目实施中的资金短缺问题。

为使联合履约机制和清洁发展机制项目更好地实施以促进全球温室气体减排并获取项目产生的可交易、可计量、可用于抵消减排目标的碳信用指标，一些国家、金融机构、企业和私人等专门设立了相关机构作为代理，为买方在碳市场中购买碳排放权以实现上述两种目标。这种代理机构被称为碳基金。

1999 年，世界银行启动了第一个碳基金——原型碳基金（Prototype Carbon Fund，PCF），这是一个封闭式共同基金，由 6 个政府部门（加拿大、芬兰、荷兰、挪威、瑞典和日本）和 16 家私营公司共同出资设立，旨在根据《京都议定书》的联合履约机制和清洁发展机制购买基于减排项目的经核证的、可计量的碳信用指标。该基金秉承“干中学”的管理模式，率先实施这些机制并传播其所吸取和积累的经验教训，以证明联合履约机制和清洁发展机制能够成为减少温室气体排放和促进可持续发展的可信的、具有成本效益的方式，并吸引更多的公共或私人资本进入减排项目中，共同促进温室气体的减排和全球经济的可持续发展。

在世界银行的积极推动和欧盟碳排放权交易体系的刺激下，碳基金在《京都议定书》第一承诺期通过清洁发展机制和联合履约机制取得了快速发展，但随着《京都议定书》第一承诺期和欧盟碳市场第二阶段的结束以及世界经济的低迷，基于

《京都议定书》减排机制下的碳信用交易也开始萎缩。2012年后少有AAU交易达成，交易也随之暂停；2013年后，受实体经济不振、社会生产缩减、《京都议定书》第一承诺期结束的影响，欧盟对进入欧盟碳排放权交易体系的清洁发展机制项目进行了严格的限制，其只接受最不发达的国家和地区新注册的清洁发展机制项目，中国、印度等最具代表性的清洁发展机制项目市场随之开始衰退，《京都议定书》下三个减排机制也开始淡出历史舞台，全球温室气体减排迎来了后京都时代。

2020年《京都议定书》正式被《巴黎协定》取代。与《巴黎协定》不同的是，《京都议定书》采取了一种自上而下的治理机制，为附件二国家制定了有法律约束力的强制减排目标，且将碳排放量很大的几个发展中国家排除在外；而《巴黎协定》最终采用的是以自下而上为主、兼有自上而下成分的混合型治理机制。在减排目标上，其提出了“国家自主贡献”的概念，各缔约方根据自身经济和政治状况自愿提出“国家自主贡献”减排承诺来开展全球温室气体减排，每个缔约方根据自身的能力和特点来决定减排多少、采取怎样的形式减排。此外，在各缔约方是否实现目标方面，《巴黎协定》并没有进一步制定相关的惩罚措施；在资金流动方面，《巴黎协定》模糊了资金支持对象，更多考虑了各国国内的资金流动。以上便是《巴黎协定》在治理机制和履约机制方面与《京都议定书》最大的不同，《巴黎协定》下的温室气体减排承诺相对多了几分非强制与国家自主自愿的韵味。

在后京都时代，清洁发展机制和联合履约机制下的信用处理问题变得棘手，欧盟碳排放权交易体系也开始严格限制抵消机制，《京都议定书》下碳市场开始萎缩。同时，在“国家自主贡献”减排承诺和欧盟碳市场的成功经验激励下，各国纷纷开始建立属于自己的碳市场并以适合自己的方式开展减排活动。欧盟碳排放权交易体系自2013年正式开启第三阶段，目前正迈向第四阶段；韩国排放权交易体系也已经走过了两个发展阶段，目前正处于第三阶段；美国加利福尼亚州也在2012年建立了属于自己的总量控制与交易体系，并于2013年开始实施；作为全球主要碳排放国家的中国，自2011年起在北京、天津、上海等七个省市开启碳排放权交易试点工作之后也于2021年6月25日正式宣布了全国统一碳交易市场的开启。

以欧盟碳排放权交易体系为例，欧盟内部温室气体排放权交易体系是基于欧盟温室气体排放总量限制、各成员国国家排放上限、本国企业的碳排放额度分配等机制建立的，在此过程中也产生了碳排放额的盈余方和短缺方，于是便产生了可在碳市场中进行交易的碳排放额——欧盟碳排放配额，与清洁发展机制下产生的核证减排量类似。而之前基于《京都议定书》下碳市场建立的旨在促进减排机制产生的可交易的、可核证的碳信用交易工具——碳基金，在《京都议定书》下碳市场衰落之后也开始在各国或区域碳市场中继续发挥作用，甚至得到了进一步的发展。

同样以欧盟碳市场为例，欧盟碳市场中的参与主体除管理机构、核查机构和服务机构外主要为碳排放配额的供给方、需求方和中间商三类，其中碳基金便是中间商的一种。除一部分大型龙头企业会直接参与碳排放配额的交易之外，比如德国第一大传统能源公司 RWE 与波兰最大的能源公司 PEG 集团，欧盟碳排放权交易体系所覆盖的控排企业中占据更大比例的中小企业参与碳市场的方式一般更多依赖于中间商代理机构，碳基金便是其中的中流砥柱。其不仅凭借着专业性帮助买卖双方寻求最佳交易时机和价格，而且进行配额的低买高卖，增加了市场的流动性。此外，其还向小公司购买富余配额并打包出售给需求量较大的客户，不仅连接碳排放配额盈余方和短缺方，促进了碳排放额的流动，而且通过碳排放配额的低买高卖实现了一定的盈利，为基金的投资者获取了一定的利润。

在此过程中还诞生了一种新形式的碳基金，这种碳基金是基于各国特定的减排支持政策出现的，其目的在于促进相关减排产业及活动的开展进而实现温室气体的减排，包括传统行业的转型，太阳能、风能等新能源产业的发展，二氧化碳等温室气体的捕获、储存和再利用产业。比如，根据《日本经济新闻》2022 年 5 月 14 日的报道，日本政府计划成立一个总投资为 1550 亿美元的减碳基金，以促进新电网技术的发展、帮助化工厂和钢铁厂等碳密集型产业转向更清洁的生产工艺，支持建立氢气和氨气等化石燃料替代品的供应链等。中国政府也正积极研究设立低碳转型基金以支持传统产业的转型及新兴清洁产业的发展。

总体而言，基于各国或各区域碳市场和碳减排制度的碳基金与基于《京都议定书》下碳市场及《京都议定书》下减排机制所产生碳信用交易行为的碳基金在本质和功能上是一致的，只是其具体运行和相关业务受到不同碳市场及减排相关政策和制度的影响。

二、碳基金的定义

碳基金最初成立的目的是促进《京都议定书》下减排项目机制的实施及推动其产生的碳排放权的交易所设立的融资工具。由于大部分经核证的、可计量的碳信用指标来自清洁发展机制，碳基金一般指为推动清洁发展机制所产生的碳信用交易的专项资金。碳基金早期的运营主要通过直接签署或通过中间商签署减排购买协议的形式获取减排项目所产生的可交易的、可计量的碳信用指标，其目的是通过减排项目获取碳信用以实现《京都议定书》中规定的强制减排目标或是抵消自身实际减排和规定减排之间的差距。直到 2005 年《京都议定书》正式生效之前，此种方式运行的碳基金一直占据主导地位，在碳基金数量和管理资金总额中都占据绝对比例，并且绝大部分碳基金都是由世界银行或国家政府设立和管理的，资金也是来自公共资金。因此，在此期间，碳基金普遍是指由世界银行以及一些具有强制减排目标的国家政府和私人实体共同出资设立，旨在以减排购买协议的方式通过《京都议定书》下减排项目机制（主要是清洁发展机制和联合履约机制）获取可交易的、可计量的碳信用指标以实现自身减排目标，并促进减排项目实施和碳信用交易，进而共同实现全球温室气体减排的投融资工具。

2003年欧盟碳排放权交易计划的宣布和2005年《京都议定书》的正式生效，消除了私人投资者对《京都议定书》下减排项目机制的疑虑，加上市场对经核证的、可交易的碳信用指标的需求上升，私人投资者纷纷进入碳市场。这段时间，私人投资者设立管理的私人碳基金数量和管理金额快速上升，与公共碳基金形成碳市场发展的两驾马车，并轨同行。因此，碳基金的内涵有了进一步扩展：碳基金是指由国际金融机构、国家政府、企业实体以及私人机构专门设立的投融资渠道，通过在全球范围内开展减排机制项目，并以减排项目协议等方式从中获取项目产生的可计量的碳信用指标，以满足自身强制性减排要求，或通过在二级市场出售碳信用赚取差价。

随着私人碳基金和碳市场的发展，一级市场的碳信用指标价格越来越高，以较低的价格购买稳定减排项目产生的碳信用的竞争越来越激烈，碳基金开始转变投资策略，尤其是私人碳基金，其秉承利润最大化的原则，开始追求一些利润更高、风险更大的投资选择。碳基金获取碳信用的方式由减排购买协议开始向直接投资的方式转变，碳基金不仅为减排项目提供资金，而且参与到项目的管理和评估中。此外，碳基金也开始为一些减排机制项目的所有者提供相应的贷款。一些碳基金更是以私募股权的方式投资于那些商业行动有助于气候变化的公司，碳基金的投资范围也由减排项目和碳信用扩展到一些实体公司及其他有关碳资产和气候变化的投资机会。因此，碳基金有了一个更加全面、更为广义的定义：碳基金是由国际金融机构、国家、企业和私人机构设立并管理的投融资工具，通过项目减排购买协议、直接投资等方式投资于《京都议定书》下的减排机制项目并从中获取碳信用，用于抵消自身的强制性减排目标或在二级市场出售以获取收益。此外，碳基金还以信用贷款、私募股权投资等方式为有助于气候变化和温室气体减排的企业及其相关活动提供融资支持。

三、碳基金的分类

可以从资金来源、投资目标、投资策略以及设立和管理方式等多个角度对碳基金进行分类。需要指出的是，各类碳基金并不是同时出现的，而是随着碳市场不断发展变化、相关政策制度不断完善以及众多投资者“碳”投资意识不断加强而演变发展的，最终呈现出百花齐放、百家争鸣的状态。

（一）按照资金来源划分

按照碳基金的资金来源不同可以将碳基金划分为公共碳基金（Public Carbon

Fund)、私人碳基金（Private Carbon Fund）和混合碳基金（Mixed Carbon Fund）。

在俄罗斯于2004年批准《京都议定书》之前，对碳信用进行投资和交易的主体是公共碳基金。虽然《京都议定书》尚未正式生效，但是许多发达国家认定基于《京都议定书》的强制减排目标终将成为全世界的共识，这些国家很快意识到为了完成《京都议定书》所规定的强制减排目标或弥补自身实际减排与强制性减排之间的缺口，必须充分利用《京都议定书》中灵活的减排项目机制。随着欧盟碳排放权交易体系的实施和发展，欧盟国家比其他国家更早地面临着减排压力。因此，在世界银行初步尝试并积累了一定的经验之后，一些欧盟国家积极参与到碳市场中。但是，由于《京都议定书》尚未正式生效，围绕着《京都议定书》及其项目机制（主要为联合履约机制和清洁发展机制）的执行情况所产生的不确定性和风险成为私人投资者进入碳市场最大的阻碍，私人投资者普遍倾向于投资由政府设立的更稳定、更安全的混合碳基金。

（二）按照投资目的划分

按照投资目的不同可以将碳基金划分为减排承诺驱动型碳基金或合规型碳基金（Regulatory Compliance Carbon Fund）、财务投资型碳基金或投资获利型碳基金（Financial Profit Carbon Fund）、自愿减排型碳基金（Voluntary Compliance Carbon Fund）以及可持续发展型碳基金（Development Carbon Fund）。

1. 减排承诺驱动型碳基金

这类碳基金大多由政府设立，其投资目的在于通过投资清洁发展机制项目以获取碳信用，然后出售给需要实现减排目标的工业实体以满足其减排要求，进一步缩小或弥补国内实际减排与《京都议定书》规定的强制减排目标之间的差距。

2. 财务投资型碳基金

这类碳基金主要投资于一级市场的碳资产，然后在二级市场以更高的价格出售，以获取一级市场和二级市场之间碳信用的差价为目的。

3. 自愿减排型碳基金

自愿减排型碳基金由决定自愿抵消其排放的私人、公共实体和公司设立，其目的在于购买碳信用指标以抵消自身的排放，其碳排放信用指标也可能来自《京都议定书》机制所产生的碳排放额。2009年，BMO金融集团和TD银行联合投资1230万美元成立了加拿大首个自愿减排碳基金——绿色加拿大基金，该基金代表希望抵消碳足迹的加拿大公司购买碳信用。

4. 可持续发展型碳基金

可持续发展型碳基金的目标是通过资助清洁发展机制和联合履约机制项目以促进发展中国家的可持续增长。此类基金通过出售减排项目所产生的可交易的、可计量的碳信用（CER）获取收益以持续地为发展中国家的减排项目提供资金。比如，世界银行的社区发展碳基金以及由联合国开发计划署和富通银行联合管理的千年目标碳基金。

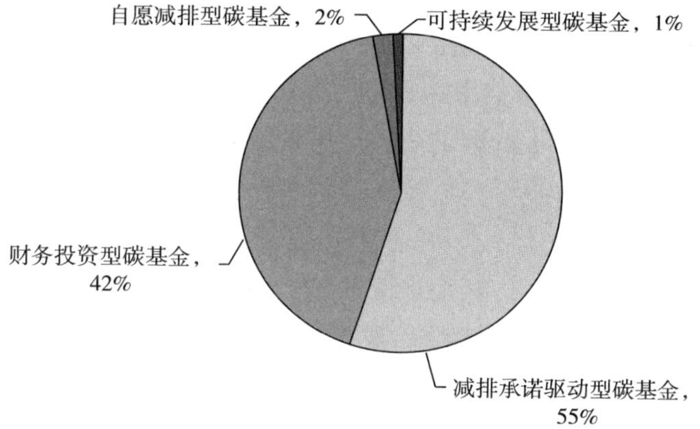

图 6.1　各类碳基金资产规模占比（按照投资目的分类）

（三）按照投资策略划分

碳基金是清洁发展机制和联合履约机制项目的主要融资渠道，其主要通过以下几种方式提供资金。

一是远期购买方式。碳基金在减排项目初期一次性向项目所有者购买项目预期产生的全部碳信用指标并支付全部费用，项目投产后，碳基金拥有所有碳信用指标的产权。这种融资方式可以使项目所有者的风险降到最低，同时能够获得一定的资金以弥补项目建设的资金缺口，使减排项目更好地实施。但对于碳基金而言，其需要承担更高的风险，比如减排项目实际产生的碳信用比预期的碳信用低。因此，为了应对较高的风险，碳基金将以一个很低的购买价格签订远期合约。

二是减排购买协议（Emission Reduction Purchase Agreement，ERPA）。为了降低风险，碳基金不再以签订远期合约的方式购买碳信用，而是以签订减排购买协议的方式购买，在产生 CER 后付款购买。与远期购买合约不同的是，为了降低风险，减排购买协议对碳信用的购买数量和购买价格的上下限进行了限制。

三是定金—购买协议。此种融资方式是上述两种方式的结合，是风险和收益在双方更优的配置。其具体操作是，碳基金预先向减排项目的所有者支付一定的项目建设资金，同时签订一份购买协议，此协议同样规定了购买价格的上下限。这种方式使碳基金拥有一部分碳信用的产权，同时也为项目所有者提供了一定的项目建设资金，降低了双方的风险，体现了风险共担、收益共享的原则。

四是直接投资。直接投资是指碳基金直接参与减排项目，不仅直接为减排项目提供建设资金，而且参与减排项目的评估和管理。碳基金不仅享有一部分经核证的、可计量、可交易的碳信用指标的产权，而且享有减排项目的产权，同时还享有以较低的价格获取更多碳信用的权利。

以上四种融资方式也是碳基金获取碳信用的主要方式。直到2005年，碳基金获取碳信用的方式仍以减排购买协议为主，直接投资的方式占比很低。但是2005年之后，也就是《京都议定书》正式生效之后，碳市场迎来了较大的改变。主要原因在于：（1）随着碳基金和其他碳信用购买方的数量及其对碳信用需求的增加，以较低的价格购买稳定减排项目产生的碳信用的竞争日益激烈；（2）一级市场碳信用指标的价格越来越高，尤其是2005年《京都议定书》生效之后，私人碳基金迎来了爆发式增长，这部分碳基金开始寻求利润更高、风险更大的投资项目；（3）对于一些新的、小型的项目所有者而言，其很难接触到信用购买型碳基金。因此，2005年以来，碳基金的投资策略在许多领域都出现了创新，投资组合更加多样化，开始由以减排购买协议为主的方式向以直接投资为主的方式转变；根据项目预期碳信用的未来收入为项目所有者发放贷款；以私募股权投资等方式投资其商业活动有助于应对气候变化的公司等。

综上所述，根据投资策略的不同，可以将碳基金划分为信用购买型碳基金（Credit Carbon Fund）、项目投资型碳基金或风险投资型碳基金（Project Carbon Fund）以及混合投资策略型碳基金（Multi-Strategy Carbon Fund）。

信用购买型碳基金主要以减排购买协议的方式购买减排项目产生的碳信用，然后将碳信用作为投资者的红利，用于抵消自身减排目标或在二级市场出售以获取财务利润。此类碳基金仍是碳市场中的主流。例如，摩洛哥证券交易所（CDG）于2008年设立、由CDG资本私募股权公司管理的摩洛哥碳资本基金（Carbon Capital Fund Morocco）是非洲法语区最大的碳基金，专门用于碳融资。该基金通过获得2008—2017年间碳信用，帮助摩洛哥开发商实施清洁发展机制项目，其业务涉及可再生能源、能源效率、废弃物管理以及造林和再造林等领域。

项目投资型碳基金或风险投资型碳基金通过直接投资的方式获取碳信用。例如，成立于德国的第一气候资产管理公司（First Climate Asset Management SA）管理的气候变化投资1基金和2基金（Climate Change Investment 1 and 2）主要投资位于拉丁美洲、印度、东南亚及中国的清洁发展机制项目和联合履约机制项目，以获得项目产生的碳信用。

混合投资策略型碳基金秉承追求更高利润的原则，不断丰富自身投资组合的多样性，不仅以减排购买协议的方式获取碳信用，而且通过直接投资和私募股权投资的方式获取碳信用和投资收益。例如，2007年12月于澳大利亚启动的Arkx碳基金将50%的资金投资于从事可再生能源的公司，25%的资金直接投资于清洁发展机制项目，20%的资金投资于欧盟碳排放配额和CER交易，5%的资金投资于澳大利亚的各种其他投资。

（四）其他碳基金

1. 基金的基金（Fund of Funds）

世界银行启动了几个创新办法，包括伞式碳基金融资机制，这是一个基金的基金，包含来自世界银行和其他碳基金的资本。该基金筹集了7.76亿欧元，通过分散基金的投资组合来分散风险，从而能够为大型项目提供资金。

2. 对冲碳基金（Hedging Carbon Fund）

2008年以来，碳基金管理者不断加快项目的开发以完成碳信用的购买目标。例如，管理近10亿美元碳信用投资的英国气候变化投资基金开发了碳信用投资组合管理业务，其战略定位于投资资本和更具投机性的对冲基金。此外，Man Investments公司推出了5000万美元的碳套利基金，通过买卖期货合约的方式获取收益。其投资战略依赖于碳配额、碳信用和其他能源商品（煤、石油和天然气）的价格变化。

3. 专注于特定区域和领域的碳基金

在2010年被确定为活跃的96个碳基金中，有10个基金宣布它们正在投资和购买特定区域组织项目所产生的碳信用。2008年，斯里兰卡政府与私营企业合作推出了一个碳基金——斯里兰卡碳基金（Sri Lanka Carbon Fund），旨在通过专门投资位于斯里兰卡的清洁发展机制项目获取碳信用，并将这些碳信用出售给国际买家。此外，也有一些碳基金专门从事特定领域的投资。例如，2009年启动的特拉贝拉碳基金（Terra Bella Carbon Fund）致力于投资农业和林业部门的减排项目；2007年启动的英国政府碳抵消自愿基金专注于能源效率领域减排项目的投资；世界银行于2003年创立的生物碳基金则倾向于投资农林部门的减排项目。

四、碳基金的功能

碳基金成立之初旨在推动《京都议定书》所提出的清洁发展机制和联合履约机制的实施，并推动减排项目产生的碳信用的交易，以帮助一些在《京都议定书》下具有强制减排目标的国家和企业实体实现其强制减排目标，进而实现全球范围内的碳减排目标。在整个减排项目机制实施过程中，主要的参与者为减排项目的投资者和减排项目的所有者，两者又分别代表需购买额外的经核证的、可计量的碳信用指标以抵消自身强制减排目标的国家和企业实体以及缺乏资金和技术来实施减排项目并实现碳减排的国家和企业实体。碳基金实际上是连接两者的桥梁，这便是其最主要、最本质的功能。

1. 减排项目所有者（碳信用的供给方）

减排项目的发起者和所有者主要为在节能减排项目的实施过程中缺乏资金和技术的发展中国家企业实体。此时碳基金便采取基金的方式将一些具有强制减排目标的国家或企业实体的资金集中起来，通过远期购买、减排购买协议等方式向项目所有者提供资金。以减排购买协议为例，项目所有者在签订协议之后，可以以该协议为抵押向国内外银行申请贷款以弥补资金的不足；也可以在资本市场上以减排购买协议中 CER 预期收入为保证，通过在资本市场发行债券来募集资金。随着项目型碳基金的出现和发展，这类基金开始直接参与减排项目的开发和管理，不仅为项目的实施直接提供了资金和技术，而且将自身的相关项目管理经验、风险控制经验注入整个项目实施过程，从而使减排项目更好地完成并降低了交易双方的风险。

2. 碳信用购买者（碳信用的需求方）

碳基金连接的另一方便是碳信用的需求方，碳基金将通过减排项目所获得的经核证的、可计量的、可交易的碳信用以红利的方式回报给需要碳信用的投资者，或将碳信用在碳市场中以出售的方式出售给那些具有强制减排目标的国家和企业实体，进而完成其强制减排任务，共同实现全球碳减排目标。

3. 减排项目带来的人文关怀——贫困地区的生活改善

碳基金所投项目可降低温室气体排放，同时项目本身的成功也能够改善贫困地区居民的生活质量，为他们带来一些实际的好处。非洲面临着严重的电力短缺，大约只有四分之一的家庭能够用上电，农村地区的电力供给率只有 2%，因此许多家庭只能继续使用传统的煤油或木材等生物质能。能源的短缺直接导致经济的落后，根据 2008 年 Gouvello 的评估，撒哈拉以南的非洲国家可以走低碳发展的道路，利用《京都议定书》市场机制在促进减排的同时，满足紧缺的能源需求。以亚洲的孟加拉国太阳能项目为例，该项目旨在利用太阳能帮助那些贫困或边远农村地区解决电力短缺的问题。世界银行的碳融资项目为贫困家庭提供小额贷款购买太阳能电池板，在绿色电力的支持下，农村的商业活动逐渐增加，贫困家庭的生活质量得以提升，同时有效降低了由于使用煤油、木材发电所导致的大量温室气体排放。

第二节 碳基金的管理结构与运作模式

一、碳基金的管理结构

碳基金通常通过信托的方式在碳基金、碳基金的投资者和碳基金管理公司之间建立信托关系，其中碳基金为委托人，基金管理公司为受托人，碳基金的投资者为最终受益人。

在资产管理和运营中采取信托这种法律形式具有以下优点：（1）资产的安全性较高。当委托人也就是出资方（政府和私营机构）将资产委托给受托人（基金托管人或基金管理公司）进行信托管理后，委托人资产和债务的变化不会影响信托资产。（2）资产的独立性较好。委托人委托受托人管理的信托资产与受托人自身的资产必须相互独立、分别管理，且不受受托人资产状况变化的影响。例如，当受托人宣告破产时，信托资产不会被纳入受托人的资产范围而受到债权人的追偿。（3）资产使用弹性较大。因为信托资产必须根据委托人委托的特定目的来使用，且委托人有权对此进行灵活变更，资产使用弹性较大。（4）资产的集中程度增加了资产的使用效率。当受托人接受不同委托人的委托，对使用目的类似或相同的资产进行管理时，可以充分发挥资产的规模效应，挖掘更多的资产使用机会，增加资产之间的协同效应。（5）专业团队提升资产管理效率。信托资产的受托人在信托资产的使用方面通常比委托人具有更强大的专业技能和更丰富的管理经验，因而能够帮助信托资产保值增值，实现委托人的委托目的。

信托所具备的资产管理和运营的优点更适合碳基金的建立、管理与运行。第一，碳基金的出资方数量众多、地域分布广泛，少则几家政府和私营机构，多则十几家，且通常具有公私混合的特征。希望众多出资方都付出同等的时间、精力和资源参与碳基金的日常经营是不太现实的，即使如此也会产生搭便车、意见不统一、资源浪费、低效率和高成本等问题。因此，众多出资方共同委托一家基金管理公司对共同资产进行管理是各方共同的需求和选择。第二，碳基金的投资和运行通常是在全球范围内开展的，尤其是一些位于东南亚、非洲的发展中国家。但是，碳基金的出资方往往是来自具有强制减排任务的发达国家政府或经济实体，其在发展中国家缺乏相应的机构和人员。所以，出资方将碳基金的日常管理与运行委托给具有专业能力且积极活动于全球范围内的基金管理公司，能够更好地开展碳基金的相关投资业务，也更易于操作。第三，碳基金的管理除了日常的运行管理外，还主要涉及碳减排项目、碳市场与碳交易等专业知识，选取一家汇集各类人才且具有相关投资经验的基金管理公司，能够更高效地使用出资人提供的信托资产，同时也能够更好地控制基金运行中的风险。

如图 6.2 所示，碳基金的整体管理结构与有限责任公司或股份有限公司的管理结构类似，同样具备权力机构、执行机构和监督机构。其中，由公共投资者和私人投资者选举代表成立出资方委员会，作为碳基金整体管理结构的权力机构代表出资方行使权力。由于碳基金的出资方数量众多、分布广泛且通常具有公私混合的特征，如果不成立专门的出资方委员会代表出资方来具体行使碳基金的管理权力，碳基金的管理便会陷入一种低效率与高成本的困境。在碳基金出资方的委托下，碳基金托管人或基金管理公司作为碳基金的受托方与碳基金的执行机构负责碳基金具体的日常管理与运行。

此外，碳基金的整体管理结构中设有东道国委员会，由碳基金所投资的碳减排项目所在地的国家代表组成，其类似于有限责任公司或股份有限公司的监事会，具有对碳基金投资的碳减排项目的监督权和建议权。东道国委员会对减排项目的监督和建议具体体现在碳减排项目的选择和执行上，对碳基金的日常管理和运行活动并无监督权和建议权。减排项目在选择和执行周期内需要东道国政府及其他相关机构的配合，因此需要赋予东道国一定的监督权和建议权。但是在项目的具体执行过程中又需要保持碳基金和基金管理公司的独立运作，不需要东道国的过多干预，因此相比有限责任公司和股份有限公司的监事会，东道国委员会的监督权和建议权发挥作用的范围有限。

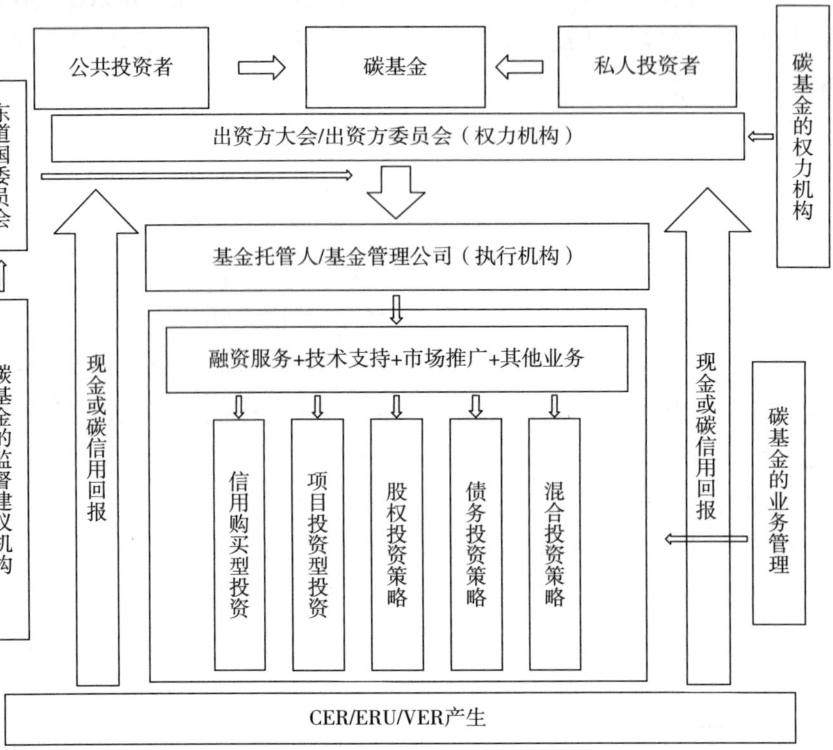

图 6.2 碳基金管理结构示意图

二、碳基金的主要业务

大部分碳基金，尤其是狭义碳基金，其业务主要集中于获取可计量的、经核证的碳排放权及与其相关的业务上。除碳排放权的获取，一些碳基金还致力于通过债券投资、股权投资等方式为有利于减排的活动提供资金，而不寻求以碳信用的方式获取回报。另外，对于不同的碳基金而言，因其性质和成立目标的不同，其他业务也会有所不同。

（1）碳信用业务。碳信用业务主要是指以减排购买协议、远期购买和定金—购买协议等方式为《京都议定书》下清洁发展机制和联合履约机制项目提供资金，进而促进减排项目顺利实施并获取碳信用。此外，碳基金还可以通过对减排项目的直接投资以及通过股权投资和收购减排项目等方式间接获取碳信用。

（2）技术支持业务。技术支持业务是碳基金为顺利获取碳信用，并促进全球温室气体减排而产生的衍生业务。技术支持主要是指在碳基金为减排项目提供资金的同时，还深入减排项目的直接管理中，并为项目开发者提供综合性的项目开发技术支持，以帮助碳减排项目所有者开发出合格的碳减排项目，减少碳基金在项目投资中的风险。以亚洲开发银行管理的亚洲太平洋碳基金为例，其设置了专门的技术支持部门，主要提供项目识别与筛选、项目开发、审定和注册、项目执行与检测、项目开发商能力建设和出资方能力建设五个方面的技术综合性服务，目标是提高发展中国家的碳减排项目持续稳定的开发能力。

（3）市场推广业务。市场推广业务是指碳基金为减排项目所有者提供市场服务，帮助减排项目所有者在碳市场上以合理的价格和条款出售减排项目所产生的碳信用。一般而言，只有在碳基金没有购买减排项目产生的所有碳信用时，才会启动市场推广业务，帮助减排项目所有者卖出剩余碳信用。全球领先的私人碳基金——DevvStream 碳信用投资公司在与项目所有者合作开发减排项目时，将全程参与项目的整个执行过程，包括项目概念、项目开发与维护以及碳信用销售。

（4）除传统的碳信用购买外，近年来，随着碳市场中减排项目的发展及私人碳基金的不断加入，碳基金另辟蹊径，通过债券投资（为减排项目所有者提供贷款）和股权投资获取企业价值成长带来的收益。此外，随京都市场的衰落，一些国家为促进高碳排放产业转型和绿色产业发展以实现自身温室气体减排，通过绿色贷款、股权投资等方式为有利于减排的项目和活动提供资金。以中国清洁发展机制基金有偿使用业务为例，基金通过以下四种方式为有利于产生应对气候变化效益的产业活动提供融资，分别为股权投资、委托贷款、融资性担保、国家批准的其他方式，其中又以委托贷款为主。2021 年，中国清洁发展机制基金管理中心共完成了 27 个委托贷款项目，通过市场化运作，向集中供热、风电、绿色公交、城市照明、森林碳汇、垃圾发电等 9 个与国家应对气候变化、绿色低碳发展密切相关的领域投入 25. 27 亿元，引导带动了 108. 34 亿元的多元化社会资金参与气候投资，形成了年均 340. 65 万吨二氧化碳当量的减碳能力，同时也提供了 2 万余个就业岗位，为“双碳”目标的实现作出了积极贡献。

（5）其他业务。除了上述几种主要业务外，碳基金还涉及其他相关业务。比如，中国清洁发展机制基金推出的“赠款支持”业务，为应对气候变化的相关活动提供支持资金。该业务包括但不限于：①为与应对气候变化相关的政策研究和学术活动提供资金；②为与应对气候变化相关的国际合作活动提供资金；③为旨在加强应对气候变化能力建设的培训活动提供资金；④为旨在提高公众应对气候变化意识的宣传、教育活动提供资金；⑤为其他服务于有助于应对气候变化的其他事项提供资金。例如，2011 年 4 月 14 日，在中国清洁发展机制基金赠款支持下，由跨国媒体合作拍摄的大型高清纪录片——《环球同此凉热：气候文明之旅》正式启动，以发展的观点、全球的视野和文明进步的眼光，引导公众对气候变化问题进行再思考和再认识。又比如，澳大利亚减排基金还负责项目方法学的开发和碳信用的拍卖。

三、碳基金的运行机制

（一）碳基金的投资机制

碳基金的投资机制是碳基金运行的核心机制，也是碳基金运行的具体实施方式，其中最为关键的便是碳基金的投资决策机制。对投资项目的选择直接关系到减排项目是否成功，同时也是碳基金风险管理中重要的一环。因此，碳基金的投资决策机制是碳基金整个运行机制中的基石，只有选择了正确的减排项目，后续的项目实施、管理和风险控制才能顺利进行，基金的运行才能稳定和持续。

碳基金的投资对象为碳减排项目，前期根据相关的标准对减排项目及其所有者进行识别和评估，准确判断是否为合格的减排项目（清洁发展机制项目和联合履约机制项目）以及其是否具有真实的、可测量的、额外的减排效果。

不同的碳基金对项目的识别和评估有不同的程序和标准。比如，中国清洁发展机制基金有偿使用项目的识别与评估活动涵盖项目筛选、立项、尽职调查、风险评估以及投资评审等事项。具体内容如下：（1）基金管理中心在综合考虑有偿使用项目收益和风险的基础上，对项目的质量和政策合规性、项目企业的基本状况和经营能力等方面展开尽职调查，在收集到全面、真实、准确的信息之后，从金融、法律和行业等角度开展对有偿使用项目的风险识别和评估，并将形成的风险评估报告提交基金管理中心风险管理委员会审议；（2）风险管理委员会由外聘的金融、财务、法律及行业风险管理专家与基金管理中心负责基金风险管理和有偿使用的人员组成，通过风险管理委员会的审议将作为碳基金投资决策的重要依据；（3）基金管理中心的投资评审委员会将根据项目预算、项目可行性报告、项目实施方案和尽职调查报告，独立开展基金有偿使用业务的技术和经济评价工作；（4）基金管理中心将项目建议书、可行性报告、尽职调查报告、项目实施方案、风险管理委员会和投资评审委员会的审议结果一并报送基金审核理事会审核并报请国家发展改革委和财政部批准。

此外，在减排项目的筛选上也有相应的标准和要求。按照国家发展改革委关于清洁能源管理运作的规定，清洁发展机制项目应该符合以下方面的要求：（1）应符合项目所在国可持续发展的要求，具体表现为减排项目应有利于国民经济的发展，有利于环境保护和缓解温室效应，有利于减排项目所在地的经济发展和减少贫困，有利于社会进步和增加就业；（2）项目必须符合项目所在地环境保护的有关规定；（3）项目必须具备额外性，主要包括资金的额外性和技术的额外性；（4）应有助于引进先进技术；（5）CER 的价格要合理；（6）项目设计文件要符合相关规定；（7）项目方法学，尤其是基准线的选取要恰当。

（二）碳基金的风险识别及控制机制

由于运作过程环节众多，涉及不同国家的政策法规且项目参与主体复杂多样，碳基金存在诸多风险。碳基金的风险来源主要有两个方面，第一个是碳基金内部管理结构中的各个参与主体；第二个是碳基金所参与的投资项目及其相关的参与主体。在碳基金内部，主要参与主体为碳基金管理者和出资人，基金管理者主要负责碳基金的投资运作，在有效控制风险的基础上为出资人争取最大的投资收益。在碳基金的投资活动中，主要涉及碳基金管理公司、碳基金投资的减排项目和减排项目的所有者。此外，还涉及项目所在地的其他相关主体，尤其是项目所在地的政府及相关机构。除上述存在于运作管理中的一些具体风险外，碳基金还面临着市场风险、操作风险、流动性风险、国家风险、战略风险和声誉风险等。总体而言，碳基金的风险可由“一项目、三主体、一政府、各方面”十二字来概括。

1. “一项目”

碳基金所投资的减排项目以清洁发展机制项目为主，其项目周期主要分为七个步骤：项目的设计与描述、项目批准、项目的审定注册、项目融资、项目的实施与监测、减排量的核查与核证以及核证减排量的签发。前面四个步骤需在项目实施之前完成，后面三个步骤发生在项目的核证减排量（CER）交付期间。根据项目周期，CDM 项目的风险包括国内审批风险、国际审批风险、审查风险、注册风险、核证风险、CER 的交付风险、CER 的价格风险、汇率风险和国际气候谈判风险等。

国内审批风险是指 CDM 项目的有关内容不符合项目所在地国家的相关政策和可持续经济发展目标。国际审批风险主要来自对减排项目所选择的方法学。审查风险是指定经营实体（Designated Operational Entity，DOE）在审查项目的项目设计文件（Project Design Document，PDD）时，如果发现项目不符合 CDM 项目标准，就需要听取专家和公众的意见，并对项目设计文件进行反复修改。注册风险是指当提出注册申请时，如果有三个以上成员提出异议，就需要重审。核证是指由指定的经营实体定期独立审评已登记的 CDM 项目，核实项目存续期内产生的、经检测的温室气体源人为减排量。核证的风险主要来自以下几个方面：（1）指定经营实体对如何进行核证缺乏系统的思路，导致监控结果不可靠，经营实体被取消资格和核证结果；（2）检测、计量设备有缺陷，或者采用的不是最新的检测计量设备；（3）缺乏对数据的管理；（4）指定经营实体出现道德风险问题，在核证过程中一般需指定经营实体负责 CDM 项目的实际减排量的核证，由于缺乏对指定经营实体的监管措施以及存在信息不对称问题，一些指定经营实体在 CDM 项目的核证过程中会发生诸如提供虚假信息等不良行为。CER 的交付风险是指 CDM 项目开展以后，项目进程或是技术问题导致 CDM 项目无法按时交付足量 CER 的风险。CER 的价格风险是指 CER 的现货价格和期货价格受供求等外部因素影响发生波动的风险。汇率风险是指本国货币对外国货币汇率的不利浮动造成潜在损失的风险。

除上述风险外，由于项目审批程序复杂多样，周期较长，环节较多，在整个项目周期内也会有一些其他衍生风险，包括：（1）CDM 项目要通过发展中国家有关机构审批并在联合国注册，审批机构和环节较多，持续时间较长，存在诸多不确定性，包括项目审批结果的不确定性和外部环境的不确定性，导致风险上升；（2）在审查中还涉及项目设计文件设计费、修改费等相关费用，如果项目审查不通过，注册不成功，则会给项目所有者带来较大的经济损失。

2. “三主体”

在碳基金管理结构和运作框架中主要涉及三个主体，分别为基金出资人或受益人、基金托管人或基金管理公司、减排项目的所有者。从基金托管人或基金管理公司的角度来讲，最大的风险便在于受托人的道德风险。比如，基金管理公司可能将基金出资人的资金投资于一些风险更高的 CDM 项目，或是将出资人的资金以债券或股权的方式投资于一些质量较差的项目和企业以获取一些额外的不正当收益。此外，基金管理中心重大经营决策失误或对决策执行不当也会导致基金资产价值的损失。

从项目所有者角度来看，相关风险主要包括：（1）CDM 等减排项目申请程序复杂、申请周期较长、环节较多、涉及多个机构，因此为保证减排项目的成功申请注册，项目所有者有可能联合相关机构进行信息造假，甚至会出现一些寻租行为，进而导致出现一些质量不过关的减排项目，增加碳基金的风险；（2）项目所有者的技术和资金问题，尤其是技术问题将导致减排项目最终无法产生预期的 CER，进一步增加 CER 的交付风险；（3）项目所有者管理经验和管理能力不足，无法应对一些突发问题，导致项目进程减缓，项目无法按时完成，进而使碳基金无法按时收回投资回报，导致碳基金资金周转风险上升；（4）项目所有者在融资后出现违约或履约能力发生不利变化会造成碳基金资产价值损失的风险。

3. “一政府”

此处的政府主要指项目所在地的东道国政府，其风险集中于 CDM 项目申请阶段，即 CDM 项目不符合东道国相关政策和可持续发展目标的要求导致的审批风险；也可能出现东道国官员的寻租或信息造假行为，导致减排项目后期的监管风险上升。

4. “各方面”

除上述风险外，在碳基金整个运作周期中还面临着以下各方面的风险：（1）操作风险，即操作流程不完善、人为过错、系统故障以及外部事件等造成基金资产损失的风险。(2) 流动性风险。基金资产短期内不能按照市场价格变现，或达不到预期变现规模导致基金资产价值损失的风险。(3) 国家风险。交易对象所在的国家或地区政治经济环境发生变化，比如发生战争、自然灾害、政府更迭、金融危机、政策改变等，造成基金资产价值损失的风险。(4) 法律风险。交易不符合有关国家或地区的法律规定，交易合同无法履行或按照有关国家或地区的法律无法强制执行，基金业务操作无法及时适应相关法律变化，从而导致基金资产价值损失的风险。(5) 声誉风险，即负面的公众舆论与观点对基金收益和资产价值带来的不利影响。

(三) 碳基金的监管机制

监管机制的存在是为了碳基金的管理和业务能够顺利进行，能够最大限度地控制风险，使碳基金所投项目顺利实施并按时收回投资回报。通常情况下，碳基金监管机构可由国际金融组织、国家政府、金融机构、企业董事会等构成，监管的主要职能包括：(1) 确定基金的投资策略和政策；(2) 聘用和监督基金管理团队；(3) 确定选择项目的总体标准；(4) 批准年度业务管理团队制定的计划和预算；(5) 准备和向政府提交年度财务报告；(6) 确保基金在运作过程中遵守国家能源效率战略和计划。

总体而言，由出资人组成的权力机构——出资人委员会或董事会对基金管理公司进行监管，碳基金投资规模和投资阶段等核心议题也将由出资人委员会商议决定。碳基金管理公司选取潜在投资项目并进行尽职调查和投资谈判，在此过程中，基金管理公司对相关从业人员和相关环节进行监督管理，以免出现道德风险和寻租等，并建立有效的风险评估体系和项目监控体系。

以中国清洁发展机制基金为例，其项目监管体系包括以下内容：(1) 制定完备的业务管理办法，根据各类有偿使用方式的特点，有针对性地设定业务流程和工作要求，并按照《中国清洁发展机制基金财务管理办法》规范有偿使用活动的会计核算和财务管理。(2) 设立专门的风险内控机构，独立行使风险识别、评估、监测和控制等职能，保证风险管理工作的客观性、有效性和权威性。(3) 健全合理的岗位责任制度，强化项目管理和风险控制理念，明晰部门分工和岗位职责。基金有偿使用活动采用双岗管理模式，由两名工作人员共同开展项目管理工作，并承担各自的岗位职责，以确保基金有偿使用活动有序进行。(4) 构建科学的风险评估模式，全面评估基金有偿使用项目的市场风险、信用风险、流动性风险、操作风险、道德风险和法律风险等，最大限度地保障基金有偿使用活动的安全。(5) 采用稳健的资金运作模式，按照资产与负债相匹配的管理要求，完善有偿使用资金配置计划，合理安排资金使用期限和投入进度，并对资金的运行状况进行全程监控。(6) 建立有效的项目监控系统，定期或不定期地对有偿使用项目的合规性、资金风险状况、项目相关方的管理能力及项目运行绩效等进行评价。必要时，基金管理中心可聘请中介机构或专家就项目的财务、法律事务、内部控制、技术、风险等内容开展独立评价。

（7）完善重大突发事件应急机制，应对重大突发性风险。

四、碳基金项目案例

（一）项目基本情况

2018 年 9 月，位于江苏省南通市如东县东北部的如东洋口港经济开发区正式获批省级开发区。为加快推进洋口港开发区重大产业项目建设，如东县人民政府同意在洋口港临港工业区二、三期地块内设立如东产业园，并与洋口港经济开发区实行一体化管理。根据《如东县热电联产规划（2018—2020）》，如东县划分为三个供热片区，即县城供热片区、沿海经济开发区供热片区和洋口港经济开发区供热片区。其中，为促进洋口港经济开发区发展建设，引进了桐昆集团聚酯一体化等项目。为满足新增热负荷需求，如东县发展改革委编制了《如东县热电联产规划（2018—2020）洋口港经济开发区供热片区调整方案》，拟建设如东产业园热电联产项目，以确保满足产业园及洋口港经济开发区的热需求。

如东产业园热电联产项目由金光能源（南通）有限公司投资建设，总投资 131590 万元，为保证项目顺利实施，该项目向中国清洁发展机制基金申请了 6900 万元的优惠委托贷款，并于 2021 年 1 月 12 日获得项目批复，委托贷款担保方为江苏银行股份有限公司。

项目主要规划建设内容为 1×75t/h 燃气锅炉、2×150t/h 高温超高压循环流化床燃煤锅炉、2×15MW 背压式汽轮发电机组及其配套辅助设施、1×300t/h 高温超高压循环流化床燃煤锅炉、1×30MW 背压式汽轮发电机组及其配套辅助设施。该项目属于节能与提高能效类，将通过区域集中供热、煤炭清洁高效利用、提高能源利用效率等有效手段实现减碳。建成后，预计年发电量 518GWh/a、年供热量 909.74 万 GJ/a。

（二）项目开展流程

中国清洁发展机制基金（以下简称清洁基金）委托贷款业务运作流程主要由项目申报、项目立项与审核、项目审批、合同签订与贷款发放、贷后管理与贷款偿还五个流程组成，每个流程又有具体的操作步骤。整个过程由项目投资部门、风险管理部门、贷后管理部门等多个内部管理部门协调配合，涉及第三方尽职调查机构、第三方碳排放测算机构、第三方风险评估机构和第三方监管机构等多个第三方机构。此外，还需要组织基金管理中心预审会议、基金管理中心有偿使用项目专家评审委员会以及基金审核理事会参与项目审核批准，基金中心的风险管理体系和监管体系也贯穿整个项目执行过程中。清洁基金委托贷款业务流程如图 6.3 所示。

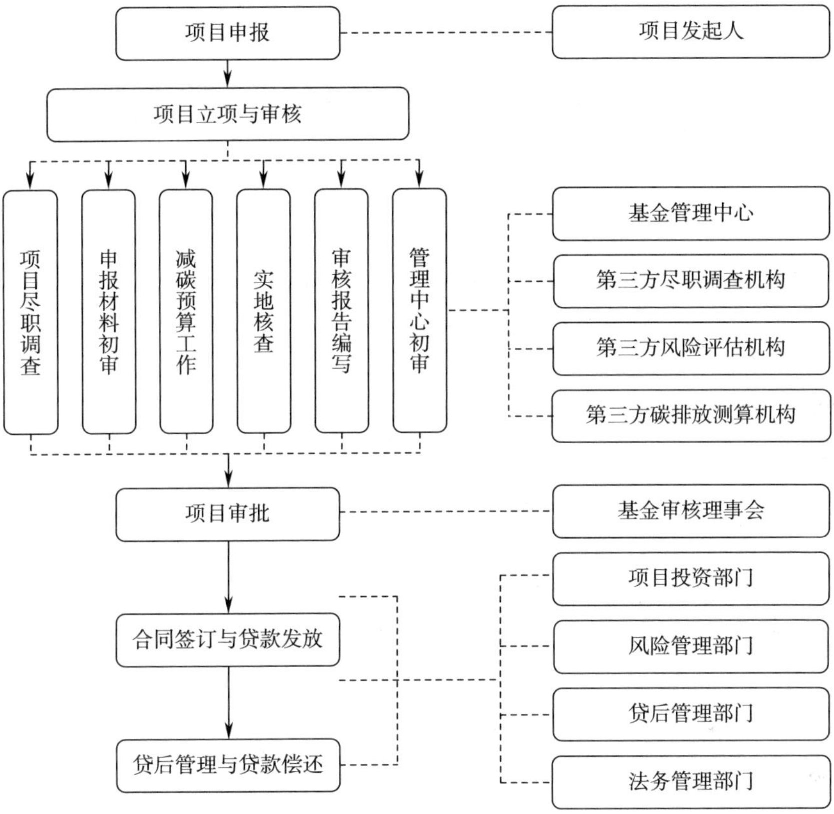

图 6.3　中国清洁发展机制基金委托贷款项目管理流程图

（1）项目申报。项目业主自行审查是否符合中国清洁发展机制基金委托贷款申请标准，主要应满足以下几点：①合规性要求。项目业主应为中国境内的中资或中资控股企业；②具备完整的可行性研究报告，并获得政府部门的立项或备案以及环保部门的批准；③项目应具有减碳效益；④项目自有资金比例应超过总投资的 20%，申请基金贷款不超过总投资的 30%；⑤项目工程进度约在 50% 以上。

（2）项目立项与审核。项目发起人自审后向基金管理中心提交申请材料，交由基金管理中心进行评审。评审过程分为以下几个步骤：①项目尽职调查：由第三方机构向基金管理中心出具项目尽职调查报告；②申报材料初审：基金管理中心依据项目评审标准，审查申报材料的完整性、合规性、一致性和时效性，对符合标准的项目提出实地核查申请；③减碳预算工作：由基金管理中心聘请第三方机构开展减碳预算工作；④实地核查：实地核查项目实际情况，并撰写实地核查报告；⑤审核报告编写：根据审核材料和实地核查情况，撰写项目风险初评书和预审报告，交由管理中心预审会初审；⑥管理中心预审会初审：预审会组成人员形成一致性意见并通过后，交由基金管理中心基金有偿使用项目专家评审委员会再次评审。

（3）项目审批。7000 万元以下的非重大项目经预审会初审、专家评审委员会评审通过后，提交管理中心主任办公会审议，党委会审批。党委会批准后，由管理中心下发《清洁发展委托贷款批复函》；7000 万元以上的重大项目经预审会初审、专家评审委员会评审通过后，报送基金审核理事会审核，并对达成同意意见的项目由国家发展改革委、财政部下发批准文件。

（4）合同签订与贷款发放。项目批准后，由管理中心项目投资部门按照管理中心合同规范及要求同法务管理部门开展合同审查，以管理中心贷款标准合同为蓝本，签订委托贷款合同，以及相关的保证合同、抵押合同、质押合同等法律文件。之后由财务管理部门依据项目批复文件、委托贷款合同和项目单位的提款申请，书面通知受托机构向项目单位指定账户拨付贷款资金。担保措施未落实前，管理中心不得放款。

（5）贷后管理与贷款偿还。清洁基金贷后管理主要由贷后管理部门、风险管理部门和项目投资部门三个部门共同负责。贷款发放后，由贷后管理部门组织、委托有关机构对贷款资金使用情况、项目进展情况、项目单位经营状况等进行经常性跟踪调查或定期检查。管理中心要求项目单位定期向管理中心报送项目报告、财务报表和审计报告。此外，风险管理部门将根据贷后管理部门通报的项目贷后信息，结合监控情况，及时向管理中心有关部门就发现的项目贷后风险发出预警。如发现贷后风险问题，风险管理部门应与项目投资部门、贷后管理部门相互配合，共同调查处理风险事件，并及时上报管理中心领导。

第三节　国际碳基金

一、世界银行碳基金

世界银行碳基金业务始于 1999 年设立的资金规模为 1.8 亿美元的原型碳基金，《京都议定书》正式生效后，世界银行又迅速成立了其他碳基金。截至 2022 年底，世界银行共管理 12 只碳基金，管理资产总额达到 23 亿美元。这 12 只碳基金分别为原型碳基金（PCF）、社区发展碳基金（CDCF）、生物碳基金（BioCF）、伞形碳基金（UCF）、欧洲碳基金（CFE）、荷兰清洁发展机制基金（NCDMF）、荷兰欧洲碳基金（NECF）、意大利碳基金（ICF）、丹麦碳基金（DCF）、西班牙碳基金（SCF）、森林碳伙伴基金（FCPF）、碳伙伴基金（CPF）。

世界银行作为碳基金的管理者，在碳基金的运行中同时也扮演着先行者、倡导者和连接者的角色。在《京都议定书》尚未正式生效，相关减排机制还未广泛注册和推广之前，世界银行便以先行者的身份，利用自身的影响力一方面不断吸引各国政府和私人机构的资金加入；另一方面以委托者的身份连接着减排项目和碳信用的买方，促进碳信用的交易和减排机制项目的推广，以实现全球范围内的温室气体减排。同时，世界银行秉承“干中学”的原则，在探索的过程中，不断总结碳基金管理经验和减排项目运行经验并向全球范围内的碳基金推广，积极倡导全球范围内的国家和实体企业参与到温室气体减排事业中。

表 6.1　　世界银行管理的碳基金

碳基金名称	成立时间	资金规模	基金归属	组织管理	成立主旨
原型碳基金	1999 年 7 月	2.198 亿美元	世界银行碳基金	由 6 个国家和 17 家私营机构共同发起设立并委托世界银行管理	促进《京都议定书》下减排机制的发展和碳信用的交易，为全球减排项目参与者提供经验和知识
社区发展碳基金	2003 年 3 月	1.159 亿美元	世界银行碳基金	由多个国家政府和私营企业实体共同设立并委托世界银行管理	主要针对贫困地区的碳融资，以小型项目为主
生物碳基金	2004 年 5 月	9190 万美元	世界银行碳基金	由多个国家政府和私营企业实体共同设立并委托世界银行管理	为农业和生态系统相关的减排项目调动资源，促进农业和林业在碳市场和清洁发展机制中发挥作用，从而将碳市场的运用和好处扩展到农村和贫困地区
伞形碳基金	2006 年 8 月	9.116 亿欧元	世界银行碳基金	公私合作组成，私人资本占 75%，由世界银行管理	将世界银行主要碳基金和其他外部资金集中起来以从大型减排项目中购买碳信用
欧洲碳基金	2007 年 3 月	5000 万欧元	政府碳基金	主要由多国政府和企业发起设立，由世界银行和欧洲投资银行共同管理	旨在帮助欧洲国家和经济实体完成《京都议定书》下强制减排目标
荷兰清洁发展机制基金	2002 年 5 月	4400 万欧元	政府碳基金	由世界银行和国际货币基金组织发起设立，由世界银行管理	旨在通过支持发展中国家的减排项目获取碳信用，集中于可再生能源项目、能源效率、废弃物管理和燃料转换活动的投资，不涉及植树造林和重新造林
荷兰欧洲碳基金	2004 年 8 月	1.8 亿美元	政府碳基金	由世界银行和国际货币基金组织发起，由世界银行管理	代表荷兰购买温室气体减排量以完成自身强制减排目标
意大利碳基金	2004 年 3 月	1.556 亿美元	政府碳基金	由意大利政府和意大利私人企业发起设立，由世界银行管理	其主要活动是从有利于全球环境的项目中购买温室气体减排量以满足自身强制减排目标

续表

碳基金名称	成立时间	资金规模	基金归属	组织管理	成立主旨
丹麦碳基金	2005 年 1 月	9000 万欧元	政府碳基金	丹麦政府和西班牙私人企业发起设立，由世界银行管理	分别从发展中国家和转型经济体的清洁发展机制项目和联合履约项目中购买碳减排量，项目投资主要集中于风力发电、生物质能、垃圾填埋和能源效率等项目
西班牙碳基金	2005 年 3 月	2.786 亿美元	政府碳基金	由西班牙政府和西班牙私人企业发起设立，由世界银行管理	针对发展中国家和转型经济体，从可再生能源、能源效率以及其他对可持续发展有重要意义的项目中购买碳减排
森林碳伙伴基金	2008 年 6 月	4.57 亿美元	世界银行碳基金	由政府、企业、民间社会和当地居民共同建立的伙伴关系，由世界银行管理	专注于减少森林砍伐和森林退化造成的排放、森林碳储量保护、森林的可持续管理以及增加发展中国家的森林碳储量
碳伙伴基金	2010 年 5 月	1.3 亿美元	世界银行碳基金	由碳信用买方和卖方以及捐助者和东道国共同建立的伙伴关系，并委托世界银行代为管理	专注于对具有长期减排潜力的能源和基础设施项目的投资

（一）原型碳基金

原型碳基金（Prototype Carbon Fund，PCF）是全球第一个封闭式碳基金，是世界银行为响应京都机制所设立，由 6 个政府部门（加拿大、芬兰、荷兰、挪威、瑞典和日本）和 16 家私营公司（英国石油公司、日本中部、日本中国、日本东北、日本东京、日本九州、日本四国电力株式会社、三菱株式会社、三井物产株式会社、德意志银行、德国 RWE 公用事业公司、比利时 Electrabel 电力公司、芬兰石油炼制生产商 Fortum 公司、法国燃气苏伊士集团、挪威 NORSK HYDRO 公司和 STATOIL ASA 石油公司）于 1999 年共同出资成立，资金总额为 1.8 亿美元，其中私人资本占比为 58%，且该基金由它们共同所有。

原型碳基金的主要活动包括：（1）在碳减排信用交易中充当中介，以降低投资者的风险和成本，并引导私营部门参与市场；（2）通过在不同国家和地区、不同行业积极开展清洁发展机制项目和联合履约机制项目，不断积累关于项目开发和碳信用交易方面的相关知识；（3）通过开展培训和研究活动，在东道国、项目所有者、基金参与者和其他利益相关方中广泛传播相关知识并提高相应的项目建设和管理能力；（4）在项目开展过程中，努力简化业务流程、标准化碳资产创建程序，并不断提高交易效率。

（二）社区发展碳基金

2000 年 9 月 2 日，世界银行在约翰内斯堡举行的可持续发展世界峰会上发起了新的社区发展碳基金计划（Community Development Carbon Fund，CDCF），该基金为世界银行和国际排放贸易协会（International Emission Trading Association，IEFA）联合设立的碳基金。9 个政府（澳大利亚、比利时布鲁塞尔、比利时瓦隆州、加拿大、丹麦、意大利、卢森堡、荷兰、西班牙）和 16 家私营企业（德国化工企业巴斯夫、德国复兴信贷银行、日本富士胶片株式会社等）意识到新的社区发展碳基金将是一个将减排和发展相结合的优良渠道和发展机会，它们与社区发展碳基金签署了一份备忘录以共同发展。该基金以公司合作伙伴关系的形式于 2003 年 3 月正式启动，资金规模达 1.159 亿美元，旨在促进碳金融资源更公平地进行区域分配，将碳融资的好处扩大到最贫穷的国家和地区。截至 2017 年 3 月，社区发展碳基金已经成功注册 7761 个 CDM 减排项目，该基金的目标是将基金资源的至少 25% 投资于位于最不发达地区和其他贫穷发展中国家的合格项目，到 2012 年，该比例已经大大超过了这一目标，达到 61%，截至 2017 年，该比例已上升至 74%

在建立之初，社区发展碳基金便秉承着三个原则和目标：（1）发展 + 碳信用，通过清洁发展技术推动符合要求的清洁发展机制项目产生可计量的、可交易的碳信用，同时为当地贫困地区带来社会、环境和经济效益；（2）扩大碳市场的范围，通过当地中介机构、银行、小额信贷组织和非政府组织等支持最贫穷国家的小型项目，将碳金融不断扩展到贫穷国家和地区；（3）“干中学”，通过为清洁发展机制项目开发小规模方法学理论和经验来扩大 CDM 项目的地理范围和效益，特别是针对一些可能被排除在碳融资之外的贫困地区。

总体而言，社区发展碳基金始终坚持以上三个原则，在将碳融资不断拓展到贫困地区的同时，也通过减排项目的建设不断改善当地居民的生活环境和解决就业等社会问题，不仅直接或间接地为当地社区福利作出了贡献，更增添了几分人文内涵，这便是社区发展碳基金的独特之处。具体表现为以下三点：（1）提高生活饮食和取暖清洁能源的普及率并改善电力供应状况。在南非等贫困地区，当地居民还保持着使用木柴这样低效高排放能源的习惯，社区发展碳基金通过为太阳能等清洁能源项目提供资金，为贫困家庭提供了更清洁、更实惠的能源解决方案，不仅降低了温室气体排放，而且提高了当地居民的生活质量。（2）改善生计和提供就业机会。社区发展碳基金相关项目旨在通过提高部门生产力、工作保障和增加收入来直接使该行业的劳动力获益，此外还通过项目的建设、运营和维护为社区居民提供就业机会。（3）改善当地的基础设施，例如污水处理设施的建设、饮用水连接、当地道路的建设和修复、学校的翻修等福利都将作为项目的一部分提供。

以尼泊尔沼气项目为例，该项目在尼泊尔各地家庭中部署20万个沼气池，为低收入农村家庭提供清洁高效的能源以取代木柴和煤油，用于烹饪、热水和取暖。该项目不仅减少了室内污染，而且提高了农业生产力，减少了木柴或燃料的消耗和生活支出，并通过降低空气污染减少了呼吸系统疾病和其他疾病，改善了当地妇女和儿童的健康状况。

（三）生物碳基金

生物碳基金（BioCarbon Fund，BioCF）是一项公私合作倡议，参与者包括6家公共实体和12家私营公司，旨在为在森林和农业生态系统中封存或保存碳、减缓气候变化和改善当地生计的开创性项目调动资源。该基金于2004年5月开始运作，第一期项目于2004年投入运营，总投资为5380万美元；2007年又开设了第二期项目，资金总额为3810万美元。

截至2020年，生物碳基金将投资组合拓展到22个，分布在五大洲16个国家，这些项目通过植树造林和再造林活动恢复了15万公顷退化土地，并减少了超过35万公顷的森林砍伐。该基金资源主要分配给退化土地项目，其中一半用于环境恢复项目，25%用于薪柴，21%用于木材，所有项目都能够直接惠及贫困农民。

全球首例生物碳基金项目是世界银行在中国参与设计的第一个造林项目——广西综合林业发展和保护项目。该项目于2007年1月正式启动，规划营造速生丰产商品用材林20万公顷；营造多功能防护林1.8万公顷，封山育林10万公顷；在苍梧、环江县营造4000公顷多用途防护林，作为碳吸收、测定和碳贸易的先导试验林。该项目总投资16.55亿元人民币，其中世界银行贷款1亿美元，全球环境基金赠款525万美元，国内配套8.04亿元。该项目于2012年12月27日正式发布了131964吨临时核证减排量，除了通过销售碳信用和林产品提供稳定的收入外，该项目还使约15000名当地农民参与植树造林和森林维护，创造了约380万人次的日临时工作和30个长期工作岗位。另外，该项目作为全球第一个获得联合国清洁发展机制执行理事会注册的碳汇造林项目，开发了全球第一个获得其批准的造林方法学，为国内外同类项目设计提供了样本和参考。在此之后，生物碳基金积极探索，在马达加斯加岛、哥伦比亚、肯尼亚等贫困地区开展了植树造林和再造林、可持续土地管理等开创性项目。

（四）伞形碳基金

伞形碳基金（Umbrella Carbon Fund，UCF）是一个聚合设施。2006年8月，该基金接受了来自5个世界银行碳基金（丹麦碳基金、意大利碳基金、原型碳基金、荷兰清洁发展机制基金和西班牙碳基金）和11个外部实体提供的总量大约为10.2亿美元的资金，其中私人资本占78%。伞形碳基金成立之初是为了从中国的两个工业气体排放项目——江苏梅兰化工股份有限公司和常熟三爱富中昊化工新材料有限公司 HFC－23 销毁项目中购买可核证的碳减排量。2010 年，伞形碳基金交付了 1313 万吨核证减排量，减排总量达到了 6158 万吨。与此同时，伞形碳基金第二期项目正式开放并于 2011 年完全资本化。

江苏梅兰化工股份有限公司和常熟三爱富中昊化工新材料有限公司 HFC－23 销毁项目是伞形碳基金的初始项目，两家公司于 2005 年 12 月 19 日与世界银行签订了碳减排购买协议，出售两家公司预计每年约 1900 万吨二氧化碳当量的排放量，合同期为 7 年，这也是当时世界最大的碳减排交易项目。协议签署后，两家公司将从法国进口焚化设备，该设备能够对 HFC－23 进行 99.99%的分解。

（五）森林碳伙伴基金

森林碳伙伴基金（Forest Carbon Partnership Facility，FCPF）是由政府、企业、民间社会和当地居民共同建立的全球伙伴关系，专注于减少森林砍伐和森林退化造成的排放、森林碳储量保护、森林的可持续管理以及增加发展中国家的森林碳储量（Reducing green house gas Emissions from Deforestation and forest Degradation in developing countries，通常被称为 REDD+ 活动，相关国家被称为 REDD+ 国家）。该基金正式成立于 2008 年，由 15 个政府和组织提供资金，总资本为 4.57 亿美元，私人投资仅占 3%。该基金建立之初便制定了三个战略目标：（1）通过向各个国家提供财政支持和技术援助以帮助它们开展 REDD+ 活动，培养其从未来可能的 REDD+ 激励机制中获取收益的能力；（2）作为 REDD+ 活动的先行者和探索者，为 REDD+ 活动试行基于绩效的支付并探索更加公平的利益共享机制，同时促进推动对未来大规模 REDD+ 活动的激励；（3）在REDD+ 活动中测试和探索能够改善当地社区生活质量和保护生物多样性的方法。

为实现上述目标，森林碳伙伴基金建立了两个独立互补的筹资机制：准备基金和碳基金。其中，准备基金通过制定必要的政策和系统来支持参与国家为 REDD+ 活动做准备，帮助这些国家进行森林碳储量和碳排放的可靠估计，制定森林参考排放水平，设立测量、报告和验证系统，建立 REDD+ 国家的环境和社会保障体系等。碳基金则对 REDD+ 准备工作取得显著进展的国家经核证的 REDD+ 活动的碳减排量进行基于绩效的付款，以这样的方式为 REDD+ 国家和 REDD+ 活动提供融资和激励措施来减少碳排放，同时保护森林和生物的多样性，并提高当地居民的生活质量。

在管理上，森林碳伙伴基金开创了一种更具包容性的治理结构，是其公私伙伴合作关系的直接体现。森林碳伙伴基金包容性治理结构的核心是参与者大会和参与者委员会，由参与森林碳伙伴基金的所有国家和组织组成的参与者大会每年召开一次会议并选取参与者委员会以代替众多参与者作为权力机构对碳基金的运作进行监督管理。参与者委员会由 14 个 REDD+ 国家、14 个财政捐赠者以及代表当地居民、民间社会、国际组织、UN-REDD 计划处、UNFCCC 计划处和私营部门的六类观察员构成。其每年约召开3次会议，负责审查国家提交的材料，决定拨款资源的分配并决定是否批准预算。世界银行在其中承担着受托人、设施管理团队和交付合作伙伴的职能。

截至2022年6月，森林碳伙伴基金已与非洲、亚洲、拉丁美洲和加勒比地区的47个发展中国家（18个非洲国家、18个拉丁美洲国家、11个亚太地区国家）以及17个捐款总额达13亿美元的捐助者达成合作。

（六）碳伙伴基金

考虑到碳市场中短期的、合规驱动的投资活动并不支持对具有长期减排潜力的能源和基础设施进行大规模的投资，也不能覆盖《京都议定书》下清洁发展机制和联合履约机制在减排项目周期中的高昂成本，无法为排放密集型行业的减排提供大型资助方案，世界银行于2009年创建了碳伙伴基金（Carbon Partnership Fund，CPF）。该基金管理资金总额为1.3亿美元，旨在通过不断创新碳市场工具，使碳融资能够更好地支持项目的运行和全球低碳经济发展。

碳伙伴基金由两个信托基金组成：碳资产发展基金和碳基金。其中，碳资产发展基金用于制定和实施减排计划，主要包括：（1）减排计划的确定和开发；（2）项目文件设计和监测计划编制；（3）项目协调实体的能力建设。碳基金用于从减排计划中购买碳信用，主要集中于电力、能源效率和废弃物管理等关键领域。在制度安排上，碳伙伴基金采取的治理结构具有买卖双方均衡参与的特点，东道国政府和捐赠者也以顾问的身份直接参与碳伙伴基金的治理。截至2023年初，碳伙伴基金买方参与者包括西班牙经济事务和数字化转型部、西班牙生态转型和人口挑战部、挪威气候与环境部、瑞典能源署；卖方参与者主要包括摩洛哥公用设施基金、巴西联邦经济基金、越南工业和贸易部、泰国省级电力局、河北绿色农业公司、坦桑尼亚农村能源局、埃及财政部、菲律宾土地银行和斯里兰卡锡兰电力局。碳资产发展基金的捐赠者包括西班牙经济事务和数字化转型部、西班牙生态转型和人口挑战部、挪威气候与环境部、意大利环境、领土与海洋部和欧盟委员会。

截至2022年底，碳伙伴基金支持了多个项目并取得巨大成果，比如巴西、菲律宾和摩洛哥固体废物管理计划、埃及车辆报废和回收计划、坦桑尼亚和越南的可再生能源计划。以越南可再生能源项目为例，2013—2018年，该项目完成的12座小型水电站已经产生了超过110万单位认证减排量，总装机容量为214.5MW，不仅增加了电力供应，而且在项目建设和工厂运营期间为当地社区提供了就业机会。

二、政府碳基金

世界银行研究报告显示，碳信用买家主要集中在欧洲，因此在政府碳基金中，由欧洲国家政府部门主导设立的碳基金占绝大比例。为了实现《京都议定书》中

2008—2012 年将温室气体排放量比 1990 年减少 8% 的目标，欧盟开始探索建立欧盟碳排放权交易体系，先后颁布了《温室气体绿皮书》和《排放交易指令》。2003 年欧洲议会和欧盟理事会通过了碳交易指令，立法建立了欧盟范围内的排放贸易体系，并将欧盟碳排放权交易体系与《京都议定书》的灵活机制对接。2005 年，欧盟碳排放权交易体系开始运行。

以清洁发展机制和联合履约机制为主的京都机制是欧盟碳排放权交易体系的碳补偿机制，欧盟允许个人或组织通过投资位于世界各国的减排项目来获取经核证的、可计量的碳排放权（CER），以抵消自身的减排任务。为更好地在全球开展京都机制下的减排项目，意大利、丹麦、西班牙和爱尔兰等欧洲国家纷纷成立碳基金，代表其国内减排实体开展项目以获取可用于抵消的碳信用。在京都机制成立初期，由于项目开发经验和与减排项目相关的知识和体系的缺乏，大部分欧洲国家都选择将碳基金委托给世界银行进行管理，比如意大利碳基金、丹麦碳基金等。也有一些国家成立的碳基金并未委托给世界银行管理，而是交给国内相关机构管理，比如爱尔兰碳基金。

除欧洲国家外，澳大利亚、日本和中国等国家也同样设立了碳基金，或购买京都机制下的碳信用，或支持国内有利于减排活动的发展。无论是世界银行碳基金，还是政府碳基金或私人碳基金，其最终的目标都是促进全球温室气体的减排。

（一）欧洲碳基金

2004 年 12 月，欧洲投资银行和世界银行探讨建立一个新的碳基金。2005 年 7 月，欧洲投资银行董事会批准了该基金的进一步发展。2007 年 3 月，由爱尔兰政府、比利时佛兰芒区政府、卢森堡政府和葡萄牙碳基金以及挪威 Statkraft 公司共同出资成立了欧洲碳基金（European Carbon Fund，ECF），总投资达 5000 万欧元。成立后，该基金将向欧洲私营和公共部门实体开放，其中公共实体部门最低出资额为 1000 万欧元，私营部门实体最低出资额为 250 万欧元。该基金由世界银行和欧洲投资银行共同管理，基金活动通过由 3 名世界银行代表和 2 名欧洲投资银行代表共同组成的基金管理委员会进行协调。作为基金的受托人，世界银行将直接或通过与私营部门实体签订合同，为世界银行或欧洲投资银行评估的项目提供碳融资。投资项目主要以捕获逃逸气体技术、回收垃圾填埋气体和甲烷减少技术为主，投资区域主要分布在欧洲和中亚区域、中东和北非区域以及东亚和太平洋区域。

（二）意大利碳基金

2004 年 3 月意大利碳基金（Italian Carbon Fund，ICF）正式开始运作，由意大利环境、领土与海洋部以及六个意大利私营实体提供资金，其中私人资本占比为 30%。与世界银行作为受托人的其他碳基金一致，该基金设立为由世界银行管理的信托基金，其主要活动是从有利于全球环境的项目中购买温室气体减排量。该基金的存续期为5年（2004—2008年），此后基金的管理权将移交给第三方，或参与方与世界银行达成协议后，可要求世界银行继续作为受托人，世界银行作为受托人，也可随时决定终止。

南京钢铁股份有限公司与代表意大利碳基金的世界银行签署了一项温室气体减排采购协议，该协议将在清洁发展机制下于中国开展首个能效项目——南京炼钢转炉煤气回收项目。合同约定，意大利碳基金将从该项目中购买约57.2万吨温室气体减排量。此项目引进了一套第四代转炉煤气回收发电系统，该系统将回收南钢转炉在钢铁生产过程中产生的转炉煤气，并将煤气用于发电，此发电量将取代华东电网使用燃煤发电的同等电力，减少了相应的温室气体排放。该项目的成功为后来中国钢铁行业节能清洁发展项目的开发提供了重要参考。

（三）丹麦碳基金

丹麦碳基金（Danish Carbon Fund，DCF）于2005年1月开始运作，最初由丹麦环境部、外交部与两家丹麦私营企业共同发起设立。之后，又有另外几家私营企业加入其中，这四家私营企业分别为丹麦 DONG 能源公司、NORDJYSK EL-HANDEL A/S 公司、马士基石油天然气公司、Aalborg Portland 集团公司。该基金资金总额为9000万欧元，其中有510万美元参与世界银行社区发展碳基金中。该基金分别从发展中国家和转型经济体的清洁发展机制项目和联合履约项目中购买碳减排量。

（四）西班牙碳基金

西班牙碳基金（Spanish Carbon Fund，SCF）最初通过世界银行与西班牙政府之间的协议成立，作为世界银行的受托基金由世界银行担任其受托人，后来对公众和私人实体参与者开放，进一步形成了公私合作关系的碳基金。2005年2月，西班牙政府向西班牙碳基金承诺投资1.7亿欧元。该基金于2005年3月9日正式开始运作。2006年12月，11家西班牙私营公司和一个公司联合会向西班牙碳基金捐赠了5000万欧元，资金总额达到了2.2亿欧元。该基金从发展中国家和转型经济体的可再生能源、能源效率以及其他对可持续发展有重要意义的项目中购买碳减排。西班牙碳基金的主要目标包括：（1）以具有竞争力的成本购买温室气体减排，实现西班牙的减排目标；（2）促进发展中国家和转型经济体开展可再生能源和能源效率项目；（3）掌握碳融资知识和经验，并与基金的参与者和利益相关者分享这些经验。

成立之初，西班牙碳基金为获得平衡的可良好对冲的投资组合，便设立了一系列投资准则或目标：（1）地理上，投资区域将分布于拉丁美洲、北非、东亚、东南亚和东欧；（2）技术领域方面，基金将优先考虑可再生能源、能源效率和固体废物管理领域的项目，HFC－23销毁和二氧化氮减排项目以及其他类似项目次之；（3）

投资目标为截至2012年实现100万~200万吨二氧化碳的温室气体减排；（4）拟投资项目数量最少为20个，最多为34个。

以乌拉圭风电场项目为例，该项目已于2009年1月全面投入运营，旨在使用风力发电取代化石燃料发电以减少温室气体排放，风电场总装机量为10MW，预计每年发电量约为36GWh。项目使用减排购买协议的方式进行融资，协议规定西班牙碳基金将从该项目中购买核证减排量，交易总价值达到70万美元，交易款项将在独立经营实体对生成的减排量进行核证后支付。该项目实现了相应温室气体的减排，同时对当地就业也产生了积极的影响，并在一定程度上帮助西班牙及其企业实体进一步履行了《京都议定书》规定的减排义务。

（五）荷兰清洁发展机制基金

2002年5月，世界银行与荷兰政府签订协议，标志着荷兰清洁发展机制基金（Netherlands CDM Facility，NCDMF）正式成立，初始资金为4400万欧元，后增加至5500万欧元。通过该基金，世界银行集团成员国际金融公司将向符合《京都议定书》清洁发展机制条件的发展中国家的项目购买核证减排量。荷兰政府作为该基金的受益方将使用通过该基金购买的碳信用来履行其在《京都议定书》下的强制减排义务。2006年6月6日，荷兰住房、空间规划和环境部与国际金融公司达成进一步的协议，向荷兰清洁发展机制基金提供4500万欧元的额外资金。至此，该基金的资金总额达到1亿欧元。荷兰清洁发展机制基金业务主要集中于HFC－23销毁项目、煤矿开采中的甲烷捕获、可再生能源项目、能源效率、废弃物管理和燃料转换活动，不涉及植树造林和重新造林活动。在投资项目的地理分布上，东亚、太平洋地区和中国占比最大，其次是美洲、塞拉利昂和菲律宾。

印度尼西亚望加锡垃圾填埋场甲烷收集和燃烧项目是荷兰清洁发展机制基金开展的典型项目之一。该项目于2008年5月30日正式注册，旨在建设一个处理系统来收集和燃烧望加锡垃圾填埋场产生的垃圾填埋气，从而减少温室气体的排放。项目分为两个部分，第一个部分为垃圾填埋气的提取收集和燃烧设施的建设与运营，这部分资金将由私营企业Gikoko提供。第二个部分是垃圾填埋气燃烧组件的投资，这部分资金将由荷兰清洁发展机制基金以购买项目产生的核证减排量的方式提供。本次交易以减排购买协议的方式进行，合同中的核证减排量购买数量、购买时间长度以及支付价格由世界银行和Gikoko谈判决定。此外，作为此项目的合作方，荷兰清洁发展机制基金还将确保该项目在清洁发展机制执行理事会以及与购买核证减排量相关的其他活动中顺利注册。

（六）荷兰欧洲碳基金

2000年以来，荷兰经济事务部一直在东欧国家积极实施联合履约机制项目。2004年8月，世界银行与国际金融公司共同签署协议，分别成为世界银行荷兰欧洲碳基金和国际金融公司荷兰欧洲碳基金、荷兰经济事务部的受托人，标志着荷兰欧洲碳基金（Netherlands European Carbon Fund，NECF）正式建立，资产总额为1.8亿美元。受益于世界银行关于京都机制的大量知识和项目经验以及国际金融公司对东欧市场的广泛了解，该基金依靠《京都议定书》下的联合履约机制，代表荷兰购买温室气体减排量以满足自身强制减排目标或缩小实际减排与强制减排目标之间的差距，投资区域主要集中于乌克兰、俄罗斯和波兰，投资项目中可再生能源项目占据主导地位，其次是钢铁气体回收项目和油气行业项目。

俄罗斯北达尼洛夫斯克电站项目是荷兰欧洲碳基金早期项目之一，该项目位于西西伯利亚，该地区主要产业为石油开采，有多家石油公司在该地区开展业务，此电站项目便是位于卢克石油公司的采油厂旁边。卢克石油公司在石油开采过程中将产生大量的天然气，以前这种天然气将在没有任何生产用途的情况下燃烧，造成了大量的能源浪费和温室气体排放。项目公司 Regionenergogas 建立了一个33MW 的燃气发电站，以利用卢克石油公司在石油开采过程中产生的天然气并将其加工成电力以供卢克石油公司使用。该项目产生的电力替代了一部分来源于煤炭等多种高排放能源生产的电力，减少了温室气体排放，也产生了相应的温室气体减排量，而这部分减排量将由荷兰欧洲碳基金进行收购，以抵消荷兰在《京都议定书》下的减排承诺。

（七）爱尔兰碳基金

根据《京都议定书》的相关条款，爱尔兰作为缔约方之一，承诺在2008—2012年间，将温室气体年平均排放量限制在比1990年排放量最多高出13%的水平内。为此，爱尔兰制定并公布了《2007—2012年国家气候变化战略》，该战略详细阐述了爱尔兰政府为实现这一目标所制定的政策。其中，包括购买与其他地方共同实现的与减排相关的碳信用，以实现《京都议定书》规定的强制减排目标。当时估计，在2008—2012年间，爱尔兰政府每年需为360万吨的超额排放购买碳信用指标。因此，爱尔兰政府于2007年颁布了《碳基金法》，该法案特地设立了一个机构作为购买这些碳信用（法案称“京都单位”）的代理机构，该机构被称为爱尔兰国库管理署碳基金（National Treasury Management Agency Carbon Fund，NTMACF，简称爱尔兰碳基金）。

该基金的资金由中央基金提供（此基金同样是根据2007年《碳基金法》设立），初始投资为2000万英镑。此后，爱尔兰政府制定了为2007—2013年国家发展计划下的灵活减排机制投资2.7亿英镑的投资计划。NTMACF 作为国家购买碳信用的代理机构，通过以下四种方式获取京都单位：（1）从其他《京都议定书》附件二缔约方直接购买京都单位；（2）通过减排购买协议等方式直接购买；（3）从对联合履约机制和清洁发展机制项目活动的直接投资中获取京都单位；（4）投资于其他成功的、有经验的碳基金，间接地获取京都单位。如爱尔兰政府对多边碳信用资金、世界银行欧洲碳基金和生物碳基金的投资。NTMACF 2021 年的年度报告显示，截至 2021 年，该基金直接购买的核证减排单位有 2909825 个，通过其他方式间接获取的核证减排单位有 711883 个。

2009 年欧洲《共同努力决定》（Effort Sharing Decision，ESD）为包括爱尔兰在内的欧盟成员国设立了 2020 年温室气体排放目标。2013—2020 年，爱尔兰面临着碳排放相较于 2005 年降低 20% 的排放目标，即使考虑新冠疫情对排放的影响在内，爱尔兰也无法实现 2020 年的目标。ESD 下的国家目标于 2020 年完成，2018 年 5 月通过的《努力分担条例》（Effort Sharing Regulation，ESR）为成员国设立了 2021—2030 年间具有约束力的年度温室气体排放目标。其中，爱尔兰目前的温室气体排放目标是到 2030 年在 2005 年的基础上减少 30%。

2019 年 11 月，爱尔兰通信、气候行动和环境部长宣布 NTMACF 将重新启动碳信用购买计划。2020 年，NTMACF 共购买了 1117466 个 CER，2021 年又购买了 1425716 个 CER。截至 2021 年底，该基金持有的碳信用余额为 3621708 个 CER，被用作对 2020 年 ESD 最后周期进行履约。

（八）澳大利亚减排基金

与其他致力于温室气体减排的国家一样，澳大利亚政府同样制定了相关的减排计划，同时为确保在减排过程中保证经济发展和国际竞争力的提升，澳大利亚政府制定了相应的国家政策框架，《直接行动计划》便是其中的重要组成部分，澳大利亚减排基金（Emission Reduction Fund，ERF）则是其中的核心。澳大利亚政府承诺到 2020 年将温室气体排放量减少到比 2000 年排放低 5% 的水平。

目前，世界各国为促进温室气体减排提出和尝试了各类不同的方法，如日本（联合信贷机制）、欧盟（欧盟碳排放权交易体系、碳税）、挪威（商业碳采购计划）和加拿大（信贷计划和基线限制），不同的方法对社会和经济的影响可能大不相同。澳大利亚政府认为碳税和排放权交易计划通过增加与温室气体排放相关的成本来发挥作用，而以直接购买排放（Directly Purchases Emissions）和对积极的减排活动进行实际的奖励则能够更有效地促进减排。为更好地实施政府的直接购买计划，澳大利亚政府取消了碳税机制并设立了减排基金。该基金由信用核证计入、信用购买和保障机制三个关键部分构成，由清洁能源监管机构和减排保证委员会两个部门推动减排购买计划的执行。

清洁能源监管机构负责减排基金的主要行政工作，包括项目注册、减排信用拍卖、碳减排合同管理及澳大利亚碳信用单位（Australian Carbon Credit Units，ACCU）发放等工作；减排保证委员会则负责制定用于估计项目减排量的相关减排方法。企业、社会组织、地方议会和任何其他社区成员都可以为其开展的减排项目寻求减排基金的资助。首先，项目所有者需根据减排基金批准的项目方法来估计其拟议项目的可能减排量，并提交给清洁能源监管机构予以登记；其次，项目所有者可以将项目（具体说明每吨减排的价格）提交到由清洁能源监管机构运行的竞争性投标过程中，机构将选择每吨成本最低的项目；再次，减排基金将代表政府与获批的减排项目签订合同并从这些项目中购买减排信用；最后，项目所有者实施项目，并向清洁能源监管机构报告减排情况，经监管机构核实后，向项目所有者发放减排信用（ACCU），并按合同规定的价格为减排信用付款。

三、私人碳基金

（一）全球碳信用公司

全球碳信用公司（Global Carbon Credit Corp.，原名为 Stryker Ventures Corp.）于 1952 年 4 月 7 日成立，其主要业务为自然资源的勘探。2021 年 11 月 30 日，该公司更名为全球碳信用公司，并将其主要业务转移至自愿市场碳信用资产（Voluntary Carbon Credits）投资，旨在为投资者提供进入不断增长的自愿碳市场的机会。目前，该公司已成为全球领先的专注于自愿碳信用投资交易的私人碳基金之一。

当前，越来越多的企业愈发重视自身的温室气体排放和排放政策及其带来的社会和财务影响，随之导致企业进行更为积极的排放管理，并进一步推动了市场对自愿碳信用的需求。企业主要受以下因素影响：（1）企业净零排放承诺。净零资产管理者倡议（Net Zero Asset Managers Initiative）是一个由资产管理者组成的国际组织，致力于通过其投资来支持净零排放目标。截至 2022 年 5 月 31 日，净零资产管理者倡议共有 273 个签署方，代表了 61.3 万亿美元的管理资产。（2）根据美国证券交易委员会传递出的相关信息，资本市场监管机构正在积极评估和制定新的气候披露规则，此规则一旦被采纳，将为投资者提供一致的、可比的、可供参考的信息，以作出更优的投资决策。在排放信息强制披露要求下，企业出于声誉以及对社企关系和政企关系的管理需求，将对自身的排放作出积极管理，这将提高对自愿碳信用的需求。（3）包括大型养老基金、机构投资者和家族理财在内的全球市场范围内的股东和投资者，对企业施加了越来越大的压力，要求其积极披露排放信息，降低温室气体排放，以缓解与气候相关的风险。（4）ESG 得分更高的企业往往拥有更低的资本成本，且越来越多的机构投资者和基金将 ESG 倡议和报告纳入其投资决策中。当前，大部分评级机构的 ESG 报告框架中的环境指标包含企业温室气体排放总量、排放政策和温室气体减排目标，因此为获得更高的 ESG 评级以降低资本成本和吸引更多的机构投资者，企业将对其排放进行更为积极的管理。根据 TSVCM（一个私营部门倡议）统计，为实现《巴黎协定》减排目标，自愿碳市场需在 2030 年前增长 15 倍以上。

全球碳信用公司主要通过以下三种投资策略为需要碳信用以实现自身减排承诺的企业提供碳排放权：（1）直接在自愿碳市场中购买经核证的碳信用；（2）通过与碳信用项目所有者签订协议获取碳信用；（3）通过投资或收购参与自愿碳市场的项目和公司，间接获取可用于抵消的碳排放权。项目类型集中在森林碳汇、可再生能源、碳捕获和封存等领域。

（二）DevvStream 碳信用投资公司

与全球碳信用公司一样，DevvStream 同样为全球领先的私人碳基金之一，其为有利于减排的活动和项目提供前期资金。不同的是，DevvStream 不采用股权投资的方式间接获取碳信用，而是直接为项目所有者提供现金以获取碳排放权。特别的是，DevvStream 的母公司 Devvio 与许多企业客户共同运营着一个专有的区块链平台，并利用该平台管理减排项目和碳信用，使项目的执行过程更加透明。

DevvStream 主要通过与减排项目开发商合作，促进实施有助于减少和消除碳排放的行动，主要包括可再生能源开发商、土地和基础设施所有者、农业和自然资源所有者及清洁技术解决方案提供商等。DevvStream 将项目所有者分为主动合作伙伴和被动合作伙伴。对于被动合作伙伴，作为其第一个客户，DevvStream 将通过与项目所有者签订承购协议的方式为其提供资金并获取项目未来产生的碳信用。为保证项目的成功，DevvStream 将为整个项目提供技术和商业指导；对于主动合作伙伴，DevvStream 将全程参与项目的整个执行过程，包括项目概念、项目开发与维护以及碳信用销售。作为交换，DevvStream 将从项目中获得一定比例的碳排放权。

为实现真正的、实际的温室气体减排，DevvStream 的投资集中于大规模的有利于碳减排的活动，重点关注基于技术的解决方案以及一些基于自然的解决方案。其中，基于技术的解决方案是指利用技术和创新来进一步避免、减少甚至消除温室气体排放，以减轻人类活动对环境影响的解决方案，包括风能、太阳能和生物质能等可再生能源发电项目，以及碳捕获与封存项目等。基于自然的解决方案包括保护、恢复和管理自然生态系统、生产性土地和海景的可持续管理，以及城市的绿色基础设施建设等，这类项目既能产生环境效益，又能对当地社区产生积极的影响。

2022 年 7 月 19 日，DevvStream 宣布与 TS Nano 公司签署协议，成为其项目合作伙伴，旨在利用其密封剂专利技术消除泄漏油气井中的甲烷排放。作为协议的一部分，DevvStream 负责为 TS Nano 的油气井项目提供资金，并将 125 万美元的初始投资用于密封剂项目，该项目最初涵盖每年至少排放 100 吨甲烷的油井。作为回报，DevvStream 获得大部分由项目产生的碳排放权。此外，DevvStream 还将获得协议期限内所有 TS Nano 纳米密封剂项目产生的部分碳信用的所有权。

第四节　中国碳基金

一、中国碳基金的发展历程

中国于2002年8月批准了《京都议定书》。中国第一个CDM项目是位于内蒙古辉腾锡勒市的风电场项目，由内蒙古风电公司和中国可再生能源产业协会发起，荷兰政府的CDM信贷采购计划投资，计划风电建设总容量为34.5MW。该项目年平均二氧化碳减排量为600025吨，计入期为10年，项目产生的所有碳信用将由投资者购买，支付价格为5.4欧元/吨。第二个CDM项目是位于甘肃张掖的小鼓山水电站项目，由小鼓山水电公司发起，世界银行原型碳基金投资设立，此项目也是世界银行原型碳基金于中国投资建立的第一个CDM项目。项目建设于2003年初，2005年初完成，项目年平均二氧化碳减排量为37.23万吨，信用期为10年。该项目不仅缓解了当地的电力供应短缺，而且在一定程度上实现了环境的保护和贫困的消除。世界银行原型碳基金为小鼓山水力发电项目投资850万美元，并从项目产生的370万吨当量的总减排量中获得200万吨当量的减排量。经过谈判，小鼓山水电项目中产生的碳信用最终以4美元/吨的价格进行交易。上述两个项目是中国CDM项目的先驱，在准备必要文件、提交东道国指定机构审批、价格谈判、项目实施和监测等方面积累的经验为日后推动中国CDM项目的持续发展发挥了重大作用。

为促进国内清洁发展机制项目顺利运行，2005年10月12日，国家发展改革委、科技部、外交部和财政部公布了《清洁发展机制项目管理办法》，以取代2004年6月30日生效的《清洁发展机制项目运行管理暂行办法》。2007年11月，中国清洁发展机制基金正式成立，以支持国内清洁发展机制项目的发展。2007年7月和2010年7月又相继成立了中国绿化基金会中国绿色碳基金、中国绿色碳汇基金会等碳基金，进一步促进了森林碳汇在碳减排活动中的发展，将碳减排活动扩展到边远的贫困地区，同时在一定程度上解决了当地的就业问题，提高了当地居民的生活质量。

目前国内以“碳”为主题的相关投资基金大部分为广义的碳基金，其核心和宗旨在于引进国外的资金和先进技术，通过委托贷款、融资性担保、债券投资、股权投资等方式为有利于减少碳排放的活动提供资金支持，包括传统高碳能源的绿色转型、绿色能源和新兴绿色产业的发展等活动，从而降低碳排放量。在中国，这些“碳基金”被广泛地称为低碳转型基金、绿色低碳产业投资（发展）基金等。

随着气候问题日益加剧、国内经济转型迫在眉睫，中国政府多次提出要充分发展并利用绿色基金等金融工具，支持低碳生产和绿色发展。2020 年 7 月 15 日，财政部、生态环境部和上海市人民政府三方合力共同建立了国家绿色发展基金，以推动长江经济带 11 个省份实现经济绿色转型。2021 年 10 月 24 日，国务院发布了《2030 年前碳达峰行动方案》，其中提出需大力发展绿色贷款、绿色股权、绿色债券、绿色保险、绿色基金等金融工具，引导金融机构为绿色低碳项目提供长期、稳定、低成本的融资支持，研究设立国家低碳转型基金，鼓励社会资本以市场化方式设立绿色低碳投资基金，确保国家如期实现碳达峰目标。

二、中国典型碳基金

（一）中国清洁发展机制基金

中国是《京都议定书》主要缔约方之一，为支持应对全球气候变化的国际合作和国内相关应对气候变化的工作，我国政府采取多项措施，支持国内企业积极参与清洁发展机制项目的国际合作。为保证国内清洁发展机制项目有序健康开展，发挥更大的社会引导作用，2005 年 10 月，国家发展改革委、科技部、外交部和财政部发布了《清洁发展机制项目管理办法》。2006 年 8 月，国务院批准建立了中国清洁发展机制基金及其管理中心。2007 年 11 月，中国清洁发展机制基金正式启动运行。2010 年 9 月 14 日，财政部等七部门颁布了《中国清洁发展机制基金管理办法》，基金业务全面展开，随着经济发展和相关业务进行，2022 年 6 月 28 日，财政部等七部门对该办法进行了进一步的修订。

中国清洁发展机制基金（以下简称清洁基金）是按照市场化机制运作的政策性基金，作为我国第一个国家层面的应对气候变化的基金，其旨在积极开展应对气候变化、污染防治和生态保护等绿色低碳领域活动，支持国家碳达峰、碳中和，促进经济社会高质量发展。其资金来源主要包括：（1）通过转让清洁发展机制项目产生的核证减排量所获得收入中属于国家所有的部分（由《清洁发展机制项目运行管理办法（修订）》规定）；（2）基金运营收入；（3）国内外机构、组织和个人捐赠；（4）其他来源。

清洁基金的使用主要有赠款支持和有偿使用两种方式。基金通过赠款支持的方式支持有利于加强应对气候变化能力建设和提高公众应对气候变化意识的相关活动，如与应对气候变化相关的政策研究和学术活动，以及旨在提高公众应对气候变化意识的宣传与教育活动等。基金的有偿使用主要采取四种方式：委托贷款、融资性担保、股权投资、国家批准的其他方式。其中，以委托贷款为主。清洁基金制定和颁布了《中国清洁发展机制基金有偿使用管理办法》《清洁发展机制基金市场化委托贷款管理办法（试行）》和《中国清洁发展机制基金绿色创新投资业务操作指南

(试行)》等管理制度以指导规范清洁基金相关业务运行管理。2021 年，清洁基金共完成了 27 个委托贷款项目，通过市场化运作，共投入了 25.27 亿元优惠贷款，引导带动了 108.34 亿元的多元化社会资金参与气候投资，提供了新增就业岗位 2 万余个。

清洁基金的组织治理结构由基金政策指导委员会（又称基金审核理事会）和基金管理中心组成。基金政策指导委员会是基金的部际议事机构，由国家发展改革委、外交部、科技部、生态环境部、农业农村部和中国气象局的代表组成，下设主席和副主席，分别由国家发展改革委和财政部代表担任。其主要负责审核以下事务：（1）基金基本管理制度；（2）基金发展战略规划，包括资金使用年度计划；（3）基金赠款项目和重大有偿使用项目申请；（4）基金年度财务收支预算与决算；（5）基金其他重大业务事项。

基金管理中心是基金的日常管理机构，具体负责资金的筹集、管理和使用工作。基金管理中心内设 7 个业务部门，分别为人事部、推广开发部、项目投资部、风险绩效部、信息管理部、财务部和政策研究部。其中，推广开发部主要负责为项目识别、准备、执行等环节提供技术支持；项目投资部主要负责基金有偿使用项目的开发、投资和管理，同时承担基金有偿使用项目投资评审委员会秘书处工作；风险绩效部主要负责基金风险防控体系的构建，项目的风险和绩效管理，基金有偿使用业务和现金理财业务的风险和绩效管理；财务部主要负责编制并组织实施基金的年度财务收支预算与决算；政策研究部主要负责基金业务领域有关政策研究和业务创新。

表 6.2　　中国清洁发展机制基金典型项目及效益

项目分类	项目名称	项目介绍	融资情况	项目效益
可再生能源类	山东力诺集团太阳能中高热利用产业化项目	该项目属于太阳能热利用产业，占地 100 亩，新建厂房 40000 平方米，投产后可年产中温高效太阳能集热器 50 万台、高温集热管 8 万只	该项目总投资 2.63 亿元，申请清洁发展委托贷款 6000 万元	产品应用后可有效替代传统化石能源，能够有效减少年均 14.13 万吨二氧化碳排放；有助于推进太阳能中温工业应用的发展
	湖南郴州鲁荷金风电场工程项目	该项目规划装机总量约 70MW。其中，一期工程的装机容量为 48MW，计划安装 24 台单机容量为 2MW 的风力发电机组	该项目总投资 4.73 亿元，清洁基金向湘电新能源公司提供期限 3 年、金额 5000 万元的清洁发展委托贷款	四年合计减少二氧化硫排放量约 2816.6 吨，一氧化碳约 37.95 吨，碳氢化合物 15.81 吨，氮氧化物（以二氧化氮计）1600 吨，二氧化碳 34.80 万吨，还可减少灰渣排放量约 4.50 万吨

续表

项目分类	项目名称	项目介绍	融资情况	项目效益
公益清洁发展类	北京草桥燃气联合循环热电厂二期工程项目	为治理冬季“供暖致霾”的难题，本项目选用新型国产汽轮机改造了传统对外供热方案。按照总体规划，安装一套F级“二拖一”燃气—蒸汽联合循环机组，装机容量838MW，机组发电能力838MW，供热能力592MW	由清洁基金向该项目所有者北京京桥热电有限责任公司提供为期3年、金额3亿元的清洁发展贷款	2013—2015年该项目共实现减少温室气体排放612万吨二氧化碳当量，环境效益显著；同时提供了共计310个就业岗位，推动了当地经济增长和产业升级
	湖北襄阳新能源城市公交建设项目	为促进新能源汽车产业发展，襄阳市财政积极筹措资金，共在全市15条公交线路投入366辆新能源公交车	该项目总投资2.23亿元，其中清洁基金提供6800万元为期3年的清洁发展委托贷款	2014—2020年该项目平均每年减少2198吨二氧化碳排放，总计15386吨；有效缓解了交通拥挤状况，完善了城市公交体系；促进了城市化进程并扩大了就业
适应气候变化类	湖南浏阳市森林生态建设示范项目	按照规划，该项目共建设生态林12万亩，其中，新造林8万亩，完成森林抚育任务4万亩，项目于2012年启动，2014年6月基本完成建设规划	该项目在建期间，清洁基金向浏阳市农业发展有限公司提供6000万元为期3年的清洁发展委托贷款	按照项目规划，新造生态林6.50万亩，抚育生态林1万亩。项目建成后（平均20年）可吸收二氧化碳140.13万吨，释放氧气124.05万吨
节能与提高能效类	河北武安余热余压利用及高炉煤气发电项目	裕华公司将钢铁制造流程从“资源—产品—废物”的单向直线型转变为“资源—产品—再生资源”的圆周循环型，使钢铁企业既是钢铁产品的制造者，又是清洁能源的转换者和社会废弃物的耗用者	2011年该项目获得6000万元的清洁发展委托贷款	经测算年可减排二氧化硫10936吨、氮氧化合物5318吨、二氧化碳33.05万吨、粉尘10.50万吨，有效保护了区域生态环境，提高了周边群众的生活质量
	甘肃敦煌高分子新材料聚苯硫醚循环经济项目	该项目由敦煌西域特种新材股份有限公司投资兴建，建设地点位于甘肃省敦煌市工业园区。该项目于2012年开始建设，2014年完成，建设聚苯硫醚生产线一条，该公司利用硫化钠生产聚苯硫醚	2013年该项目在建期间获得6500万元为期3年的清洁发展委托贷款	新增加就业岗位86个，年节约标准煤14909吨，2015年减少排放37016吨二氧化碳当量，减少二氧化硫排放量180吨。对节能减排、增加经济效益、保护自然环境、增加当地财政收入和劳动就业都具有重要意义

续表

项目分类	项目名称	项目介绍	融资情况	项目效益
新能源装备与材料制造类	江苏丹阳纳米级磷酸铁锂动力电池正极材料生产线建设项目	该项目由江苏乐能电池股份有限公司主导，旨在建设6条新的磷酸铁锂电池正极材料生产线	2011年，清洁基金向该公司提供2000万元清洁发展委托贷款帮助进行产品研发；2015年，清洁基金再次投入6000万元帮助实现成果转化	该项目建成后，实现年产8000吨纳米磷酸铁锂正极材料，以其为材料可生产11.60亿安时动力电池，具有平均每年减少温室气体排放19134吨二氧化碳当量的潜能，直接新增就业人员350多人
	福建泉州LED蓝宝石衬底产业化项目	福建晶安光电有限公司LED蓝宝石衬底产业化项目（一期）选址位于福建泉州（湖头）光电产业园，项目总投资25.38亿元，于2011年10月18日开工建设，2012年11月中旬开始试生产，2013年3月正式投产	2012年10月，清洁基金向该公司提供期限3年、金额6500万元的清洁发展委托贷款，用于工程建设和设备购置	如果全部用于照明芯片所用，预计年可节约标准煤92万吨，年均减少排放近240万吨二氧化碳当量，减少二氧化硫排放1.50万吨，减少氮氧化物排放0.84万吨

资料来源：中国清洁发展机制基金官网。

（二）中国绿化基金会中国绿色碳基金

2007年1月，中国石油天然气公司与国家林业局签署了共同开展油料能源林建设和以积累碳汇为目的的植树造林与森林经营活动的合作框架协议。2007年7月20日，为了促进企业资本等更多的社会资金参与造林和森林经营等林业碳汇活动中，由国家林业局、中国石油天然气公司、中国绿化基金会、嘉汉林业（中国）投资有限公司、美国大自然保护协会和保护国际发起设立，使用中国石油天然气公司捐资的3亿元人民币在中国绿化基金会下成立了中国绿色碳基金。该基金是全国性的公募基金，为企业、团体和个人等社会资本参与植树造林和森林经营等林业碳汇活动，更好地应对气候变化搭建了一个公益平台。基金的整体管理由国家林业局、中国石油天然气公司与中国绿化基金会共同完成，严格按照国务院《基金会管理条例》《中国绿化基金会章程》《中国绿化基金会专项基金管理原则》实施相关项目，进行碳汇计量、监测和核证等工作。

中国绿色碳基金的资金主要用于开展以下业务活动：（1）实施以积累碳汇为目的的植树造林、森林经营、生物多样性保护及其他相关活动；（2）林业碳汇的计量与监测、碳汇技术标准的制定、碳汇管理政策的研究和碳汇相关信息的发布；（3）开展森林与气候变化、林业碳汇、生物多样性等相关科学知识的普及、宣传、论坛和培训等社会公益活动；（4）对在开展碳汇造林、科研、宣传及与其相关的生物多样性保护等方面作出突出贡献的企业、组织、团体及个人进行表彰和奖励。

（三）中国绿色碳汇基金会

森林植物能够通过光合作用吸收二氧化碳，在一定时期对稳定和降低大气中温室气体浓度起到重要作用。因此，通过植树造林增加森林碳汇，加强森林管理和林地保护以减少碳排放不仅是国际社会积极倡导的减排措施，而且是《中国应对气候变化国家方案》的重要内容。从 2003 年开始，国家林业局相继成立碳汇办、能源办、气候办等林业应对气候管理机构，确定林业应对气候变化的行动计划，开展碳汇造林试点，建立全国碳汇计量检测体系，推动林业碳汇减排量在碳市场中的交易。为进一步引导社会和私人资本参与植树造林、森林经营等应对气候变化的减排活动，2010 年 7 月，在中国石油天然气集团公司、嘉汉林业投资公司等企业的倡导下，在国家林业局、国家发展改革委、环境保护部等政府部门的积极支持下，经由国务院批准，成立了我国首家以增进森林碳汇减排为目的的全国性公募基金，开办资金为 5000 万元。

中国绿色碳汇基金是我国第一个集中于森林经营以获取碳信用的基金，旨在通过增加森林碳汇减排应对气候变化，致力于推进以应对气候变化为目的的植树造林、森林经营、减少毁林和其他相关的增汇减排活动，普及相关知识，增强公众应对气候变化的意识和能力，支持和完善中国生态效益补偿机制。其业务主要包括：（1）组织开展以增汇减排、应对气候变化为目的的植树造林、森林经营、荒漠化治理、湿地和草原的保护与恢复、生物多样性保护等活动；（2）支持和参与以减缓和适应气候变化为目的的林业和草原科学研究、决策咨询、标准化建设和成果推广；（3）组织开展与碳汇项目开发、碳汇交易和碳汇计量检测相关的培训和业务咨询；（4）宣传林业和草原应对气候变化的作用和成效，展示社会各界支持和参与应对气候变化行动的典型和经验；（5）开展林业和草原应对气候变化领域的国家合作与交流；（6）开展符合基金会宗旨的其他业务活动。

中国绿色碳汇基金会管理结构与中国清洁发展机制基金类似，设置理事会与秘书处负责基金的日常管理。其中，理事会为碳汇基金会的决策机构，主要负责决定重大业务活动计划，包括资金的筹集、管理和使用计划；审定年度收支预算及决算；审定重要的内部管理制度；决定办事机构、分支机构、代表机构的设立、变更和终止；决定秘书长提名的副秘书长和各机构主要负责人的聘任；听取、审议秘书长的工作报告。秘书处作为碳汇基金的管理机构，负责基金会日常运行管理，内设综合部、财务部、项目部和国际部，分别负责人事行政、财务税务、林业碳汇项目投资运营与国际交流合作等工作。此外，还设有监事会、专家委员会和投资咨询委员会协助基金会进行监督与管理工作。

中国绿色碳汇基金会是为社会公众和私人企业搭建的，为植树造林、森林经营等减排活动融资的多样化捐资公益平台，采取全新的运作模式。作为全国性公募基金会，基金会接受全国企业和个人的捐资以开展造林减碳、森林经营等增汇活动。同时，基金会将为企业和私人开立碳汇账户，并将活动产生的碳汇计入其中且在网上予以公示。与世界银行森林碳伙伴基金类似，中国绿色碳汇基金会将碳减排及其融资活动拓展到了森林和农村地区，不仅促进了全国的碳减排，而且通过植树造林和森林经营等活动为农民提供了更多的就业机会和收入，提高了生活质量，进一步引导企业和个人参与以碳汇积累、减少碳排放为主的植树造林和其他公益活动中。

中国绿色碳汇基金会成立以来，在方法学开发、碳汇造林项目、应对气候变化的宣传教育、国际交流合作等领域取得很大成就，具体包括：（1）碳汇基金会建立了林业碳汇项目设计、计量、审定、注册、实施、检测、核证等碳汇项目技术标准体系和相关规则，形成了"碳汇造林项目方法学""竹子造林碳汇项目方法学""森林经营碳汇项目方法学""竹林经营碳汇项目方法学"4 个国家温室气体自愿减排方法学，成为目前国内造林增汇活动的权威专业机构。（2）截至 2020 年，碳汇基金会累计获得国内外捐款 7 亿元，完成碳汇造林项目 60 多项，造林和经营森林面积 120 多万亩。（3）碳汇基金会积极组织低碳植树等公益活动和林业应对气候变化专题宣传，编辑出版了《林业碳汇与气候变化》《绿色碳汇 2013》《碳汇中国》等 20 余部图书，同时举办了以造林碳汇应对气候变化为主题的科普与论坛。（4）碳汇基金会积极参与国际交流和合作，组织开发了多项国家合作项目。比如 2012 年与肯尼亚、埃塞俄比亚合作设立的"竹子碳汇造林方法学国外试点项目"和 2015 年 10 月与美国布莱盟基金会、缅甸 Spring Foundation 等共同发起的"基于清洁能源技术应用的缅甸森林保护示范项目"。

2015 年，中国绿色碳汇基金会在造林减排的路上迈出了关键一步，成功组织开发了全国首个获得国家主管部门注册签发的中国核证减排量（CCER）——广东长隆林业碳汇项目。2011 年，广东翠峰园林绿化有限公司在中国绿色碳汇基金会广东碳汇基金的支持下筹集资金，在广东省欠发达地区的宜林荒山实施碳汇造林项目，造林规模为 13000 亩。该项目由中国绿色碳汇基金会资助并提供全面技术服务，根据国家发展改革委备案的"碳汇造林项目方法学"开发，于 2014 年 3 月 30 日通过了国家发展改革委备案的自愿减排交易项目审定与核证机构中环联合（北京）认证中心有限公司负责的独立审定，预计年减排量为 17365 吨二氧化碳当量。该项目不仅通过造林活动吸收、固定二氧化碳，产生了可测量、可报告、可核查的温室气体减排量，发挥了碳汇造林项目的试验和示范作用，而且增加了当地农户收入，促进了当地经济社会可持续发展。

（四）国家绿色发展基金

2016 年 8 月，习近平总书记提出要利用绿色基金等金融工具和相关政策为绿色发展服务。2017 年 8 月，中共中央、国务院印发的《关于服务实体经济防控金融风险深化金融改革的若干意见》提出设立绿色基金，支持低碳生产和绿色发展。2018 年 6 月，中共中央、国务院印发的《关于全面加强生态环境保护坚决打好污染防治攻坚战的意见》提出“设立国家绿色发展基金”。2020 年 7 月 15 日，由财政部、生态环境部和上海市人民政府三方共同设立的国家绿色发展基金正式揭牌运营。基金首期规模达 885 亿元，由中央财政和长江经济带沿线的 11 个省市地方财政以及银行与企业共同出资。

国家绿色发展基金成立之初是为了推动长江经济带绿色发展，通过市场化运作方式，推动传统产业智能化、清洁化改造，加快发展节能环保产业，如新能源交通产业、光伏发电产业等，形成绿色发展方式，并引导社会资本积极参与绿色产业发展。

国家绿色发展基金管理结构与中国绿色碳汇基金会类似，经营管理层是基金会管理机构，内设战略规划部、投资管理部、风险控制部、法务部、财务管理部和综合管理部。战略规划部负责研究推动绿色发展相关重大战略规划，并提出政策建议，制定年度投资指南；投资管理部负责对基金管理公司上报的重大项目进行可行性分析并提出初步意见，制定对基金管理公司的年度考评办法，并对其进行绩效考核；风险控制部负责建立健全基金管理公司风险控制制度和流程，对投资项目进行风险调查分析；法务部负责构建和完善基金管理公司运营法律支持体系，制定基金公司法律事务的制度和流程以及其他相关业务的制度和流程；财务管理部负责基金年度预算编制、财务管理与会计核算等；综合管理部负责基金公司的人事、行政及后勤保障工作。

国家绿色发展基金组织开展了一系列绿色发展项目。例如，2021 年 6 月，国家绿色发展基金牵头联合市场化投资机构共同出资成立了绿色发展基金私募股权投资管理有限公司。2021 年 12 月 30 日，国家绿色发展基金完成了首个项目类投资——云南洱海流域湖滨缓冲带生态修复与湿地建设工程项目，对大理洱海的治理与生态修复提供了有力支持。2021 年 12 月 31 日，国家绿色发展基金出资 10 亿元与中国宝武钢铁集团和建信金融资产投资有限公司共同发起设立了“宝武绿碳私募投资基金”，基金总规模 500 亿元，首期 100 亿元，主要聚焦于钢铁及相关领域的碳减排。2022 年 2 月，国家绿色发展基金通过青山实业旗下瑞普能源有限公司的产业轮融资展开了在绿色交通领域的首次布局。

（五）碳排放权专项资产管理计划基金

2014 年 4 月 2 日，湖北碳排放权交易正式启动，同年 11 月 26 日，我国首只真正意义上的碳基金——碳排放权专项资产管理计划基金正式成立并参与碳排放权交易市场的交易，该基金初始资金规模为3000万元，由诺安基金子公司诺安资产管理有限公司对外发行，华能碳资产经营有限公司担任该基金的投资顾问。

三、中国碳基金与国际典型碳基金比较

作为发展中国家，我国在《京都议定书》协议框架下并没有强制减排目标，因此并不需要利用《京都议定书》下联合履约机制和清洁发展机制实施减排项目以获取碳信用指标来实现自身强制减排目标。但作为全球最大的发展中国家，以及作为全球最大的清洁发展机制项目潜在市场之一，中国在全球清洁发展机制项目开展和温室气体减排活动中占据重要地位。

世界银行设立碳基金的主要目的在于为《京都议定书》提出的减排机制探索具体实施道路，秉承“干中学”的原则，不断探索和积累碳减排机制相关知识和方法原则，以促进全球碳信用的交易，同时利用减排项目尽可能地提高发展中国家尤其是贫困地区居民的生活质量。欧美等发达国家和地区及企业实体建立碳基金旨在利用《京都议定书》下的减排机制，以较低的成本获取可交易、可计量的碳信用指标以完成自身强制减排目标。

中国是发展中国家，碳市场发展较晚，虽然在相当长的时间内不具有强制碳减排目标，但世界银行和发达国家旨在减少温室气体排放的目标与我国历来坚持的绿色可持续发展政策和原则是一致的。因此，秉持减缓全球温室气体排放的共同目标，我国也积极参与减排项目，主要目的是吸收和利用国际组织及发达国家的资金和技术，促进我国的减排技术发展和产业的绿色转型，同时借助项目本身实现人民生活质量的提高和就业岗位的增加。这是我国碳基金与国际典型碳基金在设立目的上最主要的区别。

在业务开展上，国际碳基金业务广泛，而国内碳基金，尤其是开展碳汇交易的碳基金业务相对集中。国际碳基金除了投资以积累碳汇为目的的基本项目之外，还投资许多主动性项目。如德国碳基金主要为德国和欧洲有意购买碳排放权的企业提供服务，丹麦碳基金主要投资风能及热力和电力、水电、生物质能源和垃圾掩埋等项目。我国碳基金，尤其是专门开展碳排放权交易的碳基金设立目标和业务范围相对较窄，主要通过开展植树造林、森林管理、生物多样性保护及其他相关活动积累森林碳汇。比如，我国早期建立的中国绿色碳基金和中国绿色碳汇基金会，经过多年发展，已完成大量林业碳汇的计量与监测、碳汇技术标准的制定、碳汇管理政策的研究等成果，并通过丛书出版、论坛和培训等社会公益活动向社会公众进行林业碳汇和气候变化等相关知识的宣传与普及。目前，我国碳基金的定位是广义的碳基金，包括专门从事碳排放权交易的狭义碳基金，但更多的是促进高碳产业转型升级

和绿色产业发展的广义碳基金，用于支持新能源产业包括光伏发电、风力发电和新能源交通领域以及一些节能减排、提高能效的产业发展。

在资金募集和基金管理上，我国碳基金大部分由政府主导，不管是国家发展改革委、财政部等中央政府牵头设立的碳基金，还是地方政府发起设立的碳基金，其资金基本都来自政府，市场私人资金鲜有参与。主要原因在于：其一，我国碳排放权交易体系发展时间较短，基于总量控制—配额分配的碳市场交易机制不完善。例如，大多数试点碳市场配额分配采取免费分配的方式，少数试点碳市场将免费分配与拍卖方式相结合，但拍卖比例很低；试点碳市场纳入企业较少。这些因素导致我国碳市场中各参与主体对碳信用的需求较低。其二，碳市场是碳信用交易的基石，对碳基金的发展有着重要作用。我国碳市场发展尚不成熟，碳信用的交易渠道尚未完全打通，其三，我国全国性统一碳市场在 2021 年才成立，尚未形成统一、透明的碳市场和完善的碳排放权价格形成机制，并且首批只纳入了发电行业，仍处于向石化、化工、钢铁、建材、有色、造纸和航空等高排放行业扩展的过程中，碳市场规模较小。其四，我国与碳排放相关的技术和政策仍在积极探索中，比如温室气体数据管理及相关履约机制，非二氧化碳温室气体监测、报告和评估技术体系，主要碳排放企业碳排放披露审查制度尚未完善，注册登记系统尚未完成等。这些技术方面的欠缺以及政策制定不完善和碳市场的不成熟，导致大量私人投资者对碳交易的认识不足和交易需求尚未被激发，进而导致国内私人碳基金的发展落后于国际碳基金。所以，我国碳基金未来的发展趋势应该是由政府投资主导碳基金的建立与投资，同时不断引进和引导社会私人资金的投入。

【本章小结】

本章介绍了碳基金的发展历程、内涵和基本功能，梳理了世界银行 12 个碳基金的发展情况，总结了国际主要碳基金的内部结构、业务管理以及具体运行机制，包括投资机制、风险控制机制、监管机制等。本章着重介绍了中国碳基金的发展情况，并对中国清洁发展机制基金、中国碳汇基金会、国家绿色发展基金等几个主要碳基金进行了相应的分析介绍。本章将我国碳基金与国际主要碳基金进行了简单比较，发现我国碳基金在管理结构和运行机制方面与国际碳基金是基本一致的，但我国碳基金仍是以国家碳基金为主导，市场化私人碳基金发展仍较缓慢。因此，如何促进私人碳基金的发展，促进私人资金进入减排项目融资市场成为我国碳基金发展的关键问题。

中国经济目前正处于由高碳经济向低碳经济转型的关键时期，尤其在中国政府提出碳达峰、碳中和国家战略之后，碳减排、高碳产业转型、绿色产业发展已成为我国经济发展的关键词，社会公众对碳减排在当前经济发展中的重要性有了新的认识，政府关于促进产业转型和绿色发展相关政策频频发布，社会资金在“碳”产业方面的投资意识也在不断增强。但是，目前我国仍面临着清洁能源、新兴绿色产业发展及经济转型的迫切需求与实体企业和项目资金短缺、融资渠道不畅之间的矛盾。因此，发展中国本土的碳基金对中国节能减排事业和经济结构转型具有重要意义。国务院及国家发展改革委、财政部及多个部门多次发布相关文件表示应在充分发挥现有国家绿色发展基金等碳基金的作用下，研究设立国家绿色低碳转型母基金，引导社会资本设立绿色低碳产业投资基金，助力高碳产业转型和绿色低碳产业发展。

可以预期，随着统一透明的全国性碳市场的建立和成熟、国家政策和监管的不断完善，碳基金可以将公众的闲散资金集合起来，通过专业的基金管理和操作，与政府倡导形成合力，不仅能够为新兴绿色产业的发展融通资金，而且能让公众分享碳发展周期带来的机会和财富。

【思考题】

1. 碳基金是《京都议定书》下减排机制项目的主要融资工具，简述碳基金还能以其他什么创新性方式参与减排项目的融资和具体运营。

2. 结合我国国情和碳市场、碳基金的发展现状，简述我国政府应该如何促进我国私人碳基金的建立以及如何引导其进入减排项目融资市场。

3. 以中国碳减排为例，思考在充分发挥碳基金促进传统产业转型和新兴能源产业发展以及一些有利于碳减排活动的过程中，中国的投资者可以从哪些行业、通过何种渠道寻找投资机会，获取收益，尤其是对二级市场的股票投资者来说。

4. 国家集成电路产业投资基金是我国典型的政策投资基金，思考我国政策型引导碳基金在运作中应当如何从国家集成电路产业投资基金的投资中借鉴经验，应当如何控制风险？

第七章　碳保险

【学习目标】

1. 掌握碳保险的基本概念，了解碳保险的发展背景，理解碳保险的功能。

2. 对大数定律、逆向选择和道德风险以及风险转移等碳保险的理论基础有充分理解，掌握碳保险行业运行的理论框架。

3. 了解碳排放权和碳汇保险的承保风险和基本种类。

4. 了解新能源保险、低碳交通保险、低碳建筑保险等助力碳减排的保险的概念、分类及功能。

5. 掌握巨灾保险和天气保险的基本概念和运行方式，了解巨灾保险和天气保险的国内外发展情况。

6. 了解再保险和巨灾保险证券化的基本结构、赔付方式以及优势和不足。

第一节　碳保险的定义及理论基础

一、碳保险的定义

碳保险可以广泛定义为降低气候变化给经济社会带来的风险的保险业务或产品，既包括保障和支持碳交易市场的碳排放权交易保险、碳汇保险，也包括有利于实现碳减排、减缓气候变化的低碳能源、低碳交通、低碳建筑、低碳技术保险等，同时涵盖因气候相关风险而造成的资产、生计和生命损失的气候保险。碳保险内涵丰富，功能多样，对减缓和适应气候变化有着重要意义和深远影响。

近年来，随着国内外对碳保险的研究不断深入以及碳交易市场的不断发展，围绕碳交易市场的碳保险概念逐步清晰。2007 年，联合国以《联合国气候变化框架公约》和《京都议定书》这两个国际条约为基础对碳保险进行界定，认为碳保险是对清洁发展机制、联合履约机制、低碳项目评估及开发和碳排放信贷担保等活动提供风险保障的保险产品，主要承保碳清缴风险、碳信用风险、碳融资风险、碳损失风险等。中国证监会2022年4月发布的《碳金融产品》标准将碳保险定义为“为降低碳资产开发或交易过程中的违约风险而开发的保险产品”，属于碳交易市场支持工具和风险管理工具。

为了对碳保险有更全面的阐述，本书界定的碳保险涵盖范围更广，功能更加多样，除上述围绕碳交易市场的保险产品外，主要还有减缓气候变化的保险和气候保险两大方面。“双碳”目标是立足于携手应对气候变化的国际趋势以及全面推动高质量发展的社会经济发展要求作出的国家战略决策，随后碳达峰碳中和“1+N”政策逐步形成，推动和保障新能源、低碳交通、低碳建筑、低碳技术等领域发展成为重要转型方向。减缓气候变化的保险可以为这些领域的低碳发展提供重要的保障，有助于减缓气候变化和促进可持续发展，碳保险将在我国实现“双碳”目标过程中发挥重要作用。减缓气候变化的保险包括新能源保险、低碳交通保险、低碳建筑保险等，主要是对这些低碳产业在发展中可能遇到的市场经济风险、投资风险、工程性风险等进行风险管理。

随着全球气候的持续变化，全球气候灾害风险呈上升趋势，严重威胁了经济的发展和生态的稳定。在此背景下，我国气候灾害的频率和强度不断加大，损失巨大。作为受气候灾害影响最大的国家之一，中国建立起体系化的气候保险制度十分必要。气候保险主要包括天气保险和巨灾保险。天气保险是天气异常导致企业或个人遭受经济损失后，由保险公司向投保者提供赔偿的一种保险。购买天气保险的企业或个人向保险公司缴纳一定的保费，约定若实际的天气状况超过一定的范围，给投保者造成经济损失，则保险公司需要向投保者提供一定的赔偿。通过购买天气保险，投保者将不利天气造成经济损失的风险转移给了保险公司，而保险公司则将保费整合起来，作为保险准备金来应对不利天气发生时所需的赔偿。巨灾保险是对如台风、海啸、地震、洪水等的自然灾害或影响严重的人为灾祸所造成的巨大财产损失和严重人员伤亡的保险。巨灾风险指影响面大、影响程度严重的自然灾害或人为灾祸。与不利天气相比，巨灾发生的概率较小，但其一旦发生就会造成巨大的损失和影响。

为更好地区分碳保险、气候保险、低碳保险以及绿色保险等相关名词，表7.1从概念、特点和分类上进行辨析。从中可见，这些名词的含义有很大关联但也略有区别。气候保险是广义碳保险的重要组成部分。碳保险涵盖在绿色保险的概念范围内，是绿色保险的重要方面之一。而低碳保险的概念较为模糊，通常会采用其他名词进行更加精确的表达。

表 7.1 概念辨析

名词	概念	特点	分类
碳保险	狭义：为降低碳资产开发或交易过程中的违约风险而开发的保险产品	✓针对碳交易市场的一种支持工具和风险管理工具	碳交付保险 碳信用价格保险 碳资产融资担保等
	广义：一切降低气候变化给经济社会带来的风险的保险业务	✓针对极端气候变化事件对农业生产和各类财产损失进行风险分摊和风险补偿 ✓针对碳交易、可再生能源建设等有助于减缓气候变化的行动提供风险保障	碳排放权交易保险 碳汇保险 新能源保险 低碳交通保险 低碳建筑保险 巨灾保险和气候保险等
气候保险	一种承保因气候相关风险而造成的资产、生计和生命损失的保险	✓针对极端气候变化事件对农业生产和各类财产损失进行风险分摊和风险补偿	天气保险 巨灾保险
低碳保险	既可指支持低碳项目建设的保险，也可泛指服务于低碳经济的保险品种	概念边界较模糊	—
绿色保险	一切有利于环境保护、经济社会可持续发展的保险	✓针对极端气候变化事件对农业生产和各类财产损失进行风险分摊和风险补偿 ✓针对环境保护、生态工程建设、碳减排等绿色发展提供风险保障	环境污染责任保险 绿色能源保险 绿色建筑保险 绿色交通保险 绿色技术保险 碳保险（狭义） 巨灾保险和气候保险等

资料来源：笔者根据相关资料整理。

二、碳保险的功能

碳保险的功能包括降低不确定性，分散气候变化造成的新能源开发利用、脆弱人群和受影响地区的农业、基础设施和其他人造资本面临的风险，以及提供社会保障等功能。

（一）支持和促进碳交易市场机制运行

在碳交易市场运行过程中存在各种风险，如交付风险、投资风险、违约风险等，这些风险带来了很大的不确定性，可能造成碳交易市场的有效配置功能失灵。碳交易相关保险作为转移和降低风险的有效手段，能够支持和促进碳交易市场的正常运行。

（二）促进和保障低碳产业发展

在新能源、低碳交通、低碳建筑、低碳技术等领域的探索和发展过程中，往往存在很大不确定性。新兴产业的发展需要保险给予充分保障，以面对复杂多变的市场环境和社会环境。碳保险就如同在低碳产业蹒跚学步、逐渐成长过程中给予保护的一双大手，并通过促进和保障低碳产业的发展实现减缓气候变化的效果。

（三）降低风险，防灾减损

碳保险之一的气候保险是一种转移和分散风险的金融工具，最直接的作用是降低受灾者的损失。购买气候保险的投保者通过定期支付小额保费，将风险转移给保险公司，保险公司利用收取的保费建立赔付基金，当气候灾害事件达到保险赔付触发条件时，已购买气候保险的受灾者可以从赔付基金中获得经济补偿，从而降低受灾者的经济损失，实现将气候灾害风险分散给所有被保险人的作用。同时，气候保险可以在事前提高投保者防灾减损的能力，降低气候灾害对受灾者的影响，甚至降低气候灾害发生的可能性。例如，保险公司可以通过向投保者提供气象气候信息、宣传防御气候灾害的知识，甚至要求投保者采取一定的防灾抗灾措施，来提高投保者防灾减损的能力，降低气候灾害对投保者的影响。

（四）提高效率，减轻财政负担

保险是一种金融工具，相比于行政命令和强制性手段更具有效率，在减缓气候变化等方面更符合成本效益原则，并能在防灾减灾、产业扶持发展等方面减轻财政负担。同时，利用保险行业的风险评估等市场化的手段，能够减轻政府的压力。

（五）提供信息服务和风险管理教育

针对低碳产业的保险能够向市场提供产业发展前景等信息，从而引导资金的流动。在气候保险方面，保险公司通过信息和数据收集能够对潜在的气候风险进行评估，在此基础上开展气候灾害防御服务，向保险部门和投保人提供气象信息，向国民进行气候保险知识的普及教育和宣传，督促投保人对不利天气采取防御措施，减少气象灾害造成的损失，从而达到防灾减灾和减少赔偿的目的。

（六）保障经济发展

通过促进低碳产业发展，碳保险能够对低碳经济、我国高质量发展产生深远影响。气候保险能够通过分摊灾后救助的压力，提高财政的稳定性，加快灾后重建工作，维持国民经济的正常运行。此外，保险公司可以利用暂时闲置的保费进行投资和融资，支持实体经济发展，提高金融市场活力，保障经济发展。

（七）实现生态效益

林业碳汇保险产品为碳汇造林项目提供风险保障，能够进一步促进水土保持、水源涵养、放氧功能、净化空气等生态效益的实现。

三、碳保险的理论基础

（一）大数定律

大数定律是概率学的核心定律之一，由瑞士数学家、概率论的奠基人雅各布·伯努利提出，伯努利以严密的数学形式论证了频率的稳定性。大数定律指在随机事件的大量重复中往往呈现的几乎必然的规律，即当随机事件发生的次数足够多时，随机事件发生的频率趋近于预期的概率。抛硬币是其经典例子之一，如果抛一次硬币，硬币落地时正面朝上和反面朝上的概率各为50%，如果抛两次则三种情况皆有可能，抛10次依然有很大的不确定性。但是，当不断地抛，抛上千次，甚至上万次，正面或者反面向上的次数占比都会接近50%，抛掷硬币的次数越多，就越可能出现正面朝上和反面朝上的比例接近相等的结果。

伯努利大数定律可以用下面的公式表示。设μ是n次独立试验中事件A发生的次数，且事件A在每次试验中发生的概率为p，则对任意正数ε有：

$$\lim_{n\to\infty} p\left(\left|\frac{\mu n}{n}-p\right|<\varepsilon\right)=1$$

简单来说，这个公式表达的含义是当n足够大时，事件A发生的比例会无限趋近于概率p，其成立条件包括独立重复事件和重复次数足够多。此外，切比雪夫、辛钦等数学家也提出了大数定律的不同表现形式，为大数定律的发展作出重大贡献。大数定律的现实意义在于其巨大的实际应用价值，即证实了当试验次数很大时可以用事件的发生频率来代替事件的概率，在生活中被广泛应用，特别是对保险业具有深远的影响。

大数定律是近代保险业赖以建立的统计学基础和数理基础。保险业通过契约形式集中资金，对遭受相关损失的被保险人进行补偿，对人身、财产等提供风险保障。保险公司正是利用在个别情形下存在的不确定性将在大数中变得有迹可循的这种规则性，来分析承保发生损失的相对稳定性，从而制定保险产品和业务，实现风险保障和收益的双赢。按照大数定律，保险公司承保的数目和范围必须足够大，才能有效实现保险的风险管理功能；否则，缺少一定的数量基础，就无法产生所需要的数量规律。

（二）逆向选择和道德风险

1. 逆向选择

逆向选择是指由于交易双方信息不对称产生的劣质品驱逐优质品，进而出现市场交易产品平均质量下降的现象。例如，在产品市场上，特别是在旧货市场上，由于卖方比买方拥有更多的关于商品质量的信息，买方由于无法识别商品质量的优劣，只愿根据商品的平均质量付价，这就使优质品价格被低估而退出市场交易，结果只有劣质品成交，进而导致交易停止。

为分析逆向选择是如何起作用的，我们假定存在一个只有好车和坏车两类商品的旧车市场。在这个市场中，如果信息是对称的，即买车的人具有完全信息，可以区分好车和坏车。如图 7.1（a）所示，由于买者对好车的支付意愿大于坏车，且坏车所有者愿意接受的价格比好车所有者低，好车的需求曲线和供给曲线均高于坏车。结果是好车和坏车将分别以 16000 美元和 6000 美元的价格各出售 150000 辆。若信息是不对称的，卖车的人比买车的人具有更多的信息，假定买者只有在购买了车之后才能知道是好车还是坏车，如图 7.1（b）所示，由于在给定的价格下车主愿意供给的车的数量不会受到买者信息的影响，好车和坏车的供给曲线不变。而需求曲线会由于潜在买者在购买之前不能区分好车和坏车发生相当大的变化。对于好车，需求曲线下降到 D_0，以 P_0（$P_0 < 16000$ 美元）的价格出售 70000 辆。对于坏车，需求曲线会上升到 D_0，但由于买者在购买之前并不能区分好车和坏车，故以 P_0（$P_0 >$ 6000 美元）的价格出售 230000 辆。而在新的条件下，潜在的买者发现只有 70000/（70000 + 230000）= 23% 的旧车是好车，对旧车的需求曲线会下降到 D_1，好车的供给曲线始终处于需求曲线之上，没有好车愿意出售。由于旧车的次品概率太大，潜

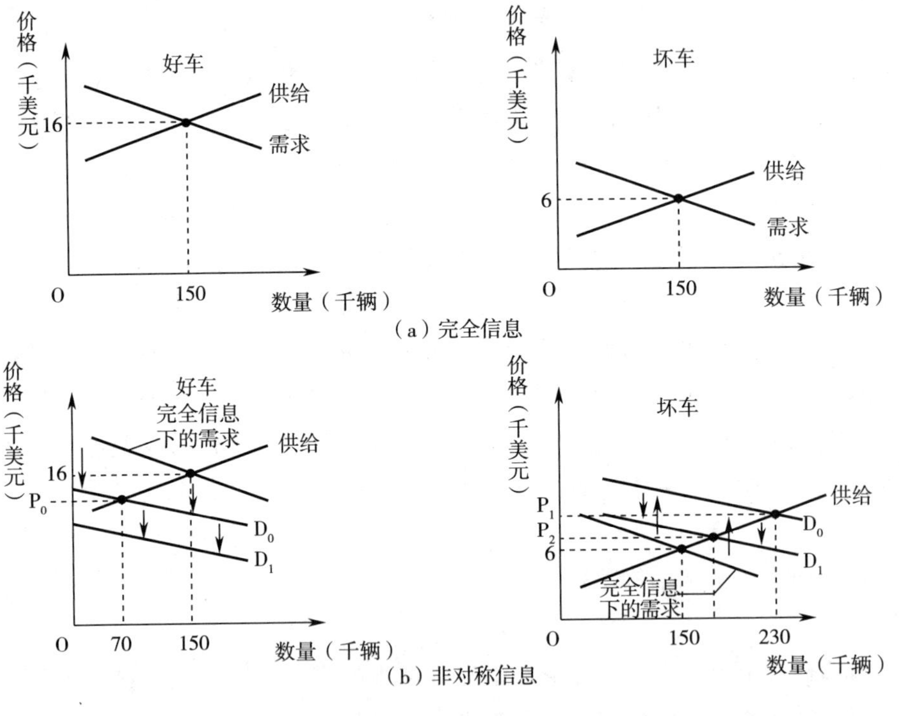

图 7.1　旧车市场：完全信息和非对称信息

（资料来源：曼斯费德尔．微观经济学［M］．9 版，北京：中国人民大学出版社，2003）

在的买者愿意支付的价格很低，好车的所有者将离开这个市场，最终导致旧车市场上没有好车出售。

对于保险业而言，逆向选择的现象十分普遍并具有很大影响。假设一家保险公司想提供自行车失窃保险，并经过市场调查发现不同社区的失窃情况差别很大。假设其决定根据平均失窃率提供保险。在这种情况下，居住在安全社区的人失窃风险很小几乎不需要保险，并不会选择购买保险；而居住在高失窃率社区的人因为失窃风险大而想要购买保险。这将导致主要由居住在高风险地区的消费者提出保险索赔，实际索赔将远超出以平均概率为基础的费率设定情景，保险公司面临损失甚至破产。在健康保险、财产保险等方面广泛存在这种逆向选择的问题。实际上，“逆向选择”一词最早就是源于保险行业，用来描述这类问题的。

把逆向选择的理论放在巨灾保险的情景之中进行分析，会发现信息不对称也会使巨灾保险市场出现“劣币驱逐良币”的现象。保险公司在确定保费以后，投保人会根据自己可能承担巨灾的风险决定是否投保，评估自身承担巨灾风险概率大于总体市场风险概率的投保人为“劣币”，评估自身承担巨灾风险概率小于总体市场风险概率的投保人为“良币”，初始情况是“劣币”愿意投保，但如此一来保险公司承担的风险增大，可能会出现业绩亏损的现象，因此保险公司提高保费，此时可能会导致开始时投保的“良币”因保费提高而全部不投保，导致“劣币”驱逐“良币”的逆向选择。这一劣币驱逐良币的现象在气候保险险种内发生的可能性尤甚于其他险种，比如巨灾保险，一是由于发生巨灾的地区相对稳定，如位于地震多发地区的四川、重庆等地；二是由于愿意购买巨灾保险的投保人类型单一，主要是位于可能发生巨灾地区的农户。

2. 道德风险

道德风险指在委托代理关系中，在签订协议后由于信息不对称存在不按照协议履约的可能性。例如，参保人在参保后的行为改变会给保险公司带来损失，但是因为信息不一致的存在，保险公司无法实时对参保人进行全面彻底的监控，所以要保证行为在参保前后的一致性只有靠参保人的道德自律。道德风险问题是另一类广泛发生在保险行业的问题。以自行车失窃保险市场为例，假设在所有消费者居住区自行车失窃的概率都相同，故不存在逆向选择问题。在没有购买自行车保险时，消费者需要自己承担失窃损失，故而会尽可能采取提防措施防止失窃，例如给自行车装锁或换上安全性更高的锁、将车停放在更安全的场所等，直至提防措施降低被盗风险带来的边际效益等于提防措施的边际成本。而在消费者买到自行车保险后，自行车被盗造成的损失由保险公司负担，采取上锁等提防措施将缺乏激励，这反而使被盗的概率提升，这种情况被称为道德风险。若保险公司能够察知消费者采取提防行动的情况，并以此为基础设定费率，则道德风险问题可以被完美解决，例如对是否安装防火系统的企业、对是否有家族遗传疾病的人实行不同费率。但在实际中，保险公司完全察知被保险人的全部行动是不可能的，故而道德风险问题仍旧广泛存在。

气候保险的道德风险同样可能发生，主要包括事前的道德风险和事后的道德风险两种。以目前有较多试点的地震保险为例，事前的道德风险可能表现为，投保人在灾前购买地震保险，为了获取大额赔偿，修建不符合抗灾要求的房屋，在地震发生后得到赔偿。事后的道德风险可能表现为，地震发生后给投保人带来了部分财产损失，但投保人为了获取大额赔偿，不采取任何减灾措施，甚至故意将灾害扩大以获取赔付。

逆向选择和道德风险都是信息不对称引起的，前者是由于市场的一方不能察知市场另一方的商品质量或状况，故而有时被称作隐藏信息问题；后者是由于市场的一方不能察知市场另一方的行动，故而有时被称作隐藏行动问题。不管是隐藏信息还是隐藏行动都会带来市场的低效率。在这种情况下，需要进行巧妙的信息、激励体系的设计，尽可能减少信息不对称带来的逆向选择和道德风险问题。

（三）转移风险的模式

面对风险，比如进行一场赌博、一次投资，个人的选择往往取决于其偏好，即厌恶风险还是偏好风险。假设现有 Q_2 财富，在一次赌博中变为 Q_1 和 Q_3 的概率各为 50%。如图 7.2 所示，厌恶风险者的效用函数是向下凹的，随着财富的增加变得平坦，此时财富的期望效用 $DQ_2=\frac{1}{2}(AQ_1+CQ_3)$（代表参与赌博获得财富效用的期望值），小于财富期望值的效用 BQ_2（代表参与赌博的财富期望值的效用），其不会进行这次赌博。而偏好风险者的效用函数是向下凸的，随着财富的增加变得陡峭，此时财富的期望效用 $DQ_2=\frac{1}{2}(AQ_1+CQ_3)$，大于财富期望值的效用 BQ_2，其会选择进行这次赌博。效用函数度量了消费者对待风险的态度。一般来说，效用函数越凹，消费者越厌恶风险；效用函数越凸，消费者越偏好风险；若效用函数为线性，

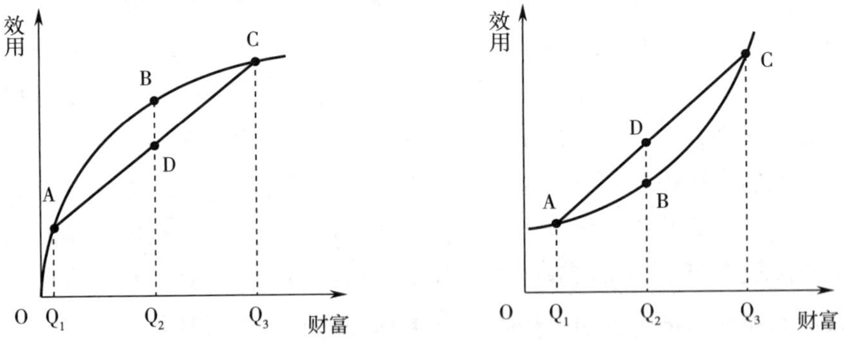

图 7.2 厌恶风险者（左）与偏好风险者（右）的不同选择

（资料来源：哈尔·R. 范里安. 微观经济学：现代观点［M］. 9 版，上海：格致出版社，2015）

消费者不会关心财富的风险，即风险中性。

我们往往认为大多数人是风险厌恶的，即当拥有的货币数量增加时，货币的边际效用下降。故而社会上广泛需要风险分散和风险转移的工具，这些工具能够在一定程度上确保未来的稳定性。风险转移是指通过契约将让渡人的风险转移给受让人承担的行为，能够大大降低经济主体的风险程度。通过将部分风险转嫁给其他人就可以实现分散风险。风险分散和转移的方式包括保险、股票、合同等。保险是使用最为广泛的风险转移方式。在此，我们对保险市场在分散风险中所发挥的作用进行分析。假设存在 1000 个人，他们各自拥有 35000 美元，同时他们都有 1% 的概率损失 10000 美元。那么，每人的预期损失为 100 美元，平均下来将会有 10 个人发生损失，共损失 10 万美元。若这 1000 人决定无论谁发生损失每人都向他捐款 10 美元，即相互提供保险，那么发生损失的人就可以得到补偿，未发生损失的人用相对来说很小的金额避免了遭受巨额损失的可能性。每个人都把风险分散给其他所有人，降低了个人所承受的风险规模。保险公司提供的正是这样的业务，大范围地筹集资金补偿实际遭受损失的人，实现风险转移和分散，同时可以将现金储备进行投资并从中获利，实现自身的运营和收益，保险业正是因此逐渐蓬勃发展起来的。

第二节 碳排放权和碳汇保险

本节聚焦助力碳交易的保险产品，即碳排放权和碳汇保险。根据《碳金融产品》标准（JR/T 0244—2022）中的相关内容，这种范畴内的碳保险是为了降低碳资产开发或交易过程中的违约风险而开发的保险产品，属于碳市场支持工具。其主要功能为降低交易违约风险，是一种碳市场风险管理工具。

一、碳市场中的风险

保险产品是根据不同的风险研发的，所以可以从风险种类的角度对碳保险产品进行分类。目前我国的碳交易市场仍然处于初级阶段，相关的法律法规尚不完备，缺乏关于如何建设适合我国社会制度和经济发展的碳交易市场的经验，这意味着碳交易中存在着诸多风险，主要风险如下：

（一）价格风险

综观全球碳市场可以发现，无论哪一类市场都没有形成一个较为统一的碳排放权国际交易市场，欧盟碳排放权交易体系（EU-ETS）、芝加哥气候交易所（CCX）、英国碳排放权交易体系（UK-ETS）、澳大利亚新南威尔士州温室气体减排体系（NSW GGAS）等交易大多集中于国内或者区域内，在市场组织、机构构成、制度规定等方面存在着巨大的差异性。高度分割的碳金融市场对于各交易主体而言存在极大的风险。交易市场没有统一的标准会导致无序竞争和资源浪费，将严重制约交易市场的价格发现功能，再加上投机因素的作用，碳排放权交易价格的较大幅度波动是不可避免的。

以2021年碳市场的数据为例，根据路孚特（Refinitiv）发布的《2021年碳市场回顾》，2021年全球碳市场总交易额约为7600亿欧元，相较2020年增长了164%，增长的主要原因是碳市场交易价格的飙升。在2021年底，欧盟碳排放配额的价格已经是2020年底的2倍有余，同时北美洲的两个碳市场——西部气候倡议（WCI）和区域温室气体倡议（RGGI）的排放配额价格同比增长70%，这些价格变化尤为明显地发生在下半年。碳市场的价格波动之剧烈和突然由此可见一斑。

价格波动将会给参与碳交易的企业带来很多风险。首先，价格波动会使企业经常地改变它们的标价，这种成本被称为菜单成本（Menu Cost），有时候改变价格的成本是很高的，企业需要花费人力物力重新定价、将新的价格印制并传达，这就增加了企业的管理与销售负担；其次，如果企业并没有预期到这种价格的波动，那么价格波动将会给企业的经营带来风险，例如在2021年全球碳交易价格飙升时，如果某企业没有预料到碳市场价格的上升并且由于菜单成本而决定保持碳交易产品价格不变，那么该企业就会因为市场价格的上升而蒙受损失。

（二）定价风险

根据《2021年碳市场回顾》，2021年我国碳市场交易量约为89亿欧元，约占全球总交易额的千分之一。总的来看，我国碳市场体量小，交易价格不高，流动性有限。由于在全球碳交易中的影响力有限，我国企业不得不面临尴尬的处境——没有碳交易的定价权与话语权。我国企业在没有强大的议价能力的情况下出售碳产品，只能被动地适应价格，因此将不可避免地遇到价值低估、降价竞争等情况，增加了在碳交易市场上生存和获利的不确定性与风险。

（三）道德风险

在第一节中我们已经对道德风险作了详细的解释，在这里主要明确一下道德风险在碳交易中的表现。当前的碳交易市场尚未发展成熟、各种市场监管措施和信息公开渠道不完备，而信息不对称就会导致道德风险。

碳交易的前提是对碳排放量统一标准和准确测算，只有精确测算减排额度，才能防止重复排放的发生。但受当前市场和技术的限制，各试点碳市场的信息透明度不高，并且各大碳市场内部的制度和测算方法有差异，不能形成强有力的全球监管部门，这增加了碳排放权出售方利用信息不对称制造道德风险的概率。

（四）政策风险

政策风险是指政府政策出现重大变化或者政府采取重要措施而导致市场波动，从而给投资者带来的风险。从定义不难看出，政策风险主要来源于政策的不确定性。

在全球变暖的背景下，节能减碳这一全球性的目标是无法凭借单一行业或组织来达成的，必然要依靠各国通过各方面的综合政策、宏观调节才能实现。因此，各国政府占据相当重要的地位。碳市场是一个新兴市场，各国政府缺乏管理经验，不可避免地会出现意见分歧以及政策变动频繁的情况。在当今国际政治舞台上，欧盟的态度最清晰，对于遏制气候变化持积极的态度，但是其内部在此问题上仍存在严重的分歧，在具体措施的推广上举步维艰。

政策风险在现实生活中时有发生。英国政府在 2022 年 5 月 30 日表示为了保证冬天的电力供应，部分计划关闭的燃煤电厂将继续运行，同时欧洲其他国家也有重新启用部分燃煤电厂的苗头，虽然欧洲整体实现碳中和的政策没有改变，但是政策推行的速度将有所放缓。

由此可见，与碳有关的政策，无论是制定还是延续都存在巨大的风险。这对碳金融相关市场与项目的未来发展有着至关重要的影响。

专栏一

欧盟碳关税政策对中国的影响

2022 年 3 月 15 日，欧盟经济与金融事务委员会通过了碳边境调节机制提案，标志着全球首个碳关税政策正式出台。

碳边境调节机制（CBAM）俗称“碳关税”，即运用关税的方式来应对气候问题。碳关税政策经历了漫长的发展和博弈。2007 年，法国总统希拉克提出对未签订《京都议定书》的国家征收碳关税，这也是碳关税政策的首次提出。2008 年，欧盟曾颁布航空碳关税政策，但迫于国际压力，最终不了了之。2021 年 7 月，欧盟为落实自身减排目标，提出了 16 个气候措施提案，碳关税是其中之一。2022 年 3 月 15 日欧盟正式通过的碳关税政策涵盖水泥、铝、化肥、电力生产、钢铁五类产品，将于 2023—2025 年试运行，2026 年正式实行。这意味着碳关税将成为全球首个运用关税解决气候问题的政策。

碳关税作为欧盟推进减排的重要措施，将显著提升欧盟在全球气候谈判中的话语权和产品国际竞争力。我国碳市场在全球的市场份额较小，碳关税政策将会给我国碳市场造成很大的影响。

碳关税会给我国碳市场带来风险。首先，水泥、钢铁和铝等高碳行业将受到直接影响。从欧盟发布的政策条文看，碳关税包含的五个征税行业，也是我国出口的重点行业领域。欧盟是我国第二大出口市场，2022 年前两个月又超过东盟成为中国第一大贸易伙伴，碳关税政策的出台对我国相关行业的冲击不容低估。一方面，我国相关行业产品的出口价格将显著增加，这将削弱出口竞争力，同时增加生产制造的成本，一些企业进口的原材料价格也会上涨。另一方面，在发达国家纷纷表明支持碳关税政策的背景下，欧盟为了追求自身利益和话语权，将在 2026 年前对碳关税政策进行评估，极有可能逐步扩大征税范围。其次，我国实现碳达峰碳中和目标压力进一步加大。与发达国家相比，我国实现碳达峰碳中和目标的时间紧、任务重、压力大。碳关税正式实施后，我国将面临更加严苛的排放政策，这无疑加剧了实现碳达峰碳中和目标的压力。最后，我国对外贸易环境将会更加复杂。碳关税政策实施以后，我国作为最大的发展中国家，很有可能成为西方国家征收碳关税的主要目标，这会使我国面临更为复杂的国际贸易环境，中欧之间贸易关系会更加紧张，贸易摩擦会加剧。

与此同时，碳关税也会给我国碳市场带来发展机遇。首先，碳关税将倒逼我国能源和产业结构调整，促进高耗能产业转型。碳关税政策会倒逼高碳排放企业节能减排，有利于我国加快能源结构调整和产业结构转型，绿色低碳的新能源占比将加速上升，高耗能产业占比将进一步缩减，以新能源、新材料为主体的新兴产业会迎来更大的发展机会。碳关税也将倒逼我国企业加快低碳绿色关键技术研发和应用，为我国推进碳达峰碳中和、构建绿色低碳循环发展格局形成强大助力。其次，碳关税将倒逼我国加快完善碳交易机制，促进碳交易市场发展。我国的碳交易市场目前只包含电力行业，钢铁、铝、水泥等高碳产业尚未纳入。目前我国碳市场成交价在 40 ~60 元/吨浮动，与欧盟的约 70 欧元/吨有很大的差距。碳关税政策将倒逼我国尽快扩大碳交易市场范围，加快提升碳市场规模，形成更加成熟、完善的碳交易体制，并逐步与全球碳市场接轨。

（五）信用风险

信用风险，又称违约风险，指交易对方无法履行合同条件而造成的银行、投资方或者交易对方损失的可能性。信用风险广泛存在于碳市场的各种交易中，例如在碳排放权的交易中，卖方存在因故无法交付约定的碳排放权数量的可能性，这一情况会导致买方蒙受损失。

二、碳排放权和碳汇保险的分类与产品

根据碳交易市场上的不同风险可以将碳排放权与碳汇保险分为两类：一类是针对交付风险的产品，另一类是针对除交付风险以外其他风险的产品（见图 7.3）。

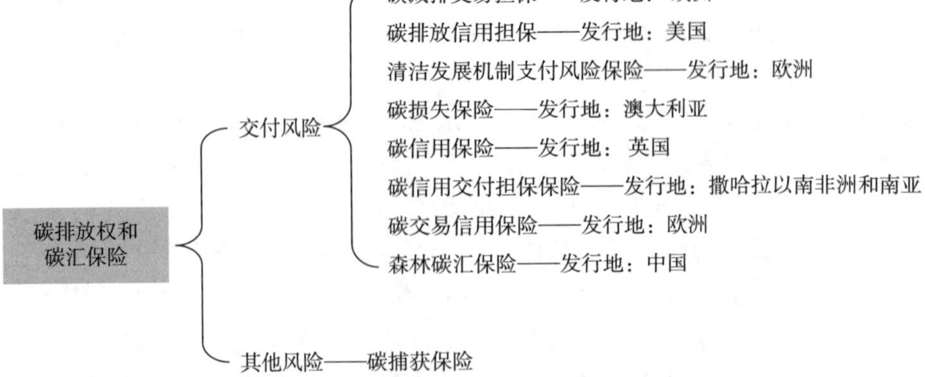

图 7.3　碳排放权和碳汇保险的分类与具体产品

（一）针对交付风险的产品

目前国内外碳保险服务都主要针对交付风险，对碳排放权交易过程中可能发生的价格波动、信用风险、道德风险、政策风险等进行风险规避和提供担保。交付风险主要是指清洁发展机制（CDM）下的交付风险，包括注册失败、核证失效、延误等各种原因，以及森林由于各种原因无法实现减排量交付的风险。针对交付风险的产品如下：

碳减排交易担保。2006 年，瑞士再保险公司（Swiss Re）的分支机构——欧洲国际保险公司针对碳信用价格提供了专门管理其价格波动的保险，即碳减排交易担保。之后，其又与澳大利亚保险公司 Garant 合作，根据待购买的减排协议开发碳交付保险产品。

碳排放信用担保。碳排放信用担保重点保障企业在新能源项目运营中的风险，可为其提供新能源项目的信用担保，促进私营公司参与减排项目和碳排放权交易。如美国国际集团与达信保险经纪公司合作推出的碳排放信贷担保。

清洁发展机制支付风险保险。清洁发展机制支付风险保险为价格波动和《京都议定书》项目风险承保，承保清洁发展机制和联合履约机制以及低碳项目评估及开发活动中有关的《京都议定书》列出的固有风险，覆盖 CDM 项目中产生的项目注册及核证减排量（CER）核证失败或延误等风险，即如果 CDM 项目投资人因 CER 核证或发放问题而受损，保险公司将提供 CDM 项目投资人预期获得的 CER 或等值的赔偿。例如，瑞士再保险公司与总部位于纽约的私人投资公司 RNK Capital LLC（RNK）合作，提供碳市场的首个保险产品，用于管理碳信用交易中与《京都议定书》相关的风险。

碳损失保险。碳损失保险保障的是碳信用持有者的碳损失风险，以碳信用持有者的碳信用发生损失作为保险触发条件，一旦碳信用持有者的碳信用因意外事故发生损失，保险公司将为投保者赔偿等量的碳信用。2009 年 9 月澳大利亚承保机构斯蒂伍斯·艾格纽（Steeves Agnew）推出了碳损失保险，为森林大火、雷击、冰雹、飞机坠毁或暴风雨导致森林无法实现已核证的减排量而产生的风险提供保障。在条款事件被触发时根据投保者的要求为其提供等量核证减排量（CER）。安联保险（Allianz）在 2018 年也推出了类似的碳损失保险，覆盖澳大利亚人工林面临的由自然现象引发的火灾、冰雹和风暴以及由人类引发的火灾造成的损失，林业管理人员通过将碳汇价值计入人工林每公顷的价值的方式来降低碳损失风险。2021 年，中国人寿财险南宁分公司承保了广西首单林业碳汇指数保险，为 125 万亩森林提供 500 万元碳汇损失风险保障。

碳信用保险。企业作为减排指标的生产者，在项目运营过程中主要面临两大类风险，即传统的项目风险（包括技术的不成熟、自然灾害等）和碳信用认证方面的政策风险。碳信用保险能够帮助企业转移风险，也可使减排或新能源企业更容易获得事前的项目融资，在客观上起到了企业信用增级的作用。如英国 Kiln 保险集团签发的碳信用保险产品，被保对象是一家银行。在该项合同中，银行作为碳信用的买方，首先购买“碳期权”，即在约定期限内以合同提前约定的价格购买碳信用的权利。在期权可行权期限内，若碳信用价格高于行权价格，则银行将行使买权，然后再以市场价出售碳信用。生产碳信用的项目在技术上有一定的复杂性，某些新能源（如风能和太阳能）依赖于天气，同时相关设备也可能因为故障或者低效率而误工，达不到减排目标。政策风险也不可小觑，政府环境法律法规标准的提高或碳信用界定规则的改变可能导致已经生产的碳信用无效。所以碳信用保险的出现实际上分担了碳信用“发行市场”上的违约风险，从而促进了碳信用市场的培育。

碳信用交付担保保险。碳信用交付担保保险是指很多大型清洁能源投资项目可以将自己未用完的碳信用出售给需要更多碳信用的企业，但由于新能源项目本身在整个运营过程中面临着各类风险，这些风险都可能影响企业碳信用交付的顺利进行。碳信用交付担保保险可为项目业主或融资方提供担保和承担风险，将风险转移到保险市场。例如，2008 年 3 月，世界银行集团成员国际金融公司在撒哈拉以南非洲和南亚采用了碳信用交付担保保险。该保险产品通过降低国家和项目风险，让出售碳信用的公司有机会接触更广泛的潜在买家，有助于更好地推动这些地区的碳市场发展。

碳交易信用保险。碳交易信用保险是指以碳排放权交易过程中合同约定的排放权数量为保险标的，对买方或卖方因故不能完成交易时权利人受到的损失提供经济赔偿的一种担保性质的保险。该保险为买卖双方提供了一个良好的信誉平台，有助于激发碳市场的活跃性。例如，2004 年联合国环境规划署、全球可持续发展项目（GSDP）和瑞士再保险公司推出了碳交易信用保险。由保险或再保险机构担任未来核证排减量（CER）的交付担保人，当根据商定的条款和条件当事方不履行核证减排量交付义务时，担保人承担担保责任。该保险主要针对合同签订后由于各方不能控制的情况而使合同丧失了订立时的基础进而各方得以免除合同义务的“合同落空”情形，如政治风险、营业中断。

森林碳汇保险。森林碳汇保险是指以天然林、用材林、防护林、经济林以及其他可以吸收二氧化碳的林木为保险标的，对林木的整个成长过程中可能遭受的自然灾害和意外事故导致吸碳量的减少所造成的损失提供经济赔偿的一种保险。例如，中国人寿财险福建省分公司创新开发出林业碳汇指数保险产品。该产品运用卫星遥感科技手段并与碳汇理论方法学相结合，建立了林业损毁与固碳能力减弱计量的函数模型。该保险于 2021 年 4 月在福建省龙岩市新罗区出单。该保单年度保费 120 万元，在一年中森林累计损失面积达到232亩时，视为保险事故发生，起赔金额100万元，最高赔偿2000万元。

（二）针对其他风险的产品

另一类保险产品针对的是除交付风险以外的其他风险，如碳捕获保险。碳捕获是指将大型发电厂、钢铁厂、化工厂等排放源产生的二氧化碳收集起来，并利用各种方法储存以避免其排放到大气中的一种技术，碳捕获保险对运用碳捕获技术封存碳而产生的各种风险承保。

碳泄漏会产生碳信用损失、财产损失和人身伤害等，而各种受到损失的主体中最弱势的就是自然人。所以这种保险产品的受益人为受到碳泄漏影响的自然人。该类险种目前还很不成熟，投保方、保险方以及双方的权利和义务都尚待明确。

第三节 助力碳减排的保险

一、新能源保险

新能源指传统能源之外的各种能源形式，包括太阳能、风能、地热能、海洋能、生物质能和氢能等。相对于煤炭、石油等传统能源，新能源具有环保、安全、可持续的特点。在实现“双碳”目标的过程中，新能源的开发利用对于能源低碳转型、减缓碳排放、促进经济高质量发展、保障能源安全、保护生态环境具有重要意义。2020年12月，习近平总书记明确提出到2030年我国非化石能源占一次能源消费比重将达到25%左右，风电和太阳能发电总装机容量达到12亿千瓦以上。国家发展改革委、国家能源局于2022年1月29日印发的《“十四五”现代能源体系规划》中指出，到2025年，非化石能源消费比重提高到20%左右，非化石能源发电量比重达到39%左右，到2035年，可再生能源发电成为主体电源。按照该规划，我国将加快发展风电、太阳能发电，因地制宜开发水电，积极安全有序发展核电，因地制宜发展其他可再生能源，推进电力系统向适应大规模高比例新能源方向演进。可以预见，新能源将迎来快速发展。而由于太阳能光伏、风电等新能源生产环境恶劣、生产条件不稳定、大规模运用新技术等因素，新能源行业隐含着复杂多样的风险。新能源发展利用过程中的高风险性则恰恰需要保险为其“保驾护航”，故而新能源保险应运而生。针对太阳能光伏、风电、水电、抽水蓄能、特高压等清洁能源产业生产、建设和运营期间的不同风险特性，保险行业提供相应的产品和服务，发挥保险保障和风险管理的专业优势。助推新能源开发利用的保险，我们称为新能源保险。

（一）传统型保险产品

传统型保险产品指财产保险、责任保险、质量保证保险、营业中断保险、货物运输保险、建筑安装保险等传统保险类型在新能源行业领域的应用。例如涉及太阳能光伏电站、风电机组建筑期和运营期物资及三者损失的建筑工程险、安装工程险和机器设备损失险等产品。目前，我国新能源产业发展进入快车道，设备运输、安装运行、技术操作均存在着大量的风险因素。水电、风电、光伏等行业设备造价相对昂贵，且设备直接暴露在自然环境中，受到不可控天气因素的影响，具有事故频发、损失重大的风险特点。因此融合针对设备工程的保险承保新能源企业在建设运营过程中可能遭受的意外事故造成的损失对新能源产业的稳定发展来说非常重要。

专栏二

人保财险山西省分公司光伏扶贫统保项目

中国人民财产保险股份有限公司（以下简称人保财险）针对山西省的地形地貌以及灾害特点，推出光伏组件生产和光伏电站运营保险菜单式服务承保清单，最大程度地满足了扶贫电站的安全保障需求，保障了国家扶贫资金的安全，该案例入选国务院扶贫办“2019 年金融扶贫优秀案例”。

山西大部分地区位于国家二类光伏资源带，具有发展光伏发电的资源条件。且该地区有大量的荒山野坡，常年属于非农业用地，建设光伏电站能够将这些坡地有效利用起来。但是，在建设运营过程中存在一些不可忽视的风险因素。其一，这些荒山坡地一般距离乡村较远，建成的电站难以保证时时有人看守，发生偷盗失窃、火灾等事件的风险大。其二，山西的地质情况致滑坡、泥石流、地面沉降等地质灾害多发，且该地雷雨、暴风、冰雹天气等强对流天气频发。在这样的地质和气候条件下，光伏电站的建设和运营有较大的受损风险。

人保财险山西省分公司结合当地地形地貌、气象条件、灾害特点以及光伏电站的运营特点，推出了以财产综合险为主险，附加第三者责任的承保模式，并以此为基本框架，扩展承保建工险、安工险、机器损坏险、盗抢险、营业中断险等，形成了一整套主次明确、层次分明、保障范围广、针对性强、可选择性强的菜单式服务承保清单，覆盖了电站从建造到运营到出险修复全使用周期。在项目未投入运营期间，以工程建筑险和工程安装险进行承保，重点保障项目在建筑期间和设备安装期间的各种风险。在项目正式运营期间，重点保障自然灾害或意外事故造成项目的直接物质损坏或灭失。此外，还提供营业中断险，主要承保被保险人因营业受到干扰或中断而产生的毛利润损失，最大限度地保障在设备停运期间产生的发电量减少而造成的营业收入减少，从而从根本上保障了运营电站的收入，也最大限度地保障了贫困户的收入不受影响。该保险产品对不同地区、不同阶段的电站进行针对性的保险保障，有效防范一般性自然灾害和意外事故的风险侵害，最大限度地满足了绝大多数扶贫光伏电站的保险需求。

人保财险山西省分公司通过该光伏扶贫统保项目实现全省 57 个贫困县光伏保险全覆盖，并向非贫困县和集中式光伏项目扩展，共为全省提供了超过 200 亿元的保险保障。通过光伏保险，有效管控了村级光伏扶贫电站资产和运营风险，降低了自然灾害和意外事故给电站带来的损失，提高了电站资产和收益保障的抗风险性，避免广大贫困户的切身利益受到灾害和意外影响，真正做到了为光伏扶贫项目保驾护航。

（二）创新型保险产品

创新型保险产品指针对新能源行业的产品质量风险和利润波动风险，保险公司为产业上下游企业提供产品质量类保险、发电量保证类保险、利润损失类保险以及设备供应链保险等产品，能够有效提升新能源产业抗风险能力。面对新能源行业的持续多元化发展，需要保险企业不断深入研究其发展过程中的特殊风险，并进行产品创新，有针对性地提供行业风险管理方案，满足新能源行业发展对保险的需求，从而更充分地发挥保险的风险补偿功能，推动新能源蓬勃发展，助力“双碳”目标的实现。

在光伏组件领域，针对光伏产品质保期较长的问题，推出光伏组件效能保险，最长能补偿光伏组件 30 年以上的输出功率衰减造成发电损失。例如，人保财险特别推出了“太阳能光伏组件长期质量与功率保证保险”产品，在保险期间内，光伏组件企业生产、销售的产品，如果存在原材料缺陷或制造缺陷、工艺不善等，导致产品质量或发电功率未达到其书面质量保证承诺而引发电站投资人等权益人的索赔，由保险公司负责赔偿。该产品在转嫁光伏组件企业经营风险的同时，也保证了下游企业的运营质量，且一举打破了国外保险公司垄断，有力地支持了光伏组件企业的全球化市场开拓。

此外，针对发电状态不稳定的问题，推出光伏日照指数保险，保障日照强度发电量；推出风电指数保险，保障风速发电量；推出海上风电专属保险，保障超设计风速导致机械损坏和利润损失。以光伏日照指数保险为例，被保险人在保险期间内因指定地理区域累计太阳光照不足，承保年度太阳能发电指数低于指定的触发点，被保险人实际发电量低于触发点对应的理论发电量，保险人按照保单规定承担保险责任。这类保险能够有效减轻风电和光伏“靠天吃饭”的风险难题，给投资者一剂强心针，促进风电和光伏产业发展。针对产业链较长，占用资金量大的问题，保险行业推出设备供应链保险产品，积极向生产企业上下游延展保险服务，利用保险增信功能，降低企业融资成本，不占用银行授信额度；推出保证金保险服务，替代投标保证金，降低清洁能源工程资金占用。创新型保险产品在传统产品的基础上为新能源行业提供更广泛、多样、全面的风险保障，助力产业健康发展。

（三）嵌入式服务

嵌入式服务可以为用户购买的产品或服务提供保障，利用数据提供更加个性化的选择，及时满足用户需求。嵌入式服务具有精准、方便、快捷的优势，是未来保险发展的趋势所在。在新能源行业方面，嵌入式服务发挥重要作用。例如，为精准解决光伏产业链企业日常经营中面临的各类风险，保险行业依托分布式光伏云网整合的分布式光伏全产业链资源，嵌入光伏云网平台，直接面向分布式光伏业主、投资商、生产商、运营服务商、金融机构，提供便捷精准的保险服务，助力光伏产业链健康发展。

表 7.2　　新能源保险产品

类别	产品名称	保障风险
财产保险	太阳能光伏电站建设期和运营期物资损失险	太阳能光伏电站建设期和运营期间的财产损失
	建筑工程险	清洁能源电站建设过程中的财产损失和第三者责任
	安装工程险	清洁能源设备、特高压工程安装过程中的财产损失和第三者责任
	机器设备损失险	清洁能源电站、变电站/换流站设备的财产损失
	利润损失保险	发电设备停止运行造成的利润损失
	光伏日照指数保险	日照强度不达标影响发电量
	风电指数保险	风速不达标影响发电量
	海上风电专属保险	超设计风速导致机械损坏和利润损失
保证保险	太阳能光伏组件效能保险	光伏组件输出功率衰减造成发电损失
	光伏组件质量保险	光伏组件的产品质量
	风机质量保证保险	风电设备的产品质量
	发电量保证保险	发电量不达标造成的利润损失
特殊风险保险	核物质损失险	核电厂的财产损失
	核电厂责任保险	核电厂运营过程中发生意外事故造成第三者责任
	核电厂建筑安装工程一切险	核电厂开展建设安装工程过程中的财产损失和第三者责任

二、低碳交通保险

我国交通运输领域碳排放占全国终端碳排放约15%，且交通运输领域碳排放年均增速保持在5%以上，已成为温室气体排放增长最快的领域。在新能源汽车产业快速发展、电气化改造如火如荼的当下，交通领域在节能减碳方面拥有极大潜力。

（一）新能源汽车保险

降低交通领域碳排放不仅在于交通领域本身，而是涉及交通行业的全产业链条，包括载运工具自身的能源经济性和能耗强度、运输能耗、能源供给等。汽车作为交通运输的重要工具之一，其低碳转型对于交通领域实现碳达峰碳中和至关重要。2012年6月，国务院发布《节能与新能源汽车产业发展规划（2012—2020年）》，对培育和发展节能与新能源汽车产业作出规划，并提及保险对营造产业发展的良好环境的作用。此后，我国新能源汽车产业不断建设完善，受到多种政策支持，进入大规模快速发展阶段。近年来，随着国家绿色出行政策的不断深化，新能源汽车产销量、保有量都出现井喷式增长，已经成为重要的交通出行工具。如图 7.4 与图 7.5 所示，我国新能源汽车销量快速增长，2021 年市场渗透率达到 13.4%。在“十四五”规划中，我国提出到 2025 年新能源汽车新车销量占比达到 20% 左右的目标。未来我国新能源汽车将持续快速增长。在新能源汽车市场中，以纯电动汽车为主，占比 80% 以上。然而，新能源汽车与传统汽车在设备、基础设施上有较大差异，作为新兴产业存在各种各样的风险，需要保险行业的助力。

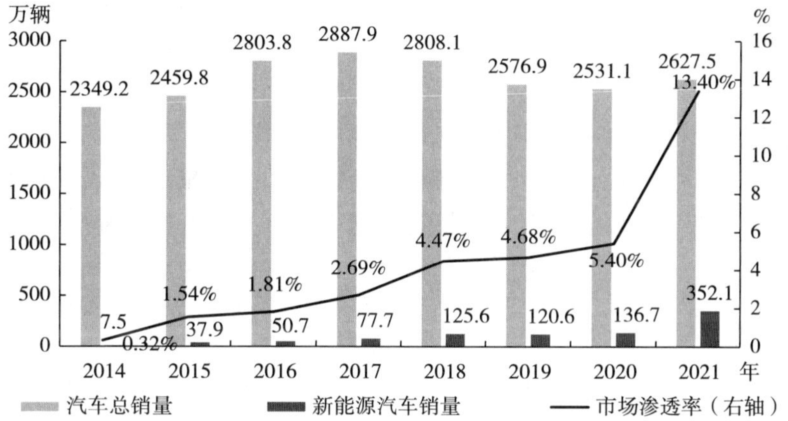

图 7.4　2014—2021 年我国新能源汽车销售情况

（资料来源：工业和信息化部）

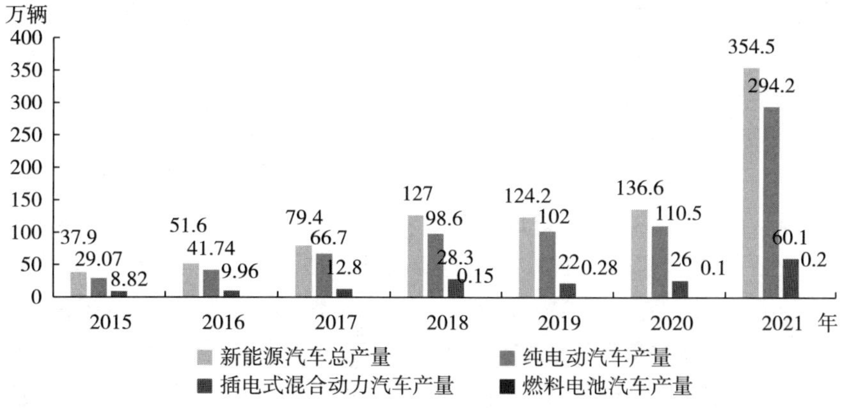

图 7.5　2015—2021 年我国新能源汽车生产情况

（资料来源：工业和信息化部）

基于与传统汽车风险保障的共同点和区别，新能源汽车保险大致可分为传统和创新两类。在传统保险方面，新能源汽车面临着与传统燃油汽车类似的风险，如碰撞、倾覆风险和救援需求，主要通过机动车辆保险获得相应保障。然而作为新技术的产物，新能源汽车有着独特的核心技术和风险因素，在动力系统、成本、性能、维修方式上存在较大差异，所需保障内容不同于传统汽车，因此针对新能源汽车产业的保险创新必不可少。

2021 年 12 月，中国保险行业协会发布《新能源汽车商业保险专属条款（试行)》，包括新能源汽车商业保险示范条款和驾乘人员意外伤害保险示范条款，为新能源汽车消费者提供更加全面且有针对性的保险保障。其中除传统承保项目外，还涵盖新能源汽车电池、充电桩的风险保障。在新能源汽车电池保险方面，保险业已经开展了纯电动车“三电”部分（电池、电机、电控）的延保试点，根据电池类型、电极材料特性、充放电性能、续航里程、驾驶环境等因素进行产品设计。在充电桩保险方面，首次将充电桩等车外设备纳入承保范围，针对充电桩（站）实际经营应用中面临的多种风险，推出了充电桩财产保险和充电桩充电安全责任保险，从财产损失和第三者责任赔偿方面，为新能源汽车企业充电基础设施提供全面的风险保障。目前，行业已形成了车险、电池保险、充电桩保险三位一体的全面保障。而在新能源车险方面，整个保险行业在车型认知及产品设计上都还处于初级阶段，存在保费定价高、理赔定损难、赔付率高等问题。

专栏三

新能源汽车自燃起火与保险保障

2022 年第一季度，新能源汽车起火共计 640 起，日均起火超 7 例。特斯拉起火事件引发安全争议，新能源汽车自燃起火受到广泛关注，自燃起火成为新能源汽车发展的重大障碍和隐患之一。导致新能源汽车自燃最主要的原因是电池过热。由于受到技术的限制，电池的耐高温、防水等性能还不成熟，目前运用于新能源汽车的电池在安全性方面存在不足。在新能源汽车长时间驾驶或充电之后，或者处在高温环境时，电池都极易出现过热的现象，从而增加了新能源汽车发生自燃的风险。同时，由于电池的研发成本高，电池制造商受到资金的限制，在研发和生产阶段没有很好地解决电池耐高温等关键问题，一些质量较差的电池流入市场，劣质电池极易发生短路，这也会导致汽车自燃。在 2020 年，国内有报道的新能源汽车的自燃事故达 61 起，而这些事故的原因大部分都是电池过热和短路导致的。此外，电池管理系统不完善、过度充电以及严重撞击等外部因素也可能导致新能源汽车自燃。由此可见，新能源汽车发生自燃的概率远大于传统燃油汽车，自燃风险也是新能源汽车保险应该关注的主要风险。在《新能源汽车商业保险专属条款（试行)》中，将新能源汽车起火燃烧明确写为保险公司承保范围，无论车辆是在行驶、停放还是在充电过程中，都可由保险公司进行赔付，减轻车企的压力，发挥保险风险保障的重要作用，这对新能源汽车的进一步推广具有重大意义。

（二）轨道交通建设工程保险

除了对新能源载具的产业发展进行风险保障外，保险行业还可以对绿色化低碳化的轨道交通建设工程等进行风险保障。一方面保险公司可以对施工过程中遇到的自然灾害和意外事故提供经济补偿；另一方面保险公司可以通过“保险＋服务”的形式，提供保前和保中全流程风控服务，对安全隐患提出改进措施，对轨道交通建设工程提供承保支持，有力支持绿色交通的发展。

2020年绿色交通保险总保额达到6.34万亿元，比2018年增加了3.78万亿元，年均增速73.83%，赔款达到64.77亿元，较2018年增加19.68亿元，年均增速21.83%。

表7.3 低碳交通保险产品

类别	产品名称	保障风险
车辆保险	新能源机动车辆保险	新能源汽车车辆损失
财产保险	地铁工程建筑工程一切险	轨道交通工程中的财产损失和第三者责任
	充电桩财产保险	充电桩财产损失
责任保险	充电桩充电安全责任保险	充电桩意外事故造成第三者损失
	车辆延长保修责任保险	新能源车辆延长保修责任
	公众责任险	公共交通站台等固定设施运营的第三者责任
	承运人责任险	公共交通车辆运营中对乘客安全的保障责任
综合保险	公交运营综合保险	经营公交车的单位在运营过程中的车辆损失、财产损失、第三者责任等
	充换电站综合保险	充换电站在运营过程中的财产损失和第三者责任

三、低碳建筑保险

建筑在施工、运行和拆除或改造过程中都会排放出温室气体，建筑碳排放量是全球碳排放量的重要组成部分。国际能源署（IEA）和联合国环境规划署发布的《2019年全球建筑和建筑业状况报告》指出，建筑业占全球能源和过程相关二氧化碳排放的近40%，建筑在使用过程中排放了约21亿吨二氧化碳，占全球建筑总排放量的20%，这部分碳排放被称为“运营碳排放”。钢铁、水泥、玻璃等建筑材料的生产和运输，以及现场施工过程也会产生碳排放，这部分排放被称为“内含碳排放”。因此，降低建筑碳排放量是减缓全球气候变暖趋势的重要举措。

低碳建筑是降低建筑碳排放量的主要手段，低碳建筑指在建筑材料与设备制造、施工建造和建筑物使用的整个生命周期内，减少化石能源的使用，提高能效，降低二氧化碳排放量。建筑是全球碳排放的重点出口，低碳建筑理所当然地成为促进绿色发展的一个重要突破口。通过推行低碳建筑保险制度，依托绿色金融政策，将建筑行业与保险行业精准结合起来，推出“低碳建筑保险”，可有效地贯彻执行资源节约和环境保护的国家发展战略。

（一）低碳建筑保险的作用

低碳建筑保险产品能够涵盖低碳建筑大部分的生命周期，能够保障在建低碳建筑、已竣工低碳建筑、低碳建筑专业人员职业责任，以及为消费者低碳建筑贷款提供支持。

保障在建低碳建筑：保障低碳建筑施工过程中的财产损失，以保险批单形式提供，附加于建筑商保险保单。

保障已竣工低碳建筑：保障建筑物自身的风险事故造成的财产损失，由保险公司承担修理受损财产或重新进行低碳认证的费用。

保障低碳建筑专业人员职业责任：保障因设计疏忽遗漏导致设计缺陷而产生的侵权责任，以及设计问题致使建筑物未能获得低碳建筑标识而产生的违约责任。

为消费者低碳建筑贷款提供支持：个人贷款保证保险为购房者在贷款时提供增信，帮助消费者获得较高的授信额度或较低的贷款利率，是房地产金融领域较成熟的险种。这一险种同样可以应用于低碳建筑，通过差异化保费折扣政策，鼓励消费者购买获得低碳建筑评价标识的建筑，激发低碳建筑市场需求。

总体来看，低碳建筑保险一方面能够发挥项目风险保障作用，另一方面能够促进消费者对低碳建筑的购买需求。低碳建筑保险能够覆盖建筑建设大部分的生命周期，为建筑工程质量、性能等提供多维度保障，从而促进低碳建筑的建设和发展。

（二）绿色建筑性能责任保险

在中国，低碳建筑保险尚处于发展初期，目前保险市场中主要以绿色建筑性能责任保险为主。这也是因为绿色建筑保险与已经发展较为成熟的工程质量潜在缺陷保险（IDI）较为相似，其中工程质量潜在缺陷保险指由建设单位投保的，在保险合同约定的保险范围和保险期间内出现的，由于工程质量潜在缺陷造成的投保工程的损坏，保险公司承担赔偿保险金责任的保险。绿色建筑性能责任保险是指承保在保险期间内保险单载明的建筑物建设完工并竣工验收合格，经保险人委托的第三方绿色建筑风险管理服务机构审查通过，在保险责任期间，在正常使用条件下，在当地建设主管部门认可的评价机构开展的运行绿色星级评价中，该建筑物未取得保险合同中载明的运行绿色星级标识或未达到标准，对于依照法律应由被保险人承担的对建筑物进行绿色性能整改或货币赔偿的责任，由保险人按照保险合同的约定负责赔偿。

近几年，我国不断出台政策推动低碳建筑保险发展，包括鼓励和支持保险机构创新绿色保险产品和服务这一重点举措。例如，2022年住建部就出台了《“十四五”建筑节能与绿色建筑发展规划》，提出了“十四五”时期建筑节能和绿色建筑发展的具体指标；而在2021年4月北京市规划和自然资源委就发布了《高标准商品住宅建设方案评审内容及评分标准》，在建筑品质评分项，“投保绿色建筑性能责任保险，引入风险防控机制”可以得到加分。将绿色建筑性能保险前置到拿地环节，保证全过程引入风控服务。

（三）低碳建筑保险的其他形式

除了目前市场上最常见的绿色建筑性能责任保险外，还有一些结合绿色金融等手段的特殊创新类保险形式，例如在绿色信贷的实践中，绿色建筑的信贷需求通常出现在建设阶段，而建筑绿色星级评定却只能在交付运营之后。在项目管理、评审等各种因素的影响下，绿色信贷投放与绿色建筑评定之间的时间错配问题有可能导致得到绿色信贷支持的建筑最终未取得绿色标识的情况出现。保险公司联合绿色信贷放贷银行通过“绿色信贷”加“低碳保险”的方式，在项目建造过程中，由银行提供绿色项目贷款，支持项目建设；保险公司提供绿色性能风险保障，进行过程监督、风险预警等服务，项目完工后若未能达标，保险公司将承担对建筑物进行绿色性能整改或货币赔偿的责任。除此之外，还出现了由政府、银行和保险公司共同分担贷款风险的“绿保贷”等形式。

（四）低碳建筑保险的风险评估

低碳建筑保险的定价和责任范围设计是保险开发中的关键环节。根据实践经验，保险公司首先会根据面积核定基准保险费，然后参考各参与单位的资质、建筑用途、投保人/被保险人历史损失经验衡量风险水平，确定相应系数，最后将基准保险费与相应系数相乘来确定最终的保险费。投保后将带来第三方监管，使参建各方能自觉提高工程质量，避免出险索赔、抬高保费。低碳建筑保险秉持“发挥绿色建筑运营保险奖优罚劣”的原则确定费率调整方案，对改善绿色建筑运营效果发挥积极作用。

虽然低碳建筑的承保风险可能与传统建筑缺陷风险没有显著差异，但低碳建筑在实施过程中面临的特有风险可能成为被保险人的索赔要求，从而对保险公司发展低碳建筑保险造成潜在损害。低碳建筑建设面临的风险具体包括：新技术应用、低碳建筑达标和建筑工期安排之间的矛盾，低碳建筑评价星级要求带来的法律责任风险，低碳建筑未达标准预期而被要求提供给业主/开发商违约金或赔偿金的风险，监管对低碳建筑领域的规范和要求，等等。这要求保险公司必须做好低碳建筑保险的定价模型建设和费率厘定，明确可承担的保障责任范围，审慎设计低碳建筑保险条款，为提供低碳建筑保障服务做好充足准备。此外，低碳建筑运营机制严重依赖对建筑建设全流程的把控，在当前阶段难以真正实现规模化运作。针对承保的低碳建筑，保险公司必须做好建筑项目启动阶段、设计阶段、施工阶段、运行阶段等关键节点的全程把控，以确保不会因选料不恰当、施工不规范、运行不合理等操作失误导致建筑无法满足低碳建筑运行评价星级要求。这对保险公司的项目把控能力以及低碳建筑建设全流程的风险管理能力都提出了很高的要求。

专栏四

全国首张“减碳保”公共建筑节能保险保单落地青岛

中国人民财产保险股份有限公司青岛市分公司向中节能唯绿（北京）科技有限公司签发全国首张“减碳保”公共建筑节能保险保单，为胶州市政府能效提升项目提供为期3年、保额76万余元的风险保障，项目改造完成后预计年均减碳量可达130吨。这是继承保首个民用建筑之后，“减碳保”在公共建筑上的又一次积极探索。

胶州市政府能效提升项目由清华大学建筑节能研究中心提供技术支持，中节能唯绿（北京）科技有限公司投资实施。项目将综合运用高效能源设备、智能供冷供热系统等先进节能技术手段，同时增设分布式屋面光伏电站等分布式清洁低碳供能替代化石能源，实现节能降碳效果，致力于打造健康、智慧、高效、节能的“近零能耗公共机构示范区”，力争树立全市公共机构建筑能效提升的标杆，助力实现“零碳政府”。

“减碳保”将能效提升的节能目标与保险赔付挂钩，若项目在运营期内未能达到预定的节能指标，保险公司将负责赔偿项目节能整改费用，或对能耗超标部分进行经济补偿。同时，人保财险青岛市分公司还采用“承保＋减损＋赋能＋理赔”保险新逻辑，聘请中国建筑科学研究院有限公司在项目实施期间提供风控服务，降低整体风险水平，为公共建筑领域碳减排工作保驾护航，实现绿色保险与建筑节能工作的深度融合。

2020年12月23日，青岛获批全国首个“绿色城市”试点，岛城保险业踊跃创新，绿色建筑类保险全国首单频现。2021年4月，人保财险青岛市分公司向青岛立信达能源服务有限公司签发了全国首张“减碳保”民用建筑节能保险保单，为青岛蓝海大饭店（黄岛）节能改造项目在运营期（3年）间的节能效果提供每年100万元的风险保障，本项目改造完成后预计年均减碳量可达542.62吨。2022年4月，全国首张“绿色建材保证保险保险单”落地青岛，由中国大地财产保险股份有限公司承保，此举标志着以绿色建材为投保标的的新险种正式诞生。

第四节 巨灾保险和天气保险

巨灾保险和天气保险同属于气候保险，是适应气候变化、降低气候风险影响的重要工具。相比于其他碳保险，巨灾保险和天气保险不仅承保因气候相关风险而造成的资产损失，更重要的是承保相应的生计和生命损失。特别是巨灾保险，巨灾风险的发生频率较低，但一旦发生就会造成人民生命财产的巨大损失并对区域或国家经济社会产生严重影响。巨灾保险可以有效化解巨灾的损失后果，对人类社会的可持续发展具有重要意义。

一、巨灾保险

（一）巨灾保险的定义、作用及面临的挑战

巨灾保险是指对巨灾风险发生导致的巨额财产损失和大量人员伤亡进行保障的一类保险。对巨灾风险的认定，世界各国没有统一明确的定义，一般根据各国实际情况进行定义。例如美国保险服务局（ISO）按照 1998 年的价格水平，将巨灾风险定义为：导致财产直接保险损失超过 2500 万美元并影响大范围保险人和被保险人的事件。其定义凸显巨灾事件发生产生的巨大损害，并没有区分人为灾害与自然灾害。

通常狭义的巨灾风险主要指自然灾害可能造成巨大财产损失和严重人员伤亡，这里的自然灾害主要包括地震、洪水、台风、海啸、干旱等。其中，与气候变化相关的巨灾风险主要有洪水、海啸、干旱、热带气旋、山火等，而地震虽然是巨灾风险的重要组成部分，但目前对于气候变化是否会导致更多的火山爆发和地震这一问题尚未有定论，因此，本节所讲的巨灾风险以及巨灾保险，主要聚焦于受气候变化影响较大的洪水、干旱等风险以及相应的保险业务。

巨灾保险是化解巨灾损失后果的主要方式，它通过保险的形式，实现巨灾风险的分散。但由于巨灾风险的系统性和信息不对称等特点，商业保险公司可能会退出巨灾市场，出现市场失灵，因此，不同地区的巨灾保险具有不同的运行模式，大致可分为自由市场主导下的经营模式、行政干预主导下的经营模式以及混合经营模式，这些模式的关键区别在于政府的参与程度不同。政府参与巨灾保险运行的原因就在于巨灾保险的市场失灵：第一，巨灾保险具有公共性。当巨灾发生时，受灾地区的所有人都将受到损害，如果只是个别人事先进行了投保，那么巨灾保险的风险分散作用将无法有效发挥，所以巨灾保险是具有双重正外部性的准公共产品。政府在供给成本高、周期长、收益低等特点的公共产品上具有先天优势。第二，相比于普通风险，巨灾风险更适合在时间跨度上实现纵向分散，也就是用非巨灾业务年度的保险收入和盈余弥补巨灾业务年度的赔付和亏损。但保险公司在建立巨灾准备金时会影响其资金流动性，难以实现年度保费收入和潜在巨灾损失之间的匹配，而且由于缺乏历史数据，巨灾风险难以精准定价，所以实际中商业保险公司很难采纳巨灾风险的时间分散方案。第三，保险公司为了避免偿付能力危机，常常会通过再保险市场来分散风险，但巨灾风险的系统性和伴生性使再保险也不可能完全分散其风险。第四，因为巨灾是一种小概率事件，如果政府不参与巨灾保险的运行，那么很可能

会出现投保率低的情况，使巨灾保险无法运行。

逆向选择和道德风险是保险市场中常见的两个现象，也是影响保险业发展的两个重要问题，这两个问题在巨灾保险中也很常见。

（1）逆向选择。逆向选择是巨灾保险市场中常见的一种现象，是一种交易发生前隐藏信息的行为。相比于巨灾常发地区的居民（即“高风险者”），居住在巨灾发生频率较低地区的人们（即“低风险者”）就倾向于不买保险，因为对这些地区的居民来说巨灾发生的概率很低，购买巨灾保险的保费比他们实际应该支付的保费要高，投保的效益并不高甚至为负，所以在巨灾风险发生频率较低地区的巨灾保险投保率就会低于巨灾发生频率较高的地区。这就导致巨灾保险的投保人中“高风险者”所占比例远高于“低风险者”所占比例，而巨灾保险市场能够持续发展的首要一点就是保证市场巨灾保险的覆盖率，这样才能对巨灾风险进行集中有效的管理。逆向选择的存在会影响巨灾保险市场的持续运作，难以实现分散风险的效果。

（2）道德风险。与逆向选择发生在合同签约前相反，道德风险往往发生在合同签约之后。近年来，这个术语已经延伸到经济生活的许多方面，泛指市场交易中的一方难以观测或者监督另一方的行动而造成的风险。巨灾保险中也存在道德风险问题。巨灾风险的发生是客观的、不受人力所左右，因此道德风险在巨灾保险市场上主要体现为被保险人行为的背离，包括巨灾发生前投保人防护行为的背离以及巨灾发生后投保人减灾行为的背离甚至骗保行为。比如，投保人为了节约成本没有严格按照抗灾标准修筑房屋，坚持在高风险区居住，或者面对灾难的发生，不采取任何减灾举措，在灾难发生后，为了得到更多补偿而故意摧毁投保的物品来骗保。道德风险的存在直接导致巨灾发生后损失的扩大，影响市场资源的最优配置以及巨灾保险市场的持续发展。

（二）巨灾保险的分类

按照承保主体划分，巨灾保险可分为政府主导型、市场主导型、政府与市场合作型三种。其中，英国洪水保险、挪威自然灾害保险是市场主导型的代表，巨灾保险全部由保险公司供给，政府不参与其中，也不对保险公司进行补贴，但得益于这些国家和地区完善的保险市场，保险公司可以通过再保险市场将风险分散出去。即使英国洪水发生频率不断增加，但保险市场仍保持竞争性。2002 年英国洪水保险参保率已达到 80% 左右。但绝大多数国家和地区并不具备这样的条件，因此政府需要介入，形成政府主导型或者政府与市场合作型，由政府制定法律、承担保险风险和承保责任或者政府和保险公司各司其职，共同承担巨灾风险。

按照承保灾害数量划分，巨灾保险可分为单项灾害保险和综合灾害保险。有的国家和地区某些巨灾风险极其严重，例如日本处于环太平洋火山地震带，地震频发，针对这种情况日本形成了只针对地震的单项巨灾保险。而有的国家和地区面临巨灾风险威胁较低，则建立了覆盖多种风险的综合巨灾保险，例如法国自然灾害保险、挪威自然灾害保险、西班牙巨灾保险等。

按照费率类型划分，巨灾保险可分为单一费率保险和区别费率保险两种。有的国家和地区巨灾风险地域性不强，因此实行全国统一费率，这样也可以大大减少人力、物力、财力成本。但大多数国家和地区采用区别费率，根据不同区域设置不同的承保条件和费率，例如美国就通过绘制洪水保险率图，按洪水发生程度将全国分为不同区域，在洪水发生风险高的地区实行高费率，在风险低的地区实行低费率。

（三）巨灾保险发展情况

目前，发达国家已经形成较为成熟的巨灾保险体系来应对巨灾损失并进行有效的风险转移，运行的模式主要包括政府主导、商业化运作以及政府与其他机构联合三种模式。国外的巨灾保险产品种类繁多，且各国均根据当地不同的情况来设计相宜的保险产品，政府在其中发挥的作用也各不相同。表 7.4 展示了部分国家的巨灾保险情况。

表 7.4　　部分国家巨灾保险发展情况

国家	单项/综合	承保主体	政府作用	费率类型划分情况
英国	洪水单项	商业化运作	投资防洪工程，建立防洪体系，提供气象预报、灾害预警及风险评估等公共服务	未划分
美国	洪水单项	政府主导	政府提供所有业务和险种，承担巨灾保险的保险风险和承保责任，提供税收优惠，对家庭财产险保险费率进行补贴	绘制洪水保险率图，按洪水发生程度将全国分为不同区域
新西兰	综合	政府主导	商业保险公司承保，建立自然灾害基金，然后由政府担保，在国际再保险市场进行分保，政府组织建立起来的地震委员会负责保费收取和管理巨灾风险基金	未划分
法国	综合	政府和保险公司联合	确定巨灾费率，设置免赔率法律下限，对中央再保险公司无限担保	未划分
土耳其	地震单项	政府和保险公司联合	在世界银行的帮助下建立了巨灾保险基金，提供税收优惠，将销售、投资和管理业务外包	根据地震区域、土地和建筑结构风险类别进行费率厘定
挪威	综合	商业化运作	建立自然灾害基金（NNPP），对巨灾风险进行再保险。在成员之间建立契约，巨灾的损失按费率高低及市场份额在成员公司间分摊	划分风险等级

资料来源：笔者根据相关资料整理。

相比于国外，我国巨灾保险目前仍处于探究摸索阶段。从保险产品的角度来看，虽然我国保险行业没有提供专门的巨灾保险，但大多数保险产品的责任范围均包括地震、台风、洪水等巨灾。

我国的巨灾保险制度最早可以追溯到20世纪50年代公布的《财产强制保险条例》，这一时期国家对火灾、爆炸、洪水、地震等巨灾带来的损失提供了保障措施，为我国后续巨灾保险业务的实施提供了基础。但巨灾保险受到历史条件等因素的影响于1958年末停办，直到1979年4月才被重新提及。1979年4月，国务院批准《中国人民银行分行行长会议纪要》，作出了“逐步恢复国内保险业务”的重大决策，包括地震保险在内的巨灾保险随之恢复。20世纪90年代，受到保险公司偿付能力的限制，中国保监会在《关于企业财产保险业务不得扩展承保地震风险的通知》中规定任何保险公司不得随意扩大保险责任承保地震风险，再保险公司也不得接受地震保险的法定分保业务，对地震等巨灾风险采取了停保或严格限制规模、有限制承保的政策，以规避经营风险。

2006年，《国务院关于保险业改革发展的若干意见》首次提出“建立国家财政支持的巨灾风险保险体系”，巨灾保险问题因此受到广泛关注。2008年汶川地震发生后，巨灾保险的发展问题再次引起重视。2013年，《中共中央关于全面深化改革若干重大问题的决定》提出“完善保险经济补偿机制，建立巨灾保险制度”，这是第一次在国家层面提出将巨灾保险确立为一个制度。2014年，《国务院关于加快发展现代保险服务业的若干意见》首次提出“建立巨灾保险制度，鼓励各地根据风险特点，探索对台风、地震、滑坡、泥石流、洪水、森林火灾等灾害的有效保障模式”。2017年1月，在各地已经进行巨灾保险试点的情况下，国务院明确巨灾保险的进一步发展方向，《国务院关于推进防灾减灾救灾体制机制改革的意见》提出“要充分发挥市场机制作用。坚持政府推动、市场运作原则，强化保险等市场机制在风险防范、损失补偿、恢复重建等方面的积极作用，不断扩大保险覆盖面，完善应对灾害的金融支持体系。”“鼓励各地结合灾害风险特点，探索巨灾风险有效保障模式。”2020年突发的新冠疫情再次引发大众对巨灾保险的关注。2020年“两会”上也有关于巨灾保险的提案，在建立巨灾保险机制方面提出相关建议，指出要完善政府立法机制，在特大型和大型城市强制建立巨灾保险机制、建立再保险分散机制，提升保险公司承保能力等；扩大巨灾保险试点，提高群众防御能力。

从2013年国家将巨灾保险确立为一项制度起，已经在多个省市进行了试点，具体情况见表7.5。

表 7.5　　　　我国巨灾保险试点情况一览表

时间	地点	模式
2014 年 6 月	广东省深圳市	首个巨灾保险试点，采用“共保体”承保模式，每年由市财政全额出资购买巨灾保险，保障深圳行政区域内所有自然人在巨灾后得到灾害救助保险服务
2014 年 11 月	浙江省宁波市	采用公共巨灾保险制度模式，政府财政出资，是财产和人身伤亡相结合的公共巨灾保险制度
2015 年 5 月	四川省	全国首个以省为单位开展的巨灾保险试点，由四川省居民自主投保、各级财政补贴、赔付到户
2015 年 8 月	云南省大理自族自治州	政策性地震指数保险模式，是我国首款指数型巨灾保险制度，首个农房地震保险试点
2016 年 6 月	河北省张家口市	采用公共巨灾保险制度模式，政府全额出资，是人身伤亡、住房损失和财产损失相结合的公共巨灾保险制度
2016 年 7 月	广东省	首创巨灾指数保险模式，政府作为投保人和被保险人，以触发巨灾的参数如连续降雨量、台风等级等作为支付赔偿的依据
2016 年 8 月	黑龙江省	农业财政巨灾指数保险模式，开创了我国政府与商业保险和再保险公司合作以应对自然灾害事件引发的农业风险的新模式，是首个应用卫星遥感技术和气象监测技术开发的创新型农业指数保险方案
2017 年 5 月	福建省厦门市	全国第三个推行巨灾保险制度的城市，部分内容全国首创，具有五大特色：保障高标准、人群全覆盖、城乡无差别、责任范围广以及风险机制新
2017 年 6 月	海南省	政策性农业保险，选择 2 ~ 3 个市县研究开展巨灾保险试点，探索建立巨灾风险分散机制
2017 年 7 月	湖南省	采用公共巨灾保险制度模式，保费由财政统筹安排，由省、市、县三级财政全额出资购买
2017 年 8 月	重庆市	采用公共巨灾保险制度模式，政府全额出资，政府作为投保人和被保险人，用于分担巨灾发生后政府依法应承担的救助责任的保险
2018 年 5 月	上海市	主要针对台风、暴雨、洪水产生的人财物损失启动保险理赔，探索“政府引导、市场运作、多层保障、风险共担”的巨灾保险新模式
2019 年 4 月	湖北省	在武汉市、十堰市、黄冈市和恩施土家族苗族自治州试点暴雨洪涝巨灾保险，由政府全额为辖区居民购买保险，对相关人身伤亡和财产损失给予基本经济补偿。其中，传统模式在十堰市、黄冈市和恩施土家族苗族自治州试点，指数模式在武汉市试点
2020 年 1 月	宁夏回族自治区	采用公共巨灾保险制度模式，政府全额出资，实现人员全覆盖，保险费盈余部分全额计提到巨灾风险专项准备金账户，由市政府指定相关部门对资金进行监督管理
2022 年 6 月	河南省	以省辖市为单位进行统保，使用实赔型模式和指数型模式两种保险模式，保费由市、县两级财政承担，具体比例由试点省辖市自行确定

目前，我国的巨灾保险发展虽然尚处于起步阶段，但经过几十年的发展已经初具规模且运行良好。一方面，我国的巨灾保险已经形成了科学有序的运行模式，并设立了市场化的损失分担机制，由政府推动制度设计、立法保障和政策支持，由市场来进行运作。另一方面，我国的巨灾保险品种也不断创新发展，比如2015年成立的中国城乡居民住宅地震巨灾保险共同体，就是保险业对建立巨灾保险制度进行的有益探索，又如2019年4月上海保险交易所上线的多年期住宅地震巨灾保险产品。除了地震巨灾险外，其他险种也在开拓创新，如部分试点将洪水、台风等自然灾害纳入承保责任范围，一些地方政府还因地制宜地建立了区域巨灾保险制度。

专栏五

深圳市巨灾保险试点情况

深圳是我国最早开展巨灾保险试点的城市之一，2013年中国保监会批复深圳作为我国巨灾保险首批试点地区之一。2013年12月30日，深圳市政府常务会议审议并原则通过《深圳市巨灾保险方案》。随后，经深圳市政府批准同意，深圳市民政局与中国人民财产保险股份有限公司深圳市分公司正式签订《深圳市巨灾救助保险协议书》，从2014年6月1日起，深圳市巨灾救助保险正式进入实施阶段。

深圳市每年由市级财政全额支持，向商业保险公司购买超过20亿元保障额度的巨灾保险产品，保障深圳行政区域内所有自然人在巨灾后得到灾害救助保险服务。保障的灾种主要包括暴风（扩展到狂风、烈风、大风）、暴雨、崖崩、雷击、洪水、龙卷风、飑线、台风、海啸、泥石流、滑坡、地陷、冰雹、内涝、主震震级4.5级及以上的地震及地震次生灾害，以及由上述15种灾害引发的核事故风险。救助对象包括当上述灾害发生时处于深圳行政区域范围内的所有自然人，包括户籍人口、常住人口，以及临时来深圳出差、旅游、务工等人员。对于救助范围的15种灾害，救助项目为因灾造成人身伤亡的医疗费用、残疾救助金、身故救助金及其他相关费用，每人每次灾害人身伤亡救助最高额度为10万元，每次灾害总限额为20亿元。考虑到深圳市可能存在的核安全风险，巨灾保险也作出了针对性安排。在保险期间内，由于发生上述自然灾害引发核电站严重事故，由保险机构予以承担，每人每次核应急救助费用最高额度为2500元，每次总限额为5亿元。

试点至今，深圳市巨灾保险制度不断完善，人身伤亡救助费用从最开始的10万元/人/次提高至目前的25万元/人/次；承保机构从1家逐步扩大到5家（人保财险、太平洋财险、太平财险、国寿财险、平安财险），组成共保体承保，承保能力大大增强；依据历史经验数据，不断调整费率水平，从最初的年均保费3000余万元降到2000余万元，但保额和保障范围不断增加，将深汕特别合作区也纳入了新增保障区域。2020年，深圳巨灾险共救助4733人次，其中，人身伤亡救助7人，转移安置4726人，支付救助理赔款约94万元，同时还安排400万元开展防灾避险宣传、灾害研究等防灾防损项目。

二、天气保险

（一）天气保险的定义、作用及面临的挑战

天气保险是天气异常导致企业或个人遭受经济损失后，由保险公司向投保人提供赔偿的一种保险。购买天气保险的企业或个人向保险公司缴纳一定的保费，约定若实际的天气状况超过一定的范围，给投保人造成经济损失，则保险公司需要向投保人提供一定的赔偿。通过购买天气保险，投保人将不利天气造成经济损失的风险转移给了保险公司，而保险公司则将保费集合起来，作为保险准备金来应对不利天气发生时所需的赔偿金。天气保险建立在科学、统计和非预测的基础上，是一种专门用于应付不利天气造成经济损失的保险，是一种以天气实况为依据的保险。需要注意的是，天气保险在设计保单时考虑的并不是气象灾害可能造成的实际损失，而是天气事件和经济损失风险之间的估值。

与巨灾保险以及其他传统保险不同，天气保险能够有效降低逆向选择和道德风险的发生。一方面，与保险公司相比，投保人对可能发生的天气状况并不具有信息优势，而且投保人也不能影响天气状况以及天气指数的实现值，所以天气保险克服了信息不对称的问题，有利于减少逆向选择和防范道德风险；另一方面，相比于传统保险，赔偿天气保险金额的兑现非常迅速，不需要被保险人事后提交损失报告，保险公司也不必核实被保险人的经济损失，一切以天气实况为依据，这也是天气保险的优势所在，最直接的好处就是降低了保险运作中的道德风险。并且，因为天气指数保险合同是标准化合约，能够针对各个投保人的不同情况，不需要因为特殊情况进行调整，也不需要针对个例进行每项的监督，当保险责任损失发生时，只需要将从气象部门获得的气象数据进行统计，由投保人根据公布的指数来领取赔偿金，所以可以降低管理成本。除此之外，天气保险作为应对天气风险的有效手段，不仅有助于维护宏观经济的稳定增长，而且对企业的经营活动具有相当重大的意义，因为高频发生的一般天气风险会引起现金流和利润的不确定性。

农业是与天气关系密切的行业，当极端天气发生时，广大农村地区的农民种植的蔬菜、粮食可能会因天气变化产生巨大的损失，在这种情况下，天气保险就可以发挥巨大的作用，降低被保险农民的经济损失。

尽管天气保险作用巨大且存在着诸多优势，但天气保险同样存在着一些缺陷。一是对气象数据的要求高。天气指数保险高度依赖过去的气象指数数据来设计合同，因此这需要相当的基础设施建设，如气象台、观测站等，保证相关数据的真实性与及时性，而这也往往需要投入大量的资金。二是对气象专业知识要求较高。目前天气指数保险采用政府与保险公司合作的方式，因为保险公司对气象相关领域的专业知识有所欠缺，需要政府委派相关领域的专家进行技术支持，这样才能使天气指数

保险产品落于实地，并真正意义上惠及民生。

（二）天气保险的分类

天气保险包括一般天气保险和天气指数保险。一般天气保险针对人们吃穿住行等日常生活的方方面面，参考的标准包括阳光、降雨、浮冰、气温、风速等天气情况。天气指数保险一般被归类于农业保险，因此又称农业指数保险或农业天气指数保险等，天气指数保险是标准化合约，它将天气对农作物的损害程度进行指数化，并以该指数为基础判断投保人是否可获得赔偿。中国目前的天气保险以天气指数保险为主，对于更为个性化的一般天气保险的开发还非常不足。

此外，天气保险方式有两类：一类是约定保险，例如，视小雨为不利天气事件，被保险人和保险公司双方事先约定一个雨量值，一旦实况达到或超过约定的雨量，保险公司就要按照合同规定向被保险人支付保险金额。另一类是放弃保险，由于不利天气事件，迫使户外活动放弃举行或改期举行，保险公司则补偿举办户外活动的花费。例如，在工程建筑施工中，工程承保人需事先租用起重机，在大风天气状况下，起重机不能被操作，只要工程承保人事先购买了施工当日的大风保险，一旦遇到大风，保险公司需支付一笔保险金额，它相当于下一次租用起重机的费用。

（三）天气保险发展情况

天气保险最初起源于国外，美国是最早发展天气保险的国家之一。20 世纪 40 年代，大卫·弗莱德伯格创办了全球第一家面向家庭和企业提供天气保险服务的公司——“天气账单”（Weather Bill），主要通过整合电子商务网站及天气预报分析系统，向公司和个人出售天气保险单。与中国的天气保险主要为天气指数保险不同，美国的保险公司除提供天气指数保险外，在一般天气保险方面也开发出许多创新型的产品，如旅游遇雨保险、服装销售气候保险、夏威夷观光天气保险等。

英国也是最早开发天气保险的国家之一。英国天气保险的险种很多，最早的险种为降雨保险，为保障英国民众正常生产生活而建立。英国是一个多雨的国家，英国有一家名叫“降雨”的保险公司，这家公司为英国人的各种活动提供保险，一旦下雨影响了他们的活动就会得到相应的赔偿。在英国，天气保险已经进入人们生活的各个方面，凡是进行与天气有关的户外活动，如外出旅游、参加高尔夫球比赛等，人们大多预先购买天气保险。

日本是保险业比较发达的国家之一，也是开展天气保险的代表性国家之一。日本的天气保险最早由东京海上日动火灾保险公司于 1997 年推出，次年开始开展天气衍生品交易，随后在旅游、餐饮、运输、农业等许多与气象息息相关的行业迅速发展起来，天气保险种类繁多，各具特色，如樱花天气保险、酷暑天气保险、降雨天气保险、水稻天气保险、浮冰保险、台风保险、农业天气指数保险等。

欧洲的天气保险主要应用于旅游方面，例如，西班牙太阳海岸旅游区为了满足游客晒日光浴的需求，开发了阳光保险，规定如果游客在度假21天内有4天白天下雨，则保险公司给予赔偿。

相比于发达国家，发展中国家的天气保险则主要应用于农业方面，并且以农业天气指数保险为主，具体情况见表7.6。

表7.6 部分发展中国家天气保险发展情况

国家	天气风险	测量指数	目标用户	发展情况
埃塞俄比亚	干旱	降雨量	世界粮食计划署项目	2006年提供700万美元的保险；由于缺乏捐助者的支持，2007年没有恢复
	干旱	降雨量	小粮户	2006年试点，2008年由私营保险公司销售
墨西哥	干旱	降雨	家畜饲养者	2007年实行
摩洛哥	干旱	降雨量	小农户	由于降雨量呈现减少趋势，市场上提供者较少，没有兴起
尼加拉瓜	湿度异常	降雨量	花生农户	2006年实行
印度	干旱或洪涝	降雨量	农户	农户积极参与，保险公司加大气象观测站的投资，降低了风险
马拉维	干旱	降雨量	花生农户	在世界银行的支持下推广
蒙古国	严冬	牲畜死亡率	牧民	在世界银行的支持下试点天气指数保险

与国外特别是发达国家相比，我国保险业起步较晚，民众的投保意识也相对不强，保险业在立法和监管体系建设上都不够成熟，与发达国家相比还存在较大差距，但经过四十多年的发展，我国的保险业已经进入了新的发展阶段，保险业成为了一个朝阳行业。在我国，天气保险有时也叫气象指数保险，还属于新鲜事物，不过我国对于天气保险的初步尝试已经取得了较好的效果。

2007年8月，中国保监会发布《关于做好保险业应对全球变暖引发极端天气气候事件有关事项的通知》，鼓励各大保险公司开发天气灾害指数保险。同年，国内首家农业保险公司推出了全国首个天气指数保险。2014年8月，国务院发布《关于加快发展现代保险服务业的若干意见》，提出“探索天气指数保险等新兴产品和服务”。2016年，中央一号文件《关于落实发展新理念加快农业现代化 实现全面小康目标的若干意见》中提出“探索开展天气指数保险试点”。中央的重视与推动，让气象指数保险在国内各地得到推行，随着保险保障种类的增加，大致可以将天气指数保险分为经济作物类、粮食作物类、牲畜水产养殖类，其中经济作物类的天气指数保险无论在产品品种和试点省份上都发展得相对完善。

经济作物类的天气指数保险起步较早，2007年，上海安信农业保险股份有限公司率先推出天气指数保险产品，主要指针对长江中下游地区的西甜瓜梅雨强度指数保险。2008 年，国元农业保险公司与国际农业发展基金（IFAD）、联合国世界粮食计划署（WFP）和中国农业科学院农业环境与可持续发展研究所（IEDA of CAAS）等机构正式合作，共同研究开发天气指数保险产品，并先后在 2009 年、2010 年推出水稻、小麦天气指数保险试点，开始探索粮食作物类天气指数保险的应用。2010 年，在 2009 年初中德两国政府签署的双边合作备忘录框架下，中国保监会与德国发展援助机构合作开发天气指数保险，德国发展援助机构与中国人寿财险公司合作在龙岩市推出烟叶种植天气指数保险。2013 年 8 月，人保财险与大连獐子岛集团正式签署战略合作协议，推出獐子岛集团风力指数保险，兼具“渔业保险”和“指数保险”双重属性，也是国内首次尝试使用风力指数保险。2014 年 9 月，国内首家互联网保险公司众安保险宣布与中国气象局公共气象服务中心、同程旅游达成战略合作，联手推出首款一系列基于旅游场景的天气保障服务。2019 年，湖南省常宁市 14 家油茶种植企业与中国人保签订投保协议，为 9.93 万亩油茶林购买天气指数保险，标志着该市油茶种植迈入“全保险时代”。2019 年 4 月，《广州市政策性蔬菜种植气象指数保险实施方案（试行）》发布，规定日降雨量达到 100 毫米以上或日最大风速达到 7 级以上时，即触发理赔程序。从发布气象数据报告或证明至赔款到户，一般不超过 10 天。

截至 2021 年 6 月，我国天气指数保险试点产品 60 余种，涉及 20 多个省份。根据可获取的资料整理，共有 20 个省份推出 41 项经济作物类天气指数保险；7 个省份推出 12 项粮食作物天气指数保险；11 个省份推出 13 项牲畜水产养殖类天气指数保险。除个别天气指数保险向全国推广外，大部分集中在东南沿海，在表 7.7 列举的部分天气指数保险产品中，多数分布在上海、浙江、山东、福建等省份。

表 7.7　部分天气指数保险产品

试点产品	年份	观测指数	地区	保险公司
经济作物				
西甜瓜梅雨强度指数保险	2007	降雨量	上海	安信农险
南丰蜜桔低温冻害指数保险	2011	低温	江西	人保财险
烟叶气象指数保险	2012	降雨量、低温	福建	中国人寿
露地种植绿叶蔬菜气象指数保险	2014	高温、降雨量	上海	安信农险
农作物种植霜冻气象指数保险	2014	低温	黑龙江	阳光相互保险
农作物种植积温气象指数保险	2014	平均气温	黑龙江	阳光相互保险
农作物种植洪涝气象指数保险	2014	降雨量	黑龙江	阳光相互保险
农作物种植干旱气象指数保险	2014	降雨量	黑龙江	阳光相互保险
橡胶树风灾指数保险	2015	台风	海南	人保财险

续表

试点产品	年份	观测指数	地区	保险公司
杨梅采摘期降水气象保险	2015	降雨量	浙江	人保财险
	2016	降雨量	浙江	太平洋保险
棉花低温气象指数保险	2015	低温	新疆	中华联合财险
柑橘气象指数保险	2016	低温、台风、降雨量	浙江	太平洋保险
蜜橘采摘期连阴雨气象指数保险	2016	降雨量	江西	人保财险
葡萄降水指数保险	2016	降雨量	上海	安信农保
樱桃降水指数保险	2015	降雨量	辽宁	人保财险
	2016	降雨量	山东	太平洋保险
枇杷低温指数保险	2016	低温	浙江	太平洋保险
露地蔬菜综合气象指数保险	2016	降雨、风速、温度	江苏	太平洋保险
茶叶低温指数保险	2015	低温	河南	太平洋保险
	2016	低温	甘肃	人保财险
	2016	低温	浙江	太平洋保险
	2016	低温	浙江	安信农险
	2017	低温	浙江	人保财险
	2017	低温	贵州	太平洋保险
	2019	低温	山东	人保财险
花椒气象指数保险	2016	低温、冰雹	陕西	锦泰财险
柑橘冻害指数保险	2017	低温	四川	中航安盟
西甜瓜梅雨强度指数保险	2017	降雨量	上海	安信保险
猕猴桃高温指数保险	2017	气温	四川	中航安盟
苹果种植降水量指数保险	2017	降雨量	山东	太平洋保险
干旱天气指数保险	2018	干旱	甘肃	天安财险
葡萄种植天气指数保险	2018	低温、台风、强降水	福建	国寿财险
茶叶种植天气指数保险	2018	低温、台风、强降水	福建	国寿财险
水果气象指数保险	2019	低温、强降雨	广东	阳光相互保险
芦笋降水天气指数保险	2019	降水	河南	中原农险
油茶天气指数保险	2019	干旱、低温、冻害	湖南	人保财险
金银花气象指数保险	2020	低温、高温、降雨量	河北	人保财险
棉花高温气象指数保险	2020	高温	新疆	太平洋保险
柠檬天气指数保险	2020	降雨、高温	重庆	安诚保险
茶叶综合气象指数保险	2021	低温、高温热害、干旱	浙江	人保财险
粮食作物				
水稻种植天气指数保险	2009	降雨量、高温	安徽	国元农险

续表

试点产品	年份	观测指数	地区	保险公司
小麦种植天气指数保险	2010	降雨量、高温	安徽	国元农险
玉米干旱气象指数保险	2014	降雨量	山西	中煤财险
	2014	降雨量	辽宁	中航安盟
	2015	降雨量	北京	中华联合彩信
玉米种植业气象指数综合保险	2015	降雨、风力、温度	山西	中煤财险
水稻高温热害天气指数保险	2011	高温	安徽	芜湖农险
	2016	高温	湖北	人保财险
杂粮（谷子）天气指数综合保险	2017	降雨量、温度、风速	山西	中煤保险
玉米气象指数大灾保险	2019	降水、气温、风速	吉林	安华农险
谷子天气指数保险	2019	风速、降雨	河南	中原农险
小麦干热风气象指数保险	2020	干热风	河南	太平洋保险
牲畜水产养殖类				
獐子岛集团风力指数保险	2013	风力	大连	人保财险
	2013	风力	山东	人保财险
蜂业气象指数保险	2014	降水、气温	北京	安信农险
大闸蟹气温指数保险	2014	高温	江苏	太平洋保险
扇贝养殖风灾指数保险	2015	风速	山东	太平财险
海参养殖气温指数保险	2015	气温	山东	太平财险
藏系羊牦牛降雪量气象指数保险	2017	降雪量	青海	太平洋保险、安信农险
水产养殖台风指数保险	2017	台风	福建	国寿财险
小龙虾养殖天气指数保险	2017	低温、强降水	湖北	人保财险
	2019	低温、高温	河南	中原农险
	2019	低温、高温	湖南	中华财险
牛羊天气指数保险	2019	降雪量、干旱	内蒙古	人保财险
鳗鱼气象指数保险	2020	降雨量、风速、温度	广东	阳光相互保险

专栏六

上海安信农业保险公司开发西甜瓜梅雨强度指数保险

2007 年，上海安信农业保险公司开发了西甜瓜梅雨强度指数保险，在上海市南汇等 4 个区县试点，这是我国天气指数保险试点的第一款产品，拉开了我国气象指数保险探索与实践的序幕。

梅雨期间，保险西甜瓜所在区域的暴雨日数累计达到3日以上（不含3日），并且累积降雨量超过合同约定的“预定触发值”的，保险人按照保险约定的条款负责赔偿。

保险西甜瓜的亩保险金额参照投保人前三年平均亩产量的70%与上一年田边交易价之积，由投保人与保险人协商确定。列入国家或上海市农业重点科研成果转移项目，并已在当地试种一年以上、特殊的超高产优质品种，合同双方可以按合理和产量可查证的原则，专门约定保险产量和计算保险金额。保险期为市级气象部门发布的梅雨起止期间，如果当年发生两次以上梅雨，保险期间以后一次的终止日为限。被保险人应当在梅雨期来临之前向保险人申请投保，如果气象部门通过电视、电台、报纸等新闻媒体宣布上海市已进入梅雨期，那么保险人就要即日停止办理该保险。

该产品以上海市4个地区累计降雨量达到合同约定触发值为第一触发条件，该区域暴雨累计天数达3日以上为第二触发条件，只有两个触发条件均满足才会发生赔付，保障范围有限。

第五节　再保险和巨灾保险证券化

巨灾保险是广义碳保险的重要组成部分，与其他碳保险不同，巨灾保险的赔付会导致保险公司的盈余急剧减少。因为巨灾会导致大范围的保险标的受损，这意味着巨灾保险的保险标的不满足独立同分布的条件，巨灾保险的定价因此变得困难。并且由于逆向选择，购买巨灾保险的人群往往是容易受灾的群体。于是灾害一旦发生，保险公司就将面临巨额的赔偿，这严重影响保险公司的经营以及承保能力。

面对日益增长的巨灾风险和巨灾赔付损失，保险公司不得不将超出承保能力的风险进一步转移，本节介绍两种转移方法：再保险和巨灾保险证券化。

一、再保险

（一）再保险的基本概念

再保险亦称“分保”，是保险人在原保险合同的基础上，通过签订分保合同，将其所承保的部分风险和责任向其他保险人进行保险的行为。总的来看，再保险是以原保险为基础、面向保险人的保险，当原保险失效时，再保险也同时失效。原保险与再保险的区别见表7.8。

表7.8　　原保险与再保险的区别

项目	原保险	再保险
当事人	投保人和原保险人	原保险人和再保险人
合同性质	补偿性或给付性合同	分摊性合同
保险标的	财产、人身、责任、信用等相关利益	原保险人所承担的风险责任

在再保险关系中，将自己承保的保险责任转移出去的保险人叫做原保险人（公司）、分出人（公司）或者直接保险公司，而接受转让责任的保险人叫做再保险人（公司）、分入人（公司）或者分保接收人。由于分出人向分入人转嫁了一定的风险责任，所以需要向分入人支付一定的保费，这被称为分保费或再保险费；原保险人在招揽业务过程中支出了一定的费用，由再保险人支付给原保险人的费用报酬称为分保佣金或分保手续费。

在再保险中，风险单位是一个常用的概念，风险单位也叫危险单位，是指一次灾害事故对保险标的可能造成的最大损失范围。对于每一风险单位或一系列风险单位的保险责任，再保险双方按照一定的计算基础对其进行分配。其中分出人根据偿付能力确定承担的责任限额称为自留额或自负责任额；经过分保由分入人承担的责任限额称为分保额，或分保责任额或接受额。按照责任限制，再保险的业务方式可以分为比例再保险和非比例再保险。其中，比例再保险指原保险人与再保险人以保险金额为基础，计算比例分担责任限额的再保险；非比例再保险是以实际赔款为基础，计算自留额和分保额的再保险。

再保险能够起到分散风险、保护保险公司的作用，同时再保险限制了每一风险单位所承担的责任，也限制了每一次巨灾事故赔付中的责任累积，扩大了保险公司的承保能力。再保险作为一种传统而又成熟的风险转移方式，广泛地被保险业界使用。

（二）巨灾事故超赔再保险

巨灾事故超赔再保险是以一次巨灾事故中一系列风险单位的累计赔款为基础计算赔款额的再保险，不难看出它属于非比例再保险的一种。举例来说，假设经过协商，分出公司的自留额是1000万元，分入公司承担了400万元的分入责任。若某次巨灾的实际赔款小于1000万元，则分出公司赔付所有赔款，分入公司不用赔偿；若实际赔款在1000万元到1400万元之间，则分出公司赔付1000万元，分入公司支付剩下的赔款；若实际赔款大于1400万元，则分入公司只需要支付400万元，剩下的所有赔款都由分出公司支付。当巨额风险要求的赔款数额较高时，分出公司可以选择分层次的超赔再保险，还是上面的例子，经过协商，分保公司的自留额为1000万元，不同的是这次有不止一个分入公司，其中甲分入公司负责超出1000万元以后的400万元，而乙分入公司负责超出1400万元以后的400万元，依此类推。

虽然经营再保险业务的公司逐渐增多，但从总体上来看再保险产品种类还是比较单一，缺乏创新，基本上只提供传统的再保险方式，对巨灾风险这种具有特殊再保险需求的险种无法提供有效的风险转移方式，巨灾保险损失基本上直接在保险公司内部自行消化。在美国、日本等国家，巨灾保险再保险是具有一定的非竞争性和非排他性的准公共产品，这些国家通过政府参与的方式，联合保险公司和再保险公司进行巨灾风险的管理和分散。例如，日本的家庭财产地震保险与再保险就是一个由民间保险公司和政府作为承包人共同参与的再保险体系。家庭财产地震保险业务先由民间保险公司承保，然后全额分保给各保险公司组成的地震再保险公司，该公司自留一部分，再按照各公司所占市场份额分回各保险公司，超出限额的部分由政府承担最后赔付责任。日本这样的保险制度有效克服了民间保险公司对地震承保能力不足的限制，既可以为遭受地震巨灾的居民提供经济补偿，又不至于对民间保险公司偿付能力造成巨大的冲击。

（三）传统再保险的局限性

传统再保险本身的局限性体现在三个方面。首先它将部分巨灾保险风险排除在承保风险之外，因此能够为巨灾保险提供的再保险无论种类还是数量都十分有限。其次，传统再保险的供给非常依赖保险公司的财务实力，一旦再保险公司的财务状况出现问题，投保人遭受损失的概率非常高，这将影响保险功能的实现，最终危及保险业的稳定。最后，传统再保险的风险分散仅仅局限在再保险市场中，一旦巨灾发生，保险业便会遭受巨大损失，这导致再保险公司不愿意提供再保险产品。

总的来看，对巨灾保险风险的分摊有三种可行的策略。对于发生概率相对较低且损失不是特别巨大的巨灾保险风险还是应采取传统的再保险形式。对于发生概率高并且损失巨大的巨灾保险风险，可以建立一个专门性机构来提供有公共物品性质的政策性再保险，例如法国中央再保险公司（CCR）的巨灾准备金、挪威的自然灾害基金（NNPP）等，它们的来源基本上都是政策性保费收入、各级政府的财政拨款、救灾资金的划转以及国家对保险公司这部分收入减免的税收。而对于发生概率低且损失巨大的灾害，可以考虑利用市场的力量进行风险的转移与分摊，这就是下文要介绍的巨灾保险连接证券（Catastrophe Insurance Linked Securities，CILS），即巨灾保险证券化，这一过程类似于资产证券化（Asset Securitization），但是兼有保险业的特色。

二、巨灾保险证券化

由于传统再保险方法无法完全分担巨灾保险再保险的风险，并且随着巨灾频繁发生，人们越来越意识到巨灾保险的重要性，进而在保险市场上对巨灾保险再保险的需求也越来越多。在这种环境下，保险业急需寻找新的风险转移方式，于是巨灾保险证券化便应运而生。

（一）巨灾保险证券化的结构

在巨灾保险证券化中有四个主要的主体：保险公司、特殊目的公司（Special Purpose Vehicle，SPV）、投资者、信托公司，巨灾保险证券化具体结构见图 7.6。巨灾保险证券化将保险市场与金融市场连接起来，首先保险公司拿出自己的优质资产，即保费，将保费交给 SPV；之后 SPV 将收集的资金注入资产池（Asset Pool），并发行证券、吸引投资者进行投资，SPV 将筹集的资金交给信托公司；信托公司会投资一些风险低、收益稳定的理财产品并把投资收益返还给 SPV。在再保险合约期限中，如果再保险没有被触发，投资者将从 SPV 处得到本金及利息，当再保险被触发时，投资者将会蒙受损失，而保险公司会得到再保险赔偿。

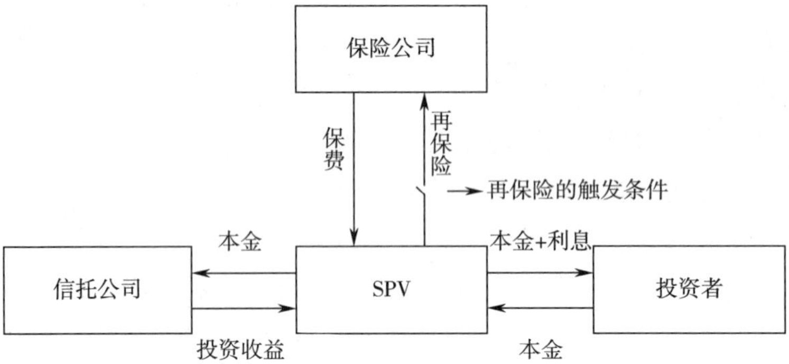

图 7.6 巨灾保险证券化的基本结构

当然，在巨灾保险证券化的过程中还有一些其他机构参与其中。例如，咨询顾问承担基础风险度量工作，评级机构对证券和交易的结构基础进行信用评价。此外，在 SPV 发行证券时，投资银行将为证券的销售提供服务，使证券的发行与投资者的需求相匹配。

（二）巨灾保险证券化的原理

巨灾保险证券化包含资产重组、破产隔离和信用增级三个基本原理。其中，资产重组是指将公司中未来能带来稳定收益的资产进行重组，从而使其与公司的其他资产剥离开来；破产隔离是指将证券化资产的风险与其他资产（资产所有人的其他资产）的风险分割开来；信用增级是指使用各种信用增级手段来提高 SPV 所发行的证券产品的信用等级。下面详细阐述这三个原理。

资产重组原理。一般情况下，可证券化的资产必须满足以下条件：首先，该资产必须是独立的，在未来能够带来稳定可预测的现金流。独立意味着要将该资产从公司其他资产中剥离出来，使公司其他资产包括公司的经营情况都不会影响该资产的未来收益，而是否稳定可预测则可以根据公司历年同期的财务报表来判断。其次，该资产应当能达到一定的规模，形成规模经济效应。最后，该资产应该具有很高的同质性。保险公司的保费收入就是满足以上条件的优质资产，所以可以将巨灾保险业务未来现金流进行重组，并通过 SPV 发行巨灾保险连接证券。

破产隔离原理。破产隔离是指在巨灾保险证券化中实现证券化资产的风险和其他资产（保险公司的其他资产）风险分割。也就是说，保险公司的经营情况不会影响 SPV 和 SPV 中的资产，即使保险公司因为经营不善而破产，SPV 也不被纳入破产清算的范围。要想实现破产隔离，就必须实现真实出售（True Sale），真实出售其实就是证券化资产从保险公司向 SPV 转移的过程，它意味着与该资产相关的所有权益和风险全部按照公平的市场价格转让给了受让人（SPV）。破产隔离事实上是保护了证券投资者的权益，让投资者更放心地进行投资。

信用增级原理。为了提高投资者对巨灾保险证券化产品的信任，保险公司往往需要采取信用增级的方式来提高证券化产品的信用等级，这是保险证券化中相当重要的一个环节。信用增级分为内部信用增级和外部信用增级。内部信用增级指的是依靠资产库自身为防范信用损失提供保证，例如通过超额抵押、建立储备金和债券分档等方式；外部信用增级指的是第三方为资产支持证券提供金融担保，从而增加资产支持证券的信用等级。通常来说，内部信用增级的成本更低，其是通过在发债环节对企业资产池或不同层次交易风险进行配置和设计的方式提升信用。

（三）SPV 的特点与作用

从图 7.6 不难看出，SPV 在巨灾保险证券化中起着非常重要的作用，SPV 不仅连接保险市场和金融市场，而且充当投资者的投资中介，连接投资者与第三方平台（信托机构）。SPV 有破产独立性和评级独立性两个特点。破产独立性与破产隔离同理，是指 SPV 与其母公司的经营情况无关，SPV 的资产全额抵押给信托公司，并且信托资产首先对巨灾保险连接证券的投资者进行支付，这就降低了 SPV 因为巨灾损失而无法支付的违约风险。评级独立性是指对 SPV 信用等级的评定与其母公司无关。

在巨灾保险证券化中，SPV 通常有三个作用，分别对应保险公司、投资者、信托公司。对保险公司来说，SPV 收取保险公司的保费，并与保险公司签订再保险合约，收取的资金则用于对保险公司的赔付或者支付投资者的回报。对投资者来说，SPV 在公开市场上发行证券以供其进行投资，在这个过程中 SPV 将筹集到资金。对信托机构来说，SPV 将筹集到的保费以及全部或者部分的投资者资金投入信托机构，用于投资风险低或者无风险的金融产品，例如美国国债。

（四）巨灾保险证券化赔付的触发条件

巨灾保险证券化的触发条件主要有三类：损失赔偿型触发条件、指数型触发条件以及混合型触发条件。

损失赔偿型触发条件。保险公司一般不会将巨灾保险的风险全部转嫁给金融市场，而是采取和再保险相似的赔付方式，保险公司根据自身能力确定自留额，将超过自留额的风险转嫁出去。于是当巨灾发生导致保险公司的赔付超过自留水平时，该触发机制就会被启动。此时保险公司将直接从 SPV 的资产中扣除超过其自留损失水平的约定金额作为巨灾损失的赔付。

指数型触发条件。指数型触发条件是指保险公司选择由第三方制定的与保险业务或巨灾事件相关的指数作为触发机制，当指数超过预定水平时，保险公司将从SPV的资产中扣除超过其自留损失水平的约定金额作为巨灾损失的赔付。它包含三种形式：（1）灾害参数型触发条件，即以具备某一物理特征的巨灾事件的发生作为触发事件；（2）行业损失型触发条件，即以巨灾造成的整个行业的损失作为触发条件，例如美国财产理赔服务部（PCS）指数；（3）模拟损失型触发条件，即以巨灾风险模型公司的数据估计出的行业损失作为触发条件。

混合型触发条件。混合型触发条件是指在一种合约中同时使用两种或者两种以上类型的触发机制，其形式可分为两类：一是针对不同巨灾使用不同的触发机制，例如对美国飓风使用PCS行业损失指数，而对日本地震使用参数指数；二是对同一种巨灾引入多个触发条件，例如同时使用模拟损失型和行业损失型触发条件。

（五）巨灾保险证券化与传统再保险的比较

虽然相比传统再保险，巨灾保险证券化仍然处于初级阶段，但是作为传统再保险的重要补充手段，巨灾保险连接证券已经显现出其优势，并且将在未来成为保险业分散巨灾保险风险的重要手段之一。相比传统再保险，巨灾保险证券化主要有以下几个优点。

扩大了保险公司的承保能力和范围。巨灾保险证券化作为一种有效的分散风险的手段，将金融市场与保险业连接起来。一方面，保险公司能够获得更多的资金来承保原先无法承保的风险；另一方面，保险公司可以从金融市场上快速地筹集到资金以应对突发事件。

降低了信用风险。传统再保险的赔付过于依赖再保险公司的财务实力，因此合约买方经常面临因为再保险公司经营不善而无法获得赔付的风险。在巨灾保险证券化中会使用一系列外部增信和内部增信手段，能够极大地保证投保人和投资者的利益。例如，SPV将资金交给信托机构管理，当再保险被触发时由SPV承担资金支付的责任。因此，相比传统再保险，巨灾保险证券化一般具有更高的信用保障。

提高效率。巨灾保险证券化的效率更高。一是因为巨灾保险证券化与金融市场的连接更加紧密，而金融市场在承担风险方面较保险市场效率更高；二是巨灾保险证券化使用了标准化的操作方式，有利于高效交易市场的形成，而传统再保险往往采用私人协议，标准化程度低，需要保险中介在其中撮合，难以形成高效的交易市场。

降低交易成本。在流动性充足的情况下，巨灾保险证券化能够降低交易成本。首先，巨灾保险证券化产品（如巨灾期货和巨灾期权）能够快速确认损失和赔付，因此能够节约大量的交易成本。其次，在公开市场进行交易的巨灾保险证券化产品信息披露程度较高，因此能够有效减少信息不对称带来的诸多问题。

改善投资机会。根据统计数据，与自然灾害是否发生紧密相连的巨灾保险证券化产品与资本市场的其他金融债券和股票之间几乎不存在相关性，这意味着巨灾保险证券化产品在金融市场中的系统性风险较低，即市场的波动（无论是有利的波动还是不利的波动）对它的影响很小。根据组合投资理论，包含巨灾保险证券化产品的投资组合的有效边界将位于不包含它的投资组合的有效边界之上，通俗来说，在相同的风险下，前者比后者带来的回报更高；或者说，在相同的回报下，前者的风险比后者低。因此，在投资组合中引入一定比例的巨灾保险证券化产品能够起到降低风险的作用，从而能够优化投资机会。

【本章小结】

广义的碳保险指降低气候变化给经济社会带来的风险的保险业务或产品，包括碳排放权交易保险、碳汇保险、助力碳减排的保险、气候保险。狭义的碳保险指围绕碳交易市场的保险产品。碳保险功能多样，包括支持碳交易市场运行、促进低碳产业发展、降低气候相关风险、减轻财政负担等。碳保险的建立和运行具有坚实的理论基础。大数定律是近代保险业赖以建立的统计学基础和数理基础，它表明保险的覆盖范围需要足够大。逆向选择和道德风险是信息不对称引起的，且是气候保险中广泛存在的问题。基于风险转移的理论，保险公司大范围地筹集资金补偿实际遭受损失的人，可以实现风险转移和分散。

在概念和理论的基础上，本章对不同类型的碳保险进行了详细介绍。碳排放权和碳汇保险是针对碳交易中存在的价格风险、定价风险、道德风险和政策风险等设计的保险产品，聚焦助力碳交易，按照承保风险可分为针对交付风险的产品和针对其他风险的产品。助力碳减排的保险包括新能源保险、低碳交通保险和低碳建筑保险等。新能源保险指针对光伏、风电等清洁能源产业生产、建设和运营期间的不同风险特性提供的保险产品和服务，包括工程保险等传统产品和效能保险等创新产品，助推新能源开发利用。低碳交通保险包括新能源汽车保险和轨道交通建设工程保险。新能源汽车保险在传统汽车保险的基础上扩充了电池保险、充电桩保险等新型产品，保障新能源汽车的发展。轨道交通建设工程保险能够对绿色低碳的轨道交通建设工程等提供风险保障。低碳建筑保险处于发展初期，目前主要以绿色建筑性能责任保险为主。气候保险包括巨灾保险和天气保险，是适应气候变化、降低气候风险影响的重要工具。巨灾保险是对巨灾导致的财产损失和人员伤亡进行保障的保险，化解巨灾损失后果，实现巨灾风险分散。天气保险是天气异常导致企业或个人遭受经济损失后，保险公司向投保人提供赔偿的一种保险。天气保险能够有效降低逆向选择和道德风险的发生，对企业的经营活动和农业的稳定发展具有重要意义。针对巨灾保险赔付高、难以定价的特点，保险公司可以通过传统再保险和巨灾保险证券化来转移风险。

【思考题】

1. 简述碳保险的概念，并对碳保险、气候保险、绿色保险进行辨析。

2. 逆向选择和道德风险是如何影响保险行业的？

3. 简述碳排放权和碳汇保险的概念、种类和功能，并简要分析碳排放权和碳汇保险所承保的风险。

4. 概述中国目前的新能源保险产品、低碳交通保险产品以及低碳建筑保险产品，并简要分析它们的功能。

5. 简述巨灾保险和天气保险的概念，以及两者的作用及在运行中面临的挑战。

6. 简述再保险和巨灾保险证券化的基本概念和运行方式。

第八章 生态碳汇金融

【学习目标】

1. 了解生态碳汇金融的定义和重要意义，理解生态碳汇金融的内涵和功能。

2. 了解生态碳汇金融的发展历程、生态碳汇项目的主要类别、生态碳汇金融产品，以及国际上主流的生态碳汇项目认证标准。

3. 了解国内生态碳汇金融的发展，根据我国生态碳汇金融市场情况，思考现存的问题以及未来我国生态碳汇金融发展的方向和趋势。

第一节 生态碳汇金融的定义与发展历程

一、生态碳汇金融的定义

生态碳汇金融是在生态碳汇交易的基础上发展而来的，是绿色金融的一部分。生态碳汇是指通过植树造林、湿地修复、海洋植物修复等措施，吸收大气中的二氧化碳，从而减少温室气体在大气中浓度的过程、活动或机制。生态碳汇交易则是指一方向另一方购买生态碳汇的行为，卖方将多余的生态碳汇转卖给需要的买方，以抵消买方自身的减排任务。生态碳汇交易市场是通过市场机制实现生态价值补偿的一种有效途径，但生态碳汇项目建设周期长，投资风险高，加上产业本身具有的弱质性，逐利性的社会资本并不热衷投资于此，有着巨大的资金缺口，急需绿色金融为其提供流动性及中介服务，生态碳汇金融应运而生。生态碳汇金融能够引导资本配置到生态碳汇产业中来，解决其融资难的发展瓶颈；完善的中介服务也能够降低市场的交易成本，充分发挥生态碳汇的经济价值。在健全、规范、完善的市场机制的配合下，金融的支持能够促进生态碳汇产业的整体发展。

狭义的生态碳汇金融，特指碳交易制度中的生态碳汇交易，也就是把生态碳汇及其衍生产品当作商品进行交易，是碳交易体系或碳市场中的一项交易内容。广义的生态碳汇金融，泛指所有与生态碳汇交易相关的金融活动，包括直接投融资、生态碳汇交易和银行贷款等，还包括相关的创新型金融产品，其创新主体主要是碳银行、碳基金、碳保险、碳信用等机构投资者。

生态碳汇金融的发展具有重要意义。生态碳汇具有固定二氧化碳、净化空气、涵养水源、水土保持、防风固沙、维持生物多样性等诸多功能，因此生态碳汇具有非常高的正外部性，无论从经济、环境或是生态的角度来看，它都具有非常高的价值，是实现我国碳达峰、碳中和目标的关键方式。从短期来看，我国经济发展与碳排放尚未脱钩之时，经济社会可持续发展将带来碳排放的增长，要平稳实现碳达峰，生态碳汇意义重大。从长期来看，部分行业依然无法实现自身碳中和，这时就需要充分发挥生态碳汇的作用，抵消生产生活中不可避免的碳排放，实现碳中和。

二、生态碳汇金融的发展历程

随着国际碳信用市场体系的建立和完善，有关生态碳汇金融产品的交易迅速发展。在基于生态碳汇项目开发的碳减排活动中，清洁发展机制市场与独立自愿减排机制市场占绝对的比重。

截至 2021 年，全球 19 个国家及区域的碳交易体系中纳入了林业碳汇抵消机制，且这些国家及区域正在探讨纳入海洋碳汇、湿地碳汇等更多种类的生态碳汇项目。2021 年，国际林业碳汇交易融资累计超过 80 亿美元，正在实施或正在开发的林业碳汇项目超过 1600 个，实施国家主要为中国、澳大利亚、英国、美国、韩国、新西兰、哥伦比亚、秘鲁、巴西、印度尼西亚、乌干达等。海洋碳汇、湿地碳汇等已经在中国、日本、美国等国家开展方法学的制定，一些交易已经开展，市场正在快速扩展。

目前，国际生态碳汇项目的主要用途包括强制性碳交易市场的抵消、自愿碳减排市场的交易，以及非市场机制下的生态碳汇交易。

全球强制性碳交易市场下的生态碳汇交易集中发生在澳大利亚、加利福尼亚州—魁北克省、新西兰等国家和区域碳交易体系中。澳大利亚政府于 2014 年 7 月宣布成立减排基金（Emissions Reduction Fund，ERF），之后在此基础上又成立了气候解决方案基金（Climate Solutions Fund，CSF），用于支持土地所有者、社区和企业开展的各类减排项目，大量林业碳汇项目成为市场竞拍的主力军。澳大利亚政府分别在 2014 年、2015 年和 2016 年以 17.7 美元/吨、9.7 美元/吨、7.4 美元/吨的均价竞拍采购了 400 万吨、6070 万吨、6880 万吨林业项目的核证减排量。虽然竞拍价格逐年降低，但生态碳汇产品始终占据减排基金购买的首位。2015 年，加利福尼亚州—魁北克省碳市场中的林业碳汇交易量为 650 万吨，交易额为 6320 万美元，交易均价为 9.7 美元/吨；2016 年签发的 3100 万吨林业项目核证减排量创市场供应新高，其中的1600万吨被加利福尼亚州空气资源委员会（Air Resources Board，ARB）批准可用于管制单位购买以抵消履约；2017年7月，加利福尼亚州立法机构颁布的新法案（AB398）将其碳市场的运行期延续至2030年；2017年9月，安大略省碳市场正式连接加利福尼亚州—魁北克省碳交易体系，三方合作推进区域碳减排市场发展。新西兰的碳交易市场在2015年的生态碳汇交易量与交易额分别增加至130万吨和1040万美元，碳价达到7.9美元/吨；2016年，新西兰政府又给林业行业签发了870万吨二氧化碳当量，买方需求持续增加；2020年之后，新西兰采取配额供给协调机制、改良现行固定价格上限等一系列改革措施，为本国生态碳汇市场机制的完善发展带来无限生机。

截至2020年，自愿碳减排市场下的林业碳汇交易额已累计突破10亿美元，但每年的交易量和交易额波动较大。2016年的生态碳汇项目核证减排量售价中，既有低于0.7美元/吨的，也有高于70美元/吨的，多数处在3美元/吨至7美元/吨之间。不同类型项目的均价存在差异，主要原因是购买方对不同类型的生态碳汇项目认可程度不同，其中城市森林碳汇项目的售价较高，能够达到10.9美元/吨，以下分别为改善森林管理项目、造林再造林项目、草地管理项目等，REDD+项目的售价最低，仅为4.2美元/吨。不同地区项目的均价差异也较大，由于生态碳汇项目可以用于欧盟强制性碳交易市场的抵消，且欧盟强制性碳交易市场的碳交易价格也较高，导致生态碳汇项目在欧洲的成交价格最高，达到39美元/吨；北美洲、大洋洲、亚洲、非洲等地的项目均价顺次降低，拉丁美洲项目的成交价格最低，仅4美元/吨，这主要是不同地区对生态碳汇需求不同导致的，而不同地区对生态碳汇的需求则与当地政府的政策密切相关。在自愿减排市场中，购买者主要是私人部门，如跨国企业、社会团体等，它们主要出于自身碳中和与良好环保形象的塑造，主要买方来自各个行业，如能源、金融保险、交通、航空等。从国家和地区划分来看，美国、荷兰、英国、法国、德国和澳大利亚是采购量排名前六的国家。

非市场机制下的生态碳汇交易主要指近年来发生在双边或多边政府之间的基于协定而进行的生态碳汇交易，多数是针对减少森林砍伐和森林退化造成的温室气体排放战略项目（REDD+）。REDD+机制是在2005年《联合国气候变化框架公约》第十一次缔约方大会上提出的关于发展中国家减少毁林及森林退化的法律机制，在2007年《巴厘岛行动计划》中规定了双边或多边政府之间可以基于协定开发REDD+项目。REDD+项目本质上就是一种林业碳汇项目，由此REDD+项目碳减排量成为非市场机制下生态碳汇交易的主要内容。2016年，全球REDD+项目碳减排量的交易额为3650万美元，累计达到2.18亿美元。挪威、德国、澳大利亚、英国、美国等国政府已宣布出资数十亿美元用于支持全球REDD+行动，但由于出资方需要经历承诺、委托到支付等过程，且REDD+项目也要经历准备、实施及基于结果的支付三个阶段，如今项目碳减排量实现的资金支付还非常少，更多的项目正在实施或筹备过程中。

在2014年底之前，全球生态碳汇交易主要发生在自愿减排市场，自2015年起，生态碳汇金融的方式开始朝着多样化方向转变。由于强制性碳交易市场异军突起，自愿减排市场中的生态碳汇项目所产生的碳减排量向强制性碳交易市场转化发展，新型交易模式和融资途径不断涌现。虽然众多市场参与方依旧面临买家难觅、售价偏低、融资不足等挑战，但私营部门的投资兴趣明显提升，多种标准已经开发，并正在研发与生态碳汇有关的效益量化及报告工具。韩国碳市场、新西兰碳市场、哥伦比亚碳税体系、航空与航海碳补偿体系以及《巴黎协定》下的国际贸易机制等都是未来全球生态碳汇融资发展的新机遇。

第二节　生态碳汇项目分类与生态碳汇金融产品

一、生态碳汇项目分类

按照产生生态碳汇的主体进行划分，可将生态碳汇项目大致分为两类：绿色碳汇和蓝色碳汇。绿色碳汇是指陆地绿色植物通过光合作用固定二氧化碳的过程，简称为"绿碳"，森林、河湖湿地、草原、农田等都属于"绿碳"范畴。蓝色碳汇是指利用海洋活动及海洋生物吸收大气中的二氧化碳，并将其固定、储存在海洋中的过程、活动和机制，简称为"蓝碳"，红树林、海草床和盐沼是"滨海蓝碳生态系统"的三大组成部分，据统计滨海湿地吸收二氧化碳的速率是陆地生态系统的10～100倍。

（一）林业碳汇

森林植物能够通过光合作用将大气中的二氧化碳吸收并固定在植被中，从而减少大气中二氧化碳浓度。因此，林业碳汇是指利用森林的储碳功能，通过植树造林、加强森林经营管理、减少毁林、保护和恢复森林植被等活动，吸收和固定大气中的二氧化碳，按照相关规则和认证所开发的林业碳汇项目可获得一定的碳汇额度用于交易。《京都议定书》承认森林碳汇对减缓气候变暖的贡献，并要求加强森林可持续经营和植被恢复及保护，允许发达国家通过向发展中国家提供资金和技术，开展造林、再造林碳汇项目，将项目产生的碳汇额度用于抵消其国内的减排任务。

从国际背景看，林业碳汇发展未来具有高确定性，加快森林覆盖率将有助于控制全球平均升温1.5℃以内的目标。根据相关机构计算，森林每生长1立方米的蓄积量，平均能吸收1.83吨二氧化碳，释放1.62吨氧气。根据相关国际组织测算，2020年、2030年、2035年森林蓄积量相较2005年预计分别增加51.04亿立方米、

60 亿立方米、85.44 亿立方米，以 CCER 价格 30 元/吨计算，林业碳汇项目市场潜在价值为 2802 亿～4691 亿元，由此可见林业碳汇作为“金汤匙”含金量之高。

我国仍然是一个缺林少绿的国家，森林覆盖率远低于全球平均水平 31%，人均森林面积只有世界人均水平的四分之一，总体森林资源相对不足，这也导致我国的森林资源匮乏，所以随着生态碳汇市场的完善，我国的林业发展有望加速。

（二）湿地碳汇

湿地生态系统是一种比较活跃的生态系统类型，它与陆地、海洋河流、天空等不同空间均存在联系，影响着这些空间中动植物的活动。由于水分过分饱和的厌氧生态特性，湿地含有大量未被分解的物质，积累了大量的无机碳和有机碳，湿地植物从大气中获取大量二氧化碳，又通过呼吸和分解作用以二氧化碳和甲烷的形式排放到大气中，形成湿地碳循环。根据数据统计调查发现，湿地面积占全球面积的 4%～6%，虽说这一数值偏小，但是湿地系统碳储量是全球陆地碳储量的 12%～24%，由此可以看出湿地系统对全球碳循环有着重要的影响作用。湿地生态系统具有一定的生产力水平，加之其特殊的还原环境，在碳储存过程中，湿地碳汇功能较为突出。另外，湿地也是甲烷的重要排放源，故而湿地生态系统具有碳累积和碳排放双重功能。湿地的生态碳汇功能主要以泥炭地和芦苇湿地的生态碳汇功能为主。从碳积累角度看，泥炭沼泽湿地是陆地生态系统中碳积累速率最快的生态系统之一，其吸收碳的能力远远大于森林生态系统。芦苇具有重要的经济价值和生态价值，因其适应力和繁殖力强而广泛分布于世界各类湿地中，芦苇湿地已成为重要的湿地类型。

（三）草地碳汇

草原是地球绿色植被的重要组成部分，可分为热带草原、温带草原等多种类型，是地球上分布最广的植被类型之一，覆盖了全球 20% 的陆地面积。但是，草原生态系统是当前受人类活动干扰最为严重的区域，导致其碳素的分解、合成等行为产生异常。草原生态系统有很强的碳蓄积能力，这些潜在的生态碳汇将在全球碳循环中发挥重要的作用。增强草原生态系统的碳循环，对于发挥草原在全球气候变化过程中的作用，以及全球碳平衡具有重要的意义。草地生态系统与森林等其他陆地生态系统不同，其碳库主要集中于地下，分布于土壤和植物根系中，而地上植被的碳库则较小。准确评估草地生态系统碳库大小及其动态变化，一方面有利于预测全球气候变化与草地生态系统的反馈关系，另一方面有助于评估草地资源的可持续利用潜力。

（四）耕地碳汇

耕地碳汇主要是通过加强高标准耕地建设，采用保护性耕作措施、改变水稻灌溉方式、增加秸秆还田、增加有机肥施用、采用轮作制度和合理利用土地等，提升耕地土壤的有机质含量，减少温室气体排放，增强耕地土壤固碳能力。耕地固碳仅涉及农作物秸秆还田固碳部分，原因在于耕地生产的粮食每年都被消耗了，其中固定的二氧化碳又被排放到大气中，秸秆的一部分在农村被燃烧了，只有作为农业有机肥的部分将二氧化碳固定到了耕地的土壤中 。

（五）土壤碳汇

根据《2006 年 IPCC 国家温室气体清单指南》的解释，土壤碳汇包含有机生态碳汇和无机生态碳汇，前者表现为植物有机物质被破碎分解转化为矿质土中的有机碳，后者表现为大气中的二氧化碳转化形成土壤中的原生矿物或次生矿物。诸多自然因素和人为因素共同影响着土壤碳循环的过程，且人为因素对土壤碳循环和碳储量的影响程度远超自然因素。在自然因素方面，土壤碳库的变化受到多种物理和生物因素的影响，如气候，土壤结构及化学、物理和生物属性，植被类型，微生物生理生化过程等，且各因素之间存在相互作用。在人为因素方面，当人类活动引起土地利用/土地覆被变化时，一方面直接改变了生态系统类型，从而影响生态系统的净初级生产力以及土壤有机碳输入；另一方面间接改变了土壤的生物和理化属性，进而影响土壤呼吸作用以及土壤碳输出强度。

（六）海洋碳汇

海洋碳汇这一概念最早由联合国环境规划署于2009 年在《蓝碳：健康海洋对碳的固定作用》（*Blue Carbon*：*The Role of Healthy Ocean in Binding Carbon*）报告中正式提出，明确了海洋在全球气候变化和碳循环过程中的重要作用。目前，海洋碳汇已成为全世界减缓和适应气候变化的重要战略之一。及时开展海洋碳汇交易试点，进行海洋碳汇交易示范，对于推动低碳经济和可持续发展非常必要。

海洋储存了地球上约 93%（约为 40 万亿吨）的二氧化碳，是地球上最大的碳库，每年可清除 30% 以上排放到大气中的二氧化碳，对减少大气二氧化碳、缓解全球气候变暖、支持生物多样性起到至关重要的作用，是减排的另一条重要路径。红树林、海草床和盐沼作为三大滨海蓝碳生态系统，具有极高的固碳效率。虽然这三类生态系统的覆盖面积不到海床的 0.5%，植物生物量也只占到陆地植物生物量的 0.05%，但其碳储量却高达海洋碳储量的 50% 以上。我国分布着几乎全部的蓝色碳汇类型，包括海草床、盐沼和红树林等，但由于人口和经济不断向沿海地区聚集，填海造地、水产养殖、工业生产等人类活动正导致我国海洋生态系统不可逆转地退化，使海岸带生态系统丧失碳吸收能力，同时还导致蓝碳存量的显著损失，将大量温室气体重新释放到大气中去。例如，快速城市化的渤海湾、长江三角洲和珠江三角洲等沿海区域经历了密集的围填海活动，其对碳储存的具体影响尚未被估计。

当前，许多国家和国际机构在沿海和海洋生态系统的碳项目开发方面都没有足够的经验，缺乏标准化的蓝碳监测体系，因此蓝碳数据难以获得。在我国，蓝碳研究起步较晚，尚未全面摸清蓝碳本底规模，现有的碳抵消测量和监测方法主要针对陆地生态系统，沿海、海洋或湿地土壤和生物量中储存的碳的测算正在进行，相应的认证标准体系正在建立。

2018 年，中共中央、国务院发布了《关于支持海南全面深化改革开放的指导意见》，首次提出依法批准在海南建设国际能源、航运、大宗商品、产权、股权、碳排放权等交易场所，建立海南碳排放权交易中心的构想初具雏形。从 2019 年开始，自然资源部在蓝碳和红树林修复研究及实践的基础上，选择在广东湛江开展蓝碳交易试点工作，该项目在 2021 年 3 月顺利通过国际自愿碳减排标准（VCS）的认证，成为我国第一个获得 VCS 认证的蓝碳生态碳汇项目。该项目于 2015—2019 年在湛江红树林保护区内种植了 380 公顷红树林，经核证的碳汇量 9887 吨，北京企业家环保基金会成为第一个购买该生态碳汇项目的投资者，用于抵消基金会日常运作和开展环保活动中产生的碳排放。2022 年，自然资源部公布了《海洋碳汇经济价值核算方法》及《海洋碳汇经济价值核算方法编制说明》，该标准涵盖了较为详细的计算方法和对蓝碳碳定价的建议，不仅能够为制定国际公认的标准提供指导，而且能够提升中国在国际蓝碳谈判中的地位。2021 年 2 月，厦门产权交易中心（厦门市碳和排污权交易中心）成功完成了我国首宗 1.5 万吨海水养殖渔业海洋碳汇交易，标志着我国海洋渔业生态碳汇交易领域实现零的突破。2022 年 2 月，海南省印发《关于设立海南国际碳排放权交易中心有限公司的批复》，同意设立海南国际碳排放权交易中心，并开始筹建，海南国际碳排放权交易中心拟注册在三亚。2022 年 5 月，福建莆田秀屿区依托福建海峡资源环境交易中心完成了全国首笔双壳贝类海洋渔业生态碳汇交易。林蚝（福建）水产有限公司、福建华峰新材料有限公司作为买卖双方签订了交易合同。这是全国首个双壳贝类生态碳汇交易项目，标志着福建在探索海洋碳汇交易实践方面取得了阶段性成果。

由此可见，我国的蓝碳探索正在加速推进，前景广阔。但从整体上看，我国的生态碳汇交易仍然多以实施造林、再造林和森林管理等林业碳汇的形式出现，蓝碳交易工作起步较晚，与之相关的规章制度、行业规范相对缺乏。相关蓝碳项目的市场并没有完全商品化，这意味着价格不仅在不同的标准之间存在差异，而且在不同的项目类别之间也存在差异，价格波动有可能会使投资者的行为变得更不稳定。同时，沿海生态系统易受到气候变化的影响而导致海平面上升等问题影响蓝碳的价值确定，因此，当前对现有气候数据分析和未来气候预测能力的缺乏将影响蓝碳交易项目的长期稳定发展。

二、生态碳汇金融产品

生态碳汇涉及的碳金融产品包括生态碳汇期货、生态碳汇期权、生态碳汇基金、生态碳汇远期、生态碳汇质押、生态碳汇回购、生态碳汇保险等，基础标的是经核证的碳汇量。

（一）生态碳汇期货

生态碳汇期货的概念与现货相对，生态碳汇期货是对生态碳汇进行买卖，但是在将来进行标的物的交收或交割。交收期货的日子可以是一星期之后、一个月之后、三个月之后，甚至是一年之后。买卖生态碳汇期货的合同或者协议叫做生态碳汇期货合约，买卖生态碳汇期货的场所叫做生态碳汇期货市场。投资者可以对生态碳汇期货进行投资或投机。对生态碳汇期货的不恰当投机行为，例如无货沽空，可能导致碳金融市场的动荡。欧洲气候交易所（ECX）已经推出的产品中包括以生态碳汇为基础的期货合约。

生态碳汇期货交易是公开进行的对远期交割生态碳汇的一种合约交易，在这个市场中集中了大量的市场供求信息，不同的人从不同的地点对各种信息的不同理解，通过公开竞价形式产生对远期价格的不同看法。生态碳汇期货交易实际上综合反映了供求双方对未来某个时间供求关系变化和价格走势的预期。这种价格信息具有连续性、公开性和预期性的特点，有利于增加市场透明度，提高资源配置效率。以生态碳汇现货合约为标的物的合约，能够解决市场信息的不对称问题，引导生态碳汇现货价格，有效规避交易风险。

（二）生态碳汇期权

生态碳汇期权是在生态碳汇期货基础上产生的一种生态碳汇金融衍生品，是指交易双方在未来某特定时间以特定价格买入或卖出一定数量的碳标的的权利。生态碳汇期权的交易方向取决于购买者对碳排放权价格走势的判断。与生态碳汇期货一样，生态碳汇期权能够帮助买方规避碳价波动带来的不利风险，具备一定的套期保值功能。生态碳汇期权交易合约以生态碳汇期货合约为基础资产，因此交易品种名称根据期货合约的不同而不同。

（三）生态碳汇基金

生态碳汇基金指用于投资生态碳汇项目的基金。生态碳汇基金的投向一般有三个目标：一是促进生态碳汇项目的开发；二是探索生态碳汇项目的商业化；三是生态碳汇项目发展的孵化器。我国生态碳汇基金的资金来源应以政府投资为主，多渠道筹集资金，按企业模式运作。

随着全球应对气候变化进程的推进，越来越多的金融机构、社会组织通过设立生态碳汇基金以促进碳交易活动，通过开展生态碳汇项目合作，推动全球增加生态碳汇吸收。生态碳汇基金的运行模式可以描述为发挥中介服务职能，利用自身机构的影响力，成功地连接生态碳汇的买方和卖方，将卖方实现的生态碳汇卖给买方，帮助买方以较低的成本实现温室气体减排目标，通过生态碳汇基金的运作促进经济增长和环境质量的提高。

中国绿色碳汇基金会在我国发挥着较大的作用，该基金会是以增汇抵排、应对气候变化为主要目标的全国性公募基金会，于2010年成立。截至2021年，该基金会累计筹集公益资金近10亿元，成立了数十个生态碳汇专项基金支持林业碳汇领域的相关公益活动，为企业和社会公众搭建起参与应对气候变化的有效平台。这些生态碳汇基金参与投资了广东长隆生态碳汇造林项目、浙江临安毛竹林生态碳汇项目、北京市房山区生态碳汇造林项目、香港马会东江源生态碳汇造林项目等。

在国际上，森林碳伙伴基金（Forest Carbon Partnership Facility，FCPF）的业务范围较广。FCPF的设立目的是为各国的REDD+能力建设提供资金，包括准备基金和碳基金。准备基金主要是为各国的REDD+项目建设提供准备资金。碳基金是一个基于结果的支付信托基金，REDD+项目下产生的碳汇量中一部分由世界银行购买，其余由REDD+项目开发国用于其他减排计划的履约。所有项目都在国家（或司法管辖区域）级和下一级的范围内实施。

截至2021年底，FCPF准备基金资助了47个项目，FCPF碳基金资助了15个项目，14个项目的所在国家与世界银行签署了收益共享协议。2022年8月，哥斯达黎加成为拉丁美洲和加勒比地区第一个从世界银行信托基金（通常称为REDD+）获得捐款的国家，该基金旨在减少森林砍伐和森林退化造成的碳排放。森林碳伙伴基金向哥斯达黎加支付了1640万美元，在2018年和2019年期间减少了328万吨的碳排放量。这笔付款是该国与FCPF签订的减排付款协议下三项付款中的第一项。它有望释放高达6000万美元的资金，以减少高达1200万吨的二氧化碳排放。为了获得第一笔付款，哥斯达黎加环境和能源部提交了一份官方监测报告，确认实现了减排，并进行了彻底的独立第三方验证和核查。该国已经成功地扭转了森林砍伐和森林退化，森林现在覆盖了近60%的领土。

（四）生态碳汇远期

生态碳汇远期是指双方约定在将来某个确定的时间以某个确定的价格购买或者出售一定数量的生态碳汇，其是适应规避现货交易风险的需要而产生的，是国际市场上进行碳汇交易常见和成熟的交易方式之一。生态碳汇远期的意义在于保值，帮助碳排放权买卖双方提前锁定碳收益或碳成本。生态碳汇远期交易与生态碳汇现货的价格密切相关，定价方式有固定定价和浮动定价两种。固定定价方式规定未来的交易价格不随市场变动而变化，以确定的价格交割生态碳汇。浮动定价在保底价的基础上加上与生态碳汇价格挂钩的浮动价格。

2021年3月，福建省顺昌县国有林场与兴业银行南平分行在福建海峡股权交易中心完成了一笔林业碳汇远期交易，并约定了回购模式，以获得兴业银行2000万元融资，这是我国首例远期生态碳汇产品约定回购的综合融资项目。

（五）生态碳汇质押

生态碳汇质押是指企业以自身现有或未来可获得的生态碳汇资产作为标的物进行质押贷款的融资模式。在碳交易机制下，生态碳汇资产具有了明确可计量的市场价值，为碳资产作为质押物发挥融资担保增信功能提供了可能，而生态碳汇质押融资则是生态碳汇作为企业资产的具体化表现。若要进行生态碳汇质押贷款，应先向开展生态碳汇交易的交易所提交生态碳汇资产质押业务申请，交易所为企业出具生态碳汇所有权证明，企业持相关材料向银行申请贷款，签订借款合同和质押合同，并向相应的碳交易所申请办理质押登记，最后银行完成放款流程。但是目前由于各家银行的风控标准及风险偏好存在差异，目标客户也有所不同，遂造成各家银行的生态碳汇质押贷款审批流程也存在一些差异。

2022 年 6 月，内蒙古自治区完成了第一笔林业碳汇质押贷款签约，标志着内蒙古自治区林业碳汇资源的开发和直接经济价值的实现迈出了重要一步。此次签约双方分别是内蒙古伊泰北牧田园资源开发有限公司与蒙商银行鄂尔多斯市支行，内蒙古伊泰北牧田园资源开发有限公司以 50 万亩碳汇林生态碳汇预期收益权为质押品，获得蒙商银行 300 万元绿色贷款融资，融资将用于碳汇林的管护养护，以创造更多的生态碳汇资源。此次质押贷款摸索出了企业投资造林、自治区主管部门认定生态碳汇、金融机构估值贷款的工作模式，是我国在实现生态碳汇资源经济价值、拓宽金融属性方面的一次积极探索，为今后挖掘生态碳汇资源、补充造林种草资金、保证贷款稳定收益这一可持续发展模式探索了道路，具有重要的试点意义。

（六）生态碳汇回购

生态碳汇回购是指重点排放单位或其他生态碳汇资产持有者向碳交易市场中其他机构交易参与人出售生态碳汇，并约定在一定期限后按照约定价格回购所售生态碳汇，从而获得短期资金融通的碳融资工具。其中，交易参与人签订回购交易协议，并将回购交易协议提交给交易所核对，启动回购交易，直至最后一个回购日，按照协议约定完成碳汇量和资金结算后，回购交易完成。双方在回购协议中，需约定出售的碳汇数量、回购时间和回购价格等相关事宜。在协议有效期内，受让方可以自行处置生态碳汇。

生态碳汇回购业务是一种通过交易为企业提供短期资金的碳市场创新安排。对于控排企业和拥有生态碳汇的机构（正回购方）而言，卖出并回购碳资产获得短期资金融通，能够有效盘活碳资产，对于提升企业碳资产综合管理能力，以及提高对碳资产和碳市场的认知度和接受度有着积极意义；同时，对于金融机构和碳资产管理机构（逆回购方）而言，则满足了其获取生态碳汇参与碳交易的需求。

2021 年 3 月，福建省顺昌县国有林场通过林业碳汇远期约定回购模式获得兴业银行 2000 万元融资，这是全国首例远期生态碳汇产品约定回购的综合融资项目。兴业银行探索将生态碳汇回购作为一种融资工具，创新生成“远期生态碳汇回购”的组合融资模式，为生态产品价值实现提供了新路径。

（七）生态碳汇保险

生态碳汇保险是为了规避生态碳汇项目开发过程中的风险，确保项目碳汇量按期足额交付的工具。它可以降低项目双方的投资风险或违约风险，确保项目投资和交易行为顺利进行。目前，国内外生态碳汇保险服务都主要针对交付风险，对生态碳汇交易过程中可能发生的价格波动、信用危机、交易危机进行风险规避和提供担保。交付风险包括注册失败、核证、延期等原因导致的生态碳汇项目无法交付的风险，还包括各种原因导致的无法实现碳汇量交付的风险。该类险种的运作目前尚不成熟，投保方、保险方以及双方的权利和义务都尚待明确。

中国平安财产保险股份有限公司在 2022 年推出了生态碳汇保险产品，结合国内外森林碳汇监测研究及平安研发的量化测算森林生长状态与固碳能力的遥感算法模型，平安产险创新推出森林碳汇遥感指数保险，以生态碳汇的变化量为赔偿、补偿依据，保险责任不仅包括对生态碳汇损失的赔偿责任（将森林受到各种意外灾害后林木的损失转化为生态碳汇的损失），而且包括对生态碳汇增长的投入补偿责任，在传统林业险基础上用生态碳汇指数保险为森林经济提供更全面的保障，助力灾后林业碳汇资源救助和碳源清除、森林资源培育、加强生态保护修复。

第三节 国际生态碳汇项目认证标准

生态碳汇项目产生的碳汇量需要通过国际组织、独立第三方机构或者政府确认后，才能够进入不同的碳市场进行交易。根据确认或者认证的机构不同，生态碳汇的认证分为国际认证机制、独立认证机制、国家和地方管理的认证机制。从存量项目来看，国际认证机制在全球占主导地位；而从增量项目来看，独立认证机制与国家和地方管理的认证机制增长较为迅速。

一、生态碳汇项目的国际认证机制

《京都议定书》首次把限制温室气体排放写进法律法规，并建立清洁发展机制、联合履约机制和国际排放贸易机制三种碳排放交易机制。其中，清洁发展机制和联合履约机制就是生态碳汇认证机制中常见的两类国际机制，此外 REDD+ 机制也具有一定的规模。

（一）清洁发展机制中的生态碳汇认证标准

清洁发展机制用于发达国家和发展中国家之间，目的是推进发展中国家（非缔约方）在实现碳减排目标中的参与和贡献，加快发展中国家企业的转型升级和可持续发展；清洁发展机制帮助缔约方（发达国家）进行项目级的减排量抵消额的转让与获得。

《京都议定书》确立了清洁发展机制（CDM）。《波恩政治协议》和《马喀拉什协定》同意将造林再造林作为《京都议定书》第一承诺期内唯一合格的 CDM 生态碳汇项目。由此，CDM 林业碳汇项目在中国、印度、巴西等发展中国家广泛开展。2006 年，我国广西珠江流域治理再造林项目于 2006 年成功注册为全球第一个 CDM 林业碳汇项目。但是，由于 CDM 林业碳汇项目要求在国际间展开合作，审查较为严格，开发周期很长；在实践中，因受土地合格性、交易程序复杂等因素限制，真正开发成功的项目并不多。根据清洁发展机制项目数据库数据显示，截至 2019 年底，全球范围内有 67 个生态碳汇项目获得批准注册，均为林业项目，不到 CDM 项目注册总数的 1%，其中我国经批准注册的造林再造林项目数共 5 个，如表 8.1 所示，整体规模较小。

表 8.1　　我国经清洁发展机制认证的生态碳汇项目汇总

注册时间	项目名称
2006 年 4 月	广西珠江流域治理再造林项目
2007 年 1 月	四川西北退化土地的造林再造林项目
2008 年 1 月	广西西北部地区退化土地多重效益再造林项目
2011 年 7 月	内蒙古和林格尔盛乐国际生态示范区生态碳汇造林项目
2011 年 7 月	诺华川西南林业碳汇、社区和生物多样性项目

资料来源：笔者根据相关资料整理。

（二）联合履约机制中的生态碳汇认证标准

联合履约机制指发达国家之间通过项目级的合作，其所实现的减排单位可以转让给另一发达国家缔约方，但是同时必须在转让方的“分配单位”上扣减相应的额度。在联合履约机制下，生态碳汇项目是允许进行交易的。

在各国关于联合履约的规定中，如奥地利的《奥地利 JI—CDM 项目指令》、比利时的《比利时联合履约指南》、德国的《关于〈联合国气候变化框架公约〉之〈京都议定书〉基于项目的机制法案》、爱尔兰的《京都议定书灵活机制条例》、罗马尼亚的《核准联合履约项目程序》等均涉及林业碳汇项目。林业碳汇项目的认证方法学参照清洁发展机制项目。

（三）REDD+ 机制中的生态碳汇认证标准

REDD+ 机制是在 2005 年《联合国气候变化框架公约》第十一次缔约方大会（COP11）上由巴布亚新几内亚和哥斯达黎加两国代表雨林国家联盟提出来的，2007 年 12 月《巴厘岛行动计划》中规定，减缓气候变化的综合方法应当包括：“关于发展中国家减少毁林及森林退化造成的排放问题上的政策方法和积极激励措施；以及发展中国家在森林保护、森林可持续管理以及增加森林碳储量方面发挥的作用。”因此，双边或多边政府之间可以基于协定开发 REDD+ 项目，且主要参与方为发展中国家。

2008 年 6 月，印度尼西亚与澳大利亚基于 REDD+ 达成了森林碳伙伴关系。最初澳大利亚投入 4000 万澳元协助印度尼西亚参与 REDD+ 项目，包括将 3000 万澳元投入加里曼丹森林与气候伙伴示范活动中，将 1000 万澳元用于支持实施 REDD+ 项目的技术能力建设，到 2015 年这一数字已经增长到约 100 亿澳元。加里曼丹森林与气候伙伴关系是印度尼西亚最大规模的 REDD+ 示范项目，该项目在婆罗洲加里曼丹岛中部 12 万公顷的森林和退化热带泥炭地上实施。尤其令人关注的是，该项目允许采用向当地居民支付费用获得碳汇权利的方式，在印度尼西亚《森林法》的基础上合法地形成可执行的生态碳汇权利。

二、生态碳汇项目的独立认证机制

独立认证机制是指由独立第三方认证的碳信用机制，主要存在于自愿碳减排市场。目前，能够用于生态碳汇项目认证的主要独立机制有黄金标准（GS）、核证碳标准（VCS）、气候行动储备方案（CAR）、REDD+ 交易构架（ART）、可持续森林景观的生物碳基金倡议（ISFL）、生物碳登记（BCR）、碳水化合物（Cercarbono）、国际碳登记（ICR）等。

（一）黄金标准下的生态碳汇项目认证

黄金标准（Gold Standard，GS）由世界自然基金会（World Wide Fund for Nature）联合一系列非政府组织发起，于 2003 年正式形成，目前由瑞士的巴塞尔可持续能源机构（BASE）主管，巴塞尔可持续能源机构是一个促进可持续能源投资的非营利性基金会，也是联合国环境规划署的合作中心。它在清洁发展机制方法学的基础上完善了利益相关者程序，强调对项目所在地产生的环境和社会经济效益。黄金标准在自愿碳市场中签发的项目书和信用总额排名第二，其签发的碳信用一般用于自愿抵消，同时哥伦比亚碳税机制、国际航空碳抵消和减排计划（CORSIA）、南非碳税也认可黄金标准的使用。

生态碳汇项目在黄金标准认证的分类中属于土地利用活动和基于自然的解决方案，其中一部分方法学沿用了清洁发展机制的内容，并在可持续性上有一定的改进。截至 2021 年，通过黄金标准认证的生态碳汇项目共 26 个，分布于美国、坦桑尼亚、乌干达、哥斯达黎加、哥伦比亚等地，其中位于我国的项目有 3 个，均为造林/再造林项目。

云南山区再造林项目经过黄金标准认证，但规模较小，占地仅 400 公顷，认证期为2017年1月1日至2028年1月1日，共产生生态碳汇6936吨。该项目是由法国非政府发展组织“倡议发展”（Initiative Development）实施的一个社区项目，位于云南省昭通市昭阳区青岗岭乡。该项目通过种植时的补贴和非木材林产品的销售为农民带来额外的收入，并通过增加植被覆盖减少土地损耗，同时增加生物多样性。

内蒙古通辽绿化项目同样经过黄金标准认证，认证期为2014年4月11日至2043年4月11日，共产生生态碳汇290000吨。该项目是上海根与芽组织在内蒙古实施的植树项目的一部分，种植和维护工作由当地村民在上海根与芽组织的监督下进行，杂交杨树是种植的主要树种。在丘陵和沙地地区，还将考虑实施灌木丛和其他植被混合的方法，例如草沙块，进行固碳。通过该项目，该地区的植被覆盖率和生态碳汇将增加，沙丘得以稳定，水资源得以保留，土壤得以改善。同时，该项目将为当地居民创造额外的就业机会和收入，为社区带来先进的农林业实践。

位于广东省南雄市油山镇的退化土地再造林项目是我国经过黄金标准认证的规模最大的项目，认证期为2009年6月1日至2038年6月1日，共产生生态碳汇453386吨。该项目旨在将退化地区恢复到森林生态系统中，并发展可持续的经济活动，发展松节油生产和提高当地居民的生活水平，这项长期生态植树造林项目能够为当地居民带来生态效益和社会效益。

（二）核证碳标准下的生态碳汇项目认证

核证碳标准（Verified Carbon Standard，VCS）由气候组织（CG）、国际排放贸易协会（IETA）和世界经济论坛（WEF）于2005年共同开发，其目的是通过制定和管理有助于私营部门、国家和民间团体实现可持续发展和气候行动目标的标准，来帮助解决世界上最棘手的环境问题和社会挑战。VCS是目前全球使用最广泛的自愿碳减排标准。经过VCS认证的项目将其温室气体减排量和清除量转化为可交易的碳信用单位（Verified Carbon Unit，VCU），1个VCU代表从大气中减少或清除1吨温室气体。VCU由最终用户购买和注销，用于抵消其排放，使购买者达到履行社会责任、提升企业形象的目的。VCS官网显示，截至2021年VCS已有注册项目1802个，已颁发VCU的项目1470个，共认证发行9.3亿单位VCU。

VCS中的生态碳汇项目主要分为四类，分别是造林再造林和植被恢复（ARR）项目、森林经营管理（IFM）项目、森林砍伐林转保护林减排（REDD）项目、滩涂湿地和海草修复项目。我国已注册的VCS生态碳汇项目有江西省安乐县林场生态碳汇项目、青海省植树造林项目、四川省荥经县植树造林项目、贵州省西关造林项目、湖南省北区和西北区造林项目等近百个项目。

甘肃小龙山造林工程是我国于2017年获VCS认证的大型生态碳汇项目，认证期长达60年，总计产生生态碳汇2721683吨，年均产生生态碳汇约45361吨。该项目直接造林3738.23公顷，所有项目场地都是以前的荒地，工程实施前没有进行自然更新和绿化。该项目的实施将通过树木的生长消除温室气体排放并改善当地环境，通过该项目提供就业机会来增加当地居民的收入，通过提供相关技术技能和培训来提高当地社区和居民的能力，并通过建立一个本地树木森林生态系统（叶柄花、刺槐、松、云杉）来增加当地的生物多样性。

广东湛江红树林造林项目是我国首个按照VCS标准开发并成功注册实现交易的蓝碳项目，为我国蓝碳交易示范提供了良好的实践案例。北京市企业家环保基金购买了该项目签发的首笔5880吨生态碳汇，总计780余万元的收益将用于湛江红树林保护、修复以及社区共建等。得益于红树林独特的生态功能和服务价值，相较于一般的工业减排项目，红树林生态碳汇项目具有更高质量的碳抵消作用。广东湛江红树林国家级自然保护区位于广东省西南部雷州半岛，呈带状散式分布，总面积约2万公顷，其中红树林面积7228公顷，是我国红树林面积最大、种类较多的自然保护区。近年来，该保护区积极引入社会资金推进红树林的生态修复。该项目通过发挥市场交易机制的作用，实现了红树林资源的生态、社会和经济共赢的目标，为各地提高红树林生态系统质量和稳定性，推动红树林生态系统保护修复起到了示范作用。

（三）气候行动储备方案下的生态碳汇项目认证

气候行动储备方案（CAR）于2009年正式启动，是一个基于项目的碳排放交易机制。它制定一个可开发 、可量化、可核查的温室气体减排标准，发布基于项目而产生的碳排放额，透明地监测全程的碳交易过程，其目标是要建立一个覆盖整个北美洲的交易体系。CAR的前身是2001年在加利福尼亚州注册的“加利福尼亚州气候行动登记处”，一直以来加利福尼亚州气候行动是一个碳排放自愿登记机构，现在变更为气候行动储备方案（CAR）后，致力于发展标准化温室气体减排的协议项目，打造一个登记和跟踪抵消温室气体的体系平台。截至2021年底，参与该体系的企业将近400家，它在墨西哥城、纽约、华盛顿特区、旧金山等城市设立了工作室与代理处。CAR的交易项目涉及四大领域：工业、交通运输、农业和林业。

CAR标准认可三种林业碳汇项目，即再造林项目（Reforestation）、改进森林管理项目（Improved Forest Management）和避免转换项目（Avoided Conversion）。再造林项目和改进森林管理项目可以位于私人土地上或州、市所有的土地上，但避免转换项目必须在私人土地上实施（特殊情况除外）。标准详细规定了各种林业项目温室气体排放净减少和温室气体碳清除净增强的具体办法，并将其划分为城市区域、校园和公用事业单位管理的区域分别认定。

（四）REDD+交易构架下的生态碳汇项目认证

REDD+交易构架（Architecture for REDD+ Transaction，ART）是美国温洛克国

际农业发展中心（Winrock International）管理的自愿减排信用机制。ART 的开发目的是为国家和司法管辖层面的 REDD+ 减排和移除活动提供长期资金支持。ART 制定了 REDD+ 环境卓越标准（TREES），并且只对国家和下一级政府的 REDD+ 减排活动签发生态碳汇认证，不单独对项目级活动签发生态碳汇认证。ART 交易的均为 REDD+ 项目生态碳汇，因此在生态碳汇项目的认证上均以 REDD+ 为参考。

ART 签发的生态碳汇被称为树信用（TREES Credits），可以通过场外交易签订协议并在 ART 登记系统中进行划转。树信用可以在非营利性机构 Emergent 进行场内交易，树信用也是该平台交易的唯一产品。Emergent 同时也是 ART 信用的稳定买家，提供购买的确定性，以底价购买碳抵消信用并共享溢出价格收益。Emergent 为树信用买家提供有效机制购买 ART 信用，使其不必直接与各国政府谈判和签约。

（五）可持续森林景观的生物碳基金倡议下的生态碳汇项目认证

生物碳基金（BioCarbon Fund）成立于 2004 年，是全球成立的第一个碳基金，重点关注 REDD+ 和可持续农业土地管理（SALM）活动。可持续森林景观的生物碳基金倡议（BioCarbon Fund Initiative for Sustainable Forest Landscapes，ISFL）成立于 2013 年，由生物碳基金与各国政府合作，通过土地使用规划、政策和实践，减少土地使用的碳排放。ISFL 由世界银行作为受托人、秘书处管理，由挪威、德国、瑞士、英国和美国共同出资设立。

ISFL 的运作由两个部分构成，分别是 BioCF plus 和 BioCF Tranche3。前者为可持续土地利用项目提供资金支持，激励私营部门参与，帮助建立监测、报告和核证减排系统。后者主要负责交付核证后的生态碳汇，促进国家低碳转型和实施具有保证可持续土地利用长远效益的措施。

ISFL 没有提供明确的方法学指引。ISFL 减排项目需要按照 ISFL 的定义满足“司法管辖区域性和整体性土地管理方法”（Jurisdictional and Integrated Landscape Management）。每个项目都依赖于 REDD+ 准备过程中（REDD+ Readiness）培育的助力低碳农村发展的基层组织，通过指标评估各国在 REDD+ 方面的努力和能力，以及通过类似计划来减少温室气体排放的潜力。ISFL 目前仍处于捐助和项目开发与评估阶段，截至目前尚未签发核证减排量。

（六）生物碳登记下的生态碳汇项目认证

生物碳登记（BioCarbon Registry，BCR）成立于 2018 年，原名为 ProClima，包含设计、开发、审定、核证和认证减排项目以及发放核证碳信用（Verified Carbon Credit，VCC）的全过程，注册地为哥伦比亚。2021 年，该机构荣获国际排放贸易协会（IETA）自愿碳市场评级“最佳 GHG 信用项目”亚军。2022 年，ProClima 的商标变更登记为 BioCarbon Registry。截至 2022 年 5 月 20 日，BCR 登记了 25 个项目，

3个项目在审核中；签发了325万吨二氧化碳当量VCC。

BCR备案的方法学包括以下五个领域：REDD+活动、温室气体移除活动、能源、交通、废弃物处理和处置。REDD+项目均可在BCR机制下进行交易，但目前规模仍然较小。

（七）碳水化合物下的生态碳汇项目认证

碳水化合物（Cercarbono）2018年建立于哥伦比亚，之后业务拓展至其他国家，与非政府组织、政府和私营部门合作。Cercarbono备案的方法学来自能源、交通、制造业、飞逸性燃料排放、废物处理和处置、造林六个领域。截至2021年底，Cercarbon共计登记了85个项目，签发了近3000万单位核证减排量，注销了近2000万单位核证减排量。其签发的核证自愿减排量为Carboncer，可以通过场外交易并在Cercarbono注册登记系统划转，该系统使用了区块链技术。目前还没有造林等生态碳汇项目获得Cercarbono的认证。

（八）国际碳登记下的生态碳汇项目认证

国际碳登记（International Carbon Registry，ICR）登记地为冰岛，由ICR理事会成员与计划咨询和方法审批小组（Program Advisory and Methodology Approval Panel，PAMAP）控股，并由ICR综合管理部门负责管理。ICR注册登记平台负责管理ICR温室气体项目，该平台由全球环境市场（Global Environmental Markets，GEM）设计和开发。

ICR认可所有CDM、CER和ACR机制下现行有效的方法学。所有符合ICR要求和相应方法学要求的项目都可以在ICR登记。ICR方法学备案的领域包括能源（能源生产、分配和需求）、制造业、化学制造业、建筑、交通、采矿和煤矿生产、金属制造、燃料飞逸性排放、碳氢化合物和六氟化硫飞逸性排放、溶剂使用、废弃物处理和处置、造林和再造林、农业、碳捕获与封存和移除。截至2021年底，ICR官网公示可供交易的项目有8个，签发273711吨二氧化碳当量碳信用，暂无生态碳汇项目。

三、生态碳汇项目的国家和地方管理的认证机制

不同国家、地区设立了自己的碳信用机制标准，其中均涉及生态碳汇项目，例如加拿大温室气体抵消信用机制、美国区域温室气体倡议二氧化碳抵消机制、新西兰碳交易市场、澳大利亚碳税制度、日本碳信用机制（J-Credit Scheme）等。

（一）加拿大温室气体抵消信用机制下的生态碳汇项目认证

加拿大温室气体抵消信用机制为市政当局、林农、农民、原住社区等提供市场激励，鼓励这些主体开展通过防止排放和清除大气中温室气体来减少温室气体的创新项目。在该体系下，注册的参与者可以按照联邦抵消议定书开展项目，该议定书

为特定类型的项目制定了衡量温室气体排放量减少或消除的一致方法。这些项目每减少或消除 1 吨碳排放，就可以产生 1 个可交易的抵消信用。一旦获得了信用，就可以卖给其他利益相关者，帮助它们履行合规义务或实现碳污染定价体系下的减排目标。2022 年，加拿大相关部门为先进制冷、农业和森林管理等活动制定四项抵消议定书，生态碳汇认证标准计划于 2023—2024 年出台，生态碳汇项目将会被纳入该机制下。

加拿大的温室气体抵消信用机制在包括阿尔伯塔省、不列颠哥伦比亚省和魁北克省在内的一些省已经发挥了积极作用，这些省均发起了省级抵消信用计划。预计该机制的实施将有助于刺激创新和私营部门对经济活动的投资，以减少碳排放，从而保持加拿大在脱碳经济中的竞争力。

（二）美国区域温室气体倡议二氧化碳抵消机制下的生态碳汇项目认证

美国区域温室气体倡议（RGGI）是美国第一个强制性的、基于市场手段的减少温室气体排放的区域性行动，由美国纽约州前州长乔治·帕塔基于 2003 年 4 月创立。经过能源行业代表、非政府组织和其他人员（技术专家等）五年多的计划、建模和咨询，建成了这个旨在以最低成本减少二氧化碳排放量，同时又能鼓励清洁能源发展的区域行动计划。

RGGI 允许五大类型的碳抵消项目：垃圾填埋气捕获和处理、电力部门的减排、造林、建筑行业终端能效项目、处理农业粪便甲烷排放。RGGI 对抵消项目的地点和开始日期都有限制。另外，抵消项目带来的减排必须是真实的、额外的、可核查的、可实施的和永久的。生态碳汇项目纳入 RGGI 体系能够降低当地企业碳减排成本，且生态碳汇项目同样能够起到提升当地生物多样性的作用。

（三）新西兰碳交易市场下的生态碳汇项目认证

新西兰将不同时间的森林碳汇项目均纳入了新西兰碳交易市场，对 1989 年后的森林碳汇项目采用碳补偿的形式，对 1990 年前的森林碳汇项目采用免费发放新西兰单位（New Zealand Unit）的形式。这两类森林碳汇项目在新西兰碳交易市场上有不同的管理原则。

对于 1989 年后的森林碳汇项目，政府的管理目标是加强造林增汇，促进完成《京都议定书》目标，因此，政府规定 1989 年后林主可以根据其森林碳储量的增加，到碳市场申领相应的新西兰单位出售给需求方，赚取利润，以激励林主加大造林力度。基于这种想法，新西兰碳交易市场对生态碳汇项目的管理主要有三个核心环节：一是生态碳汇项目业主在碳市场登记注册，接受管理。二是生态碳汇项目业主进行生态碳汇计量核算。在这一过程中首先需要由碳市场确认森林可以纳入碳市场的范围边界，即进行林地合格性认定，在此基础上按照碳市场规定的碳储量计量方法测量生态碳汇。新西兰为了节约碳市场交易成本，制定了简便的计量方法即查表法，在特殊情况下才采用实地测量法。三是生态碳汇项目业主申请领取新西兰单位。生态碳汇项目业主应遵守两条规则：第一，申领后若发生采伐，需归还所有已申领的新西兰单位，若已售出，则应在公开市场依当时市价买回归还政府。第二，毁林后即使再进行第二轮造林，仍需归还第一轮造林申领的全部新西兰单位，至于第二轮造林是否可再次申领新西兰单位，则须视以后的政策而定。

1990 年前的森林碳汇项目可以免费申请新西兰单位，并在新西兰碳交易市场上出售。政府管理目标是避免毁林排放，防止其影响《京都议定书》目标的完成。为此，新西兰碳交易市场对 1990 年前的林主免费分配新西兰单位以激励其保护森林，不进行毁林。政府为了支持 1990 年前的林主保护好森林，在分配新西兰单位的基础上，制定了四条细则，巩固对林主的激励：一是若林主选择获得政府免费给予的新西兰单位，但采伐 1990 年前的森林后不再补种，则需支付采伐当时森林碳储存量乘以新西兰单位市场价格的总值，支付惩罚性税负。二是若林主采伐后再造林，将不再获得任何新西兰单位，即政府只给一次性的新西兰单位。三是政府为维持碳市场稳定，防止套利，在第一承诺期内，新西兰单位价格以 25 新西兰元为上限。四是林主选择获得新西兰单位后，若有采伐（如执行新西兰“联合采伐”决议）或发生自然灾害造成树木死亡，则需强制重新造林。

（四）澳大利亚碳税制度下的生态碳汇项目认证

在澳大利亚碳税政策下，生态碳汇主要通过农业减碳行动（CFI）产生，这些生态碳汇可以提供给需要减排的企业。根据农业减碳行动产生的澳大利亚碳信用单位（Australian Carbon Credit Units，ACCU）可被出售给那些希望抵消其排放量或减少其在澳大利亚碳价机制下应付费义务的第三方。

根据 2014 年启动碳市场的规定，减排企业可以突破以前 5% 的使用限制，无限使用农业减碳行动获得的澳大利亚碳信用单位，抵消超额排放企业的碳排放。这意味着生态碳汇交易额度有着非常大的增长潜力。突破 5% 的上限能够促进农业减碳行动生态碳汇项目在澳大利亚碳价机制下进行全面交易，有利于促进向土地所有者的资本流动，该政策提升了澳大利亚生态碳汇项目的潜在需求以及对正在寻求发展低碳农业项目的土地所有者的潜在回报。该政策也能够为农业企业和林业金融服务提供者投资或资助这些项目创造更多的机会。

目前，农业减碳行动对林业碳汇管理的主要规则是项目验收认可。其认可的减排活动有两大类，即碳排放避免活动及生态、林业固碳活动。碳排放避免活动是指减少来自农业活动或“遗留废物”的碳排放。生态、林业固碳活动包括将二氧化碳从空气中除去，并将其固定封存在森林、已死亡的有机物或土壤中，或者能够确保已封存在上述物质中的 二氧化碳不再散逸到空气中。这类项目必须至少将碳封存

100年。认可的项目必须符合一系列标准，包括：(1) 必须位于澳大利亚或在澳大利亚境内进行；(2) 可通过具体方法加以判定（即经过法律或特定标准的认可，能够用来测量并监控减排的系统方法）；(3) 必须满足相关方法学的要求；(4) 必须能通过额外性测试；(5) 项目申请人必须是经过认可的抵消主体。若项目属于林业碳汇项目，则还须符合其他特定标准。以下项目不符合规定：在项目所在地、邻近地区等任何属于该项目的地区，若该项目存在对水源供给、保持生物多样性、就业情况、当地社区等造成重大不利影响的风险，即使原本受农业减碳行动认可的项目也会被排除在认可范围之外。不被认可的活动还包括在原生森林遭非法清除的土地上或遭非法排干的湿地上种植植被、种植某种已知的杂草、停止或避免收割种植园作物的活动。

(五) 日本碳信用机制下的生态碳汇项目认证

日本碳信用机制（J-Credit Scheme）由日本经济产业省、环境省、农林水产省共同管理，该项目的设立目的是核证日本境内温室气体减排量和移除量。根据该计划，政府将核证通过节能和森林管理实现的温室气体减排和移除量。该项目整合了日本国内信用计划（Domestic Credit Scheme）和抵消信用计划（J-VER）。日本碳信用机制备案的方法学包括六个领域：节能、可再生能源、制造过程、废弃物、农业、森林碳沉降。其中，生态碳汇项目主要涉及森林碳沉降方面的方法学。

截至2022年3月10日，该机制累计注册399个项目，核证610000吨二氧化碳当量减排量。碳信用（J-Credits）可以通过双边协议、官网提供的中介机构和官方拍卖交易，并在注册登记系统内划转，这就为碳资产赋予了价值属性，为日后碳信贷的开展打下了基础。

日本碳信用机制同样接受来自日本之外的项目注册，柬埔寨王国政府颁布第74号法令，于2016年建立了普莱朗野生动物保护区（PLWS），该项目获得了日本碳信用机制的认证。普莱朗位于柬埔寨中北部的湄公河西岸，为许多珍稀和濒危动植物提供了栖息地，是湄公河和洞里萨湖的主要分水岭，这对当地的渔业、国家经济和粮食安全都至关重要。普莱朗野生动物保护区占地431683公顷，横跨四个省。普莱朗野生动物保护区目前正受到森林损失加速的威胁。大部分森林损失是由森林转为农田造成的，而不可持续的资源开采（包括狩猎、伐木和砍柴）正在破坏森林的完整性。目前，大多数农业用地都是由小农户改造的，但糟糕的管理可能会导致未来大规模的农业发展受到威胁。目前，多维贫困、人口增长、执法和治理薄弱、土地保有权不安全以及对生物多样性和环境服务价值的认识有限，是森林面临威胁的主要原因。该项目将实施有效的执法，确保森林资源安全，防止森林损失。与此同时，该项目将在保护区及其周边社区发展可持续生态，使社区的经济活动不再依赖于森林砍伐。

第四节　中国生态碳汇金融市场的发展

《京都协议书》生效后，我国生态碳汇金融快速发展，且近年来政府十分重视生态碳汇在碳中和中的作用。2011 年，按照国家“十二五”规划纲要的要求，生态碳汇金融进一步发展，先后建立了深圳、北京、上海、天津、广东、湖北、重庆、四川和福建 9 个碳交易试点，生态碳汇产品现货交易也初步开启。2015 年 9 月，中共中央、国务院印发的《生态文明体制改革总体方案》中强调逐步建立全国碳排放总量控制制度和分解落实机制，建立增加森林、草原、湿地、海洋碳汇的有效机制，随后中央及地方政府颁布了一系列政策文件促进生态碳汇发展。生态碳汇是一种碳市场的抵消机制，国家颁布多项政策鼓励碳市场参与方购买生态碳汇用于履约抵消，具体政策见表 8. 2。

表 8. 2　　国家政策文件中涉及生态碳汇进入碳市场的相关文件

时间	文件名称	主要内容
2016 年 11 月	《国务院办公厅关于完善集体林权制度的意见》	提出要促进生态碳汇进入碳交易市场
2018 年 1 月	《中共中央　国务院关于实施乡村振兴战略的意见》	建立健全用水权、排污权、碳排放权交易制度，形成森林、草原、湿地等生态修复工程参与生态碳汇交易的有效途径
2018 年 5 月	《国家林业和草原局关于进一步放活集体林经营权的意见》	积极发展森林碳汇，探索推进森林碳汇进入碳交易市场
2018 年 6 月	《中共中央　国务院关于打赢脱贫攻坚战三年行动的指导意见》	鼓励纳入碳排放权交易市场的重点排放单位购买贫困地区林业碳汇
2018 年 12 月	《建立市场化、多元化生态保护补偿机制行动计划》	建立健全以国家温室气体自愿减排交易机制为基础的碳排放权抵消机制，将具有生态、社会等多重效益的林业温室气体自愿减排项目优先纳入全国碳排放权交易市场

资料来源：笔者根据相关文件整理。

此外，在我国向《联合国气候变化框架公约》（UNFCCC）提交的《强化应对气候变化行动——中国国家自主贡献》中，也将增加生态碳汇，开展造林绿化、实施天然林保护、退耕还林还草等生态工程建设作为实现 2030 年应对气候变化自主行动目标的政策和措施之一。由此可见我国政府对生态碳汇的重视程度。

2018 年 12 月 28 日，国家发展改革委、财政部、自然资源部等九部门印发《建立市场化、多元化生态保护补偿机制行动计划》，强调“建立健全以国家温室气体自愿减排交易机制为基础的碳排放权抵消机制，将具有生态、社会等多种效益的林业温室气体自愿减排项目优先纳入全国碳排放权交易市场，充分发挥碳市场在生态建设、修复和保护中的补偿作用”。

经过多年的发展，目前我国碳交易市场的生态碳汇产品主要涉及 CCER 生态碳汇产品、生态碳汇金融工具以及采用地方标准开发的生态碳汇项目。

一、CCER 生态碳汇产品

2012 年 6 月，国家发展改革委印发《温室气体自愿减排交易管理暂行办法》，二氧化碳、甲烷、氧化亚氮、氢氟碳化物、全氟碳化物和六氟化硫六种气体被纳入自愿减排交易品种范畴。企业是项目运行和实施的主体，符合条件的国内外机构、企业、团体和个人均可参与温室气体自愿减排交易。其中生态碳汇项目涉及的方法学包括碳汇造林、竹子造林等六种，具体见表 8.3。

表 8.3　　中国温室气体自愿减排生态碳汇项目方法学

设立时间	名称	编号
2013 年	碳汇造林项目方法学	AR-CM-001-V01
2013 年	竹子造林碳汇项目方法学	AR-CM-002-V01
2014 年	森林经营碳汇项目方法学	AR-CM-003-V01
2014 年	可持续草地管理温室气体减排计量与监测方法学	AR-CM-004-V01
2016 年	竹林经营碳汇项目方法学	AR-CM-005-V01
2016 年	保护性耕作减排增汇项目方法学	CMS-083-V01

资料来源：笔者根据相关资料整理。

中国核证自愿减排量（CCER）是指依据国家发展改革委发布施行的《温室气体自愿减排交易管理暂行办法》的规定，经其备案并在国家注册登记系统中登记的温室气体自愿减排量。企业通常通过采用新能源（水电、光伏、风电）以及林业碳汇等方式自愿减排或者净化温室气体。这种自愿减排量需要向 CCER 主管部门申报审批（2018 年之前是国家发展改革委，2018 年之后为生态环境部），经相关部门核验通过之后就可以称为 CCER。

自 2012 年 CCER 项目可参与碳交易后，至 2017 年 3 月，由于温室气体自愿减排交易个别项目不够规范等问题，国家发展改革委暂缓 CCER 项目备案。2020 年 12 月，《碳排放权交易管理暂行办法（试行）》明确将 CCER 重新纳入碳交易市场。2021 年 3 月，生态环境部出台《碳排放权交易管理暂行条例（草案修改稿）》，指出可再生能源、林业碳汇、甲烷利用三类项目可重启 CCER 核证。

在 2012—2017 年备案的 CCER 项目中，CCER 生态碳汇项目占比较低，仅占所有项目的 3%，这与生态碳汇项目开发技术复杂和开发周期长密切相关，现有林业碳汇项目方法学的开发要求如表 8.4 所示。

表 8.4　林业碳汇项目开发要求

项目	碳汇造林项目	竹子造林碳汇项目	森林经营碳汇项目	竹林经营碳汇项目
项目建设要求时间	2005 年 2 月 16 日后	—	—	2005 年 2 月 16 日后
土地范畴	不属于湿地和有机土壤	不属于湿地	矿质土壤	不属于湿地和有机土壤
土地合法性	造林地权属清晰，具有县级以上人民政府核发的土地权属证书	—	—	—
土地类型	无林地	—	人工幼、中龄林	—
土地扰动	符合水土保持要求，土壤扰动面积比例不超过地表面积的 10%，且 20 年内不重复扰动	符合水土保持要求，草地、林地的土壤扰动面积比例不超过地表面积的 10%	符合水土保持要求，土壤扰动面积比例不超过地表面积的 10%，且 20 年内不重复扰动	符合水土保持要求
原有林木处理方式	禁止烧除	不清除	禁止烧除	不清除
枯木处理	不移除地表枯落物、不移除树根、枯死木	不清除原有的散生林木	除改善卫生状况外，不移除枯死木和地表枯落物	不移除枯落物

资料来源：笔者根据相关资料整理。

2021 年 4 月，中共中央办公厅、国务院办公厅印发的《关于建立健全生态产品价值实现机制的意见》提出“健全碳排放权交易机制，探索碳汇权益交易试点”，生态碳汇项目极有可能成为 CCER 重启后新的热点。

二、生态碳汇金融工具

当前我国生态碳汇交易的金融工具尚处在萌芽期，但是在生态碳汇现货商品交易日趋完善的情况下，市场型生态碳汇金融工具将会发挥更大的作用。大力发展生态碳汇质押、生态碳汇期货、生态碳汇期权以及挂钩生态碳汇的结构性金融产品将是推进全国碳交易市场建设的重点工作之一，并且能够使碳交易市场的交易品种多样化，提升碳交易市场的稳定性。目前，这些创新性生态碳汇金融工具正在各地进行有益尝试。

福建三明于 2021 年 3 月出台《三明市林业碳票管理办法（试行）》，创新探索了具有一定金融功能的“碳票”。碳票就是林地林木的碳减排量收益权的凭证，相当于树林的固碳释氧功能可以作为资产进行交易的“身份证”，与林业碳汇的底层机制相同。但是三明碳票的创新之一，是其具备质押、流转功能，购置碳票的企业可以将碳票抵押进行贷款，进一步盘活碳资产；创新之二，是拓宽了生态碳汇的适应性，根据现有的林业碳汇项目方法学，生态公益林、天然林、重点区位商品林等都不能开发林业碳汇项目，但在三明，只要是权属清晰的林地、林木都可以申请碳票。因此，三明碳票通过赋予林业碳汇一定的金融功能，进一步增强林业碳汇市场的活力。

2021 年 3 月，福建省顺昌县国有林场与兴业银行南平分行签订林业碳汇质押贷款和远期约定回购协议，通过“生态碳汇贷”综合融资项目，林场获得兴业银行 2000 万元贷款。这是福建省首例以林业碳汇为质押物、全国首例以远期生态碳汇产品为标的物的约定回购融资项目。2016 年 12 月，顺昌县国有林场就已经成为省级林业碳汇项目试点林场，但因生态碳汇市场流动性低、波动性大，金融机构不认定生态碳汇为标准化的质押物，而且市场价格无法充分体现其生态产品的价值，交易规模偏小，以林业碳汇为质押物的碳金融产品在多数地区仍是空白。不仅如此，林业碳汇普遍签发周期长，一般为 20 年至 60 年，存在期限错配的问题，林场一些减排量签发时间已经排到 2039 年，而市场都是现货交易。此次“生态碳汇贷”探索将环境权益的回购作为一种融资工具，解决银行质押物处置风险，在福建海峡股权交易中心和兴业银行的共同助力下，采用“质押 + 约定回购”的组合融资模式，对林业碳汇现货采用质押融资贷款方式，对远期生态碳汇约定到期回购，拓宽林场绿色融资渠道，为生态产品价值实现提供了新路径。

2022 年 6 月，内蒙古自治区第一单林业碳汇预期收益权质押贷款签约仪式在鄂尔多斯市举行。本次林业碳汇预期收益权质押贷款，是为从事林木培育、种植或者管理的企业专门设计的创新信贷业务。在该项目中，伊泰北牧田园公司以 50 万亩碳汇林碳汇预期收益权为质押品，获得蒙商银行 300 万元绿色贷款融资。伊泰北牧田园公司在杭锦旗库布其沙漠地区建设了 50 万亩以梭梭、沙柳等为主的耐旱灌木，形成了多功能、高效益的综合生态防护体系，增加了库布其沙漠防风固沙能力，实现了显著的生态效益、经济效益、社会效益和固碳功能，为当地可持续发展提供了良好的生态保障。内蒙古现有林地 2436.798 万公顷、草地 5437.42 万公顷，有十分适合人工造林种草的巨大空间。天然林草资源和人工造林种草都将成为十分宝贵的碳汇资源宝藏，林草碳汇资源将是内蒙古未来实现碳中和甚至碳减排的“压舱石”。

商业银行对生态碳汇金融同样充满了兴趣。在商业银行盈利增速大幅放缓的背景下，生态碳汇金融将成为新的利润增长点，金融机构在发展生态碳汇金融业务的过程中，可以将经济效益和社会效益结合在一起，履行社会责任，提升银行形象，赢得更多客户的支持，也得到社会的大力认可，为银行发展建设外部支持环境。

三、采用地方标准开发的生态碳汇项目

（一）北京碳交易市场林业碳汇

2013 年北京碳排放权交易正式上线，林业碳汇作为抵消机制纳入其中。2014 年北京市发展改革委和北京市园林绿化局发布《北京市碳排放权抵消管理办法（试行）》，指出可用于重点排放单位进行抵消的林业碳汇项目需是来自北京市辖区内的碳汇造林项目（2005 年 2 月 16 日后的无林地）和森林经营碳汇项目（2005 年 2 月 16 日后开始实施），同时对土地具备使用权或所有权。北京林业碳汇项目主要包含 CCER、北京林业碳汇抵消机制（BCER）、北京碳汇基金项目、义务植树购碳履责项目等。核证过的林业碳汇项目经北京市发展改革委、北京市园林绿化局审定认可后可预签获得 60% 的核证减排量用于碳交易，在获得国家发展改革委备案的核证自愿减排量后，将与预签发减排量等量的核证自愿减排量从其项目减排账户转移到其在本市的抵消账户。

为方便重点排放单位履约，北京市及与北京市实现跨区交易的地区的林业碳汇项目在获得 CCER 正式备案签发前，经北京市发展改革委组织的专家评审通过并公示，可获得北京市发展改革委预签发一定比例的减排量用于抵消交易，1 吨二氧化碳当量经审定的项目减排量可抵消 1 吨二氧化碳排放量。根据北京绿色交易所数据，2014 年至 2021 年 6 月，北京林业碳汇交易价格在每吨 8.4 ~ 61 元之间，价格波动幅度较大，总计成交近 14 万吨，成交额达 527 万元，成交均价约为 37.7 元/吨。

（二）福建碳交易市场林业碳汇

福建省作为国内森林覆盖率最高的省份，是国家林业碳汇交易试点之一。2017 年，福建省政府印发《福建省林业碳汇交易试点方案》，选择顺昌、永安、长汀、德化、华安、霞浦、洋口、五一国有林场等 20 个县（市、区）、林场开展林业碳汇交易试点，项目类型主要包含碳汇造林、森林经营碳汇、竹林经营碳汇项目，核证后的林业碳汇项目（FFCER）可在福建试点碳市场进行交易。

2016 年 12 月 22 日，FFCER 在福建碳市场上线交易，当天售出 15.6 万吨 FFCER，交易额达 288 万元。截至 2021 年 5 月 31 日，福建省林业局和福建省生态环境厅已备案五批共计 20 个项目，备案减排量共计 290.69 万吨，FFCER 累计成交 275.35 万吨，成交金额 4055.06 万元。

然而，福建省林业碳汇市场存在流动性不足的问题。FFCER 开发量远大于交易量，已经完成项目申报的 FFCER 为 446.7 万吨，其中仍有 300 余万吨未上市流通。FFCER 的消纳程度与福建省碳市场配额分配的宽松程度息息相关，在后期碳市场配额总量缩紧的趋势下，FFCER 的消纳率会相应提高。

（三）广东碳交易市场碳普惠制度下的生态碳汇产品

2015 年，广东省发展改革委发布《广东省碳普惠制试点工作实施方案》，决定在广东省内组织开展碳普惠制试点工作。2016 年 1 月，广州、东莞、中山、惠州、韶关、河源 6 个城市成为首批碳普惠制试点地区，试点期为 3 年。2017 年 4 月，广东省发展改革委发布《关于碳普惠制核证减排量管理的暂行办法》，指出纳入广东省碳普惠制试点地区的相关企业或个人自愿参与实施的减少温室气体排放和增加绿色碳汇等低碳行为所产生的核证自愿减排量（PHCER），将正式允许接入碳交易市场。PHCER 作为碳排放权交易市场的有效补充机制，原则上等同于本省产生的 CCER，可用于抵消纳入碳市场范围控排企业的实际碳排放。2017 年先后发布森林保护、森林经营等 5 个碳普惠方法学。

2018 年 8 月，为进一步深化碳普惠制试点工作的思路及完善碳普惠制核证减排量相应管理制度，广东省暂停受理省级碳普惠核证减排量备案申请。2019 年 5 月，广东省生态环境厅宣布恢复受理省级碳普惠核证减排量备案申请工作，同时更新 5 个相关方法学。

PHCER 上线以来呈现量价齐升趋势。从备案项目看，根据广州碳排放权交易所和广东省生态环境厅公告，截至 2021 年 6 月 30 日，广东省备案 PHCER 减排量达 191.97 万吨，项目类型以林业碳汇为主，占比达 92%。从成交数据来看，根据广州碳排放权交易所的数据，截至 2021 年 6 月 30 日，PHCER 累计成交量为 621.67 万吨。从广东省历年履约情况来看，从 2016 履约年度 PHCER 纳入碳交易市场以来，成交量和成交价均呈现量价齐升趋势，2019 履约年度成交量 209.77 万吨，成交金额 4952 万元，交易均价为 23.61 元/吨，相较 2017 年均价 13.04 元/吨上涨超 81%。

根据广州碳排放权交易所的数据，林业碳汇成交量相对较大，成交价格比同期其他类型 CCER 项目具有绝对价格优势，甚至超过同期广东省碳配额价格，林业碳汇具有较大开发前景。

（四）贵州省单株碳汇精准扶贫项目

贵州省单株碳汇精准扶贫试点以每一棵树吸收的二氧化碳作为产品，通过单株碳汇精准扶贫平台，面向全社会进行销售。购买林木二氧化碳的资金将全部汇入对应贫困户的账户，帮助贫困户增加收入。

贵州省通过创新单株碳汇产品，建立了可监测、可报告、可核查且信息公开的核算方法学，其适用范围包括贫困农户退耕还林、自有用地还林等人工造林以及封山育林活动中单株林木产生的碳汇量核算。方法学要求：（1）项目活动的土地是 2002 年 4 月 11 日以来的无林地；（2）造林地权属清晰，具有县级以上人民政府核发的土地权属证书，或村集体出具的土地权属证明材料；（3）项目业主属贵州省深度贫困地区建档立卡的贫困人口。要求核证内容包括但不限于以下内容：（1）项目业主基本信息；（2）项目符合性、核算对象符合性、核算周期；（3）单株林木基础数据、抽样方法、缺省数据、碳汇量计算方法及结果；（4）单株林木碳汇量损失及温室气体排放情况等。

截至2021年底，在贵州省8个市州的9个深度贫困村已经启动贵州单株碳汇扶贫试点项目开发，10个深度贫困村单株碳汇扶贫项目将陆续启动开发，合计有1500户贫困户受益，平均每年约有200万元的收益。根据规划，该项目将覆盖全省200个深度贫困村，10年开发期内力争筹集扶贫资金1.3亿元左右，帮助1万户贫困家庭脱贫并防止其返贫。

截至2022年底已上传平台通过审核的有739户贫困户的39万棵碳汇树，价值117万元。参与生态碳汇交易的林木必须是贫困户拥有林权证、土地证的林地或者退耕地上的人工造林，贫困户需承诺保护好参与项目的林地，如自然灾害等不可抗力造成森林破坏，需及时报告并补种树木。

单株碳汇精准扶贫项目属于自愿碳减排交易市场的范畴，单株碳汇精准扶贫是将绿色金融与生态建设、应对气候变化、推进乡村振兴融为一体的创新尝试，对相对贫困但生态环境资源丰富的西南地区来说具有极大的可复制可推广价值。以柳树为例，此类林材幼龄每亩225棵树，按每棵树的碳汇价值3元计算，每户开发碳汇林2亩，每年将为贫困户带来1350元的收益，同时提升农户种植碳汇林的积极性，不仅促进温室气体减排，而且涵养水源，增加河流的水量供给和提升河水水质。

（五）海南蓝色碳汇项目

海南国际碳排放权交易中心于2022年2月获批设立，该交易中心以蓝碳为主打产品，更加积极地融入国际碳市场，并且着力推动海南的蓝碳方法学成为国际公认标准。海南的蓝碳方法学主要是指在国内外已有的蓝碳方法学的基础上，围绕海南的项目形成适合海南特定物种及生态系统的方法学各类参数，推动开发海南典型的珊瑚礁、渔业和微生物碳汇方法学，形成系统的蓝碳核算理论、监测指标、评估方法等技术规程，申请国际蓝碳方法学认证，为国家蓝碳标准体系建设提供技术支撑。

2022年5月31日，海南首笔蓝碳交易完成签约。本次交易的蓝碳生态产品是位于海口市三江农场的红树林修复项目，预计该项目可在未来40年产生90000余吨碳汇量。此次纳入交易的是近5年产生的3000余万吨碳汇量，交易额30余万元，由紫金国际控股有限公司购买，用于抵消该公司在办公等活动中产生的碳排放。本次交易的收益将用于项目区红树林管护和项目周边社区及学校的公益项目。本次蓝碳生态产品的签约交易，是蓝碳资源价值转化的实质性突破，是把优质生态资产转化为持续推进高质量发展资本的有益尝试。

海南蓝色碳汇的实践将进一步完善市场化生态补偿机制，丰富国内生态碳汇金融市场，通过生态碳汇金融推进经济社会低碳转型，蓝色碳汇交易市场同时也是落实海南自贸港战略的重要平台，将带动绿色产业向海南集聚式发展，并构建起面向广大居民的碳普惠交易体系。

第五节　中国生态碳汇金融存在的问题及政策建议

碳达峰、碳中和背后是规模巨大的生态碳汇金融市场，随着《碳排放权交易管理办法（试行）》的实施，全国碳市场开启，生态碳汇金融的发展已经步入“快车道”。从“十二五”时期试点先行到“十三五”时期筹备全国市场，全国碳市场建设蹄疾步稳。“十四五”时期，随着市场不断完善，全国碳交易体系将在全社会范围内形成碳价信号，为整个社会的低碳转型奠定坚实的基础，助力实现“力争 2030 年前碳达峰、2060 年实现碳中和”的中国承诺。

一、中国生态碳汇金融存在的问题

我国的生态碳汇金融市场刚刚起步，虽然发展迅速，但在当前的发展中存在一些问题，这些问题主要归为三类。

第一类问题是法律层面的问题。生态碳汇金融现有的制度规范还不健全，主要是依据过往类似金融产品的法律监管要求，且制度规范的法律层级较低，一些碳金融创新产品的条例仍然是试用版本，生态碳汇的法律属性不清晰，生态碳汇的权属边界不明。这都会造成在发生纠纷时权责认定上的模糊，对生态碳汇金融的健康发展产生不利的影响。

第二类问题是科学认定层面的问题。比如湿地碳汇与海洋碳汇、森林碳汇存在边界模糊情形；对生态系统的碳储量、固碳潜力、固碳机理及固碳技术的科学认识仍然不足；部分生态系统的碳源和碳汇存在动态的相互转化情形；生态系统普遍具有较大固碳能力，但多数生态系统面临碳释放风险。

第三类问题是项目开发和制度设计层面的问题。部分生态系统碳汇潜力不高，生态碳汇项目开发难度大，经济性不高；生态碳汇交易与全国碳市场衔接不畅；碳汇计量标准、监测方法不足，部分生态系统碳汇计量困难；现有生态碳汇项目减排方法学不足，方法学开发难度较大；生态碳汇价值实现方式较为单一、价值实现困难等。

二、推进生态碳汇金融发展的政策建议

我国应加速推进生态碳汇金融的法律和制度设计，加大生态碳汇科学研究，为生态碳汇金融市场长足稳健发展奠定基础。

第一，推动生态碳汇项目管理的法治化。加快推进应对气候变化专门立法，在应对气候变化法中专题规定碳汇内容，出台保护和发展生态碳汇的条例或部门规章，填补生态碳汇立法空白；推动《森林法》《草原法》《海洋环境保护法》等相关法律修订，完善相关配套制度、标准及激励保障措施。推动生态资源产权制度改革，明确生态碳汇法律属性及判定原则。完善生态碳汇监督管理机制，建立政府部门生态碳汇进展定期报告评估制度。将生态碳汇作为重要指标纳入相关制度性评价体系和政府绩效指标考核体系。明确维护生态资源固碳功能的权利和义务，强调责权对等，对于破坏已有生态碳汇资源以及“造假骗补”等行为进行严厉惩处，对人为造成生态碳库损失的行为予以法律惩罚。落实“损害担责、恢复生态、堵疏补漏”原则，探索建立“生态司法+生态碳汇补偿”的环境司法新模式。

第二，推动生态碳汇领域的科学研究。针对不同类别、不同区域、不同环境条件的生态系统，开展碳源、碳汇特征调查评估，建立分类管理制度。加强对湿地、冻土、海洋生态系统固碳机理、碳源和碳汇特征及动态变化规律的研究，开展精细化管理，因地施策。对于具有明显碳汇特征的生态系统，进一步采取措施增加碳汇；对于呈现碳中性或碳源特征的生态系统，及时采取保护修复措施，控制温室气体排放，努力恢复其碳汇能力。加强生态系统碳库及碳源动态监测，对于存在碳源风险的生态系统及时作出预警，积极采取人为干预措施。加强碳汇基础理论、基础方法、前沿颠覆性技术研究，开发具有显著固碳增汇效果的生态系统保护修复技术。

第三，推动生态碳汇市场的制度建设。在生态碳汇项目标准化方面，要建立碳汇监测核算体系，开展碳汇本底调查评估及潜力分析。加强碳汇方法学的开发、论证、研讨和实践应用。对于增汇潜力较大、具备开发交易价值的生态碳汇类型，开展精细化分类，出台针对性和操作性强的碳汇计量标准、监测方法。针对不同类型、不同边界、不同情景的生态碳汇，分门别类开发项目减排方法学；对于不同类型生态碳汇的边界模糊的部分，按一定原则划归某一类生态系统，避免交叉重叠，保证管理规则的一致性。在生态碳汇项目的市场化管理方面，要加强政府引导，探索适宜的生态碳汇碳价实现机制，开发各类生态碳汇自愿减排交易方法学，推进生态碳汇进入全国碳市场。明确生态碳汇交易主体的范围和权利义务、项目开发程序，以及生态碳汇权属的产生、归属、流转、确权规则。明确生态碳汇用于质押、抵押、留置、抵消、期货交易、项目碳中和、司法救济等的规则。拓宽生态碳汇价值实现渠道，推进生态碳汇保护发展与生态保护补偿、生态扶贫、精准帮扶、乡村振兴等政策的衔接。创新生态碳汇项目开发和收益分配模式，鼓励开展生态碳汇金融创新。

第四，进一步推动生态碳汇市场的国际化。近年来，我国在植树造林方面取得了举世瞩目的成就，但我国生态碳汇发展成效对全球应对气候变化的贡献未得到国际社会的充分重视。当前欧盟碳边境调节机制已完成欧盟委员会和欧洲议会的立法进程，七国集团峰会倡议建立的“气候俱乐部”也传递了其在国际会计规则修订、设置气候贸易团体壁垒等方面的倾向。欧盟碳泄漏清单中包括我国对欧盟出口的碳强度较高的产品，欧盟通过制定国际标准的方式阻止出口国形成垄断地位，对发展中国家的企业带来非生产性劣势。根据欧盟议会通过的碳边境调节机制法案版本，如果非欧盟生产商能够证明进口商品在生产过程中已经在第三国支付了碳价，欧盟进口商就可以全额扣除相应的成本。因此，应加强我国生态系统生态碳汇对全球应对气候变化贡献的研究，积极做好碳边境调节机制应对预案。

第五，加快林业碳汇项目纳入全国碳市场进度，探索更多生态碳汇消纳模式。与其他核证减排量相比，林业碳汇不仅具有减排效应，而且具有显著的生物多样性保护、生态环境改善等生态效应，对减缓和适应气候变化有正向作用。此外，生态碳汇项目一般位于生态环境较好的山区，山区经济较落后，生态碳汇开发还带有一定的扶贫性质。因此，应加快推进林业碳汇项目纳入全国碳市场的进度，目前应尽快完善生态碳汇计量与监测体系、生态碳汇核算方法学等制度建设，确保林业碳汇项目规范科学发展，为全国碳市场纳入生态碳汇项目做好准备。此外，目前市场参与者认购生态碳汇的积极性普遍不高，生态碳汇的开发量远大于实际交易量。仅靠当前碳市场的消纳，无法刺激生态碳汇市场的活跃发展。因此，应探索更多的生态碳汇消纳模式，激活市场流动性。例如，可以培养企业和个人的社会责任意识，鼓励更多企业和个人通过购买生态碳汇来实现个体碳中和，增加对生态碳汇项目的需求。

【本章小结】

本章主要介绍了生态碳汇金融的定义和功能，并回顾了生态碳汇金融的发展历程。生态碳汇项目主要包括林业碳汇、湿地碳汇、草地碳汇、耕地碳汇、土壤碳汇、海洋碳汇等，相关的生态碳汇金融产品有生态碳汇期货、生态碳汇期权、生态碳汇基金、生态碳汇远期、生态碳汇质押、生态碳汇回购、生态碳汇保险等。国际上主流的生态碳汇项目认证标准可分为三类：国际认证机制、独立认证机制、国家和地方管理的认证机制，本章针对以上机制做了介绍。我国的生态碳汇金融目前尚处于起步阶段，生态碳汇金融产品种类有待拓展，交易活跃程度有待提高，交易量、流动性和参与主体仍较为有限，但随着市场未来逐步引入机构投资者和个人投资者，以及交易品种的逐渐丰富和多元，比如纳入更多生态碳汇金融衍生品，市场主体将会更为丰富、市场结构将会更完善。发达完善的生态碳汇市场是应对气候变化的重要手段，目前我国生态碳汇金融市场也在进一步加深与全球碳市场的合作，探索国际化道路，助力全球碳减排事业和我国碳中和目标的实现。

【思考题】

1. 简述生态碳汇金融的定义及生态碳汇金融的重要意义。

2. 简述生态碳汇金融的内涵和功能，思考如何将生态碳汇金融更好地运用到绿色金融实践中。

3. 简述国际上代表性的生态碳汇认证标准在方法学上的相同点和不同点。

4. 简述国际生态碳汇认证标准发展的经验对我国建设生态碳汇金融市场的参考作用。

5. 简述国内生态碳汇金融产品创新类型，思考这些创新尝试对我国生态碳汇金融市场发展的启示。

6. 结合我国生态碳汇市场的发展现状，简述未来我国生态碳汇金融产品在创新上的发展方向。

第九章　碳金融衍生品

【学习目标】

1. 了解碳金融衍生品产生的背景，掌握碳金融衍生品的定义与一般特征。

2. 熟悉碳金融衍生品价格发现、套期保值等功能，掌握各种碳金融衍生品的含义及其作用。

3. 了解碳期货、碳期权、碳远期、碳掉期等碳金融衍生品的交易过程，掌握如何进行套期保值、投机与套利。

4. 熟悉国内外碳金融衍生品的市场规模、市场结构、交易品种、价格及交易量波动变化等，了解国内外碳金融衍生品市场的发展现状以及中国碳金融衍生品市场的发展前景。

第一节　碳金融衍生品的定义与功能

一、碳金融衍生品的产生背景

为了更好地应对全球气候变化问题，发达国家和发展中国家进行了多轮艰苦谈判，签订了《京都议定书》，通过设定具体的减排标准，推动了减少温室气体排放方案具体化，量化了发达国家和发展中国家不同时期的减排目标。在发达国家和发展中国家共同但有区别的责任原则下，形成了三大碳交易机制，即国际排放贸易机制、清洁发展机制和联合履约机制，这标志着在各国以市场为手段进行碳排放权的交易正式启动。

随后，以碳排放权交易为基础，碳金融市场不断发展。碳金融衍生品是碳金融市场发展到一定阶段的产物，是相对于碳金融原生产品而言的金融创新，主要包括碳期货、碳期权、碳远期、碳掉期以及碳指数交易产品等。碳金融衍生品的发展有利于提高碳交易的效率，降低碳交易过程中的风险，促进碳排放权资源合理的分配。它们的产生多是为了规避与碳金融原生产品相关的风险，因此其价格与相关的碳金融原生产品有着密切的关联性。尽管在不同的交易市场，碳金融衍生品有不同的特性，但整体上其产生遵循相似的产业链，即“实体经济碳减排量→一级评级机构→碳虚拟商品→二级评级机构→碳虚拟衍生品”，其产业链组织方式如图 9. 1 所示。

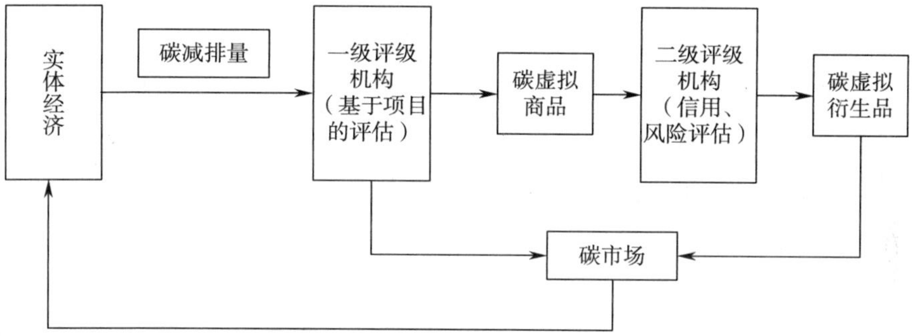

图 9. 1　碳金融衍生品产业链过程

自 2005 年欧盟碳排放权交易体系正式运行后，碳期货交易量就占主导地位。随着碳交易市场发展呈高速增长的态势，碳期货交易进一步成为碳交易市场的主流。2020 年欧盟碳排放权交易体系的碳交易份额占全球碳市场交易总额的 87%。其中，每日的交易中期货交易量是现货交易量的 90 倍以上，而且这个倍数随着时间的推移不断扩大。尽管在如今的碳交易市场中，碳现货交易始终是碳市场得以发展的基石，但是碳金融衍生品的产生、交易工具的不断丰富，尤其是碳期货的加入，使碳金融交易市场得到飞速的发展。无疑，碳金融衍生品已经是碳金融市场极为重要的构成要素。

二、碳金融衍生品的定义与特征

（一）碳金融衍生品的定义

碳金融衍生品是指价格依赖于碳交易及碳金融产品价格的金融工具。碳金融衍生品包括碳远期、碳期货、碳期权、碳掉期等，与传统金融衍生品一样具备信用、套期保值和价值发现功能。碳金融衍生品市场分为交易所市场和场外交易市场或柜台交易（OTC）市场。交易所市场交易的是规范标准化的碳期货和碳期权合约，场外交易市场交易的是买卖双方针对碳产品的价格、时间、地点等经过谈判达成协议后的碳金融衍生品的合约，如碳掉期。

碳远期、碳期货、碳期权、碳掉期等金融衍生品具有套期保值、价值发现等功能。欧盟碳配额（EUA）期货与核证减排量（CER）期货之间的价格关系已成为碳交易市场主体关注的重点，二者都起源于《京都议定书》的签订和实施。CER 是基于项目的核证减排量，即在清洁发展机制下，通过发达国家和发展中国家的合作，开发发展中国家的减排项目，形成核证的减排量。EUA 是基于配额的减排单位，即在欧盟碳排放权交易体系中产生的碳排放权的初始配额。在交易形式上，EUA 由交易所结算，分为场内和场外两种交易方式。CER 更多被场外交易所采用。在产品形态上，EUA 多为碳期货、碳期权合约，CER 多是碳远期合约。碳金融衍生品多样化的交易组合活跃着市场，满足着不同的需求。

（二）碳金融衍生品的特征

通过碳交易市场促进减排的前提条件是碳配额具有一定的价值，且碳价波动不大，否则不利于对低碳技术与清洁项目的投资。针对碳市场不确定性大、需要长周期跨期投资等特点，为了提高碳市场的定价效率，需要引入金融工具优化资源配置，提供金融支持。因此，碳远期、碳期货、碳期权、碳掉期等碳金融衍生品得到了快速发展。碳金融衍生品总体上具有以下特征。

一是以碳排放权为标的。传统的金融衍生品交易都是以实物为标的物，如黄金、石油、农产品等。碳金融衍生品交易的标的物是碳排放权，是一种碳排放权利。与传统金融衍生品的标的物相比，碳排放权更加虚拟化，只是一种抽象的权利，而不是现实中的实物。

二是价格影响因素复杂。正是由于标的物的特殊性，其价格受到能源价格、天气状况、经济发展等因素的影响。此外，碳金融衍生品市场是在碳排放权交易市场的基础上发展来的，而碳排放权交易是通过制度的约定来实现的，因此碳金融衍生品市场受政策的影响比较大。

三是风险更加多元化。除了传统上宏观层面的风险，碳金融衍生品还具有自身特定的技术风险和交付风险。技术风险和交付风险主要存在于清洁发展机制项目中，该项目的核心内容是发展中国家通过与发达国家合作，以 CDM 的方式售卖碳排放抵消额度。因此，CDM 项目需要专业机构按照标准化的程序来执行，在这个过程中会存在一定的技术风险和交付风险。

三、碳金融衍生品的功能

金融创新是碳金融市场不断前进和发展的动力源泉。在碳金融市场的完善过程中，碳金融衍生品交易不可或缺。在碳金融市场高度发达的未来，碳金融衍生品甚至可能会成为市场的主要交易对象。碳金融衍生品对碳市场的功能和作用主要体现在以下几个方面。

（一）价格发现

碳期货、碳期权等碳金融衍生品可将现货的单一价格拓展为一条由不同交割月份的远期合约构成的价格曲线，通过交易者公开竞争和讨价还价，形成“权威价格”。该价格能够揭示对未来市场的预期，较准确地反映供求情况，克服了分散交易形成的价格的时空局限性和信息的不完全性。明确的预期价格不仅能够大幅降低市场风险，而且有助于企业更好地规划减排行动、优化碳资产管理。

对于控排企业而言，参与碳交易的作用就在于依据碳价格这一标杆，确定自身减排安排，优化资产配置。当碳价高于减排成本时，则促使企业加大节能减排力度；当碳价较低时，则企业倾向于购入配额来完成履约。而相应地，在减排成本相对明确可控的情况下，减排收益就取决于碳价水平的变化。减排行动的效果需要较长周期才能实现，而现货价格却只能反映当下碳价格，因此期货和远期产品的预期价格曲线对企业规划相对长时期的减排行动尤为重要。对于提供涉碳融资及碳资产管理的机构而言，明确的价格预期也有助于降低风险溢价，降低涉碳融资成本。

（二）风险转移（套期保值）

风险转移功能主要是通过套期保值来实现的。通过风险对冲的方式，套期保值能够使投资者将不愿意或没有能力承担的风险转嫁给其他愿意承担且有能力承担的市场参与者。碳金融衍生品交易者可以在期货市场和现货市场同时做数量相同但方向相反的期货合约交易，使价格波动带来的现货交易的损失由期货交易的盈余抵补，用于防范现货市场价格的不利变动带来的损失，规避在单一的现货市场上的风险。

（三）风险投资（投机）

投机与套期保值的目的正好相反，其目的在于多承担一些风险去获得更高的收益。当市场出现以获取风险收益为目的的投机者时，风险才会有承担者。因此，碳期货市场在为套期保值者提供转移价格风险功能的同时，也为投机者提供获取风险收益的功能。投机活动是套期保值的前提，风险是不会在套期保值者之间转移的。如果碳期货市场中只有套期保值者而没有投机商，那么套期保值者转移价格风险就不能实现。

（四）增强市场流动性

碳金融衍生品，尤其是远期与期货产品，对提高碳市场交易活跃度、增强市场流动性起到重要的作用。现货交易需要全额支付配额价格，在只有现货交易存在的市场上，无论是买家还是卖家，其为了节约配额的交易和持有成本，往往会尽可能地降低交易频次和交易量。这会导致一年内绝大多数时间的交易量较小，而相当规模的交易集中发生在履约日期到来前期很短的一段时间内，即出现碳交易的“潮汐现象”，造成市场交易的拥堵、履约成本的提高。而与现货不同，期货、远期、期权交易以保证金为基础，资金占用大幅降低。只用少量的保证金就可以进行高杠杆的投资，提高了资金的使用效率，当然也放大了市场风险。在实践中，交易主体往往选择在交割日之前进行平仓，以减少现金收支，这将在很大程度上提升非履约期交易的动机，增强碳市场的流动性，降低交易风险。

（五）平抑价格波动

由于碳市场有固定的履约期，大量现货交易集中发生在履约日期前，容易出现“潮汐现象”，导致价格大幅波动，而期货、期权等碳金融衍生品以保证金为基础，能够提升非履约期交易的动机，平抑价格波动，减少可能的损失。同时，碳金融衍生品交易增强了市场流动性，也有利于平抑价格波动、降低市场风险。流动性的缺乏会导致任何少量交易就可能对市场价格造成巨大的影响，导致市场价格频繁出现大幅度、非理性的波动。

此外，碳金融衍生品也为市场主体提供对冲价格风险的工具，便于企业更好地管理碳资产风险敞口，也为金融机构参与碳市场，以及开发更为丰富的碳金融衍生品和涉碳融资等碳金融服务创造了条件。

第二节　主要碳金融衍生品介绍

服务于碳交易市场的金融工具包括交易工具、融资工具和支持工具三大类。其中，交易工具主要包括碳期货、碳期权、碳远期、碳掉期等，主要用于提供多样化的交易方式、提高市场流动性、对冲未来价格波动风险。融资工具主要包括碳资产回购、碳资产托管、碳结构性产品等，主要用于为碳资产创造变现的途径。支持工具主要包括碳指数、碳保险等，主要用于充分沟通市场信息，提供碳资产的风险管理工具和市场增信手段。本节着重分析交易工具和融资工具，支持工具在本书其他部分详述。

一、碳期货

与大宗商品、股票、债券等类似，碳排放权可分割、登记、托管、储存，并具有可标准化、交易产品同质性等与其他金融产品类似的特征，可以作为金融衍生品的底层资产。其中，碳期货的发展目前最为成熟。与其他类型期货相比，碳期货特点可总结如下。

（1）合约标准化。碳期货合约是标准化的远期合约，不是现货产品，不是储备资产，不能用于抵押担保。标准化是指在交易之前合约的标的、交易单位、价格波动区间、合约到期日等条款都是事先规定的。因此，标准化的合约极大地提高了交易效率，有利于增强市场流动性，形成有效的碳价格。

（2）交易的双向性。在碳期货交易中无论做多还是做空都是可以的，这也保证了参与者有更多的选择空间，无论是在牛市还是在熊市，投资碳期货都有获利的可能。这一特点符合碳交易市场长周期跨期投资的要求，有利于经济资源在中长期内合理配置，并实现供给和需求的跨期匹配，稳定减排预期。

（3）集中交易。碳期货与传统的期货一样，都是在交易所集中交易的。在统一的交易所集中交易，保证了交易的透明度，能够提高价格的真实性，同时也有利于监管者对市场风险的把控。

（4）交易者交易目的不同。绝大多数期货交易者买卖期货合约的直接目的不是获得或出售商品的使用价值，而是为了规避价格风险或是为了投机获利。在碳期货市场上，绝大部分交易是通过交易者反向交易而结束的。

（5）保证金制度。投资者在买卖期货合约时，不需要缴纳合约涉及的所有金额，只需要按照一定的比例缴纳一定数量的保证金即可。保证金制度能够有效降低投资成本，并且保证期货投资具有高杠杆效应。

（6）公开竞价。碳期货价格由公开市场竞价产生，不同于现货市场的每张合同定价。

（7）“T+0”的交易模式。这一模式让投资者更加自由地根据自己的需要作出选择，随时买入或者卖出相应的碳期货合约，而不需承担持仓隔夜的风险。在不考虑交易成本的条件下，期货市场实际上是一个零和博弈的市场。这意味着期货市场自身并不创造额外利润，碳期货交易只是单纯买卖一份合约。因此，市场上获利投资者的收益来源于其他投资者的亏损。

可见，碳期货是以碳排放配额或项目减排量等现货合约为标准标的物的合约。碳期货属于标准化交易产品，其操作思路是通过购买碳期货合约产品，来取代碳排放权以及相关环境金融产品的配额或权益等现货金融产品，从而实现未来某一时间内的保值，达到回避和转移价格风险的目的，交易原理在于套期保值。碳期货合约是具有特定合约条款格式的标准化合约，是由交易双方签署，并规定双方权利义务的凭证。在欧盟碳排放权交易体系下，流动性最强、市场份额最大的交易产品就是碳期货，它与现货共同成为市场参与者进行套期保值、建立投资组合的关键金融工具。在碳金融市场上，碳期货能够解决市场信息不对称问题，引导碳现货价格，帮助投资者规避市场风险。期货作为标准化合约，具有一定的基本要素，包括交易平台、合约规模、保证金制度、报价单位、最小交易规模、最小或者最大波幅、合约到期日、结算方式等。这些基本要素的具体内容见表 9.1。

表 9.1　　碳期货基本要素

基本要素	内容
交易平台	交易所
合约规模	核证减排量的多少
保证金制度	开仓保证金和维持保证金
报价单位	依所在地而定，比如美元、欧元等

续表

基本要素	内容
最小交易规模	除了印度多种商品交易所的 CER 期货使用每手 250 个 CER 交易单位外，其他交易单位均为每手 1000 个 CER 单位
最小或最大波幅	欧美核证减排量期货不限制每日价格波动范围，印度多种商品交易所执行日内 4%、6% 和 9% 的阶梯式限制的复杂设定
合约到期日	欧美一般设计为每月最后一个星期一
结算方式	核证减排量的过户

资料来源：笔者根据相关资料整理。

图 9.2 为碳期货交易示例。首先由交易所为买卖双方共同定制一个标准化的合约，然后买方和卖方共同按照这个合约的约定，在未来某日买方向卖方以一定的价格购买一定数量的碳现货。因此公司 A 若在那个日期内买入的价格高于当时的现货价格，那么 A 公司赔 B 公司赚。而在现实中，买方除了选择到期交割外，也可以选择在交割之前做卖出交易进行平仓。

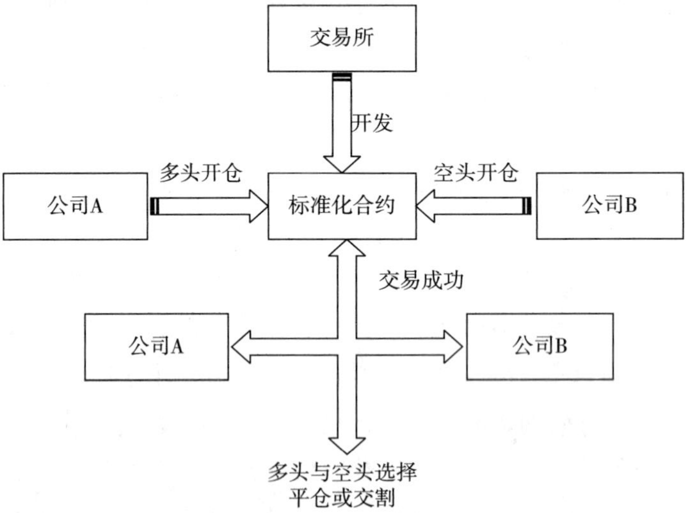

图 9.2　碳期货交易示意图

二、碳期权

碳期权是指交易双方在未来某特定时间以特定价格买入或卖出一定数量的碳配额的权利。相对期货来说，期权侧重于权利，现将其特点总结如下。

（1）保证金制度。在碳期权交易中，投资者可以用少量的保证金撬动多倍资金，因此控制保证金比例能够在一定程度上控制进入期权市场的资金规模从而实现风险管控。在碳期权交易中，期权买方拥有选择是否行权的权利，因此对期权买方来说，除权利金外无须再支付保证金。而对期权卖方来说，其在买方选择执行合约时有按照约定履行期权合约的义务，因此需要缴纳保证金。用较少资金就可能完成大额交易，有助于提高资金使用率，从而提升碳市场的运行效率。

（2）期权买方取得的是未来的权利。期权交易可采用美式或欧式期权的设计，差别在于，美式期权的买方可以在到期日或之前任一交易日提出执行合约，欧式期权只能在到期日行权。美式期权行权时间较为灵活，投资者可以随时根据市场价格波动情况选择行权，因此可能会影响企业套期保值效果；而欧式期权在行权时间上不具备灵活性的特征，更加适合有实际控排需求的企业实现套期保值。

（3）期权买方在未来买卖的标的物是特定的。在实际交易中，为了交易的便利性以及合约更强的流动性，期权的标的资产通常需要符合一定的条件。一是标的资产的性质需要在较长时间内保持稳定，碳配额具有这一特征。二是标的资产的性质应易于划分，其质量能够进行评价。在商品划分与质量评价方面，很多商品现货满足这一条件，然而交易中还需对这些商品现货进行品质检测与交割，这将占用时间且影响效率。因此，很多碳期权设计都会选择该碳期货合约作为期权标的。三是标的资产应具有良好的市场流动性。很多碳期货市场流动性明显强于现货市场，因为在期货市场投资者可以根据自身需求，选择用少量保证金撬动大量资金进行投资，锁定风险。因此，对于碳期权而言，更多的是采用其期货合约作为标的资产。

（4）期权买方在未来买卖标的物的价格是事先规定好的。此价格又称履约价格。对于碳期货产品而言，影响其价格变动的因素较多，而现货产品则相对简单，受这些因素影响较小。因此，相较于碳现货，碳期货的价格表现出波动更为频繁的特征。基于这一原因，碳期权的标的资产也大多会选择期货合约。

（5）期权买方可以买卖标的物。买进标的物，比如看涨期权履约，看涨期权是指期权的购买者拥有在期权合约有效期内按执行价格买进一定数量标的物的权利。卖出标的物，比如看跌期权履约，看跌期权是指期权的购买者拥有在期权合约有效期内按执行价格卖出一定数量标的物的权利，但不负担必须卖出的义务。其买方可以将亏损限定在一定范围内，即最大风险具有确定性，而潜在收益却无限大，期权的购买者能够通过对市场价格走势的判断选择购买看涨期权或者看跌期权来规避资产价格波动风险从而锁定收益水平。同时，碳期权购买者在对冲风险的过程中可以通过选择期限、执行价格各异的期权或选择期权与其他金融产品的组合来锁定利润、规避风险，因而套期保值与风险规避方式更为多样化，具有较大的灵活性。

（6）期权买方取得的是买卖的权利，而不负有必须买进或卖出的义务。买方有执行的权利，也有不执行的权利，自己可以灵活选择。通常在其他经济交易中，必须强调买卖双方权利与义务对等的原则，但在期权交易中，买方和卖方的权利与义务则是非对等的。对于买方而言，只要支付约占交易价值一定比例的期权费，就可拥有决定是否在约定的期限内，以约定的价格出售或购买数量标准化的商品或金融工具的权利，而不必承担任何合同到期日必须购买或出售的义务，其最大损失也就是前期交纳的期权费。但对于卖方而言，其收取了期权费，必须承担到期日买方行使权利时所应尽的责任和义务。因此，期权交易实质上把权利作为一种可以自由买卖的商品。期权的买方通过支付期权费获得这种“权利”，期权的卖方出售这种“权利”所得报酬是买方支付的期权费。

表 9.2　　碳期权基本要素

基本要素	内容
标的物	买方向卖方买入的对象
到期日	买方可行权的最后期限
执行价格	行权价格或者履约价格
期权费	买方为行使期权而支付的费用
行权方向	买入或者卖出看涨或者看跌期权
保证金	卖方向结算机构支付的履约保证金

资料来源：笔者根据相关资料整理。

碳期权的作用与碳期货类似，碳期权能够帮助买方提前锁定成本，也可以帮助卖方提前锁定收益，具体根据企业配额富余还是配额缺口而定。在这里“权利”的含义是买方既可以要求卖方履行义务，也可以届时放弃购买，这时候对买方来说不必缴纳违约金，只需向卖方缴纳权利金即可。这里的标的物可以是碳现货、碳期货，也可以是其他金融工具。根据交易场所不同期权划分为场内期权和场外期权。

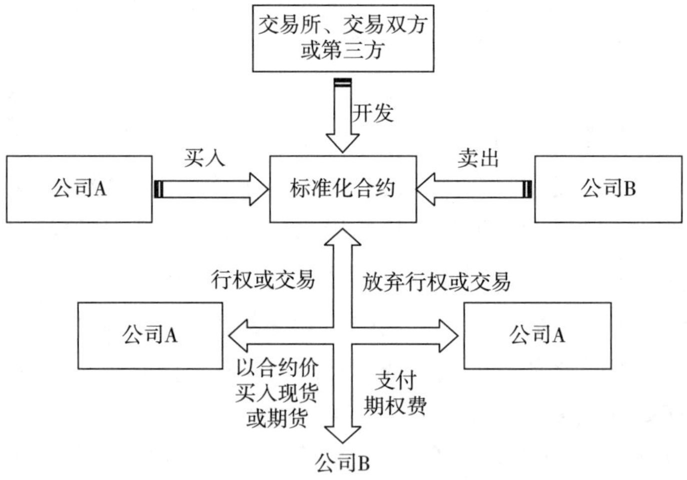

图 9.3　碳期权交易示意图

目前，全球主要的期权产品有两种：欧盟碳排放配额期权（EUA Options）、核证减排量期权（CER Options）。在欧盟碳市场中，以位于英国伦敦的洲际交易所（ICE-ECX）为代表的交易所推出了标准化的场内期权合约。国内试点碳市场期权交易均以场外形式进行，实践相对较少，且绝大部分不经过交易所监管。在试点交易所中，仅北京绿色交易所提供了场外期权协议的标准合同，并在卖方履约、买方权利金支付等过程中予以监管和提供保障。截至2020年，该场外期权交易的业务规模较小，因此交易所并未随之推出与之配套的业务规模限制、业务披露规则等。

三、碳远期

碳远期指买卖双方以合约的方式，约定在未来某一时期以确定的价格买卖一定数量的配额或者项目减排量等碳资产的交易方式。通过约定未来交易价格，远期交易的参与方能够规避市场价格波动带来的各种风险或取得收益。碳远期本身与碳期货十分相似，不同点在于合约条件为买卖双方量身定制，即非标准合约，是一种重要的场外交易方式。在碳远期交易中，交易所的责任较小，主要负责保证金监管与交易鉴证、结算、清算。碳远期实际上是一种保值工具，它帮助买方锁定碳成本，帮助卖方锁定碳收益。

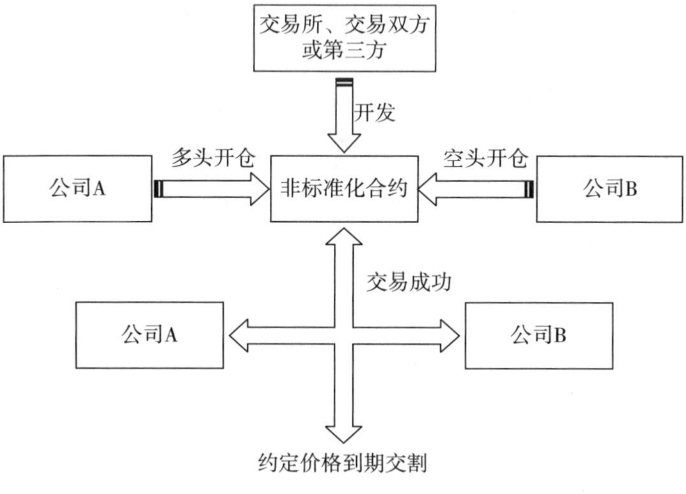

图 9.4　碳远期交易示意图

清洁发展机制项目产生的核证减排量交易通常就属于一种远期交易，该交易体系相对成熟，应用广泛。通常在双方签订合同时，项目尚未运行，因而也没有产生碳信用。但是，碳远期交易合约不是标准化合约，也不在交易所内交易，监管结构比较松散，因此交易双方面临着风险，例如交易者的违约风险。

在期货交易之外，碳远期合约为企业提供了另一种选择，能够帮助企业锁定未来的价格。例如，拥有盈余配额的企业可以在现货市场中卖出配额，也可以选择卖出远期合约，在到期时交割配额。企业选择哪种做法，取决于很多因素，如现货价格、期货价格以及即时交易的收益等。配额短缺的企业可以进行反向操作，购买所需现货或期货合约。

四、碳掉期

掉期是指交易双方约定在未来某一时期相互交换某种资产的交易形式。碳掉期交易以碳排放权为标的物，双方以固定价格进行交易，并约定未来某一时间以当时的市场价格完成与固定价格交易对应的反向交易。但在实际执行中，买卖双方往往只需要对两次交易的差价进行结算，而并非真正执行两次交易。同碳远期一样，碳掉期同样是非标准合约，合约内容由买卖双方商定，交易所在其中只起到资金监管、资金鉴证等保障作用。目前，国内试点碳市场掉期交易主要分为两类：（1）同一标的资产的固定价—浮动价互换交易，如 2017 年 7 月北京环境交易所（现北京绿色交易所）发布的北京碳市场碳排放配额（BEA）固定价—浮动价互换交易；（2）不同标的资产间的互换交易，如试点碳市场中常见的核证自愿减排量（CCER）互换交易。其中，北京环境交易所发布的固定价—浮动价互换交易采取现金结算、无实物交割的模式；应用较为广泛的配额——CCER 互换交易则多数采用实物交割或实物加现金结算模式。①

在监管方面，由于 BEA 固定价—浮动价互换交易采用纯现金结算模式，其监管主要体现在保证金的监控和追加、履约保障等方面。该业务不涉及实际交割，因此其对现货交易市场的影响相对有限，是一个能为参与方提供风险对冲工具，同时风险又相对较小的业务。而更加常见的配额——CCER 互换业务通常由两笔即期交易合成，风险相对较小，试点碳市场也并未专门推出相关支持措施或管理办法。

五、其他碳金融衍生品

（一）碳资产回购

碳资产回购是指碳配额持有者（回购方）向碳市场其他机构参与人（逆回购方）出售配额，并约定在一定期限后按照约定价格回购所售配额，从而实现资金融通，即以两笔碳配额交易的形式实现融资的过程。试点碳市场对回购交易的监管与支持见表 9.3。

---

① 由于 CCER 是全国性机制，而试点碳市场消纳能力有限，试点碳市场中 CCER 供给是相对过剩的，CCER 市场价格通常低于多数试点碳市场配额的市场价格。因此 CCER 与配额互换中通常会追加现金。

表 9.3　　试点碳市场对回购业务的监管与支持

试点碳市场	专门管理办法	提供标准合同	保证金机制	违约处理
北京	否	是	否	是
上海	否	否	否	否
湖北	否	否	否	否
广东	是	否	可选	否

资料来源：笔者根据相关资料整理。

由于碳资产回购业务风险相对不高，国内大部分试点碳交易所均有推行。一般而言，回购业务风险主要在于若逆回购方将配额卖出变现、不继续履行合同，会导致回购方无法履约。逆回购方通常会为了控制回购方违约风险而将回购价格控制在较低水平，从而使回购方成为承担风险较高的一方。目前绝大多数试点市场都未发生回购业务相关风险，因此专门的业务规则并不多。

（二）碳配额托管

碳配额托管（借碳）是现阶段碳资产托管的主要方式，这是一种资产托管手段，即控排企业与交易所认可的托管机构签订碳配额托管协议，约定接受托管的碳配额标的、数量和托管期限，以及可能获取的资产托管收益。托管机构在托管期代为交易，利用自身专业的资产管理手段实现资产增值，并在托管结束后再将一定数量的配额返还给控排企业。国内试点碳市场对碳资产托管的监管与支持见表 9.4。

表 9.4　　试点碳市场对托管业务的监管与支持

试点碳市场	专门管理办法	提供标准合同	保证金机制	违约处理
北京	否	否	否	否
上海	是	是	是	是
湖北	是	否	是	是
广东	是	否	是	是

资料来源：笔者根据相关资料整理。

在对碳配额托管的监管方面，多数试点交易所采用设立专门托管账户、限制托管账户出金、采用保证金机制等措施保障托管方的权益，实施效果较好。但由于碳配额托管是借物做交易（而非融资做交易），借入方多数情况下需要通过做空来取得收益，因此在配额分配逐年趋紧的碳市场中交易规模相对现货交易要小。

（三）碳结构性产品

自 2007 年 4 月以来，碳金融衍生品形式开始变得多样化，投资银行和商业银行开始发行碳结构性投资产品。汇丰银行、德意志银行和东亚银行等先后推出结构性理财产品，均以气候变化为主题，其特点包括：（1）此类产品主要与气候主题的一揽子股票或债券组合相关联，比如气候指数、气候变化基金等。(2) 此类产品从支付条款来看多数为看涨类，也就是相关联的股票或债券组合上涨幅度与产品的收益率直接相关。(3) 市场准入的投资门槛比较低，最低投资限额在 1 万 ~ 15 万元之间。随着“双碳”目标的确立，以及全国碳排放权交易市场的启动，国内碳结构性产品迎来巨大发展空间，银行等金融机构参与热情高涨。如 2021 年兴业银行与上海清算所合作面向企业客户成功发行了国内首笔“碳中和”债券指数相关结构性存款；同年，中银理财发行了首批以“碳达峰”为主题的理财产品。

第三节　碳金融衍生品市场的构成要素与交易

本节首先分析碳金融衍生品市场的构成要素，具体分析碳期货与碳期权两类代表性的碳金融衍生品市场的构成要素；其次介绍碳期货、碳期权、碳远期、碳掉期的交易过程，并用案例加以详细说明。

一、碳金融衍生品市场的构成要素

(一) 碳金融衍生品市场的一般要素

碳金融衍生品市场中主要利益相关方包括交易双方、第三方中介、第四方平台等，碳金融衍生品市场的层次结构包括宏观结构和微观体现两个层面。

1. 市场构成因素

碳金融市场主要由四类重要因素构成：市场主体、市场客体、市场价格及市场媒介。市场主体包括参与交易的买家和卖家；市场客体即交易标的和交易的产品；市场价格指标的或产品在市场上成交时的价格；市场媒介指双方凭以完成交易的工具和中介，往往包括第三方中介机构及作为第四方的交易场所。市场主体和市场媒介共同构成市场上的主要利益相关方。

2. 市场利益相关方

一是交易双方。交易双方是碳金融衍生品交易的买方和卖方。当碳金融市场发展到较为高级的阶段时，衍生品将成为市场交易的重要形式，金融投资机构包括做市商和经纪商将成为市场流动性的重要提供方。

二是第三方中介。第三方中介主要指为买家、卖家提供服务和辅助功能的专业机构，包括交易咨询公司、法律咨询公司及提供融资服务的第三方机构。

三是第四方平台。第四方平台主要指为碳金融衍生品市场开展交易提供条件与保障（如基础设施和服务）的机构，其中最重要的是注册登记系统和交易所。交易所除了承担第四方平台的职责，往往还承担着一定的市场一线监管职责，对市场风险防控发挥着至关重要的作用。此外，监管部门也是构建良好而健康的市场不可或缺的部分。监管部门是防范和应对交易活动中种种风险的机构或部门，主要包括行业主管部门、金融监管部门及财税部门。

表 9.5　　　　　　　碳金融衍生品市场的主要利益相关方

<table>
<tr><th colspan="2">机构类型</th><th>作用及影响</th><th>主要动机</th></tr>
<tr><td>交易双方</td><td>碳基金、商业银行等金融投资机构</td><td>丰富交易产品
吸引资金入场
增强市场流动性</td><td>拓展业务并从中获利</td></tr>
<tr><td>第三方中介</td><td>咨询公司、评估公司、会计师及律师事务所</td><td>提供咨询服务
碳资产评估
交易相关审计</td><td>拓展业务</td></tr>
<tr><td rowspan="3">第四方平台</td><td>登记注册机构</td><td>规范市场交易活动并便于监管</td><td>保障市场交易的规范与安全</td></tr>
<tr><td>交易平台</td><td>交易信息的汇集发布
降低交易风险、降低交易成本
价格发现
增强市场流动性</td><td>吸引买卖双方进场交易，增强市场流动性并从中获益</td></tr>
<tr><td>交易管理部门</td><td>制定交易市场的监管条例，并依法依规行使监管权力
对市场上的交易品种、交易所制定的交易制度、交易规则进行监管
对市场的交易活动进行监督
监督检查市场交易的信息公开情况
与相关部门相互配合查处违法违规行为，维护市场健康稳定</td><td>通过市场监管规范市场运行
通过市场机制促进节能减排</td></tr>
</table>

资料来源：笔者根据相关资料整理。

3. 市场层次结构

碳金融市场的层次结构可以分为两个层面：宏观层面主要指各国政府出台相应政策来规划的碳排放权交易体系，微观层面主要指二级交易市场和为其提供资金支持的融资服务市场以及为其提供其他服务的支持服务市场。

碳金融衍生品市场是二级市场的一部分，在碳金融市场中发挥着润滑剂的作用，通常分为场内交易和场外交易。通过汇聚市场参与者，帮助交易双方完成交易、发现价格，从而提高市场的流动性，为金融市场的参与者提供风险对冲的平台和套期保值的途径。

场内交易是指交易双方在经认定的交易所进行的碳资产交易。这种交易通常具有固定的交易场所和交易时间，同时受公开透明的交易规则的管制，因此构成了一种高度规范化的交易市场。场内交易能够帮助参与者更好地规避交易风险，在碳金融交易中占有着十分重要的地位。场外交易又称柜台交易，是指在交易所以外进行的各种形式的交易活动。场外交易采取非竞价的交易方式，价格由参与双方协商确定。

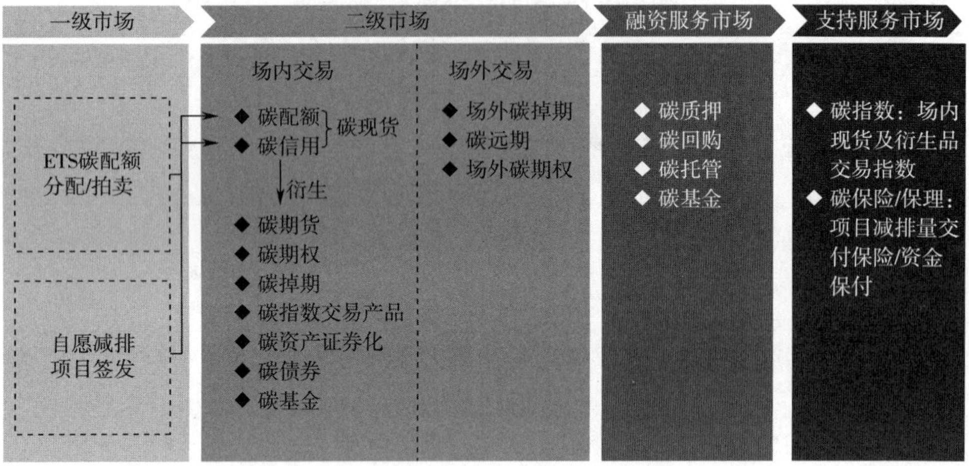

图 9.5　碳金融市场的结构层次

（资料来源：笔者根据相关资料整理）

（二）碳期货市场的构成要素

碳期货市场的构成要素包括碳期货合约、碳期货交易所、碳期货经纪公司和碳期货合约交易者。

1. 碳期货合约

碳期货合约是在碳远期合同的基础上通过标准化和引进交易保证金制度发展而来的，在集中交易市场通过集中竞价进行交易。也就是说，碳期货合约是标准化的碳远期合同。碳期货合约标准化的内容包括商品与交易两个方面。商品方面的标准化主要是指商品数量（重量、体积等）、计量单位、质量指标等方面的标准化，以及合约单位的数量（每张合约的数量）的标准化。在碳期货合约的规定中，合约单位通常单独列出，这也间接规定了数量计量单位。交易方面的标准化包括：

（1）报价方式。这主要是规定碳期货市场上报出的价位的经济含义。比如，碳期货市场上报出的价位是 4140，我们必须清楚这 4140 是指每份 4140 元人民币还是每 100 份 4140 元人民币抑或是其他含义。

（2）最小变动价位。这是指价格变动的最小幅度。例如，规定碳期货合约的报价方式采用每份多少元，最小变动价位是 1 元。那么，如果现在市场的成交价格是 4000 元，则无论买方或卖方，报出的价格只能是元的整数，比如 4001 元、3997 元等，而不能出现元的小数位（如角和分），比如 4001.25 元就是无效的报价。

（3）每日波幅限制。这是指价格在前一营业日结算价格的基础上当日可上升或下降的最大幅度。例如，某一碳期货合约前一营业日结算价格为4000元，如规定每日波幅限制是5%，那么当日该碳期货合约的市场价格最多只能升到4200元（4000+4000×5%）。相应地，当日该碳期货合约的市场价格最多只能降到3800元（4000-4000×5%）。4200元以上和3800元以下的买卖报价均是无效报价。

（4）交易时间。交易时间通常指一周何日交易、一日何时交易。

（5）最后交易日。最后交易日规定一种合约的最后交易日期。在最后交易日的营业时间内，交易者还可以交易该合约；在此之后，交易者就不能买卖该合约，该合约即不复存在，在此之前未平仓的所有合约不能再平仓，持有合约者必须履行交割义务，碳期货合约变为现货合同，碳期货交易双方变为现货交易双方。

（6）最低保证金。这是指交多少保证金才能买、卖或持有一张合约。最低保证金要求可用具体金额表示，也可用合约金额的百分比表示。例如，买卖一张合约必须交30000元的保证金，这是用具体金额表示；保证金最低须达到合约金额的6%，这是用合约金额的百分比表示。

（7）持仓限额。这是指单一交易者在任一时刻、任一种指定合约上所能持有的最大的合约张数。

由于目前中国碳期货尚未发展成熟，本节参照国际经验介绍合约设计，具体如表9.6所示。

表9.6　　A期货交易所的碳期货合约文本

合约标的	碳排放权（CER）
交易单位	1000单位核证减排量（CER）/手，代表1手为1000吨二氧化碳当量
报价单位	元（人民币）/吨
最小变动价位	0.06元（人民币）/吨，即每张合约的最小变动值为60元
涨跌停板幅度	不超过上一交易日结算价±6%；熔断价格波幅为：±4%
持仓限额	客户：限仓6000手，相当于6000000吨CER 会员：限仓35000手，相当于35000000吨CER
交易时间	周一至周五9：00～11：30和13：30～15：00
最低交易保证金	合约价值的6%
交割方式	实物交割
交割品级	可供交割的CER必须是由联合国清洁发展机制理事会签发的，排除装机容量超过20MW以上的水电项目、核电项目、土地使用项目、土地利用变更项目以及森林项目，这一要求与EU-ETS的规定完全一致
最后交易日	交割月的第15日
交割日	同最后交易日
交易代码	CER1
上市交易所	A期货交易所

资料来源：笔者根据相关资料整理。

2. 碳期货交易所

碳期货交易所是碳期货合约交易的组织者。在碳期货市场的构成要素中，只有碳期货交易所适合为交易提供必要的环境。碳期货交易所为碳期货合约的交易提供的交易环境包括：必要的硬环境，如固定的完成价格撮合成交的场所，覆盖面广、传输速度快、传输量大的通信网络，先进的买卖盘处理及记录设施等；必要的软环境，如交易规则、条例等。碳期货交易所的功能如下：

（1）传播价格信息。碳期货交易所一般具有强大的信息传播能力，能迅速地将大量有关市场价格的信息传送到市场的各个角落。这些信息通常包括成交价格、成交数量、未平仓合约数量、开市价格、收市价格等市场各方关心的数据。在有效发挥碳期货市场价格发现功能方面，碳期货交易所处于至关重要的地位。

（2）维持碳期货交易公开、公平、公正进行。碳期货交易所是碳期货市场的组织者，它强大的信息传播能力及严格的信息发布制度可确保交易公开进行；碳期货交易所通常具有很强的制定和修改一系列规章制度及交易程序的能力，并具有一定的行政仲裁权力，同时拥有高素质的执行规章制度、交易程序的人员，因而碳期货交易所一般能确保交易公平、公正地进行。

（3）提供交易担保和履约担保。碳期货交易所能凭借其管理市场的权力，通过严格执行保证金制度、无负债中央结算制度以及建立风险基金等措施为所有合法交易提供担保、为所有实物交割提供担保。任何市场参与者，只要其交易是合法的，碳期货交易所保证其成交的有效性；任何市场参与者通过合法的交易应得的利益，碳期货交易所保证应得者及时、足额地得到；任何到期未平仓合约，碳期货交易所保证持仓者及时全额地履行交割义务。

3. 碳期货经纪公司

在一些国家，由于其公司法适用范围较广，碳期货经纪公司可按公司法设立。但在更多国家，比如中国，碳期货经纪公司作为金融机构，其设立必须按公司法及相关金融法的设立程序进行。在实践中，申请设立碳期货经纪公司除符合公司法的规定外，还必须向国家证券管理机构申请。在中国，设立碳期货经纪公司必要的条件是：公司注册资金人民币3000万元以上；法人代表及高级管理人员的条件符合专门的规定；有规定数量的专职专门人员。

碳期货经纪公司的主要业务一是以客户为中心的经纪性业务，包括开发市场、寻找客户，并向客户介绍、解释交易规则、交易手续，提供和分析市场信息，代办买卖委托手续、报告成交情况、报告盈亏结果等。二是以交易、结算、交割为中心的职能性业务，包括：（1）保证金账户管理（盯市）。主要是随时检查每一客户的保证金账户，确保及时发现客户保证金账户资金不足的情况；在客户保证金账户资金不足时，确保客户能及时平仓或追加足额保证金；在客户保证金账户资金不足又不能及时平仓或追加保证金时，保证能及时执行强制平仓制度，以尽量减少碳期货经纪公司的风险和损失。（2）执行与碳期货结算所的日常结算。每天核对每一客户的每一笔交易是否与碳期货结算所的记录相一致、盈亏数据是否正确，并与碳期货结算所进行应收盈利或应付亏损额的交收工作。（3）落盘。负责在客户的委托交易指令送到碳期货交易所之前审核客户委托交易指令是否合法、正确；在确认客户委托交易指令合法、正确无误后，立即将客户委托交易指令送到碳期货交易所的交易主机。（4）交割业务。组织到期未平仓合约的实物及款项的交付交收。

4. 碳期货合约交易者

按照碳期货合约交易者买卖碳期货合约的目的不同，碳期货合约交易者可分为三类：套期保值者、期货投机者和套利者。

（1）套期保值者。为规避现货市场价格波动的风险而买卖碳期货合约的人或机构是套期保值者。套期保值者面临的情况通常是：现时碳现货市场上的价格是可以接受的交易价格，但现时因各种原因不愿意或不能进行现货交易，同时又担心未来真要进行碳现货交易时，碳现货市场上的价格可能向不利于自己的方向变化。为避免未来碳现货市场上价格向不利于自己的方向变化而带来损失，他们选择的做法是：现时就在碳期货市场上买（或卖）碳期货合约，等到他们决定买（或卖）碳现货时，他们就平掉碳期货合约，退出碳期货市场，而在碳现货市场上买（或卖）碳现货商品。这样做，在一定条件下能够实现他们可以接受的现时碳现货市场上的价格。

（2）期货投机者。试图正确预测期货合约价格走势并根据自己的判断买卖碳期货合约、力争高价卖低价买或低价买高价卖而获取价差收益的机构或个人就是碳期货投机者。例如，当预期碳期货合约价格要下跌时，就先在碳期货市场上做空（卖出碳期货合约），如果预测正确，价格真的下降了，就平仓（买入碳期货合约），这样一来就获得了买卖价差的收益。

（3）套利者。期现套利是指当碳期货市场与碳现货市场在价格上出现差距，套利者利用两个市场的价格差距，低买高卖而获利。

从理论上看，碳期货价格是商品未来的价格，碳现货价格是商品目前的价格，按照经济学上的同一价格理论，两者间的差距，即“基差”（基差 = 碳现货价格 - 碳期货价格）应该等于该商品的持有成本。一旦基差与持有成本偏离较大，就出现了期现套利的机会。

（三）碳期权市场的构成要素

碳期权市场的构成要素包括碳期权买方、碳期权卖方、权利金、履约价格和碳期权分类。

1. 碳期权买方

碳期权买方是指买进碳期权合约的一方，是支付一定的权利金而持有碳期权者。

碳期权买方也称碳期权持有者。这里的买方是指买进碳期权合约的一方，而不一定是买进标的物的一方。买进碳期权为碳期权的多头。买方拥有权利并为此付出权利金，仅承担有限的风险，却得到了巨大获利的可能。

2. 碳期权卖方

碳期权卖方是指卖出碳期权的一方，从碳期权买方收取权利金；同时，相应地在买方执行权利时承担履约的义务。碳期权卖方也称碳期权出售者。卖出碳期权为碳期权空头。碳期权交易中买卖双方的权利义务是不对等的：在碳期货交易中买卖双方的权利义务是对等的，都有必须履约的义务；在碳期权交易中，买方被赋予的只是买进或卖出的权利，而不承担必须买进或卖出的义务，而卖方只有履约的义务没有不履约的权利。如果买方提出履约，则卖方必须履约。对以碳期货为标的物的碳期权来说，买方履约时，卖方头寸会自动转为碳期货的头寸。

3. 权利金

权利金即碳期权的价格，是碳期权买方必须向卖方支付的费用，即为了获得权利必须支付的费用。对卖方来说，它是卖出碳期权的报酬。实际上，权利金是期权交易中买卖双方竞价的价格。权利金的重要意义在于，碳期权的买方可以把可能会遭受的损失控制在权利金金额的限度内；碳期权的卖方卖出一份期权立即可以获得一笔权利金收入，而并不需要马上进行标的物的交割，这是非常有利可图的。但它同时使卖方面临一定的市场风险，即无论标的物的价格如何变动，卖方都必须做好履行碳期权合约的准备。当然，卖方可以在被要求履约前将碳期权平仓。权利金的高低取决于碳期权到期时间和所选择的履约价格等，是由买卖双方竞价产生的，因此权利金的定价在碳期权交易中是非常重要的。

4. 履约价格

履约价格又称敲定价格、执行价格、行权价格，是碳期权执行时标的物交割所依据的价格。履约价格通常由交易所按一定的标准以渐增的形式给出，它也是投资者在进行碳期权交易时必须选择的。

（1）履约价格的制定。履约价格在碳期权合约中载明。履约价格的间距设计合理与否，决定碳期权交易的活跃与否。间距过大则不利于策略的选择，权利金的成本也可能较高。

（2）履约价格的数量。每种碳期权有多少种履约价格取决于该种碳期权标的物价格的波动幅度和合约的时间长度。履约价格会随标的物价格增加不断增加，如果价格波动区间很大，就可能衍生出很多履约价格。标的物价格波动越大，履约价格越多；合约运行时间越长，履约价格越多；合约月份越近，履约价格越多；价格波动越小，履约价格越少。价格波动很大的标的物，其碳期权的履约价格可能多达20种甚至更多。

（3）履约价格的选择。交易所给出的履约价格有很多，投资者选择的一般原则是，在标的物价格附近选择或选择活跃的履约价格。当然，也可以选择深实值、实值、平值、虚值或深虚值，这要根据对后市的判断和交易策略来定。比如，你选择履约价格为280的看涨期权，然后再对权利金出价，比如10美分，如果不能成交而你又想成交，就只能提高权利金，比如12美分等。

（4）履约价格的作用。履约价格是碳期权履约后的标的物的价格，即最终买卖标的物的价格，履约价与标的物现价的差额可以表示碳期权的内在价值。

5. 碳期权的分类

碳期权按照买方的权利来划分，可分为看涨期权和看跌期权。这两种碳期权是交易者在进行碳期权交易时必须要选择的。如约定的交易方向为买进，即为看涨期权。看涨期权是在到期日或到期日之前按照履约价格买进标的物的权利。它又称为买权、买入期权、认购期权、延买期权、买方期权等，有的干脆称为涨权。看涨期权的定义是站在期权买方的角度出发的，其权利是对买方而言的，它是一种买的权利，买方只有在判断后市看涨时才会买进看涨期权。如果约定的交易方向为卖出，则为看跌期权。看跌期权是在到期日或到期日之前按照履约价格卖出标的物的权利。它又称为卖权、卖出期权、认沽期权、延卖期权、卖方期权等，有的干脆称为跌权。它是一种卖的权利，买方只有在判断后市看跌时才会买进看跌期权。

按照碳期权合约的标的物不同，碳期权可分为碳现货期权和碳期货期权。碳现货期权、碳期货期权是碳期权合约的标的物。碳现货期权采用实物交割形式，只需按履约价格交付合约商品即可；对于碳期货期权而言，履约的意义则是将碳期权合约转化为碳期货合约。

二、碳金融衍生品市场的交易

（一）碳期货交易

1. 碳期货交易过程

碳期货交易全过程包括建仓、持仓、平仓或实物交割。建仓（Open Position）也称开仓，是指投资者买入或卖出一定数量的碳期货合约。其中，买入碳期货合约者被称为多头（Long Position），卖出碳期货合约者被称为空头（Short Position）。如果多头（空头）一直持有该碳期货合约，被称为持仓。在持有一段时间后，多头卖出碳期货合约，或空头买入碳期货合约，这被称为平仓（Close out or Offset）。在碳期货合约到期前，交易所要计算未平仓合约，即全部多头或空头尚未结束交易（即没有平仓）的合约数量，并逐日向市场公布。未平仓合约数量越大，预示将来需要平仓的可能也越大，投资人现在无论是买入还是卖出期货合约，将来都会有更多的交易对手，市场的流动性也就更高。如果碳期货到期时多头、空头按照协议价格买卖标的资产，则称为实物交割（Physical Delivery）。

假设多头甲认为未来碳期货价格将上涨，空头乙持相反观点，两者以 330 元/吨的价格买卖 6 个月后到期的碳期货合约。4 个月后，碳现货价格上涨到 340 元/吨，则多头甲可以要求执行碳期货合约（这被称为期货转现货），即在碳期货市场以 330 元/吨买入 CER，然后到碳现货市场以 340 元/吨卖出，每吨盈利 10 元（不考虑税费）。如果碳现货价格下跌到 320/吨，则空头乙可在碳现货市场以 320 元/吨买入 CER，然后要求执行碳期货合约，即在碳期货市场以 330 元/吨卖出，每吨盈利 10 元（不考虑税费）。

在实际投资中，多头和空头通常会平仓以兑现其利润：在碳现货价格上涨到 340 元/吨时，多头甲以 340 元/吨的价格（此时碳期货价格通常会在 340/吨附近）卖出其先前买入的碳期货合约，买卖相抵后每吨盈利约为 10 元；在碳现货价格下跌到 320 元/吨时，空头乙以 320 元/吨的价格（此时碳期货价格通常会在 320/吨附近）买入其先前卖出的碳期货合约，买卖相抵后每吨盈利约为 10 元。

2. 碳期货交易例题

每份碳期货合约的数量是 10 吨，最低交易保证金是合约价值的 5%，合约涨跌停板为 4%。投资人投资期货的最初资金是 6 万元，最初买入 15 手碳期货合约的价格是 7800 元/吨，买入后期货价格连续 4 天涨停，假设每个涨停带来的盈利都用于当日以涨停板价格开新仓，第 5 天和第 6 天期货价格跌停。请分析投资人盈亏变化及其原因。

解答：可以计算出投资人盈亏、期货保证金及持有期货合约数量，如表 9.7 所示。

表 9.7　投资人期货保证金变化表

交易日	期货价格（元/吨）	每日盈亏（元）	累计盈亏（元）	保证金余额（元）	买入合约数量（手）	累计合约
	7800			60000	15	15
1	8112	46800	46800	106800	11	26
2	8436	84240	131040	191040	19	45
3	8773	151650	282690	342690	34	79
4	9123	276500	559190	619190	60	139
5	8758	-507350	51840	111840	-115	24
6	8407	-84240	-32400	27600	-18	6

具体计算过程是：

（1）第 1 天碳期货涨停价格为 8112 元时，盈利为 $(8112-7800)\times10\times15=46800$ 元，以 8112 元/吨开新仓可买碳期货合约数量为：$46800/(8112\times10\times5\%)\approx$

11.54，取整数 11 张，累计买入 26 张。

（2）第 2 天碳期货涨停价格为 8436 元时，盈利为（8436－8112）×10×26＝84240 元，以 8436 元/吨开新仓可买碳期货合约数量为：84240/（8436×10×5%）≈19.97，取整数 19 张，累计买入 45 张。

（3）第 3 天碳期货涨停价格为 8773 元时，盈利为（8773－8436）×10×45＝151650 元，以 8773 元/吨开新仓可买碳期货合约数量为：151650/（8773×10×5%）≈34.57，取整数 34 张，累计买入 79 张。

（4）第 4 天碳期货涨停价格为 9123 元时，盈利为（9123－8773）×10×79＝276500 元，以 9123 元/吨开新仓可买碳期货合约数量为：276500/（9123×10×5%）≈60.62，取整数 60 张，累计买入 139 张。

（5）第 5 天碳期货价格跌停为 8758 元，亏损为（8758－9123）×10×139＝－507350元，保证金为 619190－507350＝111840 元。按照平仓先平老仓、后平新仓的顺序，以最后购买价格 9123 元/吨计算只能持有 111840/（9123×10×5%）≈24.52，取整数 24 张，故须平仓 115 张合约。

（6）第 6 天碳期货价格由 8758 元跌停为 8407 元，亏损为（8407－8758）×10×24＝－84240 元，保证金为 111840－84240＝27600 元。以最后购买合约价格 9123 元/吨计算，投资人只能持有 27600/（9123×10×5%）≈6.05，取整数 6 张，故须平仓 18 张合约。

（7）分析投资人 6 天的交易，前 4 天赚取的丰厚利润在后两天就消失殆尽的原因在于，投资人持有的碳期货合约数量越来越多，后期下跌造成的亏损相对前期更大。

（二）碳期权交易

1. 碳期权交易指令

碳期权合约包括很多条款，投资者在下单时须将每一项条款说明看清楚。这些条款包括：（1）开仓交易或平仓交易；（2）买进或卖出；（3）履约价格；（4）合约月份；（5）标的物；（6）看涨期权或看跌期权；（7）合约数；（8）权利金；（9）指令方式。

当某位客户发出一项指令，买入或卖出一份碳期权合约，经纪公司接受指令，并将其传送到交易所大厅内，由出市代表执行该指令。当然，亦可通过远程交易系统直接将指令下达到交易所的主机撮合系统。

一项指令一般需包括以下内容：（1）市价或现价（权利金）；（2）买入或卖出（开仓或平仓）；（3）数量；（4）合约到期月份；（5）履约价格；（6）标的物；（7）碳期权种类（看涨期权或看跌期权）；（8）有保护或无保护（如果交易所有此规定）。

【例 1】客户甲第一次进行碳期权交易，他认为碳期权合约价格将上涨，则发出了如下指令：

以市价买入（开仓）10 张 3 月到期履约价格为 1200 元/吨的碳看涨期权。

投资者发出指令时，最关键的是对履约价格的选择和权利金的出价。履约价格的选择要看投资者对后市的判断，以及对实值、平值和虚值期权的运用；权利金的出价，对投资者的损益至关重要。

2. 碳期权合约的盈亏分布

（1）看涨期权的盈亏分布

假设 2022 年 4 月 11 日碳期权合约价格为 28.11 美元。甲认为碳期权合约价格将上升，因此以 0.75 美元的期权费向乙购买一份 7 月到期、协议价格为 30 美元的碳看涨期权，一份标准的碳期权合约包含 100 份相同的碳期权。那么，甲、乙双方的盈亏分布分为以下几种情况：

如果在碳期权到期时，碳期权等于或低于 30 美元，则看涨期权就无价值。买方的最大亏损为 75 美元（0.75×100）。

如果在碳期权到期时，碳期权升至 30.75 美元，买方通过执行碳期权可赚取 75 美元，扣掉碳期权费后，他刚好盈亏平衡。

如果在碳期权到期前，碳期权升到 30.75 美元以上，买方就可实现净盈余。碳期权价格越高，买方的净盈余就越多。比如碳期权价格升到 40 美元，那么买方通过执行碳期权——也就是用 30 美元的价格购买市价高达 40 美元的碳期权，可赚取 1000 美元［（40－30）×100］，扣掉碳期权费用 75 美元（0.75×100），净盈利 925 美元。

看涨期权买者的盈亏分布如图 9.6 所示。由于碳期权合约是零和游戏（Zero Sum Games），买者的盈亏和卖者的盈亏刚好相反，据此可以画出看涨期权卖者的盈亏分布，如图 9.7 所示。从图 9.7 中可以看出，看涨期权买者的亏损风险是有限的，其最大亏损限度是碳期权价格，而其盈利可能是无限的。相反，看涨期权卖者的亏损可能是无限的，而盈利是有限的，其最大盈利限度是碳期权价格。碳期权买者以

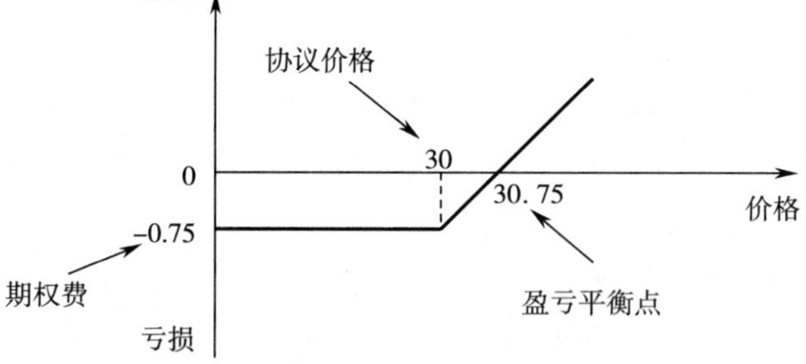

图 9.6 看涨期权多头（买方）

较小的期权价格为代价换来了较大盈利的可能性，而碳期权卖者则为了赚取期权费而冒着大量亏损的风险。

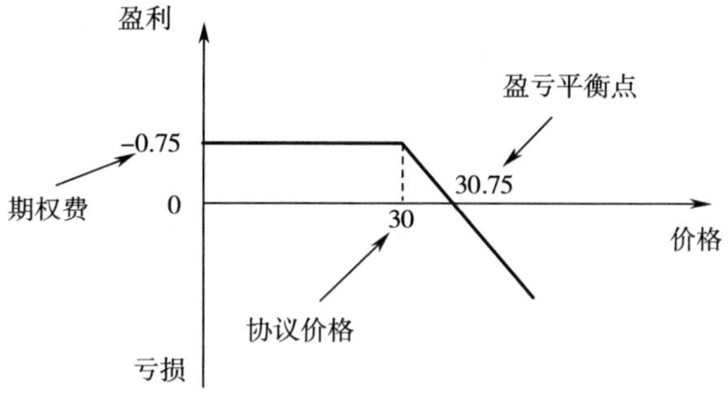

图 9.7　看涨期权空头（卖方）

从图 9.6、图 9.7 可以看出，如果不考虑时间因素，碳期权的价值（盈亏）取决于标的资产市价与协议价格的差距。对看涨期权来说，为了表达标的资产市价（S）与协议价格（X）的关系，把 S > X 时的看涨期权称为实值期权（in the money），把 S = X 的看涨期权称为平价期权（at the money），把 S < X 的看涨期权称为虚值期权（out of the money）。

（2）看跌期权的盈亏分布

用同样的办法可以推导出看跌期权的盈亏分布图，如图 9.8、图 9.9 所示。当标的资产的市价跌至盈亏平衡点（等于协议价格减期权价格）以下时看跌期权买者就可获利，其最大盈利限度是协议价格减去期权价格后再乘以每份碳期权合约所包括的标的资产的数量，此时标的资产的市价为零。如果标的资产市价高于盈亏平衡点，看跌期权买者就会亏损，其最大亏损是期权费总额。看跌期权卖者的盈亏状况则与买者刚好相反，即看跌期权卖者的盈利是有限的期权费，亏损也是有限的，其最大限度为协议价格减期权价格后再乘以每份碳期权合约所包括的标的资产的数量。

继续采用前面的例子，假设 2022 年 4 月 11 日碳期权合约价格为 28.11 美元。甲认为碳期权合约价格将下跌，因此以 0.75 美元的碳期权费向乙购买一份 7 月到期、协议价格为 30 美元的看跌期权，一份标准的碳期权合约包含 100 份相同的碳期权。那么，甲、乙双方的盈亏分布分为以下几种情况：

如果在碳期权到期时，碳期权价格等于或高于 30 美元，则看跌期权就无价值。买方的最大亏损为期权费 75 美元（0.75 × 100）。

如果在碳期权到期时，碳期权跌至 29.25 美元，买方通过执行碳期权可赚取 75 美元，扣掉期权费后，他刚好盈亏平衡。

如果在碳期权到期前，碳期权跌到 29.25 美元以下，买方就可实现净盈余。碳期权价格越低，买方的净盈余就越多。比如碳期权合约价格下跌到 20 美元，那么买方通过执行碳期权——也就是用30美元的价格卖出市价只有20美元的碳期权，可赚取1000美元［（30－20）×100］，扣掉碳期权费用75美元（0.75×100），净盈利925美元。

同样，把X>S时的看跌期权称为实值期权，把X=S时的看跌期权称为平价期权，把X<S时的看跌期权称为虚值期权。

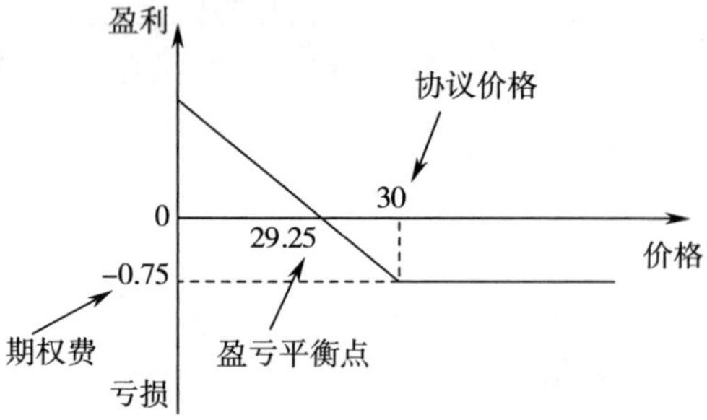

图9.8 看跌期权多头（买方）

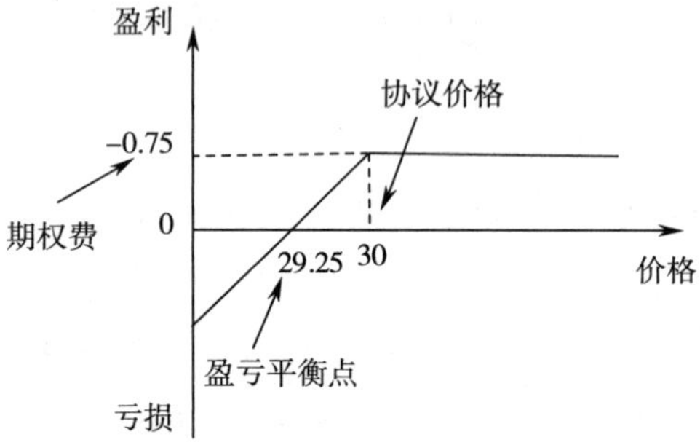

图9.9 看跌期权空头（卖方）

3. 对冲平仓

碳期权的对冲平仓与期货一样，都是将先前买进（卖出）的合约卖出（买进），只不过碳期权的报价是权利金。

【例2】客户甲以20元/吨的权利金买入10手3月到期、履约价格为1200元/吨的碳看涨期权。

如果碳期货价格上涨，那么权利金也上涨，比如上涨到30元/吨，那么客户甲发出如下指令：

以30元/吨卖出（平仓）10手3月到期、履约价格为1200元/吨的碳看涨期权。

对看涨期权的买方来说，要通过对冲了结其在手的交易部位，唯一的办法是再卖出一张同样内容的看涨期权合约。反过来说，如果该买方买进的是一张看跌期权合约，为对冲其在手的交易部位，就必须卖出一张同样内容的看跌期权合约才能予以平仓，了结其所做的碳期权交易。对期权的卖方来说也是如此。假如某碳期权的卖方想对冲其在手的空头碳期权交易部位，那么，他必须以同样的履约价格和到期日买进一张内容相同的碳期权合约。

【例3】2022年3月5日某投资者卖出芝加哥期货交易所碳9月份履约价格为850元/吨的看跌期权，权利金为33元/吨。到3月13日，该碳期权的权利金上涨到40元/吨，该投资者预计权利金价格仍会上涨，则于当日将碳期权平仓，平仓价为40元/吨，则亏损7元/吨（40－33＝7）。

【例4】2022年3月5日某投资者买进芝加哥期货交易所碳9月份履约价格为850元/吨的看跌期权，权利金为73元/吨。到3月13日，该期权的权利金下跌到61元/吨，该投资者预计权利金价格仍会下跌，则于当日将期权平仓，平仓价为61元/吨，则亏损12元/吨（73－61＝12）。1张合约（136吨）亏损1632元，如果做10000张，则亏空1632万元。

（三）碳远期交易

2011年，中国正式启动了碳交易的试点研究，以求引入市场机制达到二氧化碳减排的目的。在长达6年的碳交易研究后，中国首度出现了场外碳排放权衍生品业务。2017年1月12日，经中国人民银行批准，上海清算所正式推出上海碳配额远期交易中央对手清算业务。这是中国碳金融市场的重要尝试，也是绿色金融的又一次重大创新。

上海碳配额远期是指以上海碳排放配额为标的、以人民币计价和交易、在约定的未来某一日期清算、结算的远期协议。作为绿色板块的衍生品之一，其当前还不为大家所熟悉。它不同于大宗商品的铁矿石、螺纹、玉米、大豆等实物，交易者可以通过可视化生产进度的跟踪、中间销售环节及库存变动的调查来决定买还是卖。它是对二氧化碳排放权的买与卖。

目前中国已开展的试点碳市场均不具有期货交易资格，因此，各碳交易机构纷纷从远期产品入手，探索碳金融衍生品的开发。碳远期等碳金融衍生品市场的发展需要特别注意避免不必要的价格风险，避免对实体企业的正常生产经营造成冲击。

目前湖北、上海和北京碳交易所推出的碳远期产品均为标准化的合同，采取线上交易，尤其是湖北碳排放权交易中心采取了集中撮合成交的模式，已“无限接近”期货的形式和功能。广州碳排放权交易所推出的碳远期产品为线下交易的非标准合约，市场流动性较低。

2021年7月16日，华夏银行与龙源（北京）碳资产管理技术有限公司合作落地的碳远期交易保函业务通过全国碳排放权交易系统完成实物交割，这是全国碳市场首笔实现交割的远期交易，是碳金融领域的又一创新。

（四）碳掉期交易

碳掉期交易是以碳排放权为标的物，双方以固定价格确定交易，并约定未来某个时间以当时的市场价格完成与固定价交易对应的反向交易，最终只需对两次交易的差价进行现金结算。

2013 年 11 月 28 日，龙源（北京）碳资产管理技术有限公司与东北中石油国际事业有限公司签署协议，完成了国内首单核证自愿减排量（CCER）交易。交易项目是“龙源电力甘肃安西向阳风电项目”，交易量为 10000 吨二氧化碳当量，单价为 16 元/吨。同日，北京市公开二级市场（北京环境交易所）的 CBEEX 配额价格为 51.25 元/吨。

2013 年 12 月 19 日，广东中石油国际事业有限公司购买了中广核风电公司“广东台山下川岛风电场项目”产生的 10000 吨核证自愿减排量，这是广东省首笔 CCER 交易。此笔交易的价格为 20 元/吨，该签约项目预计每年将产出约 6.8 万吨减排量。而在当天，广东配额市场碳排放权的收盘价格高达 60 元/吨。

从以上交易信息可以看出，CCER 成交价格仅为当天当地配额价格的三分之一左右，这对控排企业来说具有很大的成本优势。以广东市场为例，每进行 10 万吨的 CCER 交易，就将为企业降低 400 万元的减排成本。

假设一家上海控排企业本年度拥有 100 万吨的二氧化碳排放配额（SHEA）。经盘查、审定，本年度实际排放为 90 万吨，则其应选择等量置换的交易方式，例如，将 5 万吨 SHEA 通过二级市场（上海环境能源交易所）交易置换为 5 万吨 CCER，并获得与两者价差相等的现金回报。此后，企业将 5 万吨 CCER 与 85 万吨 SHEA 一起用于清缴，并将 10 万吨配额留存，用于下一年使用。此操作全程不额外占用企业资金，不减少企业碳资产，商务风险几乎为零。

第四节　碳金融衍生品市场建设

随着全球碳减排需求日益增加和全球碳金融市场日趋壮大，在碳金融基础产品之上，派生出多种多样的基于碳交易的金融衍生品。碳金融衍生品是碳排放权派生出来的金融产品，其价值取决于碳金融基础产品的价格。碳金融衍生品具有跨期性、高风险性、杠杆性等特点，为碳排放权的交易双方提供了新的风险管理和套利手段，丰富了碳金融市场的产品品种，使不同的投资者和企业的需求得到满足，使碳金融市场得以活跃。

一、国际碳金融衍生品市场

（一）国际碳金融衍生品市场的发展现状

目前，全球主要从事碳金融衍生品交易的交易体系及交易所主要有 4 个，分别是：（1）欧盟碳排放权交易体系（EU-ETS）；（2）芝加哥气候交易所（CCX）；（3）欧洲气候交易所（European Climate Exchange，ECX）；（4）印度多种商品交易所（MCX）。

主要从事的碳金融衍生品交易种类包括碳远期交易、碳期货交易、碳期权交易和碳互换交易。其中，主要的碳期权、碳期货产品包括欧洲气候交易所碳金融合约（ECXCFI）、欧盟碳排放配额期货（EUA Futures）、核证减排量期货（CER Futures）、欧盟碳排放配额期权（EUA Options）、核证减排量期权（CER Options）等。

从全球碳市场的发展经验来看，碳金融衍生品市场与碳现货市场的发展相辅相成。无论是欧盟碳排放权交易体系还是美国区域温室气体倡议，在碳市场设计过程中均考虑使用碳现货与碳远期、碳期货等衍生品交易工具，构成完整的碳金融市场结构，使现货市场与衍生品市场之间能够互相支撑。目前，在国际碳金融衍生品市场中以碳期货的创新和交易最为成熟，而碳期权、碳互换和碳掉期等碳金融衍生工具的发展则稍显滞后。除此之外，国外碳期货往往先于碳现货推出，这为控排企业和参与碳交易的金融机构提供了风险控制的工具，缓解了碳市场设立之初带来的冲击，更重要的是，期货的价格发现功能能够为碳现货初次定价提供重要的依据，在交易之初很好地起到了价格发现的作用，降低了不必要的价格风险。

1. 欧盟碳金融衍生品市场

欧盟碳金融衍生品市场十分发达。欧洲拥有发达的传统金融市场，因此欧盟碳排放权交易体系建立伊始，欧洲气候交易所和欧洲能源交易所（EEX）就直接引入了碳金融衍生品，主要有碳远期、碳期货、碳期权和碳掉期，其中碳期货交易规模最大。

欧盟碳排放配额（EUA）与核证减排量（CER）和减排单位（ERU）通常采用期货和期权的方式进行交易，分别为碳配额的线上交易以及 CDM 项目开发提供套期保值和风险管理工具，极大地提高了欧盟碳市场的流动性，特别是在交易初期为更好地发现价格作出了重要的贡献。在 EU-ETS 第一阶段（2005—2007 年）的交易中，碳现货价格与交易量均濒临崩溃，但碳期货价格与交易量始终保持在理性的范围内，在一定程度上支撑 EU-ETS 市场渡过了难关。截止到 EU-ETS 第二阶段（2012 年底），期货交易量在全部 EUA 交易量中占比超过 85.7%，而在场内交易中，期货合约的累计交易量占全部交易量的 91.2%。2015 年 EU-ETS 市场期货成交量更是达到现货成交量的 30 倍以上。2020 年 EU-ETS 期货交易占总碳交易规模的 93%，参与期货交易的主体包括控排企业、金融机构和其他投资者。在期权方面，EUA 期权价格高于 CER，且 EUA 的流动性更好。掉期是为规避未来出现目标碳减排信用难以获得的情况而推出的碳金融衍生品。2016 年欧盟碳市场已经有 EUA 和 CER 的掉期工具。

表 9.8　　欧盟碳金融市场金融衍生品

		碳现货	碳期权	碳期货	碳远期	碳掉期
EUA	洲际交易所		✓	✓		
	欧洲能源交易所	✓		✓		
	纳斯达克		✓	✓	✓	✓
	芝加哥商品交易所		✓	✓		
CER	洲际交易所		✓	✓		
	欧洲能源交易所	✓		✓		
	纳斯达克	✓	✓	✓		✓
	芝加哥商品交易所		✓	✓		
ERU	洲际交易所		✓	✓		
	欧洲能源交易所			✓		
	纳斯达克					
	芝加哥商品交易所					

资料来源：笔者根据相关资料整理。

2. 美国区域温室气体倡议碳金融衍生品市场

目前区域温室气体倡议（RGGI）包括 12 个成员州。早期，RGGI 受美国宪法约束不能在各州之间颁布跨州的法规。在 2005 年，RGGI 的 7 个成员州共同签订备忘录，发布用于协调各州、使各州行动一致的模仿规则等，建立统一、完善的法规体系。2006 年 RGGI 发布了标准规则，确立了 RGGI 基本交易体系和框架。各成员州在标准规则的基础上通过各自碳交易机制的法律法规，实现各成员州之间在碳交易制度上系统性和自主性的融合。

RGGI 主要分为一级市场和二级市场。一级市场采取的是碳配额拍卖的形式进行交易。二级市场既包括配额交易，也包括各种碳金融衍生品交易。RGGI 碳市场的碳金融衍生品主要包括碳期货、碳远期和碳期权，其中交易量最大的是碳期货。根据 RGGI 市场报告，在 2013—2015 年，碳期货的交易量已经超过碳现货的交易量，成为 RGGI 体系中最重要的碳金融产品。RGGI 的现货交易于 2009 年 1 月 1 日启动，而芝加哥气候交易所（CCX）下属的芝加哥气候期货交易所（CCFE）在 2008 年 8 月便已经开始了 RGGI 期货交易。

可以说，CCX 拥有比较完备的多样化的碳金融产品，既可以进行项目减排量现货交易，也可以进行碳期货、碳期权交易，交易产品非常多元，供会员自愿选择，并期望吸引更多的碳金融参与者。

表 9.9　　芝加哥期货交易所的 CFI 系列交易产品

CFI 产品	CFI 现货	CFI 期货	CFI 期权
合约规模	100 吨二氧化碳	10CCXCFI 期货	1CCFECFI 欧式期货合约
最小交易量	5 美元	10 美元	10 美元
清算交易所	CCX	中央结算公司	中央结算公司
合约上市流程	—	3 月、6 月、9 月和 12 月连续的季度标准流程；合同到 2012 年	3 月、6 月、9 月和 12 月连续的季度标准流程；合同到 2012 年
合约交易	CCX 注册，"T+1" 交易	CCX 的注册表实物交割，每月到期	CCX 的注册表实物交割，每月到期
合约交易所	CCX	CCFE	CCFE

资料来源：芝加哥气候交易所（CCX）。

3. 其他国家和地区碳金融衍生品市场

2004 年以来印度多种商品交易所（MCX）和印度国家商品及衍生品交易所（NCDEX）相继推出了碳金融衍生品。MCX 推出了 EUA 期货和 5 种 CER 期货，NCDEX在 2008 年 4 月推出了 CER 期货。MCX 由纽约证券交易所、CCX、花旗等金融机构投资，印度境内有银行等金融机构介入碳融资，宽松的环境吸引了大量企业参与，有力地支持了印度本地 CER 的产出。巴西商品期货交易所为适应碳金融环境专门推出碳期货交易品种。2008 年 5 月加拿大蒙特利尔气候交易所推出碳金融衍生品交易，主要有 AAU、CER、ERU 和 RMU（碳汇产生的减排单位）及自愿减排碳信用。

（二）国际碳金融衍生品市场结构分析

1. 国际碳金融衍生品市场交易结构

欧盟碳排放权交易体系自 2005 年运行至今，产品结构日益丰富，包含现货与期货、期权等金融衍生品，成为全球最活跃的碳金融衍生品市场。截至 2021 年 12 月 31 日，欧盟 EUA 现货与期货累计成交量已分别达 600 亿吨和 871 亿吨二氧化碳当量，是欧盟碳交易市场最为重要的两个交易品种。在第一阶段前期，EUA 现货与期货的交易量变化基本保持一致，都产生了一定幅度的上涨。之后 EUA 现货与期货的交易量变化发生了较大的区别，在 2007—2008 年日均成交量中，EUA 期货是其现货的 8.6 倍，CER 期货是其现货的 14.6 倍。在第二阶段，尽管受国际金融危机影响现货交易大幅增长，但 2009 年 EU-ETS 总额达 1185 亿美元的碳交易中，碳期货交易仍占到 73%。随着交易制度的不断完善，在第三、第四阶段，EUA 现货与期货的价格稳步提高、交易量持续上升，但交易量的差距进一步拉大。2022 年 EUA 期货日均成交达到 2900 万吨，现货日均成交仅为 4.7 万吨。

2005 年欧洲气候交易所推出 EUA 期权，受国际金融危机影响及避险需要，碳期权市场快速发展。2009 年 EU-ETS 碳期权市场成交额超过 107 亿美元。其中，EUA 期权成交 89 亿美元，占比为 83%，CER 期权成交 18 亿美元。EUA 期权价格高于 CER，且 EUA 流动性更好。碳期权市场原由银行主导，之后随着基金、能源交易公司及工业企业的加入，功能性、流动性和复杂性逐步增强，碳期权市场更趋完善，交易量稳步增长，交易价格走势与现货趋于一致。

2. 国际碳金融衍生品价格影响因素

碳期货具有碳价格发现功能，碳期权又以碳期货为基础资产，碳期权价格受碳期货价格及其供求关系影响。EUA 价格通常高于 CER 价格，而 CER 的价格约为 EUA 的 85%。不同的市场结构、风险状况、市场参与者的决策机制以及市场微观结构的一些变量（如交易量、市场活动、流动性等）影响了 EUA 和 CER 的价格。EUA 市场价格波动剧烈。2006 年 5 月前，EUA 价格上涨很快，一度涨到 30 欧元，但第一阶段大量配额剩余且无法继续使用导致 2007 年初价格骤降至 0.1 欧元。进入第二阶段后 EU-ETS 的 EUA 碳期货价格一路走高，2008 年 7 月反弹至 28.7 欧元后，受国际金融危机影响，2009 年初跌至 8 欧元，涨跌幅超过 75%。此后，欧盟采取控制碳配额的一系列机制，包括核减机制、配额总量线性递减系数和市场稳定储备机制等。随着交易制度的完善，欧盟碳配额总量从进入第三阶段开始逐年下降，碳价稳步上升。到 2022 年，碳价已达 80 欧元左右。在碳期权交易结构中，CER 卖方在大宗碳交易中购买看涨期权来对冲价格上涨风险，而看涨期权卖方则在碳期货价格疲弱时获益；当预计碳期货价格走弱时，项目开发者为锁定碳减排协议价格，中介机构为锁定利润和碳资产价格，一些欧盟机构会购买看跌期权，通过看涨、看跌期权投资组合，达到规避风险和锁定利润的目的。

3. 国际碳金融衍生品价格和交易量波动变化

从图 9.10 和图 9.11 可以看出，EUA 期货价格逐步提高，交易量波动剧烈。从

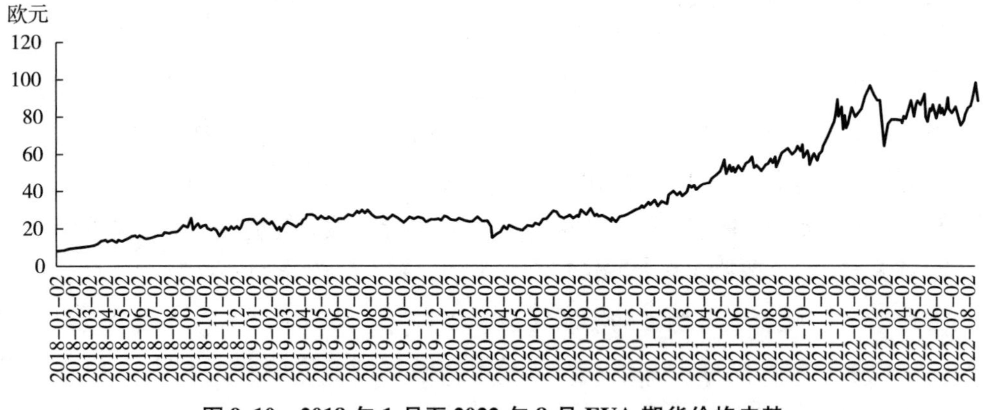

图 9.10　2018 年 1 月至 2022 年 8 月 EUA 期货价格走势

（资料来源：Wind）

长期来看，碳期货的价格不服从正态分布，具有尖峰厚尾和波动聚集等分形特征，EUA 期货价格的波动表现为均值回复过程。

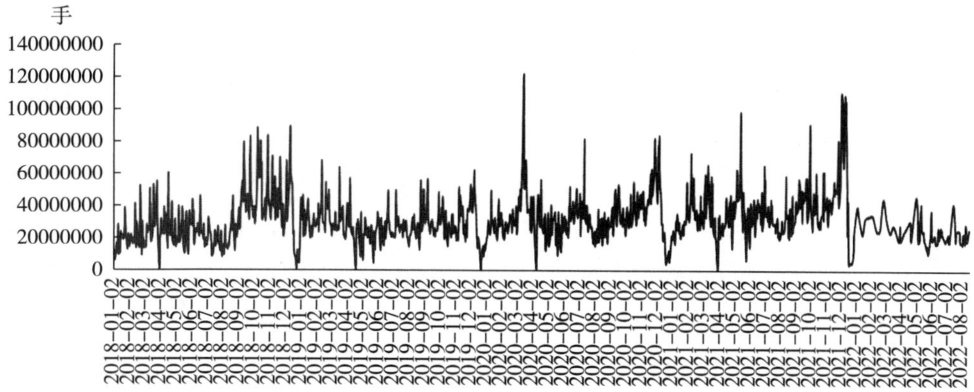

图 9.11　2018 年 1 月至 2022 年 8 月 EUA 期货成交量走势

（资料来源：Wind）

从图 9.12 可以看出，EUA 期货收益率波动存在尖峰厚尾、非对称性以及聚集性特征。

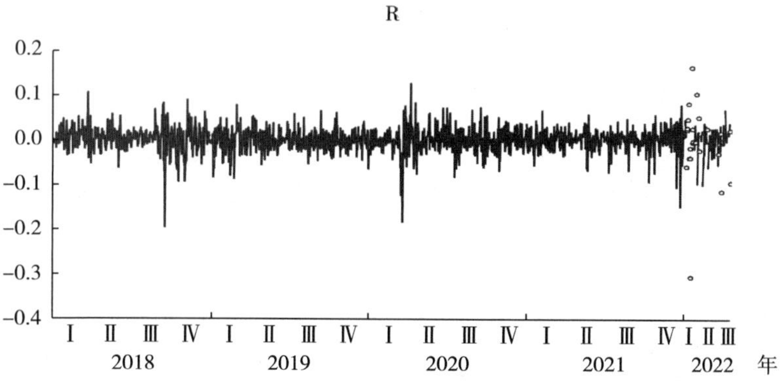

图 9.12　2018 年 1 月至 2022 年 8 月 EUA 期货收益率波动图

（资料来源：Wind）

二、中国碳金融衍生品市场

（一）中国碳金融衍生品市场的政策背景

2011 年国家发展改革委发布《关于开展碳排放权交易试点工作的通知》，同意北京市、天津市、上海市、重庆市、湖北省、广东省及深圳市开展碳排放权交易试点工作。2013 年 6 月至 2014 年 6 月，试点的七省市相继启动碳排放权交易市场。2016 年，国家发展改革委发布《关于切实做好全国碳排放权交易市场启动重点工作的通知》以促进国家、地区、企业各方共同推动全国碳市场建设；同年，四川省和福建省相继启动碳排放权交易市场。从试点碳市场到全国碳市场，国家一直都在稳步推进碳市场的建设和发展。2021 年，全国碳排放权交易市场正式上线，在启动初期就实现了平稳有序运行。截至 2022 年 6 月 28 日，全国碳市场碳配额（CEA）累计成交量 1.94 亿吨，累计成交额 84.64 亿元，CEA 收盘价 59 元/吨，较启动交易首日开盘价上涨了 22.9%。

2014 年国务院发布《关于进一步促进资本市场健康发展的若干意见》，该文件提出“发展商品期权、商品指数、碳排放权等交易工具，发挥期货市场价格发现和风险管理功能”，这是中国明确开展碳金融衍生品市场建设的首份文件。随后，中国证监会也发文表示将研究国内碳期货交易的可行性。2016 年，中国人民银行等七部门印发《关于构建绿色金融体系的指导意见》，提出有序发展碳远期、碳期权等碳金融产品和衍生工具，探索研究碳期货交易。2022 年 8 月 1 日，《期货和衍生品法》施行，这是中国期货和衍生品（特别是场外衍生品）制度发展迈出的重大一步，包括但不限于以法律形式正式确立“单一协议”“终止净额结算”和“瑕疵资产原则”三大基石，与国际通行规则接轨，对中国碳金融衍生品市场产生深远影响。与此同时，不少地方政府也陆续提出有关支持碳金融衍生品创新与探索的政策和文件，具体见表 9.10。

表 9.10　　中国地方政府支持碳金融衍生品发展的政策

序号	文件名称	文号	发布机关	发布时间	相关内容
1	《广东省发展绿色金融支持碳达峰行动实施方案》	粤办函〔2022〕219 号	广东省人民政府办公厅	2022-07-13	支持广州期货交易所开发碳金融衍生品，探索以人民币计价的碳金融衍生品，鼓励将人民币作为相关交易跨境结算货币
2	《上海市瞄准新赛道促进绿色低碳产业发展行动方案（2022—2025 年）》	沪府办发〔2022〕12 号	上海市人民政府办公厅	2022-06-24	有序推进碳金融衍生品业务创新
3	《上海市浦东新区绿色金融发展若干规定》	上海市人民代表大会常务委员会公告〔十五届〕第一一五号	上海市人民代表大会常务委员会	2022-06-22	支持浦东新区金融基础设施机构和金融机构等依法合规开展天然气、电力、氢能等绿色相关衍生产品和业务，推动浦东新区金融基础设施机构和金融机构依法参与创设、交易碳金融衍生品等相关业务

续表

序号	文件名称	文号	发布机关	发布时间	相关内容
4	《武汉市建设全国碳金融中心行动方案》	武政〔2022〕21号	武汉市人民政府	2022－06－28	探索碳远期、碳期权、碳掉期等金融衍生品业务

资料来源：笔者根据相关文件整理。

（二）中国碳金融衍生品市场的发展现状

1. 中国碳交易市场参与主体情况

从各地交易规则设计来看，试点地区均允许履约机构和非履约机构参与交易，但非履约机构参与条件各有差异。除上海暂不接受个人参与交易外，其他试点地区均开放个人参与，其中北京门槛最高，需个人拥有100万元以上的金融资产。深圳等地还成功取得国家外汇管理局许可，允许境外机构参与交易。随着试点工作的推进，一些试点地区开始降低纳入门槛、扩大参与主体。北京从2016年开始将管控门槛下调至5000吨，由此新增了约500个重点排放单位。同时，北京还与河北承德及内蒙古呼和浩特、鄂尔多斯率先实现了跨区交易，将北京碳市场覆盖的排放量翻了一番以上。

2. 中国核证自愿减排量置换

在中国碳市场中，碳金融衍生品的基础资产主要包括试点碳排放配额和中国核证自愿减排量（CCER）。CCER置换与项目市场中进行的CCER交易有所不同，不是直接用资金购买项目减排量，而是用碳排放配额与CCER进行等量置换，但是由于CCER的使用限制较多，一般来说在价格上比碳排放配额相对较低，所以在置换的过程中碳排放配额出售方会获得两种资产的差价带来的资金收益。

2015年6月10日，华能南方分公司汕头电厂、海门电厂与壳牌石油签订了国内成交量最大的碳排放配额及核证减排量互换协议，共置换碳排放权220万吨，海门电厂取得收益140万元。

到2016年为止，中国碳市场的主体仍是以现货交易为主，主要包括七个碳交易试点省市各自的碳排放配额和项目减排量两类交易产品。项目减排量以CCER为主，主要用于七省市的控排机构在履约时抵消其一定比例的碳排放配额，还有少量用于部分机构及个人的自愿碳中和行动。

3. 中国碳金融衍生品的运用情况

目前，中国试点的七个碳市场每年发放的配额总量在12亿吨以上，合计产生了约2亿吨的交易规模。尽管中国早在2013年就已经初步开始了碳配额的现货交易，但以碳远期和碳期货为主的衍生品交易直到2016年才逐步发展起来。表9.11显示了中国碳金融衍生品交易的市场分析情况。

表 9.11　　中国碳金融衍生品交易的市场分析

工具类别	具体工具	试点地区							非试点地区	
		北京	上海	天津	深圳	广东	重庆	湖北	福建	四川
交易工具	碳期货									
	碳期权	✓								
	碳远期	✓	✓			✓		✓		✓
	碳掉期	✓								
	碳指数交易产品					✓		✓	✓	
融资工具	碳资产回购	✓	✓		✓	✓		✓	✓	
	碳结构性存款				✓			✓		
	碳资产托管		✓		✓	✓		✓	✓	

资料来源：笔者根据相关资料整理。

（1）碳期货

中国碳期货仍然处于研发阶段。虽然 2016 年中国人民银行等七部门印发的《关于构建绿色金融体系的指导意见》已提出“探索研究碳排放权期货交易”，但《期货交易管理条例》中规定期货交易只能在经批准的专业期货交易所进行交易，而现有的七个试点碳市场均不具有期货交易资格。2021 年 4 月 19 日，随着广州期货交易所揭牌，碳期货品种研发进程加快，中国证监会也表示广州期货交易所将在条件成熟时推出与碳排放权相关的期货品种。随着 2022 年 8 月 11 日广州期货交易所启动试运行，中国碳期货交易将提上日程。

根据国家发展改革委的测算，若是仅以现货交易，全国碳排放权交易市场交易金额每年将达到 12 亿元至 80 亿元。而如果碳期货被引入市场，每年交易金额将达到 600 亿元至 5000 亿元，交易规模相当可观，预计金融机构业务前景将更加广阔。

图 9.13　广州期货交易所发展历程

（2）碳期权

国际主要碳市场中的碳期权与碳期货交易已相对成熟，然而中国当前的碳期权均为场外期权，并委托交易所监管权利金与合约执行。2016 年 6 月 16 日，深圳招银国金投资有限公司、北京京能源创碳资产管理有限公司、北京环境交易所（现北京绿色交易所）正式签署了国内首笔碳配额场外期权合约，交易量为2万吨。2016年7月11日，北京环境交易所发布了《碳排放权场外期权交易合同（参考模板）》，场外碳期权成为北京碳市场的重要碳金融衍生工具。

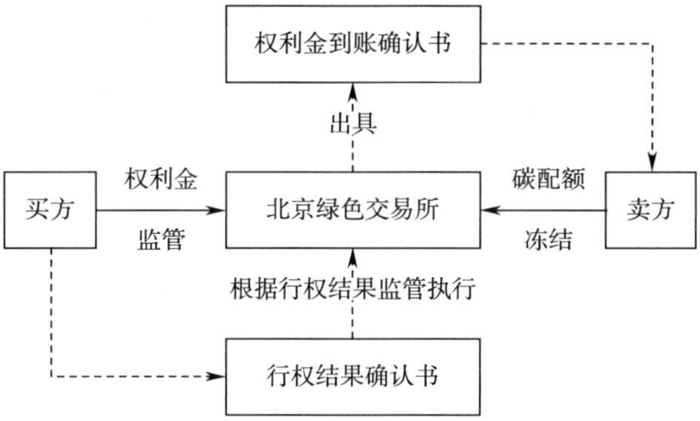

图9.14 北京碳期权运行示意图

（3）碳远期

由于碳市场不具备期货交易所资质，各碳交易机构纷纷从远期产品入手，探索碳金融衍生品的开发。2016年2月广州碳排放权交易所发布《远期业务指引》，并于2016年3月28日完成了第一单交易，其推出的碳远期产品为线下交易的非标准合约，由广州碳排放权交易所承担交易监管、交割以及信息披露的职责，交易撮合的难度较大、市场流动性较低，目前成交较为清淡。2016年4月27日，湖北碳排放权交易中心推出了标准化的碳远期产品，上线当日成交量达到680万吨，成交额超过1.5亿元。湖北碳远期产品上线以来，日均成交量始终保持在现货成交量的10倍以上，显示出较强的市场活跃度，但湖北金融市场基础较为薄弱，导致金融机构参与碳市场现货和远期交易的积极性有限。2017年1月，上海碳配额远期产品上线，以上海碳配额为标的，由上海环境能源交易所完成交易组织，上海清算所作为专业清算机构完成清算服务。截至2023年1月13日，上海碳市场的碳远期产品累计（双边）成交协议4.3708万个，累计交易量437.08万吨。目前，湖北、上海和北京碳市场推出的碳远期产品均为标准化的合同，采取线上交易模式，尤其是湖北碳排放权交易中心采取了集中撮合成交的模式，有“无限接近”期货的形式和功能。广州碳排放权交易所推出的碳远期产品为线下交易的非标准合约，市场流动性较低。

中国的碳交易市场有一个共同的特点，就是在履约期结束时，企业为了完成减排指标，配额交易量会急剧增加，从而造成配额交易过度集中，市场价格出现非合理性波动。现货远期交易的启动，能够在一定程度上有效规避这类风险的发生。

目前试点碳市场的远期产品见表 9. 12。

表 9. 12　　目前试点碳市场的远期产品

产品名称	上海碳配额远期合约	湖北碳配额远期合约	广东碳配额远期交易
交易场所	上海环境能源交易所	湖北碳排放权交易中心	广州碳排放权交易所
协议简称	SHEAF + 期限， 如 SHEAF082022	HBEA1705	无
标的物	上海碳排放配额（SHEA）	湖北碳排放配额（HBEA）	广东碳排放配额 （GDEA）、CCER
参与主体	挂牌交易 （不自动撮合）	集中竞价	协议转让
是否标准化/ 合约是否可转让	是（可转让）	是（可转让）	否（不可转让）
涨跌幅限制	±50%	±4%	无
交割期限	当月起，未来 1 年的 2 月、5 月、8 月、11 月	2017 年 5 月	合同签订日与交割日的时间 差大于 10 个交割日即可
交割方式	实物交割或现金交割	实物交割	实物交割

（4）碳掉期

2015 年 6 月 16 日，中国首笔碳排放权场外掉期合约在北京签署，交易量为 1 万吨，掉期合约交易双方为中信证券股份有限公司和北京京能源创碳资产管理有限公司，双方以非标准化书面合同的形式开展掉期交易，并委托北京环境交易所负责保证金监管与合约清算。

碳排放权场外掉期交易实现了碳市场与金融市场的有机结合，有助于发挥碳市场的价格发现功能，拓宽了交易参与者的风险管理的渠道，为碳市场交易参与者提供了一个在场外对冲价格风险、开展套期保值的手段，同时也可以为企业管理碳资

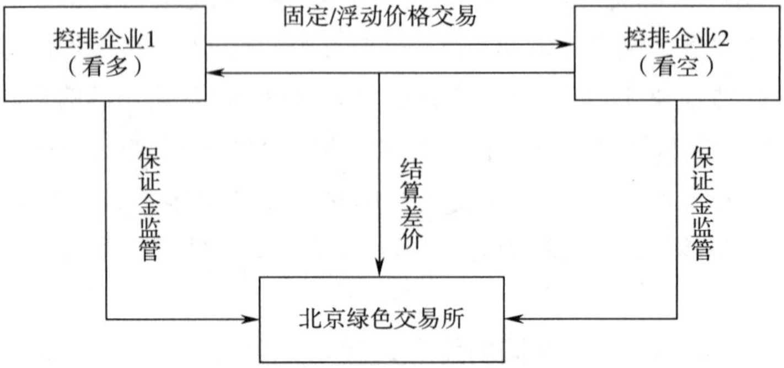

图 9. 15　北京碳配额掉期运行示意图

产创造流动性。这一交易的达成是北京碳排放权交易试点建设的重要里程碑。

（三）中国碳金融衍生品市场前景展望

世界银行在《2010 年碳市场现状和趋势》中估计，碳市场在 2030 年将有望超过石油市场，成为全球最大的大宗商品市场。而中国作为能源消费与碳排放大国，在面临巨大减排压力的同时，也拥有碳市场巨大的发展空间，使之成为大宗商品市场未来最具潜力的领域之一。以更为成熟的欧盟市场作为参照，EU-ETS 每年发放 20 亿吨配额，产生了超过 120 亿吨的成交量。照此比例匡算，中国碳市场成交量有可能达到 240 亿吨以上，成交额将超过 6000 亿元。欧盟碳市场上的衍生品交易量（主要是碳期货）占碳市场总交易量的 90% 以上，因此，完全有理由预期在全国碳市场启动并逐步发展成熟后，碳远期、碳期货等碳金融衍生品的市场规模将有望达到万亿元级。目前，国家和地方政府在行业、金融政策等各方面都对碳市场进行了有力的引导，各试点碳市场运行总体平稳，也开展了一系列相关碳金融衍生品的探索，但在碳金融衍生品市场的发展过程中仍然存在一些需要改进的地方。

一是持续完善碳现货市场建设。一个健康、活跃，且具有一定规模的碳现货市场是碳金融衍生品市场的基石。碳现货市场制度的完善、体量的扩大，都是碳金融衍生品市场的必要支撑，对碳现货市场进行持续的支持和推进，也是国家不断加强节能减排、完善生态建设的重要部分。而且由于碳金融衍生品交易成本低、资金杠杆高、成交活跃，碳现货市场的任何细微的缺陷都会在碳金融衍生品市场被放大，产生套利空间，侵蚀市场的根基。因此，完善碳现货市场的建设，首先需要夯实碳现货市场的基础，包括明确和统一碳排放监测、报告与核查（MRV）机制，在不同交易市场之间设置统一的交易规则，确保不同地区、不同市场交易的碳现货产品之间具有严格的同质性。其次需要在制定政策约束的同时，提高政策的延续性和时效性。相较于欧盟七年有效的分配方案，目前我国试点碳市场分配方案仍然以一年一发布为主，这使参与方难以进行较长期限（超过一年）的市场预测，但绝大多数碳金融衍生品都需要参与方对未来市场价格有较为明确的预期才能开展。因此，政策变更周期相对较短在一定程度上增加了碳金融衍生品的交易风险，降低了交易意愿，对市场发展带来了一定的负面影响。设定碳排放的长远目标，制定有效期更长的政策方案，辅助以特殊时期调整举措，如配额的有偿拍卖和政府回购等，都可以稳定市场的运行。延续的政策措施也能够避免配额结转规则不明等导致的碳价格剧烈波动的问题，助力碳市场的有序健康运行。

二是做好企业能力建设，鼓励金融机构参与碳市场。创立碳金融衍生品工具的初衷是对冲风险而不是增加投机手段，且在碳金融衍生品交易的过程中需要存在完全相反的交易预期，对冲者的交易对手一般是投机者。在碳金融衍生品市场的发展过程中，投机者（投资机构、自然人、部分有增值需求的控排企业等）和对冲者

（大部分需要减少交易风险的控排企业）同样重要，即碳金融衍生品市场发展除了需要投资机构的带动外，也需要控排企业的积极参与。但碳交易对于多数控排企业而言仍然是不熟悉的领域，对其进行知识普及、教育和引导尤为重要，这也是国家自2016年以来在深圳、北京、湖北等七个省市设立全国碳市场能力建设中心的原因。加强企业能力建设，不仅能降低市场运行风险、提高企业参与意愿，也能盘活更多的碳资产、扩大流通盘，从而提高市场流动性。同时，鼓励金融机构参与碳市场，尤其是参与碳金融衍生品市场的交易，不仅可以将碳市场作为投资渠道，直接参与碳交易，给碳市场带来巨大的流动性，强化价格发现、平抑价格波动；更重要的是，金融机构可以向碳金融衍生品市场参与者提供金融中介服务，推动碳金融衍生品的设计与创新和碳金融衍生品服务的发展，有助于碳金融体系的深化和多元化。因此，应减少对金融机构参与碳市场的限制。在现行的碳金融市场中存在诸多对金融机构参与碳市场的限制，比如银行只参与碳交易的结算业务，不能参与碳现货或者其他碳金融衍生品交易。在现阶段打破金融机构参与碳市场的制度限制对于碳金融的整体发展而言有着积极的推动作用。

三是丰富交易产品种类，推出场内碳金融衍生品工具。碳金融衍生品交易复杂程度较高，为了丰富交易产品种类，需建立更完善的碳金融衍生品经营体系。碳金融衍生品的设计涉及专业的衍生品产品理论、风险管理和市场准入等专业体系，发展并非朝夕可得。随着试点碳市场的发展，各类场外衍生品工具已经得到一定的实践，碳期货的发展也已经提上日程。但目前碳金融衍生品交易仍然以场外交易为主，交易的便捷程度和流动性受到一定的限制。而欧盟碳市场中期货和期权等产品的交易大部分为场内交易，市场表现活跃。因此，应考虑加快开发建设场内碳金融衍生品交易市场，在金融层面进行规划和探索，完善碳金融衍生品的设计，并推出更多碳金融衍生品工具。

四是完善市场风险控制与监管。碳金融衍生品的发展因其属性特殊，不仅受到碳市场行业政策的影响，也受到国家及各地方政府对碳金融衍生品的发展政策的影响，与此同时还关乎碳市场整体运行稳定，影响企业生产经营，因此建立安全完善的风险控制和监管制度也是碳金融衍生品市场健康发展的重要组成部分。由于碳期货等碳金融衍生品对现货价格具有引导作用，衍生品市场金融属性带来的风险也会传导至现货市场，进而对生产企业实际的减排行动造成影响。对此，一方面要通过市场自身的风险控制手段，如涨跌幅限制、持仓限制等，控制衍生品市场风险；另一方面要借助公开市场操作的方式，在市场出现极端情况时，及时对现货市场进行干预。这对参与者的市场预期有着重要的作用，同时也会增强碳金融衍生品市场的平稳性。

此外，目前试点碳市场对碳远期交易、碳资产托管等碳金融衍生品发展各方面的支持相对较为完善，各试点基本上都推出了相关的业务管理办法，也采用了中央对手清算、业务保证金等降低违约风险的措施，但在违约赔偿、责任追究方面普遍未提供相对有力的保障，监管力度尚待加强。从这个角度出发，还可以考虑立法监管、为场外合约提供履约担保、控制业务总体规模、制定标准化合同范式、建立健全市场准入规则等措施，甚至对碳交易市场进行全面金融化监管。

【本章小结】

本章介绍了碳金融衍生品的产生、特征和功能，同时逐一梳理了碳期货、碳期权、碳远期、碳掉期等主要碳金融衍生品的特点。本章总结了碳金融衍生品市场的要素和交易，从宏观结构和微观体现两个层面对碳金融衍生品市场的层次结构进行了讨论，并通过碳期货、碳期权、碳远期、碳掉期等产品的套期保值、投机等例题详细解析了交易过程。本章阐述了国际碳金融衍生品的发展规模、交易品种、价格及交易量波动变化等内容，深入分析了碳金融衍生品交易结构。本章以中国试点碳市场为背景，重点分析了中国碳金融衍生品市场的政策背景、发展现状，并对推动中国碳金融衍生品市场发展提出了建议。

【思考题】

1. 请以碳期货、碳期权为例阐述碳金融衍生品的功能。

2. 比较碳期货与碳期权的异同，简述碳金融衍生品的交易过程。

3. 碳期货每份合约的数量是100吨，最低交易保证金是合约价值的5%，合约涨跌幅限制为3%。投资人投资碳期货的最初资金是4万元，最初买入15手碳期货合约的价格是8100元/吨，买入后碳期货价格连续4天涨停，假设每个涨停带来的盈利都用于当日以涨停板价格开新仓，第5天和第6天碳期货价格跌停。请分析投资人盈亏变化及其原因。

4. 某碳金融衍生品价格为50元，其6个月后到期行权价格为50元的看涨期权和看跌期权的价格分别为8.68元和7.99元。投资人认为该衍生品价格未来可能会产生较大波动，于是买入1份看涨期权和1份看跌期权。问：6个月后该衍生品价格如果为20元、30元、40元、50元、60元、70元和80元，投资组合的损益分别是多少？

5. 2022年8月6日CER价格为2.31元，某投资机构质押在银行的2000万份CER将于2022年9月12日到期，其担心届时价格下跌影响其卖出收入，该投资机构应该采取何种策略应对可能出现的不利状况？

第十章　碳指数

【学习目标】

1. 熟悉碳指数的定义，掌握碳指数的功能。

2. 了解国际上主要碳指数的发展过程、编制原理、运作机制与相关产品，理解其如何衡量和评价碳市场的运行情况。

3. 了解国内目前已有碳指数的编制方法和运行情况，并与国际进行比较，分析异同及其背后的原因。

4. 根据我国碳排放权交易市场发展情况，进一步思考未来我国碳指数的发展方向和发展趋势。

第一节　碳指数的定义与功能

一、碳指数的定义

碳指数（Carbon Index）通常是指碳价格指数，也就是为了反映整体碳市场或某类碳资产的价格变动及走势而编制的统计数据。① 碳指数通常由金融机构、相关科研院所或高校等组织，根据指标编制方面的某项科学方法进行计算并公布。国际上对碳指数的探索较早，2007 年诞生了巴克莱资本全球碳指数（Barclays Capital Global Carbon Index，BC GCI），用于追踪欧盟碳排放权交易体系（EU-ETS）下碳交易市场，以及《京都议定书》清洁发展机制（CDM）下交易的碳信用（Carbon Credit）价格。国内也开发了一系列相关价格指数，比如北京绿色金融协会于 2014 年推出的观测性指数——中碳指数，综合反映了国内各个试点碳市场的成交价格和流动性。

① 中国证券监督管理委员会 . JR/T 0244—2022 碳金融产品［S］. 2022.

但在广义上，碳指数不仅仅是碳交易市场的价格指数，也可以包括所有碳排放权和碳市场交易相关经济指标的构建和测算。代表性的有碳减排指数，如中国的“孔氏碳指”，由北京大学汇丰商学院公布，用经济学成本最优的方法提出了碳排放权分配方案；碳效率指数，如标普500碳效率指数（SP5CEUP）和上证180碳效率指数，聚焦上市公司的碳排放情况，给予低碳排放的公司更高的权重配置，有利于将社会资金引导到绿色产业发展中；能源效率指数，用于衡量与比较区域和行业综合能源经济效率，为分析能源效率变动情况以及识别重点节能地区和行业等提供参考，凡此种种，不一而足。

随着人们环境保护意识的加强以及碳交易市场的逐步发展和成熟，国内外越来越多的机构都编制了种类繁多的碳指数，或者仍在进行碳指数编制的相关研究，这些指数的编制方法和重心不尽相同，但都有着相同的目的和动机，希望能为碳排放权或碳市场交易建立科学的计算标准，促进碳排放权的合理分配，支持低碳产业和全球经济的可持续发展。本章主要探讨与碳市场交易相关的碳指数，以及对碳金融产品的设计和应用有一定参考和使用价值的碳指数。

二、碳指数的功能

碳指数有着一般指数的特点和功能，但其关注点在于对碳排放权或碳交易市场的运行情况进行度量，因此碳指数也有着不同于传统的金融市场指数的特殊性，对低碳环保和生态文明建设有着重要的价值。要想深入理解碳指数的功能，首先需要对一般指数的功能有一定的了解。我们可以从探讨一般价格指数的作用开始，逐步推及和深入认识碳指数的功能。

（一）反映碳交易市场价格走势

价格指数是衡量经济波动和市场表现的基准。价格指数（如股票价格指数）直接反映总体或分类金融市场的交易价格基本走势，进而间接反映国民经济的运行情况，并在一定程度上体现投资者的心理预期和市场情绪，起到指示器的作用，这也是价格指数最基础的功能。由此可见，碳指数主要反映整体碳交易市场或者某类碳资产价格的变动和走势，也一定程度上体现了参与碳交易市场投资者的心理预期，可以作为分析碳交易市场的工具和基本资料。

（二）作为碳金融市场的投资标的

价格指数具有投资功能。这一功能主要体现在两个方面：一方面是指数化投资，也就是将价格指数作为投资工具的跟踪标的。随着指数的不断发展，以及在有效市场理论被人们普遍接受的情况下，在交易过程中追踪指数设计投资组合，相比直接投资单一股票，往往能够获得更稳定的收益，有着分散投资风险、成本相对较低的优势，适合追求长期收益。选定某特定指数作为标的，通过购买该指数的全部或部分成分股，构建投资组合以追踪标的指数的表现，将其作为基金产品，这便是指数型基金，也是指数化投资非常重要的实践成果。另一方面，指数可以作为金融衍生工具的标的资产。在股票市场上有股指期权、股指期货，既可以作为对冲现货价格风险的工具，也可以用来投资以获得一定的收益。碳指数同样可以作为投资标的资产，在此基础上设计基金、期货和期权，为碳交易市场参与者提供更丰富的投资工具，以满足其不同的需求。

（三）打破普通投资者进入碳交易市场的壁垒

除了以上两种基本功能，碳指数还有着不同于一般价格指数的特殊功能。碳交易市场是一个新兴的、专业度较高的市场，对普通投资者来说，碳金融相关专业知识的缺乏是其进入碳市场的一大壁垒，逐步认识和把握碳市场的运行规律也需要时间。但出于对低碳环保的支持以及对新兴市场潜在利润的追求，普通投资者也有着进入碳市场的强烈意愿。因此，由专业机构开发的、代表碳市场运行情况的碳指数，能满足投资者参与碳市场的需求，并能在其中稳定受益。更多交易者的参与也能提高碳市场的流动性，对低碳环保事业有着重要意义。

（四）抑制投机因素，有助于分析碳市场规律

碳排放权这类商品存在特殊性，即其使用价值仅限于控排企业，因此对于一般投资者而言，进入碳市场的交易目标主要是赚取差价。在这样的动机驱使下，投资者的市场操作难免会带有投机性，这也会影响到针对单个市场进行分析的准确率。指数的计算方式能够放大经济政策、市场周期等系统性因素，从而对投机带来的影响进行有效的抑制，因此更能凸显出碳市场的规律性走势。

（五）反映参与企业的减排成本

一般价格指数主要反映市场平均价格或总市值。碳市场的总市值并没有重要的金融含义，因为碳市场的配额总量和总市值基本取决于政府的调控。碳指数反映的碳价格信息，更多代表的是企业的减排成本。在成熟的碳市场中，当控排企业减排的边际成本低于碳价，企业倾向于主动减排；当边际成本高于碳价，企业则倾向于从市场购买碳排放权，用于抵消实际碳排放超过配额的部分。所以企业减排成本的提高，会导致其对碳排放权的需求增加，进而导致碳价的提高，这种变化自然体现在碳指数中，这也是碳指数与一般价格指数的明显区别。

总而言之，碳指数是推动碳交易和碳金融发展的重要力量之一。各类碳指数的编制丰富了绿色指数体系，充分发挥了技术创新在绿色发展中的支撑作用，有助于绿色金融事业不断推进，促进全世界的可持续发展。

第二节　主要碳指数类别及相关产品

一、国际上主要碳指数及相关产品

（一）巴克莱资本全球碳指数

1. 巴克莱资本全球碳指数简介

巴克莱资本全球碳指数（Barclays Capital Global Carbon Index，BC GCI）由巴克莱银行旗下的投资银行巴克莱资本编制，并于2007年首次发布，是世界碳交易市场上首只综合基准指数，因而成为世界碳交易指数的领跑者。

巴克莱资本全球碳指数由巴克莱资本环境市场指数委员会（Barclays Capital Environmental Markets Index Committee，BCEMIC）管理和监督，该委员会是由碳行业和机构投资者代表组成的独立机构。监督管理的内容包括对指数规则、构成和编制方法的实时监控。此外，每年指数发起人都会对指数涵盖的交易机制、指数权重和碳投资工具进行调整，并由该委员会批准。

最初的巴克莱资本全球碳指数包含两个子指数，分别跟踪欧盟碳排放权交易体系和清洁发展机制下相关碳信用的市场表现，并且随着世界各地的碳交易体系不断丰富，也会纳入新的机制。编制巴克莱资本全球碳指数时采用标准结算价格和最适合国际投资者的市场日历，每日计算。此外，巴克莱资本也会通过巴克莱资本指数网站和其他电子商务平台，包括彭博（Bloomberg）为指数提供支持和分析。

在具体编制时，巴克莱资本全球碳指数会在每一个机制中选择一个碳投资工具。被选择的工具应该适合于反映成交量情况，并且能够提供较为准确的每日定价。比如可以在欧盟碳排放权交易体系下选择欧盟碳排放配额（EUA）相关期货合约，在《京都议定书》清洁发展机制下选择核证减排量（CER）相关期货合约。一般来说，当该工具同时在远期和期货市场交易时，在流动性、定价精确稳定上更加符合要求，可以优先考虑；如果在不同交易所内交易，则选择成交量较大的合约。在考虑不同机制权重问题时，会包括过去几年该机制下的场内外交易量，以及期望的交易量，以反映不同碳排放额度交易的金融价值。

在向着《京都议定书》第一阶段和欧盟碳排放权交易体系第二阶段迈进的背景下，全球碳市场大幅增长，巴克莱资本全球碳指数的产生具有重要创新意义。它为投资者提供了新的参考基准，满足投资者在这一新兴资产类别上的多样化投资需求，并且为碳交易市场参与者提供了新的碳风险解决方案。

2. 巴克莱资本全球碳指数的发展

在2017年10月27日以后，原来的巴克莱资本全球碳指数总回报被一种新的指数所继承，也就是巴克莱全球总回报美元碳指数Ⅱ（Barclays Global Carbon Ⅱ TR USD Index）。继任指数的组成部分的权重仍然每年进行一次确定和调整，但不再由原来的指数委员会负责，而是由指数发起人承担，过程也与之前一致。有资格纳入后续指数组成部分的期货合约，只包括在美国洲际交易所（ICE）交易的 EUA 和 CER 相关期货，这与原指数基本一致。虽然原指数在运行过程中历来只包括与这两种机制相关的期货合约，但按照原指数规定，指数发起人与指数委员会可以经过协商，纳入提供风险敞口的其他碳交易机制。在实际运行中，指数的成分合约以欧元计量，但指数本身以美元计量。此外，自从指数开始计算和编制，欧盟碳排放权交易体系下的期货合约一直占据极大权重，超过了 99.9%，而分配给《京都议定书》清洁发展机制下期货合约的权重小于 0.1%，所以指数在很大程度上体现的是欧盟碳排放权交易体系下期货合约的运行情况。

另外，随着指数本身的变动，跟踪原指数的金融工具也进行了相应的变更。原来的 The iPath Global Carbon ETN 也从 2017 年 10 月 30 日开始跟踪后续指数的市场表现，包括其收盘值和赎回价格。

3. 巴克莱资本全球碳指数相关产品

跟踪巴克莱资本全球碳指数的指数型产品，如上文提到的 The iPath Global Carbon ETN，属于 ETN 类产品，这是一种较为新型的金融工具，对国内投资者来说相对陌生。为了更好地理解相关产品与指数之间的关系，需要对 ETN 做一个初步的介绍。

ETN（Exchange-Traded Notes）即交易所交易债券或交易所交易票据，一般是由投资银行发行的债权类产品，最早由巴克莱银行于2006 年发行。ETN 不同于其他形式的债券，其报酬基于特定市场指数的回报，并不支付固定利息，也不保障本金，但和债券一样有着确定的到期日（通常为30 年），因此可以理解为债券和 ETF 部分特征结合的结构化产品。在挂钩指数上，ETN 跟踪的通常是大宗商品指数、波动率指数或者海外债券指数，超出了许多普通投资者的投资范围，无法简单复制其投资组合，因此 ETN 给投资者提供了接触此类投资策略的机会。在申购赎回方面，ETN 不能使用一篮子股票，只能使用现金，这也导致其申赎效率相对较低，折价溢价率较高。在产品的回报方面，ETN 取决于产品合同的规定和发行人的信用，跟踪虚拟投资组合的表现，一般承诺与标的完全相同的回报，因此相比一般 ETF 类产品，在复制指数收益方面，有着不存在跟踪误差的优势。从税费角度来看，ETN 的投资资产较为特殊，所以费率一般较高，但 ETN 在赋税时被当作“预付合约”处理，并不真正持有证券，且中途并不分红，所以在资本利得相关税费上会有一定的优势。

目前，巴克莱银行主要设计并发行了两种与巴克莱资本全球碳指数相关的 ETN 类产品。一种是 The iPath Global Carbon ETN，于 2008 年 6 月 24 日发行，并将于

2038年6月24日到期，跨度为30年，于场外市场交易。该产品在2017年10月30日以前追踪巴克莱资本全球碳指数总回报（原始指数），此后则与巴克莱全球总回报美元碳指数Ⅱ（继任指数）相挂钩，旨在向投资者提供相关指数的风险敞口，但持有该ETN并不代表持有了构成指数的合约组合。该产品不保本，回报完全取决于发行方巴克莱银行的偿付能力，而且没有第三方的直接或间接担保，也不存在第三方的支付义务，因而与无担保证券相比有着更高的风险。具体信息见表10.1。①

表10.1　The iPath Global Carbon ETN主要信息

项目	内容	项目	内容
资产类别	可持续投资	彭博社ETN键入	GRNTF < EQUITY > < GO >
主要交易所	场外交易市场	彭博社指数代码	BXIIGC2T
交易货币	美元	美国证券统一辨识码	06739H164
ETN代码	GRNTF	国际证券号码	US06739H1648
投资者费率	每年0.75%	发行日	2008-06-24
交易日指示值代码	GRNTF.IV	到期日	2038-06-24

资料来源：笔者根据相关资料整理。

类似的另一种产品是The iPath Series B Carbon ETN，于2019年9月10日发行，并在30年后到期，同样跟踪巴克莱全球总回报美元碳指数Ⅱ。产品的设计思路和风险因素也与The iPath Global Carbon ETN几乎相同，此处不再赘述。需要注意的是，The iPath Series B Carbon ETN在纽约证券交易所高增长板市场（NYSE Arca）交易，而非在场外市场交易。

表10.2　The iPath Series B Carbon ETN主要信息

项目	内容	项目	内容
资产类别	可持续投资	彭博社ETN键入	GRN < EQUITY > < GO >
主要交易所	NYSE Arca	彭博社指数代码	BXIIGC2T
交易货币	美元	美国证券统一辨识码	06747C322
ETN代码	GRN	国际证券号码	US06747C322
投资者费率	每年0.75%	发行日	2019-09-10
交易日指示值代码	GRN.IV	到期日	2049-09-08

资料来源：笔者根据相关资料整理。

（二）瑞银温室气体指数

瑞银温室气体指数（UBS Greenhouse Index，UBS GHI）由瑞士联合银行于2008

---

① https：//ipathetn.barclays/details.app；instrumentId=31022.

年发布，是一只综合性的温室指数。其主要特点是既考虑了碳排放权交易市场，又纳入了气候变化因素。

瑞银温室气体指数是使用高流动性、高活跃度的期货合约建立起来的。其在气候上的敞口来源于天气期货，主要是在芝加哥商品交易所（Chicago Mercantile Exchange，CME）交易的热度日（Heating Degree Day，HDD）和冷度日（Cooling Degree Day，CDD）期货合约。简言之，根据每天的平均气温（当天最高气温和最低气温的算术平均值）算出当天平均气温和基准温度65℉之间的差异，高于65℉则其差值为当日的CDD（意味着需要制冷的值），低于65℉则其差值为当日的HDD（意味着需要制暖的值），用数学表示则为：CDD = Max {日平均温度 - 65℉，0}，HDD = Max {65℉ - 日平均温度，0}。这两类期货合约为月度合约，因此当月CDD是该月每日CDD的总和，HDD亦然。每单位的CDD或HDD为20美元，这也是合约的最小变动单位。举例来说，如果当月CDD为450点，则对应期货的名义结算价格为9000美元。

指数在碳排放权上的敞口则来源于两个碳排放权交易体系，分别是在欧洲气候交易所交易的欧盟碳排放权交易体系相关碳排放权期货和在北欧电力交易所（Nord Pool）交易的清洁发展机制相关碳排放权期货。瑞银温室气体指数发布时，气候和碳排放权相关期货各占50%的权重，而碳排放权所占权重中，40%是欧盟碳排放配额，10%是北欧电力交易所交易的核证减排量。

瑞银温室气体指数的管理委员会每年都会重新衡量该指数和其子指数的构成与权重，每年5月对气候权重进行重新设定，每个季度则对碳排放权权重进行调整。目前有三种追踪欧盟碳排放配额和核证减排量相关期货表现的子指数。为了保持指数能够适应碳交易市场的变化，该委员会也会根据市场具体发展纳入其他种类的碳排放权，比如除欧盟以外国家和地区的交易机制，只要这些市场有着足够的流动性。

瑞银温室气体指数是投资银行设计气候变化主题相关指数的一次重要尝试。私人投资者可以通过投资该指数在宏观层面简便地获得气候与碳排放权交易市场的敞口，机构投资者也可以通过主指数和其子指数来对冲风险敞口。

值得关注的是，除了温室气体指数外，瑞银还依托美国15个城市天气期货合约发布了瑞银全球变暖指数（UBS Global Warming Index）；为了向低碳和气候适应型经济转型这一长期主题提供投资敞口，瑞银设计了气候感知股票指数（UBS Climate Aware Equity Index），包括美国大中型公司的股票，并倾向于提升在低碳经济中取得成功的公司的股票权重。瑞银每年都会公布一份可持续发展报告，关注其在可持续发展中作出的努力，比如着重于可持续发展主题的投资，支持绿色、社会、可持续债券交易，促进跨行业公司共同参与气候议题，推出瑞银绿色融资框架，等等。2021年瑞银关注和影响可持续发展的投资超过2500亿美元，9.9%的贷款敞口来自碳相关资产，碳足迹与基期2004年相比减少了92%。可以看出，瑞银一直致力于将金融服务融入可持续发展目标，希望成为将资金转向低碳经济领域的投资者的首要选择。未来瑞银也会针对碳排放权交易、绿色环保和经济可持续发展等议题设计出更多更有效的指数和产品。

（三）美林全球二氧化碳排放指数

美林全球二氧化碳排放指数（MLCX Global CO_2 Emissions Index）由美林公司（Merrill Lynch）全球研究部于2008年推出。美林公司是著名的投资银行，于2008年9月被美国银行（Bank of America）收购。该指数的推出目的，是给快速增长的全球碳排放权交易市场参与者提供能够较为精准地了解市场动向的途径。

美林全球二氧化碳排放指数是根据欧盟碳排放权交易体系和《京都议定书》下的交易合约计算出来的，因此该指数可以向投资者提供对两种机制的分析和投资机会。并且，这两种机制的权重根据它们在全球碳排放权交易市场的相关性计算得到。具体而言，美林全球二氧化碳排放指数主要以欧盟碳排放配额和核证减排量的交易价格为基础，由二者不同时期基本工具的流动性和相关性决定，这也是投资者在选择进入新兴和快速发展市场时所关注的重要因素。比如在推出当年，采用了71%的欧盟碳排放配额和29%的核证减排量构成指数。

美林全球二氧化碳排放指数还拥有两个子指数，分别是美林欧盟碳排放配额指数（MLCX EUA Index）和美林核证减排量指数（MLCX CER Index）。两个子指数分别追踪欧盟碳排放配额和核证减排量市场，帮助投资者对其进行单独投资。此外，随着碳排放权交易市场的发展和扩张，美林公司全球研究部计划纳入更多类型的标的金融工具，对指数进行不断完善，使整个指数体系方便参与碳排放权交易市场的投资者进行交易，并为其投资决策提供较为全面的参考。美林全球二氧化碳排放指数是美林全球财富管理（Global Wealth Management）旗下的产品，因此美林公司没有公布完整的指数计算方法。在设计指数时，以其能够作为可投资产品标的指数为目标。

设计和计算该碳排放权交易指数，是美林公司对全球碳排放权交易市场需求的回应，更是其碳金融和环境可持续发展方案体系的重要一环。除此之外，美林公司会将碳市场发展带来的新风险和机会嵌入其旗下各种金融产品类别中，无论投资者专注于大宗商品、固定收益类产品、股票，还是寻求碳驱动的基础投资和私募股权投资机会，美林公司都能为其提供创新的解决方案。

（四）道琼斯—芝加哥气候交易所碳指数

全球指数提供商道琼斯公司（Dow Jones）和芝加哥气候交易所（CCX）于2008年共同公布了道琼斯—芝加哥气候交易所欧洲碳指数（Dow Jones/CCX European Carbon Index，DJ/CCX-ECI）和道琼斯—芝加哥气候交易所核证减排量碳指数

(Dow Jones/CCX Certified Emissions Reductions Index, DJ/CCX-CERI)。两个指数分别给投资于欧盟碳排放权交易体系和《京都议定书》下清洁发展机制的投资者提供参考和基准，也希望能给相应的欧盟碳排放配额（EUA）和核证减排量（CER）现货提供较为精准、透明合理的定价方式。道琼斯—芝加哥气候交易所欧洲碳指数历史每日价格可以追溯到2008年1月2日，而道琼斯—芝加哥气候交易所核证减排量碳指数最早可以追溯到2008年4月1日，两种指数均以欧元计量。

当时的芝加哥气候交易所有着世界上第一个和北美洲唯一具有法律约束力的自愿温室气体减排、登记和交易系统，也有着世界上唯一基于所有六种温室气体的全球碳排放权交易系统，这为其推出碳交易指数提供了基础。而道琼斯是一家提供全方位服务的指数提供商，它开发、维护指数，提供许可，并以其作为基准和投资产品的基础。这两种指数的推出，也是道琼斯和芝加哥气候交易所共同开发一系列全球排放指数的初次尝试，为扩充以碳排放为主题的基准产品做了准备。

两个指数的计算以相应交易机制下在洲际交易所列报的欧洲气候交易所碳金融工具期货合约价格为基础。具体来说，由三个部分的期货合约组成，分别是当年12月到期的CER/EUA期货（因为其有着最好的流动性），以及此后连续两期的12月份到期的CER/EUA期货的价格现值，都以欧元进行计量。到期日小于一年的期货合约价格以欧洲同业拆借利率（EURIBOR）折现，超过一年的期货合约则以欧元利率互换（EUR Constant Maturity Swap, EUR CMS）折现。

道琼斯—芝加哥气候交易所碳指数以滚动的方式确定不同期货的权重，两个指数的基础合约在每年的1月、4月、7月、10月进行再平衡，根据最后一个交易日每种期货合约在所有三种被纳入合约中未平仓合约数量所占比例进行赋权。在每年的12月末，道琼斯—芝加哥气候交易所碳指数会进行为期四天的“滚动”，指数权重以每天25%的增量进行更新，因而在四天的滚动过程结束以后，即将期满的期货合约在指数中的权重会减少为零。滚动过程主要是为了卖出即将到期的合约，买入尚未交割的期货，避免交割实物资产，维持期货的多头仓位，这也是碳期货与一般股票投资的区别。

道琼斯—芝加哥气候交易所碳指数的推出，凸显了芝加哥气候交易所建立稳健碳市场的承诺和期望，这有助于私人部门在实现环境和社会目标中发挥重要作用。一系列碳指数产品的推出必然会扩大市场参与者的范围，并提高市场的透明度和流动性。

（五）IHS Markit 全球碳指数

1. IHS Markit 全球碳指数介绍

IHS Markit 全球碳指数（IHS Markit Global Carbon Index）由IHS Markit公司编制并公布，从2014年7月31日开始计算，当日以100作为基期价格。2016年IHS Inc. 和 Markit Ltd. 合并，在伦敦成立了IHS Markit公司。作为一家信息供应商，

IHS Markit 公司的主要业务是提供各行业的专业数据，以及相应的信息分析。涉及的行业包括学术教育、航空航天、农业、自动化、化学、建造、能源和自然资源、金融服务、零售业等。2022 年 IHS Markit 公司被美国标普全球公司（S&P Global）收购，其继续在金融信息服务领域发挥重要作用。

IHS Markit 全球碳指数的设计初衷是为了衡量全球碳信用交易市场的表现，碳信用期货合约有着较好的流动性和投资者可获得性，因此可以作为进入碳市场的一种工具。被纳入指数的碳排放权期货，是从其相关市场流动性最强的部分中挑选的。指数的权重主要是由不同交易体系下的交易量决定的，并在此基础上进行了一定的限制。权重的限制则是根据不同的地区来划分的，分为欧洲中东非洲（EMEA）、美洲（America）和亚太区域（APAC），再在每个地区考虑不同的交易机制，以保证指数成分合约的多样性。

在每年的 11 月底，IHS Markit 全球碳指数都会进行一次再平衡（Rebalancing），新的指数构成会在 12 月的第一个交易日生效；在每年的 5 月底，指数会进行一次重新赋权（Reweighting）。

此外，值得关注的是，目前 IHS Markit 公司正在启动区块链全球碳信用管理系统，对全球碳信用进行分类和"元"注册入账。通过引入区块链技术，连接全球碳市场和注册系统，该公司能够更准确地跟踪不同碳市场的交易情况，并实现会计方法和生命周期管理上的改进。市场的流动性和透明度增加，也能加强投资者对碳市场的信任，有助于全球碳市场的持续健康发展。

2. IHS Markit 全球碳指数成分合约选择

在选择组成指数的碳排放权期货合约时，IHS Markit 全球碳指数主要考虑了三个标准，分别是期货市场的可进入性、流动性和合约选择，以及所属交易体系的成熟性。

在期货市场的可进入性上，IHS Markit 全球碳指数选取的碳排放权期货市场都是机构投资者为了交易目的可以轻易进入的市场，碳排放权期货交易受到限制的市场不纳入在内。最后，指数选取了三种碳排放权交易市场，即欧盟碳排放配额、美国加利福尼亚州碳排放配额、美国区域温室气体倡议。

此外，IHS Markit 公司可以和 IHS Markit 全球碳指数咨询委员会（IHS Markit Global Carbon Index Advisory Committee）进行协商，根据不同市场的发展情况，审查是否需要纳入潜在的碳排放权期货，或者剔除部分已被纳入的碳排放权期货。任何有关碳排放权期货是否达到纳入资格的决定都会被公布，指数规则也会相应进行调整。

在流动性方面，IHS Markit 全球碳指数只纳入了流动性强的碳排放权期货，以确保该指数可以被复制，因此碳排放权期货交易量有限的计划或体系是不符合标准的。具体来说，碳排放权期货的流动性和相关选择适用以下规则：

（1）成分期货合约在当年或下一年的 12 月到期；

（2）投资开始的年份和当前期货到期年份相匹配；

（3）此前 6 个月，所属项目平均每月交易量不低于 1000 万美元。

需要注意的是，这里的“当年”和“下一年”到期，是从指数篮子的角度判断的。也就是说，当 11 月指数再平衡以后，“当年”便已经转换至下一个日历年份，“下一年”转换至再下一个日历年份。同样地，经过和 IHS Markit 全球碳指数咨询委员会协商，指数会考虑到不同碳排放权交易市场整体流动性的变化，纳入或剔除部分碳排放权期货，并向投资者公布。

指数选取的碳排放权期货所属的交易体系的运行机制需要满足总量控制与交易原则。所谓“总量控制与交易”原则，是指在限制温室气体排放总量的基础上，通过买卖行政许可的方式来进行碳排放交易。具体而言，就是在交易体系运行以来，碳排放权分配限额逐年降低以减少总排放量；企业每年需要上缴足够的配额以支付其全部碳排放量，否则会面临高额罚款；参与者可以将多余配额进行售卖，也可以购买碳排放权以抵消实际碳排放超过配额的部分，但有一定的数量限制。此外，指数要求合约所属交易体系在未来存续上有着可识别的稳定性。不稳定、不确定的交易体系，即便满足总量控制与交易原则，也达不到纳入指数的标准。指数会关注不同碳排放权交易市场的稳定性，经过和 IHS Markit 全球碳指数咨询委员会协商，纳入或剔除部分碳排放权期货，并向投资者公布。

3. IHS Markit 全球碳指数的计算

为了计算指数，需要进一步明确数据来源。IHS Markit 全球碳指数的静态数据从证券发行通告（Offering Circular）中获取，并比对多个标准数据供应商。欧盟碳排放配额（EUA）相关期货合约价格数据来自美国洲际交易所①，而加利福尼亚州碳排放配额和区域温室气体倡议相关期货的价格信息来自 IHS Markit 石油价格信息服务中心（Oil Price Information Service，OPIS）。②

在每年 11 月的最后一个交易日收市以后，IHS Markit 全球碳指数会进行再平衡。因此，每年 11 月的最后三个交易日也被称为“成分选择截止日”（Constituent Selection Cut-off Date）。指数的成分期货合约会被确定，更新的名单也会向大众公布。此外，IHS Markit 公司还会公布最后一天相关碳排放权期货的收盘价，以及基于这些证券的各种分析。

除了再平衡，在每年 5 月的最后一个交易日收市以后，IHS Markit 全球碳指数

① https：//www. theice. com/products/197/EUA-Futures/specs.

② https：//www. opisnet. com/about/methodology/#carbon-market-pricing.

会进行重新赋权。同样地，每年 5 月最后三个交易日被称为“重新赋权截止日”（Reweighting Cut-off Date）。指数会根据不同地区和交易体系确定限制标准，决定不同成分合约的权重，并向大众公布。

一旦确定了 IHS Markit 全球碳指数的组成，每种证券再平衡的权重也会被计算出来。也就是说，在每年 11 月的最后一个交易日，IHS Markit 公司会根据此前 6 个月的回顾期内每个交易体系的月平均美元交易量，来确定下一年的权重和决定其上限的因素。在此之上，不同地区或交易体系的权重需要遵循一定的限制规则：

（1）每个给定地理区域（欧洲中东非洲、美洲、亚太区域）的最大权重不能超过 65%；

（2）纳入指数的每种碳排放权交易体系，权重不得低于 5%；

（3）对于再平衡后权重不低于 20% 的碳排放权交易体系，其下一年到期的相关期货合约权重不超过 5%。

下面对指数进行具体计算。

再平衡权重，由每个组成交易机制在回顾期内的月平均交易量除以回顾期内所有组成交易机制月平均交易量之和来确定。交易量则是通过计算每日交易的期货合约数量分别乘以当日 OPIS 或 ICE 收盘价得到。所有交易量均使用美元计量，非美元的交易量则使用伦敦时间当日 16：00 的相应中间汇率（买入汇率和卖出汇率的平均数）进行转换，在必要的情况下使用上面的限制规则，得到每个组成交易机制的权重。

$$W_{i,Rebal} = \frac{Lookback\ Volume_{i,Rebal}}{\sum_{i=1}^{n} Lookback\ Volume_{i,Rebal}}$$

式中，$W_{i,Rebal}$为第 i 个交易机制再平衡过程得到的权重，$Lookback\ Volume_{i,Rebal}$指第 i 个交易机制在回顾期的月平均交易量。

在每年的再平衡过程中，需要计算不同单元的数量（Number of Units）。单元的数量是由再平衡前的总收益水平（Total Return Level）乘以上面计算出的每个机制的相应权重，再除以相应机制的价格得到。需要注意的是，每次再平衡之后，指数篮子里单元的数量保持不变，直到下一次再平衡期货合约配置时作出相应的改变。

$$Number\ of\ Units_{i,t} = \frac{Total\ Return\ Level_{Rebal} \times W_{i,Rebal}}{Contract\ Price_{i,Rebal}}$$

式中，$Number\ of\ Units_{i,t}$指第 i 个交易机制在 t 时期的单元数量，$Total\ Return\ Level_{Rebal}$是指再平衡前的总回报水平，$W_{i,Rebal}$为上文算出的第 i 个交易机制再平衡过程得到的权重，$Contract\ Price_{i,Rebal}$为第 i 个交易机制再平衡前的合约价格。

每个时期的总回报水平也需要进行测算。对于期货相关指数而言，计算总回报的时候需要考虑两个因素，一个是其标的合约市场价格的变化带来的收益，另一个是为交易期货而持有的现金保证金（Cash Collateral）的收益率。因此，给定日的总回报水平，在这里简单计算为前一个交易日总回报水平，再加上前一个交易日总回报水平乘以给定日总回报率。

$$Total\ Return_t = Price\ Return_t + Collateral\ Yield_t$$

$$Total\ Return\ Level_t = Total\ Return\ Level_{t-1} \times (1 + Total\ Return_t)$$

式中，$Total\ Return_t$ 为 t 时期总回报率，$Price\ Return_t$ 为 t 时期价格回报率，$Collateral\ Yield_t$ 为 t 时期保证金收益率，$Total\ Return\ Level_t$ 为 t 时期总回报水平。

对于期货指数而言，价格回报（Price Return）是根据其每日价格水平（Price Level）的变化来确定的。每日价格水平的计算方式，是将每个成分机制的每日期货合约价格乘以在指数篮子里假定持有的相应单位数量。此外，在每个再平衡日之后，由于指数篮子组成的改变，在价格回报的计算中，价格水平也会立刻进行相应调整。此外，我们还可以根据价格回报计算出每日的价格回报水平（Price Return Level）。

$$Price\ Level_t = \sum_{t=1}^{n} Contract\ Price_{i,t} \times Number\ of\ Units_{i,t}$$

$$Price\ Return_t = \frac{Price\ Level_t}{Price\ Level_{t-1}} - 1$$

$$Price\ Return\ Level_t = Price\ Return\ Level_{t-1} \times (1 + Price\ Return_t)$$

式中，$Price\ Level_t$ 为 t 时期价格水平，$Contract\ Price_{i,t}$为第 i 个交易机制 t 时期的合约价格，$Number\ of\ Units_{i,t}$指第 i 个交易机制在 t 时期的单元数量，$Price\ Return_t$ 为 t 时期的价格回报，$Price\ Return\ Level_t$ 为 t 时期的价格回报水平。

而现金担保品的回报，则是由前一个交易日根据现金敞口计算的隔夜利率加权组合，乘以计数日差异（Day-count Difference），以每年 360 天为基准。需要注意的是，美元现金敞口采用联邦基金隔夜利率（Federal Funds Overnight Rate），欧元现金敞口使用欧洲短期利率（Euro Short Term Rate），而英镑现金敞口使用英镑隔夜指数平均值（Sterling Overnight Index Average，SONIA）。此外，隔夜利率加权组合的计算，是用一种货币的选定隔夜利率，乘以所有使用该货币计价的成分合约的总市场权重。

$$Collateral\ Yield_t = \frac{Day\ Count_{t-1,t}}{360} \times Composite\ Rate_{t-1}$$

$$Composite\ Rate_t = \sum_{t=1}^{n} Overnight\ Rate_{i,t} \frac{Contract\ Price_{i,t} \times Number\ of\ Units_{i,t}}{\sum_{t=1}^{n} Contract\ Price_{j,t} \times Number\ of\ Units_{i,t}}$$

式中，$Collateral\ Yield_t$ 为 t 时期保证金收益率，$Day\ Count_{t-1,t}$为 $t-1$ 到 t 时期之间的自然日数，$Composite\ Rate_{t-1}$为 $t-1$ 时期的隔夜收益率的加权组合，$Overnight\ Rate_{i,t}$

为第 i 个交易机制在 t 时期的隔夜收益率，$Contract\ Price_{i,t}$为第 i 个交易机制 t 时期的合约价格，$Number\ of\ Units_{i,t}$为第 i 个交易机制在 t 时期的单元数量。

加权之后的碳价也可以每日计算，用当日每个成分在指数中所占权重，乘以该成分期货合约的当日收盘价格。

$$Weighted\ Carbon\ Price_t = \sum_{t=1}^{n} Contract\ Price_{i,t} \times \frac{Number\ of\ Units_{i,t}}{\sum^{nt=1} Number\ of\ Units_{j,t}}$$

式中，$Weighted\ Carbon\ Price_t$ 为 t 时期加权后的碳价，$Contract\ Price_{i,t}$为第 i 个交易机制 t 时期的合约价格，$Number\ of\ Units_{i,t}$为第 i 个交易机制在 t 时期的单元数量。

在 5 月和 11 月的最后一天，根据现有指数篮子的组成和权重，可算出当日收益，之后指数会发生再平衡，体现在下一个工作日，也就是 6 月和 12 月的第一个交易日。同时篮子里所有期货都会滚动，使到期日和年份延长一年。

4. IHS Markit 全球碳指数相关产品

美国金瑞基金（KraneShares）以 IHS Markit 全球碳指数作为基准指数，设计并发行了金瑞全球碳策略 ETF（KraneShares Global Carbon Strategy ETF，交易代码：KRBN），目前在纽约证券交易所上市交易。

KRBN 是一种被动式管理基金，其投资目标便是能够追踪 IHS Markit 全球碳指数的价格和回报，并在整个市场周期超越指数的总回报（剔除各类交易费用、购买费用之前）。为了达到投资目标，KRBN 一般和跟踪指数保持相同的碳排放权期货敞口，但也可能直接或间接地投资一定的债务工具。需要注意的是，KRBN 所投资的期货并不是完全复制指数的成分，而是在期货到期日的选择或者在不同期货的权重上作出了一些调整，购买日也可能与指数的再平衡日相异。

KRBN 的主要风险在于两点，一是其被动投资策略，可能在市场下滑时继续投资于一些表现不佳的证券；二是基金所持头寸和指数的构成不可能完全一致。因此 KRBN 的回报和指数的回报也不会有非常高的相关性，即存在一定的跟踪误差。

投资于 KRBN 有助于支持经济可持续发展，鼓励企业履行社会责任。由于碳期货市场与其他资产类别有着较低的相关性，KRBN 能够提供潜在的投资组合多样性。随着碳排放成本的增加，KRBN 通常是受益的，因此全球碳排放监管日趋收紧对 KRBN 来说是利好信号。对于自身碳足迹重、担心碳排放成本提高会带来损失的企业而言，类似的投资品是一个较好的选择。

（六）地平线碳信用滚动期货指数

1. 地平线碳信用滚动期货指数简介

地平线碳信用滚动期货指数（Horizons Carbon Credits Rolling Futures Index ER，交易代码：CARBCNER）由未来资产（Mirae Asset）旗下的地平线 ETFs（Horizons

ETFs）推出。未来资产是亚洲领先的独立金融服务集团，提供包括投资银行、财富管理、资产管理和保险在内的全面金融服务。地平线 ETFs 是一家在加拿大建立的资产管理公司，一直致力于以 ETF 为主的金融产品创新，提供更灵活、更高成本效益和更丰富资产类别的投资机会，并向全球拓展业务范围。

地平线碳信用滚动期货指数旨在衡量碳排放权期货合约的持有情况及其回报，从而给寻求碳排放权期货合约敞口的投资者提供基准和参考。指数所衡量的主要是全球公认的成熟市场和交易所上市的、流动性较强的碳排放权期货的表现。起初，该指数根据欧盟碳排放配额（EUA）相关期货合约的每日结算价格计算得到，并且有一个超额回报版本（Excessive Return Version），反映该指数理论上可以持有的 EUA 期货合约的表现。指数以欧元计量，与其标的合约一致，相关期货合约的结算价也会在每个交易日的欧洲中部时间（CET）17：15 确定。

该指数于2022 年2 月4 日推出，由德国指数供应商 Solactive AG 发布[①]，并发放给所有附属供应商。供应商根据各自情况，决定是否通过自身信息系统显示和发布，此前数据均已经过回溯测试。指数的初始基准价格为1000，也是2011 年12 月30 日这一基准日 EUA 期货价格的136.61 倍。此外，地平线 ETFs 组建指数委员会，负责决定指数的构成和规则的修订，并根据特殊事件进行必要的调整。

2. 地平线碳信用滚动期货指数的计算

指数的价格根据指数成分合约在相应交易所的每日交易价格（Trading Prices）计算得到。收盘价格（Closing Price）则根据当日交易所的结算价格（Settlement Price）计算得到。如果不能得到当日最新价格，则使用路透社（Reuters）对应的最近交易价格或结算价格进行计算。如果无法从路透社或者波尔斯·斯图加特（Boerse Stuttgart AG）公司定价服务中获取价格数据，则当日不能发布该指数价格。

在推出之时，指数完全由 EUA 期货组成，权重为 100%，但可以灵活添加其他期货合约，以提供对其他发达市场碳排放权期货合约的敞口。指数中碳排放权期货的构成和再平衡，都是在选择日（Selection Day）决定的。指数委员会根据选择日前三个月的日平均交易价格和未平仓合约的价格，判断期货是否符合纳入指数的资格。如果有 EUA 市场以外的期货符合条件，指数委员会将自行决定选择日，将这些合约按照相应权重纳入指数。不同成分合约的权重根据选择日前三个月（包括选择日）的日均交易价格分配，并受到一定上限约束，超过上限的权重会以迭代的方式分配给其他成分合约。

具体来说，t 日的指数计算公式如下：

---

① www.solactive.com.

$$I_t = I_{t-1} \cdot \left(CRW_{A,t} \cdot \frac{SP_{A,t}}{SP_{A,t-1}} + CRW_{NA,t} \cdot \frac{SP_{NA,t}}{SP_{NA,t-1}} \right)$$

式中，I_{t-1}指 t 日前一个交易日的指数值；$CRW_{A,t}$是 t 日当前活跃合约的滚动权重（Contract Roll Weight）；$CRW_{NA,t}$是 t 日的下一个活跃合约（Next Active Contract）的滚动权重；$SP_{A,t}$是 t 日当前活跃合约的结算价格（Settlement Price）；$SP_{NA,t}$是 t 日的下一个活跃合约的结算价格。最后结果保留小数点后两位。

针对市场出现的混乱或干扰事件，地平线碳信用滚动期货指数也有相应的举措。指数认定的市场扰乱事件（Market Disruption Events）主要有以下四类：

（1）当日合同结算价格未在美国东部时间 17：00 前公布；

（2）地平线 ETFs 判断当日合约结算价格存在错误，且该错误未在收盘前更正；

（3）当日合同结算价格为限价；

（4）相关合约当日交易中断，且在预定收盘时间前 30 分钟内未进行交易。

如果发生了以上任何一种扰乱事件，扰乱当日的指数不会公布。相应地，当天本应进行的合约滚动也延后至下一个无市场扰乱交易日。

3. 地平线碳信用滚动期货指数滚动方法

从“地平线碳信用滚动期货指数”这一名称，我们可以发现其一大重要特征在于“滚动”。指数的滚动周期从每年 11 月的第一个交易日开始，经过 5 天的滚动期，将“下一个活跃合约”转变为“当前活跃合约”。简言之，在滚动期，“当前活跃合约”的权重每天降低 20%，“下一个活跃合约”权重每天增加 20%，如表 10.3 所示。

表 10.3　　地平线碳信用滚动期货指数权重

交易日	当日收盘后合约权重
交易日 1	100% 当前活跃合约，0 下一个活跃合约
交易日 2	80% 当前活跃合约，20% 下一个活跃合约
交易日 3	60% 当前活跃合约，40% 下一个活跃合约
交易日 4	40% 当前活跃合约，60% 下一个活跃合约
交易日 5	20% 当前活跃合约，80% 下一个活跃合约
交易日 6	0 当前活跃合约，100% 下一个活跃合约

由于 EUA 期货合约的特点，一般认为活跃合约为每年 12 月结算的期货合约。在每年的滚动周期前，“当前活跃合约”为当年 12 月到期结算的期货合约，“下一个活跃合约”为次年 12 月到期的合约；滚动周期结束后，“当前活跃合约”已变为次年 12 月到期的合约，“下一个活跃合约”同理顺延。

4. 地平线碳信用滚动期货指数产品

由于地平线 ETFs 的业务重心本就在于金融产品的创新，在推出指数后顺势于 2022 年 2 月 10 日推出了相应的 ETF 产品，追踪地平线碳信用滚动期货指数的市场表现，也就是地平线碳信用 ETF（Horizons Carbon Credits ETF，交易代码：CARB），成为加拿大第一只碳信用 ETF。

目前地平线碳信用 ETF 在多伦多交易所（Toronto Stock Exchange）上市交易。该基金的推出为加拿大投资者提供了投资发达碳市场的机会。与其他碳指数 ETF 相似，全球碳信用需求的增长以及碳期货市场的高流动性为其提供了较好的投资前景。考虑到这些碳期货合约于海外市场交易，基金还提供了外汇对冲。此外，因为属于创新型企业类别的 ETF，该基金的收益在税收上也有一定的减免。

（七）洲际交易所碳期货指数

1. 洲际交易所碳期货指数介绍

洲际交易所碳期货指数家族（ICE Carbon Futures Index Family）由美国洲际交易所（ICE）推出，最早可以追溯到 2013 年 12 月 31 日，目前囊括了世界上交易最活跃的四个碳市场的定价，分别是 2005 年启动的欧盟碳排放权交易体系（EU-ETS）、2013 年启动的美国加利福尼亚州总量控制与交易计划（California Cap and Trade Program）、2009 年建立的区域温室气体倡议（RGGI）和 2021 年建立的英国碳排放权交易体系（UK-ETS）。这些市场代表了世界上较大的区域经济体，占据了洲际交易所大部分的碳期货合约交易量。

洲际交易所碳期货指数家族由五个子指数组成，分别是针对 ICE EUA、ICE CCA、ICE RGGI、ICE UKA 的单一期货合约指数，对应着上述四个区域碳市场，以及对四种合约进行整合得到的全球碳期货指数，数据主要源于自身数据平台。此外，每个指数还提供了三种不同的形式，分别是超额回报、总回报和现货收益，以满足不同需求。计算方式也与现有的 ICE 商品指数基本一致。指数在交易日每隔 15 秒计算并发布一次，在收盘后也会进行收盘计算，以美元为计量单位，其中 EUA 合约和 UKA 合约需要从欧元和英镑转换为美元。

由于子指数较多，下文选取洲际交易所全球碳期货指数（ICE Global Futures Index）为例，因为其包含上述四种合约。指数中权重最高的依旧是欧盟碳排放配额（EUA）相关期货合约。

2. 洲际交易所全球碳期货指数计算

洲际交易所全球碳期货指数涵盖上述四种碳排放权期货合约，其中 UKA 合约于 2022 年 1 月纳入。每种合约有其合约产品权重（Contract Production Weight，CPW），为了不断调整成分合约，指数每年有三个滚动期（Roll Period），分别是 9 月、10 月、11 月的前 15 个交易日，这期间指数也会进行再平衡，重新计算合约产品权重。在滚动期内，当年到期因而逐渐减持的期货便是转出合约（Roll-out Contract），下一年到期而逐渐增持的合约就是转入合约（Roll-in Contract）。每个滚动期所在月份的前一个交易日被称为权重计算日（Weight Calculation Day）。每个权重计算日确定百分比目标权重（Percentage Target Weight，PTW），于滚动期内决定合约产品权重。目前指数设置了EUA的权重上限和RGGI合约的权重下限，对UKA和CCA合同则没有设限。

在滚动月 j 的权重计算日，可以算出一个总美元权重（Total Dollar Weight，TDW）。根据当天 i 合约的价格 P_{ij} 和百分比目标权重 PTW_{ij}，可以得到 j 月的合约产品权重：

$$CPW_{ij} = \frac{TDW \times PTW_{ij}}{P_{ij}}$$

指数的滚动也是在每年的三个滚动期逐步、均衡地进行。也就是说，按照每个月33.33%的幅度，转入期货比重逐渐提高，转出期货比重逐渐降低，直到滚动期结束，转出期货比重降为零，转入期货比重增为100%。然而，在委员会决定纳入新种类的期货合约时，再平衡过程会稍有差别。2022年委员会确认将UKA合约纳入指数，再平衡过程于2022年1月3日开始，至1月21日结束，整个调整在一个月内完成。再平衡合约权重分别设置为EUA合约占54%，CCA合约占27%，RGGI合约占9%，UKA合约占10%。

3. 洲际交易所碳指数产品

洲际交易所根据洲际交易所全球碳期货指数（超额回报形式）设计了以其为标的指数的期货产品——全球碳指数期货（Global Carbon Index Futures，交易代码：ICEU）。全球碳指数期货使用现金结算的方式，以美元计价；交易单位为标的指数的50倍，报价为指数点位，精确到小数点后两位，最小变动单位为0.2指数点，价值为10美元；到期前一个月的最后一个工作日，也是合约的最后一个交易日，若当日没有计算指数值，则前移至计算标的指数的最后工作日；大宗交易最小限额为10份合约。与大部分期货合约类似，全球碳指数期货的存续期为一年，以季度为周期，也就是在每年3月、6月、9月、12月进行交割。

二、国内主要碳指数及相关产品

（一）中碳指数

中碳指数由北京绿色金融协会开发推出，是较早出现的综合反映我国各个试点碳市场成交价格和流动性的指标，包括“中碳市值指数”和“中碳流动性指数”两只指数。北京绿色金融协会由各类绿色金融相关机构，包括温室气体排放者、审核机构、验证机构、审计机构、投资机构、保险机构、交易商、金融和商品交易所等行业内单位自愿结成，是全市性行业性社会团体，属非营利性社会组织。中碳指数综合考虑各个试点碳市场的碳价、成交量、配额总量等因素，分析碳价和成交量的变动趋势与涨跌程度，从复杂的价格变动中分析和提炼整个碳市场的价格变动水平和变动趋势，编制出能够反映碳排放权价格、成交量等相对于基期的综合相对指数。

中碳指数仅选取样本地区碳市场的线上成交数据，对样本地区根据配额规模设置权重，基期为2014年度第一个交易日，即2014年1月2日。

1. 中碳市值指数的计算方法

中碳市值指数选取北京、天津、上海、广东、湖北和深圳六个已经开市交易的碳排放权交易试点地区，以其碳排放配额的线上成交平均价格为样本编制而成。该指数以成交均价为主要参数，衡量样本地区在一定期间内整体市值的涨跌变化情况。具体计算方法如下：

$$中碳市值指数 = 总调整市值 / 基期市值 \times 1000$$

式中，总调整市值 = $\sum$（碳配额均价 × 配额数量）。

2. 中碳流动性指数的计算方法

与中碳市值指数相似，中碳流动性指数选取北京、天津、上海、广东、湖北和深圳六个已经开市交易的碳排放权交易试点地区，以碳排放配额线上成交量为样本编制而成。该指数以成交量为主要参数，观察样本地区一定期间内整体流动性的强弱变化情况。此外，对样本地区根据其配额规模设置权重。具体计算方法如下：

$$中碳流动性指数 = 总调整换手率 / 基期换手率 \times 1000$$

式中，总调整换手率 = ｛$\sum$（成交量/权重）｝/配额总量。

中碳流动性指数自2014年1月2日计算以来，走势便体现出较大的震荡，并且呈现一定的集中性。在每年的履约期前后，市场交易较为活跃，中碳流动性指数也会达到峰值，此后便会出现显著的下降。中碳市值指数走势则较为平稳，通常在有限范围内波动。

中碳指数综合反映了中国各个碳交易市场的成交价格和流动性，在我国碳交易市场的发展初期有着尤为重要的实践意义。一方面，中碳指数为碳市场的投资者和

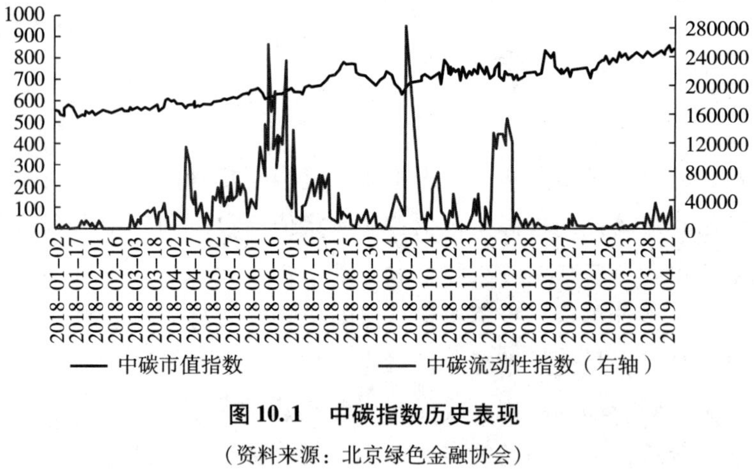

图 10.1 中碳指数历史表现

（资料来源：北京绿色金融协会）

金融机构了解、分析我国碳交易市场的动态和走势提供了基础性的信息和工具；另一方面，中碳指数的产生也为碳市场指数类交易产品或其他碳金融创新产品的设计和开发提供了前提和基础。

目前中碳指数的应用范围仍然较为有限，我国还没有正式交易的、以中碳指数为标的的金融产品，但学者对基于中碳市值指数的衍生金融产品的设计进行了研究。赵静等（2019）发现了中碳市值指数与各碳排放权交易所的碳排放配额之间的相关性，并且结合股指期权和期货期权，对中碳指数期权合约进行了设计，包括合约乘数、到期月份、履约价格间距、合约序列、涨跌幅限制等，为将来我国碳市场推出碳指数期权合约提供了一定的参考。

（二）置信碳指数

2014 年 4 月 30 日，置信碳指数（Zhixin Carbon Index）在上海环境能源交易所发布，以宏观反映整体碳市场的走势，这是我国首个反映碳市场走势的统计指数。置信碳指数以 2013 年 12 月 31 日为基期（基期值为 1000），数据采样范围涵盖全国碳交易试点市场，每日更新一次。每个交易日休市后，指数根据当日各碳市场的成交均价计算得出。

置信碳指数是一个衡量各试点碳市场总体碳价的指标。碳市场是一种特殊的外部性市场，碳排放配额总量取决于政府的调控，而非市场运作的结果。但碳价格则是市场运作的结果，具有指导意义。在成熟的碳市场中，当控排企业的每吨减排边际成本小于碳价时，企业倾向于主动减排，而减排边际成本高于碳价时，企业倾向于从碳市场买入信用，因此碳价在很大程度上可以代表企业的减排成本。基于此种认识，置信碳指数通过引入模型，对各个试点碳市场的价格采用计算平均和后期修正相结合的方式得出，因而反映了国内碳市场的总体运营和涨跌情况。

一方面，我国碳交易试点的七个省市在经济总量和产业结构上存在较大的差异，因此不能将不同的区域市场置于同等地位进行计算，否则会低估大规模市场或者高估小规模市场对整个市场走势的影响；另一方面，不同的试点碳市场也相对独立，每个市场的现有价格都与当地执行的碳市场政策密切相关。因此，置信碳指数采用了混合加权的模式，兼顾了各个碳市场的独立性，使较小体量的碳市场波动也能够科学地反映在指数里。

置信碳指数在设计之初便考虑到了作为交易标的的可能性，并根据交易产品的特性进行了优化。这种优化主要体现在各个样本的权重配比，权重分配不合理则很难开发成为投资标的。置信碳指数通过创新性的优化加权方式，避免了单个市场权重过大或过小的极端情况，具有良好的市场代表性。

（三）复旦碳价指数

复旦碳价指数（Carbon Price Index of Fudan，CPIF）是针对各类碳交易产品的系列价格指数，由复旦大学可持续发展研究中心编制并公布。复旦碳价指数于 2021 年 11 月 7 日发布，此后每月底，复旦大学可持续发展研究中心都会公布下个月的复旦碳价指数。

不同于反映整体碳市场价格情况的指数，复旦碳价指数致力于反映碳市场各交易品种特定时期价格水平的变化方向、趋势和程度。复旦碳价指数的研发参考了国际通用定价模型，分析碳价格形成机理，充分考虑中国碳市场特征，形成了相应的碳价格指数方法论。基于该方法论，结合调查获得基于碳市场参与主体真实交易意愿的价格信息，加权计算，调整优化，进而形成了各类碳价格指数。

目前复旦碳价指数纳入了全国碳排放配额（CEA）和核证自愿减排量（CCER）两类产品，分别计算指数。就核证自愿减排量这一产品而言，根据不同试点市场的特点，具体又计算得到四个指数，分别是北京和上海履约使用核证自愿减排量价格指数、广州履约使用核证自愿减排量价格指数、其他地方试点履约使用核证自愿减排量价格指数和全国核证自愿减排量价格指数。针对全国碳排放配额，复旦碳价指数通常包括下个月和本年度 12 月的产品指数情况。因此，每次公布的复旦碳价指数通常包含上述六个产品指数，每个产品指数又具体包括买入价格指数、卖出价格指数，二者的平均数则是中间价格指数。

表 10.4　　　　2022 年 8 月复旦碳价指数

产品类型	买入价格（元/吨）	卖出价格（元/吨）	买入价格指数	卖出价格指数	中间价格（元/吨）
CEA202208	58.03	61.44	145.08↓	138.63↓	59.74
CEA202212	62.02	66.22	116.03↓	113.66↓	64.12
全国 CCER202208	60.13	64.41	151.16↓	154.95↓	62.27
北上 CCER202208	66.75	73.30	206.02↑	195.47↑	70.03
广州 CCER202208	66.20	73.00	218.48↓	201.38↓	69.60
其余 CCER202208	55.10	60.80	243.81↓	225.19↑	57.95

资料来源：复旦大学可持续发展研究中心。

随着全国碳市场的发展，复旦碳价指数未来也会针对国内碳市场的新品种，以及一些其他国际主流碳市场的交易品种，研发推出相应的碳价格指数。

复旦碳价指数是助力中国“双碳”目标实现而研发出的成果，也是发掘碳市场价格发现功能、激发碳交易市场活力的一次尝试。复旦碳价指数的研发，对碳管理体系的四大模块中的碳交易管理和碳资产管理都有很大帮助。尤其是碳资产评估，可以使用此类指数帮助衡量企业的碳资产状况。未来的研发可以在复旦碳价指数的基础上衍生出多种金融产品，更充分地发挥指数的作用，同时进一步提高其市场认可度，这也有助于复旦碳价指数的国际化。

（四）碳减排指数

中国的碳减排指数简称“孔氏碳指”，由北京大学汇丰商学院孔英教授团队于2012年6月15日正式发布，也是中国的第一只碳减排指数，奠定了中国碳排放领域的学术研究基准。不同于前面介绍的碳交易指数，“孔氏碳指”本身并不是用来衡量碳排放权市场的交易情况，而是为了确定各行业的最优减排比例目标，计算成本最优的碳排放权分配，给出基准的碳减排路径。对这些问题的回答，关系着整个中国低碳实践的未来走向。

“孔氏碳指”的编制原理是，构建关于各行业碳减排比例的边际减排成本（Marginal Cost）函数，再用碳强度因子将边际成本积分，根据积分后的总成本（Total Cost）函数，建立减排目标约束下的非线性规划模型。通过最小化整体成本，可以确定各个行业的最优减排比例目标。将成本平滑处理，便可以分析出各年度的最优减排路径。其中，二氧化碳的边际减排成本，就是额外减排一单位二氧化碳所需要的成本，而随着减排比例（R）的增加，减排难度也会增大，因此边际减排成本有递增的特点。而碳强度因子，则是为了刻画边际成本递增的性质，比如某城市的碳强度可以用碳排放量除以地区生产总值得到，视为各行业碳强度的加权平均值。如果某行业的碳强度低于平均值，则其有着高于平均值的边际减排成本。

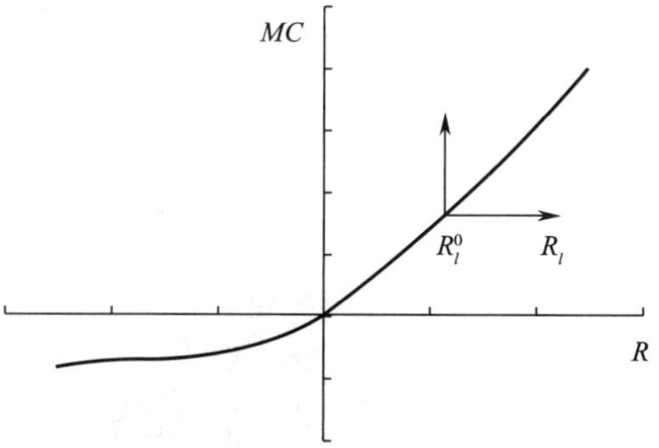

图 10.2 边际减排成本曲线

“孔氏碳指”借助国际流行的气候经济学理论，是国际上第一次使用经济学成本最优的方式提出的碳排放权分配方案。西方国家的低碳指数通常以上市公司的数据为基础，且一般并不由政府主导编制，也不具有政府的权威性。“孔氏碳指”由中国人自主研究得到，不仅使用了国际上的流行理论，而且充分考虑了我国具体情况，使指数既与国际金融体系接轨，又适合政府大规模推广。“孔氏碳指”的推出，为企业的节能减排提供了可以参考的计算标准，更是为国家科学节能减排体系建设和低碳城市的设立和开展作出了重要贡献。随着我国碳排放权交易市场的逐步推进和成熟，“孔氏碳指”可以用来反映和佐证市场的有效性和碳排放权价格的合理性，也能为政府设定碳排放权交易配额提供一定的参考。

（五）碳中和指数

1. 碳中和指数介绍

碳中和（Carbon Neutrality）是一个新兴的节能减排概念，指国家、企业、产品、活动或个人在一定时间内直接或间接产生的二氧化碳或温室气体排放总量，通过植树造林和节能减排等形式，以抵消自身产生的二氧化碳或温室气体排放量，达到相对“零排放”，即碳中和目标。2020 年 9 月 22 日，习近平主席在第七十五届联合国大会一般性辩论上提出：“中国将提高国家自主贡献力度，采取更加有力的政策和措施，二氧化碳排放力争于 2030 年前达到峰值，努力争取 2060 年前实现碳中和。”关于碳中和、碳达峰的目标和行动方案也纳入了国务院政府工作报告。在这样的背景下，建立客观、系统、全面的评价体系来评估我国碳中和目标情况，紧密追踪碳中和进程，有着重要的战略意义。

具有代表性的碳中和指数是中证上海环交所碳中和指数（SEEE 碳中和指数，代码：931755. CSI），于 2022 年初推出。同样，该碳中和指数追踪的并不是碳排放权交易市场的交易情况，而是在 A 股市场上选取 100 只与碳中和转型相关的个股进行组合，以反映沪深证券市场中对碳中和贡献较大的上市公司证券的总体表现。其中 66 只成分股属于深度低碳领域，涉及清洁能源与储能、绿色交通、低碳和固碳技术等；另外 34 只成分股则属于高碳减排领域，也就是减排潜力较大的领域，主要是火电、钢铁、建筑材料、有色金属、化工等行业。根据我国碳排放结构，实现碳中和目标也要从供给侧和需求侧双管齐下，因此供给侧电力系统能源转型是关键步骤，下游的建筑、钢铁等领域的节能减排也不可或缺。中证上海环交所碳中和指数覆盖

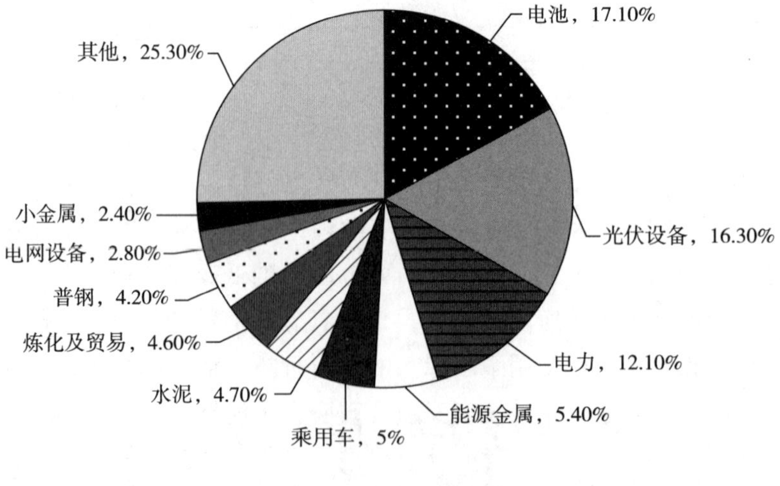

图 10.3　中证上海环交所碳中和指数成分股行业分布

（资料来源：Wind）

面广，高权重成分股的行业分布也较为平衡，较好地反映了我国碳中和的发展进程，较低的集中度也增强了其整体抗波动的能力。

中证上海环交所碳中和指数进一步拓展了我国绿色股票指数体系，有利于引导社会资金向低碳转型的企业加大投入，为支持绿色经济发展的市场参与者研究和投资低碳上市公司提供了有效的参考，助力我国碳中和目标的实现。类似的能够反映我国碳中和路径的指数还有中证内地低碳经济指数、中证环保指数等。

2. 碳中和指数产品

2022 年 6 月 28 日，我国首批 8 只碳中和 ETF 获批，分别由易方达、南方、富国、广发、汇添富、工银瑞信、大成、招商八家基金公司发行。这八只基金跟踪的都是中证上海环交所碳中和指数，这也证明了该指数的投资潜力。其中，四只在上海证券交易所上市交易，另外四只在深圳证券交易所上市交易。其中规模最大的是易方达中证上海环交所碳中和 ETF（碳中和 100ETF），规模超过 40 亿元。

类似地，中证内地低碳经济指数、中证环保指数近年来也推出了许多基金产品，包括 ETF、LOF 和联接基金等多种类别，在场内和场外交易、主动和被动管理、交易规模、申购赎回方式上都为投资者提供了多样化的选择。

碳中和 ETF 的推出反映了碳中和实现路径上的两条投资主线：从增量角度来看，深度低碳领域有着较大的投资空间，包括清洁能源及储能、新能源车、减碳及固碳技术等；从存量角度看，传统高碳企业通过技术改造，逐步向绿色发展转型，这方面主要体现在供给侧。两条主线都能够通过碳中和 ETF 实现，有利于让更多投资者通过指数基金分享行业长期红利，更能够为各产业部门的低碳发展和高碳转型提供资金助力。

（六）碳效率指数

碳效率指数旨在聚焦上市公司的碳排放情况，衡量企业每单位收入造成的碳排放高低，进而调整成分公司权重，使低碳排放的公司能够获得更高的权重配置，有利于将社会资金引导至绿色产业发展中来，是绿色指数的组成部分。此前国际上已有标普 500 碳效率指数，世界银行下属国际金融公司（IFC）和标普也曾推出新兴市场碳效率指数（S&P/IFC 碳效率指数），选取发展中国家碳足迹低的公司，旨在为新兴市场碳效率高的公司增加融资，协助发展中国家减排。中国移动、中国工商银行、中国人寿等公司都作为成分股参与其中。由于国内环境信息披露情况所限，对公司财务年报数据进行相关拆解估算也有一定的技术要求，中国一直没有编制属于自己的碳效率指数，直到上证 180 碳效率指数的诞生。

上证 180 碳效率指数（SSE 180 Carbon Efficient Index）简称 180 碳效，是国内首只基于碳效率编制的指数，由上海证券交易所、中证指数公司和英国环境机构 Trucost 合作编制，于 2015 年 10 月 8 日发布。上证 180 碳效率指数直接聚焦于上市公司的碳排放，依托 Trucost 的碳效率数据，参考国外已发布公司的情况，将其映射到我国类似产业，拆解部分财务年报数据进行估算，在上证 180 指数的样本中剔除碳足迹超过 1000 吨二氧化碳/百万美元，即每百万美元收入对应的碳排放量超过 1000 吨的股票，将剩余股票作为样本股。在加权方式上，上证 180 碳效率指数的一级行业权重和上证 180 指数保持一致，但在每个一级行业内部，样本股的权重分配和碳足迹的倒数成正比。该指数以 2013 年 6 月 28 日为基准日，以 1000 点为基点。指数样本每半年调整一次，实施时间分别为每年 6 月和 12 月的第二个星期五的下一个交易日。权重因子随着样本的定期调整而调整，调整时间也与指数样本定期调整时间相同，在下一个调整日之前一般保持固定不变。

上证 180 碳效率指数是我国在绿色金融、绿色指数发展过程中的重要一步。该指数帮助机构投资者或个人投资者在追踪基准股指的同时，高效地识别资源利用效率高的低碳行业和股票，降低将同样比例资金投入高污染性行业的间接碳风险，提高其绿色投资比重。另外，更多的资金流向低碳高效的行业和产业，能够帮助企业降低融资成本，激励企业在生产经营中不断改善其环境表现和信息披露，进一步吸引资金形成良性循环。

第三节　碳指数的发展

一、国际碳指数的发展

（一）指数的成分选择

国际上碳指数的编制通常使用期货合约作为成分合约，即根据所要衡量的碳排放权交易市场或产品，选取对应的期货合约进行编制和计算。比如，巴克莱资本全球碳指数选择欧盟碳排放权交易体系（EU-ETS）和《京都议定书》清洁发展机制下（CDM）的碳排放权交易市场，那么在编制指数时选取的成分便是相应的 EUA 期货合约和 CER 期货合约。选取商品期货构建指数，体现了相关期货市场价格水平的整体变化趋势与现货市场价格密切相关，更重要的是商品期货指数大多领先于经济运行指标，因此可以深化期货市场的价格发现功能，为政府宏观经济管理部门决策提供参考。此外，商品期货指数和股票指数、债券指数之间的相关性较低，可以为投资者提供一种分散风险、抵御通货膨胀的投资工具，提供更高层次的商品、资产定价和风险管理服务。使用碳排放权期货而非现货构建碳指数，是对指数体系的拓展，也有利于开发产品，具有实践意义。在未来也可以考虑选择期货以外的碳排放权交易产品构建指数，进一步扩充碳指数家族。

此外，碳排放权交易机制的逐渐发展和产品的逐渐丰富也为碳指数的编制注入了新鲜血液，提供了更多元的选择。早期出现的碳排放权交易指数，如巴克莱资本和美林公司编制的碳指数，主要集中在欧盟碳排放权交易体系和清洁发展机制相关市场，关注 EUA 和 CER 产品。随着世界范围内对温室气体排放的愈发关注，越来越多的碳排放权交易机制诞生。美国有区域温室气体倡议（RGGI）和加利福尼亚州碳排放配额（CCA），英国则有英国碳排放权交易体系（UK-ETS）和相应的英国排放配额（UKA）。不同的碳指数会根据市场的成熟度、流动性、交易量等因素，逐渐纳入新兴碳排放权交易市场的相应产品。可以针对每种碳排放权交易体系分别计算指数，也可以整合多种交易体系，计算综合指数。比如洲际交易所在 2022 年纳入了 UKA 期货，不仅计算了 UKA 碳期货指数，而且与 EUA、CCA、RGGI 一起计算了洲际交易所全球碳期货指数，共同构成洲际交易所碳期货指数家族，囊括了全球较大的区域经济体和成熟、活跃的区域碳市场。随着未来新兴碳市场的诞生和发展，碳指数的编制也将不断朝着多元化方向推进。

除了碳资产和碳市场外，碳指数的编制已经跳出品种的桎梏。由于碳排放和气候息息相关，瑞银温室气体指数除了碳排放上的敞口，还创新性地考虑了气候变化因素，使用了天气期货作为其在气候上的敞口。未来碳指数也可以更多地考虑碳市场之外的可能性，纳入更多绿色金融产品，强化节能减排、绿色环保属性。

（二）指数的权重设置与调整

随着大众需求的不断改变和技术的改进创新，价格指数自出现以来经历了第一代的简单总和法、简单算术平均法、简单调和平均法、简单中数法、简单众数法，再到第二代指数，也就是加权指数。加权指数反映了不同类产品在经济生活中的地位，通常包含物量或金额形式的资料，因此比起未加权指数更符合经济现实。加权综合指数也分为常数加权和变数加权，后者不仅包含价格变动的影响，而且包含交易量变动的影响。

国际上碳排放权指数的权重确定公式各不相同，但通常根据成分合约在调整日（再平衡日）之前一段时间内的平均交易量或平均交易价格等因素确定，也就是采用变数加权综合的方法。考虑到指数的经济意义和多元化要求，有时会设置一定的上下限。国际上碳指数普遍使用期货作为成分合约，而期货有到期日和交割日，因此指数成分也需要定期进行调整，减持即将到期的合约，加入下一阶段的期货合约。根据这样的特点，碳指数逐渐发展出滚动方式。在滚动期内，按比例逐渐调整不同期货合约的权重，以避免产生剧烈波动和震荡。为了使权重确定更加准确，未来可以进一步考虑其他依据，比如合约的流动性因素，与交易量、交易价格等因素结合共同确定合约权重。

（三）指数编制主体

国际碳指数的编制主体体现出从单一到多元、从独立到合作的特点。起初大多由投资银行和一些指数制作历史悠久的传统的指数供应商编制，如巴克莱银行、美林公司等，根据客户投资需求设计和公布。之后各大交易所（如芝加哥气候交易所、洲际交易所）、资产管理公司（如 Horizon ETFs）、信息供应商（如 HIS Markit）等机构也纷纷入局，利用各自的优势，在不同维度或者合作进行碳指数的编制。

典型的有道琼斯和芝加哥气候交易所共同编制的道琼斯—芝加哥气候交易所欧洲碳指数和道琼斯—芝加哥气候交易所核证减排量碳指数。合作编制指数充分利用了道琼斯公司在开发、维护指数上的经验，以及芝加哥气候交易所完善的碳排放权交易系统和大量交易数据。由于碳排放管理在经济发展中有着重要战略意义，而指数编制也有着相当的专业性，未来多部门机构合作编制指数将成为趋势，以加强指数的合理性、准确性、专业性和可投资性，适应不断发展的碳市场和碳产品投资需求。

（四）指数产品

目前国际上碳交易指数应用的场景，主要还是在设计基金产品上，而且大多是 ETF 类别的被动式管理基金。除此之外，巴克莱银行创新性地设计了两种 ETN 产品，比起 ETF 有着更低的费率和税率。ETN 本质上是承诺等同指数回报的债务工具，并不同于 ETF 是实际持有相关资产以拟合指数收益，因此不存在跟踪误差。但 ETN 产品的偿付完全取决于发行单位的信用，所以存在较高信用风险，且新型产品在市场上不一定能获得足够支持，在流动性上会有一定的阻碍。而洲际交易所则推出了以自身全球碳期货指数为标的指数的期货产品，这是碳排放权衍生品上的一次突破。

对于一般投资者而言，碳排放权交易是较为陌生的，是有一定壁垒的领域，相比直接进入碳排放权交易市场，间接投资于相关指数产品是更好的选择。除了最主要的 ETF 外，可以设计更多品种的 ETN 和指数期货产品，未来也可以拓展更多碳指数产品的模式，比如指数期权，或者在一些结构化理财或结构化存款产品中嵌入与碳指数挂钩的金融衍生品，以满足投资者的需求，更有效地将社会资金引入节能减排、低碳环保事业中。

二、国内碳指数的发展

我国自 2013 年开始碳排放权交易市场的试点工作，起初是在北京、天津、上海、重庆、湖北、广东及深圳七个省市，2016 年启动了福建省碳交易市场，作为第八个交易试点。2021 年 7 月 16 日，全国碳排放权交易市场正式启动上线交易。碳指数作为衡量碳排放权交易市场运行状况的指标，也是随着碳排放权交易市场的逐渐发展而完善的。

（一）指数体系的构建

在碳排放权交易市场刚刚起步的阶段，由于流动性和规模的限制，很难编制能够准确衡量碳排放权交易市场运行情况的指数，对投资者的吸引力也有限。这个阶段出现的“孔氏碳指”主要是为企业设置碳减排目标和减排路径，为政府提供碳减排配额的参考，而非对碳排放权交易市场本身的评价指标。2014 年出现了中碳指数和置信碳指数两种评价试点碳排放权交易市场的指标，衡量碳市场总体碳价，中碳指数还纳入了市场流动性。在全国碳排放权交易市场正式启动后，复旦大学可持续发展研究中心率先推出了复旦碳价指数，衡量全国碳市场和细分市场的 CEA 和 CCER 价格，帮助碳交易管理和碳资产管理。

与此同时的另一条平行发展路线，是编制中国的绿色主题指数，包括低碳经济指数、环保指数、碳效率指数、碳中和指数等。这类指数的编制逻辑在于纳入低碳环保或减排潜力大的上市公司作为成分股，引导社会资金进入绿色金融领域，助力中国碳中和进程。虽然其重心并不在碳排放权交易市场，但有着相同的目的，进而共同构成了我国的碳指数体系。

（二）指数的成分与权重

目前国内针对碳排放权交易市场编制的指数主要是中碳指数、置信碳指数和复旦碳价指数。由于目前我国尚未推出成熟的碳排放权相关衍生产品，指数都使用碳排放权交易市场的 CEA 和 CCER 现货数据进行编制，而非国际上常用的碳排放权期货价格。随着未来碳排放权交易市场的成熟，相关衍生品的出现也会给碳指数的编制提供更多元的选择。其他绿色金融指数则根据各自重点，普遍使用 A 股市场上深度低碳或高碳减排的企业作为成分股，既有跨行业的，也有专注具体行业的。除了股票指数外，还出现了许多绿色债券指数，已经具有一定的成熟度。

在指数编制方法上，综合来看，全国碳排放权市场启动时间较短，成交量波动较大，因此更适合采用较长时间段内各碳市场成交金额占总体成交金额的比重作为权数的简单价格指数法进行编制，在此基础上进行一定的修正，保证指数的稳定性。随着各碳市场的发展和成交量的稳定，未来可以采用以报告期成交量为权数的综合价格指数法进行编制，可以更好地反映市场真实的交易情况。随着我国 ESG 信息披露制度和评级制度的进一步完善，不同绿色指数的成分选择和权重设置也将有更科学的参考指标，从而有助于提高国际可比性，并更好地服务于绿色金融发展目标。

（三）指数编制主体

目前我国的碳排放权交易市场相关指数主要由一些非营利性机构或高校等组织进行研究编制，如北京绿色金融协会和复旦大学可持续发展研究中心等。其他绿色指数则主要由一些老牌指数供应商，如中证指数公司进行编制。

其中，碳效率指数由上海证券交易所、中证指数公司和英国环境机构 Trucost 合作编制，这也体现了未来我国碳指数的发展趋势，也就是加强跨机构和跨国合作。不同机构主体有不同的优势，国际上也有相对完善的评价体系和丰富的编制经验，绿色环保、可持续发展更是受到全球关注，是需要协同解决的关乎人类生存的重要议题，合作编制能够充分发挥协同效应。组织国际国内学术界、金融界高层次的交流活动，对指标构建、理论框架等进行探讨，这些对未来各类指数的编制有重要的参考价值。

（四）指数产品

目前我国碳排放权交易市场仍处于起步阶段，产品类别较为有限，交易主体也较为单一，个人投资者难以进入。履约是市场参与者进行配额交易的最主要因素，因此在履约期和非履约期，交易活跃度有较大差异。

在这样的背景下，进一步增强金融机构碳金融产品创新和供给能力，有着非常重要的实践意义。基金、证券、银行业应与指数供应商加强合作，随着碳排放权交易市场进一步开放准入，多元化投资者的进入将为市场注入巨大流动性，有助于强化价格发现功能，平抑价格和交易量的剧烈波动，从而有利于供应商编制更加准确反映市场情况的指数，各金融机构也能据此提供更加精细化、定制化的服务，共同开发符合市场投资需求的新产品，填补市场空白。目前在绿色指数领域，已经有了较为成熟的指数基金产品，包括指数 ETF 基金、联接基金和 LOF 基金等多种形式，相关机构可以借鉴我国和国际上已有的经验，开发更丰富的碳金融产品，这样碳指数的编制也有了进一步的依托，有利于共同协助我国可持续发展事业，实现碳中和目标。

【本章小结】

本章主要介绍了碳指数的定义和功能，并选取了国内和国际上的代表性碳指数进行介绍。国际上主要选择了巴克莱资本全球碳指数、瑞银温室气体指数、美林全球二氧化碳排放指数，以及较为新兴的 IHS Markit 碳指数家族、洲际交易所碳期货指数家族等，主要是针对全球碳排放权交易市场设计的评价指标，有助于读者进一步理解碳指数的内涵和国外碳指数发展的现状。我国碳排放权交易市场仍处于起步阶段，因此在国内碳指数的选取上没有局限于碳市场相关指数，除了中碳指数、复旦碳价指数、置信碳指数外，进一步介绍了“孔氏碳指”和碳中和指数等其他绿色指数，帮助读者建立对我国碳指数体系的认识。

目前我国碳排放权交易市场交易量、流动性和参与主体仍较为有限，但随着未来逐步引入机构投资者和个人投资者，以及交易品种的逐渐丰富和多元，比如纳入更多碳金融衍生品，则更需要一个权威的指标衡量与评价碳市场的运行情况和碳资产的总体价格水平，碳指数便是完整的碳排放权交易市场必不可少的一部分。发达完善的碳市场是编制有效、有投资意义的碳指数的必要条件，碳指数自身也是碳市场的风向标，能够作为标的进一步成为新型碳金融衍生品的基石。此外，应对气候变化是国际性、全球性的重要议题，目前中国碳市场也在进一步加深与全球碳市场的合作，探索国际化道路，中国—加州碳市场联合研究项目已经正式启动。国际合作的深化可以充分引入国际碳市场的经验，发挥我国碳市场的规模优势，为我国碳指数编制和碳市场发展注入活力，助力全球节能减排事业和我国碳中和目标的实现。

【思考题】

1. 简述国际和国内碳指数的编制逻辑与方法。

2. 简述碳指数的内涵和功能，以及如何将碳指数更好地运用到绿色金融实践中。

3. 比较国际上有代表性的碳指数在编制方法、编制逻辑上的异同。

4. 简述国际碳指数编制经验对我国碳指数发展的参考价值。

5. 简述股票市场、债券市场的绿色指数对我国碳市场指数构建的启示。

6. 结合我国碳市场、碳指数发展现状，简述未来我国碳指数在指数成分股（成分合约）、权重设置和指数产品设计上的发展方向。

第十一章　碳金融风险管理

【学习目标】

1. 掌握碳金融风险的概念和类型，理解不同类型碳金融风险的差异和联系。

2. 识别碳金融活动中的各种金融风险，熟练掌握各种碳金融风险的识别方法和评估模型。

3. 了解碳金融风险监管的内容，掌握金融风险监管的目标、具体内容和体系架构，熟悉相关监管规则。

第一节　碳金融风险概述

为了顺应绿色发展趋势，我国商业银行等金融机构开展多种形式的碳金融业务，为低碳经济快速稳定发展提供有力的金融支持。然而，我国碳金融仍处于起步阶段，碳金融业务不确定性较大，相关管理经验不成熟，碳金融风险日益凸显。例如，商业银行如何确保信贷资源向与发展低碳经济相关的行业或企业倾斜，如何确保绿色信贷资金健康运行成为当前绿色信贷业务顺利开展的难点；相关的信用风险防范也逐步成为商业银行绿色金融业务正常开展的关键。另外，碳债券、碳基金以及各种碳金融衍生产品都与碳产品密切相关，碳交易规则的变动、碳产品价格的波动都会造成碳金融交易不确定性增加，碳金融市场风险要高于传统金融市场风险。商业银行、基金公司、期货公司、保险公司、企业等作为碳金融活动的重要主体，势必面临着碳技术、碳产品交易等诸多因素变动带来的风险，碳金融活动的特殊性也使其产生了不同于传统金融活动的风险——碳金融风险。

一、碳金融风险的定义

与传统意义上的金融相比，碳金融的最大不同在于碳金融是围绕碳排放权展开的。碳排放权交易市场是对管制高度依赖的市场，因而以其为基础的碳金融存在诸多限制和先天缺陷，运行中面临更加复杂的风险。碳金融风险的内涵也与传统金融风险有较大的区别。

目前国内外学者关于碳金融业务风险还没有统一的定义，本章结合前面的分析和阐述，将碳金融风险定义为：各类碳金融交易主体（商业银行、保险公司、证券公司、基金信托公司、企业、政府机构等）在从事主要碳金融活动过程中，由于外部环境（政治、经济、社会）、碳交易产品特性以及自身行为的不确定性可能遭受的损失。从未来发展趋势来看，金融机构和企业会成为碳金融市场的主要交易主体，因此本章后面对碳金融风险的阐述也主要从金融机构和相关参与企业的角度出发，涉及政府层面的碳金融风险更多地体现为政策性风险，本章不做赘述。

二、碳金融风险的类型

碳金融活动的交易主体除了需要面对金融业的普通风险之外，还面临开展碳金融业务特有的风险。具体来说，碳金融风险主要包括以下几种。

（一）政策风险

政策风险主要是指碳金融业务面临的政策因素导致的资产损失的风险。碳金融是以具有经济价值的资源标的物（如碳排放权）为基础进行的交易活动和制度安排的总和，通常由国际及本国的政策决定该资源标的物及其衍生金融产品的市场稀缺性和价值性，因此，政策是否稳定对其至关重要。碳金融政策风险源于国际气候变化制度谈判进展及由此带来的政策变动。碳金融项目的核心——碳排放量的核查、碳配额的确定、项目审批和投资交易等环节复杂且技术难度大，运作周期漫长，涉及的国家和企业很多，因此每一环节的政策都会因国际气候谈判进展而发生变化，并可能对后续环节造成很大的影响，进而影响投资者的市场信心及投资回报率，最终使碳金融活动遭受重大冲击。具体来说，当前国际气候变化谈判进展可能会带来长期和短期的政策风险。从长期来看，在美国、加拿大相继退出《京都议定书》后，要想实现其全球性约束力仍然困难重重，因而各国政府应对气候变化的统一行动方案暂时无法达成，各国之间协调行动的可能性会降低。从短期看，签署公约的国家众多，因此政策的局部变动可能会产生很大的效应，甚至直接提高部分国家项目实施的难度和成本。比如，欧盟取消碳排放配额免费政策，配额价格上涨增加了不法分子牟利的空间，甚至发达国家低价购买发展中国家配额，严重损害了发展中国家的利益。

（二）宏观经济变动风险

宏观经济周期性波动通常会对企业的生产经营和规模扩展等产生直接影响，也间接影响企业能源消耗和碳排放总量，而且企业在其不同发展阶段所产生的能耗量、排放量也不同。当经济处于高速发展的繁荣期时，企业的能耗和排放量必然比衰退期高，碳价格必然随之走高；反之则相反。例如，2008 年爆发的国际金融危机严重影响了国际碳交易市场，金融危机导致宏观经济衰退，企业的碳排放量减少，企业只能出售之前囤积的碳排放配额，造成碳交易市场供大于求，推动碳价格不断走低。除此之外，金融危机造成许多国家经济发展缓慢，甚至倒退，为了推动企业恢复生产，各国政府出台的减排政策放宽了对企业的限制，进一步压缩了市场上对碳排放配额交易的需求，整个碳交易市场愈发冷淡，打破了碳金融市场的均衡，碳金融产品价格也随之低迷，给碳金融交易主体造成重大损失。

（三）信用风险

信用风险是指在交易过程中交易对手未能按时履行合约义务或者信用资产质量变化造成当事人损失的可能性。我国商业银行作为信贷的主体，早期开展碳信贷的重要形式是 CDM 项目。因此，碳金融的信用风险多集中于商业银行的 CDM 项目。在碳金融市场中，信息不对称的普遍存在，使商业银行在 CDM 项目选择时更容易产生“逆向选择”等问题，而且碳金融相关专业技术的封闭性也容易导致 CDM 项目的债务方产生道德风险，从而发生不履约的状况，给商业银行等信贷主体带来损失，如 CDM 项目借款人违约风险、保理业务风险、碳排放权及其衍生品交易对手方不履行义务风险等。具体来说，可以将以 CDM 项目为核心的碳金融信用风险划分为 CDM 项目不良贷款率风险、CDM 项目买方履约能力风险、CDM 项目能否按期建成投产风险、CDM 项目是否能产生合同规定的 CER 风险五个层面。

CDM 是全球气候变化领域的新生事物，它具有自身的一套完整的开发、申请和批准流程，与一般项目相比，CDM 项目更为复杂，除了面临常规项目所具有的普通风险之外，还面临其特有的项目风险。

（四）市场风险

一般的金融市场风险通常是指金融市场价格波动造成的损失，这种风险主要源于利率、汇率、股票价格与重要商品市场价格波动。碳金融市场同样也面临上述风险。以 CDM 项目为例，首先，CDM 项目出售 CER 通常是在不同国家之间发生的，因此 CER 交易时涉及外汇结算业务，外汇汇率的变动也就成为碳排放权交易中的金融业务的风险来源。其次，CDM 项目周期较长，碳金融项目具有跨期性，而未来长期的利率水平波动也必定会给碳金融交易主体的收益造成影响，因此利率风险也成为碳金融业务必须关注的重要风险。

相较于传统金融业务，碳金融的市场风险除涉及上述风险外，还包括碳交易商品特殊性带来的碳交易价格波动风险，以及由此带来的碳金融资产价格变动风险。碳金融市场仍然处于全球范围内的实践探索阶段，目前国际上还没有统一的碳金融市场，各国各地区的碳金融交易机制、交易品种和相关制度安排也存在较大差异，客观上增加了交易成本和市场因子波动的不确定性，造成碳价的异常波动。一般而言，过高的碳价会加大企业的负担，影响其生产投资积极性。过低的碳价会打击碳市场合法投资者的信心，难以达到减排的最佳效果。碳价的异常波动也构成碳金融的市场风险。

（五）流动性风险

流动性风险是指商业银行对客户或其他类型现金需求不能及时满足而引发的风险，例如商业银行无法利用合理充足的资金来满足客户的取款需要和贷款需求，通常包括资产流动性风险和负债流动性风险等。商业银行碳金融业务的流动性风险主要体现在碳排放权抵押贷款和 CDM 项目融资中。在碳金融领域，无论是碳排放抵押贷款还是 CDM 项目融资都必须以获得碳排放权或者 CDM 注册认证为前提，这些必然经历复杂的项目运转流程，不可避免地导致项目周期长和多发性风险，产生额外的交易成本，进而引发此类贷款项目再融资风险或者项目进程中的大额存款提前支取风险。因此，金融机构容易因为碳金融市场的流动性问题造成流动性成本增加，带来潜在损失，即产生流动性风险。

（六）操作风险

操作风险是商业银行面临的一种特别风险，通常是指银行内部业务流程运转错误、相关业务人员操作不当、银行内部系统故障以及银行外部突发事件引发的非正常损失。操作风险一般包括人员风险、流程风险、系统风险和外部事件风险等，目前已经作为银行主要的风险存在形式而受到风险管理部门和监管机构的重视。我国碳金融仍处于初级发展阶段，很多商业银行对碳金融概念及其整体机制的认识还不够深入，对碳金融业务产生的价值、操作流程、项目运作乃至碳排放权交易相关规定等未能全面把握。同时以碳排放权或者碳排放配额项目为核心的碳金融资产是一个对碳技术需求强烈、专业敏感度高的领域，商业银行通常缺乏这方面的专业人才，可能存在内部程序不够合理、系统不够完善、容易遭受外部欺诈的风险，因此现阶段碳金融的操作风险还是很大的。具体来说，可以将碳金融操作风险划分为人员操作失误风险、操作流程执行不严格风险、系统失灵风险、外部欺诈风险、突发事件风险，以及碳金融衍生工具的操作风险，如在参与碳期货等金融衍生工具交易时，因交易员对碳交易相关规则理解有误，采取的对冲操作不当或者未能严格执行相关保证金交易规则而产生的巨额损失风险。

（七）法律风险

2004 年巴塞尔委员会公布的新资本协议提出，将商业银行法律风险的管理纳入银行资本监管框架中，并将法律风险纳入操作风险之中。我国银行监管部门也沿用了《巴塞尔协议》的基本规定。法律风险亦已成为商业银行防控的重要风险。碳金融业务围绕碳排放权展开，在实践中既要符合相关国际主体签订的温室气体排放权指标标准化交易的法律规定，也要遵守国内不同行政区域内的碳排放权交易相关行政法规。因此，商业银行等金融机构在从事碳金融业务时，如果发生违约、侵权等违反相关法律或者行政法规的行为，就会依法承担行政责任和经济损失。

目前，我国银行监管部门和巴塞尔委员会都未对“法律风险”进行明确的概念界定，但法律风险管控的重要性从未被忽视。法律风险虽然从属于操作风险，但是法律风险具有不定向性和分散性，而且在法制社会体系下，商业银行的信用风险、市场风险、流动性风险、政策风险等都会转化成法律风险而存在，进而影响碳金融业务的实践。本部分参照《巴塞尔协议》和我国现行相关碳金融法律法规的要求，认为碳金融法律风险定义主要包括两个层面：（1）商业银行签订的碳金融合同因违反相关碳交易和碳金融业务的法律和行政法规可能被依法撤销或者确认无效，或者可能承担行政责任以及刑事责任；（2）商业银行因违约、侵权或者其他事由被提起诉讼或者申请仲裁，并依法可能承担赔偿损失责任。

（八）技术风险

技术风险是指低碳技术的不确定性间接引发的碳金融交易主体损失的可能性。现阶段低碳经济仍属于新兴领域，低碳的相关产业标准和技术开发在我国乃至全球范围内都尚未精湛成熟，大量的节能减排技术仍处于小规模试点阶段，如碳捕获与封存技术等。在无法确定低碳技术成熟稳定性的现实背景下，低碳项目的商业应用背景就更加难以准确评估。这种低碳技术不确定不成熟导致的相关项目技术风险势必会间接引发绿色信贷的供给方的贷款风险。另外，碳金融是以低碳技术和节能环保行业为依托，对低碳密集型项目的过多信贷支持在一定程度上也增加了商业银行盲目选择的风险，甚至可能会导致投资过热、产能过剩。

（九）项目风险

项目风险是指低碳项目从申请审批到结项过程中所有可能发生的风险给碳金融交易带来的不确定性，进而导致损失。在碳金融业务中主要体现为其特有的碳排放权风险和 CDM 项目风险。以 CDM 项目为例，具体风险如下：项目审批风险、项目合同风险、项目周期风险、项目工程建设风险（如项目是否按期建成投产、资源能否按预期产生等）、项目监测与报告风险、项目额外交易成本风险、项目产生的核证减排量的核证风险、项目替代风险、CER 的定价风险、项目质量风险。CDM 项目从计划实施、具体运营和执行，到项目预算控制等方面的不确定性都是其风险渠道，并表现出高度的项目运作相关性和项目流程的繁杂性，导致 CDM 项目自身收入的不确定性和相关碳金融主体收益的不确定性。

（十）政治风险

在国际低碳经济的发展趋势下，二氧化碳排放权成为一种有经济价值的商品并进行交易，可以说是资本与权力结合的产物，是金融和环保领域互相渗透的结果，使国家与国家、国家与企业在共同合作的基础上实现互利共赢。但是，任何经济活动的参与者往往是理性的和投机的，在以应对气候变化为目标的碳排放权交易过程中，部分国家为追求自身利益最大化而损害其他国家的利益。以美国为例，作为全球温室气体排放量最大的国家，美国2001年以影响经济发展为借口退出《京都议定书》，2011年加拿大成为第二个签署公约之后退出的国家，其违约行为不仅会对该国国内的碳排放需求产生很大的影响，而且会对签署公约的其他成员国的碳排放权交易造成很大的影响。这种国家之间的政治冲突会在很大程度上引发碳金融市场的流动性风险，进而在较长一段时间内对碳金融市场的碳配额及监管造成混乱，影响资源的合理分配和利用，甚至一些国家政局的动荡也会加速碳金融风险的形成和传导。

上述十种风险是当前碳金融业务面临的主要风险。其中《巴塞尔协议》中明确的商业银行风险管理范畴包括信用风险、操作风险、市场风险和流动性风险，但商业银行在传统金融业务中不仅仅面临上述风险，也面临诸如政策风险、政治风险、宏观经济变动风险和法律风险。因此，对于碳金融业务而言，其面临的独特风险仅包括技术风险和项目风险。

碳金融业务面临的风险还可以根据其影响的范围和程度划分为系统性风险和非系统性风险。系统性风险通常是指影响所有金融投资者和金融机构的、对整个金融体系乃至市场都可能造成影响的风险。政策风险、政治风险、宏观经济变动风险、市场风险、法律风险等都属于系统性风险。非系统性风险是指由于特定原因给特定投资者或者碳金融交易主体造成潜在损失的风险。信用风险、操作风险等都是碳金融业务中的非系统性风险。另外，根据风险源于投资者、金融机构的内部还是外部，金融风险也可以分为外生风险和内生风险，上述的系统性风险通常都是外生风险。

三、碳金融风险的特征

（一）普遍性

普遍性是指金融风险广泛存在于各类金融市场、各种金融机构和各个金融投资主体中。碳金融风险和其他金融业务风险一样，具有普遍性。因为碳金融业务也涉及资金的供给者和需求者两方，资金提供方必定要在未来收回资金，但是，由于碳金融项目自身的不确定性和金融市场体系的各种动荡，资金融入方可能会产生无法按时偿还资金的风险，并进而影响各类碳金融资产的市场价格，造成市场波动，甚至产生流动性风险。

（二）客观性

客观性是说碳金融风险是客观存在的，不以人的意志为转移，只要有碳金融活动存在，就必定存在碳金融风险，只是风险的大小和影响程度存在差异而已。从风险定义来说，即某种不确定事件发生的可能性。一般来说，任何以盈利为目的的金融活动都会产生风险，风险和收益密切相关，也可以说金融活动和金融风险是相伴相生的。碳金融业务也是一样，因为碳金融业务受到外部政策、外在环境和市场不确定性影响较大，而且这种风险只能去预测，而无法完全规避，因而碳金融风险也具有客观性。

（三）复杂多变性

碳金融业务交易主体较多、涉及的交易规则、流程机制也比较独特，而且会随着碳金融业务发展不断完善。碳金融业务主体的风险水平既取决于上述风险因素风险程度的高低，也和风险暴露程度密切相关，所以碳金融风险整体上呈现复杂多变的特点，这也是碳金融业务风险管控中的一个重要方面。

（四）可控性和可测性

碳金融风险的可控性是指碳金融市场主体按照一定的方法、制度可以对风险进行事前识别及预测、事中化解和事后弥补。碳金融风险的可测性是指碳金融风险是可以识别、分析和预测的，交易者可以根据金融风险的性质、诱因，借助概率统计和相关参数来计算碳金融风险发生的概率和损失程度。

第二节 碳金融风险的识别与评估

与发达国家相比，虽然我国碳金融的发展起步较晚，但是近年来一直致力于建立自己的碳市场，构建和完善全国性的碳排放权交易体系，力求以尽可能低的成本实现碳减排目标。目前，我国的碳金融体系采取了不同于欧盟碳排放权交易体系的市场布局和配额方法，主要涵盖清洁发展机制下的核证减排量（CCER）交易、自愿减排（VER）市场、以商业银行为代表的金融机构绿色信贷业务、碳金融合约交易及碳金融配额交易五个方面的业务。另外，中国政府提出预计2030年以前达到碳排放的峰值，2060年实现碳中和，这都进一步促进了碳金融的快速发展。但是基于碳金融市场及其交易工具、衍生品等的复杂性，在投资的过程中仍然面临许多风险，因此，要顺利地推进碳中和目标项目的进行，就必须从碳金融的本质和特征出发，对碳金融风险进行有效的识别和及时预警，因而碳金融风险的识别与预警对碳金融风险管理和防范具有十分重要的意义。

一、碳金融风险识别

碳金融风险识别是碳金融风险管理的重要环节和起始步骤，具体是指人们运用如感性认识、经验判断等在内的各种方法、技巧来提前发现碳金融的潜在风险，通过分析客观资料和历史数据来探究风险形成的原因，从而归纳和总结风险损失规律的过程。

（一）碳金融风险识别的原则

1. 全面性

碳金融业务活动涉及领域广、参与的主体比较复杂，因而碳金融业务的每一个环节和每一个业务都可能产生风险，从而带来不利影响。对碳金融风险的任何环节的失察或者忽视都可能导致碳金融风险防控管理的失败，造成严重后果。不仅如此，碳金融业务的每个环节之间、每个业务之间也都存在紧密联系，因而对碳金融风险的识别既要细致地分析每个环节，也必须从整体上把控金融机构的整体碳金融风险。只有对碳金融风险进行全面系统的分析研究，才能对风险合理分类，并揭示其性质、后果，否则就难以实现风险的有效识别。

2. 准确性

对碳金融风险准确识别包括两层含义。首先，准确识别风险类型、受险部位和风险来源；其次，要对碳金融风险进行准确评估。特别地，对碳金融风险的准确评估非常重要，因为如果过高估计碳金融风险，容易提高风险管控成本，造成过度管理；如果过低估计碳金融风险，则可能会使碳金融交易主体因管理不当而遭受更大的潜在风险。

3. 及时性

如前所述，碳金融项目具有动态变化性，政治因素、政策制度、外部环境、经济主体的个体经营状况都常常处于变化之中，从而会造成碳金融交易主体所面临的风险类型、影响部位和影响程度等都发生改变。因而，碳金融风险识别必须实时关注、连续识别、灵活调节。

（二）碳金融风险识别的方法

在现实中，不同的碳金融风险主体可能因各自的参与角色不同而面临不同的金融风险，而且随着时间的推移，以及外界经济环境的变化，同一碳金融交易方识别的内容也存在一定偏差，这就要求不同的金融风险主体必须按照实际情况选用合适的识别方法，并根据外界经济环境的变化进行灵活的调整。

碳金融风险识别方法较多，本节选取较为常用的识别方法进行介绍。

1. 现场调查法

现场调查法是指碳金融交易主体通过对可能存在风险的各项业务及其所涉及的部门进行详尽的现场调查来识别金融风险的方法。通常在采用该方法时，相关风险管控部门需要先做好调查前的准备工作，如明确调查目的、对象、时间、地点和内容，编制相应的调查表；在具体的调查实施过程中，风险管控人员可以通过座谈、访问、查阅资料、实地考察等方式来完成相应的调查。现场调查法具有简单、实用、经济，可以获得第一手资料的优点，但是这种方法耗时耗力，需要调查人员具有敏锐的观察力、较强的沟通能力等。

2. 问卷调查法

问卷调查法使用非常普遍，具体来说就是碳金融机构的风控人员通过发放问卷调查表的方法让被调查人员现场填写，以此来识别金融风险，该方法通常也被看作是现场调查法的一种替代方法。

问卷调查法的关键和核心在于调查问卷的合理编制，要求调查人员能够根据碳交易业务环节、交易主体特征等来进行编制，并充分考虑受访者的专业素养和知识能力，尽可能使调查表上的内容简单易懂，不易产生歧义。与现场调查法相比较，问卷调查法可节省人力、物力和时间，但是它对调查问卷设计的要求较高，问卷调查表的微小偏差都可导致获得的碳金融风险信息不可靠。

3. 流程图法

流程图法是指按照业务活动的内在逻辑和相互关系将整个碳金融业务活动绘制成流程图，并借此来识别碳金融风险的方法。碳金融业务包括绿色信贷、绿色基金、绿色保险等不同领域，因此在编制流程图时也要根据业务活动的不同内容、不同特点以及复杂程度，将碳金融交易主体的业务活动绘制成不同的流程图。一般来说，碳金融机构的业务越复杂，涉及的部门越广泛，交易规模越庞大，流程图法也就越具有优势。

流程图法的最大优点是能够将复杂的问题分解成若干个简单的问题，从而便于基层风控人员掌握和运用。但是它同样也存在一定的缺陷，首先，绘制流程图需要耗费大量的人力、物力和时间；其次，绘制准确恰当的流程图对绘制人员的要求较高，绘制人员必须非常熟悉碳金融业务的整体架构、基本步骤和内在逻辑，否则一旦出现理解上的偏差就会造成碳金融风险识别的不全面和不正确。

4. 情景分析法

情景分析法是一个识别引致风险关键因素及其影响程度的方法。一个情景就是对拟考察的风险主体未来某种状态的描绘，这种描绘采用图表或曲线等形式。情景分析的结果可以分为两种类型：一种是对未来某种状态的描述，另一种是对未来某个发展过程或者未来若干年某种情况变化的描述。情景分析法可以扩展决策者的视野，使决策者能充分考虑不利情景的影响，重视偶然事件尤其是极端事件的严重影响。在金融风险管理中，压力测试方法就是一种较为常见的测度极端事件发生的情景分析法。

情景分析法可以识别和测定资产组合面临的最大可能损失，但是该方法的实施在很大程度上依赖于有效情景的构造和选择，这就要求碳金融机构的风控人员具备良好的判断能力、丰富的经验和技巧、敏锐的观察力，这在碳金融这样较为复杂的金融交易中尤为重要和突出，所以有效情景的构造和选择是该识别方法的关键。

5. 专家调查法

专家调查法也是碳金融风险识别中可以采用的方法，它是指利用专家的智慧、知识和经验识别金融风险的方法。专家调查法也可以细分为头脑风暴法和德尔菲法。头脑风暴法是指将碳金融业务的相关专家人员组成一个小组，然后以会议方式展开讨论，以此来促进碳金融业务专家相互激励和启发，并提出创造性的想法和方案。通常这种方法适用于问题单纯、目标明确的议题，操作方便简单，也能节省时间。德尔菲法相对来说比较复杂，它需要将一组明确清楚的问题以通信方式寄给相关碳金融业务专家，然后对专家进行多轮反复问询，并将专家的意见进行汇总，然后根据专家的意见进行调整，将不合理或者不一致的部分进行重新阐述，再次请专家回答，直到专家的意见逐步统一，从而形成最终结论。德尔菲法相对来说能够处理比较复杂的碳金融风险问题，但是专家的选择是否适当是其关键，而且专家的经验的不确定性以及专家回答问题时的状态都可能影响最终结论，另外，应用此方法通常需要 4 ~5 轮的调查，可能存在最后不收敛的风险。

（三）碳金融风险识别的内容

碳金融交易主体可能因为所从事的业务或者在交易中的地位不同而面临不同类型的碳金融风险，但是碳金融风险的识别角度、识别方法和基本步骤都是相同的。一般来说，在识别了碳金融风险类型之后，就要研究风险可能产生的原因，以及该原因导致的潜在损失程度，并分辨出此项碳金融风险容易产生的环节或者部门。

1. 碳金融风险的风险来源识别

碳金融政策风险主要涉及政策的可持续性和变动性，具体来说表现为两方面：一是碳金融基础交易标的稀缺性由政策和法律确定，因此相关碳交易政策和碳金融制度的可持续性（或连续性）对市场的稳定和存续具有决定性的影响。二是减排项目审批和减排量核证的相关政策的变动也可能引发风险。碳减排项目通常来说投资规模大且回收周期长，因而整个项目生命周期各个环节的政策不确定或不合理都将影响市场参与者的预期并造成项目回报的降低。

碳金融信用风险根据其诱发原因可以从主客观两个层面进行识别。客观层面主要是指外部政策变动、自然灾害等不可抗力因素导致碳项目整体价值波动从而引发的损失，这种诱因导致的信用风险较为明显且易于及时识别；而主观层面通常是指交易对手方或当事人主观恶意违约造成的损失，相对于客观因素诱发而言，主观因素导致的信用风险较难识别，需要在碳金融交易全流程持续跟踪监测资金的流转和实际使用情况，并及时依据市场价格等因素定期、全方位评估对手方资产和信用情况。针对主客观诱因导致的信用风险，碳金融交易主体必须加强对数据监测、报送和核查过程的监督，利用相关技术及时识别数据漏洞。

碳金融交易的市场风险的诱因可以按照其市场风险因子——利率、汇率、碳资产价格、碳金融资产价格等的波动诱因进行细分。碳金融的利率和汇率风险的诱因与传统金融风险相同，其差异主要体现在碳交易和碳金融项目上。碳金融交易时间和空间的特殊性使碳金融资产价格更易受到市场环境以及其他不确定性因素的影响。目前，主要的碳排放权交易体系均具有阶段性的特征，“跨期”因素将碳排放配额现货及其衍生品与传统金融产品显著区别开来，使碳现货及衍生品价格的波动呈现分散的随机特征而不具备传统意义上的连续性。

碳金融市场的操作风险的重要诱因是违规操作，通常也可分为操纵市场和内幕交易两种。从系统技术层面来看，操作风险主要是人为错误、系统故障以及工作程序和内控不当等因素引起的。在碳金融交易中，操纵市场主要指部分碳金融交易经纪服务商、交易平台等人员依托自身资金、信息等优势，诱导投资者在不了解具体碳金融产品或减排项目真实情况的前提下作出投资决定。内幕交易一般指内幕知情人及以不正当手段获取碳金融交易内幕信息的其他人员违反相关规定泄露企业核查信息、企业碳金融资产组成情况以及碳交易相关信息，并根据上述内幕信息进行碳金融产品买卖或者向他人提出买卖建议的行为。

2. 碳金融风险的受险部位识别

识别碳金融风险的受险部位和具体交易环节也是风险识别管控中的重要内容，只有明确碳金融风险的受险部位，金融机构才能有针对性地进行风险评估和合理地开展风险管控。碳金融风险是伴随碳金融活动产生的，因而其受险部位一定蕴藏于碳金融交易主体的各个业务环节中。以商业银行开展碳金融业务的重要形式——碳信贷项目为例，碳金融的风险受险部位可以从业务开展中的资金来源与使用、资金管理角度以及业务特征等方面来进行分析。

碳金融机构作为碳信贷项目的资金供给者，其资金通常来源于吸收的存款、各种负债以及提供的金融服务等，无论是哪种形式，金融机构通常要支付一定的利息成本，因而利率变动风险是在此环节中必须关注的风险。与此同时，各种负债的期限长短不同，而碳金融项目通常融资周期较长，因而由期限不匹配造成的流动性风险，尤其是大额存款提前支取的风险也是此环节中必须关注的风险。

商业银行等金融机构在对碳信贷项目进行选择和评估时，主要围绕碳排放权或者 CDM 项目许可开展。此时通常存在信息不对称，容易产生逆向选择和道德风险，并导致项目最终面临债务方不履行合约、碳金融产品或其衍生品交易方不按时履行合约、CER 不交付的风险。另外，在整个项目运作的过程中，金融机构会因为业务流程不合理以及业务人员专业性、内部系统等问题产生各种操作风险，进而遭受损失。而且，在碳金融资金具体使用过程中，利率波动也直接影响项目的最终收益。

具有不同风险暴露和不同特征的碳金融业务往往蕴含着不同的碳金融风险类型和受险部位，因而在碳金融风险识别的过程中，必须结合每笔业务的特征来识别风险，这样才能及时准确地把握风险，并找到合适有效的风险管控方法。

二、碳金融风险评估

金融风险评估是对相关金融风险事故造成的影响或损失程度开展量化评估，包括风险发生概率和损失程度的评估、风险承受能力和风险优先级的分析等。风险评估方法主要有定量分析、定性分析和基于模型的分析方法等。碳金融风险评估就是在识别碳金融活动各项风险的基础上，结合对风险诱因和风险暴露部位的分析，根据历史数据，运用各种方法来进行风险发生概率和损失程度的估计。因此，开展碳金融风险评估首先需要筛选和设计相关风险指标，其次根据风险指标收集数据，最后选择恰当的定量分析方法或者模型进行评估。

（一）碳金融风险指标体系的选择

根据前述的碳金融风险类型，我们构建了如表 11.1 所示的指标体系。

表 11.1　　碳金融风险指标体系

一级指标	二级指标	三级指标
《巴塞尔协议》框架下我国商业银行碳金融业务的一般风险	信用风险	碳信贷项目融资债务方到期不履约风险
		碳金融及其衍生产品交易方不履约风险
		CDM 项目下的 CER 风险
		碳保理风险
	市场风险	利率风险
		汇率风险
		碳交易价格风险
		市场主体供给需求变动风险
	流动性风险	资金偿还延后风险
		CDM 项目再融资风险
		大额存款提前支取风险
		信贷规模违规超额风险
	操作风险	人员操作失误风险
		系统失灵风险
		外部欺诈风险
		碳金融衍生工具操作风险
	法律风险	碳金融信贷项目相关法律风险
		碳交易相关国际国内法规变动风险

续表

一级指标	二级指标	三级指标
碳金融项目的其他风险	政策风险	国际气候谈判风险
		国内碳交易政策变化风险
	政治风险	国际政治变动风险
		战争、国际环境变化风险
	宏观经济变动风险	经济周期变动风险
		国内外经济环境变化风险
碳金融项目的特别风险	项目风险	项目审批风险
		项目合同风险
		项目周期风险
		项目工程建设风险
		项目质量风险
	技术风险	碳捕获技术的不确定和变动风险
		碳封存技术的变动风险

（二）碳金融风险评估方法的选择

目前，关于碳金融风险度量的研究还处于初级阶段，但是学者已经取得了一定的进展。碳金融风险度量主要还是依靠计量模型进行风险的评估，从而对风险进行整合，为碳金融风险管理起到支撑作用。具体来说，在碳金融风险度量模型和定量分析方法上，采用的方法与传统金融风险计量方法较为一致，而且充分考虑到不同类型碳金融风险事件分布特征的差异。下面结合主要的碳金融风险分别阐述可以选择的度量方法或者模型。

1. 碳金融信用风险度量方法

碳金融信用风险度量可以分为两个层面。第一个层面是针对交易对手违约概率和违约损失进行计算，这里可以考虑采用传统的信用风险度量方法：信用评分法和信用评级法。信用评分法是一种被广泛应用的风险度量管理技术，主要是根据相关债务人的特征和历史记录，运用概率统计技术计算其信用分数，以此来判断其未来违约的可能性，并为最终的信用审批和风险定价提供重要参考。信用评级法和信用评分法相似，也是对借款人、债务或者债券资产的信用进行打分，区别在于前者主要采用基数分析法，而后者主要采用序数分析法。信用评分法通常被金融机构内部信贷管理部门所采用，而信用评级可以分为内部评级和外部评级两种。外部评级通常是由金融机构外部的独立评级机构（如标准普尔、穆迪、惠誉等）基于公平、独立、客观和透明的原则对债务人偿还债务能力、各种债券资产价值等进行评估。从当前监管要求和信用风险度量技术发展趋势来看，信用评分和内部评级的差异正在逐渐消失，内部评级和外部评级在对同一类型资产进行风险度量时结果也趋同。

碳金融信用风险度量的第二个层面是碳信用资产价值的变动，上述评级方法可以采用。另外，随着计算机信息技术的广泛应用，信用风险度量手段也逐渐复杂、多样，产生了较多的现代信用风险度量方法，这些方法也可以运用于碳信贷项目风险度量尤其是碳信用资产价值的波动测量中。其中最为普遍运用的是 CreditMetrics +、CPV、KMV 模型等方法。但是这些方法都有严格的理论假设，在具体运用中也需要满足一定的外部条件，例如 KMV 模型通常针对上市公司资产价值变动进行度量，这就限定了该模型只能针对上市公司的碳信贷风险进行评估，而且非常依赖资本市场的发达完善程度，所以相对来说，针对碳信贷、碳债券等仍处于发展初期的金融项目适用性不高。

2. 碳金融市场风险度量方法

在碳金融市场风险度量中，VaR 模型以及建立在 VaR 模型基础之上的 GARCH 模型等较为常用。VaR 是 Value at Risk 的简称，即处于风险之中的价值，亦即风险价值。其具体含义指在一定的时间内和一定的置信水平下，资产或者资产组合可能遭受的最大损失。具体表达式为

$$P(L > VaR) = 1 - C$$
$$P(L \leqslant VaR) = C$$

式中，C 表示置信水平。

举例来说，即如果是 99% 置信水平下的每日 VaR 为 1000 万美元，其含义就是该笔资产或者资产组合在一天内的损失超过 1000 万美元的概率为 1%，或者说有 99% 的把握保证该资产一天内的损失不超过 1000 万美元。VaR 方法是在 20 世纪 90 年代由 J. P. 摩根公司提出的。该方法因其简洁明了，一经提出就被各大金融机构广泛使用，该方法已经成为金融市场风险度量的主要方法，可以用来测度金融机构的潜在损失，并确定资本充足率。碳金融市场风险本质上也表示为碳交易及其衍生金融产品市场价格的波动，因此在运用 VaR 度量市场风险时与度量传统金融风险并没有不同。但是碳交易市场规则不断变动、完善，交易规模有限以及交易时间较短，因此在运用该方法时相关的数理统计假设存在不足，仍有待时间的检验。另外，也有一些学者在计量中利用 COUPLA 函数采用蒙特卡罗模拟等较为复杂的模型来进行市场风险度量，但是同样需要注意该方法对数据分布的特征要求，碳金融交易未必都能满足。总之，对碳金融市场风险的度量仍要结合未来碳金融市场发展趋势不断改进。

碳金融市场的另一个重要风险因子是利率变动，利率变动带来的损失通常采用久期模型来度量。这个方法也被初步运用于碳金融项目的利率风险度量中。具体来说，久期就是债券或者债务资产未来各期现金流的加权平均到期期限。表达式为

$$D = \frac{\sum_{i=1}^{n} \frac{t \times CF_t}{(1+i)^t}}{\sum_{i=1}^{n} \frac{CF_t}{(1+i)^t}}$$

式中，D 表示债券或者债务资产的久期，CF_t 表示 t 时期的现金流，对其用市场利率进行贴现，因此上述公式的分母本质上就是债券的市场价值。

在对久期公式进行调整变形后，可以获得修正久期，它可以直接解释碳债券市场价值因利率不利波动而遭受损失的程度。

3. 碳金融流动性风险度量方法

碳金融流动性风险主要体现为碳金融交易主体的资产流动性不足，变现能力下降或者以合理成本筹措资金的能力不足引起的损失。从本质上看，碳金融交易主体的高资产负债率是其经营的主要特征，也是其面临的碳金融流动性风险的主要来源。因此对碳金融流动性风险的度量主要针对的是资产和负债的流动性风险。

（1）资产流动性风险度量。资产流动性风险度量最常用的工具就是买卖价差，即采用卖出价和买入价的差异度量其交易成本，买卖价差既能反映市场价格波动率，也能反映正常市场条件下的交易成本。除了买卖价差外，也可以考虑采用平仓费用来衡量一定资产组合的总体流动性风险，即各项资产买卖价差比率的加总求和，这也能反映碳金融交易主体在资本市场进行平仓的费用。另外，综合考虑市场风险因子和流动性风险因子的流动性调整 VaR 也可以被用来测度资产流动性风险。

（2）负债流动性风险度量。负债流动性风险度量主要考虑的是碳金融交易主体，尤其是相关碳信贷、碳债券发行人的资金来源的稳定性和期限结构的合理性。通常会采用指标体系、缺口分析和期限结构分析法来测度。指标体系法是指构建一系列能够反映金融机构流动性的财务数据指标体系，包括存款集中度、现金资产比、流动性证券资产比等指标。缺口分析法是指计算资产负债之间的差额，以此评估流动性大小，通常会采用流动性缺口分析（计算未来资金需求量和供给量的差额）和净资产缺口分析法（金融机构碳金融项目的流动性资产和流动性负债的差额）来度量流动性风险。

4. 碳金融操作风险度量方法

碳金融操作风险在表现形式上和传统金融风险并无显著差异，因此具体的风险度量方法也较为一致。具体分为定性分析法和定量分析法。

（1）定性分析法。定性分析法主要包括自我评估法、关键风险指标法和计分卡法。其中自我评估法是商业银行识别和评估潜在操作风险以及业务活动控制措施、适当程度和有效性的操作风险度量手段。自我评估法通常涵盖组织架构、人力资源、风险流程以及外部市场环境、社会制度变化等。关键风险指标法主要指运用一系列能够表现风险变化的定期监控的统计指标来衡量操作风险。因此选取具体合理的指标就成为实施风险指标法的关键，中国银保监会公布的《商业银行操作风险管理指引》中给出了一定的指导意见。计分卡法是巴塞尔委员会提出的一种操作风险高级计量法。计分卡法是指金融机构赋予每一个操作风险损失事件一个数值，并依照此数值对相应的操作风险进行比较排序，从而进一步预估操作风险的预期损失。实施计分卡法的关键是对操作风险事件定义和赋值，通常可以综合考虑专家的意见。

（2）定量分析法。随着风险度量理论的发展和度量技术的不断改进，操作风险度量也开始由定性向定量转变。较为常用的是基本指标法、标准法和高级计量法。使用这些定量分析法进行测度时都需要将金融机构的业务划分为八个业务条线，因此适合金融机构已经成熟的金融业务。碳金融项目目前在我国的开展仍处于起步阶段，相对来说使用此种方法不合适，因此在碳金融市场日趋完善、交易制度不断规范后可以进行深入探讨。

以上是目前金融监管和金融风险管理实践中比较成熟的风险度量方法，大部分对碳金融风险度量同样适用。另外，也有一些研究针对政策风险、宏观经济变动风险度量进行了深入探索，提出采用 AHP 模型等方法进行度量。相对来说，此类风险度量更多偏重定性分析，本节不再逐一阐述。

第三节 碳金融风险管理概述

在各国政府加快低碳经济发展的政策引导下，商业银行等金融机构纷纷布局绿色信贷、碳基金、碳保险等相关绿色金融业务，碳金融业务不仅成为金融机构新的业务增长点，而且促进金融机构在资源配置和经济结构转型方面发挥重要的作用。但是，碳交易和碳金融业务相对于传统金融业务而言，发展不够成熟，因而风险较为突出，加强对碳金融业务的风险管理和采用合理有效的防范机制逐渐成为金融机构未来风险管理中的重要内容。

一、碳金融风险管理目标和程序

（一）碳金融风险管理目标

“双碳”目标提出后，碳金融对于我国优化产业结构、推动循环经济、实现高质量发展具有十分重要的意义。在当前我国积极实施碳减排背景下，作为我国绿色金融的主要参与者，商业银行等金融机构在从事绿色金融项目中能否建立健全风险管理系统，提高防范和化解自身碳金融风险的能力，已经成为碳金融市场稳定运行和循环经济快速发展的关键。具体来说，金融机构的碳金融风险管理目标如下：

1. 有效分散风险，合理控制损失

金融机构在从事碳金融业务时，风险管理的首要目标是损失控制。这就要求相关交易业务员和风险管理者能够充分识别可能面临的各种风险及其成因，根据合理度量的预期损失，选择相关的碳金融业务或者碳金融衍生品，并按照成本收益原则选择合适的风险管理策略或者风险管理手段，尽可能规避风险或者将风险控制在可承受的范围内。

2. 发挥中介功能，降低交易成本

碳金融项目的风险是与碳金融项目密切相关的，金融风险与金融活动相伴相生，而且碳金融交易市场仍处于初级阶段，各方面的规章制度和交易规则仍有待完善，因此风险更加复杂多变，也容易导致金融机构在提供相关碳交易的金融服务时比较消极。金融机构在加强绿色金融风险防范能力构建的同时，必须平衡风险管理成本和收益的关系，在风险可控的前提下，为碳交易双方提供中介服务，发挥资源配置的作用，努力降低交易成本。

（二）碳金融风险管理程序

完整的碳金融风险管理程序通常包括以下步骤：第一，设定碳金融风险管理目标。金融机构、投资者或者企业由于从事碳金融交易的目的不同，各自资本构成、资产运用和业务类型也不同，这就要求其在从事碳金融交易前根据自身状况设定风险管控目标，指导相关业务流程的具体执行。第二，碳金融风险识别。碳金融风险识别是日常风险管控的首要步骤，即对风险性质、来源、类型和成因、暴露部位等进行判断、分类和识别的过程。第三，碳金融风险评估。碳金融风险评估是在风险识别基础上，通过收集大量数据，运用各类定性和定量分析方法，对相关碳金融业务的风险发生概率和程度进行估计和预测。可以说，碳金融风险的精准评估是重要的承前启后环节，也是未来碳金融风险有效管理的前提和关键。第四，选择合适的风险管理技术。在完成碳风险识别和评估后，金融机构需要根据前述度量结果，选择和实施最佳的风险管理技术。在实践中，通常选用几种管理技术并进行优化组合，从而达到最佳状态。第五，风险管理效果评价。碳金融风险管理的合适与否取决于能否以最小的风险成本获得最大的安全性。因此，碳金融风险管理的最后一步就是风险管控部门对风险管理技术的适用性和盈利性进行分析、修正和评价，并为后续的风险管控提供依据。

二、碳金融风险管理策略

碳金融风险管理是指金融机构或者投资者在风险识别和评估的基础上，综合平衡风险管理的成本（采取相应风险管理技术手段的成本）与收益（采取风险管理后能有效降低的损失），采取合适的应对政策或措施来降低风险带来的影响。碳金融风险管理方法和手段在本质上与传统金融风险管理手段没有显著的差别，可以概括为风险规避、风险转移、风险承担和风险对冲策略。

（一）碳金融风险规避策略

碳金融风险规避是指碳金融交易主体及时发现可能存在的风险源并进行有针对性的风险规避。具体来说，可以结合不同类型的碳金融风险采取相应的规避策略。以常见的碳金融信用风险为例，在国家层面可以建立信息披露机制，以此促进信息的公开透明，规避逆向选择行为的发生；商业银行等金融机构应该加强针对碳信贷项目的贷前审核，及时发现项目存在的各种风险点，针对技术不是很成熟或者市场前景非常不明了的项目，可以考虑拒绝发放贷款或者提高利率来应对。

（二）碳金融风险转移策略

碳金融风险转移策略是指通过购买某种金融产品或者采用其他合法的经济措施将风险转移给其他经济主体的一种策略。这种策略的核心在于被转移者要接受或者同意。通常来说，被转移者是否接受或者承担，主要取决于其通过运用大数定律合理科学预测未来损失的结果，其也可以采用某种形式将风险有效分散或者降低。所以从这个角度来说，采用碳金融风险转移策略只是将风险从一个经济主体转移到另一个经济主体，并未改变整体风险水平，所以这种风险通常是其他方法无法解决或者消除的系统性风险。碳金融风险转移的终极形式就是再保险，因为碳金融业务的再保险风险程度较高，一般性的保险机构无力承担，所以通常由政府主导来开展相关的再保险业务。因此，碳金融业务的再保险具有一定的政策性属性。

（三）碳金融风险承担策略

碳金融风险承担策略是指金融机构理性地主动承担风险，以内部资源如风险准备金、自有资本弥补可能发生的损失。通常来说，针对那些发生概率极小且不可保的碳金融风险，或者虽然发生概率较高，但是损失程度较低且风险事件之间相互独立的风险可以采用此种策略。碳金融机构在进行风险管理资本计算时应充分考虑碳金融业务的占比、碳金融业务自身的风险程度及其造成的潜在损失来建立相应的风险准备金。

（四）碳金融风险对冲策略

碳金融风险对冲策略是指金融机构通过投资或购买某种与标的资产收益负相关的资产或衍生品，来冲销标的资产潜在损失的一种策略。风险对冲策略较多运用于碳金融市场风险的管理中，碳金融市场上的各种与碳交易相关的衍生品就属于碳金融业务的创新，可以用来管理碳金融基础产品的市场价值波动风险。但是，2008 年国际金融危机爆发后，金融创新与金融风险管控二者的关联已经成为人们关注的重点。合理使用金融创新，最大限度地发挥其风险分散和套期保值功能已经成为金融风险管理中的一个重点和难点。另外，金融机构也可以通过资产负债表或某些具有收益负相关关联的业务组合的对冲特性来实现自我对冲。

三、中国碳金融风险管理实践

近年来，我国金融业积极探索绿色金融发展模式，中国人民银行运用碳减排支持工具等结构性货币政策工具，引导绿色信贷精准对接碳减排项目，截至2021年末，我国绿色贷款余额15.9万亿元，存量规模居世界首位。目前绿色信贷占绿色金融资金总额的90%以上。2020年7月15日，由财政部、生态环境部等共同发起设立的国家绿色发展基金股份有限公司揭牌运营，首期募资规模885亿元。在绿色债券发行方面，应对气候变化专题的碳中和债券在绿色债券中占据了主体地位。从当前中国绿色金融发展实践来看，由碳信贷、碳债券和碳基金等业务构成的碳金融市场已经成为绿色金融的重要组成部分，并在2020—2021年实现了飞跃发展。2021年7月16日，全国碳排放权交易市场正式启动，并成为全球最大的碳市场。因此，碳金融市场的风险必将随着碳交易规模的增长逐渐显现出来。

在我国当前的绿色金融体系中，以银行为主体发放的绿色信贷占比达90%以上，超过人民币贷款占社会融资存量比重（60.2%）近30个百分点。这会导致风险偏好不匹配、投资不稳定、风险周期长等问题，也会影响绿色债券融资总量的进一步扩大。本节将结合我国碳信贷、碳债券和碳基金等阐述相关的碳金融风险管理。

（一）碳排放权抵押/质押贷款风险管理

全国碳排放权交易市场启动以来，以碳排放权为核心的各类碳信贷产品在我国各地陆续开花，这有助于企业盘活碳资产，拓宽融资渠道，也完善了碳排放权资产的金融属性。但是，碳交易技术复杂、信息不对称等问题会增加商业银行的信用风险，因此金融机构在开展碳排放权抵押贷款的同时，纷纷出台相关风险管理制度，主要包括以下内容：

1. 碳排放权合理估价和额度管理

碳排放权贷款是以碳排放权为抵押物或者质押物，因而碳排放权的价值直接关系贷款规模的大小，也是碳信贷业务顺利开展的核心。商业银行等金融机构参与碳交易的经验、具体信贷员的碳交易知识储备等直接影响其对碳价的评估。此外，碳排放权市场供求变化和全国碳排放权交易市场制度变化等也是需要考虑的重要因素，通常碳信贷规模不超过碳价估值的80%。

2. 碳排放权贷款的资金用途管理

开展碳信贷的目的是促进企业发展节能技术、探索绿色循环发展模式。因此，碳排放权贷款对象应优先考虑绿色升级产业和清洁能源行业，而且最好规定借款人在获得碳排放权贷款后，承诺优先用于绿色和环保领域，禁止用于房地产市场或其他限制领域。

3. 碳排放权贷款的期限管理

碳排放权的获得是有期限限制的，因而碳排放权贷款的期限也应该有明确规定，否则容易发生流动性风险。具体来说，通常要求碳排放权抵押贷款期限在碳排放配额期限内，或者碳排放权抵押贷款到期日不得超过碳排放配额使用期限的届满日。

4. 碳排放权贷款的贷后管理

贷款人在发放贷款之后应加强贷后管理，密切关注国家减排政策的相关变化，定期开展相关碳信贷业务的风险评估，监控借款人贷后的资金用途，关注借款人的经营状况和减排情况，建立相应的信贷治理监控和风险预警制度。

（二）碳债券风险管理

我国自2014年发行首只绿色债券以来，政策驱动促使绿色债券市场保持高速增长，绿色债券在节能环保、清洁能源、环境污染等领域发挥了重要作用。2015年中国人民银行发布的《关于在银行间债券市场发行绿色金融债券有关事宜的公告》及配套的《绿色债券支持项目目录（2015年版）》，以及2019年国家发展改革委等部门发布的《绿色产业指导目录（2019年版）》给出了详细明确的绿色产业范围，成为绿色债券发行的重要指导文件。

在碳债券风险管理中，债券发行主体和资金用途等仍然是主要的风险管理对象。从发展现状来看，绿色债券的现金流稳定性和收益回报不高是未来发展中要关注的重要风险点。另外，要强化资金使用和管理、项目进度等方面的信息披露，以此促进和规范碳债券的投资，并加大政策引导，促进碳债券的发行和交易市场健康发展。

（三）碳基金风险管理

碳基金本质上是金融机构发挥中介机构作用，为了促进碳交易活动，开展以低碳项目（如CDM）为核心的融资活动。因此，碳基金的风险因素有两个：首先是碳排放权交易的不确定性，这里既有国际碳交易相关的气候谈判或者各国减排政策变动带来的影响，也有受到外部经济环境、政治环境等影响的碳交易供给需求变化的不确定性；其次是碳基金项目自身的不确定性，例如CDM项目的运行不善及资金不能正常回收等带来的损失。

碳基金的风险管理主要从以下四个方面开展：

（1）密切关注政策变动。碳基金管理方必须紧密跟踪国际气候谈判进展，及时掌握主要国家碳排放政策的变化，并且合理评估政策变动的影响。积极完善碳基金参与各方签订的合同，有效规避政策变动带来的风险。因为国际政策变动是无法预料和无法完全控制的，通常来说建议碳基金交易各方在事前签订合同时，运用国际上比较成熟的“分担制”，避免政策变动时的被动，并尽可能实现风险最小化。

（2）明确碳交易项目的风险承担方。目前国际碳交易的重要形式是开展CDM

项目。CDM 项目开发周期长、参与主体复杂、参与各方信息不对称以及相关碳排放技术的不确定性都会给碳基金运行带来不利影响。尤其是交易双方的信息不对称，容易产生道德风险。为了有效控制和管理上述风险，应该明确 CDM 项目开发风险的承担人，确保碳交易项目有效开展和碳金融市场公平公正运行。

（3）构建专业化中介机构。碳交易和碳基金项目专业性强、相关流程复杂、审批程序复杂，在此类技术性极强的金融业务领域内，操作风险容易发生。碳基金发行者、参与者和交易者都需要专业机构的规范服务。从我国当前实际情况来看，加强金融机构的碳交易专业化运作水平，提升其参与碳交易的能力和专业优势，能够有效控制项目风险。

（4）发挥金融衍生品的对冲风险功能。针对碳基金交易的财务风险、运营风险、实施风险等传统性风险，尤其是涉及碳交易的 CER 价格波动风险和汇率风险，可以考虑采用对冲策略进行管理，运用信用交付保证、气候衍生品等金融产品来化解，也可以发挥期货等金融衍生品的风险对冲或保险等功能，有效化解碳基金风险。

（四）碳金融风险的事后管理

碳金融风险发生后的应急处置和事后管理是进一步控制风险损失、总结经验以促进碳金融健康发展的基础。主管部门和市场参与主体应分别从宏观和微观层面明确风险应急处置的基本原则和流程，并根据历史交易、风险规避经验等建立风险应急策略库，该策略库应与风险的识别预警系统相连接，在预警系统指标超过风险警戒阈值时自动提出应急策略建议并进行匹配。

在对风险事件进行相应的处置后，还应建立严格的责任追究机制，以信用风险为例，应建立全国碳金融交易信用体系并与全国征信系统连接，将机构、平台或个人的违规或违约行为信息纳入征信系统的公示范畴，进行联合惩戒。对市场参与主体来说，其内部人员引致的风险和损失需要进行内部追责，责任追究的对象不仅包括碳金融交易的操作人员，而且包括风险管理人员、有关部门主管人员等。责任追究不仅能够增强相关人员的风险防范意识，而且有助于提高风险管理人员的工作积极性，提升整体管理水平。

四、碳金融风险管控体系的建立

风险必然会出现并贯穿于碳金融交易的全过程，无论是金融机构还是普通碳金融交易者，其碳金融投资活动都会受到碳交易不确定性的影响，并可能遭受损失。为了降低风险，碳金融交易主体和相应的监管部门都应该积极采用各种风险防控措施。在实际交易过程中，商业银行和碳基金等交易参与者可以通过采取各种金融风险规避策略和预防策略来规避风险控制损失，也可以通过分散化投资进行风险管理，尤其是利用对冲策略加强对市场风险与项目风险的管理；保险公司和国际担保机构等则主要对碳价格的波动所引起的项目风险、市场风险和流动性风险等进行转移或分散，起到防控降损的作用。金融机构除了扮演碳金融交易主体角色外，在提供防范与应对风险手段、完善碳金融交易体系、进行金融产品创新、充当中间媒介上作出了重要的贡献，因此必须建立完整的碳金融风险管控体系，规范碳金融业务，有效管控碳交易的各种风险。

（一）构建完善的碳金融管理组织架构

风险管理工作的第一步是建立科学合理的管理框架，让碳金融业务在良好的机制下有条不紊地运行，这也可使金融风险控制在一定范围内。碳金融业务有自身的特殊性和专业性，因此金融机构在逐步发展和扩大碳金融业务时，应建立相应的专门碳金融风险管理机构，允许其直接对与碳金融业务相关的各个部门的风险进行管理，并设立若干专门的管理职位。应培养碳交易知识储备丰富、熟悉碳金融业务流程并具有风险管理经验的人才，直接负责碳金融风险监控工作。

（二）构建健全的碳金融风险管理机制

构建健全的碳金融风险管理机制是指针对碳金融业务进行管理机制的设计，使碳金融风险管理发挥最大的职能效益。具体来说应建立三个机制：一是控制机制。即碳金融风险管控部门要考虑应对气候变化的产业结构调整，并建立与能源部门监测相一致的核对机制，设立相关碳金融项目的生态环境评估机制。二是实施机制。金融机构在碳金融项目具体实施过程中，首先要考虑自然气候等因素的影响，要对这些自然气候变化的数据进行调查和收集，并及时反馈给金融机构的最高决策层，使相关项目能够及时作出调整。三是开发机制。金融机构能够根据气候变化和碳技术的更新及时创新相关碳金融产品和工具，并由此形成一个涵盖气候变化、碳技术发展、碳排放交易变化等多方面联动的统一协调的碳金融产品开发机制。

（三）构建可靠的碳金融风险内部评级机制

内部评级是金融机构经常采用的一种信息处理方式，它能够真实有效地评价交易客户的信誉情况。健全可靠的内部评级体系能够帮助银行解决潜在的风险因素，最大限度地减少风险的危害，提前做好预防措施。目前，在我国经常采用的评级方法是打分法，即相关碳金融业务人员对碳交易客户或者碳金融项目根据事先设计的风险指标体系进行数据收集，然后计算得分，依照打分高低来划分信用等级。碳金融机构的信用评级指标体系必须追踪碳技术的最新变化，灵活调整相应的指标体系。

第四节　碳金融市场监管

碳金融市场运作的不确定性可能会给碳金融交易主体带来损失，加剧碳金融市场的波动，甚至会给整个社会经济带来一系列风险。各国政府在大力发展碳金融项目的同时，也非常重视碳金融风险监管体系建设，制定相应的碳金融法律法规，规范各金融机构碳金融交易行为，并为市场交易主体创造良好的外部环境，促进良好有序的碳金融市场运行。

一、碳金融市场监管原则

公平、公正、公开是碳金融市场风险监管的基础原则，也是任何市场健康发展的基础原则之一。公平原则是指各碳交易主体在进行碳金融交易的过程中，以平等的法律地位履行各自的义务，享有相应的权利。只有遵守公平原则，才能为碳金融市场营造一种公平竞争和合作互利的环境。公正原则是指碳金融市场的管理部门必须能够从公正的角度履行其职责，并且在交易的各个环节对相关交易主体进行严格公正的监管，以保证公平原则的贯彻，同时对参与碳金融交易的各方主体给予一律平等的对待，不允许任何参与者利用某种特权凌驾于法律之上行为的发生。公开原则是指在碳金融市场中，各种与交易有关的信息必须能够及时对外披露，而且要公开透明，只有实现了碳金融交易信息的及时有效披露，才能使参与者及时、准确、完整地了解相关的市场信息。建立公平、公正、公开的风险监管原则，是形成合理碳金融交易秩序的基本要求，也是使碳金融交易各方主体获得合法经济利益的必要条件和基础，因此也成为碳金融监管机构设计相关法律制度和行业规范必须遵循的首要原则。

二、碳金融市场监管目标

对碳金融交易各方主体合法权益的维护是碳金融市场监管的核心目标。碳交易买卖双方、碳金融投资者、碳金融中介机构是碳金融市场最重要的主体，必须充分维护和合理保障其合法权益，这样才能促使碳金融市场持续健康发展，促使各类交易主体成为推动碳金融市场的重要动力。在交易过程中，各种风险的存在往往使参与者遭受不同程度的损失，遭受更多损失的往往是处于劣势的一方。因此，应通过制定相关法律法规、建立完善的交易秩序切实维护交易参与者的利益，并在此基础上实现公平、公正、公开的碳金融交易。

（一）形成完善的碳金融交易定价机制

有效的交易和科学合理的定价机制是碳金融交易公平高效进行的基础，也是碳金融交易市场成熟发展的根本。碳价格直接反映了碳交易市场的供求关系，而且碳交易价格与很多行业产品的产量也存在密不可分的关系，特别是受到石油、天然气、钢铁、造纸、电力产量的影响，因此碳交易的价格和传导机制直接影响整个市场的投资决策。在一个有较强流动性的市场中，形成一个权威的碳金融定价机制非常重要。只有众多参与主体公平竞争形成的价格发现机制才是最有效的。

在当前环境下，发达国家碳金融市场的风险监管并没有将价格机制的运行作为监管要点，只能依靠交易所发挥监管作用。从目前交易的实际情况来看，商品现货市场的时价都是从期货交易所得到的，在期货交易所每时每刻都会产生新的价格，交易记录等能即时传输，对于碳市场而言也是如此。与此同时，监管机构对交易所将实时的价格数据私下出售从而赚取额外收益的违规行为必须进行监管。另外，碳金融监管体系的监管范围和监管规则的设置直接影响价格信息的可获取性。特别是近些年来，很多碳金融衍生品直接在场外进行交易，因此，对场外市场的监管才是重点。

（二）合理妥善地解决信息不对称问题

在碳交易过程中，信息不对称现象非常突出，并成为碳金融信用风险的重要来源。因此，对于监管机构而言，如何平衡碳金融交易市场信息透明度和保密性之间的关系是一个很难把握的问题。碳金融监管的重要职责之一就是帮助碳金融交易市场参与者及时、准确地获取信息，避免信息不对称带来的风险。因此，在碳金融监管中必须要求碳交易主体各方在交易过程中的信息要透明。但是，在信息披露的同时也会存在相应的问题，并给交易方带来一定的潜在风险。如果碳金融市场过于透明，信息披露也会因破坏交易双方的保密性而增加投资者的成本，从而对市场交易产生了一定的消极影响。例如，很多大型交易者为了减少交易成本增加的可能性，往往选择匿名交易，避免其他交易者跟风或者模仿进而影响其交易决策。很多监管机构需要交易参与者真实汇报其交易数据，以此来尽量降低各种风险对碳金融交易的影响。尽管参与者不愿意提供此类信息，但由于这是监管机构要求提供的信息，参与者不得不提供。同时，政府可能会因为某些重要项目或者计划需要对一些与价格有关的敏感信息进行收集，例如政府需要根据企业实际排放的数据进行配额的分配。在信息收集处理的过程中，不可避免地会对碳金融市场价格信号产生重要的影响。为了避免信息泄露带来的巨大影响，监管部门必须设计出合理有效的披露程序和相关制度条款。

（三）保证交易规则的有效执行

在碳排放权和碳金融交易市场上，交易商和中介服务提供商对投资者的欺诈、交易方进行的内幕交易以及市场垄断者长期的价格操纵等已经成为最常见的违规行为。这些行为不仅损害了碳金融市场各交易主体的合法经济利益，而且严重破坏了碳金融市场资源配置优化机能，不利于健康稳定的碳交易市场机制及正常交易秩序的建立。碳金融市场的迅速发展不断对传统金融监管部门的监管制度与功能提出新的挑战。随着越来越多的企业被纳入减排体系范围之内，新的碳排放权交易形式不断产生，场外市场交易也开始增加，这必然要求市场监管者针对新情况设计更为详细与更有弹性的法律法规制度框架。

三、碳金融风险监管机制构成

碳金融风险监管机制是指一国政府为了保证碳金融业务有序开展、碳金融市场稳定运行而建立的相关制度安排和监管体系。

（一）碳金融风险监管法律

碳金融活动的有效开展离不开完善的碳金融政策激励和支持保障制度。只有建立与碳金融业务运营、组织及管理密切相关的法律体系，才能为其发展提供良好的外部环境和政策保障。具体来说，碳金融相关的法律制度是指与低碳经济发展相配套的节能减排评估体系和监督管理措施。要通过协调各个参与部门形成碳金融良性发展的合力。

欧盟是世界上最早倡导发展低碳经济的组织，它一直以积极的态度和实际的行动应对全球气候的变化，其在立法层面对碳金融交易进行了较为完整的约束规范，建立了以法律法规制度为保障的风险监管机制。如促进可再生能源的《2001/77/EC指令》《在欧盟建立温室气体排放权交易机制指令》《2003/87/EC 指令》等，为碳金融交易监管制定了具体目标，使监管更加具体。其中，《2003/87/EC 指令》对碳排放的监测、报告、核查等更是进行了严格的规定。欧盟除制定较为一体化的温室气体控制相关法律之外，还通过完善立法，实现对碳金融市场及其市场行为的有效监管。

碳金融交易相对复杂，既涉及碳交易产品的相关交易规则，也涉及碳金融产品及其衍生产品的交易制度安排。因此，总体来看，碳金融相关的法律制度应该由以下两个层面构成：第一个层面是碳交易的监管者主要针对排放权取得、交易许可、排放登记以及碳抵消信息的创造和核证等制定相应的适合本国国情的法律制度，减排信用的有效性由严格的管理机构和第三方核证机构具体负责。第二个层面是对碳交易的相关金融衍生品市场的监管，这部分通常被直接纳入金融监管的范畴，但是，如果监管机构对碳现货交易并未提出相应的规制措施，则会成为监管的“空白地带”。

（二）碳金融风险监管机构

碳金融风险监管机构是碳金融体系的核心和主要监管者，通常是指国家政府设立的专门对碳金融交易的各类主体、经营活动进行监督管理的机构或者政府部门。简单来说，碳金融风险监管机构依照法律法规规范并监督碳金融市场行为以及各交易主体，保证整个碳金融市场合法稳健运行。具体来说，碳金融风险监管机构的职责包括：依据相关碳交易的法律法规，制定银行业等金融机构碳金融业务的基本制度和监管规则；针对碳金融交易主体的市场准入门槛、业务范围、从业人员资格等制定相应的规范和监管规则，并在碳金融市场中进行适度监管；根据审慎监管和风险管控的相关要求对碳金融产品经营机构的公司治理、风险管理、内部控制、资金充足率等实施监管；对相关碳金融交易主体进行各种检查和监管，开展风险与合规评估。

欧盟碳排放权交易体系发展至今，其成员国在碳排放权交易体系中采用集中与分权相统一的方式，各自拥有相当大的自主决策权。欧盟制定统一的减排目标，并通过“国家分配计划”分配给各个成员国，再由各国政府分配给国内企业，这种集中和层层分散相平衡的体系凸显了欧盟的分权治理体制，即欧盟碳金融交易市场的监管机构颁布有关的行政指令，成员国的监管机构根据其实际情况进行监督和管理，主要包括分配配额、对交易行为进行规制以及规定交易双方的权利与义务等。2010年，欧盟委员会颁布了《加强欧盟碳交易计划市场监管的框架》，规定了欧盟碳金融市场的监管机构。作为欧盟政治体系的执行机构，欧盟委员会每年向欧盟理事会和欧洲议会提交碳金融交易市场年度监管报告并贯彻其决策，报告内容包括拍卖的具体情况、交易的规模、碳交易的流向等一系列具体情况。设立欧盟中央管理机构，对具体的交易行为进行规制，协调欧盟内各国交易事宜，对各国提交的报告进行审核。一旦发现碳金融市场运作异常，中央管理机构要立即向欧洲议会和欧盟理事会报告，并提出具体的监管措施和建议，甚至可以通知成员国政府禁止其碳排放权的交易。欧盟赋予其成员国较大的自主决策权，特别是在监管方面，欧盟并未指定成员国的监管机构，只是规定了监管机构相应的职责，要求其按照欧盟指令、条例开展工作，在总体上承担监督、促进实施的责任。在执行层面，成员国可以根据其具体情况灵活设计监管机制。成员国的碳金融市场监管工作通常由其环保、金融或能源管制机构负责。

（三）碳金融风险监视机制

碳金融风险监视机制是指在碳金融交易市场中设立相应的第三方机构或者相关的制度安排，随着碳金融市场风险情况的变化，能够及时发出风险监控信号，使碳金融投资者随时调整自己的策略加以应对。在交易过程中，随着交易环境的变化，风险可能会升高、降低或者转变为新的风险，因此，为了有效追踪市场，及时应对风险，需要在碳金融市场中建立相应的风险监控机制，以提升交易者的风险应对管理能力，降低碳金融市场的不稳定性。欧盟设计的监视机制主要包括欧盟独立交易系统（CITL）、碳排放量监测制度、碳信息披露项目（CDP）等机制，该机制能够预先识别风险，从而能够进一步消除风险或转移风险。

（四）碳金融行业协会

在金融监管体系中，除了政府部门设立的金融监管机构外，金融行业协会也发挥着重要的功能和作用，其能够促进金融机构的沟通合作、交流联系，加强行业自发性监管。在我国，碳金融交易仍处于发展的起步阶段，碳技术还存在较大的不确定性，未来还可能存在许多变革，因此在碳金融市场中建立行业自律性组织，对于促进碳金融交易者自发约束交易行为、遵守交易规则、履行合约具有积极意义，也能够与监管机构形成合力，共同维护碳金融市场的稳定运行。

（五）碳金融风险应对机制

当决策者发现市场中确实有风险可能发生时，则会根据实际情况（如自身的抗风险能力、风险形成的原因以及潜在损失等）及时作出决策来加以应对，从而防止连锁反应以及损失的进一步扩大。欧盟的应对机制包括价格柔性机制、滥用市场规章、共同注册制度、碳身份证明制度、反向征收增值税以及出台场外市场交易规则等，其主要用来应对市场可能出现的价格失衡、操纵市场、内部交易、网络钓鱼欺诈以及增值税舞弊行为等风险的发生。

【本章小结】

本章围绕主要的碳金融交易活动，阐述了碳金融风险的内涵以及其与传统金融风险的区别。重点介绍了碳金融风险的主要类型和表现特征，碳金融风险可以划分为三大类：一是政策风险、政治风险和宏观经济变动风险；二是传统的信用风险、市场风险、操作风险和流动性风险；三是碳金融项目特有的项目风险和技术风险。结合上述风险，介绍了碳金融风险识别的内容和识别的方法，重点是主要的碳金融风险的度量方法，其中信用评分法和评级法，以及以 VaR 模型和久期模型为代表的市场风险度量是学习的重点，而操作风险度量是学习的难点。针对碳金融风险管理，重点阐述了碳金融风险管理程序和主要策略，并结合当前中国开展的主要碳金融业务，介绍了目前的主要风险管理流程。本章最后从国家监管层面出发，结合碳金融发展趋势，阐述了碳金融监管体系的架构和主要内容。

【思考题】

1. 碳金融风险与传统金融风险的主要区别是什么？
2. 碳金融风险的主要类型有哪些？
3. 结合碳金融的主要业务——碳信贷、碳债券和碳基金分别阐述如何进行风险管理和防范。
4. 简述碳金融风险监管的必要性。
5. 简述碳金融风险监管的主要内容。

参考文献

[1] 巴曙松，彭魏倬加．英国绿色金融实践：演变历程与比较研究［J］．行政管理改革，2022（4）：105－115.

[2] 蔡绿．欧盟碳交易市场的发展及其影响分析［D］．吉林大学，2012.

[3] 曹俐，崔明．环境金融理论前沿与实践［M］．北京：经济科学出版社，2015.

[4] 陈敏敏．我国碳交易定价适用方法的研究［D］．西安理工大学，2017.

[5] 陈明之．我国巨灾保险经营模式路径选择研究［J］．西南金融，2019（7）：87－96.

[6] 陈娜，黄杉煌．我国商业银行碳金融业务对盈利能力影响的测度分析［J］．探求，2021（3）：85－92.

[7] 陈骁，张明．中国的绿色债券市场：特征事实、内生动力与现存挑战［J］．国际经济评论，2022（1）：104－133＋7.

[8] 陈诗一．绿色金融概论［M］．上海：复旦大学出版社，2022.

[9] 陈胜涛，张开华．世界银行碳基金组织运作方式及启示［J］．国际金融研究，2011（10）：40－46.

[10] 陈亚芹，别智，酒森．国内外绿色金融产品与金融政策综述［J］．建设科技，2019（5）：50－59.

[11] 陈向阳．碳排放权交易和碳税的作用机制、比较与制度选择［J］．福建论坛（人文社会科学版），2022（1）：75－86.

[12] 陈婉．新版绿色债券目录助力市场规范发展［J］．环境经济，2021（9）：44－47.

[13] 陈张立．“碳保险＋期货”在碳排放权交易市场的应用路径研究［J］．保险理论与实践，2022（6）：1－15.

[14] 常凯，王维宏．双重管制政策下碳减排效率［J］．科技管理研究，2011（10）：161－164.

[15] 池光胜，高文君．我国绿色债券的发展现状、问题及建议［J］．中国货币市场，2021（5）：11－15.

[16] 迟春静．我国碳金融风险的识别与防范［J］．国际商务财会，2021（10）：161－164.

[17] 褚晓琳，王家晨，郭志强．我国商品期货价格指数编制方法的现状与国际比较研究［J］．中国证券期货，2021（4）：86－96.

[18] 曹淼．JS银行碳信贷业务发展策略研究［D］．河南财经政法大学，2022.

[19] 崔蕊，吴洪标．我国森林碳汇金融发展与创新［J］．长春理工大学学报（社会科学

版)，2017，30（6）：79－83.

［20］崔佳，孔英．工业行业间碳排放权分配的社会成本最小化综合决策模型研究［J］．中国管理科学，2016，24（S1）：890－895.

［21］杜莉，等．低碳经济时代的碳金融机制与制度研究［M］．北京：中国社会科学出版社，2014.

［22］杜莉，孙兆东，汪蓉．中国区域碳金融交易价格及市场风险分析［J］．武汉大学学报（哲学社会科学版)，2015，68（2）：86－93.

［23］董善宁，刘爽，王磊，夏奕天．商业银行碳金融发展与展望［J］．金融纵横，2021（10)：57－62.

［24］董善宁．气候投融资：内涵、标准与产品［J］．金融纵横，2021（4）：28－33.

［25］冯爱青，岳溪柳，巢清尘，王国复．中国气候变化风险与碳达峰、碳中和目标下的绿色保险应对［J］．环境保护，2021，49（8）：20－24.

［26］冯迪凡，陈玺宇．《巴黎协定》第六条基本敲定　全球碳市场将发生哪些变化［N］．第一财经日报，2021－11－15（A01).

［27］冯楠．国际碳金融市场运行机制研究［D］．吉林大学，2016.

［28］高歌．绿色信贷新趋势：碳信贷的前世今生［J］．环境保护，2010（22）：27－29.

［29］高清霞，蒋林益．国外绿色债券发展状况及其对我国的启示［J］．环境与可持续发展，2019，44（6）：114－119.

［30］高学文．海洋碳汇中碳金融发展前景与对策［J］．中国国际财经（中英文)，2018（4)：24－25.

［31］古小东，郑泽华．我国内地与香港绿色金融的激励政策研究［J］．环境保护，2021，49（14）：18－23.

［32］郭秀平，冯峰．新能源汽车保险发展的现状［J］．理财，2022（5）：42－44.

［33］郭伟，刘扬．法国绿色金融的监管与实践［J］．国际金融，2020（5）：70－80.

［34］哈尔·R. 范里安．微观经济学：现代观点［M］．9版，费方域，朱保华，译．上海：格致出版社，2015.

［35］韩枫，彭华福，唐肖彬，李想．全球碳定价机制发展趋势、现状及对我国的启示［J］．环境保护，2021，49（24）：66－70.

［36］何桂梅，王鹏，徐斌，陈绍志，何友均．国际林业碳汇交易变化分析及对我国的启示［J］．世界林业研究，2018，31（5）：1－6.

［37］胡剑波，张强．碳金融工具创新及其风险防范——以CDM项目为例［J］．征信，2015（1)：78－82.

［38］胡婷，孙颖．IPCC AR6报告解读：人类活动对气候系统的影响［J］．气候变化研究进展，2021，17（6)：644－651.

［39］黄达，张杰．金融学［M］．5版，北京：中国人民大学出版社，2020.

［40］黄婕，王凯．绿色保险对实现碳达峰碳中和目标作用途径研究［C］．2020/2021中国保险与风险管理国际年会论文集，2021：68－83.

［41］黄海沧．国际碳基金运行模式研究［J］．广西财经学院学报，2010（5）．

［42］黄少安．产权经济学导论［M］．济南：山东人民出版社，1997．

［43］黄孝华．国际碳基金运行机制研究［J］．武汉理工大学学报，2010，32（4）：108－112．

［44］贺显南．投资学原理及应用［M］．4版，北京：机械工业出版社，2020．

［45］计露萍，周国模，顾蕾，等．“REDD＋”的研究现状与展望［J］．世界农业，2017（6）：161－167．

［46］计军平，马晓明．碳排放与碳金融［M］．北京：科学出版社，2018．

［47］蒋金星．原型碳基金实践研究及其对中国的启示［J］．绿色科技，2016（5）：179－181．

［48］金晨曦，魏晓浩．我国首个碳市场走势的统计指数——创建置信碳指数意义初探［J］．上海节能，2014（7）：15－17．

［49］金满涛．天气保险的国际经验比较对我国的借鉴与启示［J］．上海保险，2018（9）：49－51．

［50］科斯，等．财产权利与制度变迁——产权学派与新制度学派译文集［M］．上海：上海三联书店，1991．

［51］蓝虹．促进生态文明建设的绿色金融制度体系研究［M］．北京：中国金融出版社，2021．

［52］蓝虹．绿色金融新论：体系与机制［M］．北京：中国金融出版社，2018．

［53］蓝虹．碳金融与业务创新［M］．北京：中国金融出版社，2012．

［54］蓝虹．论碳基金的发展和风险控制［J］．中南财经大大学学报，2012（3）：42－47．

［55］蓝虹．完善金融支持实现碳中和目标的机制［J］．中国金融家，2021（6）：75－77．

［56］蓝虹．强制环责险应从写入法律开始——国际环境责任保险制度和实践的经验借鉴［J］．环境经济，2020（7）：44－49．

［57］蓝虹．开发性金融助推我国碳金融发展的机理分析［J］．上海金融，2012（5）：41－45＋117．

［58］蓝虹．环境保险是商业银行管理不确定性较高的环境风险的有效手段［J］．生态经济，2012（3）：127－131＋137．

［59］蓝虹．论碳基金发展中的风险及其治理［J］．中央财经大学学报，2012（5）：30－35．

［60］蓝虹，陈雅函．碳交易市场发展及其制度体系的构建［J］．改革，2022（1）：57－67．

［61］蓝虹，马福良，陈雨萌，王思阳．气候保险概念的拓展及作用机理分析［J］．新金融，2022（5）：37－44．

［62］蓝虹，刘朝晖．PPP创新模式：PPP环保产业基金［J］．环境保护，2015，43（2）．

［63］蓝虹，马越，沈成琳．论构建我国政府性土壤修复信托基金［J］．上海金融，2014（12）：94－97．

［64］蓝虹，穆争社．农村互助资金风险防范机制研究［J］．南方金融，2017（1）：56－62．

［65］蓝虹，穆争社．英国金融监管改革：新理念、新方法、新趋势［J］．南方金融，2016（9）：69－76．

［66］蓝虹，孙阳昭，吴昌，葛婧，潘晓丽．发展环境责任保险，建构双层环境污染监督体制［J］．生产力研究，2013（3）．

［67］蓝虹，束兰根．碳交易市场概论［M］．北京：中国金融出版社，2022．

［68］蓝虹，张奔，韩孟甫．绿色金融是推动碳中和技术市场化的有效保障［J］．审计观察，2021（6）：27－31．

［69］雷健，杨殊影，李萱，等．欧盟可持续金融发展研究及借鉴［J］．时代金融，2020（31）：28－30．

［70］李溪．国外绿色金融政策及其借鉴［J］．苏州大学学报（哲学社会科学版），2011，32（6）：134－137．

［71］李昱，邓宇．国际碳债券发展现状及展望［J］．银行家，2011（6）：93－95．

［72］李国华，张凯．期货与期权市场简明教程［M］．北京：经济管理出版社，2010．

［73］李虹．基于碳信贷的科技型中小企业融资机制与对策研究［D］．天津大学，2016．

［74］李松洋．“双碳”目标下中国碳期货国际交易的法律适用［J］．理论月刊，2022（5）：117－127．

［75］李颖，李琼，邱静怡．气象巨灾保险的现状、挑战、机遇与参与对策研究［J］．浙江气象，2020，41（2）：30－35＋49．

［76］李媛媛．中国碳保险法律制度的构建［J］．中国人口·资源与环境，2015，25（2）：144－151．

［77］李妍辉．绿色金融与环境治理［M］．北京：中国社会科学出版社，2015．

［78］林梦瑶．国内外绿色债券标准的比较研究［J］．金融与经济，2018（4）：46－51．

［79］林立．低碳经济背景下国际碳金融市场发展与风险研究［J］．当代财经，2012（2）．

［80］鲁政委，汤维祺．碳金融衍生品的意义和发展条件［J］．金融发展评论，2017（1）：42－52．

［81］鲁政委，钱立华，方琦．碳中和与绿色金融创新［M］．北京：中信出版集团，2022．

［82］刘凤委．内部碳定价机制驱动企业低碳转型发展［J］．新理财，2022（4）：20－23．

［83］刘明明．论碳排放权交易市场失灵的国家干预机制［J］．法学论坛，2019，34（4）：62－70．

［83］刘晓凤．美国区域性碳市场：发展、运行与启示［J］．江苏师范大学学报（哲学社会科学版），2017，43（3）：137－143．

［84］刘婵婵，邹雪，毛丽莉．亚洲地区碳定价机制发展的国际经验及对我国的启示［J］．武汉金融，2022（2）：8－15．

［85］刘念，彭恒文，葛新锋．蓝色碳汇收益权融资实践探索［J］．金融纵横，2022（3）：51－57．

［86］刘康，黎晨曦，雷越．巨灾保险：发展现状、国际经验及政策建议［J］．现代金融导刊，2020（9）：60－65．

［87］刘英．国际碳金融及衍生品市场发展研究［J］．金融发展研究，2010（11）：7－12．

［88］卢孔标．美国市政债券税收减免：制度安排、成效及启示［J］．海南金融，2014（5）：

25 - 27 + 40.

[89] 马骏. 碳中和目标下绿色金融面临的机遇和挑战 [J]. 金融市场研究，2021 (2)：9 - 17.

[90] 马骏. 碳中和愿景下的绿色金融路线图 [J]. 中国金融，2021 (20)：12 - 14.

[91] 马歇尔. 经济学原理 [M]. 北京：商务印书馆，1997.

[92] 曼昆. 宏观经济学 [M]. 10 版，卢远瞩，译. 北京：中国人民大学出版社，2020.

[93] 曼斯费尔德. 微观经济学 [M]. 9 版，黄险峰，等，译. 北京：中国人民大学出版社，2003.

[94] 牟宏霖. 我国巨灾保险试点情况及发展策略 [J]. 银行家，2019 (4)：80 - 82.

[95] 牛思力. 我国天气保险业应对气象灾害的长远发展策略研究 [J]. 价值工程，2012，31 (26)：310 - 312.

[96] 倪宇霞. 美国绿色金融制度研究 [D]. 湖南师范大学，2011.

[97] 裴鑫. 巨灾保险发展的国际经验借鉴 [J]. 中国保险，2021 (9)：55 - 59.

[98] 庇古. 福利经济学 [M]. 金镝，译. 北京：华夏出版社，2007.

[99] 彭雅愉，邓翔. 中国碳债券发展的制约因素探析 [J]. 当代经济，2017 (25)：66 - 67.

[100] 气候债券倡议组织. 全球气候相关债券市场与发行 (2020) [R]. 2021.

[101] 气候债券倡议组织. 中国地方政府绿色债券激励机制研究 [R]. 2017.

[102] 气候债券倡议组织. 中国气候债券市场 (2021) [R]. 2022.

[103] 乔海曙. 中国低碳经济发展与低碳金融机制研究 [M]. 北京：经济管理出版社，2013.

[104] 绿金委碳金融工作组. 中国碳金融市场研究 [R]. 2016.

[105] 肖峰. 国际碳基金制度功能的异质性及对我国的启示 [J]. 国际商务 (对外经济贸易大学学报)，2017 (5)：139 - 149.

[106] 宋春雨. 我国新能源汽车保险问题研究 [D]. 辽宁大学，2020.

[107] 束兰根，顾蔚. 绿色金融基础读本 [M]. 南京：南京大学出版社，2020.

[108] 束兰根. 绿色金融解释 [M]. 南京：南京大学出版社，2020.

[109] 束兰根，辛晴. 碳达峰视角下的中国地级以上城市碳排放与经济发展相关性研究 [J]. 电子科技大学学报，2021 (5).

[110] 孙光宇，王姝雅，王琦. 我国中小银行绿色金融业务发展现状与展望 [J]. 银行家，2021 (9)：79 - 81.

[111] 孙祁祥. 保险学 [M]. 6 版，北京：北京大学出版社，2017.

[112] 孙永平，张欣宇，施训鹏. 全球气候治理的自愿合作机制及中国参与策略——以《巴黎协定》第六条为例 [J]. 天津社会科学，2022 (4)：93 - 99.

[113] 孙力军. 国内外碳信用市场发展与我国碳金融产品创新研究 [J]. 经济纵横，2010 (6)：30 - 33 + 79.

[114] 孙铭君，彭红军，丛静. 碳金融和林业碳汇项目融资综述 [J]. 林业经济问题，

2018，38（5）：90－98＋112.

［115］孙文娟，张胜军，孙海萍．试点碳市场发展现状及对全国碳市场的启示［J］．国际石油经济，2021，29（7）：1－8.

［116］生柳荣．当代金融创新［M］．北京：中国发展出版社，1998.

［117］唐方方，徐永胜．碳金融：理论与实践［M］．武汉：武汉大学出版社，2019.

［118］谭建生，麦永冠．碳债券发行经验和创新建议［J］．开放导报，2016（3）：32－36.

［119］滕磊．绿色债券的国际创新和中国路径［J］．生产力研究，2016（5）：38－41＋57.

［120］王波，岳思佳．我国绿色金融激励约束保障机制研究［J］．西南金融，2020（10）：79－87.

［121］王传仁，李安．林业碳汇与生态碳汇金融展望［J］．黑龙江金融，2016（9）：38－40.

［122］王丹，程玲．欧盟碳配额现货与期货价格关系及对中国的借鉴［J］．中国人口·资源与环境，2016，26（7）：85－92.

［123］王楚君．碳中和目标下气候债券的发展探析［J］．投资与创业，2022，33（3）：40－42.

［124］王开，冯婧雯．绿色债券市场发展的国际经验和国内创新［J］．中国货币市场，2021（3）：50－54.

［125］王然．国内外绿色债券市场发展的实践与启示［J］．新金融，2021（12）：53－58.

［126］王苏生，常凯．碳金融产品与机制创新［M］．北京：中国海关出版社，2014.

［127］王伊菲，王前力．绿色债券市场发展的国际经验及对我国的启示［J］．福建金融，2018（5）：54－58.

［128］王媛．浅析新时代下我国新能源保险的发展前景——以光伏发电保险为视角［J］．纳税，2018（8）：167＋170.

［129］王梓安．天气保险及其在我国的开发应用前景研究［J］．商，2015（50）：181＋123.

［130］王雪磊．后危机时代碳金融市场发展困难与中国策略［J］．国际金融研究，2012（2）.

［131］王周伟．国际碳基金经营风险管理的经验与启示［J］．金融发展研究，2014（3）：57－62.

［132］王文举，李峰．中国碳市场统一价格指数编制研究［J］．学习与探索，2016（7）：132－137.

［133］王遥，王文涛．碳金融市场的风险识别和监管体系设计［J］．中国人口·资源与环境，2014（3）：61－67.

［134］王颖，张昕，刘海燕，张敏思，田巍．碳金融风险的识别和管理［J］．西南金融，2019（2）：41－48.

［135］王定祥，琚丽娟．碳金融的概念及属性［J］．经济研究参考，2013（24）：19－21.

［136］王广宇．零碳金融：碳中和的发展转型［M］．北京：中译出版社，2021.

［137］王蕾，张百超，石英，韩振宇，陆波．IPCC AR6 报告关于气候变化影响和风险主要

结论的解读［J］. 气候变化研究进展，2022，18（4）：389－394.

［138］王遥，崔莹. 气候金融［M］. 北京：中国社会科学出版社，2021.

［139］王遥. 碳金融：全球视野与中国布局［M］. 北京：中国经济出版社，2010.

［140］魏华林，张胜. 巨灾保险经营模式中政府干预市场的“困局”及突破途径［J］. 保险研究，2012（1）：21－29.

［141］韦士歌. 全球绿色国债市场最新进展及思考［J］. 债券，2021（1）：56－60.

［142］韦谊成，刘小瑜. 国内外绿色债券市场发展比较研究［J］. 银行家，2022（3）：79－83.

［143］吴玉宇. 我国碳金融发展及碳金融机制创新策略［J］. 上海金融，2009（10）：26－29.

［144］吴敬晗，赵琦，楼嘉飞. 国外碳金融主要产品介绍［J］. 智富时代，2019（10）.

［145］谢世清. 巨灾保险连接证券［M］. 北京：经济科学出版社，2011.

［146］许光清，陈晓玉，刘海博，黄丹泽，张友谊. 气候保险的概念、理论及在中国的发展建议［J］. 气候变化研究进展，2020，16（3）：373－382.

［147］徐寒飞. 碳中和债的现状、发展及展望［J］. 中国货币市场，2022（2）：18－21.

［148］徐政，江小鹏. 绿色金融支持碳中和：现状、机理与路径［J］. 学术交流，2021（10）：78－87.

［149］徐瑶. 中国碳基金发展机制研究［D］. 吉林大学，2017.

［150］严琼芳. 国际碳基金发展的现状、问题与前景［J］. 经济纵横，2010（11）：113－117.

［151］严琼芳，洪洋. 国际碳基金：发展、演变与制约因素分析［J］. 科技进步与对策，2010，27（22）：135－139.

［152］杨星，范纯. 碳金融市场［M］. 广州：华南理工大学出版社，2015.

［153］杨星，等. 碳金融概论［M］. 广州：华南理工大学出版社，2014.

［154］杨春梅. 保险业中的逆向选择问题浅析［J］. 现代经济信息，2013（12）：324－325.

［155］杨凯，齐中英，岳上植. 我国巨灾保险再保险体系构建的研究［J］. 中国软科学，2007（3）：120－123.

［156］杨屏. 保险业助推新能源产业发展的路径研究［J］. 经济研究导刊，2015（9）：138－139.

［157］杨倩倩. 以排放配额为标的的碳期权产品设计［D］. 大连理工大学，2021.

［158］杨勇，汪玥，汪丽. 碳保险的发展、实践及启示［J］. 金融纵横，2022（3）：71－77.

［159］尹应凯，崔茂中. 国际碳金融体系构建的“中国方案”研究［J］. 国际金融研究，2010（12）：5－9.

［160］颜文聪，吴伟军. 关于纵深推进我国绿色金融改革创新的思考——基于首批国家级绿色金融改革创新试验区的分析［J］. 企业经济，2020（4）：147－154.

［161］易兰，李朝鹏，徐缘. 碳金融产品开发研究：国际经验与中国的实践［J］. 人文杂志，2014（10）.

[162] 岳婷，宁纪桦，范明月．我国巨灾保险再保险体系的构建研究［J］．中国外资，2013（16）：255－258.

[163] 袁鹰．碳金融不仅仅是机会［J］．银行家，2008（8）：2.

[164] 张明珅．对我国碳金融发展的思考［J］．浙江金融，2010（4）：8－9.

[165] 张瑾．保险道德风险的表现及其防范制度研究［J］．上海商业，2021（10）：175－177.

[166] 张跃军，魏一鸣．国际碳期货价格的均值回归：基于 EU－ETS 的实证分析［J］．系统工程理论与实践，2011（3）.

[167] 张平，郭青华，许玥玥．我国碳中和债券的实践、挑战与发展路径——基于“下一代欧盟”绿色债券框架的比较研究［J］．经济纵横，2022（2）：104－110.

[168] 张永伟，柴沁虎．美国支持可再生能源发展的政策及启示［J］．国家行政学院学报，2009（6）：108－111.

[169] 张庆阳．盛行国外的天气保险［J］．防灾博览，2020（6）：26－29.

[170] 赵然，杨君伟，苏铭彻．碳交易市场风险分析及碳保险创新［J］．大家，2011（3）：200－201.

[171] 赵苑达．再保险学［M］．北京：中国金融出版社，2003.

[172] 赵静，许向阳．基于中碳市值指数的碳期权合约设计研究［J］．中国林业经济，2019（6）：79－82.

[173] 章淑威．欧盟碳金融衍生品 EUA 与 CER 关联度研究［D］．浙江工商大学，2015.

[174] 曾刚，万志宏．国际碳金融市场现状、问题与前景［J］．国际金融研究，2009（10）：19－25.

[175] 曾文革，党庶枫．《巴黎协定》国家自主贡献下的新市场机制探析［J］．中国人口·资源与环境，2017，27（9）：112－119.

[176] 郑照宁，潘韬，刘德顺．清洁发展机制的项目融资方式［J］．商业研究，2005（2）：116－119.

[177] 张红力，周月秋，殷红，马素红，杨荇，邱牧远，张静文．ESG 绿色评级及绿色指数研究［J］．金融论坛，2017，22（9）：3－14.

[178] 中共中央宣传部，中华人民共和国生态环境部．习近平生态文明思想学习纲要［M］．北京：人民出版社，2022.

[179] 中国气象局气候变化中心．中国气候变化蓝皮书（2022）［M］．北京：科学出版社，2022.

[180] 周邦瑶．国际碳基金运行机制研究与借鉴［J］．经济师，2011（2）：48－49.

[181] 周宏春．低碳经济学：低碳经济理论与发展路径［M］．北京：机械工业出版社，2012.

[182] 周敏，张国雄．国际移民与社会发展［M］．广州：中山大学出版社，2012.

[183] 周永坤，等．低碳经济条件下我国碳排放交易及金融服务实践研究［J］．华北金融，2015（4）.

［184］周荣伍，曾以禹，吴柏海．国际林业碳汇交易市场分析及启示［J］．林业经济，2013（8）：16－23.

［185］朱隽，等．金融支持碳达峰、碳中和——国际经验与中国实践［M］．北京：中信出版集团，2022.

［186］朱丽娜．碳市场价格指数编制研究［D］．天津科技大学，2017.

［187］Alberola E, Stephan N. Carbon Funds in 2010：Investment in Kyoto Credits and Emissions Reductions［J］. CDC Climate Research, Climate Report, 2010（23）.

［188］Barbier E B. Economics, Natural-Resource Scarcity and Development Conventional and Alternative［M］. Earthscan, 1989.

［189］Refinitiv Perspectives. Carbon Trading：Exponential Growth on Record High［R］. 2022－11－14.

［190］Chevallier Julien. Carbon Futures and Macroeconomic Risk Factors：A View from the EU-ETS［J］. Energy Economics, 2009, 31（4）.

［191］Climate Policy Initiative. The Landscape of Climate Finance 2014［R］. Nov., 2014

［192］Climate Bonds Initiative. Climate Bonds Standard 1.0［S/OL］. 2015. https：//www. climatebonds. net/files/files/CB%20Standard%20V1_0（1）. pdf.

［193］Climate Bonds Initiative. Climate Bonds Standard V2.1［S/OL］. 2017. https：//www. climatebonds. net/climate-bonds-standard-v21.

［194］Climate Bonds Initiative. Climate Bonds Standard V3.0［S/OL］. 2019. https：//www. climatebonds. net/climate-bonds-standard-v3.

［195］Community Development Carbon Fund. Annual Report［R］. Washington：World Bank, 2005.

［196］Dales J. Pollution, Property, and Prices［M］. University of Toronto Press, 1968.

［197］European Investment Bank. CAB Statement 2015［R］. 2015.

［198］LSTA. Green Loan Principles［EB/OL］.（2021－11－14）. https：//www. lsta. org/content/green-loan-principles/.

［199］Guiyang Zhang. How will China Move Towards Becoming a Law Carbon Economy［J］. China & World, 2008, 16（3）：24－38.

［200］Horizons ETFs. Horizons Carbon Credits Rolling Futures Index ER. Index Guideline［R］. 2022.

［201］ICAP. Emissions Trading Worldwide：Status Report 2021［R］. 2021.

［202］IEA. J-Credit Scheme Policies［EB/OL］.（2022－11－14）. https：//www. iea. org/policies/1777－j-credit-scheme.

［203］IHS Markit. Global Carbon Index Guide［R］. 2021.

［204］IPCC. Climate Change 2021：The Physical Science Basis［M］. Cambridge：Cambridge University Press, 2021.

［205］IPCC. Climate Change 2022：Impacts, Adaptation, and Vulnerability［M］. Cambridge：

Cambridge University Press, 2022.

[206] International Capital Market Association. Green Bonds Principles (GBP) [S]. 2022.

[207] Intercontinental Exchange. Ice Data Indices Rules and Methodology—ICE Global Carbon Futures Index [R]. 2022.

[208] Liam Phelan, Ann Henderson-Sellers, Ros Taplin. Climate Change, Carbon Prices and Insurance Systems [J]. International Journal of Sustainable Development & World Ecology, 2010, 17 (2).

[209] Mandell S. Optimal Mix of Emissions Taxes and Cap-and-trade [J]. Journal of Environmental Economics & Management, 2008, 56 (2).

[210] Michel Aglieta , Jean-Charles Hourcade, Carlo Jaeger. Financing Transition in an adverse Context: Climate Finance Beyond Carbon Finance [J]. International Environmental Agreements: Politics & Economics, 2015 (4): 403 -420.

[211] Niehans J. Financial Innovation, Multinational Banking, and Monetary Policy [J]. Journal Banking & Finance, 1983, 537 -551.

[212] OECD. Greenbonds: Country Experiences, Barriers and Options [R]. 2016.

[213] OECD. Mobilising Bond Markets for a Low-Carbon Transition [R]. 2017.

[214] Pizer W A. Combining Price and Quantity Controls to Mitigate Global Climate Change [J]. Journal of Public Economics, 2002, 85 (3).

[215] Salinas, Zenia Baroudy, Ellysar. BioCarbon Fund Experience: Insights from Affo-restation and Reforestation Clean Development Mechanism Projects [R]. Washington: World Bank, 2011.

[216] San Antonio. State and Trends of the Carbon Market 2006—Based on World Bank-International Emissions Trading Association Study [M]. World Bank, 2006.

[217] Sonia Labatt & Rodney R. White. Carbon Finance: The Financial Implications of Climate Change [M]. New Jersey: John Wiley & Sons, Inc. , 2007.

[218] Singh, G. Understanding Carbon Credits [M]. New Delhi: Aditya Books, 2009.

[219] World Bank. An Italian Carbon Fund: A Public-Private Partnership Between the Industry of Italy and The Word Bank [R]. Washington: World Bank, 2004.

[220] World Bank. Forest Carbon Partnership Facility—2012 Annual Report [R]. Washington: The World Bank, 2013.

[221] World Bank. 10 Years of Experience in Carbon Finance: Insights from Working with the Kyoto Mechanisms [R]. World Bank, 2009.

[222] World Bank. Carbon Finance for Sustainable Development—2008 Annual Report [R]. Washington: World Bank, 2008.

[223] World Bank. Carbon Finance for Sustainable Development—2010 Annual Report [R]. Washington: World Bank, 2011.

[224] World Bank. The Prototype Carbon Fund [R]. Washington: World Bank, 2004.

[225] Equator Principles Association. The Equator Principles [EB/OL]. (2022 - 11 - 14).

https：//equator-principles. com/about-the-equator-principles/.

[226] Timothy J. Foxon. A Co-evolutionary Framework for Analysing Transition Pathways to a Low Carbon for EAEPE (European Association for Evolutionary Political Economy) 2008 Conference [C]. 2008：33-56.

[227] William Nordhaus, Climate Clubs：Overcoming Free-riding in International Climate Policy [J]. American Economic Review, 2015, 105 (4).

[228] World Bank. State and Trends of Carbon Pricing 2020 [R]. 2020.

[229] World Bank. State and Trends of Carbon Pricing 2021 [R]. 2021.

[230] World Bank. State and Trends of Carbon Pricing 2022 [R]. 2022.

[231] World Bank & Ecofys. State and Trends of Carbon Pricing 2014 [R]. Washington：World Bank Group, 2014.

[232] World Bank. State and Trends of the Carbon Market 2009 [R]. Washington：Environment Department of World Bank Group, 2009.

[233] UBS. Sustainability Report 2019—Based on GRI Standards [R]. 2019.

[234] UNEP CCC CDM/JI Pipeline Analysis and Database [EB/OL]. (2022-11-14). http：//cdmpipeline. org/.

后　　记

2022 年 7 月，在全国碳排放权交易市场启动一周年之际，在中国金融出版社的指导下，“高等学校碳金融‘十四五’规划教材”的首本教材《碳交易市场概论》正式出版发行。作为中国人民大学生态金融研究中心与中研绿色金融研究院合作的研究成果，该书出版后得到包括高等学校、研究机构、政府部门、金融机构在内的社会各界的广泛好评。《碳交易市场概论》着重对碳排放权交易市场的理论溯源、全球碳排放权交易市场整体情况、中国碳排放权交易市场发展进行研究，但与碳市场交易机制相承接、相融合、相互作用的碳金融理论、机理、产品在该书中未进行详细介绍与讲解，因此尽快编写《碳金融概论》就显得更加必要和迫切。

《碳金融概论》是本套教材的第二本，在《碳交易市场概论》的基础上，着重对“双碳”目标下的碳金融制度、金融工具与手段、金融市场创新等进行综合分析和介绍，主要内容包括：一是“双碳”目标下金融机构新的碳业务板块和金融机构整体低碳零碳发展制度、工具和产品创新，如碳信贷、碳基金、碳债券、碳保险等；二是碳交易市场资产金融化和二级市场推动下的各类碳金融工具和业务创新，如碳期货、碳期权、碳远期、碳掉期等碳金融衍生工具和产品等，以及生态碳汇金融等新型金融形态；三是满足碳金融资产管理需求而产生的碳指数、碳风险管理；四是国际碳金融制度、标准和监管政策等。

本书各章节具体编写专家和人员如下：

前言由中国人民大学蓝虹撰写。

第一章由中国人民大学石磊、杨瑄、叶雨涵、许赢赢，国网能源研究院谭雪编写；

第二章由中研绿色金融研究院束兰根、谈鑫，南京林业大学刘琦编写；

第三章由中国人民大学梅应丹，中国石油大学（北京）经济管理学院苏小宁、栾利民、邓雅芮编写；

第四章由江苏银行董善宁，中研绿色金融研究院束兰根、顾蔚编写；

第五章由中国人民大学蓝虹、张熹编写；

第六章由电子科技大学经济管理学院李平、袁茂杰编写；

第七章由中国人民大学许光清、吴静怡、陈梦瑶、赵乐孟、李方圆编写；

第八章由中国人民大学蓝虹、杜彦霖编写；

第九章由上海立信会计金融学院吴梦云，江苏大学财经学院王为东、江红莉、顾心语、顾芮编写；

第十章由南京大学工程管理学院陈莹、刘畅编写；

第十一章由金陵科技学院商学院汪浩、高蓉蓉编写。

后记由中研绿色金融研究院束兰根撰写。

本书由中国人民大学蓝虹教授担任主编，负责拟定编写大纲、撰写前言、审阅终稿等重点工作，同时牵头负责第五章、第八章的编写任务；中研绿色金融研究院首席专家、研究员束兰根担任副主编，负责组织编委会、文字统稿与初审、后记撰写等具体工作，同时负责并参与第二章、第四章的编写工作；各位编委具体负责相关章节的编写工作。本书责任编辑张铁先生自始至终参与相关内容的讨论与交流并提出相当有益的建议与意见，中国金融出版社相关工作人员为本书的出版与发行付出诸多心血与努力，在此一并致以诚挚的谢意！

由于时间仓促及编者能力有限，编写内容难免存在疏忽之处甚至错误，在此恳请专家、学者及读者批评指正，我们将在后续的编写与再版中进行修订。

编 者

2023 年 2 月